Förster/Cisch/Karst

Betriebsrentengesetz

Beck'sche Kompakt-Kommentare

Betriebsrentengesetz

Gesetz zur Verbesserung der betrieblichen Altersversorgung mit zivil-, arbeits- und steuerrechtlichen Vorschriften und Versorgungsausgleich

Von

Prof. Dr. Dr. Wolfgang Förster
Diplom-Volkswirt · Rechtsanwalt · Steuerberater · Wirtschaftsprüfer
Bingen

Theodor B. Cisch
Rechtsanwalt, Wiesbaden

Dr. Michael Karst
Rechtsanwalt, Reutlingen

Begründet von

Peter Ahrend
Rechtsanwalt,
Fachanwalt für Steuerrecht

Prof. Dr. Dr. Wolfgang Förster
Diplom-Volkswirt, Rechtsanwalt,
Steuerberater, Wirtschaftsprüfer

14., neu bearbeitete Auflage 2014

C.H.BECK

Zitiervorschlag:
FCK/*Kruip* § 16 Rn. 12

www.beck.de

ISBN 978 3 406 66731 2

Wilhelmstraße 9, 80801 München

Druck und Bindung: fgb · freiburger graphische betriebe GmbH & Co. KG
Bebelstraße 11, 79108 Freiburg

Satz: ottomedien
Heimstättenweg 52, 64295 Darmstadt

Umschlaggestaltung: Fernlicht – Gregor Schmidpeter

Gedruckt auf säurefreiem, alterungsbeständigem Papier
(hergestellt aus chlorfrei gebleichtem Zellstoff)

Vorwort zur 14. Auflage

Innerhalb des dreigliedrigen Alterssicherungssystems der Bundesrepublik Deutschland (gesetzliche Rentenversicherung, betriebliche Altersversorgung, private Eigenvorsorge) gestaltet das Gesetz zur Verbesserung der betrieblichen Altersversorgung (Betriebsrentengesetz) vom 19.12.1974 seit nunmehr ca. 40 Jahren die betriebliche Altersversorgung von knapp der Hälfte aller Arbeitnehmer in der gewerblichen Wirtschaft. Daneben sind weitere arbeitsrechtliche Bestimmungen und zahlreiche zivilrechtliche und steuerrechtliche Vorschriften für die betriebliche Praxis von besonderer Bedeutung. Unmittelbar im Anschluss an das Inkrafttreten des Betriebsrentengesetzes wurde das Gesetz mit einer ausführlichen Einführung durch die Verfasser sowie mit weiteren wichtigen arbeitsrechtlichen, zivilrechtlichen, versorgungsrechtlichen und steuerrechtlichen Vorschriften zur betrieblichen Altersversorgung (Beck-Texte) veröffentlicht. Dieses Buch fand 1977 eine Neuauflage in den Beck'schen Textausgaben und wurde 1988 zu einem handlichen Kommentar, in dem alle Bestimmungen des Gesetzes erläutert und die neueste Rechtsprechung des Bundesarbeitsgerichts dargestellt sind, erweitert. Bis zur 12. Auflage wurde es unter Beteiligung von Herrn Rechtsanwalt Jochen Rühmann (seit der 3. Auflage) und Herrn Dr. Hans-Heinrich Schumann, Vorsitzender Richter am LAG Hamm a.D. (seit der 8. Auflage) erfolgreich weitergeführt.

Das Buch wurde in der 14. Auflage in allen wesentlichen Passagen überarbeitet. Dabei wurden die Änderungen in der Rechtsprechung seit der letzten Auflage aus dem Jahr 2012 berücksichtigt und weitere wichtige Fragen aus der Beratungspraxis in den Text aufgenommen. Änderungen des Betriebsrentengesetzes sind seit dem 1.1.2012 nicht zu verzeichnen. Die geplante neue Altersgrenze 63 in der gesetzlichen Rentenversicherung für vor dem 1.1.1964 geborene besonders langjährig Versicherte wurde eingearbeitet. Die Zahlen zu den Deckungsmitteln der betrieblichen Altersversorgung und zum Pensions-Sicherungs-Verein wurden aktualisiert. Ferner wurde die erleichterte Überleitung von Direktzusagen und Unterstützungskassenzusagen auf Pensionsfonds eingearbeitet und Fragen zur Mitbestimmung vertieft.

Aus der neuesten Rechtsprechung des Bundesarbeitsgerichts wurden insbesondere die Entscheidungen zur Anhebung der festen Altersgrenze 65 in betriebliche Regelungen durch dynamische Verweisung auf die Regelaltersgrenze in der gesetzlichen Rentenversicherung, zur Einstandspflicht des Arbeitgebers bei Reduzierung der Pensionskassenleistungen aufgrund einer Sanierungsklausel, zur außerordentlichen Erhöhung der Beitragsbemessungsgrenze (Aufgabe der bisherigen Rechtsprechung), zum Widerruf von Versorgungszusagen bei Treuepflichtverletzungen, zur Betriebsvereinbarungsoffenheit und zu Jeweiligkeitsklauseln sowie zu versicherungsmathematischen Abschlägen beim vorgezogenen Bezug von Kapitalleistungen eingearbeitet.

Aus dem Themenfeld „Gleichbehandlung und Diskriminierung“ fanden insbesondere die Vereinbarkeit des früheren Mindestalters für den Eintritt der Unverfallbarkeit, die Diskriminierungsfreiheit einer Mindestbetriebszugehörigkeit von 15 Jahren bzw. eines Höchsteintrittsalters von 50 Jahren Berücksichtigung. Zur Neuordnung von Versorgungssystemen wurden die Anforderungen an die Eingriffsgründe vertieft, die Anforderungen für die Umstellung von Rentensystemen auf Kapitalleistungen sowie die Betriebsvereinbarungsoffenheit von Gesamtzusagen, vertraglichen Einheitsregelungen und Einmalzusagen eingearbeitet. Im Themenbereich „Betriebsrentenanpassung" sind die Rechtsprechung zur Anpassung von Gesamtversorgungszusagen, zum Indexwechsel und zur Änderung des Wägungsschemas, zur Nettolohnentwicklung aktueller Mitarbeiter, zu Substantiierungslast im Rahmen des § 16 Abs. 4 BetrAVG, zum Übergang auf die 1%-Garantieanpassung sowie zum Verjährungsbeginn hervorzuheben. Schließlich fand zum Versorgungsausgleich die Rechtsprechung zu den Teilungskosten bei interner Teilung, dem Rechnungszins bei Direktzusagen, zu fondsorientierten Versorgungssystemen, zur Handhabung vergessener, verheimlichter und übersehener Versorgungsanrechte sowie zu Stromdeputaten und limitierten Gesamtversorgungssystemen Eingang in die Bearbeitung.

In der Einführung finden sich ein kurzer Überblick über die Aufgabe der betrieblichen Altersversorgung, über Inhalt und Bedeutung des Betriebsrentengesetzes sowie ein Hinweis auf die insgesamt positive Gesamtbilanz zur betrieblichen Altersversorgung. Rechtsprechung und Vorschriften sind auf den Stand von Januar 2014 gebracht.

Im Anhang mit Stand von Juni 2014 sind alle arbeitsrechtlichen, zivilrechtlichen, aufsichtsrechtlichen und steuerrechtlichen Vorschriften abgedruckt, die für die betriebliche Praxis im Zusammenhang mit der betrieblichen Altersversorgung von besonderer Bedeutung sind.

Das Buch soll allen, die sich als Personal- oder Finanzleiter, Sachbearbeiter, Mitglieder der Betriebsverfassungsorgane, Mitarbeiter von Verbänden und Behörden, Richter, Berater, Gutachter, vereidigte Buchprüfer, Wirtschaftsprüfer, Steuerberater oder Rechtsanwälte mit dem Gebiet der betrieblichen Altersversorgung beschäftigen, einen raschen und zuverlässigen Überblick über das Betriebsrentengesetz vermitteln.

Die Autoren danken Herrn Diplom-Kaufmann Thomas Weppler für die kritische Durchsicht der steuerlich relevanten Kommentierung zu § 1a BetrAVG. Besonderer Dank gebührt auch Frau Diplom-Volkswirt Gertraud Becker für ihre koordinierende Hilfe sowie für die Durchsicht des Manuskripts, Frau Assessorin jur. Silke Bartling und Frau Assessorin jur. Nina Willems für das Korrekturlesen der Druckfahnen.

Wiesbaden, im Januar 2014

Prof. Dr. Dr. Wolfgang Förster
Theodor B. Cisch
Dr. Michael Karst

Gesamtredaktion

Prof. Dr. Dr. Wolfgang Förster
Theodor B. Cisch
Dr. Michael Karst

Bearbeiter:

Christine Bleeck
Rechtsanwältin, Fachanwältin für Arbeitsrecht

Theodor B. Cisch
Rechtsanwalt

Rainer Hock
Rechtsanwalt

Dr. Andreas Hufer
Rechtsanwalt

Bettina Jumpertz
Rechtsanwältin

Dr. Dirk Kruip
Rechtsanwalt, Fachanwalt für Arbeitsrecht

Sebastian Löschhorn, LL.M.
Rechtsanwalt

Henning Rihn
Rechtsanwalt

Inhaltsverzeichnis

Abkürzungsverzeichnis

a.A.	anderer Ansicht
Abl.	Amtsblatt
ABM	Arbeitsbeschaffungsmaßnahme
Abs.	Absatz
Abschn.	Abschnitt
a.D.	außer Dienst
AEUV	Konsolidierte Fassung des Vertrags über die Arbeitsweise der Europäischen Union
a.F.	alte Fassung
AG	Aktiengesellschaft
AGG	Allgemeines Gleichbehandlungsgesetz
AIB	Allgemeine Versicherungsbedingungen für die Insolvenzsicherung der betrieblichen Altersversorgung
AiB.	Arbeitsrecht im Betrieb (Zeitschrift)
AktG	Aktiengesetz
ALB	Allgemeine Lebensversicherungsbedingungen
ALG	Gesetz über die Alterssicherung der Landwirte
allg.	allgemein
Alt.	Alternative
AltEinkG	Gesetz zur Neuordnung der einkommensteuerrechtlichen Behandlung von Altersvorsorgeaufwendungen und Altersbezügen (Alterseinkünftegesetz)
AltvDV	Verordnung zur Durchführung der steuerlichen Vorschriften des Einkommensteuergesetzes zur Altersvorsorge und zum Rentenbezugsmitteilungsverfahren sowie zum weiteren Datenaustausch mit der zentralen Stelle (Altersvorsorge-Durchführungsverordnung)
AltZertG	Gesetz über die Zertifizierung von Altersvorsorge- und Basisrentenverträgen (Altersvorsorgeverträge-Zertifizierungsgesetz)
Anm.	Anmerkung
AO	Abgabenordnung
AOK	Allgemeine Ortskrankenkasse
AP	Hueck/Nipperdey/Dietz, Nachschlagewerk des Bundesarbeitsgerichts – Arbeitsrechtliche Praxis –
ArbG	Arbeitsgericht
ArbGG	Arbeitsgerichtsgesetz
ArbPlSchG	Gesetz über den Schutz des Arbeitsplatzes bei Einberufung zum Wehrdienst (Arbeitsplatzschutzgesetz)
Art.	Artikel
ATV	Tarifvertrag über die betriebliche Altersversorgung der Beschäftigten des öffentlichen Dienstes (Tarifvertrag Altersversorgung)
ATV-K	Tarifvertrag über die zusätzliche Altersvorsorge der Beschäftigten des öffentlichen Dienstes (Altersvorsorge-TV-Kommunal)
AuA	Arbeit und Arbeitsrecht (Zeitschrift)
AÜG	Arbeitnehmerüberlassungsgesetz

Abkürzungsverzeichnis

AVB	Allgemeine Versicherungsbedingungen
AVmEG	Gesetz zur Ergänzung des Gesetzes zur Reform der gesetzlichen Rentenversicherung und zur Förderung eines kapitalgedeckten Altersvorsorgevermögens (Altersvermögensergänzungsgesetz)
AVmG	Altersvermögensgesetz
BaFin	Bundesanstalt für Finanzdienstleistungsaufsicht
BAG	Bundesarbeitsgericht
BAT	Bundesangestelltentarifvertrag
BB	Betriebs-Berater – Zeitschrift für Recht und Wirtschaft (Zeitschrift)
BBG	Beitragsbemessungsgrenze
BeamtVG	Gesetz über die Versorgung der Beamten und Richter des Bundes (Beamtenversorgungsgesetz)
BeckRS	Beck-Rechtsprechung
ber.	berichtigt
BeschFG	Beschäftigungsförderungsgesetz
BetrAV	Betriebliche Altersversorgung (Zeitschrift)
BetrAVG	Betriebsrentengesetz, Gesetz zur Verbesserung der betrieblichen Altersversorgung
BetrVG	Betriebsverfassungsgesetz
BewG	Bewertungsgesetz
BGB	Bürgerliches Gesetzbuch
BGBl, BGBl.	Bundesgesetzblatt
BGH	Bundesgerichtshof
BGHZ	Entscheidungen des Bundesgerichtshofs in Zivilsachen
BilMoG	Bilanzrechtsmodernisierungsgesetz
BKGG	Bundeskindergeldgesetz
BMF	Bundesminister(ium) der Finanzen
bspw.	beispielsweise
BStBl.	Bundessteuerblatt
BT-Drs.	Bundestags-Drucksache
Buchst.	Buchstabe
BVerfG	Bundesverfassungsgericht
BVerfGE	Entscheidungen des Bundesverfassungsgerichts
BVerfGG	Gesetz über das Bundesverfassungsgericht (Bundesverfassungsgerichtsgesetz)
BVersG	Bundesversorgungsgesetz
BVerwG	Bundesverwaltungsgericht
BVSG NW	Gesetz über einen Bergmannsversorgungsschein im Land Nordrhein-Westfalen
bzw.	beziehungsweise
ca.	circa
Co.	Compagnie
CTA	Contractual Trust Arrangement
DB	Der Betrieb (Zeitschrift)
DDR	Deutsche Demokratische Republik
DEVO	Datenerfassungsverordnung

d.h. .... das heißt
Dr. .... Doktor
DÜVO .... Verordnung über die Übermittlung und Sicherung von Daten

EDV .... elektronische Datenverarbeitung
EG .... Europäische Gemeinschaft; EG-Vertrag
EGBGB .... Einführungsgesetz zum Bürgerlichen Gesetzbuch
EGHGB ...... Einführungsgesetz zum Handelsgesetzbuch
EGInsO .... Einführungsgesetz zur Insolvenzordnung
EGV .... Vertrag zur Gründung der Europäischen Gemeinschaft
EIOPA .... European Insurance and Occupational Pensions Authority
ErbStG .... Erbschaftsteuer- und Schenkungsteuergesetz
EStÄR .... Einkommensteuer-Änderungsrichtlinien
EStG .... Einkommensteuergesetz
EStR .... Einkommensteuer-Richtlinien
EU .... Europäische Union
EuGH .... Europäischer Gerichtshof
e.V. .... eingetragener Verein
EWG .... Europäische Wirtschaftsgemeinschaft
EWR .... Europäischer Wirtschaftsraum
EzA .... Entscheidungssammlung zum Arbeitsrecht

f., ff. .... folgende, fortfolgende
FA .... Finanzamt
FamFG .... Gesetz über das Verfahren in Familiensachen und in den Angelegenheiten der freiwilligen Gerichtsbarkeit
FamRZ .... Zeitschrift für das gesamte Familienrecht (Zeitschrift)

G .... Gesetz
GAL .... Gesetz über eine Altershilfe für Landwirte
GBO .... Grundbuchordnung
gem. .... gemäß
GewStG .... Gewerbesteuergesetz
GG .... Grundgesetz
ggf. .... gegebenenfalls
GmbH .... Gesellschaft mit beschränkter Haftung
grds. .... grundsätzlich
GVG .... Gerichtsverfassungsgesetz

Halbs. .... Halbsatz
Hess. .... Hessische(r/s)
HGB .... Handelsgesetzbuch
HH .... Hamburg
h. M. .... herrschende Meinung
HZvNG ...... Hüttenknappschaftliches Zusatzversicherungs-Neuregelungs-Gesetz

i. Allg. .... im Allgemeinen
i.d.F. .... in der Fassung
i.d.R. .... in der Regel

Abkürzungsverzeichnis

i.d.S.	in diesem Sinne
IFRS	International Financial Reporting Standards
InsO	Insolvenzordnung
i.S.	im Sinne
i.S.d.	im Sinne des/der
i.S.v.	im Sinne von
i.V.m.	in Verbindung mit
KG	Kommanditgesellschaft
KGaA	Kommanditgesellschaft auf Aktien
KO	Konkursordnung
KSchG	Kündigungsschutzgesetz
KStDV	Körperschaftsteuer-Durchführungsverordnung
KStG	Körperschaftsteuergesetz
KStR	Körperschaftsteuer-Richtlinien
KZVKS	Satzung der Kirchlichen Zusatzversorgungskasse
LAG	Landesarbeitsgericht
LAGE	Entscheidungen der Landesarbeitsgerichte
LG	Landgericht
lit.	Litera
LPartG	Lebenspartnerschaftsgesetz
LStDV	Lohnsteuer-Durchführungsverordnung
LStR	Lohnsteuer-Richtlinien
max.	maximal
MDR	Monatsschrift für Deutsches Recht (Zeitschrift)
Mio.	Million(en)
Mrd.	Milliarde(n)
MTV	Manteltarifvertrag
m.w.N.	mit weiteren Nachweisen
NachhBG	Nachhaftungsbegrenzungsgesetz
NachwG	Nachweisgesetz
n.F.	neue Fassung
NJW	Neue Juristische Wochenschrift (Zeitschrift)
NJW-RR	Rechtsprechungs-Report Zivilrecht (Zeitschrift)
n.n.v.	noch nicht veröffentlicht
Nr.	Nummer/n
n.v.	nicht veröffentlicht
NW	Nordrhein-Westfalen
NZA	Neue Zeitschrift für Arbeitsrecht (Zeitschrift)
NZA-RR	NZA-Rechtsprechungs-Report (Zeitschrift)
o.Ä.	oder Ähnliches
oHG	offene Handelsgesellschaft
OLG	Oberlandesgericht
OVG	Oberverwaltungsgericht
OWiG	Ordnungswidrigkeitengesetz

p.a.	pro anno
PFDeckRV	Verordnung über Rechnungsgrundlagen für die Deckungsrückstellungen von Pensionsfonds (Pensionsfonds-Deckungsrückstellungsverordnung)
PFKapAV	Verordnung über die Anlage des gebundenen Vermögens von Pensionsfonds (Pensionsfonds-Kapitalanlagenverordnung)
PFKAustV	Verordnung über die Kapitalausstattung von Pensionsfonds (Pensionsfonds-Kapitalausstattungsverordnung)
Prof.	Professor
PSV	Pensions-Sicherungs-Verein auf Gegenseitigkeit
PSVaG	Pensions-Sicherungs-Verein auf Gegenseitigkeit
RdA	Recht der Arbeit (Zeitschrift)
Rdn.	Randnummer/n
Red.	Redaktion
RegelungsG	Regelungsgesetz
Rev.	Revision
RGBl.	Reichsgesetzblatt
rkr.	Rechtskräftig
RL	Richtlinie
Rn.	Randnummer/n
Rnr/n.	Randnummer/n
RP	Rheinland-Pfalz
RRG	Rentenreformgesetz
RückAbzinsV	Rückstellungsabzinsungsverordnung
RV-Altersgrenzenanpassungsgesetz	Gesetz zur Anpassung der Regelaltersgrenze an die demografische Entwicklung und zur Stärkung der Finanzierungsgrundlagen der gesetzlichen Rentenversicherung
RV-Nachhaltigkeitsgesetz	Gesetz zur Sicherung der nachhaltigen Finanzierungsgrundlagen der gesetzlichen Rentenversicherung
S.	Satz; Seite
s.	siehe
s.o.	siehe oben
SE	Societas Europaea
SGB	Sozialgesetzbuch
Slg.	Sammlung
sog.	so genannt
SprAuG	Sprecherausschussgesetz
StGB	Strafgesetzbuch
st. Rspr.	ständige Rechtsprechung
SvEV	Sozialversicherungsentgeltverordnung
SVG	Gesetz über die Versorgung für die ehemaligen Soldaten der Bundeswehr und ihre Hinterbliebenen (Soldatenversorgungsgesetz)
TVG	Tarifvertragsgesetz
TzBfG	Teilzeit- und Befristungsgesetz

Abkürzungsverzeichnis

u.a.	und andere; unter anderem
UmwG	Umwandlungsgesetz
u.U.	unter Umständen
US-GAAP	United States Generally Accepted Accounting Principles
VAG	Versicherungsaufsichtsgesetz
VAGÄndG	Gesetz zur Änderung des Versicherungsaufsichtsgesetzes
VAHRG	Gesetz zur Regelung von Härten im Versorgungsausgleich
VAUSK	Versorgungsausgleichskasse
VBL	Versorgungsanstalt des Bundes und der Länder
VersAusglG	Gesetz über den Versorgungsausgleich (Versorgungsausgleichsgesetz)
VersAusgl-KassG	Gesetz über die Versorgungsausgleichskasse
VGH	Verwaltungsgerichtshof
vgl.	vergleiche
v.H.	vom Hundert
VO	Verordnung
VStG	Vermögensteuergesetz
VuR	Verbraucher und Recht (Zeitschrift)
VVaG	Versicherungsverein auf Gegenseitigkeit
VVG	Versicherungsvertragsgesetz
VwVfG	Verwaltungsverfahrensgesetz
VZ	Veranlagungszeitraum
WFG	Wachstums- und Beschäftigungsförderungsgesetz
z.B.	zum Beispiel
Ziff.	Ziffer
ZIP	Zeitschrift für Wirtschaftsrecht (Zeitschrift)
ZPO	Zivilprozessordnung
z.T.	zum Teil
ZTR	Zeitschrift für Tarifrecht (Zeitschrift)
ZuwG	Zuwendungsgesetz
ZVK	Zusatzversorgungskasse
zzt.	zurzeit

Literaturauswahl

Ahrend/Förster/Rößler, Steuerrecht der betrieblichen Altersversorgung mit arbeitsrechtlicher Grundlegung, 4. Auflage, Köln 1995, Stand: 2014, Loseblattwerk

Andresen/Cisch, Recht der betrieblichen Altersversorgung, in: Richardi/Wlotzke/Wißmann/Oetker (Hrsg.), Münchener Handbuch zum Arbeitsrecht, Band 1, 3. Auflage, München 2009

Arbeitsgemeinschaft für betriebliche Altersversorgung e.V. (Hrsg.), Handbuch der betrieblichen Altersversorgung, 8. Auflage, Wiesbaden 1998, Stand: 2014, Loseblattwerk

Blomeyer/Rolfs/Otto, Betriebsrentengesetz, 5. Auflage, München 2010

Hanau/Arteaga/Rieble/Veit, Entgeltumwandlung, 3. Auflage, Köln 2014

Höfer/Reinhard/Reich, Gesetz zur Verbesserung der betrieblichen Altersversorgung, Kommentar, Band I (Arbeitsrecht), 15. Auflage, München 2014, Loseblattwerk

Höfer/Veit/Verhuven, Gesetz zur Verbesserung der betrieblichen Altersversorgung, Kommentar, Band II (Steuerrecht/Sozialabgaben, HGB/IFRS), 11. Auflage, München 2013, Loseblattwerk

Kemper/Kisters-Kölkes/Berenz/Huber, BetrAVG: Kommentar zum Betriebsrentengesetz mit Insolvenzsicherung und Versorgungsausgleich, 4. Auflage, Köln 2010

Schlewing/Henssler/Schipp/Schnitker, Arbeitsrecht der betrieblichen Altersversorgung und Zeitwertkonten, 2. Auflage, Köln 2012, Stand: 2014, Loseblattwerk

Einführung

I. Die Aufgabe der betrieblichen Altersversorgung

Die betriebliche Altersversorgung ist eine freiwillige Sozialleistung der Unternehmen, die auf eine lange Geschichte zurückblicken kann. Als 1891 die gesetzliche Invalidenversicherung für Arbeiter eingeführt wurde, existierten schon mehr als 40 Jahre betriebliche Einrichtungen, die der Versorgung der Arbeitnehmer im Alter dienten. Allerdings waren diese Versorgungseinrichtungen – etwa die der „Gutehoffnungshütte" aus dem Jahr 1850 oder von Friedrich Henschel aus dem Jahr 1858 – nicht mit den heute existierenden betrieblichen Versorgungswerken zu vergleichen. Die Motivation für betriebliche Hilfeleistungen entsprang häufig einem rein patriarchalischen Denken, das noch von einem persönlichen Abhängigkeitsverhältnis des Arbeiters zum Unternehmenseigner geprägt war, das nur äußerst rudimentär durch staatliche Rechtsnormen beeinflusst wurde. Die gesetzliche Regelung der betrieblichen Altersversorgung – soweit es die arbeitsrechtliche Seite betrifft – erfolgte erst rund 120 Jahre später. Das **Betriebsrentengesetz (BetrAVG)** vom 19.12.1974 – ursprünglich zu Recht als **„Gesetz zur Verbesserung der betrieblichen Altersversorgung"** gekennzeichnet – hat einen Meilenstein in diesem wichtigen Bereich betrieblicher Sozialpolitik gesetzt. Durch die arbeitsrechtlichen Vorschriften des BetrAVG und die dazu ergangene Rechtsprechung haben sich die Rechtsansprüche der Arbeitnehmer, die eine betriebliche Versorgungszusage erhalten haben, erheblich verbessert. Hat ein Unternehmen eine betriebliche Altersversorgung zugesagt, ist es den Regelungen des BetrAVG unterworfen. Heute besteht für mehr als die Hälfte aller sozialversicherungspflichtigen Arbeitnehmer in der gewerblichen Wirtschaft eine betriebliche Altersversorgung. Außerdem erhalten die 4,6 Mio. Pflichtversicherten des öffentlichen Diensts eine Zusatzrente. 1

Bislang stand es jedem Unternehmen frei, eine betriebliche Altersversorgung einzuführen. Dieser Grundsatz hat nach der Neuregelung des BetrAVG durch das **Gesetz zur Reform der gesetzlichen Rentenversicherung und zur Förderung eines kapitalgedeckten Altersvorsorgevermögens (Altersvermögensgesetz – AVmG)** vom 26.6.2001 nicht mehr uneingeschränkte Gültigkeit. Der Arbeitnehmer hat nunmehr gegenüber dem Arbeitgeber einen Rechtsanspruch auf betriebliche Altersversorgung. Auch wenn der Anspruch nur im Wege der Entgeltumwandlung verwirklicht werden kann, ist die **Vertragsfreiheit** dadurch **eingeschränkt.** Der Fürsorgegedanke der betrieblichen Altersversorgung wird in den Hintergrund gedrängt. Dagegen erhält der Arbeitnehmer die Chance, eigene Schwerpunkte in der Lohnverwendung zu setzen. Damit wird auf die Eigenverantwortung der Beschäftigten und den Entgeltcharakter der betrieblichen Altersversorgung verstärkt abgehoben. 2

Die vorstehende Kennzeichnung der betrieblichen Altersversorgung gilt allerdings nur für die alten Bundesländer. In der **ehemaligen DDR** war eine der betrieblichen Altersversorgung vergleichbare Leistung nicht üblich. Die Alters- 3 sicherung für die Arbeitnehmer beschränkte sich vielmehr im Wesentlichen auf die als Einheitsversicherung ausgebildete gesetzliche Rentenversicherung. Aufgrund deren weitgehend statischen Leistungen entstanden im Zeitablauf erhebliche Lücken zwischen den letzten Bezügen im aktiven Erwerbsleben und den Rentenbezügen, so dass sich in der Vergangenheit ein vielfältiges System berufsbezogener Alterssicherung entwickelte, das allerdings nicht als betriebliche Altersversorgung qualifiziert werden kann. Ob dies auch für die Anordnung zur Einführung einer Zusatzrentenversorgung für die Arbeiter und Angestellten in den wichtigsten volkseigenen Betrieben vom 9.3.1954 (Anordnung 54) gilt, ist bestritten worden. Das BAG hat allerdings Ansprüche aus der Anordnung 54 dem Bereich der betrieblichen Leistungen zugerechnet (BAG vom 17.12.1996 – 3 AZR 800/95 – DB 1997, 1187).

4 Nach Anlage 1 Kapitel VIII Sachgebiet A Abschn. III Ziff. 16 zum **Einigungsvertrag** ist das BetrAVG am 1.1.1992 auch für die neuen Bundesländer in Kraft getreten. Damit finden die §§ 1 bis 18 dieses Gesetzes nur auf Zusagen Anwendung, die nach dem 31.12.1991 erteilt werden. Vor dem 1.1.1992 erteilte Zusagen auf betriebliche Versorgungsleistungen unterstehen damit noch nicht dem Schutz des BetrAVG. Im Zuge der Angleichung der Arbeits- und Lebensverhältnisse in den neuen und den alten Bundesländern ist zu erwarten, dass auch die betriebliche Altersversorgung schrittweise den westdeutschen Standard erreichen wird. Nach dem Stand von Dezember 2007 erhalten immerhin 47 % aller sozialversicherungspflichtig Beschäftigten in den neuen Bundesländern betriebliche Versorgungsleistungen (Alterssicherungsbericht der Bundesregierung 2008, 129). Die weitere Entwicklung in den letzten Jahren ist ermutigend.

5 Durch die arbeitsrechtlichen Vorschriften mit den Schwerpunkten Entgeltumwandlung, Unverfallbarkeit, Portabilität, flexible Altersgrenze, Anrechnungs- und Auszehrungsverbot, Insolvenzsicherung und Inflationsschutz hat die betriebliche Altersversorgung heute den Status einer eigenständigen **zweiten Säule im Alterssicherungssystem** neben der gesetzlichen Rentenversicherung (erste Säule) und der privaten Eigenvorsorge (dritte Säule) erlangt. Der Leistungskatalog betrieblicher Versorgungssysteme orientiert sich weitgehend am Leistungsangebot der gesetzlichen Rentenversicherung. Durch Altersruhegelder, Renten wegen teilweiser und voller Erwerbsminderung – häufig unter Berücksichtigung einer Zurechnungszeit – und Hinterbliebenenrenten ergänzen die Unternehmen sinnvoll die bestehenden Ansprüche aus der gesetzlichen Rentenversicherung und tragen damit wesentlich zur Absicherung der Arbeitnehmer im Alter bei. Seit Verabschiedung des BetrAVG besitzen die Berechtigten bei Erfüllung der jeweiligen Voraussetzungen einen Auszahlungsanspruch auf diese Leistungen unabhängig davon, ob die Versorgungsleistungen unmittelbar vom Unternehmen getragen werden oder eine Unterstützungskasse, eine Pensionskasse, ein Pensionsfonds oder ein Lebensversicherungsunternehmen als Versorgungsträger eingeschaltet ist.

6 Das dreigliedrige Alterssicherungssystem geht davon aus, dass eine Vollversorgung im Alter, die es ermöglicht, den während des Arbeitslebens erreichten Lebensstandard auch nach dem Ruhestand beizubehalten, durch die gesetzliche Rentenversicherung allein nicht gewährleistet werden kann. Die historisch gewachsenen Träger der gesetzlichen Rentenversicherung – die Angestellten-, Ar-

beiter- und Knappschaftsversicherung – vermögen den Versorgungsbedarf im Alter und bei Invalidität und Tod nicht vollständig abzudecken. Bei jedem Arbeitnehmer – und verstärkt bei Arbeitnehmern mit höherem Einkommen – entsteht im Versorgungsfall eine **Versorgungslücke** zwischen den Leistungen der gesetzlichen Rentenversicherungsträger und dem letzten Nettoeinkommen, auch wenn man den Gesamtversorgungsbedarf wegen des Wegfalls bestimmter berufsbezogener Aufwendungen niedriger als 100% des letzten Nettoeinkommens ansetzt.

Die Notwendigkeit ergänzender Alterssicherungssysteme wird auch durch die 7
Ergebnisse des **Rentenreformgesetzes (RRG) 1992** belegt, das im Vorgriff auf die zu erwartenden Belastungen aus der ungünstigen demographischen Entwicklung dazu beitragen soll, das Finanzierungs- und Leistungssystem langfristig zu stabilisieren. Durch eine Neuordnung der beitragsfreien und beitragsgeminderten Zeiten, durch schrittweise Anhebung der Altersgrenzen bei gleichzeitiger Flexibilisierung des Rentenbeginns und Einführung von Rentenzugangsfaktoren sowie durch eine nettolohnorientierte Rentendynamisierung – um nur die wichtigsten Maßnahmen zu nennen – war beabsichtigt, die gesetzliche Rentenversicherung langfristig zu stabilisieren. Auf der Leistungsseite bedeutete dies für einen Durchschnittsverdiener, dass das Standard-Nettorenten-Niveau nach 45 Versicherungsjahren bei ca. 67% eingefroren wurde. Bei Beibehaltung des bisherigen Leistungsrechts wäre hingegen das Nettorenten-Niveau infolge überproportional steigender Abgabenbelastung der Aktiven sukzessive angestiegen.

Die Aufrechterhaltung des Lebensstandards im Alter hatte sich trotz dieser 8
stabilisierenden Maßnahme zusätzlich dadurch verschlechtert, dass viele Unternehmen aufgrund ihrer angespannten konjunkturellen Lage und wegen des mit der zunehmenden Automation verbundenen Wegfalls von Arbeitsplätzen sich entschlossen hatten, ältere Mitarbeiter über **Frühpensionierungsmodelle** in den Ruhestand zu schicken. Da diese Mitarbeiter im Regelfall die gesetzlichen Voraussetzungen für den Bezug einer Altersrente ab Vollendung des 60. Lebensjahrs wegen vorangehender Arbeitslosigkeit erfüllten, führten die Pensionierungsmodelle zu einer nicht vorhersehbaren Ausgabensteigerung und Einnahmeverlusten bei den Trägern der gesetzlichen Altersversorgung. Die Mehrbelastung konnte nicht durch entsprechende Reduzierungen bei den Leistungen an die Frühpensionäre aufgefangen werden. Um die Erhöhungen einzugrenzen, sind die bislang anerkannten Pauschalzeiten für die betriebliche Ausbildung und die Anrechnung von Schul- und Hochschulzeiten zurückgeführt worden.

Durch die Änderung des Gesetzes zur Reform der gesetzlichen Rentenversi- 9
cherung – **RRG 1999** – sind die Bedingungen für den Bezug von Renten und die Rentenhöhe in der gesetzlichen Rentenversicherung neu fixiert worden. Die Altersgrenze für den Bezug von Altersrente für langjährig Versicherte bezüglich des vorzeitigen Bezugs von Altersrente wurde auf Vollendung des 62. Lebensjahrs festgelegt. Die Sonderregelungen für Frauen, Arbeitslose und Beschäftigte in Altersteilzeit wurden – wenn auch mit Übergangsregelungen – abgeschafft. Für Schwerbehinderte wurde die bisherige Altersgrenze für den Bezug von Altersrente (Vollendung des 60. Lebensjahrs) zur Altersgrenze für den Bezug von vorzeitiger Altersrente. Der Bezug von voller Altersrente wurde für sie ab Alter 63 möglich. Bei Inanspruchnahme von vorzeitiger Altersrente

wird die Rente für jeden Monat vor Erreichen der gesetzlichen Altersgrenze um 0,3 % gekürzt. Diese Kürzung ist auf 10,8 begrenzt. Bei der Berechnung des aktuellen Rentenwerts ist zudem ab 1.7.1999 ein neuer Demographiefaktor angewandt worden.

10 Vor dem Hintergrund der seit drei Jahrzehnten rückläufigen Geburtenzahl und der ständig steigenden Lebenserwartung sah sich der Gesetzgeber nur zwei Jahre später zu einer **weiteren Reform** veranlasst. Er hatte erkannt, dass angesichts der längeren Rentenlaufzeiten ohne eine langfristig tragende und zukunftsweisende Neuregelung der Alterssicherung der Beitragssatz zur gesetzlichen Rentenversicherung auf 24 bis 26 % steigen würde. Um diese sich abzeichnende Entwicklung auf ein erträgliches Maß zu begrenzen und um die unumgänglich vorzunehmende Kürzung von Versorgungsleistungen zu kompensieren, hielt der Gesetzgeber den eigenverantwortlichen Aufbau einer kapitalgedeckten Altersvorsorge zur zusätzlichen Sicherung des Lebensstandards im Alter für unerlässlich.

11 Die auf diesen Erwägungen beruhende **Rentenreform 2000/2001** mündete in das Gesetz über die Neuregelung wegen verminderter Erwerbsfähigkeit, in Kraft getreten zum 1.1.2001. Das Kernstück des Gesetzgebungsverfahrens, das **AVmG,** ist seit dem 26.6.2001 in Kraft. Das Altersvermögensergänzungsgesetz (AVmEG), das eine Niveauabsenkung der Leistungen aus der gesetzlichen Rentenversicherung vorsieht, war schon zuvor am 21.3.2001 verkündet worden.

12 Um den in der gesetzlichen Rentenversicherung pflichtversicherten Personen einen Anreiz zur Kompensation der Leistungskürzungen bei der staatlichen Rente zu bieten, beinhaltet das **AVmG** schwerpunktmäßig **Maßnahmen** zur **Förderung** der **betrieblichen und privaten Altersvorsorge.** In diesem Rahmen sind folgende Punkte der gesetzlichen Regelung als wichtig hervorzuheben: Mit dem neuen Ausgleichsfaktor ist ein Steuerungsinstrument geschaffen worden, der das Rentenniveau bei einem Beitragssatz von 22 % bis ins Jahr 2030 langfristig sichert. Die Witwen- und Witwerrenten werden reformiert und um eine Kinderkomponente ergänzt. Danach werden Beitragszeiten in den ersten zehn Lebensjahren eines Kinds bis zu 50 % höher als nach bisher geltendem Recht bewertet. Ehegatten wird die Möglichkeit eingeräumt, ihre in der Ehezeit erworbenen Rentenansprüche partnerschaftlich aufzuteilen. Die rentenrechtliche Absicherung jüngerer Versicherter mit lückenhaften Erwerbsverläufen ist verbessert worden. Veränderungen der Abgabenbelastung, die nicht die Alterssicherung betreffen, bleiben künftig unberücksichtigt. Zugleich wird die Alterssicherung mit dem Aufbau einer zusätzlichen kapitalgedeckten Altersvorsorge auf eine breitere finanzielle Grundlage gestellt, die es ermöglicht, die Aufrechterhaltung des im Erwerbsleben erreichten Lebensstandards zu gewährleisten. Durch eine modifizierte Nettoanpassung werden die Rentenberechtigten am Wachstum der Wirtschaft, das in der Lohnentwicklung seinen Niederschlag findet, teilhaben. Außerdem stellt der Staat über Zulagen und steuerliche Entlastungen eine effiziente Förderung für den Aufbau der zusätzlichen Altersvorsorge bereit.

13 Durch das Gesetz zur Sicherung der nachhaltigen Finanzierungsgrundlage der gesetzlichen Rentenversicherung vom 21.7.2004 **(RV-Nachhaltigkeitsgesetz)** soll die langfristige Sicherung der Rentenfinanzen zusätzlich ermöglicht

werden. Das Mindestrentenniveau vor Steuern von zzt. 53 % sinkt danach bis zum Jahr 2020 auf 46 % und bis zum Jahr 2030 auf 43 %, wobei ein Niveau von 46 % auch über das Jahr 2020 hinaus angestrebt wird. Zur Erreichung dieses Ziels soll die inzwischen durch das **RV-Altersgrenzenanpassungsgesetz** vom 20.4.2007 erfolgte stufenweise Anhebung des Rentenalters auf das 67. Lebensjahr beitragen. Angesichts dieses Versorgungsgrads kann die gesetzliche Rentenversicherung nur noch in einem sehr eingeschränkten Sinn als lebensstandardsichernd angesehen werden. Sie bedarf jetzt und in Zukunft verstärkt einer Ergänzung um die Leistungen der betrieblichen Altersversorgung sowie um einen angemessenen selbstfinanzierten Betrag, sei es in Form einer Lebensversicherung, einer Privatersparnis oder einer sonstigen zukunftssichernden eigenen Leistung, um den Lebensstandard im Alter zu gewährleisten. Dass durch das RV-Nachhaltigkeitsgesetz auch eine Untergrenze für das Rentenniveau festgeschrieben wurde, hilft wenig weiter. Die betriebliche und die private Altersvorsorge haben daher neben der ergänzenden auch eine ersetzende Funktion erhalten.

Es ist deshalb zu begrüßen und als ein Schritt in die richtige Richtung zu werten, dass durch das AVmG neben den aufgeführten mehr sozialversicherungs- und steuerrechtlich relevanten Gesichtspunkten zugleich die **betriebliche Altersversorgung gestärkt** worden ist. Ihre Aufnahme in das Förderkonzept des AVmG bietet die Chance, den Ausbau einer zusätzlichen kapitalgedeckten Altersversorgung über Tarifverträge oder Betriebsvereinbarungen mit Breitenwirkung und in besonders effektiver und kostengünstiger Form zu erreichen. Die zweite Säule der Altersvorsorge wird deshalb durch Verbesserungen der arbeits- und steuerrechtlichen Rahmenbedingungen bewusst privilegiert. **14**

Bedingt durch diese Vorgaben ist das **BetrAVG** in mehreren Punkten gravierend **geändert worden.** Mit der Einführung des Pensionsfonds wurde ein neuer – fünfter – Durchführungsweg der betrieblichen Altersversorgung geschaffen, der vor allem durch seine Einbeziehung in die steuerliche Förderung nach dem AVmG der betrieblichen Altersversorgung neue Perspektiven eröffnen und wichtige Impulse für einen Ausbau dieses Versorgungssystems setzen soll. Außerdem erhalten seit dem 1.1.2002 alle Arbeitnehmer einen individuellen Anspruch auf betriebliche Altersversorgung durch Entgeltumwandlung mit sofortiger gesetzlicher Unverfallbarkeit und entsprechendem Insolvenzschutz. Die Versorgungsstruktur wurde durch die Beitragszusage mit Mindestleistung erweitert. Außerdem wurden die gesetzlichen Unverfallbarkeitsfristen auf fünf Jahre verkürzt und die Möglichkeiten der Mitnahme von Anwartschaften zu einem neuen Arbeitgeber verbessert. **15**

Durch die Novellierung des Betriebsrentenrechts werden vermutlich insbesondere die externen **kapitalgedeckten Durchführungswege** infolge der Verbesserung der steuerlichen und arbeitsrechtlichen Rahmenbedingungen sowie durch das begleitende Förderkonzept einen **deutlichen Ausbau** erleben. Diese Erwartung hat sich in der Folgezeit insbesondere bei den Pensionskassen bestätigt. Durch zahlreiche Neugründungen hat sich die Zahl der sozialversicherungspflichtigen Arbeitnehmer, die eine Anwartschaft über Pensionskassen erworben haben, von 2001 bis Dezember 2006 mehr als verdoppelt. Zu dieser Entwicklung trägt zusätzlich der Anspruch auf Entgeltumwandlung bei, wonach **16** der Arbeitgeber dem Arbeitnehmer einen Weg zu einer betrieblichen Altersversorgung zu eröffnen hat, ohne dass das Unternehmen die Erhöhung seiner Personalkosten befürchten muss. Dessen ungeachtet kann der Arbeitnehmer von der Effizienz, die sich aus der steuer- und beitragsrechtlichen Behandlung der Umwandlung und der Möglichkeit zur Vereinbarung vorteilhafter Gruppentarife ergibt, gleichfalls profitieren. Machen die Arbeitnehmer von dieser Möglichkeit weiterhin verstärkt Gebrauch, steht ihre Alterssicherung auf einer solideren Basis. Sie ist dann stärker kapitalgedeckt und damit weniger anfällig für konjunkturelle Schwankungen und negative Entwicklungen der Erwerbsbevölkerung.

17 Aufgrund dieser positiven Entwicklung ist in Fachkreisen angenommen worden, dass der Anteil der Arbeitnehmer, die betriebliche Versorgungsleistungen erhalten, auf 70 bis 80 %, vielleicht sogar auf 90 % steigt. Nach verschiedenen Prognosen von Kapitalanlagegesellschaften sollen die Mittel der durch das AVmG geförderten Altersversorgung insgesamt gesehen innerhalb von fünf bis sieben Jahren sogar den derzeitigen Stand der Deckungsmittel der betrieblichen Versorgung verdoppeln. Diese Erwartungen haben sich seit Inkrafttreten des AVmG prinzipiell bestätigt. Bis zum Jahr 2005 belief sich die Zuwachsrate auf jährlich 3 %. 2006 betrug der Zuwachs jedoch nur 1 %. Das kann auf eine gewisse „Sättigung", aber wohl vor allem darauf zurückzuführen sein, dass die Sozialabgabenfreiheit bei der Entgeltumwandlung 2008 auslaufen sollte. Im Ergebnis hat sich der **Verbreitungsgrad** der betrieblichen Altersversorgung somit nicht so rasant verbessert, wie es prognostiziert und wünschenswert gewesen wäre. Immerhin hatten Ende 2006 65 % aller versicherungspflichtig Beschäftigten eine Zusage auf betriebliche Versorgungsleistungen erhalten, was eine Steigerung um 16 % innerhalb von sechs Jahren bedeutet. Umgerechnet in absoluten Zahlen hatten Ende 2006 von den 26,647 Mio. Beschäftigten somit 17,296 Mio. einen Anspruch auf Betriebsrente, und zwar 11,982 Mio. in der Privatwirtschaft und 5,314 Mio. bei Versorgungseinrichtungen des öffentlichen Diensts. Dass die gleichfalls staatlich geförderte Riester-Rente einen Aufschwung erlebt, sei am Rande erwähnt. Die Zahl der Abschlüsse in dieser Versorgungsform hat Ende 2007 die Marke von 10 Mio. überschritten.

18 Die positive Entwicklung der betrieblichen Altersversorgung beruhte in erster Linie auf der **Steuer-** und **Sozialabgabenfreiheit** der **Entgeltumwandlung.** Wie ausgeführt, hatte sich das Wachstum 2006 abgeschwächt, was offensichtlich damit zusammenhängt, dass die Beitragsfreiheit in der Sozialversicherung zum Jahresende 2008 enden sollte. Um dieser Entwicklung entgegenzusteuern, ist mit dem **Gesetz zur Förderung der zusätzlichen Altersvorsorge und zur Änderung des Dritten Buches Sozialgesetzbuch** vom 10.12.2007 die Sozialversicherungsfreiheit der Entgeltumwandlung über das Jahr 2008 unbefristet fortgesetzt worden. Durch das Gesetz, das am 1.1.2009 in Kraft getreten ist, haben vor allem die Tarifvertragsparteien die notwendige Planungssicherheit erhalten. Ansonsten hätten viele Tarifverträge, die mit Blick auf die Beitragsfreiheit abgeschlossen worden sind und die den Kern für eine langfristige Flächendeckung der betrieblichen Altersversorgung gelegt haben, ihre Basis verloren. Hervorzuheben ist insoweit, dass auf der Grundlage der Beitragsfreiheit der Entgeltumwandlung gerade in solchen Branchen bemerkenswerte Fortschritte erreicht wurden, in denen die betriebliche Altersversorgung zuvor nur wenig verbreitet war. Davon profitieren besonders auch Beschäftigte, die nur unterdurchschnittlich verdienen. Die Gefahr, diese sehr positive Entwicklung zu stoppen, ist durch das Gesetz zur Förderung der zusätzlichen Altersvorsorge und zur Änderung des Dritten Buches Sozialgesetzbuch abgewendet worden.

Was die **Interessen** der **Arbeitgeberseite** betrifft, hat der Gesetzgeber bei 19
der Förderungskonzeption des AVmG beachtet, dass es sich bei der betrieblichen Altersversorgung um eine Form des kapitalgedeckten Sicherungssparens handelt, wobei die Entscheidung, ein betriebliches Versorgungswerk einzuführen und die Mittel dafür aufzubringen, beim Unternehmen liegt. Während des Verlaufs des Sparprozesses – also bis zum Eintritt des Versorgungsfalls – sind die angesammelten Mittel gebunden, und zwar entweder an den Betrieb oder an einen externen Träger, dessen sich das Unternehmen zur Durchführung der betrieblichen Altersversorgung bedient.

Der **durchschnittliche Aufwand** für die betriebliche Versorgung beläuft 20
sich auf **5 % der Bruttolohn- und Gehaltssumme.** Die insgesamt angesammelten **Deckungsmittel** betrugen zum Jahresende 2011 500,7 Mrd. €. Auf Pensionsrückstellungen bei Direktzusagen entfielen 264,6 Mrd. €, auf Unterstützungskassen 35 Mrd. €, auf Pensionskassen 119,2 Mrd. €, auf Direktversicherungen 55,7 Mrd. € und auf Pensionsfonds 26,2 Mrd. €. 1990 beliefen sich die entsprechenden Werte für die zuerst genannten vier Durchführungswege in derselben Reihenfolge auf 225 Mrd. DM, 38 Mrd. DM, 80 Mrd. DM und 38 Mrd. DM. Trotz der in den 90er Jahren stagnierenden Ausbreitung der betrieblichen Altersversorgung haben sich die Deckungsmittel in lediglich 16 Jahren verdoppelt. Angesichts der vorstehenden Zahlen und Entwicklungen der letzten Jahre ist auch zukünftig mit einem weiteren Anwachsen der Deckungsmittel zu rechnen.

Im Gegensatz zu anderen Formen des Sicherungssparens fließen zwei Drittel 21
der angesammelten Mittel nicht auf den Kapitalmarkt, sondern **verbleiben** den **Unternehmen für eigene Anlageentscheidungen.** Volkswirtschaftlich handelt es sich also um eine qualitativ hochwertige Sparform, die eine außerordentliche Stetigkeit aufweist und einen langfristigen Charakter hat. Sie trägt dazu bei, die Kapitalausstattung der Unternehmen und damit ihre Investitions- und Wachstumsmöglichkeiten zu verbessern und schafft so die Voraussetzungen für die Erhaltung ihrer Wettbewerbsfähigkeit in der Zukunft. Im Vergleich zu einem Unternehmen ohne intern finanzierte betriebliche Altersversorgung verfügt ein Unternehmen mit betrieblicher Altersversorgung ceteris paribus über eine stärkere Kapitalbasis. Dem Verzicht auf Bildung von Eigenkapital aus dem der vollen Besteuerung unterliegenden Überschuss steht der unmittelbare Liquiditätsgewinn aus den Steuerstundungs- und Steuerminderungseffekten gegenüber sowie der Zinsvorteil, der sich – gleichen Investitionsbedarf vorausgesetzt – ergibt, wenn die ohne Rückstellungsfinanzierung geringere Kapitalausstattung durch Aufnahme von langfristigem Fremdkapital ausgeglichen werden müsste.

II. Inhalt und Bedeutung des Betriebsrentengesetzes

22 Am 22.12.1974 ist das BetrAVG mit seinen wesentlichen Teilen in Kraft getreten. Mit diesem Gesetz sollte die betriebliche Altersversorgung als wichtige Ergänzung der sozialen Sicherung für die begünstigten Arbeitnehmer wirkungsvoller und sicherer gestaltet werden. Seit dem 1.1.1992 sind auch die neuen Bundesländer in dessen Geltungsbereich einbezogen. Das Gesetz bedeutet nicht nur die endgültige Anerkennung der betrieblichen Altersversorgung als zweite Säule im System der sozialen Sicherung der Bundesrepublik Deutschland, sondern stellt auch den ersten **Versuch einer** teilweisen **arbeitsrechtlichen Kodifizierung** eines Rechtsgebiets dar, das – abgesehen vom Steuerrecht und vom Betriebsverfassungsrecht – bisher nicht in gesetzlichen Normen geregelt war, sondern sich auf dem Boden des Privatrechts nach dem Grundsatz der freien vertraglichen Gestaltung entwickelt hatte. Das Gesetz wurde von der Hoffnung und der Erwartung getragen, dass die betriebliche Altersversorgung eine weitere Verbreitung auch bei den Unternehmen findet, deren Mitarbeiter bisher keine betrieblichen Versorgungsleistungen zu erwarten haben.

23 Die arbeitsrechtlichen Vorschriften wurden durch flankierende, auf die einzelnen Formen der betrieblichen Altersversorgung zugeschnittene steuerliche Maßnahmen im steuerrechtlichen Teil des Gesetzes ergänzt. Diese als Anreiz für die Unternehmen zur bereitwilligen Realisierung der arbeitsrechtlichen Auflagen gedachten **steuerrechtlichen Regelungen** entsprachen inhaltlich weitgehend denjenigen, die als Teil der ursprünglichen steuerlichen Lösung im Entwurf für ein EStG 1974 vorgesehen waren.

24 Wie bereits in Rn. 11 f. ausgeführt, ist das **BetrAVG durch** das **AVmG** teilweise **grundlegend modifiziert** worden. Weitere Ergänzungen sind durch das Hüttenknappschaftliche Zusatzversicherungs-Neuregelungs-Gesetz **(HZvNG),** das am 1.7.2002 in Kraft getreten ist, in das Gesetz eingefügt worden. In § 1 BetrAVG werden nunmehr vier zusätzliche Formen vorangestellt, in denen betriebliche Versorgungsleistungen erbracht werden können. Von ihnen bildet der **Anspruch auf Entgeltumwandlung** die wichtigste Neuerung, die im Einzelnen in § 1a BetrAVG geregelt ist. In § 1b BetrAVG werden die **fünf Durchführungswege** vorgestellt, auf denen Versorgungsleistungen gewährt werden können. Zugleich wird in § 1b ebenso wie in den §§ 2 bis 4 BetrAVG die **Unverfallbarkeit** betrieblicher Versorgungsanwartschaften geregelt, d.h. der Wegfall der Verfallbarkeit von Versorgungsanwartschaften unter bestimmten Voraussetzungen beim Ausscheiden des Arbeitnehmers vor Eintritt des in der Versorgungsregelung vorgesehenen Versorgungsfalls (Erreichen der Altersgrenze, Invalidität, Tod). Die kurze Unverfallbarkeitsfrist von fünf Jahren soll nach den Vorstellungen des Gesetzgebers die Mobilität der Arbeitnehmer fördern, dem Charakter der betrieblichen Altersversorgung als Gegenleistung langjähriger Betriebstreue Rechnung tragen und das Vertrauen der Arbeitnehmer in den Bestand des ihnen gegebenen Versorgungsversprechens festigen. Das Lebensalter, in dem bei vorzeitigem Ausscheiden eine unverfallbare Versorgungsanwartschaft erworben werden kann, ist auf die Vollendung des 30. Lebensjahrs und durch das Gesetz zur Förderung der zusätzlichen Altersvorsorge und zur

Änderung des Dritten Buches Sozialgesetzbuch nunmehr erneut auf die Vollendung des 25. Lebensjahrs herabgesetzt worden. Der Gesetzgeber bezweckt mit der Neuregelung, möglichst vielen Beschäftigten, insbesondere jungen Frauen, die vor Vollendung des 30. Lebensjahrs wegen der Kinderbetreuung aus einem Arbeitsverhältnis ausscheiden, ihre Anwartschaft auf betriebliche Versorgungsleistung zu erhalten. Die Regelung ist durch Änderung der §§ 4d und 6a EStG durch Herabsetzung des Lebensalters vom vollendeten 28. auf das 27. Lebensjahr steuerrechtlich flankiert worden.

Wie ein „roter Faden" zieht sich durch alle Bestimmungen des BetrAVG der **25**
gesetzgeberische Wille, die Versorgungsansprüche der Arbeitnehmer bei Eintritt in den Ruhestand und dessen Dauer sicherzustellen. Eine vorzeitige Verwertung widerspricht dem Versorgungszweck. Die in § 3 BetrAVG ausnahmsweise vorgesehene Möglichkeit zur **Abfindung** von Versorgungsanwartschaften ist deshalb durch das am 1.1.2005 in Kraft getretene AltEinkG weiter eingeschränkt und auf laufende Leistungen ausgedehnt worden. Ferner ist durch das AltEinkG § 4 BetrAVG grundlegend geändert worden. Die Möglichkeiten, Versorgungsansprüche zu übertragen, die sog. **Portabilität,** wurden erleichtert. Dem Arbeitnehmer soll damit ermöglicht werden, die ihm im Laufe seines Erwerbslebens zugesagten Betriebsrenten, auf einem betrieblichen Altersversorgungskonto zu konzentrieren. Auf diese Weise kann er der Zerstückelung seiner Ansprüche entgegenwirken; die Gefahr, dass lange zurückliegende Anwartschaften nicht mehr realisiert werden können, wird dadurch zugleich entschärft.

Viele Unternehmen hatten sich nach Einführung der **flexiblen Alters-** **26**
grenze in der gesetzlichen Rentenversicherung durch das RRG vom 16.10. 1972, geändert durch das 4. Rentenversicherungs-Änderungsgesetz vom 30.3. 1973, bereits zur Zahlung einer vorgezogenen betrieblichen Altersrente entschieden. Sie wollten das sozialpolitische Ziel des flexiblen Altersruhegelds in der gesetzlichen Rentenversicherung, dem Mitarbeiter einen gleitenden Übergang in den Ruhestand zu ermöglichen, unterstützen. Für diese Unternehmen brachte § 6 BetrAVG nichts Neues. Danach sind in Zukunft alle Versorgungsträger verpflichtet, jedem Arbeitnehmer, der die Wartezeit und die sonstigen Leistungsvoraussetzungen erfüllt hat, auch dann Leistungen der betrieblichen Altersversorgung zu gewähren, wenn er das Altersruhegeld in voller Höhe vor Vollendung des 65. Lebensjahrs aus der gesetzlichen Rentenversicherung in Anspruch nimmt. Die Heraufsetzung des Rentenalters auf die Vollendung des 67. Lebensjahrs durch das RV-Altersgrenzenanpassungsgesetz vom 20.4.2007 hat hieran grds. nichts geändert.

Die betriebliche Altersversorgung ist durch eine außerordentliche Vielgestal- **27**
tigkeit der Versorgungszusagen gekennzeichnet. Da die Funktion der betrieblichen Altersversorgung in der **Ergänzung der Sozialversicherungsrente** und sogar in deren partieller Ersetzung besteht, wird in zahlreichen Versorgungszusagen die Sozialversicherung mittelbar – bei der Prüfung des Versorgungsbedarfs – oder unmittelbar berücksichtigt. Man spricht insoweit von sozialversicherungsabhängigen Betriebsrenten.

§ 5 Abs. 1 BetrAVG bestimmt, dass bei Eintritt des Versorgungsfalls festge- **28**
setzte Leistungen nicht mehr dadurch gemindert oder entzogen werden dürfen, dass andere Leistungen, die auf die betriebliche Altersversorgung angerechnet

werden, an die wirtschaftliche Entwicklung angepasst werden. Dem **Auszehrungsverbot** liegt die Überlegung zugrunde, dass der Versorgungsgedanke Kürzungen dann nicht rechtfertigt, wenn sie dazu führen, dass die Dynamisierung sozialer Leistungen, wie z.B. die Anpassung der Leistungen aus der gesetzlichen Rentenversicherung, entgegen ihrem Sinn und Zweck nicht den Empfängern zugute kommt, sondern den Arbeitgebern. § 5 Abs. 2 BetrAVG beschränkt die Anrechnung der auf eigenen Beiträgen des Versorgungsempfängers beruhenden anderen Versorgungsbezüge. Hiervon werden die Renten aus der gesetzlichen Rentenversicherung, soweit sie auf Pflichtbeiträgen beruhen, sowie Versorgungsbezüge, die mindestens zur Hälfte durch Beiträge oder Zuschüsse des Arbeitgebers aufgebracht werden, ausgenommen. Das **Verbot der Anrechnung** von auf eigenen Beiträgen beruhenden Versorgungsbezügen soll gewährleisten, dass solche Versorgungen, die nicht mindestens zur Hälfte durch Beiträge und Zuschüsse der Arbeitgeber mitfinanziert worden sind, nicht zu einer Kürzung der Leistung der betrieblichen Altersversorgung führen dürfen.

29 Nach § 16 BetrAVG hat der Arbeitgeber alle drei Jahre eine **Anpassung der laufenden Leistungen** der betrieblichen Altersversorgung zu prüfen und hierüber nach billigem Ermessen zu entscheiden; dabei sind insbesondere die Belange des Versorgungsempfängers und die wirtschaftliche Lage des Arbeitgebers zu berücksichtigen (vgl. auch BAG vom 28.5.2013 – 3 AZR 125/11 – NZA-RR 2013, 598). Die Einbindung des Versorgungsschuldners in einen Konzern kann jedoch u.U. dazu führen, dass sich der Versorgungsschuldner die günstige wirtschaftliche Lage eines anderen konzernangehörigen Unternehmens zurechnen lassen muss (sog. Berechnungsdurchgriff; BAG vom 15.1.2013 – 3 AZR 638/10 – DB 2013, 1368). Auch wenn § 16 BetrAVG für die Unternehmen besonders belastend ist und die finanziellen Folgen durch die Rechtsprechung noch verstärkt worden sind, muss die Werterhaltung betrieblicher Versorgungsleistungen noch unter anderen Gesichtspunkten gesehen werden. Festrentenzusagen oder Zusagen mit nominell steigenden Ruhegeldanwartschaften sind ebenso von der allgemeinen wirtschaftlichen Entwicklung betroffen wie die laufenden Betriebsrenten. Der Gesetzgeber hat sich mit guten Gründen darauf beschränkt, die Werterhaltung der Versorgungsleistungen nach Eintritt des Versorgungsfalls, also nach Eintritt des aktiven Arbeitnehmers in den Ruhestand, zu regeln. Dabei ging es dem Gesetzgeber einmal um die nominelle Werterhaltung der Versorgungsleistungen zum Zeitpunkt des Ausscheidens des Arbeitnehmers sowie um die nominale und reale Werterhaltung während des Rentenbezugs. Andererseits sollte die wirtschaftliche Substanz der Unternehmen nicht durch die Erhöhung der laufenden Versorgungsleistungen gefährdet werden. Aus diesem Grund darf der Arbeitgeber bei der Anpassungsentscheidung auch seine wirtschaftliche Lage berücksichtigen. Vornehmlich die für die Anpassungsprüfung maßgeblichen **Begriffe** „Belange des Versorgungsempfängers" und „wirtschaftliche Lage des Arbeitgebers" waren ausfüllungsbedürftig; wie vielfältige Kontroversen zeigen, waren sie **kaum justitiabel.** Diese Probleme hat der Gesetzgeber mit der Novellierung des BetrAVG durch das RRG 1999 und durch das AVmG weitgehend beseitigt. Die Anpassung laufender Versorgungsleistungen ist seitdem für die Arbeitgeber besser kalkulierbar. Bedauerlich ist allerdings, dass die besonders gewichtigen Bestimmungen des neu geregelten § 16 BetrAVG nur für laufende Leistungen gelten, die auf Zusagen beruhen, die nach dem 31.12.1998 erteilt wurden und werden.

Wenn die Aufgabe des Gesetzes darin bestehen soll, die betriebliche Altersversorgung als eine wertvolle Ergänzung der Sozialversicherung für die Arbeitnehmer und Versorgungsempfänger wirkungsvoller und sicherer zu gestalten und damit das Vertrauen der Arbeitnehmer in den Bestand ihrer betrieblichen Altersversorgung zu stärken, mussten auch Vorkehrungen für den Fall getroffen werden, dass der Arbeitgeber wegen Zahlungsunfähigkeit nicht mehr in der Lage ist, die Betriebsrenten auszuzahlen. Mit den Vorschriften der §§ 5 bis 7 BetrAVG zur **Insolvenzsicherung** waren drei Hauptprobleme zu lösen: der Umfang der Sicherung bei gleichzeitiger Vermeidung eines Missbrauchs des Insolvenzschutzes, die Finanzierungstechnik und die Organisation. 30

Der **Pensions-Sicherungs-Verein auf Gegenseitigkeit** (PSVaG) in Köln hat in den 40 Jahren seines Bestehens seine Aufgaben für alle Betroffenen in der Gesamtschau in hervorragender Weise gelöst. Unter seinem Schutz stehen nach den Ende 2012 maßgeblichen Zahlen ca. 10,5 Mio. Versorgungsberechtigte aus ca. 93.000 Unternehmen. Der kapitalisierte Wert der geschützten betrieblichen Altersversorgung hat ein Volumen von 304 Mrd. €. Seit 1975 musste der PSVaG bei 14.213 Sicherungsfällen eintreten. Nach Insolvenz des Arbeitgebers werden dem PSVaG 1.333.130 Versorgungsberechtigte Rentner und Anwärter gemeldet. 31

Die Beiträge an den PSVaG werden ausschließlich von der Arbeitgeberseite im Wege des Rentenwertumlageverfahrens aufgebracht. Eine Vorausfinanzierung der Versorgungsanwartschaften fand bislang nicht statt. Um das Risiko für die den PSVaG finanzierenden Arbeitgeber abzufedern, ist mit dem **Gesetz zur Änderung des Betriebsrentengesetzes** und anderer Gesetze vom 2.12.2006 die Insolvenzsicherung auf **volle Kapitaldeckung** umgestellt worden, wobei die Nachfinanzierung der Deckungslücke auf 15 Jahre verteilt wurde. 32

Die im arbeitsrechtlichen Teil des BetrAVG enthaltenen Regelungen hat der Gesetzgeber mit der Novellierung durch das RRG 1999 durch flankierende steuerrechtliche Maßnahmen unterstützt. Aufgrund der Erkenntnis, dass die gesetzliche Verankerung der verschiedenen Reformen mit zusätzlichen Belastungen für die Unternehmen verbunden ist, sollte mit Hilfe des **Steuerrechts** eine gewisse Entlastung geschaffen und insbesondere die vom Gesetz gewollte weitere Verbreitung der betrieblichen Altersversorgung gefördert werden. Zu diesem Zweck wurde die steuerrechtliche Behandlung der Aufwendungen für die betriebliche Altersversorgung noch stärker an die Finanzierungsmöglichkeiten der Unternehmen angepasst und damit die Finanzierung der Ende 2007 gemeldeten 17.213 unverfallbaren Versorgungsanwartschaften erleichtert. Darüber hinaus wurde die Lohnbesteuerung der Beiträge für eine Direktversicherung und der Zuwendungen an eine Pensionskasse günstiger gestaltet. Neben diesen Verbesserungen in der steuerrechtlichen Behandlung der Aufwendungen für die betriebliche Altersversorgung enthält das Gesetz jedoch auch einige Bestimmungen, so etwa bei der Unterstützungskasse, die eine Verschlechterung der Zuwendungsmöglichkeiten darstellen. 33

Durch die Aufnahme der betrieblichen Altersversorgung in das staatliche Förderkonzept haben sich **im Bereich des Steuerrechts** für die Arbeitgeber- und Arbeitnehmerseite **nach Inkrafttreten des AVmG** zahlreiche **bedeutsame** 34

Änderungen ergeben. Die Absenkung des Altersfinanzierungsbeginns führt zu einer früheren und verbesserten Vorfinanzierung der Versorgungsverpflichtungen durch höhere Pensionsrückstellungen, wobei die sofortige Rückstellungsbildung ohne untere Altersgrenze bei Entgeltumwandlung in Form der unmittelbaren Zusage für die Arbeitgeber besonders vorteilhaft ist. Beiträge an den Pensionsfonds dürfen vom Trägerunternehmen steuerlich als Betriebsausgaben abgezogen werden, soweit sie auf einer festgelegten Verpflichtung beruhen oder soweit sie der Abdeckung von Fehlbeträgen des Fonds dienen. Für die Arbeitnehmerseite sind von besonderem Gewicht die Steuerfreistellung von Arbeitgeberbeiträgen an Pensionskassen und Pensionsfonds sowie die staatliche Förderung von Beiträgen an eine Pensionskasse, einen Pensionsfonds oder eine Direktversicherung durch Zulagen bzw. einen Sonderausgabenabzug, wobei die Prüfung, ob die Zulage oder der Sonderausgabenabzug für den Steuerpflichtigen günstiger ist, von Amts wegen vorgenommen wird. Im Ergebnis ist somit festzuhalten, dass die im AVmG enthaltenen Änderungen im Bereich des Steuerrechts der betrieblichen Altersversorgung wichtige Impulse für den Ausbau dieses Versorgungssystems geben. Aus Arbeitnehmersicht ist insbesondere positiv zu vermerken, dass weitere Schritte in die nachgelagerte Besteuerung vollzogen wurden, die mit der im **AltEinkG** nunmehr generell normierten nachgelagerten Besteuerung ihren Abschluss gefunden haben. Auch für die Durchführung der Altersversorgung im Wege der Direktversicherung gilt künftig grds. die nachgelagerte Besteuerung der ausgezahlten Versorgungsleistungen. Gleichzeitig fällt die Pauschalierungsmöglichkeit für Direktversicherungsbeiträge für nach dem 31.12.2004 erteilte Versorgungszusagen weg. Für zum 1.1.2005 bereits bestehende Verträge gilt eine Übergangsregelung.

III. Positive Gesamtbilanz

35 Obgleich die Dynamik in der Verbreitung der betrieblichen Altersversorgung seit Anfang der 80er Jahre gedämpft und in den 90er Jahren rückläufig war, sind die Erfolge – auch seit Verabschiedung des BetrAVG – noch immer beeindruckend. Trotz teilweise unzureichender steuerlicher Möglichkeiten haben sich seit Inkrafttreten des Gesetzes die angesammelten Deckungsmittel für die Versorgungsverpflichtungen bis heute vervielfacht. Mit einem Volumen von rund 500,7 Mrd. € 2011 erreicht das Betriebsrentenkapital eine imponierende Höhe. Eine Besonderheit dieser Form des zwangsweisen Sparens besteht darin, dass rund zwei Drittel der angesammelten Mittel nicht, wie bei anderen Formen des Sparens üblich, auf den Kapitalmarkt fließen, sondern von den Unternehmen aufgrund ihrer eigenen Investitionsentscheidung verwendet werden. Für die weitere Zukunft der betrieblichen Altersversorgung wird es besonders bedeutsam sein, inwieweit die betrieblichen Altersversorgungssysteme den **veränderten wirtschaftlichen und politischen Rahmenbedingungen** standhalten werden. Die Erhaltung betrieblicher Versorgungsleistungen bedarf gemeinsamer Anstrengungen durch Arbeitgeber und ihrer Berater sowie der Arbeitnehmer und der sie vertretenden Betriebsräte, Verbände und Gewerkschaften. Ebenso sollten Gesetzgebung und Rechtsprechung dafür Sorge tragen, die Gestaltungs-

spielräume für Leistungen der betrieblichen Altersversorgung nicht mehr als notwendig zu verengen. Die Novellierung des BetrAVG durch das RRG 1999 und vor allem die Neuregelungen durch das AVmG **mit den zusätzlichen Erweiterungen seitens des HZvNG** und den **Änderungen** durch das **Alt-EinkG** sowie die Stabilisierung der Entgeltumwandlung durch das Gesetz zur Förderung der zusätzlichen Altersvorsorge und zur Änderung des Dritten Buches Sozialgesetzbuch beinhalten bedeutsame Schritte in eine zukunftsweisende Richtung. Nur die dadurch zum Ausdruck gekommene Grundhaltung aller Beteiligten wird dazu führen, dass auch Arbeitnehmer in den neuen Bundesländern künftig verstärkt in den Genuss betrieblicher Versorgungsleistungen kommen werden. Die Entwicklung in den letzten Jahren ist ermutigend, stieg doch der Anteil der in der Privatwirtschaft mit einer Zusage auf betriebliche Altersversorgung Beschäftigten erheblich.

Die politischen Rahmenbedingungen für die betriebliche Altersversorgung 36
werden in zunehmendem Maße von der **europäischen Rechtsentwicklung** geprägt. Die Rechtsprechung des EuGH zur Entgeltgleichheit für Männer und Frauen nach Art. 141 (früher Art. 119) EG beeinflusst bereits seit einiger Zeit auch das Recht der betrieblichen Altersversorgung; die Einbeziehung der Altersgrenzen in den Begriff der Entgeltgleichheit durch die Entscheidung des EuGH vom 17.5.1990 hat in allen Staaten der EU zu großer Verunsicherung geführt, die sicher nur partiell durch das auf der Konferenz von Maastricht beschlossene Protokoll zu Art. 119 EG-Vertrag und die Barber-Folgeentscheidungen des EuGH gelöst werden. Auch das Gesetz zur Verwirklichung des Grundsatzes der Gleichbehandlung vom 14.8.2006 (AGG), mit dem vier Richtlinien des Rates umgesetzt wurden, ist nicht ohne Einfluss auf die betriebliche Altersversorgung geblieben.

Gleichfalls ist noch nicht abzusehen, welche Einflüsse von den Bestrebungen 37
zur Harmonisierung betrieblicher Zusatzversorgungssysteme auf EU-Ebene ausgehen werden. So wird z.B. in Großbritannien im Anschluss an den zutage getretenen Missbrauch von Aufsichtsfunktionen in ausgelagerten Pensionsfonds durch Manager eines Unternehmens (sog. Maxwell-Affäre) an eine Verbesserung der Aufsicht, u.U. auch an eine partielle Übernahme des deutschen Insolvenzsicherungssystems gedacht. Viel wird davon abhängen, inwieweit die EU-Mitgliedstaaten die Bereitschaft mitbringen, einerseits nationale Eigenheiten zu akzeptieren und andererseits Vorzüge fremder Versorgungssysteme vorsichtig zu adaptieren; eine Frage, die sich verstärkt nach der Erweiterung der EU stellt. Insofern wird es in Zukunft auch die Aufgabe der Träger betrieblicher Versorgungsleistungen sein, unseren EU-Partnern die – bei aller möglichen Kritik im Detail – positive Gesamtbilanz der betrieblichen Altersversorgung in Deutschland zu vermitteln.

Zur positiven Gesamtbilanz aus deutscher Sicht hat zudem beigetragen, dass 38
der Gesetzgeber die **persönliche Haftung von Unternehmern** für von den Unternehmen eingegangene Versorgungsverpflichtungen durch das Nachhaftungsbegrenzungsgesetz (NachhBG) **beschränkt** hat. Das Gesetz gilt hinsichtlich aller nach dem 26.3.1994 begründeten Verpflichtungen. Entscheidend ist also, ob die Verbindlichkeit vor oder nach diesem Zeitpunkt entstanden ist, wobei die Erteilung dieser Versorgungszusage als maßgeblicher Zeitpunkt anzuse-

hen ist. Auch der persönlich haftende Gesellschafter, der in die Position des geschäftsführenden Kommanditisten einer GmbH & Co. KG getreten ist oder tritt, wird von der Enthaftung erfasst. Hinzuweisen ist schließlich auch noch auf das neue Umwandlungsrecht, das am 1.1.1995 in Kraft getreten ist. Die Tatsache, dass Altersversorgungsansprüche wegen § 4 BetrAVG nicht vertraglich zugeordnet werden können, hat viele Betriebsverkäufe und Betriebsübernahmen erschwert. Hierzu gibt das Umwandlungsrecht die Möglichkeit, über eine Spaltung Altersversorgungsverpflichtungen einem an diesem Vorgang beteiligten Rechtsträger zuzuordnen. Allerdings haften die Rechtsträger, denen die Verbindlichkeiten im Spaltungs- und Übernahmevertrag nicht zugewiesen worden sind, für vor dem Wirksamwerden der Spaltung begründete Versorgungsverpflichtungen aufgrund des BetrAVG ggf. bis zum Ablauf von zehn Jahren nach der Spaltung.

39 Die Alterssicherungssysteme in Deutschland haben die Wirtschafts- und Finanzkrise besser gemeistert als die Systeme in anderen Ländern Europas. Das gilt insbesondere auch für die betriebliche Altersversorgung, deren betriebliche Versorgungssysteme grds. funktioniert haben. Der hierfür erforderliche PSVaG-Beitrag ist auf ein akzeptables Niveau zurückgekehrt. Die strategischen Instrumente zur Finanzmarktregulierung, z.B. die Gesetze zur Stärkung der Finanzmarktaufsicht, zur Angemessenheit der Vorstandsvergütung und über die aufsichtsrechtlichen Anforderungen an die Vergütungssysteme von Instituten und Versicherungsunternehmen, zielen auf stabilere Verhältnisse in den Finanzmärkten. Dies gilt insbesondere für die zum 1.1.2011 errichtete neue europäische Aufsichtsbehörde für die Bereiche Versicherungswesen und betriebliche Altersversorgung (EIOPA). Allerdings könnten den betrieblichen Altersversorgungssystemen weitere Herausforderungen insbesondere aus dem europäischen Rechtssystem bevorstehen, z.B. aus der geplanten EU-Pensionsfondsrichtlinie und der EU-Pensionsrichtlinie (RL 2003/41/EG des Europäischen Parlaments und des Rates über die Tätigkeiten und die Beaufsichtigung von Einrichtungen der betrieblichen Altersversorgung), wenn Bestrebungen, die Direktzusage einzubeziehen und eine bessere Eigenkapitalausstattung für Pensionsfonds – ohne Berücksichtigung der nationalen Besonderheiten in Deutschland – Erfolg haben sollten. Entsprechendes könnte sich unter dem Stichwort „Portabilität" ergeben, vgl. Grünbuch der Europäischen Kommission zu den Pensions- und Rentensystemen. Des Weiteren ist die Entwicklung hinsichtlich des Richtlinienvorschlags über „Mindestvorschriften zur Erhöhung der Mobilität von Arbeitnehmern durch Verbesserung der Begründung und Wahrung von Zusatzrentenansprüchen" und der mögliche Einfluss auf die Unverfallbarkeitsgrenzen zu beobachten. Der nationale Gesetzgeber sieht insbesondere das Thema „Altersarmut" in den Fallgruppen „Geringverdiener" und „Erwerbsminderungsfälle" als regelungsbedürftig an. Es bleibt zudem abzuwarten, welche Auswirkungen die Pläne der neuen Bundesregierung bezüglich der sog. „Mütterrente" und der Möglichkeit der abschlagsfreien Inanspruchnahme gesetzlicher Rente mit Vollendung des 63. Lebensjahres bei zugleich 45 Versicherungsjahren auf die betriebliche Altersversorgung haben werden. Es steht jedoch außer Frage, dass die betrieblichen Altersversorgungssysteme auch diese Herausforderungen erfolgreich bewältigen werden.

Betriebsrentengesetz (BetrAVG)

Vom 19. Dezember 1974 (BGBl. I S. 3610)

Zuletzt geändert durch Art. 3 des Gesetzes vom 23. Juni 2014 (BGBl. I S. 787)

BGBl. III/FNA 800-22-1

Erster Teil. Arbeitsrechtliche Vorschriften

Erster Abschnitt. Durchführung der betrieblichen Altersversorgung

§ 1 Zusage des Arbeitgebers auf betriebliche Altersversorgung

(1) [1]Werden einem Arbeitnehmer Leistungen der Alters-, Invaliditäts- oder Hinterbliebenenversorgung aus Anlass seines Arbeitsverhältnisses vom Arbeitgeber zugesagt (betriebliche Altersversorgung), gelten die Vorschriften dieses Gesetzes. [2]Die Durchführung der betrieblichen Altersversorgung kann unmittelbar über den Arbeitgeber oder über einen der in § 1b Abs. 2 bis 4 genannten Versorgungsträger erfolgen. [3]Der Arbeitgeber steht für die Erfüllung der von ihm zugesagten Leistungen auch dann ein, wenn die Durchführung nicht unmittelbar über ihn erfolgt.

(2) Betriebliche Altersversorgung liegt auch vor, wenn

1. der Arbeitgeber sich verpflichtet, bestimmte Beiträge in eine Anwartschaft auf Alters-, Invaliditäts- oder Hinterbliebenenversorgung umzuwandeln (beitragsorientierte Leistungszusage),
2. der Arbeitgeber sich verpflichtet, Beiträge zur Finanzierung von Leistungen der betrieblichen Altersversorgung an einen Pensionsfonds, eine Pensionskasse oder eine Direktversicherung zu zahlen und für Leistungen zur Altersversorgung das planmäßig zuzurechnende Versorgungskapital auf der Grundlage der gezahlten Beiträge (Beiträge und die daraus erzielten Erträge), mindestens die Summe der zugesagten Beiträge, soweit sie nicht rechnungsmäßig für einen biometrischen Risikoausgleich verbraucht wurden, hierfür zur Verfügung zu stellen (Beitragszusage mit Mindestleistung),
3. künftige Entgeltansprüche in eine wertgleiche Anwartschaft auf Versorgungsleistungen umgewandelt werden (Entgeltumwandlung) oder
4. der Arbeitnehmer Beiträge aus seinem Arbeitsentgelt zur Finanzierung von Leistungen der betrieblichen Altersversorgung an einen Pensionsfonds, eine Pensionskasse oder eine Direktversicherung leistet und die Zusage des Arbeitgebers auch die Leistungen aus diesen Beiträgen umfasst; die Regelungen für Entgeltumwandlung sind hierbei entsprechend anzuwenden, soweit die zugesagten Leistungen aus diesen Beiträgen im Wege der Kapitaldeckung finanziert werden.

Übersicht

1. Rechtslage vor dem Betriebsrentengesetz

1 In der Vergangenheit wurde die betriebliche Altersversorgung oftmals als „goldene Fessel“ empfunden. Generelle Anspruchsvoraussetzung für betriebliche Versorgungsleistungen war das Bestehen des Arbeitsverhältnisses bis zum Eintritt eines vertraglich vorgesehenen Versorgungsfalls.

2 Dieser Vertragsgestaltung hat das BAG bereits vor Inkrafttreten des Gesetzes Schranken gesetzt. Nach der Grundsatzentscheidung vom 10.3.1972 (BAG vom 10.3.1972 – 3 AZR 278/71 – DB 1972, 1486) und den Folgeentscheidungen blieb einem Arbeitnehmer, der mehr als 20 Jahre einem Betrieb angehört hat und bei dem das Arbeitsverhältnis vor dem 65. Lebensjahr beendet worden ist, die bis zu seinem Ausscheiden erdiente Versorgungsanwartschaft erhalten. Die **richterliche Unverfallbarkeit** entstand bei einem Ausscheiden vor dem 22.12.1974 (Inkrafttreten des BetrAVG) unter unterschiedlichen Vor-

aussetzungen. Erfolgte das Ausscheiden zwischen dem 1.1.1969 und dem 10.3.1972, war es neben der Erfüllung der 20-Jahres-Frist erforderlich, dass der Arbeitnehmer die Aufrechterhaltung seiner unverfallbaren Anwartschaft beim Ausscheiden ausdrücklich verlangt hat. Erfolgte das Ausscheiden zwischen dem 10.3.1972 und dem 22.12.1974, war lediglich die Erfüllung der 20-jährigen Betriebszugehörigkeit Anspruchsvoraussetzung. Eine weitere Verkürzung der Unverfallbarkeit von Versorgungsanwartschaften nach Inkrafttreten des BetrAVG von weniger als 20 Jahren im Wege weiterer Rechtsfortbildung hat das BAG abgelehnt. Hatte der Arbeitnehmer bei seinem Ausscheiden vor Inkrafttreten des Gesetzes weder das in der Versorgungsordnung vorgesehene Mindestalter noch eine Betriebszugehörigkeit von 20 Jahren erreicht, war seine Versorgungsanwartschaft verfallen (BAG vom 11.12.2001 – 3 AZR 334/00 – DB 2002, 2335).

Grds. unterliegen auch richterlich unverfallbare Versorgungsanwartschaften dem Insolvenzschutz der §§ 7 ff. (BGH vom 7.7.1986 – II ZR 238/85 – BB 1987, 199; BAG vom 20.1.1987 – 3 AZR 503/85 – DB 1987, 1793; bestätigt durch BVerfG vom 10.3.1988 – 1 BvR 1118/86 und 915/87 – AP Nr. 34a und 38a zu § 7 BetrAVG). Dies gilt auch für unverfallbare Anwartschaften auf Leistungen einer **Unterstützungskasse** (BAG vom 24.1.1989 – 3 AZR 519/88 – DB 1989, 1291). Ist das Arbeitsverhältnis vor Inkrafttreten des BetrAVG begründet worden und der Versorgungsfall vorher eingetreten (Altfälle) oder ist die Versorgungszusage vor Inkrafttreten des Gesetzes erteilt worden, der Versorgungsfall aber erst nach seiner Geltung eingetreten (Übergangsfälle), bestehen insoweit **erleichterte Widerrufsmöglichkeiten** bei Vorliegen triftiger Gründe und vorzeitiger Einschaltung des PSVaG (BVerfG vom 19.10.1983 – 2 BvR 298/81 – DB 1984, 190; BVerfG vom 14.1.1987 – 1 BvR 1052/79 – DB 1987, 638). 3

2. Grundbegriff der betrieblichen Altersversorgung

§ 1 definiert in Abs. 1 S. 1 den Grundbegriff der betrieblichen Altersversorgung. Gegenüber der bisherigen Regelung hat er im Wesentlichen keine Änderung erfahren. 4

Zugleich enthält § 1 einige **Klarstellungen.** Aus der Verweisung in Abs. 1 S. 2 auf § 1b Abs. 2 bis 4 ist abzuleiten, dass insgesamt nur **fünf Durchführungswege** für die betriebliche Altersversorgung zur Verfügung stehen. Weiter wird in Abs. 1 S. 3 normiert, dass unabhängig von der Durchführungsform immer eine arbeitsrechtliche **Grundverpflichtung des Arbeitgebers** zur Erbringung der zugesagten Leistungen besteht. 5

Voraussetzung ist jedoch, dass die zugesagten Versorgungsansprüche dazu dienen, die Versorgung des Arbeitnehmers nach dessen Ausscheiden aus dem Beruf oder aus dem Erwerbsleben zu sichern. Zusammengefasst gehören mithin zu den Merkmalen einer betrieblichen Altersversorgung das Versprechen einer **Leistung zum Zweck der Versorgung,** ein den **Versorgungsanspruch auslösendes biologisches Ereignis** wie Alter, Invalidität oder Tod sowie die Zusage an einen Arbeitnehmer durch einen Arbeitgeber **aus Anlass des Arbeitsverhältnisses** (BAG vom 18.2.2003 – 3 AZR 81/02 – DB 2003, 2395; 6

BAG vom 18.3.2003 – 3 AZR 313/02 – DB 2004, 1262; BAG vom 8.5.1990 – 3 AZR 121/89 – DB 1990, 2375). Erfasst werden vom Gesetz alle in Form von wiederkehrenden Geldzahlungen vorgesehenen Leistungen und Kapitalleistungen sowie u.U. Naturalleistungen. Auch Sach- und Nutzungsleistungen, z.B. Hausbrandleistungen, sowie im Ruhestand gewährte Personalrabatte und die Erstattung von Energiekosten auf der Grundlage einer Betriebsvereinbarung können Leistungen der betrieblichen Altersversorgung sein (BAG vom 16.3.2010 – 3 AZR 594/09 – DB 2010, 1834).

7 **a) Gestaltungs- und Vertragsfreiheit.** Bei der betrieblichen Altersversorgung handelt es sich, mit Ausnahme des Entgeltumwandlungsanspruchs des Arbeitnehmers (§ 1a), um eine **freiwillige Leistung.** Der **Gestaltungsfreiheit** des Arbeitgebers sind nur wenige Grenzen gesetzt. Da es keine umfassende Regelung der betrieblichen Altersversorgung gibt, sind anderweitig kodifizierte Bestimmungen ergänzend heranzuziehen. Aufgrund der Mitgliedschaft Deutschlands in der EU und der damit verbundenen Mitgliedschaft in der EG sind auch europarechtliche Normen zu berücksichtigen. Das direkt auf dem EG-Vertrag oder auf Verordnungen beruhende Europarecht gilt unmittelbar in jedem Mitgliedstaat. Aber auch EU-Richtlinien und (EU-Direktiven) sind für die einzelnen Mitgliedstaaten verbindlich. Außerdem sind neben dem BetrAVG u.a. die die betriebliche Altersversorgung tangierenden Bestimmungen des GG, des BGB mit dem Allgemeinen Vertragsrecht, das AGG sowie das Tarif- und Betriebsverfassungsrecht zu beachten.

8 Für die betriebliche Altersversorgung gilt der Grundsatz der **Vertragsfreiheit.** Der Arbeitgeber ist zu ihrer Einführung nicht verpflichtet. Er kann frei darüber befinden, ob und in welchem Umfang er Mittel für eine betriebliche Altersversorgung zur Verfügung stellen will (BAG vom 10.3.1972 – 3 AZR 278/71 – DB 1972, 1486). Entschließt sich der Arbeitgeber zur Einführung eines Versorgungswerks, kann er entscheiden, welchen Personenkreis er zu versorgen gedenkt und auf welchem Durchführungsweg Leistungen erbracht werden sollen.

9 Der **Grundsatz** der Vertragsfreiheit hat nach der Neuregelung des BetrAVG **durch** das **AVmG** nicht mehr uneingeschränkte Gültigkeit. Der Arbeitnehmer hat nunmehr gegenüber dem Arbeitgeber einen Rechtsanspruch auf betriebliche Altersversorgung. Auch wenn der Anspruch gem. § 1a nur im Wege der Entgeltumwandlung verwirklicht werden kann, ist die Vertragsfreiheit **eingeschränkt.** Der Fürsorgegedanke der betrieblichen Altersversorgung wird in den Hintergrund gedrängt. Dagegen erhält der Arbeitnehmer die Chance, eigene Schwerpunkte in der Lohnverwendung zu setzen. Damit wird auf die Eigenverantwortung der Beschäftigten und den Entgeltcharakter der betrieblichen Altersversorgung verstärkt abgehoben.

10 **b) Elemente der Versorgungszusage.** Vom BetrAVG werden alle in Form von wiederkehrenden Geldzahlungen, Kapitalzahlungen und u.U. als Naturalleistungen vorgesehenen Leistungen erfasst. Voraussetzung ist jedoch, dass die zugesagten Rentenansprüche dazu dienen, die Versorgung des Arbeitnehmers nach dessen Ausscheiden aus dem Beruf oder aus dem Erwerbsleben zu sichern und dass auch im Übrigen die Kriterien des § 1 erfüllt sind.

Zu den Merkmalen einer betrieblichen Altersversorgung gehört einmal das Versprechen einer **Leistung zum Zweck der Versorgung.** Auch bereits ab dem Alter 60 zugesagte Leistungen erfüllen die Voraussetzungen einer betrieblichen Versorgung (BAG vom 17.9.2008 – 3 AZR 865/06 – BB 2009, 840). Leistungsempfänger können nach § 17 Abs. 1 S. 2 auch Personen, die nicht Arbeitnehmer sind, sein, wenn ihnen Leistungen der betrieblichen Altersversorgung aus Anlass ihrer Tätigkeit für ein Unternehmen zugesagt worden sind (zu Einzelheiten vgl. § 17 Rn. 5 ff.). Versorgungszusagen an Unternehmer unterliegen dagegen nicht dem Geltungsbereich des BetrAVG. Für den Lauf der Unverfallbarkeit bedeutet dies, dass z.B. der Wechsel von einer Arbeitnehmerstellung in eine Unternehmerstellung zu einem Abbruch der Frist führt. Bei einem derartigen Statuswechsel wird nur die Zeit der Arbeitnehmertätigkeit vom persönlichen Geltungsbereich nach § 17 erfasst (BGH vom 4.5.1981 – II ZR 100/80 – BB 1981, 1276). 11

Zweitens muss die Zusage aus **Anlass eines Arbeitsverhältnisses** erfolgt sein (BAG vom 8.5.1990 – 3 AZR 121/89 – DB 1990, 2375; BAG vom 26.6.1990 – 3 AZR 641/88 – DB 1990, 2475). Es kommt deshalb darauf an, ob im Zeitpunkt der Zusage ein Arbeitsverhältnis bestanden hat. Auch ein Leiharbeitnehmer nimmt an einem beim Entleiher durch Betriebsvereinbarung begründeten betrieblichen Versorgungswerk teil, wenn während der Geltung der Betriebsvereinbarung aufgrund der Bestimmungen des AÜG ein Arbeitsverhältnis zwischen Entleiher und Leiharbeitnehmer bestand (BAG vom 18.2.2003 – 3 AZR 160/02 – DB 2003, 2181). Eine Altersversorgung ist nicht aus Anlass des Arbeitsverhältnisses oder der Tätigkeit für ein Unternehmen zugesagt, wenn eine GmbH nur ihren Gesellschaftern eine Versorgung verspricht und wenn deren Art und Höhe bei Beschäftigten, die nicht Gesellschafter sind, wirtschaftlich nicht vertretbar wäre (BAG vom 25.1.2000 – 3 AZR 769/98 – DB 2001, 2102). Nach diesen Kriterien sind gleichfalls **Zusagen an den Ehegatten** des Arbeitnehmers zu beurteilen. Auch die Mitarbeit von **Familienmitgliedern** eines persönlich haftenden Gesellschafters in einer oHG oder KG kann Gegenstand eines Arbeitsvertrags sein. Aus Anlass dieser Arbeitsverhältnisse können Leistungen aus der betrieblichen Altersversorgung zugesagt werden. Um Missbrauch zu verhindern, werden der schriftliche Abschluss und der tatsächliche Vollzug eines Vertrags verlangt, der die übrigen Regelungen eines Arbeitsverhältnisses enthalten muss (BAG vom 20.7.1993 – 3 AZR 99/93 – DB 1994, 51). 12

Schließlich muss der **Versorgungsanspruch durch** ein **biologisches Ereignis** wie Alter, Invalidität oder Tod **ausgelöst sein** (BAG vom 8.5.1990 – 3 AZR 121/89 – DB 1990, 2375; BAG vom 26.6.1990 – 3 AZR 641/88 – DB 1990, 2475). Die Voraussetzungen einer Invalidität können dabei auch einzelvertraglich festgelegt werden. 13

In Abs. 1 S. 3 wird klargestellt, dass unabhängig von der Durchführungsform immer eine **arbeitsrechtliche Grundverpflichtung** des **Arbeitgebers** zur Erbringung der zugesagten Leistungen **besteht.** Erteilt er ein Versorgungsversprechen, ist er an seine Zusage gebunden. Dabei umfasst der Begriff der Zusage alle kollektiv- und individualrechtlichen Vereinbarungen. Mit der genannten Bestimmung ist somit die höchstrichterliche Rechtsprechung bestätigt worden, die schon seit Längerem von der Erfüllungspflicht des Arbeitgebers in Form 14 eines Verschaffungsanspruchs bei mittelbaren Versorgungszusagen ausgeht (BAG vom 7.3.1995 – 3 AZR 282/94 – DB 1995, 2020; BAG vom 14.10.1998 – 3 AZR 385/97 – DB 1999, 1123). Von dieser Einstandspflicht kann sich der Arbeitgeber auch nicht durch vertragliche Abreden zum Nachteil der Arbeitnehmer befreien. Deshalb begründet eine in der Versorgungszusage enthaltene (dynamische) Verweisung auf die Satzung der Pensionskasse bzw. eine darin enthaltene „Sanierungsklausel" kein akzessorisches Recht des Arbeitgebers zur Kürzung laufender Leistungen der betrieblichen Altersversorgung (BAG vom 19.6.2012 – 3 AZR 408/10 – DB 2012, 2818).

15 **Arbeitgeber** kann auch eine **Konzernobergesellschaft** sein, die dem Arbeitnehmer als Gegenleistung für die Begründung eines Arbeitsverhältnisses zu einem Tochterunternehmen – auch wenn es sich um eine ausländische Tochtergesellschaft handelt – den Fortbestand der betrieblichen Altersversorgung zusagt. Ob daneben noch eine arbeitsrechtliche Rechtsbeziehung mit der Konzernobergesellschaft bestehen muss, hat das BAG offen gelassen (BAG vom 25.10.1988 – 3 AZR 64/87 – DB 1989, 278). Das Hess. LAG hat entschieden, dass jedenfalls die Betriebszugehörigkeit i.S.v. § 1 Abs. 1 S. 1 Alt. 2 a.F. nicht unterbrochen wird, wenn der Arbeitnehmer im Anschluss an eine Tätigkeit für den Konzern in ein Arbeitsverhältnis zu einem Tochterunternehmen überwechselt (LAG Hessen vom 27.6.2001 – 8 Sa 393/99 – DB 2002, 2116). In einem qualifiziert faktischen Konzern kann bei entsprechender Übertragung der – zwischenzeitlich weiter entwickelten – BGH-Rechtsprechung die Konzernobergesellschaft für Versorgungsverbindlichkeiten der Konzernuntergesellschaft haften (BAG vom 6.10.1992 – 3 AZR 242/91 – DB 1993, 791).

3. Begriffliche Erweiterungen durch das Altersvermögensgesetz und das Hüttenknappschaftliche Zusatzversicherungs-Neuregelungs-Gesetz

16 In § 1 Abs. 2 des novellierten BetrAVG ist ein erweiterter Begriff der betrieblichen Altersversorgung normiert worden. In dieser Vorschrift werden mit der beitragsorientierten Leistungszusage (Nr. 1), der Beitragszusage mit Mindestleistung (Nr. 2), der Entgeltumwandlung (Nr. 3) sowie der Umfassungszusage (Nr. 4) vier zusätzliche Formen herausgestellt, in denen betriebliche Versorgungsleistungen erbracht werden können.

17 **a) Beitragsorientierte Leistungszusagen.** Diese Zusageform ist bereits lange vor Inkrafttreten des RRG 1999 entwickelt und zunehmend praktiziert worden. Beitragsorientierte Leistungszusagen stellen **heute überwiegend** die **maßgebliche Gestaltungsform** der betrieblichen Altersversorgung dar. Die Zusagen bestehen in erster Linie in dem Versprechen eines bestimmten Beitragsaufwands für die Altersversorgung, die nach einem vorgegebenen Berechnungsmodus in einer späteren Versorgungsleistung resultiert. An die Stelle der versprochenen Leistung ist somit der vom Arbeitgeber definierte Beitrag getreten, aus dem die künftige Versorgungsleistung zu ermitteln ist. Für die beitragsorientierte Versorgungsgestaltung ist demgemäß der Versorgungsaufwand prägend, den der Arbeitgeber für die Altersversorgung einsetzen will und weniger die Leistung, die hieraus finanziert wird. Da das Versprechen nicht auf eine Leistung, sondern auf einen Beitrag bezogen ist, liegt der besondere Vorteil dieser

Zusage in der besseren Kalkulierbarkeit des Aufwands für den Arbeitgeber. Beitragsorientierte Leistungszusagen können in allen Durchführungswegen gewährt werden.

Von der beitragsorientierten Leistungszusage ist die **reine Beitragszusage** zu unterscheiden. Sie unterfällt nicht dem Recht der betrieblichen Altersversorgung. Mit ihr werden keine künftigen Versorgungsleistungen versprochen, wie dies § 1 Abs. 1 S. 1 verlangt, sondern nur zusätzliche Zahlungen während des aktiven Arbeitslebens gewährt, die typischerweise der Bildung von Vermögen dienen. Das volle Anlage- und Insolvenzrisiko geht damit auf den Arbeitnehmer über, es kann sogar zu negativen Wertentwicklungen kommen, die bei Leistungszusagen und bei der Beitragszusage mit Mindestleistung durch die Einstandspflicht des Arbeitgebers aufgefangen werden, während es der Arbeitgeber bei der reinen Beitragszusage lediglich übernimmt, Beiträge für die externe Versorgung eines Arbeitnehmers zu tragen und seine Rechtspflichten hierauf beschränkt. Auf solche Zusagen passt weder der gesetzliche Verschaffungsanspruch aus § 1 Abs. 1 S. 3 noch das Unverfallbarkeitsrecht nach §§ 1b und 2 (BAG vom 7.9.2004 – 3 AZR 550/03 – DB 2005, 507). 18

b) Beitragszusage mit Mindestleistung. Bei der durch das AVmG neu in das BetrAVG eingefügten Beitragszusage mit Mindestleistung verpflichtet sich der Arbeitgeber einerseits zur Zahlung der Beiträge an einen Versorgungsträger sowie andererseits zur Bereitstellung des aufgrund der gezahlten Beiträge planmäßig zuzurechnenden Versorgungskapitals. Dazu gehören auch die aus dem Kapital erzielten Erträge. Da der Arbeitgeber ein Versorgungskapital mindestens in Höhe der Summe der eingezahlten Beiträge, soweit sie nicht rechnungsmäßig für einen biometrischen Risikoausgleich verbraucht wurden, zur Verfügung stellen muss, folgt hieraus eine planmäßige Versorgungsleistung; mithin handelt es sich insoweit um eine Leistungszusage. Die neue Zusageform ist nur in den Durchführungswegen möglich, in denen eine tatsächliche Beitragszahlung erfolgt. Diese Beschränkung der Beitragszusage mit Mindestleistung ergibt sich bereits aus dem eindeutigen Wortlaut der Norm. **Erfasst** werden von Abs. 2 Nr. 2 demgemäß die **Direktversicherung,** die **Pensionskasse** und der **Pensionsfonds.** Für die unmittelbare Versorgungszusage wurde eine Beitragszahlung nicht eröffnet, da bei diesem Durchführungsweg Beiträge tatsächlich nicht gezahlt, vielmehr in der Anwartschaftsphase Pensionsrückstellungen nach Maßgabe von § 6a EStG gebildet werden. I. V. m. der Durchführung durch eine Unterstützungskasse wurde dies ebenfalls nicht zugelassen, weil bei dieser Durchführungsform eine Ausfinanzierung in der Anwartschaftsphase nicht möglich ist. § 4d EStG schränkt die steuerliche Absetzbarkeit von Zahlungen des Arbeitgebers an die Unterstützungskasse ein. Nur für fällige Versorgungsleistungen darf der Arbeitgeber Zahlungen an die Unterstützungskasse erbringen, die für die vollständige Finanzierung der Versorgung erforderlich sind. Für Versorgungsanwartschaften kann lediglich eine Liquiditätsreserve gebildet werden. Der Unterstützungskasse können somit vor Leistungsbeginn nicht alle zur späteren Erfüllung der Leistungsverpflichtung des Arbeitgebers erforderlichen Mittel betriebsausgabewirksam zugewendet werden. Danach kann die Beitragszusage mit Mindestleistung nicht in den Durchführungswegen der unmittelbaren Versor- 19 gungszusage bzw. der Unterstützungskasse realisiert werden, unbeschadet der Möglichkeit, sich auch in diesen Durchführungswegen dieser Systemgestaltung anzunähern (z.B. fondsakzessorische Direktzusagen mit „Nullverzinsung").

20 **Die Beitragszusage mit Mindestleistung unterliegt dem Insolvenzschutz.** Soweit bei dieser Zusageform das planmäßig zuzurechnende Versorgungskapital geringer ist als die Summe der zugesagten Beiträge abzüglich der rechnungsmäßig für einen biometrischen Risikoausgleich verbrauchten Beträge und der Arbeitgeber seiner Verpflichtung zur Zahlung der zugesagten Beiträge wegen der Eröffnung des Insolvenzverfahrens nicht nachkommt, tritt der gesetzliche Insolvenzschutz ein. Er erstreckt sich allerdings nur auf die Mindestleistung.

21 Welches **Gewicht** und welche **praktische Bedeutung** dieser neuen Zusageform beizumessen sind, lässt sich noch nicht abschätzen. I.d.R. wird der Arbeitgeber mit der Zahlung der Beiträge sein Versorgungsversprechen erfüllt haben. Es ist aber nicht auszuschließen, dass die Mindestleistung trotz hinreichender Beitragsleistung nicht erreicht wird. Für die Differenz hat der Arbeitgeber gem. Abs. 2 Nr. 2 i.V.m. Abs. 1 S. 3 einzustehen. Mit der Mindestleistungspflicht ist somit vermieden worden, dass den Arbeitnehmer das Risiko der Vermögensanlage voll trifft. In der Praxis wird die Mindestleistungspflicht vor allem bei Pensionsfonds von Bedeutung sein, falls sie die Chancen und Risiken einer volatilen Vermögensanlage stark in Anwartschafts- und Leistungsphase nutzen. Dagegen fällt das Risiko des Arbeitgebers, von der Mindestleistungspflicht getroffen zu werden, bei einer Direktversicherungs- oder Pensionskassenzusage kaum ins Gewicht, da dem Versicherer und der Pensionskasse nicht die gleichen risikoreichen Anlagemöglichkeiten wie einem Pensionsfonds eingeräumt worden sind. Die entsprechenden Risiken wird es abzuwägen gelten.

22 **c) Entgeltumwandlung.** Nach Abs. 2 Nr. 3 liegt betriebliche Altersversorgung auch dann vor, wenn im Wege der Entgeltumwandlung Entgeltansprüche in eine **wertgleiche Anwartschaft auf Versorgungsleistungen** umgewandelt werden. Der Gesetzgeber hat bewusst den weiten Begriff der „Entgelt"-Ansprüche gewählt. In die Regelung werden somit nicht nur bare Vergütungs-, Lohn- und Gehaltsansprüche einbezogen, sondern auch alle Vergütungsbestandteile, welche in einen geldwerten Vorteil umgerechnet werden können. Da es sich um **künftige Ansprüche** handeln muss, wird deutlich, dass die Umwandlung ausschließlich im Hinblick auf bereits dem Grunde nach vereinbarte Ansprüche erfolgen kann. Als Entgeltumwandlung wird **auch** eine Änderungsvereinbarung anerkannt, die **erdiente,** aber **noch nicht fällige Entgeltanteile** umfasst. Von dieser praxisnahen Regelung, die die Finanzverwaltung aus Vereinfachungsgründen billigt, werden z.B. jährlich anfallende Zahlungen auf Weihnachts- und Urlaubsgeld oder jährlich auszuzahlende Tantiemen erfasst.

23 § 1 Abs. 2 Nr. 3 enthält keine Definitionsnorm für den Begriff der betrieblichen Altersversorgung, sondern ein auf Wertgleichheit gerichtetes Gebot. Das BetrAVG enthält auch keine Definition der Wertgleichheit. Nach Auffassung des BAG muss bei Abschluss der Entgeltumwandlungsvereinbarung der Wert der Anwartschaft auf Versorgungsleistungen bei objektiver wirtschaftlicher Betrachtung dem Wert künftiger Entgeltansprüche entsprechen. Hierbei kommt

versicherungsmathematischen Grundsätzen jedenfalls bei Abschluss einer Direktversicherung eine entscheidende Bedeutung zu. Subjektiven Umständen steht die Rechtsprechung kritisch gegenüber, da sie befürchtet, dass die aus Gründen des Arbeitnehmerschutzes zwingende Geltung des Gesetzes weitgehend leer laufen würde, und setzt durch eine objektive Betrachtung der Vertragsgestaltung Grenzen. Zu Recht hält sie aber eine wirtschaftlicher Betrachtung für geboten (BAG vom 15.9.2009 – 3 AZR 17/09 – DB 2010, 61). Dies dürfte erlauben, auch von der versicherungsmathematischen Methode nicht erfasste Umstände aus dem arbeitsrechtlichen Versorgungsverhältnis zu berücksichtigen. Im Übrigen kann sich das Gebot der Wertgleichheit stets nur auf im arbeitsrechtlichen Versorgungsverhältnis erkennbare Umstände beziehen und begründet keine Verantwortlichkeit des Arbeitgebers darüber hinaus.

d) Umfassungszusage. Mit dem HZvNG vom 21.6.2002 ist der Begriff der betrieblichen Altersversorgung durch die Aufnahme einer zusätzlichen Nr. 4 in § 1 Abs. 2 erneut erweitert worden. Nach dieser Bestimmung ist davon auszugehen, dass betriebliche Altersversorgung auch vorliegt, wenn der Arbeitnehmer aus seinem Arbeitsentgelt zur Finanzierung von Leistungen der betrieblichen Altersversorgung Beiträge an einen Pensionsfonds, eine Pensionskasse oder eine Direktversicherung zahlt und die Zusage des Arbeitgebers auch die Leistungen aus den diesbezüglichen Beiträgen umfasst. Die Regelung für die Entgeltumwandlung ist entsprechend anzuwenden, soweit die zugesagten Leistungen aus diesen Beiträgen im Wege der Kapitaldeckung finanziert werden. Die „Beiträge aus seinem Arbeitsentgelt“ sind i. S. v. Eigenbeiträgen des Arbeitnehmers zu verstehen. Mit § 1 Abs. 2 Nr. 4 ist mithin beabsichtigt, die Schutznormen des BetrAVG auch auf **Eigenbeiträge** des Arbeitnehmers auszudehnen, **wenn** diese **von** der **Zusage** des **Arbeitgebers umfasst** sind. Ein Schutzbedürfnis besteht nämlich unabhängig davon, ob die Beteiligung des Arbeitnehmers an der Finanzierung der betrieblichen Altersversorgung durch Umwandlung von Entgeltbestandteilen oder durch direkte Beteiligung mit eigenen Beiträgen aus seinem Nettogehalt erfolgt. 24

Nach der **neuen Systematik** der betrieblichen Altersversorgung ist mithin neben der herkömmlichen Unterteilung in arbeitgeber- und arbeitnehmerfinanzierte Leistungen nunmehr innerhalb der arbeitnehmerfinanzierten Versorgung **zwischen** der sog. **Entgeltumwandlung** (§ 1 Abs. 1 Nr. 3) und den **„echten“ Arbeitnehmer-Eigenbeiträgen** (§ 1 Abs. 2 Nr. 4) **zu unterscheiden.** Während Arbeitgeber und Arbeitnehmer bei der Entgeltumwandlung eine Änderungsvereinbarung zum Arbeitsvertrag schließen, nach der anstelle eines Teils des Lohnanspruchs eine Versorgungszusage des Arbeitgebers tritt, treffen Arbeitgeber und Arbeitnehmer bei den echten Arbeitnehmer-Eigenbeiträgen eine Lohnverwendungsabrede. Der Arbeitgeber wird dadurch ermächtigt, Teile des Lohns unmittelbar an den Versorgungsträger abzuführen. Durch Zahlung an den Versorgungsträger wird der Lohnanspruch des Arbeitnehmers gem. § 362 Abs. 2 BGB erfüllt. Zu berücksichtigen ist bei der Abgrenzung, dass es sich bei den im Wege der Entgeltumwandlung finanzierten Beiträgen um Beiträge des Arbeitgebers handelt; der Arbeitgeber ist demnach Beitragsschuldner. Dagegen handelt es sich bei den echten Arbeitnehmer-Ei- 25 genbeiträgen um Beiträge des Arbeitnehmers; Beitragsschuldner ist danach der Arbeitnehmer. Wer die Beiträge tatsächlich an den Versorgungsträger abführt, ist in beiden Fällen unerheblich.

26 Die Erweiterung war vornehmlich wegen der Neuordnung der Zusatzversorgung im öffentlichen Dienst erforderlich geworden. Es ist nunmehr klargestellt, dass auch für die im öffentlichen Dienst Beschäftigten durch die Abführung von Eigenbeiträgen an einen Pensionsfonds, an eine Direktversicherung oder an eine Pensionskasse wie z.B. an die VBL der Aufbau einer kapitalgedeckten Altersvorsorge mit versteuertem und verbeitragtem Arbeitsentgelt möglich ist. Aus dem Inkrafttreten der Regelung zum 1.7.2002 folgt zugleich, dass ab diesem Zeitpunkt die steuerliche Förderung nach § 10a oder des Abschnitts X EStG für eigene Beiträge in der betrieblichen Altersversorgung Anwendung findet. Für **Umfassungszusagen** gilt die Vorgabe der analogen Anwendbarkeit der Regelungen für die Entgeltumwandlung (§ 1 Abs. 2 Nr. 4) gem. der Übergangsvorschrift des § 30e erstmals für Zusagen, die nach dem 1.1.2003 erteilt werden.

4. Abgrenzung zu anderen Sozialleistungen

27 Die **rechtliche Einordnung** als Leistungen der betrieblichen Altersversorgung ist von **großer praktischer Bedeutung.** Nur die zugesagten Versorgungsleistungen sind unverfallbar und insolvenzgesichert. Ob Zuwendungen des Arbeitgebers als Leistungen der betrieblichen Altersversorgung qualifiziert werden können, richtet sich nach ihrem Zweck. Werden sie aufgrund der in Abs. 1 S. 1 aufgeführten biologischen Ereignisse, also bei Eintritt der Altersgrenze, bei Invalidität oder Tod des Versorgungsberechtigten erbracht, handelt es sich i.d.R. um betriebliche Versorgungsleistungen. Dabei ist der Begriff „Versorgung" weit auszulegen. Daher können auch einmalige Kapitalleistungen die Merkmale der betrieblichen Altersversorgung i.S.d. § 1 Abs. 1 S. 1 erfüllen (BAG vom 25.6. 2013 – 3 AZR 219/11 – DB 2013, 2938).

28 Eine Leistung, die zur **Aufrechterhaltung des Lebensstandards** nach Ausscheiden aus dem Berufsleben beiträgt, dient der Altersversorgung (BAG vom 8.5.1990 – 3 AZR 121/89 – DB 1990, 2375). Ergibt sich jedoch aus dem Inhalt der Zusage oder aus den Begleitumständen des Vertragsschlusses, dass die versprochene Leistung als Entschädigung an den Arbeitnehmer für den Verlust des Arbeitsplatzes gedacht ist und zusätzlich zu seinem Einkommen aus beruflicher Tätigkeit gezahlt wird, liegt keine betriebliche Altersversorgung vor. Die gleiche Beurteilung gilt für einmalige Mehrleistungen oder für Mehrleistungen zum Ausgleich von Einkommensverlusten, selbst wenn sie aufgrund eines biologischen Ereignisses erbracht werden. Den von den Vertragsparteien **gewählten Bezeichnungen,** z.B. als Ruhegeld, Pension, Betriebsrente, Ruhegehalt, kommt in dem Fall keine Bedeutung zu (BAG vom 28.1.1986 – 3 AZR 312/84 – DB 1987, 52). Dem Leistungsbeginn kommt für die Beantwortung der Frage, ob eine vereinbarte Leistung auf das Alter zugeschnitten ist oder – wie die Übergangsgelder – einem anderen Zweck dient, große Bedeutung zu. Ein derartiger Überbrückungszweck fehlt, wenn die Leistung erst mit dem Eintritt in den Ruhestand beginnen soll. Der Versorgungszweck hängt insbesondere nicht von den Gründen für das Leistungsversprechen ab, wenn bei objektiver Betrachtung eine zeitlich befristete Betriebsrente zugesagt worden ist (BAG vom 28.10.2008 – 3 AZR 317/07 – DB 2009, 1714).

Auf der Grundlage der genannten Prämissen sind die betrieblichen **Sozialleistungen** zu **prüfen** und **zuzuordnen;** es gibt Leistungen mit oder ohne Versorgungscharakter sowie Mischformen. 29

a) Leistungen mit Versorgungscharakter. Lebensversicherungen und damit verbundene **Zusatzversicherungen** wie die Berufsunfähigkeits- und die Unfallzusatzversicherung, aus der der Arbeitnehmer oder dessen Hinterbliebene bezugsberechtigt sind, gehören schon kraft gesetzlicher Definition zur betrieblichen Altersversorgung. Sofern jedoch nicht der Arbeitgeber, sondern der Arbeitnehmer selbst als Versicherungsnehmer auftritt und der Arbeitgeber lediglich Beiträge zahlt, liegt keine Direktversicherung und damit auch keine betriebliche Altersversorgung vor. Dies trifft insbesondere auf Lebensversicherungen zu, die der Arbeitnehmer zur Befreiung von der Versicherungspflicht geschlossen hat. 30

Um die Merkmale einer betrieblichen Altersversorgung zu erfüllen, muss bei einer Versicherung generell der Versorgungscharakter im Vordergrund stehen. Im Gegensatz zur selbständigen Unfallversicherung ist die **Unfallversicherung mit Beitragsrückgewähr** der betrieblichen Altersversorgung zuzuordnen, weil sie wegen der Rückgewähr der Beiträge bei fehlendem Unfalleintritt während der Versicherungszeit Elemente der Lebensversicherung aufweist (BAG vom 10.8.1993 – 3 AZR 69/93 – DB 1994, 539). 31

Außer Frage steht auch der Versorgungscharakter jährlicher **Weihnachtsgelder,** die aufgrund einer vertraglichen Regelung mit der Dezember-Rente an die Versorgungsempfänger ausgezahlt werden (BAG vom 19.5.1981 – 3 AZR 308/80 – DB 1981, 2333; BAG vom 29.4.2003 – 3 AZR 247/02 – EzA Nr. 4 zu § 1 BetrAVG Betriebliche Übung; BAG vom 12.12.2006 – 3 AZR 57/06 – DB 2007, 2435). Dem steht nicht entgegen, wenn eine Versorgungsordnung für den Bezug des Rentner-Weihnachtsgelds eine Betriebstreue bis zum Eintritt des Versorgungsfalls verlangt. Wegen Verstoßes gegen § 1b ist diese Voraussetzung gem. § 17 Abs. 3 S. 3 unwirksam (BAG vom 18.2.2003 – 3 AZR 81/02 – DB 2003, 2395). 32

b) Leistungen ohne Versorgungscharakter. Mit der Zahlung von **Übergangsgeldern, Überbrückungszahlungen und -hilfen** wird bezweckt, den Einkommensverlust des ausscheidenden Arbeitnehmers für den Fall einer vorzeitigen Beendigung seiner Tätigkeit auszugleichen. Die Gewährung der Leistung wird also nicht durch ein biologisches Ereignis ausgelöst, sondern durch den Verlust des Arbeitsplatzes (BAG vom 26.4.1988 – 3 AZR 411/86 – DB 1988, 2007). Sie hat vielmehr den Charakter einer sozialen Absicherung bis zum Erreichen des Alters, in dem Altersversorgungsleistungen erbracht werden. Leistungen zur Überbrückung einer erwarteten Arbeitslosigkeit dienen aber nicht der betrieblichen Altersversorgung (BAG vom 14.10.2003 – 9 AZR 678/02 – AP Nr. 3 zu § 1b BetrAVG). Das BAG und der BGH stufen deshalb in st. Rspr. die vorgenannten Leistungen nicht als betriebliche Altersversorgung ein (BAG vom 5.2.1981 – 3 AZR 748/79 – BB 1981, 1708; BAG vom 24.6.1986 – 3 AZR 645/84 – DB 1987, 587; BAG vom 26.4.1988 – 3 AZR 411/86 – 33

DB 1988, 2007; BAG vom 10.8.1993 – 3 AZR 66/93 – DB 1999, 1403; BGH vom 16.3.1981 – II ZR 222/79 – BB 1981, 1524; BGH vom 28.9.1981 – II ZR 181/80 – BB 1982, 126). Diese Einschätzung trifft auch auf Übergangsgelder nach § 62 BAT (BAG vom 5.2.1981 – 3 AZR 748/79 – BB 1981, 1708) und die Bestimmungen des Essener und des Bochumer Verbands zu (BAG vom 26.4.1988 – 3 AZR 411/86 – DB 1988, 2007; BAG vom 14.2.2012 – 3 AZR 260/10 – DB 2012, 2527), und zwar auch, wenn die Höhe der Leistung an die Höhe des Ruhegelds gekoppelt wird. Ähnliches gilt für **Abfindungen** aus Anlass einer Kündigung. Sie gehören nicht zu den Leistungen der betrieblichen Altersversorgung.

34 Bei einer tarifvertraglich vorgesehenen **Beihilfe zum Krankengeld,** mit der das Krankengeld auf das Nettoarbeitsentgelt aufgestockt wird, handelt es sich fraglos um eine Sozialleistung. Sie wird jedoch vom Begriff des Arbeitsentgelts nicht erfasst. Eine entsprechende Anwartschaft auf betriebliche Versorgungsansprüche wird demzufolge durch die Zahlung nicht ausgelöst (BAG vom 14.6.2005 – 3 AZR 301/04 – DB 2006, 288). Bei einer Betriebsrentnern gewährten **Beihilfe im Krankheitsfall** handelt es sich um keine Alters-, Invaliditäts- oder Hinterbliebenenversorgung (betriebliche Altersversorgung). Betriebliche Altersversorgung setzt die Übernahme bestimmter biometrischer Risiken voraus. Das Krankheitsrisiko ist hiervon zu unterscheiden (BAG vom 12.12.2006 – 3 AZR 476/05 – AP Nr. 45 zu § 1 BetrAVG). Der **verbilligte Strombezug** der Betriebsrentner zählt dagegen zu den Leistungen der betrieblichen Altersversorgung. Es kommt nicht darauf an, ob diese Leistung auch den aktiven Mitarbeitern gewährt wird (BAG vom 12.12.2006 – 3 AZR 476/05 – AP Nr. 45 zu § 1 BetrAVG).

35 **Rückdeckungsversicherungen** des Arbeitgebers, die auf das Leben der Arbeitnehmer abgeschlossen sind, dienen bei ausschließlichem Bezugsrecht des Arbeitgebers dazu, ihm im Versorgungsfall die Mittel zur Erfüllung seiner Versorgungsverpflichtungen zu sichern. Hinsichtlich dieses vorgegebenen Zwecks bilden sie keine betriebliche Versorgungsleistung (BAG vom 14.7.1972 – 3 AZR 63/72 – DB 1972, 2068).

36 Gleichfalls haben **Sterbe- und Gnadengelder** keinen Versorgungscharakter, da durch sie nur der Ausfall der Arbeitsvergütung infolge des Todes kurzfristig ausgeglichen werden soll und sie zur Deckung der mit dem Todesfall verbundenen besonderen Aufwendungen beitragen sollen (BAG vom 20.8.2002 – 3 AZR 463/01 – DB 2003, 2075). Ob allerdings eine Anrechnung auf eine Hinterbliebenenleistung, mit der zugleich ähnliche Zwecke verfolgt werden, nicht in Betracht kommt (BAG vom 10.8.1993 – 3 AZR 185/93 – DB 1994, 1295), erscheint zweifelhaft. Ebenso dienen **Unterstützungsleistungen** im Notfall, auch als Beihilfen und Zuschüsse bezeichnet, die unabhängig vom Eintritt eines biologischen Ereignisses gezahlt werden, nicht der betrieblichen Altersversorgung. Das gilt auch dann, wenn sie wie üblich durch eine Unterstützungskasse gewährt werden (BAG vom 25.10.1994 – 3 AZR 279/94 – DB 1995, 735; LAG Berlin vom 15.11.1999 – 9 Sa 1602/99 – DB 2000, 481). Den Leistungen der **Vermögensbildung** ist ebenfalls kein Versorgungscharakter beizumessen. Sie sind Ausfluss der staatlichen Eigentumspolitik. Sie bezwecken die Ansammlung von Dauervermögensanteilen, die überdies frei vererbbar sind.

Die Versorgung im Alter steht damit nicht im Vordergrund, die Leistungen sind deshalb nicht als betriebliche Altersversorgung zu qualifizieren (LAG Hamm vom 6.4.1982 – 6 Sa 412/81 – DB 1982, 1523). Bisher war fraglich, ob eine Versorgungszusage mit einem berechenbaren Gesamtvolumen dem BetrAVG unterfällt, wenn das Versprochene im Fall des Todes des Arbeitnehmers an dessen Erben auszuzahlen ist. In einer derartigen Zusage könnte eine Form der arbeitgeberfinanzierten Vermögensbildung in Arbeitnehmerhand liegen, die nicht die Begriffsmerkmale der betrieblichen Altersversorgung erfüllt. Die ältere Rechtsprechung des BAG (BAG vom 30.10.1980 – 3 AZR 805/79 – DB 1981, 644; BAG vom 30.9.1986 – 3 AZR 22/85 – DB 1987, 1304) hatte dies zugelassen. Das BAG hatte diese Frage in neueren Entscheidungen offen gelassen (BAG vom 18.3.2003 – 3 AZR 313/02 – DB 2004, 1262). Nunmehr hat das BAG konsequent entschieden, dass das BetrAVG und der dort geregelte Insolvenzschutz anwendbar sind, wenn und soweit durch eine Versorgungsregelung ein gesetzlich vorgesehener Versorgungszweck erfüllt ist, unabhängig davon, ob auch einzelne Leistungen (in concreto: an Erben) vorgesehen sind, die nicht einem der gesetzlich geregelten Versorgungszwecke zuzuordnen sind; für diese gilt jedoch das BetrAVG nicht (BAG vom 19.1.2010 – 3 AZR 660/09 – BB 2010, 1211).

Schwierig ist die Einordnung reiner **Risikoversicherungen,** die der Arbeitgeber auf das Leben eines Arbeitnehmers oder aller Arbeitnehmer abschließt. 37
Diese Vertragsgestaltungen sehen Versicherungsleistungen nur vor, wenn der Versorgungsfall – Invalidität oder Tod – während der Laufzeit der Versicherung tatsächlich eintritt. Leistungen für den Erlebensfall sind regelmäßig nicht vorgesehen. Werden die Gewinnanteile zur Beitragsreduzierung genutzt, so werden keine Deckungskapitalien gebildet. Scheidet der Arbeitnehmer aus, so stellt der Arbeitgeber die Beitragszahlung ein. Die Versicherung hat danach, wenn man einmal von einer möglichen Restlaufzeit absieht, keinen nennenswerten Vermögenswert, der bei einem unverfallbaren Ausscheiden mitgegeben werden könnte. Die Risikoversicherungen, die kein Deckungskapital bilden, sind dennoch dann der betrieblichen Altersversorgung zuzuordnen, wenn sie die formalen Voraussetzungen einer Direktversicherung erfüllen. Für Direktversicherungen gilt im Rahmen von § 2 Abs. 5a, dass sie auf die aus den bereitgestellten Risikobeiträgen finanzierten Leistungen beschränkt werden können; zwingende Deckungskapitalerfordernisse sind hier ebenfalls nicht vorgesehen.

c) Mischformen. Nicht alle betrieblichen Sozialleistungen können eindeutig 38
der einen oder anderen Gruppe zugeordnet werden. Abzustellen ist darauf, was mit der Leistung in erster Linie bezweckt wird. Wegen des großen Gewichts, das der richtigen Zuordnung zukommt, ist unter Abwägung aller im Einzelfall gebotenen Umstände der **überwiegende Charakter der Sozialleistung** sorgfältig auszuloten.

Vorruhestandsgelder sind i.d.R. nicht als betriebliche Versorgungsleistun- 39
gen zu qualifizieren. Sie werden als Ausgleich für die vorzeitige Aufgabe des Arbeitsplatzes gezahlt. Ist das Vorruhestandsgeld jedoch Bestandteil einer einheitlichen Versorgungsregelung, dessen Höhe von derjenigen der eigentlichen Versorgungsleistungen abhängt, und mündet es beim Eintritt des Versorgungs-

falls in eine reguläre Versorgungsleistung ein, kann ausnahmsweise eine Leistung der betrieblichen Altersversorgung vorliegen.

40 Die während der **Altersteilzeit** erbrachten Zahlungen stellen keine Leistungen der betrieblichen Altersversorgung dar. Werden jedoch wegen der Altersteilzeit Versorgungsleistungen aufgestockt oder erstmals gewährt, handelt es sich insoweit um betriebliche Altersversorgung. Das Gleiche trifft auf **Wertguthaben** nach ihrer Umwandlung in Versorgungsleistungen zu.

41 Eine ähnliche Situation kann bei Abfindungen eintreten, wenn ein durch eine vorzeitige Kündigung entstandener Versorgungsmehrbedarf durch eine regelmäßig wiederkehrende **Ausgleichsleistung** aufgefüllt und diese erst ab dem Erreichen der Altersgrenze für den Bezug der vorgezogenen Altersrente aus der Sozialversicherung gezahlt wird. In einem derartigen Ausnahmefall stellt die Abfindung eine Leistung der betrieblichen Altersversorgung dar (BAG vom 8.5.1990 – 3 AZR 121/89 – DB 1990, 2375). Soll die Zahlung jedoch lediglich einen Ausgleich für die finanziellen Nachteile der vorgezogenen Verrentung schaffen, leistet der Arbeitgeber damit keinen Beitrag für die Versorgung im Alter (ArbG Marburg vom 20.11.2003 – 2 Ca 64/03 – DB 2004, 1514). Ungeachtet der missverständlichen Bezeichnung kann auch ein **Übergangszuschuss** Bestandteil der betrieblichen Altersversorgung sein, wenn er nach dem Zweck der Zusage der Versorgung im Alter oder der Hinterbliebenen dient. Der vorzeitig Ausgeschiedene kann in dem Fall einen ratierlich berechneten Anteil der zugesagten Leistung beanspruchen (BAG vom 18.3.2003 – 3 AZR 315/02 – DB 2004, 1624). Ebenso sind **Übergangsgelder** als Versorgungsleistungen einzustufen, wenn sie für den Fall des Erreichens der Altersgrenzen oder für den Fall der Invalidität zugesagt werden (BAG vom 10.8.1993 – 3 AZR 69/93 – DB 1994, 539).

42 **Ausgleichsansprüche von Handelsvertretern** gem. § 89b HGB sind keine betrieblichen Versorgungsleistungen, es sei denn, der noch nicht ausgezahlte Ausgleichsanspruch wird in eine Versorgungsleistung umgewandelt. Dagegen stellen lebenslänglich laufende **Ruhegeldzahlungen an Handelsvertreter,** die mit dem gesetzlichen Ausgleichsanspruch verrechnet werden, Leistungen der betrieblichen Altersversorgung dar (BGH vom 18.2.1982 – I ZR 20/80 – DB 1982, 1269; BGH vom 17.11.1983 – I ZR 139/81 – DB 1984, 556). Wird die Laufzeit der Versorgungsansprüche dem Grunde und der Höhe nach jedoch von dem Provisionsaufkommen aus den dem Handelsvertreter zuzurechnenden Versicherungsverträgen bestimmt, so könnte der Versorgungscharakter fraglich sein. Demgegenüber kann eine Nachprovision durchaus der Altersversorgung des Handelsvertreters dienen (LG Aachen vom 25.4.1975 – 11 O 199/74 – BB 1976, 249).

43 Vom BetrAVG werden auch **einmalige Kapitalzahlungen** und **Sach- und Nutzungsrechte** erfasst, soweit diese von ihrer Zweckbestimmung her dem Arbeitnehmer nach Beendigung seiner betrieblichen Tätigkeit zufließen und durch sie der beim Ausscheiden erreichte Lebensstandard unabhängig vom Bedarf des Berechtigten gesichert wird (BAG vom 18.3.2003 – 3 AZR 315/02 – DB 2004, 1624). Ob dies bei einer **Deputatleistung** der Fall ist, muss anhand der gegebenen Zusage oder des bestehenden Tarifvertrags im Wege der Auslegung jeweils entschieden werden (LAG Düsseldorf vom 5.5.1977 – 14 Sa

1374/76 – DB 1977, 2054). Sachleistungen sind durch eine Geldleistung zu ersetzen, wenn der Arbeitgeber sie nicht erbringen oder der Begünstigte sie nicht länger verwerten kann. Der Anspruch auf ein Kohledeputat kann sich ggf. mithin in eine Energiebeihilfe und damit einen Rentenanspruch umwandeln (BAG vom 2.12.1986 – 3 AZR 123/86 – DB 1987, 1442). Auch der verbilligte Strombezug gehört prinzipiell zu den Leistungen der betrieblichen Altersversorgung (BAG vom 12.12.2006 – 3 AZR 476/05 – AP Nr. 45 zu § 1 BetrAVG). Werden Ruheständlern **Personalrabatte** eingeräumt, sind sie gleichfalls als betriebliche Versorgungsleistungen zu qualifizieren. Ebenso kann das **Nutzungsrecht an einer Werkswohnung** eine Leistung der betrieblichen Altersversorgung darstellen. Wenn die gestattete **Privatnutzung eines Geschäftswagens** als Entgeltbestandteil anzusehen ist, kann auch sie bei entsprechender Gestaltung der Versorgungszusage bei der Berechnung der Betriebsrente Berücksichtigung finden (BAG vom 21.8.2001 – 3 AZR 746/00 – DB 2002, 851; im Ergebnis ebenso LAG Hessen vom 3.12.2003 – 8 Sa 526/03 – DB 2004, 1568).

Treueprämien und **Jubiläumsgaben** sind i.d.R. Entgelt für erbrachte oder 44
künftig erwartete Betriebstreue; sie stehen daher den Anwesenheitsprämien nahe und haben Lohncharakter (BAG vom 27.7.1972 – 5 AZR 141/72 – DB 1972, 2114). Soweit sie eine bestimmte Betriebszugehörigkeit belohnen sollen, sind sie nicht als betriebliche Versorgungsleistungen zu kennzeichnen. Entsprechendes gilt für **Tantiemen,** selbst wenn sie nicht sofort ausgezahlt werden, sondern erst bei Erreichen der Altersgrenze dem Mitarbeiter zufließen. Von Leistungen der betrieblichen Altersversorgung ist dagegen auszugehen, wenn Treueprämien den Arbeitnehmern z.B. aus Anlass eines Arbeitsverhältnisses zugesagt werden und die Fälligkeit nicht nur von der Dauer der Betriebstreue, sondern auch vom Eintritt eines biologischen Ereignisses wie Erreichen der Altersgrenze oder Invalidität abhängt (BAG vom 28.10.2008 – 3 AZR 317/07 – DB 2009, 1714; BAG vom 10.3.1992 – 3 AZR 153/91 – DB 1993, 490; BAG vom 10.8.1993 – 3 AZR 69/93 – DB 1994, 539; BAG vom 25.10.1994 – 3 AZR 279/94 – DB 1995, 735).

Gewinnbeteiligungen beziehen sich zumeist auf einen vom Arbeitnehmer 45
in einem gewissen Zeitraum erbrachten Beitrag zum Unternehmenserfolg. Sie können nur dann als Leistungen der betrieblichen Altersversorgung gewertet werden, wenn sie unabhängig von dem Zeitraum, auf den sie sich beziehen, von der Betriebstreue des Mitarbeiters dem Grunde und der Höhe nach abhängen und erst bei Erreichen der Altersgrenze, bei Invalidität oder Tod ausgezahlt werden sollen, der Arbeitnehmer mithin nicht einseitig zu einem beliebigen Zeitpunkt über die Gewinnbeteiligung verfügen kann (BAG vom 30.10.1980 – 3 AZR 805/79 – BB 1981, 1153; BAG vom 18.3.2003 – 3 AZR 315/02 – DB 2004, 1624).

5. Leistungsarten

Aus der Entscheidungsfreiheit des Arbeitgebers folgt, dass er den Personenkreis 46
bestimmen kann, den er versorgen will. Die betriebliche Praxis ist vielgestaltig. Es können **mehrere Leistungsarten** – das ist der Regelfall – **kumulativ** zu-

sammentreffen. Eine betriebliche Altersversorgung liegt auch vor, wenn ein Arbeitgeber nur eine Invaliden- oder Hinterbliebenenrente zusagt.

47 **a) Altersrente.** In fast allen Versorgungszusagen wird dem Arbeitnehmer eine Altersrente gewährt. Bei ihr wird der Leistungsanspruch vom Erreichen eines bestimmten Lebensalters abhängig gemacht. Abgestellt wird zukünftig **zumeist** auf das Erreichen einer Regelaltersgrenze analog zur gesetzlichen Rentenversicherung, bisher die **Vollendung des 65. Lebensjahrs.** Ist eine derartige Festsetzung nicht erfolgt, sondern soll die Regelaltersgrenze in der gesetzlichen Rentenversicherung maßgebend sein, ist die stufenweise Anhebung dieser Grenze durch das Altersgrenzenanpassungsgesetz vom 20.4.2007 ab dem Jahr 2012 zu beachten.

48 Stellt eine vor dem RV-Altersgrenzenanpassungsgesetz (1.1.2008) entstandene Versorgungsordnung für den Eintritt des Versorgungsfalls auf die Vollendung des 65. Lebensjahrs ab, so ist diese Versorgungsordnung regelmäßig dahingehend auszulegen, dass damit auf die Regelaltersgrenze in der gesetzlichen Rentenversicherung nach §§ 35, 235 II 2 SGB VI Bezug genommen wird (BAG vom 15.5.2012 – 3 AZR 11/10 – DB 2012, 1756).

Ob diese Rechtsprechung des BAG über den entschiedenen Einzelfall hinaus Bestand haben wird, bleibt abzuwarten.

49 Die Altersgrenze kann aber auch durch andere Faktoren bestimmt werden, solange die gewährte Rente noch als Alterssicherung charakterisiert werden kann (BAG vom 26.4.1988 – 3 AZR 411/86 – DB 1988, 2007; BGH vom 24.11.1988 – IX ZR 210/87 – DB 1989, 420). Der PSVaG sieht Ruhegeldansprüche auch dann als insolvenzgeschützt an, wenn die betriebliche Altersrente ab einer festen Altersgrenze von 60 Jahren gewährt wird. Als feste Altersgrenze gilt derjenige Zeitpunkt, zu dem der Versorgungsberechtigte auch vor Vollendung des 65. Lebensjahrs in den Ruhestand treten und seine Altersrente, wie z.B. Piloten, ungekürzt in Anspruch nehmen kann (BAG vom 12.11.1985 – 3 AZR 606/83 – DB 1986, 1981; BAG vom 14.12.1999 – 3 AZR 684/98 – DB 2000, 2536). Eine **niedrigere feste Altersgrenze** als das 65. Lebensjahr berechtigt den Arbeitgeber bei Inanspruchnahme der Betriebsrente zu diesem Zeitpunkt nicht zu versicherungsmathematischen Abschlägen.

50 In älteren Versorgungsordnungen ist häufig ein **unterschiedliches Rentenzugangsalter** normiert (vgl. z.B. BAG vom 18.3.1997 – 3 AZR 759/95 – DB 1997, 1475; BAG vom 3.6.1997 – 3 AZR 910/95 – DB 1997, 1778). Frauen können danach schon mit Vollendung des 60., Männer dagegen erst mit Vollendung des 65. Lebensjahrs Versorgungsleistungen beanspruchen. Eine derartige Regelung bedeutet eine Diskriminierung der Männer und ist wegen Verstoßes gegen das Lohngleichheitsgebot des Art. 141 EG seit der Entscheidung des EuGH vom 17.5.1990 (EuGH vom 17.5.1990 – C-262/88 (Barber) – AP Nr. 20 zu Art. 119 EWG-Vertrag) unwirksam. Das BAG hat diese Rechtsprechung, die eine Rückwirkung vor dem 17.5.1990 ausschließt, für den deutschen Rechtskreis nachvollzogen, weil es nicht zu beanstanden sei, wenn die für Frauen im Berufsleben bestehenden Nachteile bis zu dem genannten Zeitpunkt durch besondere Begünstigungen ausgeglichen werden (BAG vom 23.3.1999 – 3 AZR 647/97 – DB 1999, 2119).

b) Invaliditätsrente. Für den Fall der **vollen und teilweisen Erwerbsminderung** – bis zum RRG 1999 als Erwerbs- und Berufsunfähigkeit bezeichnet – werden Invaliditätsrenten zugesagt. Anknüpfend an die Begriffe des Sozialversicherungsrechts ist derjenige in seiner Erwerbsfähigkeit voll gemindert, der wegen Krankheit oder Behinderung auf nicht absehbare Zeit eine Erwerbstätigkeit in gewisser Regelmäßigkeit nicht mehr ausüben oder nicht mehr als nur geringfügiges Arbeitsentgelt durch Erwerbstätigkeit erzielen kann. Teilweise erwerbsgemindert sind Versicherte, die wegen Krankheit oder Behinderung auf nicht absehbare Zeit außerstande sind, unter den Bedingungen des Arbeitsmarkts mindestens sechs Stunden täglich erwerbstätig zu sein. Zum Nachweis der Invalidität wird i.d.R. die Vorlage des Rentenbescheids eines Sozialversicherungsträgers verlangt. 51

Das Hess. LAG (LAG Hessen vom 12.6.2013 – 6 Sa 1556/12 – BeckRS 2013, 73305) ist der Ansicht, dass eine Zusage auf Betriebsrente für den Fall des Eintritts der „dauernden Berufs- oder Erwerbsunfähigkeit" dahingehend auszulegen ist, dass auch eine zeitlich auf die Höchstdauer von drei Jahren befristete Rente wegen Erwerbsminderung nach § 43 Abs. 2 SGB VI eine „dauernde Erwerbsunfähigkeit" darstellt (ähnlich BAG vom 9.10.2012 – 3 AZR 539/10 – DB 2013, 942). 52

Eine Invalidenleistung kann davon abhängig gemacht werden, dass der Arbeitnehmer bei Eintritt des Versorgungsfalls das 50. Lebensjahr vollendet hat (BAG vom 10.12.2013 – 3 AZR 796/11 – BetrAV 2014, 390). 53

Der Versorgungsfall der Invalidität kann von der Voraussetzung abhängig gemacht werden, dass der gesetzliche Sozialversicherungsträger die Rentenzahlungen aufgenommen hat (BAG vom 14.1.1986 – 3 AZR 473/84 – DB 1986, 2551). Die **Form** der vorangegangenen **Vertragsbeendigung ist nicht entscheidend.** Einem Arbeitnehmer, dessen Arbeitsverhältnis wegen Arbeitsunfähigkeit beendet wird, steht eine Betriebsrente zu, wenn die Arbeitsunfähigkeit in die volle Erwerbsminderung einmündet. Vereinbarungen, die den Anspruch auf Invaliditätsrente davon abhängig machen, dass das Arbeitsverhältnis bei Eintritt teilweiser Erwerbsminderung noch besteht, verstoßen gegen § 17 Abs. 3 S. 3 und sind daher insoweit nichtig (BAG vom 24.6.1998 – 3 AZR 288/97 – DB 1998, 1969; BAG vom 20.11.2001 – 3 AZR 550/00 – DB 2002, 1510). Erreicht ein Rentner, der betriebliche Invaliditätsrente bezieht, die gesetzliche Altersgrenze und erhält er deshalb seitens der gesetzlichen Rentenversicherung eine Altersrente, ist durch Auslegung der Versorgungsordnungen zu ermitteln, ob er von diesem Zeitpunkt an betriebliche Altersrente beanspruchen kann oder ob die bislang bezogene Invaliditätsrente weiter zu zahlen ist (BAG vom 17.6.2003 – 3 AZR 396/02 – DB 2004, 324). 54

c) Hinterbliebenenversorgung. Die Versorgungszusage kann auch Leistungen für die Hinterbliebenen des Arbeitnehmers vorsehen. Dieser Versorgungsfall tritt nur beim Tod des Arbeitnehmers bzw. des Versorgungsberechtigten ein. Eine umfassende Hinterbliebenenversorgung sieht **Leistungen für Witwen, Witwer und Waisen** vor. Es ist jedoch **nicht zu beanstanden,** wenn der **Arbeitgeber** den versorgungsberechtigten **Personenkreis einschränkt.** Bei einer vom Arbeitgeber finanzierten betrieblichen Altersversorgung ist insoweit gene- 55 rell zu berücksichtigen, dass er über deren Einführung frei entscheidet. Entschließt er sich hierzu, kann er bestimmen, für welche der in § 1 Abs. 1 genannten Versorgungsfälle er Leistungen zusagt. Er kann deshalb den Kreis der anspruchsberechtigten Hinterbliebenen durch zusätzliche anspruchsbegründende oder anspruchsausschließende Merkmale begrenzen. Dies liegt gerade im Bereich der Hinterbliebenenversorgung nahe, weil ein dahin gehendes Leistungsversprechen nicht vorhersehbare Unwägbarkeiten und Risiken in sich birgt. Sie betreffen insbesondere den Zeitpunkt des Leistungsfalls und die Dauer der Leistungserbringung. Der Arbeitgeber hat ein berechtigtes Interesse, zur Vermeidung ungewöhnlich lang dauernder Versorgungslasten bzw. der Begründung eines hohen Versorgungsrisikos die Unwägbarkeiten zu begrenzen und besser kalkulierbar zu machen (BAG vom 19.2.2002 – 3 AZR 99/01 – DB 2002, 1459). Diese schützenswerte Risikobegrenzung rechtfertigt zwar nicht jede beliebige Einschränkung der Hinterbliebenenversorgung. Ein ausreichender Zusammenhang mit einleuchtenden Risikoerwägungen genügt aber (BAG vom 28.7.2005 – 3 AZR 457/04 – DB 2006, 2018).

56 Der **versorgungsberechtigte Personenkreis muss** in der Versorgungsordnung **bestimmt sein.** Die Unverfallbarkeitsregelung des § 1b verlangt nicht, den Kreis der Versorgungsberechtigten auf beim Ausscheiden noch nicht vorhandene Familienmitglieder auszudehnen (BAG vom 19.12.2000 – 3 AZR 186/00 – DB 2001, 2303). Ist der bezugsberechtigte Ehepartner in der Versorgungsregelung konkret benannt – das kann z.B. durch Nennung des Vornamens oder Aufnahme des Geburtsdatums in das Versorgungsversprechen geschehen –, ist nur er anspruchsberechtigt. Ist keine Benennung erfolgt, ist derjenige Ehepartner, mit dem der Versorgungsberechtigte zum Zeitpunkt des Todes verheiratet war, anspruchsberechtigt (LAG Hamm vom 29.7.1997 – 6 Sa 167/97 – DB 1997, 1928). Ob eine Hinterbliebenenversorgung davon abhängig gemacht werden darf, dass der Verstorbene der Haupternährer der Familie war, hat das BAG ausdrücklich offen gelassen (BAG vom 26.9.2000 – 3 AZR 387/99 – DB 2000, 2075). Das LAG Hamm (LAG Hamm vom 8.12.1998 – 6 Sa 674/98 – DB 1999, 915) hat die Zulässigkeit von **Haupternährerklauseln** bejaht. Außer Frage steht jedoch, dass derartige Klauseln nur wirksam sind, wenn sie Männer und Frauen gleichermaßen betreffen, anderenfalls liegt ein Verstoß gegen das Diskriminierungsverbot nach §§ 2 Abs. 2 Nr. 2, 8 Abs. 2 AGG (BAG vom 11.12.2007 – 3 AZR 249/06 – DB 2008, 766) vor.

57 Ist der **Versorgungsfall eingetreten,** sind nur noch **geringfügige Verschlechterungen** der zugesagten Hinterbliebenenversorgung **gerechtfertigt.** Bei Änderung der Versorgungsregelungen ist das von der Rechtsprechung für Versorgungsanwartschaften entwickelte dreistufige Prüfungsraster (vgl. dazu Rn. 253 ff.) nicht anzuwenden, sondern auf die Grundsätze der Verhältnismäßigkeit und des Vertrauensschutzes zurückzugreifen. Diese Grundsätze sind verletzt, wenn z.B. bei einer fehlenden entsprechenden Vereinbarung die Witwenrente um die Hälfte des Ausgangsbetrags gekürzt wird (BAG vom 12.10.2004 – 3 AZR 557/03 – DB 2005, 783).

58 **aa) Witwenrente.** Die Hauptform der Hinterbliebenenrente besteht in der Witwenrente. Da der Arbeitgeber den Kreis der Versorgungsberechtigten und

den Umfang ihrer Versorgung bestimmen kann, ist er berechtigt, den Leistungsumfang für die hinterbliebene Ehefrau einzugrenzen. Eine **Begrenzung** ist **in vielen Fällen** bereits deshalb **gerechtfertigt,** weil mit der Rente nicht nur zur Versorgung der Witwe beigetragen, sondern auch die Betreuung des Arbeitnehmers während des Arbeitsverhältnisses honoriert werden soll. Ferner kann auch auf eine ausreichende anderweitige Versorgung der Witwe abgestellt werden. Bei solchen Regelungen ist jedoch jedenfalls in Tarifverträgen der Gleichheitssatz zu beachten (BAG vom 19.7.2011 – 3 AZR 398/09 – DB 2012, 188). Diese Gesichtspunkte rechtfertigen es, einen Leistungsanspruch auszuschließen, wenn die Ehe erst nach Beendigung des Arbeitsverhältnisses oder in höherem Alter des Versorgungsberechtigten, etwa nach Vollendung seines 60. Lebensjahrs, geschlossen wird (**Spätehenklausel,** dazu BAG vom 28.3.1995 – 3 AZR 343/94 – DB 1995, 1666; BAG vom 26.8.1997 – 3 AZR 235/96 – DB 1998, 1190; BAG vom 19.12.2000 – 3 AZR 186/00 – DB 2001, 2303). Das BAG hat sogar eine Spätehenklausel für zulässig erklärt, nach der die Ehe mindestens zehn Jahre bestanden haben muss, wenn sie nach Vollendung des 50. Lebensjahrs des Verstorbenen geschlossen wurde (BAG vom 28.7.2005 – 3 AZR 457/04 – DB 2006, 2018). War die Ehe von nur geringer Dauer (**Mindestehedauerklausel,** dazu BAG vom 11.8.1987 – 3 AZR 6/86 – DB 1988, 347) oder hat das Ehepaar beim Tod des Versorgungsberechtigten dauernd getrennt gelebt (**Getrenntlebenklausel,** dazu BVerfG vom 29.2.1980 – 1 BvR 1231/79 – AP Nr. 183a zu § 242 BGB Ruhegehalt; BAG vom 28.3.1995 – 3 AZR 343/94 – DB 1995, 1666), ist ein Ausschluss des Leistungsanspruchs gleichfalls gerechtfertigt.

Ebenso ist es zulässig, einen Leistungsanspruch auszuschließen, wenn die 59
Witwe wieder heiratet **(Wiederverheiratungsklausel).** Begründet wird diese Rechtsfolge damit, dass mit dem Eingehen einer neuen Ehe der Versorgungsbedarf nicht mehr oder nur in geringerem Umfang besteht. Nach Scheidung der zweiten Ehe lebt der Versorgungsanspruch nicht wieder auf, was vor allem im Hinblick auf die Vertragsfreiheit nicht zu beanstanden ist (BAG vom 16.4.1997 – 3 AZR 28/96 – DB 1997, 1575).

Altersdifferenzklauseln bzw. Altersabstandsklauseln müssen sich nach 60
heutiger Rechtslage am AGG messen lassen. Vor Inkrafttreten des AGG war das BAG der Ansicht, dass eine Altersdifferenz von 25 Jahren den Ausschluss von Versorgungsleistungen rechtfertige (BAG vom 9.11.1978 – 3 AZR 784/77 – DB 1979, 409; BVerfG vom 11.9.1979 – 1 BvR 92/79 – AP Nr. 182 zu § 242 BGB Ruhegehalt). Ebenso hatte das BAG keine Bedenken gegen eine Regelung in einer Pensionsordnung, die den Anspruch auf Witwenrente davon abhängig macht, dass die Begünstigte im Zeitpunkt des Todes des Arbeitnehmers das 50. Lebensjahr vollendet hat **(Altersbegrenzungsklausel).** Dass der Witwe beim Tode ihres Mannes nur wenige Monate bis zur Vollendung ihres 50. Lebensjahrs fehlten und dass die Ehe bis dahin viele Jahre gedauert hatte, sah das Gericht nicht als entscheidungserheblich an (BAG vom 19.2.2002 – 3 AZR 99/01 – DB 2002, 1459).

Fraglich ist, ob eine mit einer solchen Klausel verbundene weniger günsti- 61
ge Behandlung i.S.d. AGG über § 10 AGG gerechtfertigt werden kann (zur Rechtfertigung einer Altersregelung im MTV Cockpitpersonal vgl. BAG vom

17.4.2012 – 3 AZR 481/10 und 3 AZR 488/10 – DB 2012, 2947). In Betracht kommt hier § 10 S. 1 und 2 AGG. Danach muss die Klausel einer Verhältnismäßigkeitsprüfung standhalten. Diese ist im Lichte des Art. 6 Abs. 1 RL 2000/78/EG vorzunehmen. Der EuGH hat die Frage der grundsätzlichen Zulässigkeit solcher Klauseln nach Gemeinschaftsrecht offen gelassen (EuGH vom 23.9.2008 – C-388/07 (Bartsch) – NJW 2008, 3417). Erforderlich wäre, dass eine solche Klausel zum einen legitimen Zielen i.S.d. Rechtsprechung des EuGH dient (EuGH vom 5.3.2009 – C-388/07 (Age Concern) – BetrAV 2009, 363) und zum anderen verhältnismäßig ist (geeignet, erforderlich und angemessen).

62 Jedenfalls bei Neuzusagen wird ein völliger Leistungsausschluss wohl nicht erforderlich sein, da z.B. versicherungsmathematische Abschläge in Abhängigkeit von der Höhe des Altersunterschieds i.d.R. ein milderes Mittel darstellen.

63 **bb) Witwerversorgung.** Sagt der Arbeitgeber eine Witwenrente zu, kann der Witwer auch ohne ausdrückliche Regelung in der Versorgungsordnung eine Betriebsrente verlangen. Frauen wären diskriminiert, wenn sie ihre Ehepartner nicht in gleicher Weise versorgen könnten wie Männer; sie erhielten sonst bei gleicher oder gleichwertiger Arbeit einen geringeren Lohn. Die **Rechtsgrundlage** für die Witwerversorgung bilden der arbeitsrechtliche **Gleichbehandlungsgrundsatz,** das **Gleichberechtigungsgebot** und das **Diskriminierungsverbot** aus Art. 3 Abs. 2 und 3 GG sowie das **Lohngleichheitsgebot** aus Art. 141 EG.

64 Eine weitere Rechtsgrundlage bildet das AGG. Liegt eine Benachteiligung hinsichtlich der Entgeltbedingungen vor, ergibt sich aus den Wertungen der §§ 2 Abs. 1 Nr. 2 und 8 Abs. 2 AGG, dass ein Anspruch auf gleiches Entgelt, wozu auch die Hinterbliebenenversorgung zählt, gegeben ist (BAG vom 11.12.2007 – 3 AZR 249/06 – DB 2008, 766). Eine Regelung, die für Witwen früherer Arbeitnehmer ohne weitere Voraussetzung betriebliche Witwenrente, für Witwer früherer Arbeitnehmerinnen aber nur dann Witwerrente in Aussicht stellt, wenn diese den Unterhalt ihrer Familie überwiegend bestritten haben, beinhaltet eine Entgeltdiskriminierung wegen des Geschlechts. Die anspruchseinschränkende Bestimmung ist deshalb nicht anzuwenden (BAG vom 19.11.2002 – 3 AZR 631/97 – DB 2003, 398). Dieser Grundsatz geht auch zulasten einer vom Arbeitgeber zur Durchführung der betrieblichen Altersversorgung eingeschalteten Pensionskasse (EuGH vom 9.10.2001 – C-379/99 – DB 2002, 279). Bezüglich der Ansprüche aus einer Diskriminierung wegen des Geschlechts haften der Arbeitgeber und die Versorgungseinrichtung als Gesamtschuldner, wenn der versorgungsberechtigte Arbeitnehmer tatsächlich in die Versorgungseinrichtung aufgenommen worden ist und die unerlaubte Benachteiligung sich aus den Leistungsregeln der Einrichtung ergibt (BAG vom 11.12.2007 – 3 AZR 249/06 – DB 2008, 766). Eine andere Beurteilung dürfte jedoch angebracht sein, wenn eine **Haupternährerklausel** sowohl Männer wie Frauen betrifft (vgl. dazu Rn. 56). Den Anspruch auf Witwerversorgung hat das BAG rückwirkend ab 1972 anerkannt, weil seit diesem Zeitpunkt mit der Unverfallbarkeit der Entgeltcharakter der betrieblichen Altersversorgung stärker betont wurde (BAG vom 5.9.1989 – 3 AZR 575/88 – DB 1989, 2615).

cc) Versorgung des nichtehelichen Partners. Hinterbliebenenleistungen können auch dem **Partner einer nichtehelichen Lebensgemeinschaft** zustehen. Das setzt allerdings eine entsprechende **Vereinbarung** zwischen dem Arbeitgeber und dem begünstigten Arbeitnehmer voraus. Gegen den Willen des Arbeitgebers kann keine dritte Person vom Begünstigten eingesetzt werden (LAG Hamm vom 17.12.1991 – 6 Sa 1212/91 – DB 1992, 535). Die Berechtigung der Lebensgefährtin anstelle der getrennt lebenden Ehefrau muss nicht gegen die guten Sitten verstoßen. Es kommt auf die Begleitumstände des Einzelfalls an (BAG vom 16.8.1983 – 3 AZR 34/81 – DB 1984, 887). 65

dd) Versorgung des eingetragenen Lebenspartners. Anders als nichteheliche Partner haben eingetragene Lebenspartner nach dem LPartG einen Anspruch auf eine Hinterbliebenenversorgung aus dem allgemeinen Gleichbehandlungsgrundsatz bzw. dem AGG (BAG vom 14.1.2009 – 3 AZR 20/07 – DB 2009, 1545). Nach Ansicht des BAG liegt seit der Gesetzesänderung zum 1.1.2005 eine vergleichbare Situation im Hinblick auf die Hinterbliebenenversorgung nach nationalem bundesdeutschen Recht vor (anders zuvor noch BGH vom 14.2.2007 – IV ZR 267/04 – NJW-RR 2007, 1441; BVerwG vom 25.7.2007 – 6 C 27.06 – NJW 2008, 246 und BVerwG vom 21.7.2008 – 6 B 33/08 – www.bverwg.de). 66

Der EuGH hatte die Voraussetzung „ob sich ein überlebender Lebenspartner in einer Situation befindet, die mit der eines Ehegatten, der die Hinterbliebenenversorgung erhält, vergleichbar ist“, als entscheidendes Kriterium erkannt. Die Prüfung insoweit ist Sache der nationalen Gerichte (EuGH vom 1.4.2008 – C-267/06 (Maruko) – NJW 2008, 1649). Einen Rückwirkungsschutz nach Gemeinschaftsrecht, über den nur der EuGH entscheiden könnte, sah der EuGH nicht vor. 67

Anspruchsvoraussetzung ist nach dem BAG, dass ab dem 1.1.2005 ein Rechtsverhältnis zwischen Arbeitgeber und hinterbliebenem Lebenspartner besteht. Es reicht aus, wenn der frühere Arbeitnehmer mit einer unverfallbaren Anwartschaft aus dem Arbeitsverhältnis ausgeschieden ist oder eine Betriebsrente bezieht (BAG vom 15.9.2009 – 3 AZR 294/09 – NZA 2010, 216). Der EuGH stellt darauf ab, dass im betreffenden Mitgliedstaat die Ehe Personen unterschiedlichen Geschlechts vorbehalten ist und daneben eine Lebenspartnerschaft, die Personen gleichen Geschlechts vorbehalten ist, besteht und eine unmittelbare Diskriminierung wegen der sexuellen Ausrichtung vorliegt. Die Beurteilung der Vergleichbarkeit fällt in die Zuständigkeit des vorlegenden Gerichts und hat sich auf die jeweiligen, unter Berücksichtigung des Zwecks und der Voraussetzungen für die Gewährung der fraglichen Leistung relevanten Rechte und Pflichten der Ehegatten und der in einer Lebenspartnerschaft lebenden Person zu konzentrieren, wie sie im Rahmen der entsprechenden Rechtsinstitute geregelt sind; damit bezieht sich der EuGH zurück auf den Zeitpunkt des Inkrafttretens des LPartG am 16.2.2001, frühestens aber ab Ablauf der Umsetzungsfrist der RL 2000/78/EG also zum 3.12.2003 (EuGH vom 10.5.2011 – C-147/08 (Römer) – NZA 2011, 557). 68

ee) Waisenrenten. Neben Hinterbliebenenversorgungsleistungen für Ehepartner werden in Versorgungsregelungen häufig **Waisenrenten an Voll- und** 69

Halbwaisen vorgesehen. Dadurch werden eheliche, für ehelich erklärte, an Kindes statt angenommene und nichteheliche Kinder des Arbeitnehmers versorgt. Ein Ausschluss nichtehelicher Kinder ist gem. Art. 6 Abs. 5 GG unzulässig. Es bedeutet jedoch keine unmittelbare noch eine mittelbare Diskriminierung nichtehelicher Kinder, wenn die Gewährung von Hinterbliebenenleistungen daran anknüpft, dass die unterhaltsberechtigten Kinder in einem Haushalt mit dem verstorbenen Arbeitnehmer lebten oder er für sie das Sorgerecht hatte. Gemeinsamer Haushalt und Sorgerecht haben nichts mit der Nichtehelichkeit des Kindes zu tun und sind sachgemäße Anknüpfungspunkte für die Zahlung von Hinterbliebenenbezügen (BAG vom 20.8.2002 – 3 AZR 463/01 – DB 2003, 2075). Die Zahlungspflicht für Waisenrenten wird zumeist an die Bezugsberechtigung nach dem BKGG gekoppelt, d.h. Waisenrente wird bis zum 18. Lebensjahr und bei Berufsausbildung bis zum 25. Lebensjahr gewährt. Eine Versorgungsordnung, die die Zahl der Waisen begrenzt, so dass generell nur unverheiratete in der Ausbildung befindliche Waisen einen Anspruch haben, verstößt gegen Art. 6 Abs. 1 GG (LAG Hamm vom 20.5.1980 – 6 Sa 177/80 – DB 1980, 1550).

6. Versorgungsstrukturen

70 Das Versorgungsniveau in der betrieblichen Altersversorgung weist eine enorme Bandbreite auf. Nach sozialpolitischen Vorstellungen ist nach einem erfüllten Erwerbsleben eine Absicherung in Höhe von 85 % des Nettoeinkommens eines vergleichbaren Arbeitnehmers erstrebenswert. Angedacht wird auch eine zusätzliche betriebliche Versorgung von 15 % des letzten Einkommens. Letztlich entscheidet das Unternehmen im Rahmen seiner **Gestaltungsfreiheit,** in welcher **Höhe** es **Versorgungsleistungen** gewähren will. Es wird dabei seine wirtschaftliche Lage und Finanzkraft, aber auch personalpolitische Gesichtspunkte berücksichtigen. Der Arbeitgeber kann die Versorgungslast dadurch bestimmen, indem er festlegt, welche Bestandteile der Vergütung ruhegehaltsfähig sind. Ausgenommen sind häufig Überstunden und Mehrarbeitsvergütungen, Gewinnbeteiligungen, über zwölfmal hinaus gezahlte Monatsbezüge, Urlaubsgeld, vermögenswirksame Leistungen, Jubiläumsgaben, Gratifikationen, Sachbezüge und Aufwandsvergütungen. Sollen ferner nicht monatlich regelmäßig gezahlte „in der Höhe schwankende Zuwendungen" nicht das ruhegeldfähige Einkommen umfassen, sind bei der Berechnung der Versorgungsleistung Zuschläge zur Sonntags-, Feiertags- und Nachtarbeit nicht zu berücksichtigen (BAG vom 18.10.2005 – 3 AZR 48/05 – DB 2006, 224). Der Arbeitgeber kann die Versorgungslast auch dadurch eingrenzen, dass er die Leistung auf einen monatlich oder jährlich zu zahlenden Höchstbetrag limitiert. Die Einführung derartiger Obergrenzen für das rentenfähige Einkommen ist ein tragfähiger sachlicher Grund dafür, einzelne Einkommensbestandteile nicht in die Rentenberechnung einzubeziehen (BAG vom 15.2.2005 – 3 AZR 237/04 – DB 2005, 1228).

71 Die **Versorgungsmodelle,** nach denen Leistungen der betrieblichen Altersversorgung gewährt werden, sind vielgestaltig. Während für den öffentlichen Dienst das Abschnittsdeckungsverfahren bisher prägend war, bei dem die Finanzierung durch laufende Beiträge (Umlagen) und Erträge aus dem vorhandenen

Kapital erfolgt, herrscht vor allem in der Privatwirtschaft traditionell das Kapitaldeckungsverfahren vor. Bei ihm wird in der Anwartschaftsphase das Kapital angesammelt, aus dem die spätere Rente finanziert wird. Es handelt sich also um eine Form des kapitalgedeckten Sicherungssparens. Bis zum Eintritt des Versorgungsfalls sind die angesammelten Mittel entweder an den Betrieb oder den externen Versorgungsträger gebunden. Der Arbeitgeber kann frei entscheiden, nach welchem System er Versorgungsleistungen erbringen will. Zahlreiche Wege stehen ihm offen, auf denen er sein Versorgungsversprechen verwirklichen kann.

a) Statische Versorgungssysteme. Die Gewährung von bezifferten Versorgungsbeträgen kann in der Weise erfolgen, dass den Arbeitnehmern ein **Festbetrag** als Altersruhegeld zugesagt wird oder sie einen bestimmten Betrag für jedes zurückgelegte Dienstjahr erhalten, wobei die Sockel- und Steigerungsbeträge unterschiedlich hoch sein können. Zugesagt sind in dieser Versorgungsform z.B. 120 € für die ersten zwölf Dienstjahre und für jedes weitere Dienstjahr 5 €, limitiert auf max. 250 €. Derartige statische Versorgungsmodelle sind weder leistungs- noch bedarfsorientiert und unterliegen in besonderem Maße der Auszehrung, da die zugesagte Leistung im Anwartschaftszeitraum nicht anzupassen ist. 72

Diese früher stark verbreiteten starren Versorgungszusagen werden heute vielfach durch **einkommens- oder tarifbezogene Nominalbetragssysteme** ersetzt. Sie differenzieren zusätzlich nach dem gewährten Arbeitsentgelt dadurch, dass die Versorgungsberechtigten entsprechend ihren Aktivbezügen in verschiedene Versorgungsgruppen aufgeteilt werden, denen unterschiedliche Steigerungsbeträge pro Dienstjahr zugeordnet sind. Möglich ist dies durch die Zuordnung von Einkommensspannen auf bestimmte Versorgungsgruppen oder über die Zuordnung von bestimmten tariflichen Lohn- und Gehaltsgruppen zu einer bestimmten Versorgungsgruppe. Diesen Formen verwandt sind die **Eckwertsysteme,** die dadurch gekennzeichnet sind, dass lediglich für eine bestimmte Einkommensgröße ein Steigerungsbetrag pro Dienstjahr definiert wird und die davon abweichenden ruhegehaltsfähigen Einkommen zu dieser Größe ins Verhältnis gesetzt werden. Die Bezugsgröße wird dabei dynamisch gewählt, etwa die jeweilige Bemessungsgrenze in der gesetzlichen Rentenversicherung oder ein bestimmtes Tarifgehalt. Verweist die Versorgungsregelung in diesem Zusammenhang auf die tarifliche Arbeitszeit für die Bestimmung des Berechnungsentgelts bezüglich der Versorgungsleistung, ist darunter die regelmäßige tarifliche Wochenarbeitszeit zu verstehen. Tariflich zwar zugelassene, aber individuell zu vereinbarende längere Arbeitszeiten fallen nicht hierunter (BAG vom 15.2.2005 – 3 AZR 237/04 – DB 2005, 1228). 73

b) Halbdynamische Versorgungssysteme. Stärker am Entgeltcharakter orientiert sind **bezügeabhängige Versorgungsmodelle.** Die betriebliche Versorgungsleistung baut sich in einem derartigen halbdynamischen Versorgungssystem durch einheitliche, gehaltsprozentuale Steigerungsbeträge pro Dienstjahr bis zur Erreichung des Höchstanspruchs nach Ableistung eines vollen Berufslebens auf, etwa durch Gewährung einer betrieblichen Altersrente von 0,4 % des letzten Gehalts für jedes Dienstjahr. In Abwandlungen des halbdynamischen 74

Versorgungsmodells können auch nur bestimmte Beschäftigungsjahre berücksichtigt oder lediglich ein Grundbetrag und entsprechend niedrigere bezügeabhängige Steigerungsbeträge gewährt werden.

75 Im Rahmen einer bezügeabhängigen Versorgung entsteht bei Arbeitnehmern mit Einkommen **oberhalb der BBG** für die gesetzliche Rentenversicherung eine Versorgungslücke dadurch, dass diese Einkommensbestandteile nicht in die Rentenberechnung eingehen. Deshalb wird vielfach für derartige Einkommensbestandteile ein höherer Prozentsatz gewährt, etwa das Zwei- oder Dreifache des Prozentsatzes der unterhalb der BBG liegenden Zusagen.

76 **Probleme** treten in solchen Versorgungssystemen mit gespaltener Rentenformel auf, **wenn** die **BBG** außerhalb der Systematik **erhöht** wird. So ist durch das Gesetz zur Sicherung der Beitragssätze in der gesetzlichen Kranken- und Rentenversicherung vom 20.12.2002, mit dem im Interesse einer angestrebten Beitragsstabilität mit Wirkung ab 1.1.2003 eine außerplanmäßige Erhöhung der BBG in den alten Ländern um 500 € auf 5.100 € beschlossen wurde – in Ostdeutschland wurde die BBG auf 4.250 € erhöht –, teilweise eine erhebliche Verschlechterung der Versorgungssituation bei den Betroffenen eingetreten. Für das Jahr 2008 wurde die BBG ebenso wie für die drei vorangehenden Jahre auf nunmehr 5.300 € erneut angehoben. Im Beitrittsgebiet ist die BBG dagegen im Vergleich zu 2007 um 50 € auf 4.500 € gesenkt worden. In manchen Fällen mag es dadurch zu einer Störung der Geschäftsgrundlage i.S.v. § 313 BGB gekommen sein, die eine Anpassung des Versorgungsvertrags gerechtfertigt erscheinen lässt. Zu der außerplanmäßigen Erhöhung der BBG im Jahr 2003 hatte das BAG darüber hinaus gehend entschieden, dass Versorgungsordnungen mit einer „gespaltenen Rentenformel" regelmäßig lückenhaft geworden und entsprechend dem ursprünglichen Regelungsplan zu ergänzen sind (BAG vom 21.4.2009 – 3 AZR 695/08 – DB 2009, 2162).

77 Die vorstehende Rechtsprechung hat das BAG mittlerweile ausdrücklich aufgegeben. Nach einem Urteil vom 23.4.2013 (BAG vom 23.4.2013 – 3 AZR 475/11 – DB 2013, 2157) kann eine Versorgungsvereinbarung mit gespaltener Rentenformel nach der außerplanmäßigen Anhebung der BBG zum 1.1.2003 nicht ergänzend dahin ausgelegt werden, dass die Betriebsrente so zu berechnen ist, als wäre die außerplanmäßige Anhebung der BBG nicht erfolgt. Ein Anspruch auf Zahlung einer höheren Betriebsrente wegen der außerplanmäßigen Anhebung der BBG könne sich allenfalls nach den Regeln über die Störung der Geschäftsgrundlage (§ 313 BGB) ergeben. Eine eingetreten Versorgungseinbuße von lediglich 8% führe jedoch nicht zur Anpassung nach § 313 BGB.

78 **c) Bausteinmodelle.** Eine Mischung aus einem Festbetragssystem und einer bezügeabhängigen teildynamischen Versorgungszusage stellen **Bausteinmodelle** oder **Karrieredurchschnittspläne** dar. Gewährt wird danach für jedes Dienstjahr ein Steigerungsbetrag von bspw. 0,5% des jeweils bezogenen Einkommens. Dieser Betrag wird als Nominalbetrag für jedes Dienstjahr festgeschrieben. Die Endrente ergibt sich aus der aufaddierten Summe der jährlich erdienten Steigerungsbeträge. Bei dieser Versorgungsform handelt es sich also um ein stark leistungsbezogenes Modell; der Entgeltgedanke steht eindeutig im Vordergrund.

d) Spannungsklauseln. Eine Versorgungszusage kann auch in der Weise erteilt werden, dass ein **neutrales Einkommen,** z.B. ein bestimmtes Beamten- oder Tarifgehalt oder auch die Altersrente aus der gesetzlichen Rentenversicherung (BAG vom 17.6.2003 – 3 AZR 396/02 – DB 2004, 324), als **Bezugsgröße** herangezogen wird. Derartige Spannungsklauseln sind als genehmigungsfreie Wertsicherungsklauseln vorteilhaft. Besonders häufig sind sie im Krankenhausbereich anzutreffen, indem z.B. dem Chefarzt eine betriebliche Versorgung wie einem Beamten der Besoldungsgruppe A 16 unter Anrechnung der Bezüge aus der Ärzteversorgung versprochen wird. Sie können sich ausschließlich auf den Anwartschaftszeitraum oder auf den Rentenzahlungszeitraum oder, wie bei der Bezugnahme auf das Beamtenrecht, auch auf beide Zeiträume beziehen. 79

e) Volldynamische Versorgungssysteme. Bei diesen Systemen werden **Lohn- bzw. Gehaltssteigerungen** vergleichbarer Arbeitnehmer nach Eintritt des Versorgungsfalls **in voller Höhe** an die Versorgungsberechtigten **weitergegeben,** also auch wenn sie den Kaufkraftverlust übersteigen. Bei einer Änderung der Personalstruktur eines Unternehmens können allerdings Schwierigkeiten bei der Ermittlung vergleichbarer Arbeitnehmer auftreten. Bei volldynamischen Versorgungszusagen, die vorwiegend in kommunalen Versorgungsunternehmen anzutreffen sind, entfällt die Pflicht zur Anpassung der Renten gem. § 18 Abs. 1 Nr. 3 und Abs. 4. 80

f) Beitragsabhängige Zusagen. Im Gegensatz zu Versorgungssystemen, bei denen der festgelegte Leistungsumfang den Versorgungsaufwand bestimmt, sind **beitragsorientierte Systeme** durch die **Vorgabe eines bestimmten Beitragsvolumens** geprägt. Bezogen auf den Inhalt der Zusage ist zwischen der beitragsorientierten Leistungszusage und der Beitragszusage mit Mindestleistung zu differenzieren. 81

aa) Beitragsorientierte Leistungszusage. Bei der durch das RRG 1999 eingeführten beitragsorientierten Leistungszusage **verspricht** der **Arbeitgeber,** einen festgelegten laufenden **Beitragsaufwand** in eine Anwartschaft auf Alters-, Invaliditäts- oder Hinterbliebenenversorgung **umzuwandeln.** Das Beitragsvolumen kann sich z.B. an einem fixen Betrag oder an einem konstanten Verhältnis zum jeweiligen rentenfähigen Arbeitsverdienst orientieren, wobei die Versorgungsleistung sich aus einer versicherungsmathematisch berechneten Umsetzung des Beitrags in eine Rente ähnlich wie bei einem Tarif eines Lebensversicherers ergibt, wobei auch Umrechnungen außerhalb versicherungsmathematischer Grundsätze zulässig sind. Dem Versorgungsberechtigten ist der Betrag mitzuteilen, den der Arbeitgeber zur Finanzierung der Versorgungsleistung aufwendet. 82

bb) Beitragszusage mit Mindestleistung. Bei dieser Form der Versorgung, die durch das AVmG in das Betriebsrentenrecht eingeführt wurde, verpflichtet sich der Arbeitgeber einerseits zur **Zahlung** der **Beiträge an** einen **Versorgungsträger** sowie andererseits zur **Bereitstellung** des aufgrund der gezahlten Beiträge planmäßig zuzurechnenden **Versorgungskapitals.** Dazu gehören auch die aus dem Kapital erzielten Erträge. Ferner hat der Arbeitgeber mindestens die Summe der zugesagten Beiträge in ihrem Nominalwert zur Verfügung zu stellen. 83

84 Konzeptionell trägt der **Mitarbeiter** im Rahmen der Beitragszusage mit Mindestleistung das **Anlagerisiko.** Dieses Risiko ist jedoch begrenzt, da der Arbeitnehmer in jedem Fall die sog. Mindestleistung erwarten kann. Die Mindestleistung besteht in der Summe der Beiträge, welche der Arbeitgeber dem Mitarbeiter zugesagt hat. Hiervon abzuziehen sind ggf. Risikoprämien, mit denen vorzeitige Versorgungsfälle abgedeckt werden, wie bspw. Leistungen wegen Erwerbsminderung bzw. eine Hinterbliebenenrente bei vorzeitigem Tod. Wegen der praktischen Bedeutung dieser Form der Versorgung und ihrer Absicherung im Insolvenzfall vgl. Rn. 20 und 21.

85 **g) Ergebnisorientierte Versorgungssysteme.** Ähnlich wie die beitragsabhängigen Zusagen sind ergebnisorientierte Versorgungssysteme konzipiert. Bei ihnen wird neben einer Grundversorgung ein bestimmter **Anteil des Jahresgewinns** des Unternehmens als Barwert **für Versorgungszusagen** zur Verfügung gestellt. Die Mitarbeiter erhalten hieraus eine nach versicherungsmathematischen Grundsätzen errechnete Zusage. Dieses Versorgungssystem lässt sich daher auch als Mitarbeiterbeteiligung in Form einer betrieblichen Altersversorgung kennzeichnen. Aus der Summe aller Einzelbeträge ergibt sich die als Kapital oder Rente fällige Versorgungsleistung. Insofern ist eine gewisse Parallelität zu den Bausteinmodellen festzustellen.

86 **h) Gesamtversorgungszusagen.** Ausgehend von dem Gedanken der Ergänzungsfunktion der betrieblichen Altersversorgung, ist die **Gesamtversorgung** darauf ausgerichtet, zusammen mit den Leistungen aus der gesetzlichen Rentenversicherung eine Vollversorgung der Betriebsrentner zu sichern. Gesamtversorgungssysteme, die den Versorgungscharakter der betrieblichen Altersversorgung mehr als die anderen Systeme verwirklichen und den Entgeltcharakter vernachlässigen, bestehen in zwei Formen.

87 Bei **Anrechnungssystemen,** die besonders im öffentlichen Dienst verbreitet sind, wird eine hohe Betriebsrente vom Arbeitgeber versprochen, auf die die gesetzliche Rente und evtl. auch andere Versorgungsleistungen, die, wie z.B. eine Lebensversicherung, zur Hälfte mit Beiträgen des Arbeitgebers finanziert worden ist, angerechnet werden. Häufiger wird eine Gesamtversorgung in der Weise zugesagt, dass der **Versorgungsgrad,** der sich aus Leistungen der betrieblichen Altersversorgung und der gesetzlichen Rentenversicherung zusammensetzt, einen bestimmten **Höchstwert** nicht überschreiten darf. An der Auslegungsregel, dass bei vorzeitigem Ausscheiden Höchstbegrenzungsklauseln im Zweifel erst auf den zeitanteilig gekürzten Betrag anzuwenden sind, hält das BAG nicht länger fest (BAG vom 21.3.2006 – 3 AZR 374/05 – DB 2006, 2354). Zu Einzelheiten der Berechnung vgl. § 6 Rn. 24 f. Der Versorgungsgrad wurde früher zumeist nach Prozentsätzen vom letzten Bruttoeinkommen bemessen. Durch die steigenden Abgabenlasten ist es dadurch zu Überversorgungen gekommen. Die Ausrichtung am Bruttoeinkommen ist in den letzten Jahren deshalb zu Recht vielfach auf eine Nettoversorgung zurückgeführt worden (BAG vom 23.9.1997 – 3 ABR 85/96 – NZA 1998, 719). Eine von den Tarifvertragsparteien vereinbarte nettolohnbezogene Obergrenze von 91,75 % des fiktiven Nettoarbeitsentgelts ist nicht zu beanstanden (BAG vom 27.3.2007 – 3 AZR 299/06 – DB 2007, 2847). Es bestehen auch keine Bedenken gegen eine Nettoversor-

gungsobergrenze durch Bezugnahme auf jeweils geltende tarifliche Regelungen. Eine entsprechende arbeitsvertragliche Verweisung behält ihre Geltung auch nach Eintritt in den Ruhestand (BAG vom 27.6.2006 – 3 AZR 212/05 – DB 2007, 2491).

Eine **Gesamtversorgung** wird heute kaum noch zugesagt, da sie für den Arbeitgeber wegen der nicht voraussehbaren Entwicklung in der gesetzlichen Rentenversicherung **nicht kalkulierbar** ist. Die Höhe der betrieblichen Versorgungslasten ist in erheblichem Maße fremdbestimmt und unterliegt nicht der unternehmerischen Entscheidung; der Arbeitgeber wird praktisch zum Ausfallbürgen für die gesetzliche Grundsicherung. Auch in der Arbeitnehmerschaft stoßen Gesamtversorgungssysteme auf Ablehnung, wenn Arbeitnehmer mit einer niedrigen Sozialversicherungsrente eine höhere Betriebsrente erhalten als Arbeitnehmer mit einer höheren Sozialversicherungsrente, selbst wenn Letztere einen höherwertigen und besser entlohnten Arbeitsplatz besetzen und eine längere Dienstzeit aufweisen. **88**

7. Entstehen von Versorgungszusagen

Versorgungsverpflichtungen entstehen nicht von selbst, etwa aus der Fürsorgepflicht des Arbeitgebers, sie bedürfen vielmehr einer besonderen Rechtsgrundlage, eines **Rechtsbegründungsakts.** **89**

a) Kollektive Rechtsbegründungsakte. Bei der kollektivrechtlichen Gestaltung tritt, soweit es den Verbreitungsgrad betrifft, jedenfalls insgesamt gesehen die Regelung durch Tarifvertrag hinter der Normierung durch Betriebsvereinbarung zurück. **90**

aa) Tarifvertrag. Im **öffentlichen Dienst** ist die Zusatzversorgung **tarifvertraglich** geregelt. Hieran hat sich nichts dadurch geändert, dass die Versorgung durch die Tarifverträge vom 1.3.2002 auf eine völlig neue Grundlage gestellt worden ist. Aufgrund tarifvertraglicher Regelungen haben die im öffentlichen Dienst Beschäftigten weiterhin einen Anspruch auf satzungsgemäße Versorgung durch Versorgungsanstalten und Zusatzversorgungskassen. **91**

In der **Privatwirtschaft** bildet die Begründung von Ruhegeldverpflichtungen durch Tarifvertrag die Ausnahme. Eine Gewichtsverlagerung mag dadurch eintreten, dass tarifvertragliche Entgeltansprüche gem. dem durch das AVmG in § 17 eingeführten Abs. 5 nur dann in Versorgungsansprüche umgewandelt werden können, soweit dies durch einen Tarifvertrag vorgesehen oder zugelassen ist. Insoweit erstreckt sich die Regelungsmacht der Tarifvertragsparteien auch auf die Versorgungsanwartschaften ausgeschiedener Arbeitnehmer und damit gleichfalls auf die Versorgungsansprüche der Betriebsrentner nach Eintritt des Versorgungsfalls (BAG vom 27.2.2007 – 3 AZR 734/05 – DB 2007, 1763; BAG vom 21.8.2007 – 3 AZR 102/06 – DB 2007, 2850). Zur Begründung führt das BAG zusätzlich an, dass gewerkschaftlich organisierte Betriebsrentner einen auf § 18 AGG gestützten Anspruch haben, an den sie betreffenden Entscheidungen tarifpolitisch mitzuwirken, anderenfalls wären sie wegen ihres Alters diskriminiert (BAG vom 17.6.2008 – 3 AZR 409/06 – DB 2008, 2369). Unabhängig davon sind Tarifverträge vornehmlich in Firmen- und Verbandstarifverträgen anzutref- **92** fen, da sie besonders geeignet sind, auf die spezifischen wirtschaftlichen und personellen Verhältnisse in einem Unternehmen oder in einer Branche einzugehen. Derartige Tarifverträge bestehen in der Bauwirtschaft, im Bäcker- und Lackierhandwerk, bei Verlagen, in der Land- und Fortwirtschaft sowie im Bereich der Energieversorgung. Nach Ablauf des Tarifvertrags gelten seine Rechtsnormen gem. § 4 Abs. 5 TVG weiter, bis sie durch eine andere Abmachung ersetzt werden.

93 Für ihre Wirksamkeit bedürfen die Tarifverträge gem. § 1 Abs. 2 TVG der Schriftform. Wird der Tarifvertrag für allgemeinverbindlich erklärt, gilt er gem. § 5 TVG auch für die nicht organisierten Arbeitnehmer. Ebenso kann er durch freiwillige betriebliche Maßnahmen auf nicht tarifgebundene Arbeitnehmer ausgedehnt werden. Änderungen eines Tarifvertrags können über eine **Jeweiligkeitsklausel** im Arbeitsvertrag auch Wirkung auf nicht organisierte Arbeitnehmer entfalten. Die Verweisung im Arbeitsvertrag eines leitenden Angestellten auf eine gesetzliche, tarifvertragliche oder in einer Betriebsvereinbarung niedergelegte Versorgungsordnung ist im Zweifel als dynamische Verweisung auf die jeweils für die Arbeitnehmer des Betriebs geltende Versorgungsregelung zu verstehen (BAG vom 21.1.1992 – 3 AZR 21/91 – DB 1992, 1051; BAG vom 20.4.2004 – 3 AZR 266/02 – DB 2004, 2590). Eine **dynamische Verweisung** auf die geltenden tariflichen Bestimmungen gilt auch über den Eintritt des Arbeitnehmers in den Ruhestand hinaus (BAG vom 27.6.2006 – 3 AZR 255/05 – DB 2007, 118). Wenn bei einer umfassenden Verweisung auf tarifvertragliche Regelungen die betriebliche Altersversorgung ausgeklammert sein soll, muss diese Einschränkung hinreichend klar zum Ausdruck gebracht werden.

94 **bb) Betriebsvereinbarung.** Die betriebliche Altersversorgung gehört zu den sozialen Angelegenheiten eines Betriebs (BAG vom 16.9.1986 – GS 1/82 – DB 1987, 383). Ein Versorgungswerk kann demgemäß durch Betriebsvereinbarung begründet werden. Für die Pensions- und Unterstützungskasse ergibt sich diese Rechtsfolge unmittelbar aus § 88 Nr. 2 BetrVG, wonach die Errichtung von Sozialeinrichtungen den Gegenstand freiwilliger Betriebsvereinbarungen bilden kann. Für andere Formen der betrieblichen Altersversorgung folgt die Zulässigkeit aus der **umfassenden funktionalen Zuständigkeit des Betriebsrats** in sozialen Angelegenheiten (BAG vom 16.3.1956 – GS 1/55 – DB 1956, 573). Besteht jedoch ein Tarifvertrag, der abschließende Regelungen über die betriebliche Altersversorgung enthält, gilt nach dem Eingangssatz des § 87 Abs. 1 BetrVG der Vorrang des Tarifvertrags vor der Betriebsvereinbarung (BAG vom 24.2.1987 – 1 ABR 18/85 – DB 1987, 1435; BAG vom 20.12.1988 – 1 ABR 57/87 – DB 1989, 1340; BAG vom 16.2.1993 – 3 ABR 29/92 – DB 1993, 1240). Dieselbe Rechtsfolge tritt bei Dienstvereinbarungen ein, wenn sie den gleichen Regelungsgegenstand wie der die Altersversorgung regelnde Tarifvertrag haben (BAG vom 27.6.2006 – 3 AZR 255/05 – DB 2007, 118).

95 Bildet eine Betriebsvereinbarung die Grundlage für die Ansprüche der Versorgungsberechtigten, ergeben sie sich gem. § 77 Abs. 4 BetrVG unmittelbar und zwingend aus der Betriebsvereinbarung. Auch **Leiharbeitnehmer** nehmen an einem beim Entleiher durch Betriebsvereinbarung begründeten Versorgungswerk teil, wenn während der Geltung der Betriebsvereinbarung aufgrund von

§ 1 Abs. 2, § 3 Abs. 1 Nr. 6, § 13 AÜG a.F. ein Arbeitsverhältnis zwischen Entleiher und Leiharbeitnehmer bestand (BAG vom 18.2.2003 – 3 AZR 160/02 – DB 2003, 2181). Zu ihrer Wirksamkeit bedürfen Betriebsvereinbarungen nach § 77 Abs. 2 S. 1 BetrVG der Schriftform.

Betriebsrentner und inzwischen **ausgeschiedene Mitarbeiter** werden allerdings von einer Betriebsvereinbarung **nicht erfasst,** den Betriebspartnern fehlt eine entsprechende Regelungsmacht (st. Rspr. BAG, zuletzt BAG vom 18.5.1977 – 3 AZR 371/76 – DB 1977, 1655; BAG vom 25.10.1988 – 3 AZR 483/86 – DB 1989, 1195). Eine andere Beurteilung greift nur dann Platz, wenn in der Versorgungszusage auf die jeweils gültige betriebliche Versorgungsregelung verwiesen worden ist. Sie ist dann infolge einer derartigen **Jeweiligkeitsklausel** auch für die Versorgungsempfänger verbindlich. Eine Betriebsvereinbarung, die auf die jeweils gültigen Betriebsvereinbarungen eines anderen Unternehmens oder Betriebs verweist, ist dagegen unwirksam. Das gilt auch bei einer Verweisung auf die gesamten Betriebsvereinbarungen eines anderen Unternehmens, auch wenn sie die „betriebsspezifischen Belange des eigenen Betriebs ausreichend berücksichtigen“ (BAG vom 22.8.2006 – 3 AZR 319/05 – DB 2007, 639). Bei einer **arbeitsvertraglichen** Verweisung auf eine Betriebsvereinbarung oder andere außerhalb des Vertrags liegende Regelwerke wird üblicherweise dynamisch auf die Versorgungsregelungen in ihrer jeweiligen Fassung verwiesen (BAG vom 11.12.2001 – 3 AZR 512/00 – DB 2003, 293; BAG vom 12.10.2004 – 3 AZR 432/03 – DB 2005, 1338). Die Verweisung hat zur Folge, dass das in Bezug genommene Regelwerk unter dem Vorbehalt der Abänderbarkeit steht. Bei einer Änderung durch eine spätere Betriebsvereinbarung findet weder ein individueller noch ein kollektiver Günstigkeitsvergleich statt (BAG vom 29.7.2003 – 3 AZR 630/02 – AP Nr. 45 zu § 1 BetrAVG Ablösung). Es sind jedoch die Grundsätze der Verhältnismäßigkeit und des Vertrauensschutzes anzuwenden. Sie führen dazu, dass i.d.R. nur noch geringfügige Verschlechterungen der zugesagten Versorgung gerechtfertigt sind (BAG vom 12.10.2004 – 3 AZR 557/03 – DB 2005, 783). Außerdem unterliegt die Neuregelung einer Rechts- und Billigkeitskontrolle. 96

Gem. § 77 Abs. 5 BetrVG kann von jeder Betriebspartei die Betriebsvereinbarung **gekündigt** werden, ohne dass sie hierfür eine Begründung geben muss. Fraglich ist, ob die Regelungen der Betriebsvereinbarung weiter gelten, bis sie durch eine andere Abmachung ersetzt werden. Eine **Nachwirkung** kommt nach § 77 Abs. 6 BetrVG nur in Betracht, wenn die Regelungen durch einen Spruch der Einigungsstelle ersetzt werden können. 97

Betriebliche Versorgungswerke unterliegen zwar grds. dem erzwingbaren Mitbestimmungsrecht des Betriebsrats über § 87 Abs. 1 Nr. 8 oder Nr. 10 BetrVG. Der Arbeitgeber kann aber vorab frei darüber befinden, ob und in welchem Umfang er Mittel für eine betriebliche Altersversorgung zur Verfügung stellen will und welchen Personenkreis er auf welchem Durchführungsweg zu versorgen gedenkt (vgl. Rn. 8). Insbesondere ist der Arbeitgeber befugt, ein Versorgungswerk mit Wirkung für zukünftig eintretende Mitarbeiter einseitig zu schließen. Eine **Nachwirkung** oder Weitergeltung **tritt nicht ein.** Durch die Kündigung der Betriebsvereinbarung entfällt die Rechtsgrundlage für diejenigen Leistungen, die, wie bei Versorgungsanwartschaften, noch nicht einmal zu 98 fälligen Ansprüchen geführt haben (BAG vom 18.4.1989 – 3 AZR 688/87 – DB 1989, 2232; BAG vom 10.3.1992 – 3 ABR 54/91 – DB 1992, 1735; BAG vom 18.9.2001 – 3 AZR 728/00 – DB 2002, 1114). Die Nachwirkung einer gekündigten Betriebsvereinbarung ist mithin nicht nur ausgeschlossen, wenn der Arbeitgeber mit der Kündigung die Ansprüche beseitigen, sondern auch dann, wenn er lediglich bestimmte Besitzstände der Arbeitnehmer entfallen lassen will und innerhalb des auf diese Weise mitbestimmungsfrei verringerten Dotierungsrahmens kein Raum für eine Neuverteilung bleibt. Die **Betriebsvereinbarung** ist eben nur **teilmitbestimmt.** Damit scheidet auch eine Nachwirkung der Betriebsvereinbarung prinzipiell aus (BAG vom 10.3.1992 – 3 ABR 54/91 – DB 1992, 1735; BAG vom 11.5.1999 – 3 AZR 21/98 – DB 2000, 525; BAG vom 17.8.1999 – 3 ABR 55/98 – DB 2000, 774). Die Frage der Wirksamkeit der Kündigung ist vielmehr von der Frage ihrer Rechtsfolgen zu trennen. Eine Nachwirkung kommt allenfalls dann in Betracht, wenn in engem zeitlichen Zusammenhang mit dem Auslaufen der Kündigungsfrist eine vergleichbare betriebsverfassungsrechtliche neue Regelung angestrebt wird (BAG vom 18.9.2001 – 3 AZR 728/00 – DB 2002, 1114).

99 Dem Schutzbedürfnis der Arbeitnehmer, das teilweise zum Anlass genommen wird, Kündigungen von Betriebsvereinbarungen über Sozialleistungen nach allgemeinen Regeln zu überprüfen, ist über eine **Begrenzung der Kündigungswirkungen** Rechnung zu tragen. Durch die Kündigung einer Betriebsvereinbarung werden Anwartschaften von Arbeitnehmern nicht ohne Weiteres beseitigt. Auch der Arbeitgeber, der von dem einseitigen Lösungsmittel der Kündigung Gebrauch macht, hat die Grundsätze der Verhältnismäßigkeit und des Vertrauensschutzes zu beachten (BAG vom 11.5.1999 – 3 AZR 21/98 – DB 2000, 525; BAG vom 17.8.1999 – 3 ABR 55/98 – DB 2000, 774; BAG vom 21.8.2001 – 3 ABR 44/00 – DB 2002, 952; BAG vom 18.9.2001 – 3 AZR 728/00 – DB 2002, 952). Er muss deshalb die von den Arbeitnehmern erreichten Besitzstände entsprechend der vom BAG entwickelten Stufentheorie (vgl. dazu Rn. 253 ff.) wahren. Im Umfang dieser Beschränkung der Kündigung bleibt die Betriebsvereinbarung als kollektivrechtliche Grundlage von Versorgungsansprüchen erhalten. Die nach der Kündigung der Betriebsvereinbarung verbleibenden Restpositionen genießen unverändert den Schutz des § 77 Abs. 4 S. 2 bis 4 BetrVG. Auf diesem Wege werden die schützenswerten Interessen der Arbeitnehmer gewahrt, ohne dass das Regelungssystem verlassen werden muss, das bei Begründung des Versorgungswerks privatautonom gewählt wurde (BAG vom 11.5.1999 – 3 AZR 21/98 – DB 2000, 525).

100 **cc) Regelung mit dem Sprecherausschuss der leitenden Angestellten.** Nach dem SprAuG können der Arbeitgeber und der Sprecherausschuss freiwillig Richtlinien über den Inhalt, den Abschluss oder die Beendigung von Arbeitsverhältnissen der leitenden Angestellten gem. § 28 Abs. 1 SprAuG vereinbaren. Als Richtlinie über den Inhalt von Arbeitsverhältnissen der leitenden Angestellten kommen auch **Richtlinien über die betriebliche Altersversorgung** in Betracht. Allerdings gelten sie – anders als Betriebsvereinbarungen – nicht automatisch für die leitenden Angestellten, sondern ihre normative Wirkung muss gesondert gem. § 28 Abs. 2 SprAuG vereinbart werden, wobei

abweichende Regelungen zugunsten Einzelner zulässig bleiben. Die Vereinbarung entfaltet keine Nachwirkung.

b) Individualrechtliche Zusagen. Zu dieser Gruppe gehören die **einzelvertragliche Vereinbarung,** die vertragliche **Einheitsregelung,** die **Gesamtzusage** und die **betriebliche Übung** sowie als übergreifende Sonderform die **Blankettzusage.** Darüber hinaus ist der **Grundsatz der Gleichbehandlung** bei individualrechtlich und kollektivrechtlich begründeten Versorgungszusagen zu beachten. Die Vielgestaltigkeit, in der dieses Rechtsinstitut in der Praxis auftritt, macht es unbeschadet seiner systematischen Zuordnung erforderlich, die sich aus der Gleichbehandlung ergebenden Grundsätze in einem gesonderten Abschnitt (vgl. Rn. 118 ff.) zu erläutern. 101

aa) Einzelzusage. Die Einzelzusage unterscheidet sich von den anderen individualrechtlichen Versorgungszusagen dadurch, dass sie **keinen kollektiven Bezug** aufweist, sich also nicht an eine Gruppe von Arbeitnehmern wendet. Die Einzelzusage unterliegt der allgemeinen Regelung des Vertragsrechts. Sie kommt durch ein entsprechendes Angebot des Arbeitgebers und die Annahme durch den Arbeitnehmer zustande, die auch gem. § 151 S. 1 BGB stillschweigend erfolgen kann, da betriebliche Versorgungsleistungen ihn i.d.R. begünstigen (BAG vom 17.5.1966 – 3 AZR 477/65 – BB 1966, 984; BAG vom 13.3.1975 – 3 AZR 446/74 – DB 1975, 1563). Mit ihrem Abschluss wird die Einzelzusage Bestandteil des Arbeitsvertrags. Eine abweichende Regelung kann nur durch eine anderweitige Vereinbarung oder eine Kündigung bzw. Änderungskündigung erreicht werden. 102

Eine Einzelzusage kann allerdings auch durch eine Verweisung auf die jeweils gültigen Versorgungsregelungen, die etwa im Wege einer Betriebsvereinbarung oder eines Tarifvertrags abgeschlossen werden, erteilt werden. Bei einer solchen **Jeweiligkeitsklausel** handelt es sich regelmäßig um eine dynamische Verweisung. Selbst wenn die Arbeitsvertragsparteien auf außerhalb des Arbeitsvertrags liegende Versorgungsvorschriften Bezug nehmen, handelt es sich auch ohne ausdrückliche Jeweiligkeitsklausel nicht um eine statische, sondern um eine rechtlich nicht zu beanstandende dynamische Verweisung (BAG vom 27.6.2006 – 3 AZR 212/05 – DB 2007, 2491). Statische Verweisungen und die damit verbundene Festschreibung bestimmter Versorgungsregelungen sind die Ausnahme und müssen dementsprechend deutlich zum Ausdruck gebracht werden (BAG vom 29.7.2003 – 3 AZR 630/02 – AP Nr. 45 zu § 1 BetrAVG Ablösung). Die Regelungen gelten auch nach Eintritt in den Ruhestand (BAG vom 23.9.1997 – 3 AZR 529/96 – DB 1998, 318; BAG vom 25.7.2000 – 3 AZR 676/99 – DB 2002, 2444; BAG vom 11.12.2001 – 3 AZR 512/00 – DB 2003, 293; BAG vom 20.4.2004 – 3 AZR 266/02 – DB 2004, 2590; BAG vom 27.6.2006 – 3 AZR 255/05 – DB 2007, 118). Dementsprechend sind beim Ausscheiden eines Arbeitnehmers aus dem Arbeitsverhältnis die jeweils maßgeblichen Versorgungsbestimmungen anzuwenden (BAG vom 29.1.1991 – 3 AZR 44/90 – NZA 1991, 563). 103

Wie sonstige arbeitsvertragliche Regelungen sind die Einzelzusagen **nicht formbedürftig.** Das steuerrechtlich bei unmittelbaren Versorgungszusagen bestehende Schriftformerfordernis des § 6a Abs. 1 Nr. 3 EStG ist arbeitsrechtlich 104 irrelevant (BAG vom 5.2.1981 – 3 AZR 748/79 – BB 1981, 1708), es sei denn, dass bereits bei Beginn des Arbeitsverhältnisses eine Versorgungszusage erteilt wird. Ggf. ist die Zusage dem Arbeitnehmer einen Monat nach Beginn des Arbeitsverhältnisses gem. § 2 Abs. 1 Nr. 6 NachwG in einer ihm auszuhändigenden Niederschrift zu bestätigen. Aus Beweisgründen empfiehlt es sich aber, generell die Versorgungszusage schriftlich zu erteilen. Ein Streit darüber, ob eine Versorgung nur in Aussicht gestellt oder fest zugesagt wurde, wird dadurch vermieden. Unabhängig davon ist es bei unmittelbaren Versorgungszusagen angezeigt, eindeutige Angaben zu Art, Form, Voraussetzungen und Höhe der in Aussicht gestellten künftigen Leistungen zu machen. Fehlen derartige Angaben, scheidet gem. § 6a Abs. 1 Nr. 3 EStG die Bildung einer Pensionsrückstellung in der Steuerbilanz trotz der arbeitsrechtlichen Irrelevanz des Schriftformerfordernisses aus.

105 Bei der Formulierung der Zusage ist auf Klarheit, Verständlichkeit und Eindeutigkeit große Sorgfalt zu verwenden; Zweifel gehen zulasten des Arbeitgebers (BAG vom 25.5.1973 – 3 AZR 405/72 – DB 1973, 2147). Da der Arbeitgeber die Versorgungsbedingungen i.d.R. einseitig festsetzt, unterliegt die Zusage einer gerichtlichen Billigkeitskontrolle (BAG vom 21.12.1970 – 3 AZR 510/69 – DB 1971, 727). Die Auslegung des Versorgungsversprechens erfolgt nach den Bestimmungen der §§ 133, 157, 242 BGB unter Berücksichtigung des Arbeitnehmerschutzprinzips. Die **Unklarheitenregel,** die nunmehr zudem in § 305c Abs. 2 BGB normiert ist, kommt insoweit zur Anwendung. Der Verursacher von Unklarheiten hat danach die Folgen in Form einer ihm ungünstigen Auslegung zu tragen. Die Unklarheitenregel kommt allerdings erst dann zum Zuge, wenn nach Ausschöpfen aller in Betracht kommenden Auslegungsmethoden ein nicht behebbarer Zweifel bleibt (BAG vom 16.4.1997 – 3 AZR 28/96 – DB 1997, 1575; BAG vom 19.12.2000 – 3 AZR 174/00 – AP Nr. 24 zu § 1 BetrAVG Wartezeit).

106 **bb) Vertragliche Einheitsregelung.** Bei der vertraglichen Einheitsregelung wendet sich der Arbeitgeber bewusst an jeden einzelnen Arbeitnehmer mit einem Versorgungsdokument, das aber für alle Arbeitnehmer die gleichen Regelungen beinhaltet. Im Gegensatz zur Einzelzusage ist die vertragliche Einheitsregelung mithin **durch ihren kollektiven Bezug** gekennzeichnet. Dieser Umstand ist insbesondere für ihre Änder- und Ablösbarkeit von Gewicht (vgl. Rn. 282 ff.).

107 **cc) Gesamtzusage.** Bei der Gesamtzusage handelt es sich im Grunde um ein Bündel gleich lautender Zusagen. Dieser Zusageform bedient sich der Arbeitgeber aus Gründen der Vereinfachung. Um sich bei der Gewährung einer betrieblichen Altersversorgung nach einheitlichen Grundsätzen nicht an jeden Arbeitnehmer einzeln wenden zu müssen, schafft er für die von ihm bestimmten Versorgungsberechtigten eine **Versorgungs-, Ruhegeld- oder Pensionsordnung,** die er durch einen Aushang, die Aushändigung an den Betriebsrat oder eine mündliche Erläuterung in einer Betriebsversammlung oder in sonstiger Weise bekannt macht.

108 Mit dem Inhalt des Vertragsangebots erklärt sich der Arbeitnehmer einverstanden, wenn er die Leistung entgegennimmt. Einer ausdrücklichen **Annahme**

des in der Gesamtzusage enthaltenen Angebots **bedarf es** gem. § 151 BGB **nicht** (BAG vom 16.9.1986 – GS 1/82 – DB 1986, 2027; BAG vom 5.12.1995 – 3 AZR 941/94 – DB 1996, 838). Der Leistung als solcher kommt kein eigener Erklärungswert zu, wenn ihre Bedingungen allgemein bekannt gemacht worden sind. Deswegen können sich Arbeitnehmer nicht mit Erfolg darauf berufen, sie hätten nur die Leistung wahrgenommen, nicht aber die Einzelheiten der ihr zugrunde liegenden Zusage. Auch für später eintretende Arbeitnehmer gilt die Gesamtzusage mit dem Inhalt, mit dem sie im Betrieb bekannt ist, unabhängig davon, ob dem Neueintretenden die Konditionen mitgeteilt wurden (LAG Hessen vom 27.6.2001 – 8 Sa 677/00 – DB 2002, 696). Die Leistung erfolgt aufgrund der früher bekannt gemachten Gesamtzusage und nicht aufgrund einer einzelvertraglichen Zusage. Daher wird auch der Vorbehalt einer Änderung durch Betriebsvereinbarung Vertragsinhalt zwischen den Parteien des Arbeitsvertrags (BAG vom 10.12.2002 – 3 AZR 671/01 – DB 2004, 1568). Wegen ihres kollektiven Charakters ergeben sich bei der Gesamtzusage hinsichtlich ihrer Abänder- und Ablösbarkeit die gleichen Besonderheiten wie bei der vertraglichen Einheitsregelung.

Die **praktische Bedeutung** der Gesamtzusage ist ebenso wie die der vertraglichen Einheitsregelung **gering,** da der Arbeitgeber bei der Ausgestaltung von individualrechtlichen Versorgungszusagen betriebsverfassungsrechtliche Mitbestimmungsrechte zu beachten hat (vgl. dazu Rn. 176) und deshalb von vornherein besser eine Betriebsvereinbarung schließt. Zu Versorgungsregelungen durch eine Gesamtzusage oder eine vertragliche Einheitsregelung kommt es daher fast nur noch in betriebsratslosen Unternehmen. **109**

dd) Betriebliche Übung. Eine individualrechtliche Versorgungszusage kann auch aus einer betrieblichen Übung entstehen. Im Betriebsrentenrecht wird dieser Rechtsbegründungsakt ausdrücklich berücksichtigt, indem in § 1b Abs. 1 S. 4 eine Versorgungsverpflichtung, die auf betrieblicher Übung beruht, derjenigen aus einer **sonstigen Zusage gleichgestellt** wird. **110**

Die dogmatische Einordnung der betrieblichen Übung bereitet Schwierigkeiten. Für den Bereich der betrieblichen Altersversorgung hat das BAG, das sonst stärker zur Vertragstheorie tendiert, das Vorliegen eines **Vertrauenstatbestands** als maßgeblich erachtet (BAG vom 5.2.1971 – 3 AZR 28/70 – DB 1971, 1117; BAG vom 16.9.1986 – GS 1/82 – DB 1986, 2027). Ob eine für den Arbeitgeber bindende betriebliche Übung aufgrund der Gewährung von Leistungen an seine Arbeitnehmer entstanden ist, muss deshalb danach beurteilt werden, inwieweit die Arbeitnehmer aus dem Verhalten des Arbeitgebers unter Berücksichtigung von Treu und Glauben sowie der Verkehrssitte gem. § 242 BGB und der Begleitumstände auf einen Bindungswillen des Arbeitgebers schließen durften (BAG vom 30.1.2002 – 10 AZR 359/01 – AuA 2002, 230; BAG vom 28.7.2004 – 10 AZR 19/04 – DB 2004, 2219; BAG vom 28.6.2006 – 10 AZR 385/05 – DB 2007, 113). Manifestiert wird der Verpflichtungswille durch ein gleichförmiges, wiederholtes Verhalten des Arbeitgebers, das geeignet ist, vertragliche Ansprüche auf eine Leistung zu begründen. Der Arbeitnehmer muss darauf vertrauen dürfen, ihm werde die Leistung auch künftig gewährt (BAG vom 4.5.1999 – 10 AZR 290/98 – DB 1999, 1907; BAG vom 23.4.2002 – 3 AZR 224/01 – DB **111**

2002, 2603). Die bisherige Handhabung bestimmt und begrenzt die Verpflichtung des Arbeitgebers (BAG vom 19.11.2002 – 3 AZR 561/01 – AP Nr. 23 zu § 1 BetrAVG Berechnung). Wie häufig er sein Verhalten wiederholen muss, lässt sich nicht schematisch festlegen. Es gibt keine allgemein verbindliche Regel, ab welcher Anzahl von Leistungen der Arbeitnehmer erwarten darf, dass auch er die Leistung erhält, sobald er die Voraussetzungen erfüllt. Der Grundsatz, dass eine dreimalige vorbehaltlose Gewährung zur Verbindlichkeit erstarkt, ist für jährlich an die gesamte Belegschaft geleistete Gratifikationen aufgestellt worden. Bei anderen Sozialleistungen ist auf Art, Dauer und Intensität der Leistungen abzustellen. Es ist also nicht nur das tatsächliche Verhalten des Arbeitgebers entscheidend, auch Art, Bedeutung und Begleitumstände der üblich gewordenen Leistung sind zu berücksichtigen (BAG vom 19.2.2008 – 3 AZR 61/06 – NZA-RR 2008, 597). Bezüglich der Zahlung von Rentnerweihnachtsgeld hat das BAG allerdings erkannt, dass eine betriebliche Übung nach dreimaliger Zahlung ohne hinreichend deutlichen Ausschluss eines Rechtsbindungswillens entsteht (BAG vom 12.12.2006 – 3 AZR 57/06 – DB 2007, 2435). Generell hängt es für die Annahme einer betrieblichen Übung davon ab, wie häufig die Leistungen erbracht worden sind. Dabei kommt es auch auf die Zahl der Anwendungsfälle im Verhältnis zur Belegschaftsstärke an. Ferner sind in die Bewertung neben der Anzahl der Wiederholungen und der Dauer der Übungen auch Art und Inhalt der Leistungen einzubeziehen (vgl. BAG vom 20.8.2013 – 3 AZR 374/11 – AP Nr. 17 zu § 1b BetrAVG). Bei für den Arbeitnehmer weniger wichtigen Leistungen sind an die Zahl der Wiederholungen höhere Anforderungen zu stellen als bei bedeutsameren Leistungen wie der betrieblichen Altersversorgung (BAG vom 28.7.2004 – 10 AZR 19/04 – DB 2004, 2219; BAG vom 15.5.2012 – 3 AZR 610/11 – NZA 2012, 1279). Bei Versorgungsleistungen ist vor allem darauf abzustellen, ob das Verhalten des Arbeitgebers ein schutzwürdiges Vertrauen auf Zahlung einer Betriebsrente begründet hat. Entscheidend sind mithin die sich für den Einzelfall ergebenden Umstände, die sich aus der üblich gewordenen Art der Leistung sowie ihrem Umfang herleiten lassen.

112 Auch aus einer betrieblichen Übung, eine Altersversorgung **erst im Versorgungsfall zuzusagen,** kann sich eine unverfallbare Anwartschaft auf betriebliche Versorgungsleistungen ergeben (LAG Hessen vom 15.8.2001 – 8 Sa 1098/00 – DB 2002, 1010). Die gleiche Rechtsfolge tritt ein, wenn eine gleichförmige betriebliche Praxis besteht, allen Mitarbeitern, die mindestens eine zehnjährige Betriebszugehörigkeit aufweisen, nachfolgend eine betriebliche Altersversorgung zu versprechen. Es kommt dann nicht darauf an, dass die Versorgungszusage stets zum gleichen Zeitpunkt – also etwa genau nach zehn Jahren – gemacht wird. Entscheidend ist, dass alle Mitarbeiter, in deren Person die Voraussetzungen der Versorgungsrichtlinie vorliegen, eine Versorgungszusage erhalten. Die Versorgungszusagen selbst dürfen auch gebündelt und rückwirkend auf den Ablauf einer bestimmten Wartefrist datiert werden. Werden Versorgungszusagen stets nur mit dem Inhalt der bei Fristablauf gültigen Versorgungsrichtlinien gemacht, so entspricht es allerdings nicht der betrieblichen Übung, den Mitarbeitern inhaltliche Versorgungszusagen auf den Stand ihres Firmeneintritts zu versprechen. Dies gilt jedenfalls dann, wenn die Versorgungsregelung nur als arbeitgeberinterne Richtlinie zur Gleichbehandlung aller Arbeitnehmer

dient und den Arbeitnehmern nicht in allgemeiner Form bekannt gemacht wird. Bei der inhaltlichen Ausfüllung des Versorgungsversprechens nach Ablauf der Wartefrist hat der Arbeitgeber die Grundsätze der Billigkeit zu beachten (BAG vom 25.6.2002 – 3 AZR 360/01 – DB 2003, 1004).

Für die Entstehung der Rechtsbindung kommt es nicht darauf an, ob der Arbeitgeber den Willen hatte, durch gleichgerichtetes Handeln eine betriebliche Übung auszulösen. Seine subjektiven Vorstellungen sind unerheblich (BAG vom 12.12.2006 – 3 AZR 57/06 – DB 2007, 2435). Die Wirkung einer Willenserklärung oder eines bestimmten Verhaltens tritt im Rechtsverkehr schon dann ein, wenn der Erklärende aus der Sicht des Erklärungsempfängers einen auf eine bestimmte Rechtswirkung gerichteten Willen geäußert hat (BAG vom 28.6. 2006 – 10 AZR 385/05 – DB 2007, 113). Maßgeblich ist allein, dass der Arbeitgeber die die Verpflichtung begründenden Umstände kannte oder kennen musste. Zahlt der Arbeitgeber unter bestimmten Voraussetzungen jedem Arbeitnehmer oder einer bestimmten Gruppe im Versorgungsfall ein Ruhegeld, können die noch aktiven Arbeitnehmer aufgrund dieser **Kollektivübung** darauf vertrauen, dass auch sie unter den gleichen Voraussetzungen Versorgungsleistungen erhalten. Ob ein Arbeitnehmer selbst bisher schon in die Übung einbezogen wurde, ist unerheblich (BAG vom 29.4.2003 – 3 AZR 399/02 – n.v.; BAG vom 28.7.2004 – 10 AZR 19/04 – DB 2004, 2219). Eine Mitteilung über die an andere Arbeitnehmer erfolgten Zahlungen gegenüber den übrigen Arbeitnehmern ist ebenso wenig erforderlich wie eine allgemeine Veröffentlichung im Betrieb. Es ist von dem allgemeinen Erfahrungssatz auszugehen, dass derartige begünstigende Leistungen allgemein bekannt werden (BAG vom 27.6.2001 – 10 AZR 488/00 – EzA Nr. 44 zu § 242 BGB Betriebliche Übung). Der Arbeitnehmer erwirbt die Versorgungszusagen jeweils zu dem Zeitpunkt, zu dem er erstmals von dem Bestehen der Übung Kenntnis erlangen konnte. Das wird der Beginn des Arbeitsverhältnisses sein, wenn die Übung zu dieser Zeit schon praktiziert wurde (LAG Köln vom 17.1.1985 – 8 Sa 1019/84 – NZA 1985, 398). Wegen des bei der betrieblichen Übung gleichfalls bestehenden kollektiven Bezugs ist auch bei ihr eine Ablösung durch Betriebsvereinbarung zulässig. 113

In Fortsetzung einer betrieblichen Übung kann auch eine **ergänzende betriebliche Übung** zustande kommen. Das ist z.B. der Fall, wenn auf Veranlassung des Arbeitgebers der auf einer betrieblichen Übung beruhende Personalrabatt von einem Drittunternehmen weiter gewährt wird. Welche subjektiven Vorstellungen der Arbeitgeber insoweit hatte, spielt keine Rolle, wenn sie für den Begünstigten nicht klar erkennbar waren. Dementsprechend entsteht auch bezüglich der Gewährung von Versorgungsleistungen nur dann keine ergänzende betriebliche Übung, wenn es für die Betroffenen auf der Hand liegt, dass der Arbeitgeber eine solche Rechtsfolge nicht herbeiführen wollte (BAG vom 19.2.2008 – 3 AZR 61/06 – AP Nr. 52 zu § 1 BetrAVG). 114

Der Arbeitgeber kann eine betriebliche Übung gegenüber neu eintretenden Mitarbeitern beenden. Die **Beendigung** setzt eine **unmissverständliche Erklärung** voraus, die bei der Begründung des Arbeitsverhältnisses abgegeben werden muss. Die Erklärung bedarf nicht der Einhaltung einer Form, sie muss nur den klaren Willen des Arbeitgebers über die Beendigung der betrieblichen Übung zum Ausdruck bringen (BAG vom 5.2.1971 – 3 AZR 28/70 – DB 115

1971, 1117). Dann erwächst beim Arbeitnehmer kein schützenswerter Vertrauenstatbestand, der den Arbeitgeber zur Leistungsgewährung oder Erteilung einer Versorgungszusage verpflichtet. Eine betriebliche Übung kann dagegen nicht durch eine gegenläufige betriebliche Übung geändert werden. Eine gegenläufige betriebliche Übung lässt den einmal entstandenen Anspruch auch dann nicht entfallen, wenn die Versorgungsberechtigten der vom Arbeitgeber beabsichtigten Änderung nicht widersprechen (nunmehr klarstellend BAG vom 16.2.2010 – 3 AZR 123/08 – BetrAV 2010, 589).

116 Eine **Verpflichtung** aus betrieblicher Übung kann im Übrigen nur entstehen, **falls** hinsichtlich der in Frage kommenden Leistungen **keine** sonstige **individual-** oder **kollektivrechtliche Anspruchsgrundlage** besteht (BAG vom 10.12.2002 – 3 AZR 671/01 – DB 2004, 1568; BAG vom 21.1.2003 – 3 AZR 35/02 – AP Nr. 63 zu § 1 BetrAVG Zusatzversorgung). Will der Arbeitgeber durch sein Verhalten lediglich einer ohnehin bestehenden Verpflichtung nachkommen, entsteht mithin keine betriebliche Übung (BAG vom 22.1.2002 – 3 AZR 554/00 – DB 2002, 1896). Das ist z.B. bei Abschluss und Durchführung einer unwirksamen Betriebsvereinbarung der Fall, wenn und so lange der Arbeitgeber rechtsirrtümlich davon ausgeht, zu der Leistung durch die Betriebsvereinbarung verpflichtet zu sein (BAG vom 13.8.1980 – 5 AZR 325/78 – DB 1981, 274; BAG vom 27.6.1985 – 6 AZR 392/81 – DB 1986, 596).

117 **ee) Blankettzusage.** Eine **Versorgungszusage** liegt auch dann vor, wenn der Arbeitgeber das Angebot **nicht in allen Einzelheiten konkretisiert** hat. Die vollständigen Vertragsbedingungen, z.B. bezüglich des Leistungsumfangs und der Leistungsvoraussetzungen, muss der Arbeitgeber sodann nach billigem Ermessen gem. § 315 BGB festlegen. Neben den rechtsgeschäftlich verbindlichen Vorgaben sind bei der Ausfüllung auch vom Arbeitgeber geweckte Vorstellungen und Erwartungen zu berücksichtigen (BAG vom 23.11.1978 – 3 AZR 708/77 – DB 1979, 364). Entspricht die Festlegung nicht diesen Anforderungen oder bleibt der Arbeitgeber untätig, wird die entstandene Regelungslücke durch gerichtliches Urteil geschlossen (BAG vom 19.6.1980 – 3 AZR 958/79 – DB 1981, 431). Ist eine Blankettzusage erteilt und legt der Arbeitgeber in gewissen Abständen während des laufenden Arbeitsverhältnisses Pensionshöchstbeträge fest, auf deren Basis die spätere betriebliche Altersrente berechnet werden soll, ist auch unter Berücksichtigung dessen, dass nur eine Blankettzusage erteilt wurde, zu prüfen, ob er sich dadurch hinsichtlich des Anpassungsmodus für die Pensionshöchstbeträge binden will und insoweit eine betriebliche Übung entsteht (BAG vom 19.7.2005 – 3 AZR 472/04 – DB 2006, 343). Ein unverbindliches Inaussichtstellen begründet allerdings keine Versorgungsanwartschaft, wenn ein Bindungswille des Arbeitgebers nicht erkennbar ist. Behält er sich vor, zu entscheiden, ob und wann der Arbeitnehmer in ein Versorgungswerk aufgenommen wird, ist die Versorgungszusage noch nicht erteilt (LAG Hamm vom 29.1.1980 – 6 Sa 1340/79 – BB 1980, 681).

8. Versorgungsanspruch aufgrund Gleichbehandlung

118 Ein Versorgungsanspruch kann auch **aus dem Grundsatz der Gleichbehandlung** herleitbar sein. Dieser **Rechtsbegründungsakt** wird in § 1b Abs. 1 S. 4 ausdrücklich einer Versorgungsverpflichtung, die auf einer sonstigen Zusage beruht, gleichgestellt. Der Grundsatz der Gleichbehandlung hat in der betrieblichen Altersversorgung seit Mitte der 80er Jahre enorm an Gewicht und Bedeutung gewonnen und ist von der **Rechtsprechung** in zahlreichen gerichtlichen Auseinandersetzungen **geprägt** und systematisiert worden.

119 Eine **weitere Konkretisierung** hat dieses Rechtsinstitut **durch** das **AGG** vom 14.8.2006 erfahren, mit dem vier europäische Richtlinien zur Verwirklichung des Grundsatzes der Gleichbehandlung umgesetzt wurden. Nach § 1 AGG ist es Ziel des Gesetzes, Benachteiligungen aus Gründen der Rasse oder wegen der ethnischen Herkunft, des Geschlechts, der Religion oder Weltanschauung, einer Behinderung, des Alters oder der sexuellen Identität zu verhindern oder zu beseitigen. Nach Ansicht des BAG stellt § 2 Abs. 2 S. 2 AGG mit seiner Formulierung: „Für die betriebliche Altersversorgung gilt das Betriebsrentengesetz" eine Kollisionsnorm dar und keine Bereichsausnahme. Das BetrAVG ist damit lex specialis und geht dem AGG vor. Stellt das BetrAVG allerdings keine Spezialregelung auf, gilt das AGG auch in der betrieblichen Altersversorgung (BAG vom 11.12.2007 – 3 AZR 249/06 – NZA 2008, 532). Dies entspricht auch dem Willen des Gesetzgebers (BT-Drs. 16/1780, 32).

120 Der Grundsatz der Gleichbehandlung lässt sich schlicht dahin kennzeichnen, dass Gleiches nicht ungleich und Ungleiches dementsprechend nicht gleich behandelt werden darf. Er **verbietet die sachfremde Schlechterstellung** einzelner Arbeitnehmer gegenüber anderen Arbeitnehmern in vergleichbarer Lage. Eine **Gruppenbildung** muss gemessen am Leistungszweck **sachlichen Kriterien** entsprechen. Eine Differenzierung ist sachfremd, wenn es für die unterschiedliche Behandlung der begünstigten und der benachteiligten Arbeitnehmer keine billigenswerten Gründe gibt. Die Gründe für die Ungleichbehandlung müssen somit auf vernünftigen, einleuchtenden Erwägungen beruhen und dürfen nicht gegen verfassungsrechtliche oder sonstige übergeordnete Wertentscheidungen verstoßen (BAG vom 21.8.2007 – 3 AZR 269/06 – DB 2008, 710). Anderenfalls ist die Regelung willkürlich und damit unwirksam. Der das Arbeitsrecht beherrschende Grundsatz der Vertragsfreiheit ist im Betriebsrentenrecht mithin eingegrenzt, wenn eine Gruppe nach **generalisierenden Merkmalen,** nach einem erkennbar **gleichen Prinzip** oder nach einer **allgemeinen Ordnung** aufgestellt wird. Dabei spielt es keine Rolle, ob die jeweils begünstigten oder benachteiligten Arbeitnehmer eine Mehrheit oder nur eine Minderheit der insgesamt gleichzubehandelnden Arbeitnehmer darstellen (BAG vom 25.1.1984 – 5 AZR 89/82 und 5 AZR 251/82 – DB 1984, 2251 und 2355).

121 Hinsichtlich der Rechtfertigung der Differenzierungsgründe ist es nicht entscheidend, ob der Arbeitgeber die zweckmäßigste und gerechteste Lösung gewählt hat. Im Streitfall hat der **Arbeitgeber darzulegen, wie** er den **begünstigten Personenkreis abgegrenzt** hat und warum der auf Gleichbehandlung klagende Arbeitnehmer nicht dazu gehört (BAG vom 12.6.1990 – 3 AZR

166/89 – NZA 1990, 973; BAG vom 12.11.1991 – 3 AZR 489/90 – DB 1992, 1432). Es ist somit zu prüfen, ob die Versorgungsansprüche vergleichbarer Arbeitnehmer aufgrund objektivierbarer Umstände begründet wurden oder ob ausschließlich Einzelfallregelungen getroffen worden sind, die individuell zwischen dem Arbeitgeber und den Arbeitnehmern ausgehandelt wurden (BAG vom 19.8.1992 – 5 AZR 513/91 – BB 1992, 2431).

122 Verstöße gegen den Gleichbehandlungsgrundsatz setzen allerdings eine Differenzierung voraus, die **derselbe Rechtsträger** zu verantworten hat. Er muss demzufolge in der Lage sein, eine Gleichbehandlung verschiedener Gruppen herzustellen. Ein verfassungsrechtliches Gebot, ähnliche Sachverhalte in verschiedenen Ordnungs- und Regelungsbereichen gleich zu regeln, existiert daher **nicht für unterschiedliche Tarifvertragsparteien** (BAG vom 3.12.1997 – 10 AZR 563/96 – DB 1998, 2614; BAG vom 3.4.2003 – 6 AZR 633/01 – AP Nr. 185 zu § 242 BGB Gleichbehandlung; BAG vom 16.12.2003 – 3 AZR 668/02 – DB 2004, 1623).

123 Der Gleichbehandlungsgrundsatz ist auch in **kollektivrechtlich begründeten Versorgungszusagen** zu beachten (BAG vom 28.7.1992 – 3 AZR 173/92 – DB 1993, 169; BAG vom 7.3.1995 – 3 AZR 282/94 – DB 1995, 2020). Allerdings können Arbeitnehmer, die nicht von der kollektiven Regelung erfasst werden, keine Ausdehnung der Leistungen auf sie erzwingen. So kann ein leitender Angestellter i.S.v. § 5 Abs. 3 BetrVG die Altersleistung aus einer Betriebsvereinbarung nicht mit Hilfe des Gleichbehandlungsgrundsatzes fordern. Einer Gleichbehandlung in der betrieblichen Altersversorgung können auch Vorteile in der Vergütung entgegenstehen, die Einzelnen tarifvertraglich eingeräumt wurden. Insoweit gilt das Günstigkeitsprinzip (BAG vom 25.4.1995 – 3 AZR 446/94 – DB 1995, 1868; BAG vom 17.10.1995 – 3 AZR 882/94 – DB 1996, 535; BAG vom 25.2.1999 – 3 AZR 113/97 – DB 1999, 1912).

124 Der Gleichbehandlungsgrundsatz ist nicht auf den Betrieb beschränkt, sondern erstreckt sich **betriebsübergreifend** auf das ganze **Unternehmen.** Allerdings können die räumliche Entfernung zwischen verschiedenen Betrieben desselben Unternehmens, deren Zugehörigkeit zu unterschiedlichen Branchen, zwischen ihnen bestehende organisatorische Trennlinien oder gravierende Unterschiede in der wirtschaftlichen Situation Differenzierungen sachlich rechtfertigen (BAG vom 17.11.1998 – 1 AZR 147/98 – DB 1999, 637; LAG Hessen vom 15.8.2001 – 8 Sa 1098/00 – DB 2002, 1010). Es ist deshalb prinzipiell nicht zu beanstanden, wenn nur die im Inland Beschäftigten, nicht aber den ausschließlich im Ausland tätigen Mitarbeitern Versorgungsleistungen zugesagt werden (BAG vom 21.8.2007 – 3 AZR 269/06 – DB 2008, 710). Ebenso bedeutet es keinen Verstoß gegen das Gleichbehandlungsgebot, wenn betriebliche Versorgungsleistungen ohne Unterscheidung nach ihrem Status nur Betriebsangehörigen gewährt werden. Der **Ausschluss von Heimarbeitern** aus dem Kreis der Begünstigten ist daher berechtigt (LAG München vom 29.6.1979 – 1 Sa 794/78 – n.v.), auch wenn ihnen gem. § 17 Abs. 1 S. 2 generell Leistungen der betrieblichen Altersversorgung zugesagt werden können.

125 **a) Zulässige Differenzierungen.** Aufgrund der genannten generellen Merkmale sind von der Rechtsprechung verschiedene Konstellationen herausgearbei-

tet worden, in denen eine Ungleichbehandlung anzuerkennen ist. In erster Linie ist eine **unterschiedliche Qualifikation** zu nennen, die eine Differenzierung rechtfertigt. Eine Ungleichbehandlung kann gleichfalls berechtigt sein, wenn dafür betriebliche Gründe wie eine längere Betriebstreue, eine flexible Gestaltung der Arbeitszeit oder eine Fremdfinanzierung vorliegen. Ferner kommen **Stichtagsregelungen** oder ein **befristeter Arbeitseinsatz** als Kriterien für eine zulässige Abweichung vom Gleichbehandlungsgrundsatz in Betracht. Das AGG steht derartigen Ungleichbehandlungen nicht entgegen, wenn dafür ein sachlicher Grund vorliegt. Er muss nach § 8 Abs. 1 AGG wegen der Art der auszuübenden Tätigkeit eine wesentliche Bedingung darstellen und im Hinblick auf die beruflichen Anforderungen angemessen sein.

aa) Unterschiedliche Qualifikation. Eine unterschiedliche Qualifikation kann in verschiedenen Erscheinungsformen auftreten. Sie kann auf der **Arbeitsleistung** oder einer **herausragenden Berufserfahrung** beruhen, aber auch durch unterschiedliche **Anforderungen an den Arbeitsplatz** bedingt sein (BAG vom 28.7.1992 – 3 AZR 173/92 – DB 1993, 169). Danach ist es z.B. nicht zu beanstanden, wenn nur die Arbeitnehmer eine Invaliden- oder Hinterbliebenenversorgung erhalten, die besonders gefährliche Arbeiten verrichten. Man denke an strahlengefährdete Arbeitsplätze, an Arbeiten in Labors, in denen Krankheitserreger erforscht werden, an Reparaturarbeiten im Autobahnbereich. Ebenso ist es zulässig, wenn lediglich leitenden Angestellten – zumeist in Form von Einzelzusagen – Versorgungsleistungen gewährt werden, die übrigen Mitarbeiter, die keine vergleichbare Position bekleiden, sie aber nicht erhalten (BAG vom 11.11.1986 – 3 ABR 74/85 – DB 1987, 994). Arbeitnehmer mit Leitungs- und Führungsaufgaben sind für das Unternehmen von besonderer Bedeutung (BAG vom 17.2.1998 – 3 AZR 783/96 – DB 1998, 1139). Der Arbeitgeber darf daher die günstigeren Versorgungsregelungen auf solche Arbeitnehmer beschränken, die er enger an das Unternehmen binden will (BAG vom 22.11.1994 – 3 AZR 349/94 – DB 1995, 930). Dies gilt erst recht in den Fällen, in denen es leitenden Angestellten aufgrund ihrer herausgehobenen Stellung während des Dienstverhältnisses möglich war, nur für ihre Gruppe besondere Versorgungszusagen auszuhandeln (BAG vom 20.7.2004 – 3 AZR 316/03 – DB 2005, 508). Eine derartige Differenzierung widerspricht nicht dem Zweck der betrieblichen Altersversorgung, da die Leistungen nicht nur die wirtschaftliche Lage der Arbeitnehmer im Alter oder bei Invalidität verbessern, sondern i.d.R. zugleich die von den Arbeitnehmern erbrachte Betriebstreue fördern und belohnen sollen (BAG vom 18.2.2003 – 3 AZR 172/02 – DB 2003, 2606). Aus den genannten Gründen ist es gleichfalls gerechtfertigt, wenn nur langjährig beschäftigte Meister oder Mitarbeiter mit herausragender Berufserfahrung ein zusätzliches Entgelt in Form einer Versorgungszusage bekommen. Mit der Berufserfahrung wird zugleich honoriert, dass der Arbeitnehmer in aller Regel konstant gute Leistungen erbringt. Der Arbeitgeber ist nicht verpflichtet, die Bedeutung der dem Arbeitnehmer übertragenen spezifischen Aufgaben zusätzlich darzulegen (EuGH vom 3.10.2006 – C-17/05 (Cadman) – BetrAV 2006, 772). 126

bb) Betriebliche Gründe. Neben der Verbesserung der wirtschaftlichen Lage der Arbeitnehmer im Alter kann der Arbeitgeber mit Leistungen der betrieb- 127 lichen Altersversorgung auch eigene **wirtschaftliche Interessen** verfolgen. Das kann auch in der Weise geschehen, dass er neben einer Grundversorgung zusätzliche Beiträge zur betrieblichen Altersversorgung leistet.

128 **(1) Förderung der Betriebstreue.** Es ist nicht zu beanstanden, wenn der Arbeitgeber mit der betrieblichen Altersversorgung den Zweck verfolgt, die erbrachte **Betriebstreue** zu **fördern** und zu **belohnen.** Wie das BAG wiederholt erkannt hat, kann eine Ungleichbehandlung bei der Gewährung von betrieblichen Versorgungsleistungen wegen eines nachvollziehbar unterschiedlichen Interesses an fortdauernder Betriebstreue einer bestimmten Arbeitnehmergruppe durchaus gerechtfertigt sein (BAG vom 9.12.1997 – 3 AZR 661/96 – NZA 1998, 1173; BAG vom 20.7.2004 – 3 AZR 316/03 – DB 2005, 508). Der Arbeitgeber hat jedoch, zugeschnitten auf seinen Betrieb, darzulegen, aus welchen Gründen eine stärkere Bindung einem objektiven, wirklichen Bedürfnis entspricht (BAG vom 12.10.2005 – 10 AZR 640/04 – DB 2006, 283). Seine Einschätzung muss nachvollziehbar sein. Die Abgrenzung von nicht versorgten Mitarbeitern muss mithin auf die Bedeutung der von den Versorgungsberechtigten ausgeübten Tätigkeit für das Unternehmen beruhen (BAG vom 21.8.2007 – 3 AZR 269/05 – DB 2008, 711). Aufgrund ähnlicher Erwägungen kann es sachlich gerechtfertigt sein, Arbeitnehmer von der Altersversorgung auszuschließen, die erst nach Vollendung eines bestimmten Lebensalters ihre Tätigkeit für das Unternehmen aufnehmen, wenn diese Differenzierung einem legitimen Ziel dient und zur Erreichung dieses Ziels angemessen und erforderlich ist. Der Arbeitgeber darf daher nach dem Umfang der noch möglichen künftigen Betriebstreue ab dem Zeitpunkt der Versorgungszusage differenzieren (BAG vom 19.4.2005 – 3 AZR 469/04 – DB 2005, 1748). Vgl. zu dieser Problematik auch die Ausführungen zur Wartezeit in § 1b Rn. 18 ff.

129 **(2) Flexible Gestaltung der Arbeitszeit.** Ebenso ist es nicht zu beanstanden, wenn der Arbeitgeber Leistungen der betrieblichen Altersversorgung mit Regelungen zur **flexibleren Gestaltung** der **Arbeitszeit** verknüpft. Derartige Regelungen dienen dem wirtschaftlichen Interesse des Arbeitgebers, da sie einen kostengünstigeren Personaleinsatz sichern. Die sachverhaltsbedingte Gruppenbildung ist deshalb aus sachlichen Gründen gerechtfertigt, wenn der Arbeitgeber als Gegenleistung das Arbeitsentgelt für die flexibel einsetzbaren Mitarbeiter in der Weise erhöht, dass er zusätzliche Beiträge zur betrieblichen Altersversorgung leistet (BAG vom 18.9.2007 – 3 AZR 639/06 – DB 2008, 823).

130 **(3) Fremdfinanzierung.** Auch weitere wirtschaftliche Gründe können eine Ungleichbehandlung rechtfertigen. So hat das BAG entschieden, dass ein Arbeitgeber, der eine Ersatzschule und ein Internat betreibt, nicht gegen den Gleichbehandlungsgrundsatz verstößt, wenn er die **Refinanzierungsmöglichkeiten** des Ersatzschulfinanzgesetzes ausschöpft und nur den in der Schule, nicht aber den im Internat beschäftigten Arbeitnehmern eine Zusatzversorgung zusagt (BAG vom 19.6.2001 – 3 AZR 557/00 – DB 2002, 436).

131 **cc) Soziale Gesichtspunkte.** Der Arbeitgeber darf auch einzelne Arbeitnehmergruppen aufgrund eines **typischerweise unterschiedlichen Versorgungsbedarfs** ungleich behandeln. Er kann deshalb auch eine Arbeitnehmer-

gruppe von der betrieblichen Altersversorgung ausschließen, die ein erheblich höheres Einkommen als die in das Versorgungswerk einbezogene Gruppe erzielt. Die benachteiligte Gruppe ist in einem solchen Fall aufgrund der vom Arbeitgeber herrührenden und von ihm zu überschauenden Leistungen in der Lage, sich selbst eine angemessene Versorgung im Alter zu verschaffen. Diesem Gesichtspunkt darf der Arbeitgeber Rechnung tragen. Er kann aus sozialen Gründen nur schlechter verdienenden Arbeitnehmern einen Zusatzversorgungsanspruch einräumen, die nicht in vergleichbarer Weise zur Eigenvorsorge in der Lage sind (BAG vom 9.12.1997 – 3 AZR 661/96 – NZA 1998, 1173; BAG vom 20.7.2004 – 3 AZR 316/03 – DB 2005, 508). Ebenso kann die **Wahrung sozialer Besitzstände** als sachlicher Grund zur Rechtfertigung einer unterschiedlichen Behandlung von Arbeitnehmern anerkannt werden. Es ist deshalb nicht zu beanstanden, wenn eine Arbeitnehmergruppe im Gegensatz zu einer anderen Gruppe aus Gründen der Besitzstandswahrung eine Zulage als nicht abbaubaren, ruhegeldfähigen Entgeltbestandteil erhält (BAG vom 2.8.2006 – 10 AZR 572/05 – DB 2006, 2244).

dd) Stichtagsregelung. Zulässig sind ebenfalls Regelungen, die Versorgungs- 132
berechtigte **ab einem Stichtag von Verbesserungen** einer Versorgungsordnung **ausnehmen.** Stichtagsregelungen sind nicht deshalb unzulässig, weil sie im Einzelfall zu Härten führen. Entscheidend sind die Gründe, die eine rein zeitbezogene Zäsur bei der Gewährung von Versorgungsleistungen rechtfertigen sollen. Das Bestreben des Arbeitgebers, seine Kostenbelastung zu begrenzen, rechtfertigt nicht jede beliebige zeitliche Differenzierung. Sie muss auf die jeweilige Leistung und deren Besonderheiten abgestimmt sein (BAG vom 8.12.1977 – 3 AZR 530/76 – DB 1978, 991; BAG vom 11.9.1980 – 3 AZR 606/79 – DB 1981, 943; BAG vom 18.9.2001 – 3 AZR 656/00 – DB 2002, 225). Hinsichtlich der Gewährung zusätzlicher Ausgleichsleistungen zur Beseitigung von Schwierigkeiten beim Personalabbau können zeitliche Differenzierungen sachlich gerechtfertigt sein. Der Gleichbehandlungsgrundsatz verpflichtet den Arbeitgeber nicht, jede ungünstige Reflexwirkung längerer Kündigungsfristen zu vermeiden (BAG vom 18.9.2001 – 3 AZR 656/00 – DB 2002, 225). Auch personalwirtschaftliche Gründe können eine Ungleichbehandlung rechtfertigen. Ein Arbeitgeber ist durch den arbeitsrechtlichen Gleichbehandlungsgrundsatz nicht gezwungen, die Begünstigung, die er solchen Arbeitnehmern gewährt, die bis zum vorgezogenen Ruhestand betriebstreu geblieben sind, auch denjenigen Arbeitnehmern einzuräumen, die vorzeitig ausgeschieden sind und vorgezogene Betriebsrente in Anspruch nehmen (BAG vom 23.1.2001 – 3 AZR 562/99 – DB 2002, 1168). Ebenso ist der Arbeitgeber, der bei Abbau einer Überversorgung auch in die Versorgung der Betriebsrentner eingreifen darf, nicht verpflichtet, seine diesbezüglichen rechtlichen Möglichkeiten voll auszuschöpfen. Es ist nicht zu beanstanden, wenn er die Betriebsrentner verschont. Der Eintritt des Versorgungsfalls ist für eine Stichtagsregelung ein sachgerechter Anknüpfungspunkt; die Unterscheidung entspricht den Vorstellungen und Wertungen des BetrAVG (BAG vom 9.11.1999 – 3 AZR 432/98 – DB 2001, 876; BAG vom 22.10.2002 – 3 AZR 496/01 – AP Nr. 10 zu § 1 BetrAVG Überversorgung).

133 **ee) Befristetes Arbeitsverhältnis.** Eine unterschiedliche Behandlung von befristet und auf unbestimmte Zeit eingestellten Arbeitnehmern ist **gemessen am Zweck** der betrieblichen Altersversorgung **gerechtfertigt** (BAG vom 20.8.2002 – 3 AZR 14/01 – AP Nr. 9 zu § 1 BetrAVG Überversorgung; BAG vom 19.4.2005 – 3 AZR 128/04 – DB 2005, 1636). Mit der Versorgungszusage will der Arbeitgeber zugleich die Betriebstreue fördern und belohnen sowie den Arbeitnehmer an den Betrieb binden. Dieses Interesse fehlt bei einer **vorübergehenden Beschäftigung** (BAG vom 13.12.1994 – 3 AZR 367/94 – DB 1995, 931). Außerdem macht es keinen Sinn, eine Altersversorgung zu versprechen, wenn feststeht, dass während des befristeten Arbeitsverhältnisses die Wartezeit nicht erfüllt ist oder die Unverfallbarkeitsfrist von fünf Jahren oder das Lebensalter von 25 Jahren nicht bis zum Ausscheiden erreicht werden können und somit von vornherein Leistungen ausgeklammert sind (LAG Hamm vom 22.2.1994 – 6 Sa 1100/93 – DB 1994, 890). Das BAG (BAG vom 10.9.2002 – 3 AZR 454/01 – AP Nr. 1 zu § 3g BAT) hat demgemäß erkannt, dass wissenschaftliche Hilfskräfte in vorübergehenden Beschäftigungsverhältnissen keine Versorgungsansprüche erwerben können. Der generelle Ausschluss aus der Zusatzversorgung erfahre seine Rechtfertigung dadurch, dass aufgrund der begrenzten Beschäftigungsdauer die 60-monatige Wartezeit nach der VBL-Satzung häufig nicht erfüllt wird und der Arbeitgeber bei nur vorübergehender Beschäftigung nicht daran interessiert sei, die Hilfskraft an den Betrieb zu binden.

134 Die vorgenannten Argumente treffen insbesondere auf **Arbeitsverhältnisse mit ABM-Kräften** zu. Ihren Niederschlag haben sie nunmehr auch in der gesetzlichen Regelung des § 4 Abs. 2 S. 3 TzBfG gefunden, die eine unterschiedliche Berücksichtigung der Dauer des Arbeitsverhältnisses aus sachlichen Gründen rechtfertigt. Für den Entgeltbereich hat das BAG eine unterschiedliche Behandlung befristet und unbefristet beschäftigter Arbeitnehmer ausdrücklich als berechtigt anerkannt (BAG vom 11.12.2003 – 6 AZR 64/03 – AP Nr. 7 zu § 4 TzBfG; ebenso LAG Hessen vom 29.4.2004 – 9 Sa 1386/03 – DB 2005, 339). Nach dem Zweck der Förderung soll der befristete Einsatz zwar zur Begründung von Dauerarbeitsverhältnissen führen. Das ändert jedoch nichts daran, dass die ABM-Kraft zunächst nur befristet eingestellt wird. Der Arbeitgeber ist nicht in gleicher Weise gebunden wie bei der Begründung eines von Anfang an auf unbestimmte Zeit abgeschlossenen Arbeitsverhältnisses (BAG vom 13.12.1994 – 3 AZR 367/94 – DB 1995, 931). Ferner ist zu berücksichtigen, dass eine Überbetonung des Gleichbehandlungsgrundsatzes der wünschenswerten Förderung von befristeten Arbeitsverhältnissen entgegenstehen würde (BAG vom 29.1.1991 – 3 AZR 44/90 – DB 1991, 1836; LAG Hamm vom 22.2.1994 – 6 Sa 1100/93 – DB 1994, 890).

135 **b) Unzulässige Ungleichbehandlung.** Abgesehen von den unter Rn. 125 ff. herausgestellten Konstellationen gibt es keine sachlichen und billigenswerten Gründe, die eine Differenzierung hinsichtlich der Gewährung betrieblicher Versorgungsleistungen rechtfertigen können. Nach § 1 AGG ist insbesondere eine Diskriminierung wegen des **Geschlechts**, des **Alters** oder der **sexuellen Identität** unzulässig. Gleichfalls rechtfertigen ein unterschiedlicher **Arbeits-**

umfang oder ein unterschiedlicher **Status** nicht ohne Weiteres eine Ungleichbehandlung.

aa) Diskriminierung aufgrund des Geschlechts. Nach Art. 3 GG darf niemand wegen seines Geschlechts benachteiligt oder bevorzugt werden. Es gibt keine sachlichen Gründe, die eine **unmittelbare Diskriminierung** rechtfertigen. Die Nichtberücksichtigung von Mutterschutzzeiten bei Errechnung einer von der VBL zu gewährenden Versicherungsrente verstößt daher gegen die RL 86/378 EWG zur Verwirklichung des Grundsatzes der Gleichbehandlung von Männern und Frauen bei den betrieblichen Systemen der sozialen Sicherheit. Die VBL ist demzufolge verpflichtet, bei Errechnung der Versicherungsrentenanwartschaft Mutterschutzzeiten wie Umlagemonate zu berücksichtigen (BGH vom 1.6.2005 – IV ZR 100/02 – FamRZ 2005, 1545 nach Vorabentscheidung des EuGH vom 13.1.2005 – C-356/03 – NZA 2005, 347). Die Nichtberücksichtigung von Mutterschutzzeiten bei der betrieblichen Zusatzversorgung der VBL ist verfassungswidrig (BVerfG vom 28.4.2011 – 1 BvR 1409/10 – NZA 2011, 857). Ebenso werden Frauen unmittelbar diskriminiert, wenn eine Versorgungsregelung nur eine Witwen-, aber keine **Witwerrente** vorsieht (vgl. dazu Rn. 63). 136

Zu der Verwendung von Unisextarifen hat der EuGH entschieden, dass die Berücksichtigung des Geschlechts von Versicherten als Risikofaktor in Versicherungsverträgen eine Diskriminierung darstellt und die bislang mögliche Ausnahme von dieser Grundregel geschlechtsneutraler Prämien und Leistungen im Versicherungssektor mit Wirkung vom 21.12.2012 für ungültig erklärt (EuGH vom 1.3.2011 – C-236/09 (Test-Achat) – DB 2011, 821). Diese Entscheidung betrifft zwar nicht unmittelbar die betriebliche Altersversorgung, sondern die Gleichbehandlung bei privaten Versicherungen, das Gericht wird wohl aber auch im Rahmen der betrieblichen Altersversorgung von seinen zugrunde liegenden Erwägungen ausgehen. 137

Ein weiteres Beispiel für eine unmittelbare Diskriminierung bilden Versorgungsregelungen, in denen das Lebensalter, ab dem Altersruhegeld in Anspruch genommen werden kann, für Männer und Frauen unterschiedlich festgesetzt ist. Wird das **Rentenzugangsalter** für Frauen auf die Vollendung des 60. Lebensjahrs, für Männer dagegen auf die Vollendung des 63. Lebensjahrs fixiert, werden Letztere diskriminiert. Wie der EuGH in der Rechtssache „Barber" klargestellt hat, sind derartige Regelungen mit Art. 119 (jetzt: Art. 141) EG-Vertrag nicht vereinbar (EuGH vom 17.5.1990 – C-262/88 (Barber) – AP Nr. 20 zu Art. 119 EWG-Vertrag). Das BAG hat sich dieser Auffassung ab dem Zeitpunkt der Verkündung des Barber-Urteils angeschlossen (BAG vom 18.3.1997 – 3 AZR 759/95 – DB 1997, 1475; BAG vom 3.6.1997 – 3 AZR 910/95 – DB 1997, 1778). Für die Zeit bis zur Verkündung des Urteils ist es dagegen nicht verfassungswidrig, wenn der Gesetzgeber für Frauen ein früheres Rentenzugangsalter als für Männer normiert hat. Dasselbe gilt, wenn die betriebliche Versorgungsordnung zwar für Männer und Frauen das gleiche Rentenzugangsalter festlegt, für den Fall der vorgezogenen Inanspruchnahme der Betriebsrente vor Erreichen der festen Altersgrenze aber für Frauen niedrigere versicherungsmathematische Abschläge als für Männer vorsieht. Auch diese Regelung ist bis zur 138

Verkündung des Barber-Urteils wirksam (BAG vom 23.9.2003 – 3 AZR 304/02 – DB 2004, 2645). Das AGG hat an dieser Rechtslage nichts geändert, da es gem. § 33 Abs. 3 AGG nicht auf Schuldverhältnisse anzuwenden ist, die vor dem 1.12.2006 begründet worden sind.

139 Eine **mittelbare Diskriminierung** ist gegeben, wenn durch den Ausschluss eines Teils der Arbeitnehmer von betrieblichen Versorgungsleistungen wesentlich mehr Frauen als Männer betroffen werden und die nachteiligen Folgen auf deren Geschlecht oder der Geschlechterrolle beruhen. Den **Hauptanwendungsfall** der mittelbaren Diskriminierung bilden die teilzeitbeschäftigten Arbeitnehmer. Der an sich geschlechtsneutral formulierte Ausschluss der **Teilzeitbeschäftigten** von der betrieblichen Altersversorgung führt zu ungleichen Wirkungen bei Männern und Frauen, die sich nicht anders als mit dem Geschlecht erklären lassen. Teilzeitarbeit ist Frauenarbeit. Der Anteil der Frauen an der Gesamtzahl der Teilzeitbeschäftigten liegt über 90 %. Dieser hohe Frauenanteil beruht auf den gesellschaftlichen Verhältnissen, vor allem der Verteilung der Geschlechterrolle. Sie machen es verheirateten Frauen schwer, eine vollberufliche Erwerbstätigkeit mit ihren familiären Belastungen zu verbinden. Als Ausweg bietet sich die Teilzeitbeschäftigung an. Männliche Arbeitnehmer arbeiten ungleich seltener in Teilzeit. Trotz einiger Ansätze ist bislang nicht erkennbar, dass sich hieran in absehbarer Zeit grds. etwas ändern wird.

140 Der **Ausschluss von Leistungen** der betrieblichen Altersversorgung ist deshalb **unwirksam,** wenn der Arbeitgeber nicht nachweist, dass die Maßnahme objektiv gerechtfertigt ist und nichts mit einer Diskriminierung aufgrund des Geschlechts zu tun hat. Der EuGH (EuGH vom 13.5.1986 – C-170/84 – DB 1986, 1525) hat bei einem Ausschluss von Teilzeitarbeitskräften die Möglichkeit einer **mittelbaren Diskriminierung aufgrund des Geschlechts** und damit einen Verstoß gegen Art. 119 EG-Vertrag gesehen. Die aufgestellten Merkmale dürfen im Ergebnis nicht dazu führen, dass wesentlich mehr Frauen als Männer von dem Ausschluss betrieblicher Versorgungsleistungen betroffen sind. Nach der darauf aufbauenden Rechtsprechung des BAG (BAG vom 14.10.1986 – 3 AZR 66/83 – DB 1987, 994; BAG vom 14.3.1989 – 3 AZR 490/87 – BB 1989, 2115; BAG vom 23.1.1990 – 3 AZR 58/88 – DB 1990, 1620; BAG vom 20.11.1990 – 3 AZR 613/89 – NZA 1991, 635), die vom BVerfG als verfassungskonform bestätigt worden ist (BVerfG vom 28.9.1992 – 1 BvR 496/87 – DB 1992, 2511), ist eine unterschiedliche Behandlung von weiblichen und männlichen Arbeitnehmern nur dann gerechtfertigt, wenn sie einem unabweisbaren Bedürfnis des Unternehmens dient. Die Differenzierung muss für die Erreichung der unternehmerischen Ziele geeignet und erforderlich sein sowie unter Berücksichtigung des Lohngleichheitsgebots den Grundsätzen der Verhältnismäßigkeit entsprechen. Danach können z.B. nur ganz erhebliche Kostenvorteile eine differenzierende Regelung rechtfertigen. Der Arbeitgeber hat die Tatsachen vorzutragen und zu beweisen, die die unterschiedliche Behandlung begründen sollen.

141 Das bis zum 26.6.2001 für die **Unverfallbarkeit maßgebliche Mindestalter** von 35 Jahren hat **keine** mittelbare **Diskriminierung** von Frauen bewirkt. Es kann nicht schlüssig nachgewiesen werden, dass durch dieses Grenzalter mehr Frauen als Männer einen Verfall ihrer Anwartschaft hinnehmen

mussten, nachdem sie in Erfüllung der Unverfallbarkeitszeiten des § 1 Abs. 1 S. 1 a.F. zehn oder zwölf Jahre bei einem Arbeitgeber ununterbrochen tätig waren (LAG Hamm vom 9.12.1989 – 6 Sa 115/89 – DB 1990, 590). Die in § 1 Abs. 1 S. 1 i.d.F. vom 19.12.1974 normierten Fristen für die Unverfallbarkeit von Versorgungsanwartschaften sind wirksam (BAG vom 9.10.2012 – 3 AZR 477/10 – NZA-RR 2013, 150). Zudem ist das für die Unverfallbarkeit von Anwartschaften auf Leistungen der betrieblichen Altersversorgung bestimmte Mindestalter von 30 bzw. 35 Jahren bei der Beendigung des Arbeitsverhältnisses auch mit Unionsrecht vereinbar und verfassungsgemäß (BAG vom 28.5.2013 – 3 AZR 635/11 – DB 2013, 1973; BAG vom 15.10.2013 – 3 AZR 10/12 – BetrAV 2014, 87). Diese Einschätzung ist umso mehr gerechtfertigt, nachdem infolge der Novellierung des BetrAVG die Unverfallbarkeitsfrist auf fünf Jahre und das für die Unverfallbarkeit maßgebliche Mindestalter auf 25 Jahre herabgesetzt worden sind.

Aber selbst wenn man von einer mittelbaren Diskriminierung durch § 1 Abs. 1 S. 1 a.F. ausginge, wäre sie durch sachlich einleuchtende Gründe gerechtfertigt gewesen. Zwar führte die Mindestaltersgrenze von 35 Jahren dazu, dass bei einer Beschäftigungszeit von mindestens zehn Jahren die gleiche Arbeitsleistung und Betriebstreue hinsichtlich der Versorgungsanwartschaft unterschiedlich behandelt wurden. **Für** diese **ungleiche Behandlung** der unter und über 35-Jährigen gab es nach dem vom Gesetzgeber verfolgten Regelungsziel auch aus heutiger Sicht jedoch **objektive Gründe,** die **nichts mit** der **Geschlechtszugehörigkeit** der benachteiligten Arbeitnehmer **zu tun** haben. Bei der Verwirklichung der mit dem BetrAVG verfolgten sozial- und beschäftigungspolitischen Ziele stellte die Altersgrenze von 35 Jahren ein geeignetes und angemessenes Mittel dar, die betriebliche Altersversorgung zu fördern und die Arbeitgeber nicht durch eine uneingeschränkte Unverfallbarkeit von der Gewährung derartiger Leistungen überhaupt abzuschrecken. Mit dem Gesetz sollte der soziale Schutz unter Beachtung des rechtlich und tatsächlich Möglichen ausgedehnt werden. Der Gesetzgeber hat die Unverfallbarkeit von persönlichen und sachlichen, **geschlechtsneutralen Merkmalen** abhängig gemacht, die das Interesse der Arbeitgeber an langer Betriebstreue, wirtschaftlicher Gestaltungsfreiheit und begrenzter finanzieller Belastung berücksichtigen. Von einer Verletzung grundgesetzlicher Normen kann deshalb angesichts dieser Intention des Gesetzgebers auch bezüglich der bis zum 26.6.2001 maßgeblichen Fassung des BetrAVG nicht ausgegangen werden (BAG vom 18.10.2005 – 3 AZR 506/04 – DB 2006, 1014). Die Altersgrenze von 35 Jahren nach § 1 Abs. 1 S. 1 a.F. verstößt weder gegen das Lohngleichheitsgebot der Art. 141 EG, Art. 3 Abs. 1 und Abs. 3, Art. 6 Abs. 1 oder Art. 12 Abs. 1 GG noch das europarechtliche Verbot der Altersdiskriminierung (LAG Hamburg vom 19.1.2010, Rev.: BAG vom 9.10.2012 – 3 AZR 477/10 – NZA-RR 2013, 150). 142

bb) Unterschiedlicher Arbeitsumfang. Im Rahmen der Gleichbehandlungsproblematik hat sich die Rechtsprechung in den letzten Jahren vorwiegend damit auseinandergesetzt, ob ein unterschiedlicher Arbeitsumfang eine Differenzierung hinsichtlich betrieblicher Versorgungsleistungen zu rechtfertigen vermag. Die zu dieser Frage auftretenden **Fallgestaltungen** sind **vielfältig.** Al- 143 lein schon wegen der Vielzahl der Betroffenen ist ihnen besonderes Gewicht beizumessen.

144 **(1) Teilzeitbeschäftigte.** Bis zu Beginn der 80er Jahre war heftig umstritten, ob der Ausschluss Teilzeitbeschäftigter von betrieblichen Versorgungsleistungen gerechtfertigt ist. Durch das am 26.4.1985 in Kraft getretene **BeschFG** sowie durch das **TzBfG** vom 21.12.2000 ist das Gleichbehandlungsgebot für den Bereich der Teilzeitarbeit konkretisiert worden. Nach § 4 Abs. 1 TzBfG darf der Arbeitgeber einen teilzeitbeschäftigten Arbeitnehmer nicht wegen der Teilzeitarbeit ohne sachlichen Grund gegenüber vollzeitbeschäftigten Arbeitnehmern unterschiedlich behandeln. Es ist daher unzulässig, Teilzeitkräfte allein wegen ihrer geringeren Arbeitszeit von Leistungen der betrieblichen Altersversorgung auszuschließen.

145 Die vorgenannten Gesetze verlangen keine sachfremde Gleichmacherei, sondern eine relative Gleichstellung nach dem **Grundsatz der Proportionalität.** Danach müssen Leistungen der betrieblichen Altersversorgung, die Vollzeitkräften gewährt werden, den Teilzeitkräften in einem entsprechenden Verhältnis zugutekommen. Aus Gründen der Verwaltbarkeit eines Versorgungswerks verlangt das BAG keine perfekte Proportionalität, sondern erachtet auch gröbere Abstufungen für die von der Teilzeitkraft zu erbringenden Leistungen als ausreichend (BAG vom 5.10.1993 – 3 AZR 695/92 – DB 1994, 739). Eine Gruppeneinteilung in Vollzeit/Überhalbzeit/Unterhalbzeit ist danach nicht zu beanstanden.

146 Teilzeitbeschäftigte können verlangen, dass ihnen **wie** gegenüber **Vollzeitbeschäftigten abgestufte Leistungen** gewährt werden (zur Berücksichtigung von Altersteilzeit bei der Ermittlung des rentenfähigen Arbeitsverdiensts vgl. BAG vom 17.4.2012 – 3 AZR 280/10 – NZA-RR 2012, 489). Der sich aus dem Rechtsstaatsprinzip des Art. 20 Abs. 3 GG ergebende **Vertrauensschutz** gegenüber rückwirkenden Belastungen führt **nicht** zum **Wegfall** oder einer Einschränkung dieser **Verpflichtung** (BAG vom 28.7.1992 – 3 AZR 173/92 – DB 1993, 169). Obwohl der Ausschluss von Teilzeitkräften von Leistungen der betrieblichen Altersversorgung bis zu Beginn der 80er Jahre gängigen Vorstellungen entsprach (BAG vom 7.3.1995 – 3 AZR 282/94 – DB 1995, 2020), konnte die Arbeitgeberseite nicht darauf vertrauen, dass Versorgungsregelungen, die willkürlich teilzeitbeschäftigte Arbeitnehmer benachteiligen, wirksam seien. Das BAG ist stets davon ausgegangen, dass normative Vergütungsregelungen nicht gegen den Gleichheitssatz des Art. 3 Abs. 1 GG verstoßen dürfen (BAG vom 18.10.1961 – 1 AZR 75/61 – DB 1962, 34; BAG vom 14.6.1972 – 4 AZR 268/71 – RdA 1972, 386). Der unterschiedliche Umfang der Arbeitsleistung ist allein kein ausreichender Grund, Teilzeitarbeitnehmer von vornherein vollkommen von betrieblichen Versorgungsleistungen auszunehmen, die Vollzeitarbeitnehmern zugestanden werden (BAG vom 6.4.1982 – 3 AZR 134/79 – DB 1982, 1466). Das BAG hat demgemäß erkannt, dass Teilzeitbeschäftigten die ihrem Arbeitsumfang entsprechend abgestuften Versorgungsleistungen ab demselben Zeitpunkt wie den Vollzeitbeschäftigten zu gewähren sind (BAG vom 28.7.1992 – 3 AZR 173/92 – DB 1993, 169; BAG vom 7.3.1995 – 3 AZR 282/94 – DB 1995, 2020). Die Rechtsprechung des BAG ist vom BVerfG bestä-

tigt worden (BVerfG vom 7.2.1994 – 1 BvR 1749/92 – n.v.; BVerfG vom 19.5.1999 – 1 BvR 263/98 – ZIP 1999, 1107).

Die **rückwirkende Einbeziehung** der Teilzeitkräfte in die betriebliche Altersversorgung ist fraglos mit hohen zusätzlichen Kosten und beträchtlichem Verwaltungsaufwand verbunden. Es entspricht jedoch der überragenden Bedeutung des Gleichheitssatzes des Art. 3 Abs. 1 GG, der zu den Grundbestandteilen der verfassungsmäßigen Ordnung gehört, dass für zurückliegende Zeiträume bestimmte Personengruppen ohne sachlichen Grund nicht schlechter behandelt werden dürfen. Auch der sich aus dem Rechtsstaatsprinzip des Art. 2 GG ergebende Vertrauensschutz führt gegenüber rückwirkenden Belastungen nicht zum Wegfall oder zu einer Einschränkung der Versorgungsverpflichtung (BVerfG vom 27.11.1997 – 1 BvL 12/91 – DB 1998, 1571). Die Arbeitgeber müssen sich vielmehr auf eine unbegrenzte Rückwirkung einstellen. 147

Der **rückwirkenden Einbeziehung** der Teilzeitbeschäftigten steht **Europarecht nicht entgegen.** Art. 141 EG sorgt auf europäischer Ebene für einen sozialen Mindeststandard. Ein weitergehender sozialer Schutz durch nationales Recht wird nicht ausgeschlossen. Art. 141 EG verlangt die Anwendung und Beibehaltung des Grundsatzes gleichen Entgelts für Frauen und Männer. Wie der EuGH (EuGH vom 10.2.2000 – C-50/96 – NZA 2000, 313) erneut bestätigt hat, wird damit aber nicht zugleich angeordnet, dass darüber hinausgehende soziale Schutzregeln außer Kraft zu setzen sind. 148

(2) Teilzeitbeschäftigte im öffentlichen Dienst. Eine Besonderheit besteht bei den Teilzeitbeschäftigten des öffentlichen Diensts darin, dass die ihnen zustehende **Zusatzversorgung durch Tarifvertrag** geregelt ist. Bis zum 1.4.1991 waren diejenigen Arbeitnehmer von Leistungen der Zusatzversorgung ausgeschlossen, die weniger als 18 Wochenstunden oder weniger als die Hälfte der tariflichen Wochenarbeitszeit beschäftigt wurden. Die Ungleichbehandlung erfolgte also ausschließlich wegen der Teilzeitarbeit; das ist unzulässig (BAG vom 29.8.1989 – 3 AZR 370/88 – DB 1989, 2338; BAG vom 28.7.1992 – 3 AZR 173/92 – DB 1993, 169; BAG vom 13.12.1994 – 3 AZR 367/94 – DB 1995, 931). 149

Tarifliche Versorgungsregelungen, die keine Versorgungsverpflichtungen gegenüber Arbeitnehmern, die unterhälftig beschäftigt werden, gewähren, sind wegen Verstoßes gegen Art. 3 Abs. 1 GG nichtig. Der allgemeine Gleichheitssatz ist Teil der objektiven Werteordnung, die als verfassungsrechtliche Grundsatzentscheidung für alle Bereiche des Rechts Geltung beansprucht. Er ist auch von den Tarifvertragsparteien zu beachten (BAG vom 13.11.1985 – 4 AZR 301/84 – DB 1986, 1233; BAG vom 13.5.1997 – 3 AZR 66/96 – DB 1997, 2627; BAG vom 4.4.2000 – 3 AZR 729/98 – ZTR 2001, 84). Art. 9 Abs. 3 GG steht dem nicht entgegen. Mit der **Tarifautonomie** ist den Tarifvertragsparteien die Macht gegeben, wie ein Gesetzgeber Rechtsnormen zu schaffen. Die Arbeitsgerichte sind nicht befugt, von der Anwendung einer aus ihrer Sicht sozialpolitisch nicht mehr sinnvollen tarifvertraglichen Regelung abzusehen (BAG vom 24.4.2001 – 3 AZR 329/00 – DB 2002, 2116). Dessen ungeachtet haben sich die Tarifvertragsparteien an die zentrale Gerechtigkeitsnorm des Art. 3 Abs. 1 GG zu halten (BAG vom 28.7.1992 – 3 AZR 173/92 – DB 1993, 169; 150

BAG vom 7.3.1995 – 3 AZR 282/94 – DB 1995, 2020). Sachlich einleuchtende Gründe für eine Gruppenbildung allein nach dem Umfang der Teilzeitarbeit bestehen nicht.

151 Die Benachteiligung gegenüber den Vollzeitbeschäftigten lässt sich auch nicht mit dem Grundgedanken und der Entstehungsgeschichte der Zusatzversorgung im öffentlichen Dienst rechtfertigen (BAG vom 7.3.1995 – 3 AZR 282/94 – DB 1995, 2020; BAG vom 13.5.1997 – 3 AZR 66/96 – DB 1997, 2627; BAG vom 4.4.2000 – 3 AZR 729/98 – NZA 2002, 917). Gerade im Hinblick auf das Versorgungssystem des öffentlichen Diensts besteht ein **Versorgungsbedarf der unterhälftig Beschäftigten,** sie sind nicht typischerweise anderweitig ausreichend versorgt. Der Verstoß gegen Art. 3 Abs. 1 GG führt zur **Unwirksamkeit der Ausschlussregelung.** Im Übrigen sind die tarifvertraglichen Versorgungsregelungen wirksam. § 139 BGB steht der Teilnichtigkeit nicht entgegen, da der gültige Teil des Tarifvertrags weiterhin eine sinnvolle und in sich geschlossene Regelung der Zusatzversorgung enthält (BAG vom 7.3.1995 – 3 AZR 282/94 – DB 1995, 2020).

152 Dem Gleichheitssatz kann für die **Vergangenheit** nur dadurch entsprochen werden, dass der Arbeitgeber auch den unterhälftig Beschäftigten die vorenthaltene Leistung verschafft. Wenn der Arbeitgeber die bisher zu Unrecht aus der Altersversorgung ausgeschlossenen Teilzeitkräfte bei der zuständigen Zusatzversorgungskasse nachversichert und die Umlage nachentrichtet, ist deren Verschaffungsanspruch erfüllt. Den Ausgleich steuerlicher Nachteile umfasst der **Verschaffungsanspruch** nicht (BAG vom 14.12.1999 – 3 AZR 713/98 – DB 2000, 2534; BAG vom 22.2.2000 – 3 AZR 845/98 – DB 2000, 1083). Für die **Zukunft** bleibt es den Tarifvertragsparteien unbenommen, die Versorgungsregelungen zu ändern, um so die durch die Berücksichtigung der Teilzeitbeschäftigten vermehrten Kosten für die betriebliche Altersversorgung wieder auszugleichen.

153 Im Gegensatz zu den anderen Beschäftigten des öffentlichen Diensts ist bei den angestellten **Hochschullehrern** eine abweichende Beurteilung angezeigt. Ihr Ausschluss aus dem Geltungsbereich des BAT und die damit verbundene **Herausnahme** aus der tarifvertraglichen Zusatzversorgung bei der VBL ist mit Art. 3 GG vereinbar. Diese Personengruppe unterscheidet sich hinsichtlich der weitgehenden Weisungsfreiheit und der Freiheit der Arbeitszeitgestaltung grundlegend von den typischen Arbeitsbedingungen der in den Geltungsbereich des BAT fallenden Angestellten. Der Ausschluss von Versorgungsleistungen ist daher **nicht gleichheitswidrig** (BAG vom 19.3.2002 – 3 AZR 121/01 – DB 2002, 2731).

154 **(3) Saisonarbeitskräfte.** Unter Rn. 129 ist erläutert, dass der Ausschluss von Versorgungsleistungen in befristeten Arbeitsverhältnissen gemessen am Zweck der betrieblichen Altersversorgung gerechtfertigt ist. Die dort erörterten Gesichtspunkte finden auf Saisonarbeitskräfte keine Anwendung. Auch die Arbeitnehmerin, die als Hilfskraft in einer Kantine einer Hochschule während des Semesters eingesetzt ist und deshalb jährlich lediglich acht Monate beschäftigt wird, ist in den Betrieb eingebunden. Die Betriebstreue, die belohnt werden soll, hängt nicht vom **Umfang der geschuldeten Arbeitszeit** ab. Es ist deshalb

nicht gerechtfertigt, Arbeitskräfte, die in der Saison weniger als 1.000 Stunden arbeiten, von Versorgungsleistungen auszunehmen (LAG Hamm vom 9.1.1996 – 6 Sa 867/95 – DB 1996, 632). Die geringere Arbeitsleistung, die sich aus dem kürzeren Arbeitseinsatz ergibt, wird durch einen nur anteiligen Versorgungsanspruch ausreichend berücksichtigt.

(4) Zweitarbeitsverhältnis. Ein **Versorgungsausschluss** in einem Zweitarbeitsverhältnis ist wegen Verstoßes gegen den arbeitsrechtlichen Gleichbehandlungsgrundsatz **unwirksam** (BAG vom 22.11.1994 – 3 AZR 349/94 – DB 1995, 930). Es ist sachlich nicht gerechtfertigt, die Gewährung des in Form der Altersversorgung bestehenden zusätzlichen Entgelts allein davon abhängig zu machen, ob der Arbeitnehmer seine Arbeitsleistungen und seine Betriebstreue in einem Erst- oder in einem Zweitarbeitsverhältnis erbringt. Der Lebensstandard wird mit beeinflusst, selbst wenn ein Zweitberuf nur um eines Zusatzverdiensts willen ausgeübt wird. Eine Ungleichbehandlung der beiden Arbeitnehmergruppen kann deshalb nicht mit einem typischerweise unterschiedlichen Versorgungsbedarf gerechtfertigt werden (BAG vom 28.7.1992 – 3 AZR 173/92 – DB 1993, 169; BAG vom 9.10.1996 – 5 AZR 338/95 – DB 1997, 1336). Es bedeutet daher z.B. einen Verstoß gegen Art. 3 Abs. 1 GG, wenn in öffentlichen Schlachthöfen tätige Tierärzte von Versorgungsleistungen ausgeschlossen werden, falls sie jährlich keine Stundenvergütung für mindestens 1000 Stunden erhalten haben (BAG vom 13.5.1997 – 3 AZR 66/96 – DB 1997, 2627; BAG vom 26.8.1997 – 3 AZR 183/96 – DB 1998, 2280; BAG vom 4.4.2000 – 3 AZR 729/98 – DB 2001, 876). Unabhängig von diesen grundsätzlichen Erwägungen stehen dem Arbeitgeber jedoch Regelungsmöglichkeiten für eine am **Versorgungsbedarf orientierte Differenzierung** zur Verfügung, indem er nur eine summenmäßig begrenzte Gesamtalterssicherung verspricht. Auf diese Weise kann er es erreichen, dass ein in einem Zweitarbeitsverhältnis tätiger Arbeitnehmer dann keine Versorgungsleistungen erhält, wenn er aus seinem ersten Arbeitsverhältnis eine betriebliche Altersversorgung bezieht, die die Limitierung übersteigt (BAG vom 22.11.1994 – 3 AZR 349/94 – DB 1995, 930). 155

(5) Geringfügig Beschäftigte. Arbeitnehmer, die unterhalb der **Geringfügigkeitsgrenze des § 8 SGB IV** beschäftigt werden, können nach der Rechtsprechung des BAG keine Leistungen der betrieblichen Altersversorgung beanspruchen. Wie das Gericht für **Gesamtversorgungssysteme** erkannt hat (BAG vom 27.2.1996 – 3 AZR 886/94 – BB 1996, 1561; BAG vom 12.3.1996 – 3 AZR 993/94 – DB 1996, 2085; BAG vom 13.5.1997 – 3 AZR 66/96 – DB 1997, 2627), verstößt die Einschränkung jedenfalls bis zum 31.3.1999 nicht gegen den Gleichheitssatz des Art. 3 Abs. 1 GG (BAG vom 22.2.2000 – 3 AZR 845/98 – DB 2000, 1083). Auch wenn sozialversicherungsrechtliche Wertungen nicht unbesehen auf das arbeitsrechtliche Versorgungsverhältnis übertragen werden können, dürfen doch beide Versorgungssysteme miteinander verknüpft werden. Insoweit kann sich die vom Sozialgesetzgeber angenommene geringere Schutzbedürftigkeit – so das BAG – auch auf die betriebliche Altersversorgung auswirken, zumal bei geringfügig Beschäftigten arbeitsvertragliche Gesichtspunkte hinzukommen. Dieser Personenkreis stellt dem Arbeitgeber typischer- 156 weise nur einen kleinen Teil seiner Arbeitskraft zur Verfügung. Die Arbeitsleistung ist sowohl für den Arbeitnehmer als auch für den Arbeitgeber wirtschaftlich von untergeordneter Bedeutung. Verwaltungsaufwand und Abwicklungskosten stehen zu den zu erwartenden Versorgungsleistungen bei den geringfügig Beschäftigten nicht mehr in einem ausgewogenen Verhältnis. Es ist nicht zu beanstanden, wenn Verwaltungs- und Kostenargumente berücksichtigt werden (BAG vom 5.10.1993 – 3 AZR 695/92 – DB 1994, 739). Es kommt hinzu, dass der geringfügig Beschäftigte in einem weiteren Arbeitsverhältnis die Möglichkeit hat, eine Anwartschaft auf Versorgungsleistungen zu erwerben (LAG Köln vom 29.6.1994 – 2 Sa 391/92 – ZTR 1995, 29).

157 Soweit Versorgungsleistungen außerhalb eines Gesamtversorgungssystems gewährt werden, kann dem **BAG hinsichtlich des Ausschlusses** der geringfügig Beschäftigten nicht **gefolgt werden.** Der betrieblichen Altersversorgung ist im Rahmen der Alterssicherung nicht nur eine Ergänzungsfunktion beizumessen. Sie bildet vielmehr die zweite und damit tragende Säule unseres Versorgungssystems. Zudem widerspricht es der materiellen Gerechtigkeit, die Arbeitsleistung und Betriebstreue geringfügig Beschäftigter nicht zu honorieren. Es bedeutet einen Verstoß gegen den Gleichheitssatz des Art. 3 Abs. 1 GG, das Benachteiligungsverbot des § 4 Abs. 1 TzBfG sowie das Lohngleichheitsgebot des Art. 141 EG, diesen Personenkreis bei der betrieblichen Altersversorgung unberücksichtigt zu lassen. Hat ein geringfügig Beschäftigter ohne sozialversicherungspflichtigen Haupterwerb überdies nach der Neuregelung in § 5 Abs. 2 S. 2 SGB VI gegenüber dem Arbeitgeber auf seine Versicherungsfreiheit verzichtet, ist dem Hauptargument des BAG vollends der Boden entzogen. Ähnliches gilt für die anderen vom BAG angeführten Gesichtspunkte. Auch ein Monatsverdienst von 400 € ist nicht von untergeordneter Bedeutung. Außerdem haben geringfügig Beschäftigte bei der heutigen Lage auf dem Arbeitsmarkt nicht ohne Weiteres die Möglichkeit, ein zweites Arbeitsverhältnis einzugehen, in dem sie eine Anwartschaft auf Versorgungsleistungen erwerben können. Schließlich rechtfertigt auch der Hinweis auf die unverhältnismäßig hohen Abwicklungs- und Verwaltungskosten im Zeichen des EDV-gestützten Abrechnungswesens keine andere Beurteilung, zumal der Arbeitgeber einen Durchführungsweg wählen kann, bei dem eine mögliche Rückabwicklung weniger kostenaufwendig als bei einer Direktversicherung ist.

158 Unbestritten ist der Ausschluss von Versorgungsleistungen nicht gerechtfertigt, wenn infolge von **Zusammenrechnungen mehrerer geringfügiger Beschäftigungen** der Arbeitnehmer gem. § 8 Abs. 2 SGB IV der Rentenversicherungspflicht unterliegt. Angesichts der gesetzlichen Grundsicherung besteht kein begründeter Anlass, den betreffenden Arbeitnehmer von betrieblichen Versorgungsleistungen auszuschließen (BAG vom 16.3.1993 – 3 AZR 389/92 – DB 1993, 1983; BAG vom 7.3.1995 – 3 AZR 282/94 – DB 1995, 2020; BAG vom 16.1.1996 – 3 AZR 767/94 – DB 1996, 939).

159 **(6) Zeitweilig ruhendes Arbeitsverhältnis.** Es verstößt nicht gegen den Gleichbehandlungsgrundsatz, wenn Zeiten eines ruhenden Arbeitsverhältnisses **nicht rentensteigernd berücksichtigt** werden. Diese Beurteilung ist auch dann angebracht, wenn von einer entsprechenden Regelung, z.B. während der

Elternzeit, mehr Frauen als Männer betroffen werden. Sie beinhaltet keine unmittelbare Diskriminierung, weil der Ausschluss von der Rentensteigerung dadurch gerechtfertigt ist, dass Entgelt grds. nur für geleistete Arbeit geschuldet wird. Es wäre widersprüchlich, Nichtarbeitenden eine Vergütung in Form von betrieblichen Versorgungsleistungen zu gewähren, während Teilzeitbeschäftigte nur eine entsprechende anteilige Entlohnung beanspruchen können (BAG vom 15.2.1994 – 3 AZR 708/93 – BB 1994, 1638).

Nach § 1a Abs. 4, der durch das AltEinkG in das BetrAVG eingefügt wurde, 160
hat der Arbeitnehmer das Recht, die Versicherung oder Versorgung mit eigenen Beiträgen fortzusetzen, falls er bei fortbestehendem Arbeitsverhältnis kein Entgelt erhält. Mit dieser Bestimmung will der Gesetzgeber **vor allem** eine Lücke in der Versorgung von weiblichen Mitarbeitern schließen, die ohne diese Regelung sonst während der **Elternzeit,** die weit überwiegend von Frauen in Anspruch genommen wird, entstehen würde. Das Recht des Arbeitnehmers auf Beitragsfortzahlung gilt aber nur, solange das **Arbeitsverhältnis fortbesteht.** Kommt es z.B. zu einer Beendigung des Arbeitsverhältnisses wegen einer krankheitsbedingten Kündigung, besteht gegenüber dem Arbeitgeber kein Fortführungsanspruch mehr; u.U. hat der Arbeitnehmer aber dann die Möglichkeit, die Versorgung als private Altersvorsorge fortzusetzen (zu Einzelheiten der Neuregelungen vgl. § 1a Rn. 53 ff.).

cc) Keine Differenzierung nach dem Status. Unter diesem Aspekt ist von 161
der Rechtsprechung vornehmlich diskutiert worden, ob eine Ungleichbehandlung von **Arbeitern und Angestellten** gerechtfertigt ist und ob zwischen **Außen- und Innendienstmitarbeitern** differenziert werden darf. Auch wenn in neueren Versorgungsordnungen kaum noch zwischen den genannten Arbeitnehmergruppen unterschieden wird, stellt sich die Problematik weiter im Hinblick auf ältere Versorgungswerke.

(1) Arbeiter und Angestellte. Eine Ungleichbehandlung von Arbeitern und 162
Angestellten, die lediglich auf dem unterschiedlichen Status fußt, verstößt gegen den Gleichbehandlungsgrundsatz. Arbeiter und Angestellte werden in allen arbeitsrechtlich entscheidenden Fragen wie bei den Kündigungsfristen, Gratifikationen, der Entgeltfortzahlung im Krankheitsfall gleichbehandelt. Für das Recht der betrieblichen Altersversorgung kann nichts anderes gelten. Es müssen daher **sachliche Gründe hinzutreten,** wenn eine Differenzierung gerechtfertigt sein soll (vgl. LAG Hessen vom 16.5.2012 – 6 Sa 1660/11 – BeckRS 2012, 75567).

Als sachlicher Grund für eine Differenzierung **können unterschiedliche** 163
Verdienstmöglichkeiten in Betracht kommen. Das ist der Fall, wenn nur Arbeitern eine übertarifliche Bezahlung gewährt wird oder Angestellte eine Vergütung für Überstunden im Gegensatz zu Arbeitern lediglich ausnahmsweise erhalten. Bei einer Ausgleichung derartiger Benachteiligungen durch Differenzierung in der Altersversorgung ist mit Rücksicht auf den Versorgungszweck ein enger Maßstab anzulegen. Wenn auch eine schematische Beurteilung nicht angebracht ist (BAG vom 13.4.1994 – 3 AZR 936/93 – DB 1994, 2193), wird zu berücksichtigen sein, dass der besseren Verdienstmöglichkeit des Arbeiters zumeist auch eine besondere Arbeitsleistung gegenübersteht (BAG vom 20.7.1993 – 3 AZR 52/93 – DB 1994, 102).

164 Andererseits ist es zulässig, wenn außergewöhnliche Belastungen, die in der Regelentlohnung keine Berücksichtigung gefunden haben, durch eine zusätzliche Vergütung in Form einer erhöhten Altersversorgung ausgeglichen werden. So ist typischerweise bei besserverdienenden Angestellten, die eine Zusage mit gespaltener Rentenformel erhalten haben, die **relative Versorgungslücke** größer als bei Arbeitern. Es ist aber grds. nicht gerechtfertigt, den Niveauunterschied generell durch ein nach Angestellten und Arbeitern differenzierendes Versorgungssystem auszugleichen. Etwas anderes kann ausnahmsweise gelten, wenn durch den Statusunterschied gleichzeitig an einen Lebenssachverhalt angeknüpft wird, der geeignet ist, die Differenzierung zu rechtfertigen. Eine unterschiedlich hohe Versorgung durch die gesetzliche Rente kann unter dieser Voraussetzung ein billigenswerter Differenzierungsgrund sein, dies setzt aber voraus, dass die zu vergleichenden Fallgruppen typischerweise einen ähnlichen Versorgungsgrad aus der gesetzlichen Rente aufweisen (Homogenität). Rechnerische Durchschnittswerte reichen nicht. Zudem muss die betroffene Regelung dazu geeignet sein, den unterschiedlichen Versorgungsgrad auszugleichen. Eine Regelung ist zur Rechtfertigung desto weniger geeignet, je mehr sie typisiert, ohne dass eine punktgenaue Regelung leicht möglich wäre (BAG vom 16.2. 2010 – 3 AZR 216/09 – NZA 2010, 701).

165 Unbedenklich ist es, die Altersversorgung auf Angestellte zu beschränken, die in den Unternehmen eine **herausragende Position** bekleiden (vgl. dazu auch Rn. 126). Es bedeutet keine Ungleichbehandlung, wenn bestimmte Angestelltengruppen wegen ihrer für den Bestand des Unternehmens höher einzustufenden Qualifikation stärker als Arbeiter begünstigt werden (BAG vom 11.11.1986 – 3 ABR 74/85 – DB 1987, 994; BAG vom 12.6.1990 – 3 AZR 166/89 – DB 1991, 389).

166 Mit dem Versorgungsversprechen soll vielfach zugleich eine **engere Bindung an den Betrieb** erreicht werden. Dieser Aspekt kann z.B. gleichermaßen für den qualifizierten Facharbeiter wie für den Angestellten in gehobener Position maßgeblich sein. Das Ziel, Arbeitnehmer enger an den Betrieb zu binden, rechtfertigt daher i.d.R. keine Differenzierung zwischen der Gruppe der Angestellten und der Arbeiter. Abgesehen von den erörterten Ausnahmen ist der **Gleichbehandlungsgrundsatz** auf ältere Versorgungswerke **nicht uneingeschränkt anwendbar.** Das Vertrauen der Versorgungsschuldner auf die Zulässigkeit in der Differenzierung zwischen Arbeitern und Angestellten ist jedenfalls teilweise für einen zurückliegenden Zeitabschnitt schutzwürdig. So hat das BAG (BAG vom 16.2.2010 – 3 AZR 216/09 – NZA 2010, 701; BAG vom 10.12.2002 – 3 AZR 3/02 – DB 2003, 2018) erkannt, dass die Arbeiter bis zum 30.6.1993 nicht verlangen könnten, mit den Angestellten generell gleichgestellt zu werden. Bis zu dem genannten Datum habe die Arbeitgeberseite darauf vertrauen dürfen, eine allein am Status orientierte Differenzierung werde nicht beanstandet. Das BAG hat auf den 1.7.1993 als Zäsur abgestellt, weil das BVerfG in seinen Beschlüssen (BVerfG vom 16.11.1982 und 30.5.1990 – 1 BvL 16/75 und 1 BvL 2/83 – AP Nr. 16 und 28 zu § 622 BGB) dem Gesetzgeber eine Frist bis zum 30.6.1993 gesetzt hatte, um die verfassungswidrigen, ebenfalls allein am Status orientierten unterschiedlichen Kündigungsfristen für Arbeiter und Angestellte auszugleichen.

Die Konsequenz des BAG-Urteils vom 10.12.2002 besteht darin, dass sich die **Versorgungsansprüche** der betroffenen Arbeitnehmer aus **zwei Teilen** zusammensetzen. Bis zum 30.6.1993 sind sie nach den für sie maßgebenden Bestimmungen zu berechnen. Für die Folgezeit können die Arbeiter gleiche Leistungen wie die Angestellten beanspruchen. 167

(2) Außen- und Innendienstmitarbeiter. Die **Nichtbegünstigung** der **Außendienstmitarbeiter** hat das BAG für **unzulässig** gehalten, weil der Versorgungszweck und die Bindungswirkung der Altersversorgung für sie ebenso wie für Innendienstmitarbeiter gelte (BAG vom 20.7.1993 – 3 AZR 52/93 – NZA 1994, 125). Die leistungsbezogene bessere Vergütung der Außendienstmitarbeiter sei die Gegenleistung für die im Arbeitsverhältnis erbrachte Leistung. Die unterschiedliche Barvergütung reicht danach nicht aus, um einen Ausschluss aus der Altersversorgung zu rechtfertigen. Unabhängig davon sei es berechtigt, Mitarbeiter des Außendiensts durch Zusagen auf Leistungen der betrieblichen Altersversorgung enger an das Unternehmen zu binden (BAG vom 17.2.1998 – 3 AZR 783/96 – DB 1998, 1139; BAG vom 17.2.1998 – 3 AZR 578/96 – DB 1998, 1239). Eine Abweichung von diesen Grundsätzen ist nur dann gerechtfertigt, wenn der Außendienstmitarbeiter ein erheblich höheres Einkommen als ein Innendienstmitarbeiter hat und dadurch zur Eigenvorsorge in der Lage ist. Eine ähnliche Konstellation kann sich für ausschließlich für **Auslandsbaustellen** eingesetzte Arbeitnehmer ergeben, wenn sie eine erheblich höhere Vergütung als die im Inland Beschäftigten erhalten; ein Ausschluss von Versorgungsleistungen ist in diesen Fällen gerechtfertigt (BAG vom 21.8.2007 – 3 AZR 269/06 – DB 2008, 710). Die Berechtigung der Differenzierung hängt nicht davon ab, ob die Gründe für die Ungleichbehandlung in der Versorgungsregelung genannt sind. Ebenso ist es unerheblich, ob den betrieblichen Festlegungen des Entgelts entnommen werden kann, dass in dem laufenden Gehalt Bestandteile enthalten sind, die einen gleichwertigen Ausgleich für die Benachteiligung im Bereich des Versorgungslohns bezwecken. Demgemäß ist es nicht erforderlich, dass in dem laufenden Entgelt der Arbeitnehmergruppe, die keine Versorgungszusage erhalten hat, Bestandteile enthalten sind, die einen gleichwertigen Ausgleich für die Benachteiligung in der betrieblichen Altersversorgung bezwecken. Seine entgegenstehende Rechtsprechung vom 9.12.1997 (BAG vom 9.12.1997 – 3 AZR 661/96 – BB 1998, 2114) hat das BAG mit Urteil vom 21.8.2007 (BAG vom 21.8.2007 – 3 AZR 269/06 – DB 2008, 710) aufgegeben. 168

Eine weitere Fallgestaltung, die eine Ungleichbehandlung rechtfertigt, lag den Urteilen des BAG vom 20.7.2004 (BAG vom 20.7.2004 – 3 AZR 316/03 – DB 2005, 508 und 3 AZR 552/03 – AP Nr. 49 zu § 5 BetrAVG) zugrunde. Sie betrafen **Arbeitnehmer hoher** und höchster **Hierarchiestufen.** Die Kläger, ein Landes- und ein Gebietsdirektor einer großen Bausparkasse, beanspruchten dieselbe Altersversorgung wie andere Außendienstmitarbeiter und Führungskräfte des Innendiensts. Mit diesen waren sie aber wegen ersichtlich anderer Aufgabenstellung nicht vergleichbar. Zudem hatten sie genügend Verhandlungsmacht, einzeln oder als Mitglied einer kleinen Arbeitnehmergruppe besondere Versorgungsbedingungen zu vereinbaren. 169

9. Zusage aufgrund mehrerer Rechtsbegründungsakte

170 Mehrere **Versorgungszusagen** können auch **zusammentreffen.** Das geschieht häufig in der Weise, dass eine Grundversorgung für alle Arbeitnehmer eines Betriebs vereinbart wird, die durch Sonderregelungen für einzelne Arbeitnehmer oder Arbeitnehmergruppen aufgestockt wird. Auch können die Versorgungszusagen auf unterschiedlichen Rechtsbegründungsakten beruhen und mittels verschiedener Durchführungswege abgewickelt werden. Ein Zusammentreffen ist auch in der Weise möglich, dass eine Versorgungszusage durch eine nachfolgende abgelöst wird.

171 **a) Zusammentreffen mehrerer Begründungsakte.** Regelungen durch **Tarifvertrag** und **Betriebsvereinbarung** können zusammentreffen, wenn in der tarifvertraglichen Versorgungsvereinbarung eine ergänzende Betriebsvereinbarung gem. § 77 Abs. 3 S. 2 BetrVG ausdrücklich oder inzident zugelassen worden ist. Bei einer solchen Konstellation sind jedenfalls die Leistungen des Tarifvertrags zu gewähren, da der Tarifvertrag im Vergleich zur Betriebsvereinbarung ranghöher ist. Sieht die Betriebsvereinbarung eine Anrechnung vor, gilt das Günstigkeitsprinzip entsprechend. Danach bleibt die tarifliche Leistung voll erhalten. Eine Restleistung aus der Betriebsvereinbarung kann hinzutreten.

172 Beim Zusammentreffen **kollektiv- und individualrechtlicher Versorgungsrechte** bleiben Letztere zusätzlich voll erhalten, wenn der Arbeitgeber keine Anrechnung erklärt oder eine kollektivrechtliche Anrechnungsermächtigung nicht nutzt. Macht der Arbeitgeber von einer Anrechnungsbefugnis Gebrauch, darf sie nicht dazu führen, dass die Summe aus individualrechtlicher Rest- und kollektivrechtlicher Grundleistung kleiner als die ungekürzte Individualleistung ausfällt (BAG vom 7.11.1989 – GS 3/85 – DB 1990, 1724). Nach dem **individuellen Günstigkeitsprinzip** ist insgesamt mindestens der Wert der ungekürzten Individualleistung zu gewähren.

173 Der **Arbeitgeber** muss sein **Anrechnungsbegehren unverzüglich,** ausdrücklich und formgerecht **erklären** (BAG vom 19.7.1983 – 3 AZR 250/81 – DB 1983, 2786; BAG vom 11.2.1992 – 3 AZR 113/91 – DB 1993, 989). Anderenfalls entsteht beim Arbeitnehmer das Vertrauen, die Leistungen ungekürzt nebeneinander zu erhalten. Fehlt eine Anrechnungsermächtigung, stehen dem Arbeitnehmer jedenfalls dann, wenn die Zusage auf einer Betriebsvereinbarung beruht, die kollektiv- und die individualrechtlichen Leistungen ungeschmälert zu. Es ist dem Arbeitgeber zuzumuten, in der Betriebsvereinbarung die Anrechnung dem Grunde nach auszubedingen und sie im Einzelvertrag zu präzisieren. Eine andere Beurteilung kann angebracht sein, wenn ein Tarifvertrag keine Anrechnungsermächtigung enthält.

174 Es können auch **mehrere individualrechtliche Versorgungszusagen** untereinander kollidieren. Sollen Sie nicht nebeneinander gelten, ist dies zu vereinbaren. Ist in der hinzutretenden Zusage eine Anrechnung nicht vorgesehen, sind die Leistungen nebeneinander, also additiv, zu gewähren.

175 **b) Zeitkollisionsklausel.** Beruhen verschiedene Versorgungszusagen auf gleichen kollektivrechtlichen Rechtsbegründungsakten, gilt nicht das Günstigkeitsprinzip, sondern die Zeitkollisionsklausel (BAG vom 16.9.1986 – GS 1/82 – DB

1986, 2027; BAG vom 17.3.1987 – 3 AZR 64/84 – DB 1987, 1639; BAG vom 22.5.1990 – 3 AZR 128/89 – BB 1990, 2047; BAG vom 15.1.2013 – 3 AZR 169/10 und 3 AZR 709/10 – NZA 2013, 1028). Danach ersetzt die **zeitlich nachfolgende Regelung** die vorangegangene Regelung. Sie verdrängt entgegenstehende Regelungen auch dann, wenn sie es nicht ausdrücklich erklärt. Darauf, ob die jüngere Regelung für die betroffenen Arbeitnehmer günstiger oder ungünstiger ist, kommt es nicht an (BAG vom 13.12.2005 – 3 AZR 478/04 – DB 2006, 1013). Bei einem fortbestehenden Arbeitsverhältnis können betriebliche Versorgungsregelungen allerdings nur insoweit abgelöst werden, als dies den Grundsätzen des Vertrauensschutzes und der Verhältnismäßigkeit nicht widerspricht. Regelungen, die diese Grundsätze einhalten, stellen keine Eigentumsverletzung dar (BAG vom 27.3.2007 – 3 AZR 299/06 – DB 2007, 2847).

10. Mitbestimmung des Betriebsrats

Als betriebliche Sozialleistung unterliegt die betriebliche Altersversorgung der **176** Mitbestimmung des Betriebsrats. Grds. können mit dem Betriebsrat alle Fragen der betrieblichen Altersversorgung geregelt werden. Dies ergibt sich aus der **umfassenden funktionellen Zuständigkeit des Betriebsrats** in sozialen Angelegenheiten (BAG vom 19.5.1978 – 6 ABR 25/75 – DB 1978, 2225; BAG vom 27.6.1985 – 6 AZR 392/81 – DB 1986, 596; BAG vom 18.8.1987 – 1 ABR 30/86 – DB 1987, 2257).

a) Umfang der Mitbestimmung. Hinsichtlich der Mitbestimmung in sozia- **177** len Angelegenheiten unterscheidet das BetrVG zwischen den erzwingbaren Mitbestimmungsrechten des § 87 BetrVG und den Gegenständen freiwilliger Betriebsvereinbarungen nach § 88 BetrVG. In Angelegenheiten der **erzwingbaren Mitbestimmung gem.** § 87 Abs. 1 BetrVG kann von beiden Betriebspartnern eine Einigung über die Einigungsstelle erzwungen werden. Der Spruch der Einigungsstelle ersetzt gem. § 87 Abs. 2 BetrVG die Einigung zwischen Arbeitgeber und Betriebsrat. Dagegen können in anderen sozialen Angelegenheiten außerhalb des Mitbestimmungskatalogs des § 87 Abs. 1 BetrVG nur **freiwillige Betriebsvereinbarungen** abgeschlossen werden. Unabhängig von ihrer Erzwingbarkeit gelten die Betriebsvereinbarungen gem. § 77 Abs. 4 BetrVG unmittelbar und zwingend für alle von ihr erfassten Belegschaftsmitglieder. Sowohl in den Fällen der erzwingbaren als auch der freiwilligen Mitbestimmung werden in der Praxis typischerweise Betriebsvereinbarungen geschlossen; es besteht aber auch die Möglichkeit zum Abschluss von **Regelungsabreden,** die nur zwischen den Betriebspartnern wirken. Sollen die in einer Regelungsabrede getroffenen Absprachen auch Wirkungen für die Arbeitsverhältnisse entfalten, bedarf es zusätzlich einer individualrechtlichen Vereinbarung.

Das Wesen der betrieblichen Altersversorgung als freiwillige Sozialleistung **178** setzt der Mitbestimmung Grenzen. Treffen die Betriebspartner durch eine freiwillige Betriebsvereinbarung keine umfassende Abrede, lässt das BetrVG Raum für **mitbestimmungsfreie Grundsatzentscheidungen.** Der Arbeitgeber kann mitbestimmungsfrei darüber entscheiden, ob und in welchem Umfang er finanzielle Mittel für die betriebliche Altersversorgung zur Verfügung stellt

(Dotierungsrahmen), welche Versorgungsform er wählen und welchen Arbeitnehmerkreis er versorgen will. Der Arbeitgeber kann ohne Beteiligung des Betriebsrats den Durchführungsweg wechseln; zu beachten ist, dass der Arbeitnehmer einen Anspruch auf Einhaltung des Durchführungswegs haben kann, wenn sich dies aus den für den Betriebsrentenanspruch maßgeblichen Regelungen ergibt (BAG vom 12.6.2007 – 3 AZR 186/06 – NZA-RR 2008, 537). Bei Abschluss einer Direktversicherung kann der Arbeitgeber das Lebensversicherungsunternehmen auswählen und später auch mitbestimmungsfrei wechseln, solange der Verteilungsplan und die Beitragsbelastung der Arbeitnehmer davon unberührt bleiben (BAG vom 16.2.1993 – 3 ABR 29/92 – DB 1993, 1240). Ebenso kann er darüber befinden, welche Versorgungsrisiken (z.B. Gewährung oder Nichtgewährung von Hinterbliebenenleistungen) er übernehmen will und welche Leistungsart (Kapital- oder Rentenleistung) er zusagt (BAG vom 29.7.2003 – 3 ABR 34/02 – DB 2004, 883). Auch hinsichtlich der Art der Zusage (Leistungszusage, beitragsorientierte Leistungszusage, Beitragszusage mit Mindestleistung) dürfte kein Mitbestimmungsrecht des Betriebsrats bestehen, da diese direkte Auswirkungen auf den Dotierungsrahmen und die subsidiäre Einstandspflicht des Arbeitgebers hat.

179 Erfasst das Versorgungswerk mehrere Betriebe eines Unternehmens und ist damit unternehmenseinheitlich geregelt, so ist gem. § 50 Abs. 1 BetrVG der **Gesamtbetriebsrat** für die mitbestimmungspflichtigen Fragen originär zuständig (BAG vom 5.5.1977 – 3 ABR 24/76 – DB 1977, 1610). Wegen der steuerlichen und finanziellen Auswirkungen der betrieblichen Altersversorgung ist seine Zuständigkeit objektiv notwendig (BAG vom 8.12.1981 – 3 ABR 53/80 – DB 1982, 46). Weder durch Tarifvertrag noch durch Betriebsvereinbarung kann die Zuständigkeit des Gesamtbetriebsrats abbedungen werden. Seiner Zuständigkeit für eine betriebsübergreifende Regelung kann auch nicht durch freiwillige Vereinbarung auf betrieblicher Ebene vorgegriffen werden mit der Folge, dass Änderungen der Vereinbarungen nunmehr nur noch auf betrieblicher Ebene möglich wären (BAG vom 21.1.2003 – 3 ABR 26/02 – DB 2003, 2131). Denkbar sind jedoch begrenzte Öffnungsklauseln, in denen Arbeitgeber und Gesamtbetriebsrat eine bestimmte Summe für Besitzstandsregeln oder Härteklauseln zur Verfügung stellen und den Einzelbetriebsräten die Verteilung überlassen. Einen unternehmensübergreifend gebildeten Gesamtbetriebsrat kennt das BetrVG nicht; von ihm abgeschlossene Betriebsvereinbarungen sind daher unwirksam (BAG vom 17.4.2012 – 3 AZR 401/10 – BeckRS 2012, 73018). Nach § 58 Abs. 1 BetrVG kann sich auch eine originäre Zuständigkeit des **Konzernbetriebsrats** ergeben, wenn die betriebliche Altersversorgung den Konzern oder mehrere Konzernunternehmen betrifft und nicht durch die einzelnen Gesamtbetriebsräte innerhalb ihrer Unternehmen geregelt werden kann (vgl. dazu BAG vom 24.1.2006 – 3 AZR 483/04 – NZA-RR 2007, 595).

180 Insgesamt gesehen lässt sich das Mitbestimmungsrecht des Betriebsrats bzw. des Gesamtbetriebsrats bzw. Konzernbetriebsrats mithin als **Teilmitbestimmung** bezeichnen. Abgestellt auf die fünf Durchführungswege der betrieblichen Altersversorgung erfolgt die Teilmitbestimmung in der durch § 87 Abs. 1 Nr. 10 BetrVG (Mitbestimmung bei der betrieblichen Lohngestaltung) und § 87 Abs. 1 Nr. 8 BetrVG (Mitbestimmung bei Sozialeinrichtungen, deren Wir-

kungsbereich auf den Betrieb, das Unternehmen oder den Konzern beschränkt ist) vorgesehenen Weise, wobei die Besonderheiten bei Gruppen- und Konzernkassen und überbetrieblichen Pensionsfonds sowie die spezielle Situation bezüglich der Entgeltumwandlung zu beachten sind.

aa) Unmittelbare Zusagen und Direktversicherungen. Werden betriebliche Versorgungsleistungen durch Direktzusagen oder eine Direktversicherung erbracht, so unterliegen diese Gestaltungsformen dem skizzierten Teilmitbestimmungsrecht des Betriebsrats (BAG vom 12.6.1975 – 3 ABR 137/73, 3 ABR 13/74, 3 ABR 66/74 – BB 1975, 1064, 1062, 1065). Leistungen der betrieblichen Altersversorgung gehören zum Lohn i.S.v. **§ 87 Abs. 1 Nr. 10 BetrVG.** Mit ihm soll die vom Arbeitnehmer erbrachte Betriebstreue und Arbeitsleistung zusätzlich belohnt werden. Berührt werden also die innerbetriebliche Lohngerechtigkeit und die Durchsichtigkeit der Lohngestaltung. Der Betriebsrat hat daher unter Beachtung des vom Arbeitgeber vorgegebenen Dotierungsrahmens bei der Aufstellung des Leistungsplans, d.h. darüber mitzubestimmen, unter welchen Voraussetzungen Ansprüche erworben werden und erlöschen sollen, **sog. Verteilungsgrundsätze** (BAG vom 13.7.1978 – 3 ABR 108/77 – DB 1978, 2129; BAG vom 9.7.1985 – 3 AZR 546/82 – BB 1986, 1088). Die **Versorgungsstruktur** und das **Versorgungssystem** können vom Betriebsrat **mitgestaltet** werden. Auch soweit der Leistungsplan unter Berücksichtigung der flexiblen Altersgrenze geändert werden soll, etwa durch Einführung versicherungsmathematischer Abschläge, ist das Mitbestimmungsrecht nach § 87 Abs. 1 Nr. 10 BetrVG zu beachten (BAG vom 11.9.1980 – 3 AZR 185/80 – BB 1981, 737; BAG vom 26.3.1985 – 3 AZR 236/83 – DB 1985, 2617). Fragen der Bewertung von Dienstzeiten, der Bestimmung des ruhegeldfähigen Einkommens bei bezügeabhängigen Versorgungsregelungen, der Anrechung anderweitiger Versorgungseinkünfte und der Anpassung einer betrieblichen Versorgungsregelung an geänderte Altersgrenzen in der gesetzlichen Rentenversicherung unterliegen gleichfalls dem Mitbestimmungsrecht. Keine konstitutive Anpassung der Versorgungsregelung an geänderte Altersgrenzen und damit kein erzwingbares Mitbestimmungsrecht liegt dann vor, wenn eine feste Altersgrenze bei Vollendung des 65. Lebensjahrs dynamisch i.S.d. jeweiligen Regelaltersgrenze in der gesetzlichen Rentenversicherung auszulegen ist (vgl. zu dieser Auslegungsregel BAG vom 15.5.2012 – 3 AZR 11/10 – BB 2012, 2630). Gleichwohl dürfte es – bei Direktzusagen auch mit Blick auf die Schriftform nach § 6a Abs. 1 Nr. 3 EStG – sinnvoll sein, dass die Betriebsparteien diese Auslegung übereinstimmend schriftlich bestätigen. 181

Da bei Direktzusagen, die vom Arbeitgeber innerbetrieblich über Pensionsrückstellungen vorausfinanziert werden, eine Absonderung von Vermögensbestandteilen nicht erfolgt, ergibt sich bei dieser Gestaltungsform – ebenso wie bei der Direktversicherung – naturgemäß für den Betriebsrat **kein Mitbestimmungsrecht hinsichtlich der Vermögensverwaltung.** Dies gilt auch dann, wenn die vom Arbeitgeber eingegangenen Versorgungsverpflichtungen über Rückdeckungsversicherungen finanziert werden. Denn bei **Rückdeckungsversicherungen** und **Direktversicherungen** sind die Voraussetzungen einer Sozialeinrichtung i.S.v. § 87 Abs. 1 Nr. 8 BetrVG nicht erfüllt (BAG vom 182

18.3.1976 – 3 ABR 32/75 – DB 1976, 1631). Werden Finanzierungsmittel (z.B. Fondsanteile) für eine Direktzusage im Rahmen eines **Treuhandmodells (CTA)** ausgelagert, handelt es sich nach h. M. dabei weder um eine Sozialeinrichtung nach § 87 Abs. 1 Nr. 8 BetrVG noch ist das CTA als solches nach § 87 Abs. 1 Nr. 10 BetrVG mitbestimmungspflichtig (so auch *Schwind*, in: Festschrift Andresen, 585, 610 f.).

183 Schließt der Arbeitgeber **Lebensversicherungsverträge** zugunsten seiner Arbeitnehmer ab, unterliegen der Leistungsplan und die Regelung über die Heranziehung der Arbeitnehmer zu Beiträgen ebenfalls der Mitbestimmung nach § 87 Abs. 1 Nr. 10 BetrVG. Die Auswahl des Versicherungsunternehmens gehört allerdings zu den mitbestimmungsfreien Entscheidungen des Arbeitgebers (BAG vom 29.7.2003 – 3 ABR 34/02 – DB 2004, 883). I. d. R. wird in der betrieblichen Altersversorgung ein **Gruppenversicherungsvertrag** zwischen Arbeitgeber und Lebensversicherungsunternehmen abgeschlossen. Aber auch dann, wenn der Arbeitgeber eine Vielzahl von einzelnen Versicherungsverträgen auf das Leben seiner Arbeitnehmer abschließt, ist das Mitbestimmungsrecht des Betriebsrats gem. § 87 Abs. 1 Nr. 10 BetrVG zu beachten, da es sich insoweit um nicht nur einzelfallbezogene Leistungen der betrieblichen Altersversorgung handelt. Selbst der Abschluss eines **Rahmenabkommens,** mit dem der Arbeitgeber günstigere Versicherungskonditionen für seine Arbeitnehmer mit dem Lebensversicherungsunternehmen aushandelt, unterfällt als Sozialleistung mit Entgeltcharakter dem Mitbestimmungsrecht. Zu den mitbestimmungspflichtigen Tatbeständen gehört auch die Entscheidung, ob die Arbeitnehmer an der Beitragsaufbringung beteiligt werden sollen (BAG vom 18.3.1976 – 3 ABR 32/75 – DB 1976, 1631).

184 Das **Mitbestimmungsverfahren** ist dasselbe wie in allen übrigen in § 87 BetrVG genannten Angelegenheiten. Arbeitgeber und Betriebsrat müssen sich über alle mitbestimmungspflichtigen Angelegenheiten einigen. Kommt eine Einigung nicht zustande, entscheidet die Einigungsstelle. Ihr Spruch ersetzt nach § 87 Abs. 2 BetrVG die Einigung zwischen Arbeitgeber und Betriebsrat.

185 **bb) Sozialeinrichtungen. Pensionskassen, Unterstützungskassen** und **Pensionsfonds,** deren Wirkungsbereich auf den Betrieb, das Unternehmen oder den Konzern beschränkt ist, sind klassische Sozialeinrichtungen i.S.d. **§ 87 Abs. 1 Nr. 8 BetrVG.** Sie verfügen über eigenes Vermögen, das vom Arbeitgeber durch Zuwendungen und ggf. durch Zinszahlungen aufgebracht wird. Dieses Vermögen ist allein schon aus steuer- und aufsichtsrechtlichen Gründen verselbständigt. Da die Unterstützungskasse als e. V., GmbH oder Stiftung, die Pensionskasse als VVaG oder AG und der Pensionsfonds als AG oder Pensionsfondsverein auf Gegenseitigkeit eigene Rechtspersönlichkeiten darstellen, ergibt sich daraus zwangsläufig eine Abgrenzung vom übrigen Betriebsvermögen. Insofern ist auch die Voraussetzung einer eigenständigen Organisation erfüllt. Soweit Pensionskassen oder Pensionsfonds eine Beitragsbeteiligung der Arbeitnehmer vorsehen, wird dadurch der Charakter einer Sozialeinrichtung des Arbeitgebers nicht beeinträchtigt.

186 Nach § 87 Abs. 1 Nr. 8 BetrVG steht dem Betriebsrat ein Mitbestimmungsrecht bei der **Form, Ausgestaltung** und **Verwaltung** von Sozialeinrichtungen zu. Unter **Form** ist die Rechtsform zu verstehen. Beschränkungen der Rechtsformwahl aus anderen gesetzlichen Vorschriften (z.B. aus dem VAG für Pensionskassen, für die Befreiung von der Körperschaftsteuer nach § 5 Abs. 1 Nr. 3 KStG muss eine Unterstützungskasse rechtsfähig sein) führen dazu, dass das Mitbestimmungsrecht insoweit weitgehend inhaltsleer ist.

Zur **Ausgestaltung** einer Sozialeinrichtung gehört einmal deren Organisation. Hierunter fällt das Aufstellen der Satzung, ggf. einer Geschäftsordnung sowie die Wahl der Verwaltungsgremien entsprechend den gesellschafts- und vereinsrechtlichen Bestimmungen der Satzung. Das wichtigste Mitbestimmungsrecht ist in diesem Zusammenhang in der **Aufstellung des Leistungsplans** für die Unterstützungs- und Pensionskasse bzw. des **Pensionsplans** für den Pensionsfonds zu sehen. In diesen Plänen erfolgt die Festlegung der Grundsätze über die Verteilung der Mittel an die nach abstrakten Merkmalen abgegrenzten Arbeitnehmergruppen (vgl. BAG vom 10.11.1977 – 3 AZR 705/76 – DB 1978, 939; BAG vom 8.12.1981 – 3 AZR 518/80 – DB 1982, 50; BAG vom 26.4.1988 – 3 AZR 168/86 – DB 1988, 2411). Die Mitbestimmung bei der Aufstellung von derartigen Richtlinien für die Gewährung von Ruhegeldern soll die Angemessenheit und Durchsichtigkeit des innerbetrieblichen Lohngefüges und die Wahrung der Lohngerechtigkeit gewährleisten (BAG vom 31.1.1984 – 1 ABR 46/81 – DB 1984, 1351; BAG vom 13.1.1987 – 1 ABR 51/85 – DB 1987, 1096). Kürzt der Arbeitgeber mitbestimmungsfrei den Dotierungsrahmen, unterliegt der dann erforderlich werdende neue Verteilungsplan wiederum der Mitbestimmung des Betriebsrats (BAG vom 26.4.1988 – 3 AZR 168/86 – DB 1988, 2411; BAG vom 24.1.2006 – 3 AZR 484/04 – DB 2007, 471). Soweit es den vorgegebenen Dotierungsrahmen betrifft, hat der Betriebsrat auch ein Initiativrecht zur Umgestaltung der Versorgungsrichtlinien. Zur Ausgestaltung der Sozialeinrichtung gehört auch die Festsetzung von Eigenbeiträgen für Arbeitnehmer bei Mitgliedschaft in der Pensionskasse oder im Pensionsfonds. 187

Schließlich hat der Betriebsrat bei der **Verwaltung** der Sozialeinrichtung mitzubestimmen. Dabei können die alltäglichen Geschäfte durch allgemeine Richtlinien geregelt sein, ohne dass es dann im Einzelfall der Beteiligung des Betriebsrats bedarf. Zur Verwaltung gehört auch die Entscheidung über die **Vermögensanlage** bei den selbständigen Versorgungsträgern. Allerdings finden sich in den Satzungen regelmäßig bindende Vorgaben für die Vermögensanlage. Typischerweise ist bei einer Sozialeinrichtung das vom Arbeitgeber zur Verfügung gestellte Vermögen rechtlich verselbständigt und bedarf daher einer eigenen Verwaltung. Soweit in den Satzungen der Unterstützungskassen vorgesehen ist, dass das Kassenvermögen dem Arbeitgeber darlehensweise zur Verfügung gestellt wird, falls es nicht für Auszahlungen in der nächsten Zeit benötigt wird, bedarf die entsprechende Satzungsbestimmung der Zustimmung des Betriebsrats. 188

Verwirklicht werden kann das **Mitbestimmungsrecht auf zwei Wegen.** Wenn zwischen Arbeitgeber und Betriebsrat nichts anderes vereinbart ist, müssen mitbestimmungspflichtige Fragen zunächst zwischen ihnen ausgehandelt werden. Der Arbeitgeber hat dann dafür zu sorgen, dass die Sozialeinrichtung die durch die Betriebsvereinbarung oder Regelungsabrede getroffene Vereinbarung übernimmt (BAG vom 13.7.1978 – 3 ABR 108/77 – DB 1978, 2129). 189

Das gleiche Verfahren ist bei einer Neuregelung der Versorgungsrichtlinien einer Unterstützungskasse einzuhalten. Es wird nicht verlangt, dass vor Wirksamwerden der Änderungen der Richtlinien bereits eine Betriebsvereinbarung i.S.v. § 77 BetrVG abgeschlossen worden ist. Voraussetzung ist nur, dass der Betriebsrat der vom Arbeitgeber beabsichtigten Neuverteilung der zur Verfügung gestellten Mittel zustimmt (BAG vom 10.9.2002 – 3 AZR 635/01 – DB 2003, 1525). In beiden Fällen handelt es sich um eine sog. **zweistufige Lösung.** Die Betriebsparteien können aber auch vereinbaren, dass der Betriebsrat gleichberechtigte Vertreter in die Organe der Einrichtung entsendet und mitbestimmungspflichtige Fragen in deren Beschlussgremien nicht gegen den Widerspruch der Vertreter des Betriebsrats entschieden werden dürfen – sog. **organschaftliche Lösung.** Vorausgesetzt wird eine paritätische Beteiligung des Betriebsrats. Es reicht nicht aus, wenn in die Beschlussorgane der Sozialeinrichtung Vertreter der Arbeitnehmer gewählt werden, die die Zahl der von der Arbeitgeberseite bestimmten Mitglieder nicht erreichen (BAG vom 26.4.1988 – 3 AZR 168/86 – DB 1988, 2411). Von der organschaftlichen Mitbestimmung zu unterscheiden ist die für die Körperschaftsteuerfreiheit von Unterstützungskassen erforderliche Mitwirkung der Leistungsempfänger oder Arbeitnehmervertretungen bei der Verwaltung des Kassenvermögens nach § 3 Nr. 2 KStDV.

190 **cc) Besonderheiten bei Konzern- und Gruppenkassen sowie überbetrieblichen Pensionsfonds.** Betreiben mehrere Trägerunternehmen gemeinsam eine Unterstützungs-, eine Pensionskasse oder einen Pensionsfonds, ist es für das Mitbestimmungsrecht des Betriebsrats von entscheidender Bedeutung, in welchem rechtlichen Verhältnis die Trägerunternehmen untereinander stehen. Wenn zwischen den Trägerunternehmen ein konzernrechtliches Abhängigkeitsverhältnis besteht, mithin ein **Unterordnungskonzern** vorliegt, greift das Mitbestimmungsrecht des Betriebsrats gem. § 87 Abs. 1 Nr. 8 BetrVG ein. Das Mitbestimmungsverfahren lässt sich sowohl über die zweistufige als auch über die organschaftliche Lösung durchführen. Die Konzernmutter ist aufgrund ihrer Leitungsmacht in der Lage, Vereinbarungen mit dem Konzernbetriebsrat und den Organen der Sozialeinrichtungen durchzusetzen. Auf Betriebsratsseite wirkt an der Umsetzung der Mitbestimmung bei beiden Lösungen i.d.R. der Konzernbetriebsrat mit, zu dessen typischen Aufgaben die Mitwirkung in einer Sozialeinrichtung gehört, deren Wirkungsbereich sich auf den Konzern erstreckt (BAG vom 21.6.1979 – 3 ABR 3/78 – DB 1979, 2039). Werden in einem einzelnen Unternehmen des Konzerns **zusätzliche Versorgungsleistungen** gewährt, ist nicht der Konzernbetriebsrat, sondern der **Gesamtbetriebsrat** des betreffenden Unternehmens zuständig (BAG vom 19.3.1981 – 3 ABR 38/80 – DB 1981, 2181). Dies kann z.B. dann der Fall sein, wenn ein Unternehmen neu in einen Konzern aufgenommen wird und neben der konzerneinheitlichen Versorgungsregelung noch besondere Leistungen der betrieblichen Altersversorgung erbracht werden. Hier ist selbst bei einer organschaftlichen Lösung mit Repräsentanz des Konzernbetriebsrats in der Konzernkassenverwaltung bei der Ausgestaltung der zusätzlichen Leistungen für die Mitarbeiter des einzelnen Konzernunternehmens dessen Gesamtbetriebsrat oder Betriebsrat im Wege der zweistufigen Lösung zu beteiligen.

Sind mehrere **Trägerunternehmen** einer Unterstützungs-, einer Pensionskasse oder eines Pensionsfonds nicht in einem Unterordnungskonzern miteinander verbunden, sondern **rechtlich selbständig,** kann nicht mehr von einer Sozialeinrichtung eines Betriebs, Unternehmens oder Konzerns nach § 87 Abs. 1 Nr. 8 BetrVG gesprochen werden. Aufgrund der fehlenden Leitungsmacht des einzelnen Arbeitgebers versagen die bei einer betriebs-, unternehmens- oder konzernbezogenen Sozialeinrichtung denkbaren Wege der zweistufigen oder organschaftlichen Lösung. Da jedoch über die gemeinsame Sozialeinrichtung zugleich Fragen der betrieblichen Lohngestaltung geregelt werden, sind diese nach **§ 87 Abs. 1 Nr. 10 BetrVG mitbestimmungspflichtig.** Aufgrund der Anknüpfung an diese Bestimmung gelangt das BAG zu einer **verkürzten zweistufigen Lösung,** ohne dass die Gewähr besteht, dass sich diese mitbestimmte Lösung innerhalb der Gruppenunterstützungskasse, der Gruppenpensionskasse oder des Gruppenpensionsfonds durchsetzt (BAG vom 22.4.1986 – 3 AZR 100/83 – DB 1986, 1343; BAG vom 9.5.1989 – 3 AZR 439/88 – DB 1989, 2491). Bei einer Änderung der Richtlinien der Sozialeinrichtung hat jeder der beteiligten Arbeitgeber mit seinem Betriebsrat zunächst eine Vereinbarung über den Inhalt der Neuregelung zu treffen. Diese Regelung bringt er in das beschließende Gremium der Gruppenversorgungseinrichtung ein. Er hat die gefundenen Regelungen seines Unternehmens seinem Abstimmungsverhalten zugrunde zu legen. Auch im Fall des Unterliegens eines Arbeitgebers **genügt** die vom beschließenden Gremium der Gruppenversorgungseinrichtung getroffene Mehrheitsentscheidung **dem Mitbestimmungsrecht des betroffenen Betriebsrats.** Die Wirksamkeit dieser verkürzten zweistufigen Lösung liegt darin begründet, dass Arbeitgeber und Betriebsrat bei der Wahl des Durchführungswegs über eine Gruppenunterstützungskasse, eine Gruppenpensionskasse oder einen Gruppenpensionsfonds sich der satzungsmäßigen Mehrheitsentscheidung im Beschlussorgan der Kasse bzw. des Fonds von vornherein gebeugt haben. Sie haben damit billigend in Kauf genommen, dass Mehrheitsentscheidungen möglich sind, die ihren eigenen Vorstellungen nicht entsprechen (vgl. BAG vom 22.4.1986 – 3 AZR 100/83 – DB 1986, 1343). 191

Im Verhältnis des unterlegenen Trägerunternehmens zu seinen **Arbeitnehmern** ist die **nachteilige Entscheidung** der Gruppenunterstützungskasse bzw. der Gruppenpensionskasse und des Gruppenpensionsfonds jedoch nur dann **unwirksam,** wenn die Verletzung des Mitbestimmungsrechts für die Willensbildung der Gruppenversorgungseinrichtung kausal war, d.h. wenn mit einiger Wahrscheinlichkeit anzunehmen ist, dass die nachteilige Änderung unter Beachtung des Mitbestimmungsrechts hätte verhindert werden können (BAG vom 9.5.1989 – 3 AZR 439/88 – DB 1989, 2491; BAG vom 14.12.1993 – 3 AZR 618/93 – DB 1994, 686). Die Haftung des Arbeitgebers entfällt mithin nur dann, wenn feststeht, dass die mit dem Betriebsrat des Trägerunternehmens getroffene Entscheidung in der Gruppenversorgungseinrichtung nicht durchsetzbar gewesen wäre. Eine derartige Feststellung kann nicht getroffen werden, wenn vernünftige Gründe für eine anderweitige Ausgestaltung des Leistungsrahmens vorliegen (LAG Hamm vom 10.8.1999 – 6 Sa 332/99 – DB 1999, 2371). 192

193 **dd) Entgeltumwandlung.** Die **Einflussmöglichkeiten** des Betriebsrats bei einer durch Entgeltumwandlung finanzierten betrieblichen Altersversorgung sind **begrenzt.** Eine erzwingbare Mitbestimmung des Betriebsrats wird zunächst durch den **Gesetzes- und Tarifvorrang** gem. § 87 Abs. 1 Einleitungssatz BetrVG („soweit eine gesetzliche oder tarifliche Regelung nicht besteht") ausgeschlossen. Im Rahmen des **gesetzlichen Anspruchs auf Entgeltumwandlung** räumt **§ 1a Abs. 1** die Entscheidung über den Durchführungsweg und die Auswahl des Versorgungsträgers dem Arbeitgeber ein (vgl. BAG vom 19.7.2005 – 3 AZR 502/04 (A) – DB 2005, 2252). Gleiches gilt für die Art der Zusage und die Entscheidung darüber, ob neben Altersleistungen auch Invaliden- und Hinterbliebenenleistungen zugesagt werden (vgl. *Blomeyer/Rolfs/Otto*, § 1a Rn. 57). Auf der **Entgeltseite** entscheidet der Arbeitnehmer darüber, ob und in welcher Höhe er den Anspruch nach § 1a geltend macht (vgl. *Blomeyer/Rolfs/Otto*, § 1a Rn. 56). Deshalb besteht in den vorstehend skizzierten Fällen aufgrund der zwingenden gesetzlichen Regelung in § 1a Abs. 1 kein Raum für eine erzwingbare Mitbestimmung des Betriebsrats. Besteht eine **tarifliche Regelung** zur Entgeltumwandlung (vgl. § 17 Abs. 5), ist auch insoweit eine erzwingbare Mitbestimmung des Betriebsrats grds. ausgeschlossen. Eine Mitbestimmung kommt hier allenfalls insoweit in Betracht, als die Ausfüllung der tariflichen Regelungen den Betriebsparteien überlassen wird und diese Möglichkeit nicht auf den Abschluss freiwilliger Betriebsvereinbarungen beschränkt ist.

194 **Umstritten** ist, ob auch bei der Entgeltumwandlung ein Mitbestimmungsrecht des Betriebsrats hinsichtlich der **Gestaltung des Leistungsplans** besteht. Diese Frage stellt sich sowohl für die Leistungsplangestaltung im Rahmen des gesetzlichen Anspruchs nach § 1a als auch für die Leistungsplangestaltung außerhalb dieses Anspruchs. Gegen ein Mitbestimmungsrecht lässt sich anführen, dass es insoweit nicht um Verteilungsgrundsätze geht, sondern nur um die Rechtsfrage der Wertgleichheit i.S.v. § 1 Abs. 2 Nr. 3 BetrVG (so auch *Kemper/Kisters-Kölkes/Berenz/Huber*, § 1 Rn. 430, 441). Stockt der Arbeitgeber die für die Entgeltumwandlung vorgesehenen Beträge durch eigene Beiträge auf (sog. **Matching**), besteht insoweit ein Mitbestimmungsrecht des Betriebsrats nach den allgemeinen Grundsätzen für eine arbeitgeberfinanzierte Versorgung.

195 Unabhängig davon ist gem. § 88 BetrVG der **Abschluss freiwilliger Betriebsvereinbarungen möglich** (der Tarifvorbehalt des § 77 Abs. 3 BetrVG dürfte regelmäßig nicht entgegenstehen). I. d. R. werden die Arbeitgeber daran interessiert sein, über die Rahmenbedingungen der Leistungsseite eine Betriebsvereinbarung zu schließen, um eine gewisse Einheitlichkeit der Altersversorgung im Unternehmen herbeizuführen, insbesondere um die arbeitnehmerfinanzierte mit einer bestehenden arbeitgeberfinanzierten Altersversorgung zu koordinieren, Verwaltungskosten zu minimieren und ggf. auch die Versorgung durch Inanspruchnahme günstiger Konditionen externer Versorgungsträger zu optimieren. Darüber hinaus kann sich der Abschluss einer Betriebsvereinbarung auch positiv auf die Akzeptanz bei den Mitarbeitern und damit auf die Teilnahmequote auswirken. Gegenstand solcher freiwilligen Vereinbarungen können auch die Festlegung von Ober- und Untergrenzen für die Entgeltumwandlung, die Bestimmung des Durchführungswegs sowie die Auswahl externer Versor-

gungsträger bilden. Allerdings sind auch hier die Vorgaben des § 1a zu beachten. So kann die Wahl des Durchführungswegs nur begrenzt gesteuert werden: Sind Direktzusagen oder Unterstützungskassenzusagen vorgesehen, kann sich jeder Arbeitnehmer trotzdem – etwa im Hinblick auf § 1a Abs. 3 – für eine Direktversicherung entscheiden (vorbehaltlich der Regelung in § 1a Abs. 2 für bei Inkrafttreten des § 1a bereits bestehende Entgeltumwandlungszusagen). In Betracht kommt eine Betriebsvereinbarung daher lediglich für die Durchführung mittels Direktversicherung, Pensionskasse oder Pensionsfonds, wobei dann aber auch der externe Versorgungsträger, die Art, die Voraussetzungen und die Leistungen der Versorgung verbindlich festgelegt werden können. Unter Mitbestimmungsgesichtspunkten wird der Arbeitgeber daher sorgsam abzuwägen haben, ob er sich freiwillig auf die Durchführung der betrieblichen Altersversorgung über eine eigene Pensionskasse festlegen lässt und damit zugleich die Basis für eine Mitbestimmung bezüglich der Rechtsform, der Besetzung der Organe sowie der Aufstellung und Verwaltung der genannten Versorgungsträger schafft oder sich auf die Mitbestimmungsfreiheit der Entscheidung über den Durchführungsweg und die Auswahl des Versorgungsträgers beruft.

ee) Mitbestimmung bei der Änderung von Versorgungszusagen. Sollen Leistungen der betrieblichen Altersversorgung gekürzt werden, ist die **Festsetzung des neuen Dotierungsrahmens** durch den Arbeitgeber zwar **mitbestimmungsfrei,** die notwendige Aufstellung eines neuen Leistungsplans unterliegt jedoch dem Mitbestimmungsrecht des Betriebsrats (BAG vom 13.7.1978 – 3 ABR 108/77 – DB 1978, 2129; vgl. auch BAG vom 26.4.1988 – 3 AZR 168/86 und 3 AZR 277/87 – DB 1988, 2411 und 2311; BAG vom 21.8.2001 – 3 ABR 44/00 – DB 2002, 952; BAG vom 24.1.2006 – 3 AZR 484/04 – DB 2007, 471). Der Betriebsrat hat ebenfalls mitzubestimmen, wenn der Arbeitgeber die von ihm zur Verfügung gestellten Mittel anders als bisher auf die begünstigten Arbeitnehmer verteilen will (BAG vom 23.9.1997 – 3 ABR 85/96 – DB 1998, 779; BAG vom 19.7.2005 – 3 AZR 472/04 – DB 2006, 343). Die für die Neuverteilung maßgeblichen Grundsätze können als Teil der betrieblichen Lohngestaltung nur gemeinsam mit dem Betriebsrat festgelegt werden (BAG vom 12.6.1975 – 3 ABR 13/74 – DB 1975, 1559; BAG vom 23.9.1997 – 3 ABR 85/96 – DB 1998, 779; BAG vom 19.7.2005 – 3 AZR 472/04 – DB 2006, 343). Ein Widerruf von Leistungen oder Anwartschaften zur Durchsetzung eines neuen Leistungsplans ist deshalb gegenüber den Arbeitnehmern individualrechtlich unwirksam, wenn der Arbeitgeber bei der Aufstellung des Leistungsplans das Mitbestimmungsrecht des Betriebsrats verletzt hat (BAG vom 26.4.1988 – 3 AZR 168/86 – DB 1988, 2411). 196

ff) Kollektiver Tatbestand. Das Mitbestimmungsrecht des § 87 Abs. 1 Nr. 10 BetrVG setzt einen **kollektiven Tatbestand** voraus. Auch wenn mit mehreren Arbeitnehmern Verschlechterungen der Versorgungszusage individualrechtlich vereinbart werden, kann gleichwohl ein kollektiver Bezug bestehen. Wird das Mitbestimmungsrecht des Betriebsrats bei einer derartigen Konstellation missachtet, ist die Regelung unwirksam. Eine dem Mitbestimmungsrecht nicht unterliegende individuelle Lohngestaltung ist nur dann gegeben, wenn mit Rücksicht auf besondere Umstände bezüglich des einzelnen Arbeitnehmers 197

Regelungen getroffen werden, die in keinem Zusammenhang zu ähnlichen Regelungen für andere Arbeitnehmer stehen (BAG vom 24.1.2006 – 3 AZR 484/04 – DB 2007, 471). Im Übrigen kann das Mitbestimmungsrecht des Betriebsrats ausnahmsweise nur dann entfallen, wenn es an einem Regelungsspielraum für die Verteilung der verbleibenden Mittel fehlt. Werden jedoch im Rahmen einer Übergangsregelung weitere Mittel verteilt, ist das Mitbestimmungsrecht des Betriebsrats zu beachten (BAG vom 10.3.1992 – 3 AZR 221/91 – DB 1992, 1885; BAG vom 21.1.2003 – 3 AZR 30/02 – DB 2003, 2130).

198 **b) Rechtsfolgen bei Nichtbeachtung der Mitbestimmung.** Nach § 87 BetrVG müssen erzwingbare Mitbestimmungsrechte vom Arbeitgeber stets beachtet werden; die Verletzung der Mitbestimmungsrechte hat i.d.R. die **Unwirksamkeit** der vom Arbeitgeber vorgenommenen Maßnahme zur Folge (sog. **Theorie der Wirksamkeitsvoraussetzung**). Die Verletzung der Mitbestimmungsrechte des Betriebsrats führt allerdings nicht dazu, dass sich individualrechtliche Ansprüche der betroffenen Arbeitnehmer ergeben, die zuvor noch nicht bestanden haben. Bei **Nichtbeachtung** der **Mitbestimmung** durch den Arbeitgeber erhält der **Arbeitnehmer keinen Erfüllungsanspruch** auf Leistungen, die die bestehenden Versorgungsgrundlagen übersteigen (BAG vom 11.6.2002 – 1 AZR 390/01 – DB 2002, 2725). Wegen Verletzung des Mitbestimmungsrechts ist der Arbeitgeber auch nicht verpflichtet, sein Ermessen so auszuüben, dass dem Arbeitnehmer Ansprüche eingeräumt werden, die ihm nach der bestehenden Versorgungsregelung nicht zustehen (BAG vom 19.7.2005 – 3 AZR 472/04 – DB 2006, 343). Bei Verletzung seiner Mitbestimmungsrechte steht dem Betriebsrat aus § 87 BetrVG ein Anspruch auf Unterlassung der mitbestimmungswidrigen Maßnahmen zu, eine grobe Pflichtverletzung des Arbeitgebers nach § 23 Abs. 3 BetrVG wird dabei nicht vorausgesetzt (BAG vom 3.5.1994 – 1 ABR 24/93 – DB 1994, 2450).

11. Inhaltskontrolle von Versorgungszusagen

199 Bei der betrieblichen Altersversorgung handelt es sich um eine Sozialleistung von großer Bedeutung und erheblichem Gewicht. Sie bildet die zweite Säule zur Sicherung des Lebensstandards im Alter. Wenn die Belegschaftsmitglieder der Auffassung sind, dass ihre Rechte in einer Versorgungszusage nicht zutreffend oder nicht ausreichend berücksichtigt worden sind, haben sie die Möglichkeit, die Regelung in einem gerichtlichen Verfahren auf ihre **rechtliche Wirksamkeit** und ggf. **konkrete Billigkeit** überprüfen zu lassen. Der Umfang der Kontrolle richtet sich nach Rechtsbegründungsakt und der Form der Zusage.

200 **a) Tarifvertragliche Versorgung.** Ist die Versorgung tarifvertraglich geregelt, findet nur eine **eingeschränkte Überprüfung** durch die Gerichte für Arbeitssachen statt. Diese Einschränkung rechtfertigt sich daraus, dass die Tarifautonomie als Teil der Koalitionsfreiheit durch Art. 9 Abs. 3 GG verfassungsrechtlich geschützt ist (BVerfG vom 3.4.2001 – 1 BvL 32/97 – DB 2001, 1367). Den Tarifvertragsparteien steht daher bei der inhaltlichen Gestaltung ihrer Regelungen ein Beurteilungs- und Ermessensspielraum zu (BAG vom 14.10.2003 – 9 AZR 146/03 – DB 2004, 1320). Tarifverträge unterliegen auch keiner Billigkeitskon-

trolle. Es ist nach st. Rspr. lediglich festzustellen, ob die Regelung gegen das GG oder anderes höherrangiges Recht, zwingendes Gesetzesrecht, die guten Sitten oder tragende Grundsätze des Arbeitsrechts verstößt (BAG vom 26.9.1984 – 4 AZR 343/83 – DB 1985, 394; BAG vom 21.8.2007 – 3 AZR 102/06 – DB 2007, 2850; BAG vom 17.6.2008 – 3 AZR 409/06 – DB 2008, 2314). Der Gesetzgeber hat den Tarifvertragsparteien gem. § 17 Abs. 3 sogar die Möglichkeit eingeräumt, den Wert erdienter Anwartschaften abweichend von § 2 festzusetzen und abweichend von § 5 Regelungen über die Auszehrung laufender Betriebsrenten zu treffen. Wie das BAG wiederholt erkannt hat, sind die Tarifvertragsparteien allerdings an die aus dem Rechtsstaatsprinzip des Art. 20 Abs. 3 GG folgenden Grundsätze des Vertrauensschutzes und der Verhältnismäßigkeit gebunden; die für Betriebsvereinbarungen entwickelte Drei-Stufen-Theorie als besondere Ausprägung dieser Grundsätze (s. dazu Rn. 253 ff.) findet jedoch insoweit keine Anwendung (BAG vom 28.7.2005 – 3 AZR 14/05 – DB 2006, 166; zuletzt BAG vom 21.8.2007 – 3 AZR 102/06 – DB 2007, 2850; BAG vom 17.6.2008 – 3 AZR 409/06 – DB 2008, 2314). Weist ein Tarifvertrag eine Regelungslücke auf, wirkt sich die Tarifautonomie auch auf die Befugnis der Gerichte zu einer ergänzenden Vertragsauslegung aus. Die Kompetenz zur Lückenfüllung sollte den Tarifvertragsparteien selbst zugestanden werden, wenn zur Schließung der Lücke verschiedene Möglichkeiten bestehen (Erfurter Kommentar/*Schlachter*, § 7 AGG Rn. 7; vgl. auch den Vorlagebeschluss des BAG vom 20.5.2010 – 6 AZR 319/09 – NZA 2010, 768).

b) Regelung durch Betriebsvereinbarung. Betriebsvereinbarungen unterliegen einer **abstrakten Rechts- und individuellen Billigkeitskontrolle.** Kraft gesetzlicher Kompetenzzuweisung werden zwischen Arbeitgeber und Betriebsrat Rechtsnormen ausgehandelt, die, niedergelegt in einer Betriebsvereinbarung, für die Belegschaft verbindlich sind. Die Vereinbarung ist jedoch **nicht** im gleichen Maße **autonom wie** ein **Tarifvertrag,** da eine gewisse Abhängigkeit der Betriebsratsmitglieder vom Arbeitgeber trotz bestehenden Kündigungsschutzes nicht auszuschließen ist und es dem Betriebsrat verwehrt ist, einen Arbeitskampf zu führen (BAG vom 30.1.1970 – 3 AZR 44/68 – DB 1970, 1393). 201

Gleichwohl ist die **grundsätzliche Regelungsbefugnis** der **Betriebspartner** zu beachten. Insbesondere ist dem Umstand Rechnung zu tragen, dass es sich bei einer Betriebsvereinbarung um eine generelle Lösung für eine Vielzahl von Fällen handelt. Anders als bei einer einzelvertraglichen Regelung müssen deshalb die für eine unbestimmte Zahl von Arbeitnehmern geltenden Normen an einem verallgemeinernden Maßstab gemessen werden. Die Regelungsziele einer Betriebsvereinbarung und die vorgesehene Form ihrer Verwirklichung sind infolgedessen nur generalisierenden Wertungskriterien, d.h. einer **abstrakten Rechtskontrolle,** zu unterziehen (BAG vom 8.12.1981 – 3 ABR 53/80 – DB 1982, 336). Die ArbG haben daher lediglich festzustellen, ob die Regelungen der Betriebsvereinbarung gegen höherrangiges Recht oder gegen tragende Grundsätze des Arbeitsrechts – dazu zählen wie bei der Regelung durch Tarifvertrag vor allem das Gleichbehandlungsgebot und die Grundsätze der Verhältnismäßigkeit und des Vertrauensschutzes – verstoßen. Für Eingriffe in die Höhe von Versorgungsanwartschaften durch abändernde Betriebsvereinbarungen hat 202 das BAG die Grundsätze des Vertrauensschutzes und der Verhältnismäßigkeit durch die Drei-Stufen-Theorie konkretisiert (s. dazu Rn. 253 ff.). Sind die aufgeführten übergeordneten Anforderungen in der Betriebsvereinbarung beachtet worden, ist sie für den von ihr erfassten Personenkreis verbindlich.

203 Ist die von den Betriebsparteien getroffene Regelung aus Rechtsgründen nicht zu beanstanden, können einzelne Versorgungsberechtigte gleichwohl geltend machen, ihre **spezielle Versorgungssituation** sei nicht ausreichend berücksichtigt worden (insbesondere sog. rentennahe Mitarbeiter). Derartigen Einwendungen haben die ArbG im Wege einer **individuellen Billigkeitskontrolle** nachzugehen. Liegt eine unbillige Härte vor, ist eine interessengerechte Lösung durch eine ergänzende Vertragsauslegung herbeizuführen (BAG vom 8.12.1981 – 3 ABR 53/80 – DB 1982, 336). Durch solche Korrekturen wird die Wirksamkeit der Betriebsvereinbarung im Übrigen nicht berührt.

204 Hinzuweisen ist darauf, dass eine kollektivrechtliche Regelung zumeist nicht insgesamt gegen höherrangiges Recht oder tragende Grundsätze des Arbeitsrechts verstößt, sondern nur einzelne Punkte einer Rechtskontrolle nicht standhalten. Ein Verstoß gegen den Gleichbehandlungsgrundsatz führt z.B. nicht zur Nichtigkeit der gesamten vom Arbeitgeber geschaffenen Ordnung, sondern nur dazu, dass die einschränkenden Bestimmungen entfallen, die eine Arbeitnehmergruppe ohne sachlichen Grund benachteiligen (BAG vom 9.12.1997 – 3 AZR 661/96 – DB 1998, 1823). Die **nicht zu beanstandenden Teile** einer Regelung bleiben also **wirksam.** § 139 BGB, wonach die Nichtigkeit von Teilen eines Rechtsgeschäfts i.d.R. das gesamte Rechtsgeschäft erfasst, ist unanwendbar, wenn es um Regelungen geht, die zum Schutz der Arbeitnehmer korrigiert werden müssen. Das folgt aus dem Schutzzweck der in das Vertragsrecht eingreifenden Normen (BAG vom 14.10.1986 – 3 AZR 66/83 – DB 1987, 994).

205 **c) Einzelvertragliche Zusagen.** Auch einzelvertragliche Zusagen unterliegen der gerichtlichen Kontrolle. Der Umstand, dass der begünstigte Mitarbeiter unmittelbar an dem Abschluss der vertraglichen Regelung beteiligt war, ändert hieran nichts. Der Inhalt eines Versorgungsversprechens wird zumeist vom Arbeitgeber vorgegeben, es besteht insoweit kein ausgewogenes Verhandlungsgleichgewicht. Diese Einschätzung trifft erst recht auf **vertragliche Einheitsregelungen** oder **Gesamtzusagen** zu. Hat der Arbeitgeber eine Versorgungsregelung unklar formuliert oder gibt sie zu unterschiedlichen Auslegungen Anlass, gehen **Unklarheiten** deshalb gem. § 305c Abs. 2 BGB zu seinen Lasten (BAG vom 23.9.2003 – 3 AZR 551/02 – AP Nr. 93 zu § 77 BetrVG 1972). Neben dem Wortlaut sind im Übrigen die für die Auslegung von Verträgen maßgeblichen Grundsätze heranzuziehen. Zu fragen ist also nach dem Sinn und Zweck der Regelung und ihrer systematischen Einordnung, zusätzlich sind die Begleitumstände, die zu dem Versorgungsversprechen geführt haben, zu würdigen.

206 Die gerichtliche **Kontrolle** ist **eingeschränkt, wenn** arbeitsvertraglich auf **gesetzliche Versorgungsregelungen verwiesen** wird. Eine derartige Verweisung kann dazu führen, dass Regelungen gelten, die der Arbeitgeber selbst nicht schaffen kann. Der Gesetzgeber hat einen weitergehenden Gestaltungsspielraum

als der Arbeitgeber bei der Ausübung eines Leistungsbestimmungsrechts unter Vorformulierung von Arbeitsbedingungen. Auch der Inhalt arbeitsvertraglich übernommener gesetzlicher Regelungen unterliegt keiner Angemessenheits- und Billigkeitskontrolle, wenn die Verweisungsvereinbarung nicht zu beanstanden ist, sondern für ein ausgewogenes interessengerechtes Versorgungsmodell sorgt. Verfassungsrechtliche Bedenken bestehen auch gegen eine dynamische arbeitsvertragliche Verweisung nicht (BAG vom 20.4.2004 – 3 AZR 266/02 – DB 2004, 2590).

d) Entgeltumwandlungsvereinbarungen. Bei der Inhaltskontrolle von Entgeltumwandlungsvereinbarungen ist insbesondere zu beachten, dass alle Vereinbarungen unabhängig von der Zusageart und dem Durchführungsweg dem **Gebot der Wertgleichheit** (vgl. § 1 Abs. 2 Nr. 3) genügen müssen. Nach Ansicht des BAG ist die Wertgleichheit objektiv zu betrachten (BAG vom 15.9.2009 – 3 AZR 17/09 – NZA 2010, 164; vgl. § 1a Rn. 19 ff.). Darüber hinaus sind Entgeltumwandlungsvereinbarungen auch anhand der §§ 305 ff. BGB zur überprüfen, sofern es sich um für eine Vielzahl von Fällen vorformulierte Vereinbarungen handelt, was in der Praxis der Regelfall ist. Hält eine Entgeltumwandlungsvereinbarung dieser Rechtskontrolle nicht stand, führt dies nicht zu deren Unwirksamkeit und nicht zur Nachzahlung von Arbeitsentgelt, sondern zu einer höheren betrieblichen Altersversorgung. 207

Die nach den §§ 307 ff. BGB vorzunehmende **Inhaltskontrolle bezieht** sich sowohl auf die Entgeltumwandlungsvereinbarung zwischen Arbeitgeber und Arbeitnehmer als **auch auf** den **Vertrag** zwischen **Arbeitgeber** und **externem Versorgungsträger.** Die Versorgungsvereinbarungen nehmen regelmäßig Bezug auf den Versicherungsvertrag. Nach st. Rspr. des BGH kann sich der Arbeitnehmer, auch wenn der Versicherungsvertrag nicht mit ihm abgeschlossen ist, auf die Unwirksamkeit einzelner Vertragsbestimmungen berufen (vgl. zuletzt BGH vom 28.3.2001 – IV ZR 19/00 – DB 2001, 2038). Hinzu kommt die mittelbare Inhaltskontrolle des Versicherungsvertrags als Bestandteil der Entgeltumwandlungsvereinbarung. Bei dieser Kontrolle geht es um die Zulässigkeit **gezillmerter Tarife** und von **Stornoabschlägen.** Auch wenn die BaFin gezillmerte Tarife, bei denen die Versicherungs- und Abschlusskosten i.d.R. über mindestens fünf Jahre neben dem Aufbau eines Deckungskapitals für die Altersversorgung getilgt werden, und Tarife mit erheblichen Stornoabschlägen bei Kündigung oder Beitragsfreistellung generell nicht beanstandet hat, bedeutet das nicht, dass sie auch ohne Weiteres bei der arbeitnehmerfinanzierten betrieblichen Altersversorgung zulässig sind. Einerseits ist zu prüfen, ob gezillmerte Tarife nicht gegen das Gebot der Wertgleichheit verstoßen (vgl. im Einzelnen dazu § 1a Rn. 23 ff.); andererseits müssen derartige Vereinbarungen auch einer Inhaltskontrolle nach § 307 BGB standhalten. Der Gesetzgeber hat der betrieblichen Altersversorgung i. Allg. und der Arbeitnehmerfinanzierung im Besonderen eine besondere Bedeutung beigemessen. Dies ergibt sich aus den Bestimmungen zur sofortigen Unverfallbarkeit gem. § 1b Abs. 5 und zur Übertragung von Anwartschaften nach § 4. Tarife, die eine erhebliche Zillmerung oder Stornoabschläge vorsehen, müssen deshalb ggf. einer besonderen Prüfung unterzogen werden (vgl. ArbG Stuttgart vom 17.1.2005 – 19 Ca 3152/04 – VuR 2005, 208

348; LG Stuttgart vom 22.3.2005 – 20 O 541/04 – VuR 2005, 343). Nach Ansicht des BAG verstößt ein (voll) gezillmerter Tarif zwar nicht gegen das Wertgleichheitsgebot. Es spreche jedoch einiges dafür, dass die auf gezillmerte Versicherungstarife abstellende betriebliche Altersversorgung eine unangemessene Benachteiligung i.S.d. § 307 BGB enthalte. Angemessen könne es sein, die bei der Direktversicherung anfallenden einmaligen Abschluss- und Vertriebskosten auf fünf Jahre zu verteilen (BAG vom 15.9.2009 – 3 AZR 17/09 – AP Nr. 60 zu § 1 BetrAVG).

12. Informations- und Aufklärungspflicht

209 Bezüglich der Informationspflichten ist von erheblichem Gewicht, welche Verpflichtungen bereits beim Vertragsschluss oder während des laufenden Arbeitsverhältnisses bestehen. Sodann stellt sich für den Fall des vorzeitigen Ausscheidens aus dem Arbeitsverhältnis für den **Arbeitgeber** bzw. den **externen Versorgungsträger** die Frage, inwieweit sie den Arbeitnehmer über die sich daraus ergebenden Folgen bezüglich der betrieblichen Altersversorgung **aufklären** müssen und in welchem Umfang sich der Arbeitgeber durch **Ausgleichsklauseln** vor Nachteilen aus einer solchen Verpflichtung **absichern** kann.

210 **a) Informationspflichten während des Arbeitsverhältnisses.** Bezüglich der den **Arbeitgeber** treffenden **Informationspflichten** besteht seit dem 1.1.2005 mit **§ 4a Abs. 1** ein ausdrücklich im BetrAVG geregelter **Auskunftsanspruch des Arbeitnehmers** gegen den Arbeitgeber, den dieser auch im laufenden Arbeitsverhältnis geltend machen kann; hinsichtlich der Anspruchsvoraussetzungen und dem Anspruchsinhalt wird auf die Erläuterungen zu § 4a verwiesen. Weiterhin kann sich eine Informationspflicht des Arbeitgebers als **Nebenpflicht aus dem Arbeitsverhältnis** ergeben. Rechtsgrundlage bilden § 241 Abs. 2 BGB, die Fürsorgepflicht (BAG vom 11.12.2001 – 3 AZR 339/00 – DB 2002, 2387) und der Grundsatz von Treu und Glauben (BAG vom 17.10.2000 – 3 AZR 605/99 – DB 2001, 286). Erkennbare Informationsbedürfnisse des Arbeitnehmers und Beratungsmöglichkeiten des Arbeitgebers sind gegeneinander abzuwägen (BAG vom 25.6.2002 – 9 AZR 155/01 – DB 2002, 2491). Eine Pflicht zur Information besteht insbesondere, wenn es während des Arbeitsverhältnisses zu „Störfällen“ hinsichtlich des Vertragsverhältnisses kommt. Allgemein lässt sich sagen, dass Informationspflichten des Arbeitgebers umso eher in Betracht kommen, je komplizierter eine Versorgungsregelung ist (LAG Hamm vom 13.10.1981 – 6 Sa 769/81 – BB 1982, 1365). Der Arbeitgeber ist nicht verpflichtet, den Arbeitnehmer von sich aus auf den Anspruch auf Entgeltumwandlung nach § 1a hinzuweisen (BAG vom 21.1.2014 – 3 AZR 807/11 – BeckRS 2014, 67394).

211 Der Auskunftsanspruch nach **§ 4a** kann auch gegen den **externen Versorgungsträger** geltend gemacht werden. Weiterhin ergeben sich für den externen Versorgungsträger Informationspflichten aus der **Anlage Abschnitt III Teil D zum VAG.** Danach müssen die bei Beginn des Versorgungsverhältnisses zu erteilenden Informationen ausführlich und aussagekräftig sein. Zu unterrichten ist der Arbeitnehmer u.a. über die Vertragsbedingungen einschließlich der Tarifbestimmungen, soweit sie für das Versorgungsverhältnis gelten, ferner über das auf

den Vertrag anwendbare Recht, die Laufzeit, die für diese Versorgungsart geltende Steuerregelung sowie die mit dem Altersversorgungssystem verbundenen finanziellen, versicherungstechnischen und sonstigen Risiken sowie die Art und Aufteilung dieser Risiken. Während der Laufzeit des Versorgungsverhältnisses ist jährlich zu informieren über die voraussichtliche Höhe der Leistungen, die Anlagemöglichkeiten und die Struktur des Anlagenportfolios sowie über das Risikopotential und die Kosten der Vermögensverwaltung und sonstige mit der Anlage verbundenen Kosten, sofern der Versorgungsanwärter das Anlagerisiko trägt. Ebenso ist der Arbeitnehmer über die mit dem Altersversorgungssystem verbundenen finanziellen, versicherungstechnischen und sonstigen Risiken sowie die Art und Aufteilung dieser Risiken zu unterrichten.

b) Aufklärungspflicht bei Beendigung des Arbeitsverhältnisses. Im Zusammenhang mit der Beendigung des Arbeitsverhältnisses hat der Arbeitnehmer zunächst den Auskunftsanspruch nach § 4a (s. dazu die Erläuterungen zu § 4a). Darüber hinaus muss sich der **Arbeitnehmer** bei der Auflösung des Arbeitsverhältnisses **grds. selbst Klarheit** über die rechtlichen Folgen **verschaffen.** Dies gilt insbesondere dann, wenn das Arbeitsverhältnis auf Initiative des Arbeitnehmers beendet wurde. Auch bei einer krankheitsbedingten Kündigung treffen den Arbeitgeber nicht die gesteigerten Hinweis- und Aufklärungspflichten, wie sie bei einem von ihm veranlassten Aufhebungsvertrag bestehen (BAG vom 17.10.2000 – 3 AZR 605/99 – DB 2001, 286; BAG vom 23.9.2003 – 3 AZR 658/02 – AP Nr. 3 zu § 1 BetrAVG Auskunft). Die vertraglichen Schutz- und Fürsorgepflichten dürfen nicht überspannt werden. Jeder Vertragspartner hat grds. selbst für die Wahrnehmung seiner Interessen zu sorgen (BAG vom 11.12.2001 – 3 AZR 339/00 – DB 2002, 2387). I. d. R. genügt deshalb der Arbeitgeber seiner Aufklärungspflicht, wenn er die Vorschriften, die die Versorgungsregelungen enthalten, dem Arbeitnehmer zur Kenntnis bringt und darauf hinweist, wie sie sich auf bestimmte Versorgungsgestaltungen in der Praxis auswirken (BAG vom 15.10.1985 – 3 AZR 612/83 – NZA 1986, 360). 212

Erteilt der Arbeitgeber darüber hinausgehende **Auskünfte, müssen** sie **richtig sein.** Falsche, unvollständige und irreführende Angaben stellen eine Pflichtverletzung dar, die gem. § 280 BGB i.V.m. § 241 Abs. 2, §§ 276, 278, 249 BGB zu Schadenersatzansprüchen führen können (BAG vom 9.7.1991 – 3 AZR 354/90 – ZTR 1992, 116; BAG vom 17.10.2000 – 3 AZR 605/99 – DB 2001, 286). Ein Ausschluss der Haftung für z.B. falsche Auskünfte über die Möglichkeit der vorzeitigen Inanspruchnahme der gesetzlichen Rente bei Frühpensionierungsprogrammen dürfte deshalb unzulässig sein. Kommt der Arbeitgeber seiner Aufklärungs- und Hinweispflicht nicht ausreichend oder unzutreffend nach, ist der Arbeitnehmer im Wege des Schadenersatzes so zu stellen, wie er bei richtiger Information gestanden hätte (BAG vom 21.11.2000 – 3 AZR 13/00 – DB 2002, 227). Den Arbeitnehmer trifft die Beweislast dafür, dass der Arbeitgeber ihn falsch informiert oder beraten hat (BAG vom 20.6.2000 – 3 AZR 52/00 – EzA Nr. 6 zu § 242 BGB Geschäftsgrundlage; BAG vom 17.10.2000 – 3 AZR 605/99 – DB 2001, 286). 213

c) Begrenzte Wirkung von Ausgleichsklauseln. Die **Haftung** des Arbeitgebers infolge einer Verletzung der Aufklärungs- und Hinweispflicht lässt sich 214

nicht durch eine in den Aufhebungsvertrag aufgenommene **Ausgleichsklausel** oder Ausgleichsquittung **beseitigen.** Da Versorgungsansprüche und -anwartschaften einen hohen Wert darstellen und für den ausscheidenden Arbeitnehmer von langfristiger Bedeutung sind, kann nicht davon ausgegangen werden, dass die in Aufhebungsverträgen übliche Klausel „damit sind alle gegenseitigen Ansprüche aus dem beendeten Arbeitsverhältnis ausgeglichen" sich auf Ansprüche aus der betrieblichen Altersversorgung erstreckt (BAG vom 15.3.1979 – 3 AZR 859/77 – DB 1979, 1462; BAG vom 27.2.1990 – 3 AZR 213/88 – DB 1990, 1706). Im Zweifel unterfällt auch ein Schadenersatzanspruch auf Verschaffung einer betrieblichen Altersversorgung nicht einer allgemeinen Ausgleichsklausel (BAG vom 17.10.2000 – 3 AZR 69/99 – DB 2001, 286). Versorgungsansprüche und -anwartschaften werden von Ausgleichsquittungen und Ausgleichsklauseln nur erfasst, wenn sie ausdrücklich und unmissverständlich in der entsprechenden Vereinbarung bezeichnet worden sind (BAG vom 27.2.1990 – 3 AZR 213/89 – DB 1990, 1706). Darüber hinaus darf eine solche Ausgleichsklausel nicht dem Abfindungsverbot des § 3 widersprechen.

13. Aufrechterhaltung des Versorgungsbesitzstands

215 Auch wenn der Arbeitgeber, der ursprünglich das Versorgungsversprechen gegeben hat, anschließend wegfällt, bleibt der erworbene Versorgungsbesitzstand aufrechterhalten. Eine derartige Rechtsfolge kann sich aufgrund **mehrerer Konstellationen** im Rahmen eines Betriebsübergangs, aber auch außerhalb dieses Rechtsinstituts durch Spaltung, Verschmelzung oder Vermögensübertragung ergeben.

216 **a) Betriebsübergang.** Nach § 613a BGB tritt der Erwerber eines Betriebs oder Betriebsteils, der durch Rechtsgeschäft übergegangen ist, in die Rechte und Pflichten aus den im Zeitpunkt des Übergangs bestehenden Arbeitsverhältnissen ein. Vom Betriebsübergang werden **nur aktive Arbeitnehmer** erfasst. Ein Arbeitsverhältnis geht auch dann auf den Betriebserwerber über, wenn es auf das Ende des Tags vor dem Betriebsübergang befristet ist und der Erwerber es nahtlos durch Abschluss eines neuen Arbeitsverhältnisses fortsetzt (BAG vom 19.5.2005 – 3 AZR 649/03 – DB 2005, 2362). **Nicht** vom Betriebsübergang **erfasst** werden **ehemalige Arbeitnehmer** des Betriebs, die mit einer unverfallbaren Versorgungsanwartschaft vor dem Betriebsübergang ausgeschieden sind, sowie die **Betriebsrentner** des Veräußerers (BAG vom 24.3.1977 – 3 AZR 649/76 – DB 1977, 1466; BAG vom 9.12.1997 – 3 AZR 661/96 – BB 1998, 2114). Die Verpflichtungen aus diesen Versorgungsansprüchen verbleiben beim Veräußerer. Das gilt auch, wenn der Arbeitnehmer nach Eintritt in den gesetzlichen Ruhestand ein geringfügiges Beschäftigungsverhältnis zunächst bei seinem bisherigen Arbeitgeber und dann noch einige Zeit beim Betriebserwerber fortsetzt. Das mit dem Eintritt in den gesetzlichen Ruhestand begründete Ruhestandsverhältnis geht nicht auf den Betriebserwerber über (BAG vom 18.3.2003 – 3 AZR 313/02 – BetrAV 2004, 80).

217 Bestand im Betrieb des Veräußerers bislang keine betriebliche Altersversorgung, ist der übernehmende Arbeitgeber weder nach § 613a BGB noch auf-

grund des Gleichbehandlungsgrundsatzes verpflichtet, die in seinem Betrieb bestehende Altersversorgung auf die Mitarbeiter des übernommenen Betriebs auszudehnen (BAG vom 25.8.1976 – 5 AZR 788/75 – BB 1977, 145; BAG vom 31.8.2005 – 5 AZR 517/04 – AP Nr. 288 zu § 613a BGB). Bezieht der Erwerber die übernommenen Mitarbeiter aber in die Altersversorgung ein, zählen die beim Veräußerer zurückgelegten Zeiten der Betriebszugehörigkeit bei der **Unverfallbarkeit** mit, soweit diese von der Dauer der Betriebszugehörigkeit abhängt (BAG vom 8.2.1983 – 3 AZR 229/81 – DB 1984, 301; BAG vom 19.12.2000 – 3 AZR 451/99 – DB 2001, 2407; vgl. die Übergangsregelung in § 30f Abs. 1 Nr. 2). Nach der aktuellen gesetzlichen Regelung in § 1b, die die Unverfallbarkeit an die Dauer der Zusageerteilung knüpft, beginnt die Unverfallbarkeitsfrist erst mit der Aufnahme in das Versorgungswerk beim Erwerber. Auch für den vorgenannten Fall, in dem die Unverfallbarkeit von der Betriebszugehörigkeit abhängt (vgl. § 30f Abs. 1 Nr. 2) ist der **Erwerber** jedoch **nicht verpflichtet,** bei der Berechnung der Versorgungsleistungen die **Beschäftigungszeiten** beim früheren Arbeitgeber **zu berücksichtigen.** Vielmehr steht es ihm bei der Aufstellung von Berechnungsregeln frei, Vorbeschäftigungszeiten als wertbildende Faktoren außer Ansatz zu lassen (BAG vom 30.8.1979 – 3 AZR 58/78 – DB 1979, 2431; BAG vom 19.12.2000 – 3 AZR 451/99 – DB 2001, 2407). Ebenso ist im Fall einer qualifizierten Wartezeitregelung der Betriebserwerber frei, dem neu aufgenommenen Mitarbeiter zwar eine betriebliche Altersversorgung zu versprechen, diese jedoch von der Leistung einer Dienstzeit im eigenen Unternehmen abhängig zu machen. Das hat zur Folge, dass übernommene Arbeitnehmer, die infolge ihres Alters die von der Versorgungsordnung geforderte Wartezeit bis zur Pensionsgrenze nicht mehr erreichen können, auch nicht in das Versorgungswerk aufgenommen zu werden brauchen. Wartezeiten mit anspruchsausschließender Funktion können grds. wirksam in einer Versorgungsordnung vorgesehen werden (§ 1b Abs. 1 S. 2 und S. 5). Die damit verbundene Benachteiligung älterer Arbeitnehmer verstößt nicht gegen den arbeitsrechtlichen Gleichbehandlungsgrundsatz (BAG vom 19.4.2005 – 3 AZR 469/04 – DB 2005, 1748). Dies stellt auch keine unzulässige Diskriminierung wegen Alters nach dem AGG dar (BAG vom 12.2.2013 – 3 AZR 100/11 – DB 2013, 1245 für eine 15-jährige Wartezeit).

Hatte der **Veräußerer** eine **Versorgungszusage erteilt,** so hat der **Betriebserwerber** mit dem Eintritt in die bisherigen Arbeitsverhältnisse die bestehenden **Versorgungsanwartschaften** der aktiven Arbeitnehmer **zu übernehmen.** Diese Verpflichtung trifft den Erwerber auch dann, wenn mit der Veräußerung eine Versorgung nach dem bisherigen System nicht mehr möglich ist. In diesem Fall muss der Betriebserwerber dem weiterbeschäftigten Arbeitnehmer aus dem arbeitsrechtlichen Grundverhältnis im Versorgungsfall die Leistungen verschaffen, die er erhalten hätte, wenn er bei dem ursprünglichen Arbeitgeber verblieben und nach den mit diesem vereinbarten Bedingungen versorgt worden wäre (BAG vom 5.10.1993 – 3 AZR 586/92 – DB 1994, 1683; BAG vom 18.9.2001 – 3 AZR 689/00 – DB 2002, 1279). Der Arbeitgeber hat mithin gleichwertige Leistungen zu erbringen. Für die Gleichwertigkeit ist nicht die Höhe der arbeitgeberseitigen Aufwendungen entscheidend. Maßgeblich ist vielmehr die Leistung, die dem Arbeitnehmer im Versorgungsfall zufließt 218

(BAG vom 13.11.2007 – 3 AZR 191/06 – DB 2008, 1506). Neben dem Erwerber haftet der Veräußerer lediglich unter den Voraussetzungen des § 613a Abs. 2 BGB. Das ist nur dann der Fall, wenn die Ansprüche auf Betriebsrente innerhalb eines Jahrs seit dem Betriebsübergang fällig werden. Ist die Versorgung tariflich geregelt, haben die Ansprüche nach dem Betriebsübergang weiterhin Bestand. Sie können nicht durch eine beim Erwerber bestehende Betriebsvereinbarung mit dem gleichen Regelungsgegenstand abgelöst werden. Eine derartige **Überkreuzablösung** ist grds. unzulässig; es fehlt an der notwendigen Kongruenz des Umfangs der Regelungsmacht (BAG vom 13.11.2007 – 3 AZR 191/06 – DB 2008, 1506). Offen geblieben ist, wie zu entscheiden ist, wenn im Rahmen eines Betriebsübergangs eine Betriebsvereinbarung des Erwerbers auf einen Tarifvertrag des Veräußerers stößt, in dem die Nachwirkung ausgeschlossen ist und ob eine Überkreuzablösung einer Betriebsvereinbarung des Veräußerers durch einen Tarifvertrag des Erwerbers im Rahmen eines Betriebsübergangs zulässig ist.

219 Erfolgt der Betriebsübergang im Rahmen eines **insolvenzrechtlichen Verfahrens,** ist die Haftung des Erwerbers eingeschränkt, soweit der Grundsatz der gleichmäßigen Gläubigerbefriedigung eingreift. Dieser Grundsatz gilt nicht, soweit Masseforderungen betroffen sind (BAG vom 19.5.2005 – 3 AZR 649/03 – DB 2005, 2362). Im Übrigen ist in der Insolvenz zu differenzieren: Von einer Zahlungsunfähigkeit des bisherigen Arbeitgebers nach dem Betriebsübergang sind nur die mit unverfallbaren Anwartschaften Ausgeschiedenen und die Rentner betroffen. Für sie tritt gem. § 7 Abs. 1 und Abs. 2 der PSVaG ein. Den übergegangenen Arbeitnehmern haftet demgegenüber allein der Erwerber. Fällt dagegen er in die Insolvenz, liegen die Dinge umgekehrt. Nur für die im ersten Jahr fällig werdenden Renten haftet der Betriebsveräußerer nach § 613a Abs. 2 BGB mit.

220 Der **bis zum Betriebsübergang** beim Veräußerer unter Geltung der bisherigen Versorgungsregelung **erdiente Besitzstand** ist vom Betriebsübernehmer allerdings **nicht stets zusätzlich** zu der bei ihm erdienten Altersversorgung **geschuldet.** Besitzstandswahrung – so das BAG – hat nicht zum Inhalt, dass neben dem nach der ursprünglichen Regelung einmal erdienten in der Folgezeit ein weiterer Besitzstand auf der neuen Rechtsgrundlage erdient wird. Die gebotene Besitzstandswahrung führt vielmehr nur insoweit zu einem erhöhten Versorgungsanspruch, wie die Ansprüche aus der Neuregelung im Versorgungsfall hinter dem zurückbleiben, was bis zum Betriebsübergang erdient war. Hat ein Arbeitnehmer unter der Geltung einer betrieblichen Versorgungsordnung eine bestimmte Zeit im Arbeitsverhältnis zurückgelegt, ist lediglich sein Vertrauen darauf zu schützen, dass er die dieser Betriebstreue entsprechende anteilige Versorgungsleistung bei Erreichen der Altersgrenze erhalten wird (BAG vom 24.7.2001 – 3 AZR 660/00 – DB 2002, 955). Die Frage, **ob** der Arbeitnehmer **darüber hinaus** so zu stellen ist, als wäre er bis zum Eintritt des Versorgungsfalls Arbeitnehmer des ursprünglichen Arbeitgebers geblieben, hat das **BAG** in dem vorzitierten Urteil **unentschieden gelassen,** weil die ihm zu gewährende Versorgungsleistung im konkreten Fall auch dann erheblich geringer ausgefallen wäre.

221 Gegen diese Rechtsprechung werden teilweise Bedenken erhoben, da sie den die betriebliche Altersversorgung prägenden Entgeltgedanken, nach dem die

Versorgungsleistung die Gegenleistung für die vom Arbeitnehmer erbrachte Arbeitsleistung und seine Betriebstreue darstellt, nicht hinreichend beachte.

Bestand beim Betriebsveräußerer eine **Betriebsvereinbarung** oder ein **Tarifvertrag** zur betrieblichen Altersversorgung und werden die Rechte und Pflichten aus diesen kollektivrechtlichen Regelungen nach § 613a Abs. 1 S. 2 BGB in Individualrecht transformiert, so verdrängt nach § 613a Abs. 1 S. 3 BGB eine beim Betriebserwerber bestehende Betriebsvereinbarung bzw. ein Tarifvertrag über betriebliche Altersversorgung die bisher bestehende Regelung (jedoch keine „Überkreuzablösung" eines transformierten Tarifvertrags durch eine beim Betriebserwerber bestehende Betriebsvereinbarung, s. Rn. 218). Das Ordnungsprinzip des § 613a Abs. 1 S. 3 BGB gilt im Betriebsrentenrecht allerdings nur mit der Maßgabe, dass ein unter der Geltung der bisherigen Betriebsvereinbarung erdienter Besitzstand gewahrt bleiben muss. Der übernommene Arbeitnehmer darf deshalb im Versorgungsfall in keinem Fall geringere Versorgungsleistungen erhalten als er sie erhalten hätte, wenn er im Ablösungszeitpunkt aus dem Arbeitsverhältnis ausgeschieden wäre. Da es nach dem BAG (BAG vom 24.7.2001 – 3 AZR 660/00 – DB 2002, 955) auch bei dieser Konstellation keine Addition des bis zu diesem Zeitpunkt erdienten Versorgungsbesitzstands mit dem im aufnehmenden Betrieb erworbenen bedarf, werden gegen diese Rechtsprechung gleichfalls die in Rn. 221 aufgeführten Bedenken erhoben. 222

Hat der Veräußerer seine betriebliche Altersversorgung bislang über eine eigene **Unterstützungskasse** durchgeführt, so geht diese nicht automatisch auf den Erwerber über; vielmehr verbleibt die Kasse ohne ausdrückliche Vereinbarung beim Veräußerer. Die Unterstützungskasse wird im gleichen Umfang wie der Veräußerer zum Zeitpunkt des Betriebsübergangs von ihrer Leistungspflicht frei (BAG vom 15.3.1979 – 3 AZR 859/77 – DB 1979, 1462). Für die übergegangenen Versorgungsanwartschaften haftet der Erwerber. Auch wenn der Veräußerer seine betriebliche Altersversorgung über eine **Pensionskasse** oder einen **Pensionsfonds** durchführt, führt der Betriebsübergang nur zum Übergang der Verpflichtung aus dem arbeitsrechtlichen Grundverhältnis. Soll die Versorgung auch beim Erwerber über denselben externen Durchführungsweg erfolgen, muss der Erwerber der Pensionskasse bzw. dem Pensionsfonds beitreten, sofern es sich auch um für den Erwerber offen stehende Anbieterlösungen handelt. 223

b) Spaltung, Verschmelzung, Vermögensübertragung. Nach **§ 324 UmwG** bleiben § 613a Abs. 1 und 4 bis 6 BGB durch die Wirkung der Eintragung einer Spaltung, Verschmelzung oder Vermögensübertragung unberührt. § 613a BGB findet insoweit also auch auf die Übergänge von Arbeitsverhältnissen kraft Gesetzes Anwendung. § 324 UmwG ist eine **Rechtsgrundverweisung,** so dass auch die tatbestandlichen Voraussetzungen des § 613a BGB vorliegen müssen, damit seine Rechtsfolgen eintreten. Der neue Arbeitgeber tritt damit in die bestehenden Versorgungsanwartschaften der übergegangenen Arbeitnehmer ein. Anders ist die Rechtslage bei Betriebsrentnern und mit unverfallbarer Anwartschaft Ausgeschiedenen. § 126 Abs. 1 Nr. 9 UmwG eröffnet den beteiligten Rechtsträgern jedoch die Möglichkeit, Verbindlichkeiten und damit auch Ansprüche früherer Arbeitnehmer auf betriebliche Altersversorgung im **Spaltungsvertrag** einem der beteiligten Rechtsträger zuzuordnen. Insoweit 224 herrscht Zuordnungsfreiheit. Damit können abweichend von § 613a BGB auch Versorgungsansprüche ausgeschiedener Mitarbeiter, z.B. bei einer Betriebsaufspaltung, auf die Betriebsgesellschaft übertragen werden. § 4 a.F. steht der Übertragung nicht entgegen (BAG vom 22.2.2005 – 3 AZR 499/03 (A) – DB 2005, 954). Zwar findet diese Vorschrift, die eine schuldbefreiende Übertragung dieser Verpflichtungen letztlich nur auf Unternehmen der Lebensversicherung oder Pensionskassen zulässt, entgegen dem Wortlaut auch auf laufende Betriebsrenten Anwendung (BAG vom 26.6.1980 – 3 AZR 156/79 – DB 1980, 2041). § 4 a.F. stellt aber nach der Intention des Gesetzgebers keinen Übertragungsvorbehalt i.S.v. § 132 UmwG a.F. dar, zumal hinsichtlich der betrieblichen Versorgungsansprüche das Gesetz gem. §§ 133, 134 UmwG a.F. eine **gesamtschuldnerische Haftung** der insgesamt an der Spaltung beteiligten Rechtsträger vorsieht. Durch die Neuregelung des UmwG vom 19.4.2007 ist die gesamtschuldnerische Haftung in § 133 Abs. 3 generell auf zehn Jahre festgesetzt worden. Letztlich kommt sie im Insolvenzfall dem PSVaG zugute. Die Versorgungsberechtigten können auch keine Sicherheitsleistungen nach § 22 Abs. 1 UmwG von ihrem früheren Arbeitgeber verlangen, da ihre Ansprüche insolvenzgesichert bleiben und der PSVaG somit eine staatlich überwachte Deckungsmasse i.S.v. § 22 Abs. 2 UmwG darstellt. Diese Einschätzung wird durch eine Entscheidung des BAG vom 30.7.1996 (BAG vom 30.7.1996 – 3 AZR 397/95 – DB 1997, 531) bestätigt, in der wegen des bestehenden Insolvenzschutzes eine Sicherheitsleistung gegenüber Betriebsrentnern bei Umwandlung einer AG in eine GmbH abgelehnt wurde. Sicherheitsleistungen können damit nur Betriebsrentner oder Ausgeschiedene mit unverfallbaren Anwartschaften verlangen, die nicht dem Insolvenzschutz unterliegen.

225 Im Fall der **Spaltung** zum **Zweck** der **Neugründung** richtet sich der Übergang der Versorgungsverbindlichkeiten nicht nach § 613a BGB i.V.m. § 324 UmwG, sondern ausschließlich nach Umwandlungsrecht, wenn der Versorgungsberechtigte vor Wirksamwerden der Spaltung aus dem Arbeitsverhältnis ausgeschieden war. Versorgungsverbindlichkeiten können auch durch eine umwandlungsrechtliche Ausgliederung auf eine **Rentnergesellschaft** übertragen werden. Die Ausgliederung bzw. Abspaltung von Versorgungsverbindlichkeiten ist jedoch bedenklich, wenn der wesentliche Zweck dieses Vorgehens darin besteht, Betriebsrentner nicht mehr an Anpassungen nach § 16 zu beteiligen. Steht keine ausreichende Haftungsmasse für Anpassungen zur Verfügung, führt dieser Umstand zwar nicht zur Unwirksamkeit der partiellen Gesamtrechtsnachfolge, in diesem Fall kann der Versorgungsberechtigte aber Schadenersatzansprüche gegen den früheren Arbeitgeber aufgrund der Verletzung arbeitsvertraglicher Nebenpflichten gem. §§ 280 Abs. 1, 241 Abs. 2 BGB geltend machen, denn der Arbeitgeber hat die Rentnergesellschaft so auszustatten, dass sie nicht nur die laufenden Betriebsrenten zahlen kann, sondern auch zu den gesetzlich vorgesehenen Anpassungen in der Lage ist (BAG vom 11.3.2008 – 3 AZR 358/06 – DB 2008, 2369). Im Übrigen ist die Zuordnung von Versorgungsverbindlichkeiten durch den Spaltungsvertrag zu einer neu gegründeten Gesellschaft unabhängig davon wirksam, ob die Versorgungsberechtigten oder der PSVaG dem zustimmen. Weder §§ 414, 415 oder 613a Abs. 6 BGB noch § 4 sind im Rahmen der partiellen Gesamtrechtsnachfolge, die das UmwG anordnet, anwendbar.

Der Übergang wird also auch nicht durch einen ausdrücklichen Widerspruch des Berechtigten verhindert. Dies gilt auch bei Spaltungen zur Neugründung, mit denen **kommunale Einrichtungen** privatisiert werden (BAG vom 22.2.2005 – 3 AZR 499/03 (A) – DB 2005, 954). Auch im Fall einer derartigen Ausgliederung ist also die Wirksamkeit dieser Maßnahme weder von der Zustimmung der betroffenen Rentner, der mit einer unverfallbaren Anwartschaft ausgeschiedenen Arbeitnehmer noch des PSVaG abhängig.

Es wird aber auch vertreten, dass die Zustimmung der Versorgungsberechtigten und des PSVaG dann erforderlich sei, wenn eine Übertragung der Pensionsverpflichtungen über eine Ausgliederung zur Aufnahme vorgenommen werde, ohne dass gleichwertiges Vermögen übertragen werde (vgl. § 123 Abs. 3 Nr. 1 UmwG „gegen Gewährung von Anteilen"; LG Hamburg vom 8.12.2005 – 417 T 16/05 – BetrAV 2006, 98). **226**

c) Eingeschränkte Aufrechnung. Eine Aufrechnung des Arbeitgebers gegenüber Lohn- und Versorgungsansprüchen des Arbeitnehmers mit gleichartigen Forderungen, ist grds. gem. § 387 BGB zulässig. Die Aufrechnungsmöglichkeit besteht jedoch nur **insoweit,** als die betrieblichen **Versorgungsleistungen** der **Pfändung** nach § 394 BGB **unterliegen** (BAG vom 14.8.1990 – 3 AZR 285/89 – NZA 1991, 147). Ändern Arbeitgeber und Arbeitnehmer ihre ursprüngliche Lohnvereinbarung dahin, dass in Zukunft anstelle eines Teils des monatlichen Barlohns vom Arbeitgeber eine Versicherungsprämie auf einen Lebensversicherungsvertrag zugunsten des Arbeitnehmers im Wege der Entgeltumwandlung gezahlt werden soll, entstehen somit keine pfändbaren Ansprüche auf Arbeitseinkommen mehr (BAG vom 17.2.1998 – 3 AZR 611/97 – NZA 1998, 707). Die Aufrechnung ist auf einen Zeitraum von sechs Monaten nach der Aufrechnungserklärung beschränkt (BGH vom 28.10.1971 – II ZR 49/70 – NJW 1972, 154). Damit entfällt in der Praxis eine Aufrechnung mit noch nicht fälligen Versorgungsansprüchen. Bei einer Aufrechnung der Rentenansprüche mit Schadenersatzansprüchen des Arbeitgebers wegen vorsätzlicher unerlaubter Handlung ist zwar im Einzelfall zu prüfen, ob und inwieweit der Sozialschutz in Form der normierten Pfändungsfreigrenzen hinter den schützenswerten Interessen des geschädigten Arbeitgebers zurücktreten muss. Dabei gebieten die Interessen der Allgemeinheit jedoch stets, dass der Berechtigte nicht der Sozialhilfe zur Last fällt, so dass dem Versorgungsempfänger letztendlich immer das Existenzminimum gem. § 850 ZPO verbleiben muss (LAG Hamm vom 29.8.1995 – 6 Sa 8/92 – DB 1995, 2122; BAG vom 18.3.1997 – 3 AZR 756/95 – DB 1997, 1474). **227**

14. Änderung von Versorgungszusagen

Verbesserungen von Versorgungsversprechen sind jederzeit möglich. Insoweit bedarf es keiner Ausführungen. Zu beantworten ist vielmehr die für ein Unternehmen oftmals existenzielle Frage, ob gegebene Versorgungszusagen zum **Nachteil** der Anwartschaftsberechtigten und Versorgungsempfänger **verändert** werden dürfen und bejahendenfalls in welchem **Umfang** und auf **welche Weise** das geschehen kann. Der Versorgungsberechtigte möchte demgegenüber wissen, **wie bestandskräftig** das ihm gegebene **Versorgungsversprechen** ist. **228**

229 Bei der betrieblichen Altersversorgung handelt es sich um ein Rechtsinstitut von extremer Langlebigkeit. Erhält z.B. ein 20-Jähriger eine Zusage mit Witwenversorgung und heiratet er später eine zehn Jahre jüngere Frau, ist der Arbeitgeber bei Berücksichtigung der durchschnittlichen Lebenserwartung der Frauen sehr lange an das Versorgungsversprechen gebunden. In diesem Zeitraum können sich aus vielerlei Gründen die wirtschaftlichen oder sonstigen Verhältnisse eines Unternehmens so nachhaltig verändern, dass sie eine Umgestaltung des Versorgungswerks erforderlich machen. Die **Möglichkeiten, Versorgungszusagen zurückzuführen** sind deshalb **für den Arbeitgeber** von **besonderem Gewicht.** Im Widerspruch dazu steht das **Vertrauen** der **Versorgungsempfänger** und **Anwartschaftsberechtigten** auf das gegebene Versorgungsversprechen. Es gilt, die Interessen an einer Änderung und am Bestand eines Versorgungswerks gegeneinander abzuwägen. Die Rechtsprechung hat hierfür seit Beginn der 80er Jahre zahlreiche Kriterien entwickelt, die bis heute durch weitere Entscheidungen präzisiert bzw. weiterentwickelt werden.

230 **a) Zulässigkeit von Eingriffen in den Versorgungsumfang.** Die Gründe, die der Arbeitgeber für eine verschlechternde Abänderung von Versorgungszusagen ins Feld führen kann, sind aus seiner Sicht sicherlich verständlich und nachvollziehbar. Insbesondere, wenn das Unternehmen vor mehr als 30 Jahren eine Versorgungszusage erteilt hat, ist diese Einschätzung berechtigt. Nach Inkrafttreten des BetrAVG Ende Dezember 1974 haben sich die **Versorgungslasten** fraglos enorm **ausgeweitet.** Als Stichworte seien die in der Folgezeit wiederholt erweiterte Unverfallbarkeit, die Anpassung, die Inanspruchnahme vorzeitiger Versorgungsleistungen und die Beitragspflicht an den PSVaG genannt. Durch die zur Auslegung des Gesetzes ergangene Rechtsprechung – erwähnt seien nur die Quasi-Dynamisierung der Betriebsrenten und die rückwirkende Einbeziehung von Teilzeitkräften – hat sich die betriebliche Altersversorgung weiter verteuert. Hat der Arbeitgeber seinen Mitarbeitern eine Gesamtversorgung zugesagt, hat die Gesetzgebung zur gesetzlichen Rentenversicherung zu zusätzlichen Kostensteigerungen geführt. Schließlich hat sich durch die gesteigerte Lebenserwartung die Bezugsdauer der Renten erheblich verlängert.

231 Es liegt auf der Hand, dass **nicht jede Veränderung** der rechtlichen und wirtschaftlichen Verhältnisse den Arbeitgeber zu einer **Reduzierung** der erteilten Versorgungszusage **berechtigt.** Dem stehen die Grundsätze der Verhältnismäßigkeit und des Vertrauensschutzes entgegen. Schätzt der Arbeitgeber die wirtschaftliche Entwicklung falsch ein oder wählt er ein Versorgungssystem, das sich als unkalkulierbar erweist, kann er die Folgen aus seinen Fehlüberlegungen nicht ohne Weiteres auf die Versorgungsberechtigten abwälzen. Eine andere Beurteilung erscheint dagegen angebracht, wenn sich durch Änderung der rechtlichen Rahmenbedingungen der Aufwand wie bei Versorgungszusagen, die vor Inkrafttreten des BetrAVG erteilt wurden, mehr als verdoppelt hat.

232 Das **BAG** ist dieser Erwägung **nur z.T. gefolgt.** Es erkennt an, dass es sich bei der Einführung des Insolvenzschutzes und der flexiblen Altersgrenzen um Verbesserungen der Rechtsstellung der Arbeitnehmer handelt, die den Dotierungsrahmen erweitern und in der Versorgungszusage keine Grundlage finden. Es ist daher sachlich gerechtfertigt, diese Mehrkosten durch eine Änderung des

Leistungsplans auszugleichen. Ebenso hält das Gericht prinzipiell Leistungskürzungen bei einer Gesamtversorgung oder einem ähnlichen Versorgungssystem für zulässig, wenn es unmittelbar zu Kostensteigerungen durch das Absinken des allgemeinen Rentenniveaus gekommen ist. Schwerwiegend ist indessen die Verteuerung der Altersversorgung, die durch die gesetzliche Regelung der **Unverfallbarkeit** von Versorgungsanwartschaften und die Einführung des **Teuerungsausgleichs** bei den laufenden Renten den Unternehmen aufgebürdet wurde und die kumuliert durchschnittlich mit rund 70% zu veranschlagen ist. Diese Kostensteigerungen werden vom BAG jedoch gerade **nicht** als sachlicher Grund für eine Leistungskürzung **anerkannt.** Es begründet seine Auffassung damit, dass die Mehrbelastungen im Kern lediglich auf eine Konkretisierung des im Zivilrecht ohnehin stets zu beachtenden Grundsatzes von Treu und Glauben zurückzuführen sind (BAG vom 22.4.1986 – 3 AZR 496/83 – DB 1986, 1526).

Mit einer Änderung der Rechtsprechung ist nicht zu rechnen. Auf den ge- **233**
nannten Grundlagen hat das BAG die weitgehend von ihm entwickelte Systematik zur Änderung von Versorgungszusagen aufgebaut. Im Interesse der Rechtssicherheit ist es hinzunehmen, dass die vorstehend aufgeführten Änderungen der rechtlichen und sonstigen Rahmenbedingungen den Arbeitgeber **nur in geringem Umfang** zu einer **Reduzierung** des Versorgungsversprechens berechtigen. Der Arbeitgeber muss nachweisen, dass durch die von der Rechtsprechung anerkannten Gründe, also die Beiträge an den PSVaG, die vorzeitige Inanspruchnahme der Altersleistung, die Änderungen im Sozialversicherungsrecht, die Grundlage für die zugesagten Versorgungsleistungen teilweise entfallen ist. Der Nachweis, dass dadurch eine derartig gravierende Äquivalenzstörung eingetreten ist, dürfte kaum gelingen. Eine generelle Rückführung von Versorgungsleistungen – und zwar auch bezüglich älterer Versorgungswerke – scheidet damit praktisch aus.

Auch wenn die generelle Rückführung von Versorgungslasten nur in gerin- **234**
gem Umfang zulässig ist, **dürfen Versorgungswerke nicht versteinern** (BAG vom 8.12.1981 – 3 ABR 53/80 – DB 1982, 336). Insbesondere ist der Widerruf eines Versorgungsversprechens gerechtfertigt, wenn sich der Versorgungsberechtigte einer groben Treuepflichtverletzung schuldig gemacht hat. Ferner kann eine Anpassung der Versorgungsleistung gerechtfertigt sein, wenn es zu einer Störung der Geschäftsgrundlage gekommen ist. Ebenso sind **Eingriffe** in den zugesagten Versorgungsumfang zur Anpassung an veränderte wirtschaftliche und rechtliche Rahmenbedingungen **nicht prinzipiell ausgeschlossen.** Es liegt auf der Hand, dass der Schutz vor derartigen Eingriffen, je nachdem, ob es sich um Versorgungsempfänger oder Anwartschaftsberechtigte handelt, unterschiedlich ausgeprägt ist.

aa) Widerruf wegen grober Treuepflichtverletzung. In die Betriebsrente **235**
und in die erdienten Anwartschaftsteile darf nur ausnahmsweise eingegriffen werden. Eine derartige Ausnahme besteht bei groben Treuepflichtverletzungen. Der Arbeitgeber darf in diesem Fall die Versorgungsleistung wegen **Rechtsmissbrauchs (§ 242 BGB)** verweigern, eine Rechtsfolge, die üblicherweise als Widerruf der Versorgungszusage bezeichnet wird. Der Eingriff kann von unterschiedlicher Intensität sein. Er umfasst den völligen Wegfall der Versorgungsleis-

tung oder ihre Reduzierung. Auch bei der Treuepflichtverletzung gilt der Grundsatz, dass ein stärkerer Schutz der Versorgungsempfänger vor einem Eingriff im Vergleich zu den Anwartschaftsberechtigten besteht. Die Widerrufsmöglichkeit ist **unabhängig** davon, ob die Versorgungszusage einen sog. **Treuepflichtvorbehalt** entsprechend den steuerunschädlichen Mustervorbehalten enthält (vgl. BAG vom 13.11.2012 – 3 AZR 444/10 – NZA 2013, 1279).

236 **(1) Versorgungsempfänger.** Ein **Widerruf** oder eine Kürzung von **laufenden Versorgungsleistungen** kommt lediglich in Betracht, **falls** sich das **Vergehen** des Rentners wegen der Art und Schwere des Verstoßes gegen die Treuepflicht als **rechtsmissbräuchlich** erweist. Ein arglistig erschlichener Versorgungsbesitzstand genießt keinen Schutz. Dabei ist danach zu unterscheiden, ob der Versorgungsempfänger die Verfehlungen während seiner aktiven Dienstzeit oder danach begangen hat.

237 Bei **Verfehlungen** des Versorgungsempfängers **während** der **Dienstzeit,** die aber erst **nachträglich entdeckt** wurden, kann der Arbeitgeber die Versorgungszusage widerrufen, wenn der Rentner seine Stellung über lange Zeit dazu missbraucht hat, dem Arbeitgeber Schaden zuzufügen und sich die von ihm erbrachte **Betriebstreue** daher **rückschauend** als **wertlos** erweist (BAG vom 18.10.1979 – 3 AZR 550/78 – DB 1980, 500; BGH vom 22.6.1981 – II ZR 146/80 – DB 1981, 1971; BAG vom 29.1.1991 – 3 AZR 85/90 – AP Nr. 13 zu § 1 BetrAVG Hinterbliebenenversorgung). Der Rechtsmissbrauchseinwand kann gerechtfertigt sein, wenn der Arbeitnehmer die **Unverfallbarkeit** seiner Versorgungsanwartschaft durch Vertuschung schwerer Verfehlungen **erschlichen** hat. Das setzt voraus, dass eine rechtzeitige Entdeckung derartiger Verfehlungen zur fristlosen Kündigung geführt hätte, bevor die Versorgungsanwartschaft unverfallbar wurde und der Arbeitnehmer den Arbeitgeber durch die Vertuschung des Fehlverhaltens daran gehindert hat, noch vor Eintritt der Unverfallbarkeit zu kündigen (BAG vom 13.11.2012 – 3 AZR 444/10 – NZA 2013, 1279).

238 Bei **Verfehlungen nach Beendigung des Arbeitsverhältnisses** ist ein **Widerruf** nach den Grundsätzen über den Rechtsmissbrauch nur möglich, **wenn** der Verstoß des Betriebsrentners so schwer wiegt, dass die **Berufung auf** den **Bestand** der Versorgungsleistung **arglistig** erscheint (BGH vom 7.1.1971 – II ZR 23/70 – DB 1971, 823; BAG vom 18.10.1979 – 3 AZR 550/78 – DB 1980, 500). Die Zusage der Betriebsrente darf kein verdecktes Konkurrenzverbot enthalten. Von der Rechtsprechung ist z.B. der Widerruf als berechtigt anerkannt worden, wenn der Versorgungsberechtigte durch ruinösen Wettbewerb die wirtschaftliche Existenz des Arbeitgebers gefährdet hat (BAG vom 3.4.1990 – 3 AZR 211/89 – DB 1990, 1870). Stützt sich der Arbeitgeber auf die **Verursachung eines Vermögensschadens** durch den Arbeitnehmer, kann er die Versorgungszusage nur dann widerrufen, wenn der Arbeitnehmer seine Pflichten in grober Weise verletzt und ihm hierdurch einen existenzgefährdenden Schaden zugefügt hat (BAG vom 13.11.2012 – 3 AZR 444/10 – NZA 2013, 1279).

239 **(2) Anwartschaftsberechtigte.** Aus den gleichen Erwägungen wie beim Betriebsrentner kommt gleichfalls beim **aktiven Arbeitnehmer** ein Widerruf der erdienten Anwartschaftsteile wegen grober Treuepflichtverletzung in Betracht.

Auch in diesem Fall muss sich die gezeigte Betriebstreue und die erbrachte Arbeitsleistung wegen der Schwere der Vertragsverletzungen als wertlos erweisen (BGH vom 11.3.2002 – II ZR 5/00 – DB 2002, 1207). Ein wichtiger Grund zur fristlosen Kündigung des Arbeitsverhältnisses reicht nicht aus, den Widerruf der Versorgungszusage zu rechtfertigen. Auch Verstöße gegen strafrechtliche Vorschriften wie z.B. Veruntreuungen sind nur von Relevanz, wenn sie zu einer Existenzgefährdung des Arbeitgebers geführt haben (OLG München vom 25.1.2005 – 18 U 3299/03 – DB 2005, 2198). Schadenersatzansprüche des Arbeitgebers können nicht im Wege des Widerrufs der Versorgungszusage durchgesetzt werden (BAG vom 8.5.1990 – 3 AZR 152/88 – BB 1990, 1910). Betreffen die Verfehlungen lediglich einen Teil der Dienstzeit, kann nach dem Grundsatz der Verhältnismäßigkeit auch nur eine Kürzung der Versorgungsleistung angemessen sein (BAG vom 19.6.1980 – 3 AZR 137/79 – DB 1980, 2143; BAG vom 24.4.1990 – 3 AZR 497/88 – ZIP 1990, 1615; LAG Hamm vom 29.8.1995 – 6 Sa 8/92 – DB 1995, 2122). Aber auch nicht gegen den Arbeitgeber gerichtete Straftaten können nach § 18 Abs. 2 Nr. 5 zum Erlöschen der Versorgungsanwartschaft führen, wenn der Versorgungsberechtigte wegen einer vorsätzlichen Straftat zu einer Freiheitsstrafe von mindestens zwei Jahren rechtskräftig verurteilt worden ist. Das Erlöschen der Anwartschaft verstößt nicht gegen Art. 3 GG, da bei im öffentlichen Dienst Beschäftigten die Zusage unter dem Vorbehalt steht, dass sie keine vorsätzlichen Straftaten mit der Folge einer erheblichen Freiheitsstrafe begehen (BAG vom 21.11.2006 – 3 AZR 672/05 – NZA 2007, 1295).

bb) Anpassung wegen Störung der Geschäftsgrundlage. Haben sich die **Umstände,** die die Grundlage des Versorgungsverhältnisses bilden, nach Erteilung der Versorgungszusage **schwerwiegend verändert,** entfällt die Versorgungsleistung keineswegs völlig. Gem. **§ 313 Abs. 1 BGB** ist sie vielmehr der **neuen Situation anzupassen.** Mit dem **steuerunschädlichen Mustervorbehalt** werden lediglich die Grundsätze der Störung der Geschäftsgrundlage umschrieben. Nach ständiger Rechtsprechung des BAG drückt dieser Vorbehalt damit nur klarstellend aus, was von Rechts wegen ohnehin gilt und begründet kein eigenständiges Widerrufsrecht, das einen Rückgriff auf § 313 BGB sperren könnte. Nach st. Rspr. des BAG kann sich eine Befugnis zur Anpassung des Versorgungswerks wegen Störung der Geschäftsgrundlage in den Fällen einer **Zweckverfehlung** (dazu nachfolgend Rn. 241 ff.) und einer **Äquivalenzstörung** (dazu nachfolgend Rn. 247) ergeben (BAG vom 17.1.2012 – 3 AZR 555/09 – AP Nr. 14 zu § 1 BetrAVG Überversorgung). 240

(1) Zweckverfehlung. Zu einer Störung der Geschäftsgrundlage kann es kommen, wenn aufgrund von Gesetzesänderungen der für den Arbeitnehmer bei Erteilung der Versorgungszusage erkennbar verfolgte Versorgungszweck nunmehr verfehlt wird **(Zweckverfehlung).** Dies nimmt das BAG in st. Rspr. an, wenn die unveränderte Anwendung der Versorgungszusage zu einer gegenüber dem ursprünglichen Versorgungsziel **planwidrig** eintretenden **Überversorgung** führen würde (BAG vom 17.1.2012 – 3 AZR 555/09 – AP Nr. 14 zu § 1 BetrAVG Überversorgung). Der Abbau einer planwidrig eingetretenen Überversorgung rechtfertigt es sogar, den erdienten Teilwert zu schmälern 241

(BAG vom 23.9.1997 – 3 ABR 85/96 – DB 1998, 779; BAG vom 19.11.2002 – 3 AZR 167/02 – DB 2003, 2131). Das Anpassungsrecht des Arbeitgebers besteht auch gegenüber den mit einer unverfallbaren Versorgungsanwartschaft ausgeschiedenen Arbeitnehmern. Die Veränderungssperre des § 2 Abs. 5 steht dem nicht entgegen (BAG vom 23.10.1990 – 3 AZR 260/89 – DB 1991, 449; BAG vom 28.7.1998 – 3 AZR 100/98 – DB 1999, 389; BAG vom 9.11.1999 – 3 AZR 502/98 – DB 2001, 440).

242 Ob eine planwidrige Überversorgung vorliegt, **hängt vom** dem in der **jeweiligen** Versorgungsordnung angestrebten **Versorgungszweck ab.** Gesamtversorgungssysteme können auf eine geringfügige Aufstockung der Sozialversicherungsrenten, die volle oder teilweise Erhaltung des im aktiven Dienst erreichten Lebensstandards oder eine darüber hinausgehende Versorgung ausgerichtet sein. Dabei kann sich der Umfang der angestrebten Versorgung nicht nur aus einer Nettogesamtversorgungsobergrenze ergeben. Brutto- und nettoentgeltbezogene Gesamtversorgungsobergrenzen dienen dem gleichen Ziel. Sie legen fest, in welchem Umfang der bisherige Lebensstandard abgesichert werden soll (BAG vom 17.1.2012 – 3 AZR 555/09 – AP Nr. 14 zu § 1 BetrAVG Überversorgung). Eine Überversorgung ist z.B. zu konstatieren, wenn der in der Versorgungsordnung ausgewiesene **Nettoversorgungsgrad überschritten** wird. Die Funktion eines Gesamtversorgungssystems mit einer Gesamtversorgungsobergrenze verdeutlicht jedem Arbeitnehmer, dass in dem festgelegten Umfang sein im aktiven Arbeitsleben erreichter Lebensstandard gesichert werden soll. Es ist sachgerecht, dieses Versorgungsziel anhand des tatsächlich zur Verfügung stehenden Geldbetrags, also am Nettoeinkommen zu messen (BAG vom 23.9.1997 – 3 ABR 85/96 – DB 1998, 779; BAG vom 28.7.1998 – 3 AZR 100/98 – DB 1999, 389). Auf der anderen Seite folgt daraus, dass Eingriffe in die Versorgung, nach denen die Nettoversorgungsobergrenze unter den Versorgungsgrad sinkt, der dem Nettoversorgungsgrad unter Zugrundelegung der Bruttogesamtversorgungsobergrenze zum Zeitpunkt des Erlassens der Versorgungsordnung entspricht, unwirksam sind (BAG vom 13.11.2007 – 3 AZR 455/06 – DB 2008, 994). Unabhängig vom in der Versorgungsregelung fixierten Nettoversorgungsgrad ist das Vertrauen der Arbeitnehmer auf eine Gesamtversorgung von mehr als 100 % des letzten Nettoeinkommens **in keinem Fall schutzwürdig** (BAG vom 8.12.1981 – 3 ABR 53/80 – DB 1982, 46; BAG vom 9.4.1991 – 3 AZR 598/89 – NZA 1991, 730; BAG vom 3.9.1991 – 3 AZR 369/90 – DB 1992, 994; BAG vom 23.9.1997 – 3 ABR 85/96 – DB 1998, 779). Der Zweck einer Versorgungszusage ist vielmehr voll erfüllt, wenn die Versorgungslücke zwischen dem letzten Nettoaktiveneinkommen des Arbeitnehmers und seiner Nettosozialversicherungsrente geschlossen wird.

243 Das **Versorgungsziel** ist aber auch dann **verfehlt, wenn** dem Versorgungsempfänger **höhere Versorgungsleistungen** gewährt werden **als** ein vergleichbarer **aktiver Arbeitnehmer** an **Vergütung** erhält. Mit der Versorgungszusage ist eine Besserstellung gegenüber den Aktiven nicht beabsichtigt. Wie das BAG wiederholt erkannt hat, ist eine derartige Konstellation bereits für sich gesehen ein ausreichender Grund, die Versorgungsregelung anzupassen (BAG vom 23.10.1990 – 3 AZR 260/89 – DB 1991, 449; BAG vom 9.4.1991 – 3 AZR 598/89 – DB 1991, 2040). Wegen Zweckvereitelung kann deshalb die Betriebs-

rente reduziert werden. Dieser Gedanke hat übrigens mit der Novellierung des BetrAVG zum 1.1.1999 im Rahmen der Neuregelung der Anpassung seine Bestätigung erfahren. Gem. § 16 Abs. 2 Nr. 2 hat der Arbeitgeber nämlich seine Verpflichtung zur Anpassung der laufenden Leistungen der betrieblichen Altersversorgung erfüllt, wenn die Anpassung nicht geringer ist als der Anstieg der Nettolöhne vergleichbarer Arbeitnehmergruppen des Unternehmens im Prüfungszeitraum. Übersteigen die Versorgungsleistungen die Bezüge des Aktiven, ist ungewollt eine Überversorgung eingetreten.

Bei Arbeitnehmern des **öffentlichen Diensts** oder der öffentlich-rechtlichen Rundfunkanstalten rechtfertigt das haushaltsrechtliche Gebot des wirtschaftlichen und sparsamen Haushaltens sogar den Abbau einer **planmäßigen Überversorgung** (BAG vom 3.9.1991 – 3 AZR 369/90 – DB 1992, 994; BAG vom 17.11.1992 – 3 AZR 432/89 – ZTR 1993, 167; BAG vom 12.3.1996 – 3 AZR 963/94 – DB 1997, 939; BAG vom 20.2.2001 – 3 AZR 252/00 – EzA Nr. 24 zu § 1 BetrAVG Ablösung; BAG vom 17.6.2008 – 3 AZR 409/06 – DB 2008, 2314). Eine planmäßige Überversorgung liegt vor, wenn die Versorgungsberechtigten mehr als eine volle Sicherung ihres bisherigen Lebensstandards erhalten. Die Vollversorgung beläuft sich unter Berücksichtigung des Ausscheidens aus dem Erwerbsleben **nicht** auf **100 %** des **Nettoeinkommens,** das der Betriebsrentner als Aktiver erzielen würde. Vielmehr ist zu beachten, dass die Versorgungsempfänger nicht mehr die mit der Erzielung des Arbeitseinkommens typischerweise verbundenen Aufwendungen aktiver Arbeitnehmer wie z.B. Anschaffungskosten für Arbeitskleidung oder Fahrtkosten haben (BAG vom 25.5.2004 – 3 AZR 123/03 – DB 2005, 1801; BAG vom 27.6.2006 – 3 AZR 212/05 – DB 2007, 2491). 244

Bei der Festlegung der maßgeblichen Vollversorgung haben die **Tarifvertragsparteien** einen **Beurteilungs-** und **Bewertungsspielraum.** Die Entscheidungsprärogative trägt der durch Art. 9 Abs. 3 GG geschützten Tarifautonomie Rechnung (BAG vom 29.11.2001 – 4 AZR 762/00 – DB 2002, 1838; BAG vom 31.7.2002 – 7 AZR 140/01 – DB 2003, 158; BAG vom 27.6.2006 – 3 AZR 212/05 – DB 2007, 2491). Die Zurückführung einer tarifvertraglichen Zusatzversorgung auf eine Vollversorgung, die dem Niveau im öffentlichen Dienst entspricht, ist nicht unverhältnismäßig (BAG vom 25.5.2004 – 3 AZR 123/03 – DB 2005, 1801). Gegen den Abbau der Überversorgung bestehen auch keine verfassungsrechtlichen Bedenken. Art. 14 Abs. 1 GG schützt die Versorgungsberechtigten nicht davor, dass öffentlich-rechtliche Arbeitgeber ihren haushaltsrechtlichen Pflichten nachkommen. Sie dürfen nicht erwarten, dass ihnen die Überversorgung dauerhaft belassen wird (BAG vom 19.11.2002 – 3 AZR 167/02 – DB 2003, 2131). Die Begrenzung der Versorgungsanwartschaft betrifft auch die nach Eintritt des Versorgungsfalls zu zahlende Betriebsrente. Da sie auf noch nicht abgeschlossene Sachverhalte für die Zukunft einwirkt, handelt es sich lediglich um eine unechte Rückwirkung, die dem Rechtsstaatsprinzip des Art. 20 Abs. 3 GG nicht widerspricht (BVerfG vom 18.2.1998 – 1 BvR 1318/86 und 1 BvR 1484/86 – BVerfGE 1997, 271). 245

Ein rechtsgeschäftlicher Verzicht auf eine Anpassung wegen planwidriger Überversorgung ergibt sich nicht schon daraus, dass der Arbeitgeber für eine längere Zeit von einer Änderung der Versorgungsregelungen abgesehen hat. 246

Sein **Anpassungsrecht** hat er dadurch **nicht verwirkt.** Insbesondere bei einer der Beamtenversorgung angeglichenen Zusatzversorgung fehlt i.d.R. ein schutzwürdiger Vertrauenstatbestand zugunsten der Versorgungsberechtigten. Sie können nicht annehmen, dass eine die ursprüngliche Ergänzungsfunktion verfehlende Überversorgung auch künftig beibehalten wird (BAG vom 22.10.2002 – 3 AZR 496/01 – AP Nr. 10 zu § 1 BetrAVG Überversorgung).

247 **(2) Äquivalenzstörung.** Nach st. Rspr. des BAG kann sich eine Befugnis zur Anpassung eines Versorgungswerks wegen Störung der Geschäftsgrundlage dann ergeben, wenn sich die zugrunde liegende Rechtslage nach Schaffung des Versorgungswerks wesentlich und unerwartet geändert und dies beim Arbeitgeber zu erheblichen Mehrbelastungen geführt hat **(Äquivalenzstörung).** So kann bspw. durch Änderungen des Steuer- und Sozialversicherungsrechts nach Schaffung des Versorgungswerks der ursprünglich zugrunde gelegte Dotierungsrahmen ganz wesentlich überschritten werden. Dabei braucht es sich nicht um einen einzigen gesetzgeberischen Eingriff handeln; die Geschäftsgrundlage kann auch durch eine Vielzahl von in diesem Umfang und mit diesen Konsequenzen nicht vorhersehbaren Verschiebungen gestört werden (BAG vom 17.1.2012 – 3 AZR 555/09 – AP Nr. 14 zu § 1 BetrAVG Überversorgung).

248 Das BAG hat in einem Gesamtversorgungssystem, in welchem durch die Veränderungen im Sozialversicherungs- und Steuerrecht eine Mehrbelastung seit Systemeinführung in Höhe von 61,3 % und damit eine planwidrige Überversorgung (ursprünglicher Nettoversorgungsgrad im Durchschnitt 81 %, tatsächlicher aktueller Nettoversorgungsgrad im Durchschnitt 107 %) eingetreten war, einen Wegfall der Geschäftsgrundlage anerkannt (BAG vom 23.9.1997 – 3 ABR 85/96 – DB 1998, 779; BAG vom 28.7.1998 – 3 AZR 100/98 – DB 1999, 389) und die Einführung einer Nettoversorgungsobergrenze von 85 % für zulässig erachtet.

249 Ist der ursprüngliche **Dotierungsrahmen** jedoch aufgrund von Änderungen der Rechtslage **um weniger als 50 % überschritten,** hat das BAG eine Störung der Geschäftsgrundlage verneint. Es hat seine Entscheidung damit begründet, dass ein Arbeitgeber, der eine Gesamtversorgung zusagt, damit zum Ausdruck bringt, dass er für ein bestimmtes Versorgungsniveau einstehen will. Dies stelle die Übernahme eines gesteigerten Risikos dar. Bei kollektiven Versorgungszusagen ist insoweit auf die Entwicklung der wirtschaftlichen Belastung in dem Zeitraum zwischen der Schaffung des Versorgungswerks und dem Zeitpunkt, zu dem eine Anpassung verlangt wird, abzustellen. Ob bei Gesamtversorgungssystemen eine Äquivalenzstörung vorliegt, ist zudem grds. unternehmensbezogen anhand eines Barwertvergleichs festzustellen, wobei sich der Vergleich auf die Gesamtheit der nach der bisherigen Regelung versorgten Betriebsrentner und auf den Anpassungsstichtag zu beziehen hat. Zu vergleichen sind mithin die wirtschaftliche Belastung, die sich bei Zugrundelegung der Rechtslage bei Schaffung des Versorgungswerks ergeben würde, und die tatsächliche wirtschaftliche Belastung, die sich zum Anpassungsstichtag ergibt (BAG vom 19.2.2008 – 3 AZR 290/06 – DB 2008, 1387).

250 **(3) Versicherungsmathematische Abschläge.** Wie unter Rn. 237 ausgeführt, ist der Arbeitgeber nicht verpflichtet, alle durch das BetrAVG entstande-

nen Mehrkosten zu tragen. Das BAG hat erkannt, dass durch die **Einführung** der **flexiblen Altersgrenze** in § 6 eine Verbesserung der Rechtsstellung der Anwartschaftsberechtigten eingetreten ist, die den Dotierungsrahmen erweitert hat (BAG vom 22.4.1986 – 3 AZR 496/83 – DB 1986, 1526). Diese **Mehrkosten,** die im Vertragsrecht keine Grundlage finden, **dürfen** daher durch eine Änderung der lückenhaft und ergänzungsbedürftig gewordenen Versorgungsordnung **ausgeglichen werden** (BAG vom 26.3.1985 – 3 AZR 236/83 – DB 1985, 2617; BAG vom 25.2.1986 – 3 AZR 485/84 – DB 1987, 53).

Zur **Herstellung** der **Kostenneutralität**, aber auch aus Gründen der Gleich- 251
behandlung ist daher eine entsprechende **ergänzende Regelung** angebracht. Bei vorzeitigem Ausscheiden verringert sich die der Bemessung der Altersleistungen zugrunde liegende Dauer der Betriebszugehörigkeit, die Bezugsdauer verlängert sich, infolge des vorzeitigen Rentenbeginns können die bis zum eigentlichen Versorgungsfall anfallenden Zahlungen keinen Zinsertrag mehr erbringen, außerdem setzt bei vorgezogenem Bezug die Anpassungsprüfung gem. § 16 Abs. 1 früher ein. Hinsichtlich der Gründe im Einzelnen und der Höhe der angemessenen Abschläge wird auf § 6 Rn. 21 f. verwiesen.

Ob der Arbeitgeber sich allerdings **heute,** fast 40 Jahre nach Inkrafttreten des 252
BetrAVG noch auf die Ergänzungsbedürftigkeit der Versorgungsordnung berufen kann, erscheint zweifelhaft. Der **Anwartschaftsberechtigte** dürfte in den meisten Fällen, insbesondere wenn die Versorgungsregelung inzwischen in anderen Punkten geändert sein sollte, zu Recht darauf vertraut haben, dass er versicherungsmathematische **Abschläge** bei vorzeitiger Inanspruchnahme der Betriebsrente **nicht hinzunehmen** braucht (BAG vom 24.6.1986 – 3 AZR 630/84 – DB 1987, 691). Eine **andere Beurteilung** kann allerdings angebracht sein, **wenn** der **Arbeitgeber** darlegen kann, dass er von der Einführung versicherungsmathematischer Abschläge bewusst Abstand genommen hat, weil er auf die bis zum 21.3.2000 bzw. 23.1.2001 maßgebliche höchstrichterliche **Rechtsprechung vertraut** habe, nach der eine zweimalige ratierliche Kürzung zulässig war (vgl. § 6 Rn. 26). Aus rechtsstaatlichen Gesichtspunkten erscheint es bedenklich, wenn der zugunsten des Arbeitgebers bestehende Vertrauensschutz keine gebührende Berücksichtigung findet.

cc) Eingriffe in den zugesagten Versorgungsumfang. Für Eingriffe in die 253
Höhe von arbeitgeberfinanzierten Versorgungsanwartschaften durch abändernde oder ablösende Betriebsvereinbarungen hat das BAG die Grundsätze des Vertrauensschutzes und der Verhältnismäßigkeit durch ein dreistufiges Prüfungsschema verdeutlicht. Diese **Dreiteilung** der **Besitzstände** und **Änderungsgründe** entspricht seit 1985 der ständigen höchstrichterlichen Rechtsprechung (BAG vom 17.4.1985 – 3 AZR 72/83 – DB 1986, 228; BAG vom 17.3.1987 – 3 AZR 64/84 – DB 1987, 1639; BAG vom 17.11.1992 – 3 AZR 76/92 – DB 1993, 1241; BAG vom 11.5.1999 – 3 AZR 21/98 – DB 2000, 525; BAG vom 18.9.2001 – 3 AZR 728/00 – DB 2002, 1114, sowie zuletzt BAG vom 19.4.2005 – 3 AZR 468/04 – DB 2005, 1527). Je stärker der Besitzstand geschützt ist, umso gewichtiger müssen die Eingriffsgründe sein, um Änderungen zu realisieren. Der auf seltene Ausnahmefälle begrenzte Eingriff in den bereits erdienten, nach den Grundsätzen des § 2 errechneten Teilbetrag ist ledig-

lich aus **zwingenden** Gründen zulässig. Zuwächse aus variablen, dienstzeitunabhängigen Berechnungsfaktoren, die sog. erdiente Dynamik, können nur aus **triftigen** Gründen geschmälert werden. Von ihrer Struktur her sind dieser Stufe neben der halbdynamischen Versorgung (endgehaltsbezogene Versorgungszusagen) u.U. auch Zusagen nach Maßgabe von Spannungsklauseln zuzuordnen (vgl. dazu Rn. 79 ff.). Auch die Abkoppelung einer zugesagten Gesamtversorgung von der künftigen Entwicklung einer anzurechnenden Rente aus der gesetzlichen Rentenversicherung kann zu einem Eingriff in die erdiente Dynamik führen (BAG vom 15.1.2013 – 3 AZR 705/10 – NZA-RR 2013, 376). **Sachlich-proportionale** Gründe genügen für Eingriffe in Steigerungsraten, die von einer noch künftig abzuleistenden Dienstzeit abhängig sind. Am Zweck der jeweiligen Maßnahme gemessen, müssen generell sämtliche Eingriffe geeignet, erforderlich und verhältnismäßig sein (BAG vom 10.12.2002 – 3 AZR 92/02 und 3 AZR 671/01 – DB 2004, 1566 und 1568). Die Grundsätze dieser sog. **Drei-Stufen-Theorie** wendet das BAG auch auf ältere Neuordnungen und Versorgungsregelungen an. Für Eingriffe in Versorgungsanwartschaften, die sich nicht auf die Höhe von Versorgungsanwartschaften beziehen, findet die Drei-Stufen-Theorie keine Anwendung. Die Rechtfertigung entsprechender Eingriffe bestimmt sich vielmehr anhand der allgemeinen Grundsätze des **Vertrauensschutzes** und der **Verhältnismäßigkeit.** Als Beispiele seien genannt die **Umstellung von Renten auf Kapitalleistungen** durch eine abändernde Betriebsvereinbarung (vgl. BAG vom 15.5.2012 – 3 AZR 11/10 – BB 2012, 2630) oder die **Streichung der Hinterbliebenenversorgung bei Tod als Rentner** (BAG vom 21.11.2000 – 3 AZR 91/00 – DB 2001, 2455).

254 **(1) Kein Eingriff in erdiente Versorgungsleistungen und -anwartschaften.** Der **Versorgungsempfänger** hat durch seine Arbeitsleistung und Betriebstreue die Gegenleistung für die ihm erteilte Versorgungszusage erbracht. Eine schlechte wirtschaftliche Lage des Arbeitgebers rechtfertigt daher **weder** den **Widerruf noch** eine **Rückführung** der zugesagten Versorgungsleistung; auf ihren Bestand darf der Versorgungsberechtigte vertrauen. **Auch** die **Tarifvertragsparteien dürfen** in die bei Beendigung des Arbeitsverhältnisses erdiente Ausgangsrente **nicht eingreifen,** soweit nicht bereits vor Entstehung des Anspruchs besondere Anhaltspunkte für verschlechternde Eingriffe bestanden. Das wird jedoch nur ausnahmsweise der Fall sein (BAG vom 21.8.2007 – 3 AZR 102/06 – DB 2007, 2850). Auch bei einer Störung der Geschäftsgrundlage, z.B. bei einer planwidrigen Überversorgung, sind von den Tarif- und Betriebsparteien die Grundsätze des Vertrauensschutzes und der Verhältnismäßigkeit zu beachten. Eine kollektivrechtliche Erweiterung des Anpassungsrechts kommt nicht in Betracht (BAG vom 13.11.2007 – 3 AZR 455/06 – DB 2008, 994).

255 Vom Grundsatz her ist auch beim **Anwartschaftsberechtigten** davon auszugehen, dass mit der Erteilung der Versorgungszusage eine Bindung eingetreten ist, die in der Folgezeit nicht ohne Weiteres beseitigt werden kann. Eine Neuordnung ist daher für die Betroffenen nur verbindlich, wenn sie den Maßstäben des Vertrauensschutzes und der Verhältnismäßigkeit entspricht (BAG vom 18.4.1989 – 3 AZR 299/87 – DB 1989, 1876; BAG vom 11.12.2001 –

3 AZR 512/00 – DB 2003, 293; BAG vom 10.12.2002 – 3 AZR 92/02 und 3 AZR 671/01 – DB 2004, 1566 und AP Nr. 252 zu § 611 BGB Gratifikation). Je stärker in Besitzstände eingegriffen wird, desto schwerer müssen die Änderungsgründe wiegen.

Nach den vorstehenden Grundsätzen kommt eine **Reduzierung** der **erdienten,** gem. § 2 errechenbaren **Anwartschaftsteile weder** als **Widerruf noch** als **Kürzung** in Betracht. Gegen die Zulässigkeit einer solchen Maßnahme spricht ebenso wie bei den Betriebsrentnern der Grundsatz pacta sunt servanda. Durch seine Arbeit und seine Betriebstreue hat der Arbeitnehmer die von ihm erwartete Leistung erbracht, der Ruhegeldanspruch hängt insoweit nur noch vom Eintritt des Versorgungsfalls ab. Auch die erdiente Anwartschaft steht unter dem Eigentumsschutz des Art. 14 GG, in den ohne überragendes Allgemeininteresse nicht eingegriffen werden darf; das Vertrauen auf ihren Bestand ist schutzwürdig. Ob die erdienten Teilwerte verfallbar oder unverfallbar i. S. v. § 1b sind, ist belanglos (vgl. BAG vom 15.1.2013 – 3 AZR 169/10 – NZA 2013, 1028). 256

Eine verschlechternde Neuregelung greift auf der ersten Besitzstandsstufe auch dann in den erdienten Besitzstand ein, wenn der Arbeitnehmer bei seinem späteren Ausscheiden aus dem Betrieb auf der Grundlage der ablösenden Neuregelung weniger erhält als er nach der abgelösten Regelung erhalten würde, wäre er zum Ablösungsstichtag mit einer unverfallbaren Versorgungsanwartschaft vorzeitig ausgeschieden. Bei der Ablösung von betrieblichen Versorgungswerken durch verschlechternde Neuregelungen ist es daher i. d. R. üblich, die bis zum Ablösungsstichtag auf der Grundlage der bisherigen Versorgungsordnung erdienten Besitzstände zu garantieren. Die hierin liegende **Garantie** einer **Mindestrente kann** nach einem späteren Ausscheiden des begünstigten Arbeitnehmers vor Eintritt des Versorgungsfalls **nicht** mehr nach § 2 Abs. 1 **zeitanteilig gekürzt** werden. Die Betriebsrente darf nicht niedriger ausfallen als der vor dem Ausscheiden im Zusammenhang mit einer ablösenden Neuregelung des Versorgungswerks garantierte Versorgungsbesitzstand (BAG vom 22.9.1987 – 3 AZR 662/85 – DB 1988, 291; BAG vom 21.3.2000 – 3 AZR 93/99 – DB 2001, 206; BAG vom 18.2.2003 – 3 AZR 81/02 – DB 2003, 2395; BAG vom 16.12.2003 – 3 AZR 39/03 – DB 2004, 1051). 257

Diese **Grundsätze gelten auch,** wenn der Arbeitgeber **bei** einer **endgehaltsbezogenen Versorgungszusage** nicht nur den bis zum Ablösungsstichtag erdienten, nach § 2 Abs. 1, Abs. 5 errechneten Besitzstand, sondern darüber hinaus dem Arbeitnehmer garantiert hat, er werde im Versorgungsfall zwar nur den bis zur Ablösung erdienten Steigerungsbetrag behalten, der Bezug auf sein tatsächliches Endgehalt beim Ausscheiden bleibe aber bestehen. Auch wenn in dieser Weise die erdiente Dynamik aufrechterhalten wird, was geboten ist, wenn es für die verschlechternde Neuregelung keine triftigen Gründe gibt, muss dem Arbeitnehmer allerdings im Ergebnis, wann immer er nach dem Ablösungsstichtag ausscheidet, die Betriebsrente bleiben, die sich aus dem bis zur Ablösung erdienten Steigerungssatz und seinem beim Ausscheiden maßgeblichen Endgehalt ergibt. Eine zeitanteilige Kürzung dieses Betrags nach § 2 Abs. 1 ist ausgeschlossen (BAG vom 18.3.2003 – 3 AZR 221/02 – DB 2003, 2794; diese Entscheidung betrifft jedoch den Sonderfall einer „echten Garantie"). 258

259 **Tarifliche Eingriffe in** die **Versorgungsanwartschaften ausgeschiedener** Arbeitnehmer beurteilen sich nach den allgemeinen Prinzipien des Vertrauensschutzes und der Verhältnismäßigkeit (BAG vom 26.8.1997 – 3 AZR 235/96 – DB 1998, 1190; BAG vom 13.12.2005 – 3 AZR 478/04 – DB 2006, 1013). Zwar hat der ausgeschiedene, aber noch nicht betriebsrentenberechtigte ehemalige Arbeitnehmer eine Versorgungsanwartschaft erworben. Wie sich aus § 17 Abs. 3 S. 1 i.V.m. § 2 Abs. 5 ergibt, ist sie aber nicht gegen Tarifänderungen geschützt. Der Gesetzgeber hat insoweit den Schutz für ausgeschiedene Arbeitnehmer dem **Primat** der **Tarifautonomie** untergeordnet.

260 Ebenso werden **auch Betriebsrentner von** der **Regelungsmacht** der **Tarifvertragsparteien erfasst.** Das folgt aus Art. 9 Abs. 3 GG, der in § 1 TVG lediglich aktualisiert wird. Diese Verfassungsnorm gewährleistet die Tarifautonomie als Teil der Koalitionsfreiheit und gilt für jedermann (BAG vom 27.2.2007 – 3 AZR 734/05 – DB 2007, 1763). Das dreiteilige Prüfungsschema für Eingriffe in Versorgungsanwartschaften während des laufenden Arbeitsverhältnisses kommt für Eingriffe nach dem Ausscheiden ebenso wenig in Betracht wie bei der Änderung bereits laufender Versorgungsleistungen (BAG vom 16.7.1996 – 3 AZR 398/95 – DB 1997, 631; BAG vom 23.9.1997 – 3 AZR 529/96 – DB 1998, 318; BAG vom 25.7.2000 – 3 AZR 676/99 – DB 2000, 1624; BAG vom 28.7.2005 – 3 AZR 14/05 – DB 2006, 166; BAG vom 27.2.2007 – 3 AZR 734/05 – DB 2007, 1763). Tarifnormen, die in die Anwartschaft bereits ausgeschiedener Arbeitnehmer eingreifen, werden im Übrigen nach den allgemeinen Prinzipien des **Vertrauensschutzes** und des darauf beruhenden **Rückwirkungsverbots** überprüft (BVerfG vom 15.10.1996 – 1 BvL 48/92 – BVerfGE 95, 64; BAG vom 16.7.1996 – 3 AZR 398/95 – DB 1997, 631; BAG vom 15.11.2000 – 5 AZR 310/99 – DB 2001, 1835). Wie bei Eingriffen in laufende Versorgungsleistungen lassen sich die Gründe für die Veränderungen von Anwartschaften ausgeschiedener Arbeitnehmer nicht schematisch festlegen. Vielmehr bedürfen Eingriffe in künftige Betriebsrenten besonderer rechtfertigender Gründe. Sie hängen von den Nachteilen ab, die künftigen Versorgungsberechtigten durch die konkrete Änderung entstehen (BAG vom 9.11.1999 – 3 AZR 432/98 – DB 2001, 876; BAG vom 13.12.2005 – 3 AZR 478/04 – DB 2006, 1013). Dabei ist das Interesse der Tarifvertragsparteien, die beanstandete Regelung auch auf Betriebsrentner anzuwenden, mit dem Interesse der Betriebsrentner am Fortbestand der bisherigen Regelung abzuwägen. Den Tarifvertragsparteien kommt dabei ein **Gestaltungsspielraum** zu. In die zum Zeitpunkt des Versorgungsfalls geschuldete Ausgangsrente, die durch die Arbeitsleistung der Arbeitnehmer bereits verdient wurde, dürfen die Vertragsparteien i.d.R. allerdings nicht eingreifen, soweit nicht bereits vor Entstehung des Anspruchs Anhaltspunkte dafür bestanden, dass die Tarifvertragsparteien verschlechternd eingreifen würden. Es bleibt offen, wann eine Ausnahme von diesem Regelfall vorliegt. Eine solche wäre in Anlehnung an die Regeln über die Störung der Geschäftsgrundlage denkbar (BAG vom 27.2.2007 – 3 AZR 734/05 – DB 2007, 1763).

261 Ein Eingriff in erdiente Versorgungsleistungen und -anwartschaften wurde bis zur Novellierung des BetrAVG durch Art. 91 EGInsO ausnahmsweise dann für zulässig erachtet, wenn sich der Arbeitgeber in einer konkursgleichen **wirt-**

schaftlichen Notlage befand. Nachdem der früher in § 7 Abs. 1 S. 3 Nr. 5 geregelte Sicherungsfall der wirtschaftlichen Notlage ersatzlos mit Wirkung zum 1.1.1999 gestrichen wurde, kommt ein Widerruf aus diesem Grund nicht länger in Betracht. Will der Arbeitgeber in einem solchen Fall die erdienten Versorgungsleistungen einstellen bzw. die Anwartschaften reduzieren, dürfte es nunmehr sachgerecht sein, wenn er sich um einen außergerichtlichen Vergleich mit dem PSVaG bemüht. Ist der Träger der Insolvenzsicherung hierzu nicht bereit, wird der Arbeitgeber nach Treu und Glauben verpflichtet sein, die Eröffnung des Insolvenzverfahrens zu beantragen (BAG vom 17.6.2003 – 3 AZR 396/02 – DB 2004, 324).

Ein **Widerruf** wegen **wirtschaftlicher Notlage** kann auch **nicht** auf die in einer Versorgungsordnung aufgenommenen **steuerunschädlichen Vorbehalte gestützt** werden. Derartige Vorbehalte wirken nur deklaratorisch und begründen kein eigenständiges Recht zum Widerruf (BAG vom 8.7.1972 – 3 AZR 481/71 – DB 1972, 2069; BAG vom 26.4.1988 – 3 AZR 277/87 – DB 1988, 2311). Allein durch die eingetretene Rechtsänderung erlangt der Vorbehalt keine rechtsbegründende Wirkung. Das gilt zumindest hinsichtlich der insolvenzgeschützten Versorgungsrechte und -anwartschaften. Insofern bleibt es dabei, dass nur die sich aus allgemeinen Rechtsgrundsätzen ergebenden Widerrufsrechte bestehen. Hierzu gehört ein Widerruf wegen wirtschaftlicher Notlage seit dem 1.1.1999 nicht mehr (BAG vom 17.6.2003 – 3 AZR 396/02 – DB 2004, 324). 262

(2) Neuregelung von Steigerungsbeträgen. Im Gegensatz zur bereits erdienten Anwartschaft ist die **Situation bei Steigerungsbeträgen,** also bei noch künftig zu erdienenden Anwartschaftsteilen, **anders zu beurteilen.** In diesem Fall stehen sich Leistung und Gegenleistung noch nicht gegenüber. Es ist daher gerechtfertigt, wenn der Arbeitgeber insoweit **Eingriffe** vornimmt. Sie sind aber keineswegs unbegrenzt **zulässig.** Dabei kommt der Frage, ob der Dotierungsrahmen aufrechterhalten oder eingeschränkt wird, besonderes Gewicht zu. 263

Eine Neuordnung des Versorgungssystems ist verhältnismäßig **unproblematisch,** wenn der aus Rückstellungen, Rentenzahlungen und Abgaben an den PSVaG bestehende Versorgungsaufwand insgesamt nicht geschmälert, der **Dotierungsrahmen** also **aufrechterhalten** wird. Das ist z.B. bei der **Vereinheitlichung** eines bislang differenzierten Versorgungssystems im Konzern oder Unternehmen der Fall (BAG vom 17.11.1992 – 3 AZR 76/92 – DB 1993, 1241; BAG vom 19.11.2002 – 3 AZR 167/02 – DB 2003, 2131). Eine angestrebte Vereinheitlichung der betrieblichen Altersversorgung liefert jedenfalls nicht stets und ohne Weiteres den erforderlichen sachlich-proportionalen Eingriffsgrund. Zumindest hat der Arbeitgeber im Einzelnen darzulegen, woraus sich sein Vereinheitlichungsinteresse im konkreten Fall ergibt und wie gewichtig es ist (BAG vom 24.1.2006 – 3 AZR 483/04 – AP Nr. 50 zu § 1 BetrAVG Ablösung). Für die konkrete Darlegung des Vereinheitlichungsinteresses spielt es auch eine Rolle, ob es um eine Vereinheitlichung innerhalb eines Unternehmens oder um eine unternehmensübergreifende Vereinheitlichung innerhalb eines Konzerns geht. Die grundsätzliche Berechtigung einer Vereinheitlichung innerhalb eines 264

Konzerns ist jedenfalls insoweit einleuchtend, als man bei der Anpassung im Wege des Berechnungsdurchgriffs auf die Lage des herrschenden Unternehmens abstellt; allerdings kommt ein Berechnungsdurchgriff nach aktueller Rechtsprechung des BAG regelmäßig nur noch – einmal abgesehen vom Vorliegen eines Beherrschungsvertrags – in den Fällen der Existenzvernichtungshaftung in Betracht (vgl. dazu § 16 Rn. 49 ff.). Die Voraussetzungen für eine zulässige Vereinheitlichung der Versorgung sind jedoch nicht darauf beschränkt. Ebenso ist von den Versorgungsberechtigten eine Erstreckung des Versorgungswerks auf weitere Arbeitnehmer (Beispiele: Einbeziehung der teilzeitbeschäftigten Mitarbeiter, Zahlung von Witwerrenten), eine Änderung von Leistungsarten, -formen und -voraussetzungen (Beispiele: Einbeziehung einer Invaliden- und Hinterbliebenenversorgung, Übergang von der unmittelbaren Versorgung zur Direktversicherung, Verkürzung der Wartezeit, Beseitigung unterschiedlicher Altersgrenzen für Männer und Frauen) sowie eine stärkere Betonung des Leistungs- gegenüber dem Versorgungsprinzip (Beispiel: Abbau von Sockelbeträgen unter gleichzeitiger Erhöhung der Steigerungsraten) grds. hinzunehmen. Für den Arbeitnehmer ist es dagegen unerheblich, ob er Änderungen seiner Versorgungszusage unter Aufrechterhaltung oder Einschränkung des Dotierungsrahmens hinnehmen muss, ihn persönlich trifft jeder Eingriff gleich schmerzlich, unabhängig davon, ob z.B. eine Umverteilung auf andere Arbeitnehmergruppen, die bisher unversorgt geblieben waren, stattfindet oder nicht.

265 Verfolgt hingegen die Arbeitgeberseite neben der angestrebten Vereinheitlichung der Versorgung auch das Ziel, den ursprünglichen **Dotierungsrahmen** zu **reduzieren,** reicht dafür allein das Vorliegen eines Vereinheitlichungsinteresses nicht aus. Hinzutreten müssen dann wirtschaftliche Eingriffsgründe, die im Hinblick auf die Reduzierung des Dotierungsrahmens tragfähig sind. Wenn die konzernweite Vereinheitlichung der betrieblichen Altersversorgung gerechtfertigt war, heißt dies noch nicht, dass die Versorgungslasten der Konzernunternehmen abgesenkt werden durften. Die inhaltliche Ausgestaltung der Neuregelung muss mit den Änderungsgründen im Einklang stehen. Soll der Versorgungsaufwand der Unternehmen abgesenkt werden, so müssen Gründe vorliegen, die sich auf die wirtschaftliche Belastbarkeit der Unternehmen beziehen (BAG vom 24.1.2006 – 3 AZR 483/04 – AP Nr. 50 zu § 1 BetrAVG Ablösung).

266 In diesem Zusammenhang stellt sich die Frage, welche **Bedeutung** eine etwaige **Zustimmung** des **Betriebsrats zur Verschlechterung** der Versorgungsregelung hat. Nach der Rechtsprechung des BAG kann die Zustimmung ein Anzeichen dafür sein, dass ein Bedürfnis für die Neuregelung besteht und dieselbe ausgewogen ist (BAG vom 11.9.1990 – 3 AZR 380/89 – DB 1991, 503; BAG vom 17.11.1992 – 3 AZR 76/92 – DB 1993, 1241; BAG vom 23.9.1997 – 3 AZR 529/96 – DB 1998, 318). Eine solche Annahme ist z.B. gerechtfertigt, wenn die Präambel einer abändernden Betriebsvereinbarung Formulierungen enthält, wonach ausreichende triftige Gründe für eine Änderung vorliegen und die Beibehaltung des alten Versorgungswerks den Bestand des Unternehmens gefährdet (BAG vom 11.12.2001 – 3 AZR 621/00 – n.v.).

267 Auch eine mögliche Zustimmung des Betriebsrats ändert nichts daran, dass für eine **Festschreibung** der **endgehaltsbezogenen Dynamik triftige Gründe** vorliegen müssen (**Zweite Besitzstandsstufe** i.S.d. Drei-Stufen-Theorie des

BAG; s.o. Rn. 253 ff.). Seit 1985 hat das BAG erkannt, dass der Arbeitnehmer bei einem Versorgungsversprechen, mit dem ihm ein bestimmter Anteil seines Endgehalts zugesichert wird, mit seiner Betriebstreue nicht nur den bis zur Änderung der Zusage zeitanteilig erdienten Festbetrag, sondern auch die darauf entfallende Dynamik, bezogen auf sein Endgehalt, erdient hat (BAG vom 17.4.1985 – 3 AZR 72/83 – DB 1986, 228; BAG vom 18.4.1989 – 3 AZR 299/87 – DB 1989, 1876; BAG vom 7.7.1992 – 3 AZR 522/91 – DB 1992, 2451; BAG vom 26.8.1997 – 3 AZR 235/96 – DB 1998, 1190). Diese zeitanteilig erdiente Dynamik könne nur aus triftigen Gründen eingeschränkt werden. Derartige Gründe seien gegeben, wenn nach einer Prognose über die künftige Entwicklung ein unveränderter Fortbestand des Versorgungswerks langfristig zu einer Substanzgefährdung des Unternehmens des Versorgungsschuldners führen würde. Dabei reicht es aus, wenn die Prognose auf der Grundlage der bisherigen Entwicklung und unter vertretbaren und nachvollziehbaren Annahmen für die Zukunft erstellt worden ist. Ein Rückgriff auf eine derart erstellte Prognose wird nicht durch hiervon abweichende tatsächliche Entwicklungen in der Folgezeit ausgeschlossen. Dies gilt jedenfalls dann, wenn sich die Abweichungen in einer relativ geringen Bandbreite bewegen. Wenn nach diesen Erkenntnissen die Kosten des bisherigen Versorgungswerks voraussichtlich nicht mehr aus den Erträgen und etwaigen Wertzuwächsen des Unternehmens erwirtschaftet werden können, so dass eine die Entwicklung des Unternehmens beeinträchtigende Substanzgefährdung droht, ist ein Eingriff in die zeitanteilig erdiente Dynamik gerechtfertigt. Bei der Prüfung der Zulässigkeit des Eingriffs können zudem generell die **zu § 16 entwickelten Regeln,** bei deren Erfüllung eine Anpassung der laufenden Betriebsrente aufgrund der wirtschaftlichen Lage des Arbeitgebers verweigert werden darf, als **Orientierungsmaßstab** dienen (BAG vom 17.11.1992 – 3 AZR 76/92 – DB 1993, 1241; BAG vom 11.12.2001 – 3 AZR 512/00 – DB 2003, 293). Dabei ist allerdings zu berücksichtigen, dass die Anforderungen an den triftigen Grund wegen des unterschiedlichen Beurteilungszeitraums tendenziell höher sind. Bei der Anpassungsentscheidung kommt es auf die voraussichtliche wirtschaftliche Entwicklung in den drei Jahren bis zum nächsten Anpassungsstichtag an. Der Eingriff in die erdiente Dynamik einer Versorgungsanwartschaft ist längerfristig angelegt (BAG vom 9.12.2008 – 3 AZR 384/07 – AP Nr. 22 zu § 9 BetrAVG).

Die Folge besteht darin, dass die bis zur **Änderung erdiente Anwartschaftsdynamik** in Anlehnung an § 2 Abs. 1 ratierlich **aufrechtzuerhalten** ist, während sich für die künftige Dienstzeit die Höhe der Steigerungssätze nach den in der Neuordnung aufgestellten Sätzen richtet. **268**

Was die Höhe der aufrechtzuerhaltenden endgehaltsbezogenen Versorgungsanwartschaft betrifft, hat das BAG entschieden, dass der Besitzstand aus einer erdienten Dynamik allerdings bereits dann nicht tangiert ist (d.h. es liegt kein Eingriff in die zweite Besitzstandsstufe vor), wenn der Arbeitnehmer im Versorgungsfall zumindest den Betrag erhält, den er zu einem bestimmten Stichtag bei Aufrechterhaltung der Dynamik der betreffenden Bemessungsfaktoren erreicht hatte (sog. **ergebnisbezogene Betrachtungsweise;** vgl. etwa BAG vom 11.12. 2001 – 3 AZR 128/01 und 3 AZR 512/00 – DB 2003, 214 und 293). Das bedeutet nach Auffassung des BAG, dass ein Arbeitnehmer, der zunächst unter der **269**

Geltung einer günstigeren Versorgungsordnung gearbeitet hat und dann unter der Geltung einer anderen, ungünstigeren Versorgungsordnung weiter arbeitet, welche die ursprünglich endgehaltsbezogene Zusage für die Zukunft ablöst, aufgrund der ersten Zusage bis zum Ablösungsstichtag unter dem Gesichtspunkt der erdienten Dynamik nur das **schützenswerte Vertrauen** darauf erworben hat, dass er im Versorgungsfall den bis dahin **erdienten Steigerungssatz multipliziert** mit seinem **tatsächlichen Endgehalt** erhalten wird. Für die Folgezeit ist aufgrund der Zusage des Arbeitgebers sein Vertrauen darauf zu schützen, dass er den bis zum Ablösungsstichtag erdienten – nicht dynamisierten – Besitzstand und die künftigen Steigerungsbeträge nach der neuen Ordnung als Betriebsrente beziehen wird. Ein **Vertrauen** darauf, den **dynamisierten Besitzstand** und **zusätzlich** die **Steigerungsbeträge** zu erhalten, hat der Versorgungsschuldner **nicht begründet.** Demgemäß bedeutet Besitzstandswahrung nur, dass der Arbeitnehmer mit seinem Versorgungsanspruch insgesamt nicht hinter den höchsten Anwartschaftswert zurückfallen darf.

270 Die **Konsequenz** dieser **ergebnisbezogenen Betrachtungsweise** besteht darin, dass bei Eintritt des Versorgungsfalls festzustellen ist, ob der zum Zeitpunkt der Ablösung erdiente Prozentsatz multipliziert mit dem tatsächlichen Endgehalt oder der zum Ablösungsstichtag erdiente – nicht dynamisierte – Besitzstand und die Steigerungsbeträge nach der neuen Versorgungsordnung zu einer höheren Versorgungsleistung führen. Die bessere Versorgung soll der Arbeitnehmer erhalten. Seine Rechtsprechung, nach der bei Konstellationen der skizzierten Art auf die ergebnisbezogene Betrachtungsweise abzustellen ist, hat das BAG in der Folgezeit mehrfach bestätigt (BAG vom 10.9.2002 – 3 AZR 635/01 – DB 2003, 1525; BAG vom 18.2.2003 – 3 AZR 81/02 – DB 2003, 2395; BAG vom 16.12.2003 – 3 AZR 39/03 – DB 2004, 1051).

271 Das BAG führt ausdrücklich aus, dass der ergebnisbezogenen Betrachtungsweise weder durchgreifende **Praktikabilitätserwägungen** noch Bedenken aus dem arbeitsrechtlichen **Gleichbehandlungsgrundsatz** entgegenstünden. Zwar stehe regelmäßig zum Zeitpunkt der verschlechternden Neuregelung noch nicht sicher fest, ob hierdurch überhaupt in die erdiente Dynamik eingegriffen werde. Vielfach werde es aber einem Arbeitnehmer oder dem Betriebsrat auch schon zum Ablösungsstichtag möglich sein, plausibel darzulegen, dass ein Eingriff in die erdiente Dynamik ernsthaft in Betracht komme. Jedenfalls dann könne eine sofortige gerichtliche Klärung herbeigeführt werden, das den Begünstigten im Ergebnis als Betriebsrente zumindest das Produkt aus dem bis zum Ablösungsstichtag erdienten Prozentsatz und dem tatsächlichen Endgehalt beim Ausscheiden zustehe.

272 Der ergebnisbezogenen Betrachtungsweise steht es nach Ansicht des BAG auch nicht entgegen, dass die weitere Betriebszugehörigkeit nach dem Ablösungsstichtag für bestimmte Arbeitnehmer mit hohem Besitzstand im wirtschaftlichen Ergebnis möglicherweise nicht mehr zu einer Steigerung des Anwartschaftswerts führe. Hierin liege kein Verstoß gegen Gleichbehandlungspflichten. Aus Sinn und Zweck der Besitzstandswahrung bei einer arbeitgeberfinanzierten Altersversorgung ergebe sich, dass der Versorgungsschuldner ein Vertrauen darauf, den dynamisierten Besitzstand und zusätzlich Steigerungsbeträge zu erhalten, nie begründet habe (vgl. BAG vom 11.12.2001 – 3 AZR

128/01 – AP Nr. 43 zu § 1 BetrAVG Unterstützungskassen; vgl. auch oben Rn. 269).

Wird die endgehaltsbezogene Dynamik einer erdienten Anwartschaft nicht tangiert, sondern durch eine Änderung des Versorgungssystems lediglich in rein **dienstzeitbezogene,** allein von weiterer Betriebstreue abhängige **Steigerungsbeträge eingegriffen,** reichen für eine Rechtfertigung der Neuregelung **sachlich-proportionale Gründe** aus (**Dritte Besitzstandsstufe** i.S.d. Drei-Stufen-Theorie des BAG; s.o. Rn. 253 ff.). Solche Gründe dürfen nicht willkürlich sein. Sie müssen nachvollziehbar erkennen lassen, welche Umstände und Erwägungen zu der Veränderung der Versorgungszusage Anlass geben (BAG vom 10.9.2002 – 3 AZR 635/01 – DB 2003, 1525; BAG vom 19.4.2005 – 3 AZR 468/04 – DB 2005, 1527). Derartige Gründe können auf einer **wirtschaftlich ungünstigen Lage** des Versorgungsschuldners, die keine Notlage zu sein braucht, oder auf einer **Fehlentwicklung des betrieblichen Versorgungswerks** beruhen. Ein sachlich-proportionaler Grund kann sich auch aus einer notwendig werdenden **Vereinheitlichung (Harmonisierung)** der Versorgung ergeben (s.o. Rn. 264 f.). 273

Für die in der Praxis bedeutsamen sachlich-proportionalen Gründe **wirtschaftlicher** Art gelten nach der Rechtsprechung des BAG die folgenden Anforderungen. Allgemeine Hinweise auf wirtschaftliche Schwierigkeiten reichen nicht aus; vielmehr sind sie im Einzelnen darzulegen. Bei der Einschätzung der wirtschaftlichen Lage darf sich der Arbeitgeber i.d.R. auf Prüfberichte unabhängiger Sachverständiger, etwa Wirtschaftsprüfer und Steuerberater, die einen dringenden Sanierungsbedarf für angezeigt halten, verlassen (BAG vom 23.4.1985 – 3 AZR 194/83 – DB 1985, 2615; BAG vom 18.9.2001 – 3 AZR 728/00 – DB 2002, 1114). Der Arbeitgeber hat darzulegen, inwieweit die Eingriffe in die betriebliche Altersversorgung in der eingetretenen wirtschaftlichen Situation verhältnismäßig waren (sog. **Proportionalität;** vgl. BAG vom 15.2.2011 – 3 AZR 35/09 – NZA-RR 2011, 541). Eines ausgewogenen Sanierungsplans des Arbeitgebers für einen sachlich gerechtfertigten Eingriff in künftige, dienstzeitabhängige Zuwächse bedarf es nicht (BAG vom 18.9.2001 – 3 AZR 728/00 – DB 2002, 1114; BAG vom 10.9.2002 – 3 AZR 635/01 – DB 2003, 1525). Es reicht aus, wenn sich der Eingriff in das Versorgungssystem in einen Zusammenhang anderer Maßnahmen zur Kosteneinsparung einfügt; es ist aber nicht erforderlich, dass diese Maßnahmen vor einem Eingriff ausgeschöpft sind (BAG vom 19.4.2005 – 3 AZR 468/04 – DB 2005, 1527). Die **sachlichen Gründe,** die die Reduzierung der zugesagten Versorgungsleistung gebieten, sind also **gegenüber** dem **Vertrauen der Arbeitnehmer** auf den ungeschmälerten Erhalt ihrer erwarteten Versorgung unter Beachtung von Recht und Billigkeit gegeneinander **abzuwägen.** Dabei wird eine Einschränkung des Dotierungsrahmens umso eher zu billigen sein, als der Fortbestand von Arbeitsplätzen bei Aufrechterhaltung der bisherigen Versorgungsregelung konkret gefährdet ist. Als **Anhaltspunkte,** die auch von den Versorgungsberechtigten anzuerkennen sind, seien eine stagnierende oder rückläufige Umsatzentwicklung, ein kontinuierlicher Rückgang des Gewinns vor Ertragsteuern, ein überproportionales Anwachsen der Versorgungslasten im Vergleich zur Lohn- und Gehaltssumme genannt. Handelt es sich bei derartigen Erscheinungen nicht nur um eine vorü- 274 bergehende Entwicklung, sondern lässt auch eine langfristige Prognose keine Trendwende erkennen und nimmt das Unternehmen zugleich auf anderen Gebieten Einsparungen vor, um seine Ertragsfähigkeit zu sichern, ist der Arbeitgeber berechtigt, sein Versorgungssystem durch Rückführung dienstzeitabhängiger Steigerungsbeträge den geänderten wirtschaftlichen Grundlagen anzupassen. Ist der Arbeitgeber eine **Gewerkschaft,** reichen aufgrund der Tarifautonomie sachliche Gründe aus. Auf die Proportionalität des Eingriffs kommt es nicht an (BAG vom 12.2.2013 – 3 AZR 636/10 – DB 2013, 1796). Einen sachlich-proportionaler Grund, der einen Eingriff in künftige Zuwächse rechtfertigt, stellt auch das in § 613a Abs. 1 Satz 3 BGB anerkannte Interesse des Betriebserwerbers an einer Vereinheitlichung der Versorgungsbedingungen dar (BAG vom 29.7.2003 – 3 AZR 630/02 – AP Nr. 45 zu § 1 BetrAVG Ablösung). Sachlich-proportionale Gründe fehlen jedoch dann, wenn die Neuregelung auch nach Anwendung der Unklarheitenregel es dem Begünstigten nicht ermöglicht, die von ihm erreichbare Vollrente aus der ablösenden Versorgungsordnung abzuleiten und hierauf aufbauend für seine Versorgung im Alter vorzusorgen (BAG vom 18.3.2003 – 3 AZR 101/02 – DB 2004, 327). Keinen Einfluss auf die sog. ergebnisbezogene Betrachtungsweise hat bislang die Wahrung des Dotierungsrahmens. Wurde dieser im Rahmen einer Neuregelung jedoch gewahrt, sind Einzelverschlechterungen im Rahmen der kollektiven Günstigkeit zumindest als gerechtfertigt anzusehen.

275 **b) Instrumentarium zur Änderung des Versorgungsumfangs.** Auch im Rahmen des erörterten Umfangs kann ein Versorgungsversprechen nicht ohne Weiteres zurückgeführt werden. Falls die **Beteiligungsrechte der Arbeitnehmervertretung** nicht gewahrt werden, ist die Änderung bereits aus diesem Grund unwirksam (vgl. dazu Rn. 198). Im Übrigen sind die Möglichkeiten, eingegangene betriebliche Versorgungsverpflichtungen hinsichtlich der künftig zu erdienenden Anwartschaftsteile neu zu gestalten, davon **abhängig,** auf welchen **Rechtsbegründungsakten** die Versorgungszusagen beruhen. Insoweit sind zahlreiche Besonderheiten zu beachten.

276 **aa) Tarifvertraglich geregelte Versorgung.** War die Versorgung bisher tarifvertraglich geregelt, erfolgt die Änderung durch die **Kündigung** und den **Neuabschluss** eines Tarifvertrags. Es gilt insoweit die Zeitkollisionsregel, wonach die ältere Regelung durch die jüngere abgelöst wird. Sie verdrängt entgegenstehende Regelungen auch dann, wenn das in der Neuregelung nicht ausdrücklich erklärt wird (BAG vom 13.12.2005 – 3 AZR 478/04 – DB 2006, 1013). Selbst gegen die Rückwirkung eines für allgemeinverbindlich erklärten Tarifvertrags bestehen keine Bedenken (BAG vom 21.8.2007 – 3 AZR 102/06 – DB 2007, 2850). Was den Inhalt der geänderten Regelung betrifft, hat eine von den Tarifvertragsparteien ausgehandelte Regelung die Vermutung für sich, dass sie den Interessen beider Seiten gerecht wird (BAG vom 23.1.1992 – 2 AZR 470/91 – DB 1992, 1346; BAG vom 28.5.2002 – 3 AZR 422/01 – DB 2003, 343). Zudem können die Tarifvertragsparteien aufgrund der ihnen zustehenden Tarifautonomie bestehende Tarifnormen jederzeit auch zulasten der Arbeitnehmer ändern (BAG vom 5.10.2000 – 1 AZR 48/00 – DB 2001, 1563; BAG vom 15.11.2000 – 5 AZR 310/99 – DB 2001, 1835; BAG vom 20.2.2001 – 1 AZR

322/00 – DB 2001, 2253; BAG vom 6.8.2002 – 1 ABR 49/01 – DB 2003, 290).

277 Das vom BAG für die Überprüfung von Eingriffen in Versorgungsanwartschaften entwickelte **dreistufige Prüfungsschema** ist **auf Tarifverträge nicht anwendbar.** Den Tarifvertragsparteien stehen bei der inhaltlichen Ausgestaltung ihrer Regelungen aufgrund der Tarifautonomie ein Beurteilungs- und Ermessensspielraum zu (BAG vom 27.2.2007 – 3 AZR 734/05 – DB 2007, 1763; BAG vom 21.8.2007 – 3 AZR 102/06 – DB 2007, 2850). Bei den genannten Eingriffen sind die Tarifvertragsparteien aber an die Grundsätze des Vertrauensschutzes und der Verhältnismäßigkeit gebunden (BAG vom 28.7.2005 – 3 AZR 14/05 – DB 2006, 166). Die Regelungsbefugnis der Tarifvertragsparteien erstreckt sich im Übrigen auch auf **ausgeschiedene Mitarbeiter** und **Betriebsrentner,** wie aus Art. 9 Abs. 3 GG abzuleiten ist; dabei sind die Tarifvertragsparteien an die Grundsätze des Vertrauensschutzes und der Verhältnismäßigkeit gebunden (BAG vom 13.12.2005 – 3 AZR 478/04 – DB 2006, 1013; BAG vom 17.6.2008 – 3 AZR 409/06 – DB 2008, 2314). Die Tarifvertragsparteien dürfen i.d.R. nicht in die bei Beendigung des Arbeitsverhältnisses erdiente Ausgangsrente eingreifen, soweit nicht bei Entstehung des Anspruchs besondere Anhaltspunkte für verschlechternde Eingriffe bestehen (BAG vom 21.8.2007 – 3 AZR 102/06 – DB 2007, 2850). Hinsichtlich der Form der tarifvertraglichen Versorgungsregelung, die beim Neuabschluss zu beachten ist, und wegen ihres Geltungsbereichs wird auf die Ausführungen unter Rn. 91 ff. verwiesen.

278 **bb) Versorgungsregelung durch Betriebsvereinbarung.** Versorgungswerke, die auf einer Betriebsvereinbarung beruhen, sind in der Praxis häufig anzutreffen. Die Betriebsvereinbarung kann auf **zwei Wegen** erfolgen.

279 **(1) Abändernde Betriebsvereinbarung.** Betriebsvereinbarungen zur betrieblichen Altersversorgung können zunächst durch eine abändernde Betriebsvereinbarung geändert werden. Dies setzt ein Einvernehmen des Betriebsrats voraus. Nach der **Zeitkollisionsklausel** (vgl. dazu Rn. 175) ersetzt die von den Betriebsparteien vereinbarte Neuregelung die bisher im Betrieb maßgebliche Versorgungsordnung. Dieses auf die Rechtssetzungsbefugnis der Betriebspartner abstellende Ablösungsprinzip wird von der höchstrichterlichen Rechtsprechung seit langem anerkannt (BAG vom 8.12.1981 – 3 ABR 53/80 – DB 1982, 336; BAG vom 17.3.1987 – 3 AZR 64/84 – DB 1987, 1639). Hinsichtlich der dem Betriebsrat selbstverständlich auch bei dem Abschluss der Neuregelung zustehenden Mitbestimmungsrechte wird auf Rn. 176 ff. Bezug genommen. Abändernde Betriebsvereinbarungen müssen die Grundsätze der **Verhältnismäßigkeit** und des **Vertrauensschutzes** und insbesondere die **Drei-Stufen-Theorie** des BAG beachten (vgl. dazu Rn. 253 ff.).

280 **(2) Kündigung.** Die Kündigung einer Betriebsvereinbarung zur betrieblichen Altersversorgung durch den Arbeitgeber bedarf keiner Zustimmung des Betriebsrats. Insoweit ist zwischen dem Recht zur Kündigung und den Wirkungen der Kündigung zu unterscheiden. Das **Recht zur Kündigung** ergibt sich aus § 77 Abs. 5 BetrVG; die Kündigung bedarf keiner Begründung. Fraglich ist, ob die Regelungen der Betriebsvereinbarung weiter gelten, bis sie durch eine an-

dere Abmachung ersetzt werden. Eine **Nachwirkung** kommt nach § 77 Abs. 6 BetrVG nur in Betracht, wenn die Regelungen durch einen Spruch der Einigungsstelle ersetzt werden können. Wie im Einzelnen unter Rn. 98 f. dargelegt, ist eine Betriebsvereinbarung im Rahmen der betrieblichen Altersversorgung nur teilmitbestimmt. Damit **scheidet** eine Nachwirkung der Betriebsvereinbarung **prinzipiell aus** (BAG vom 10.3.1992 – 3 ABR 54/91 – DB 1992, 1735; BAG vom 17.8.1999 – 3 ABR 55/98 – DB 2000, 774). Eine Nachwirkung kommt allenfalls dann in Betracht, wenn in engem zeitlichen Zusammenhang mit dem Auslaufen der Kündigungsfrist eine vergleichbare betriebsverfassungsrechtliche Neuregelung angestrebt wird (BAG vom 18.9.2001 – 3 AZR 728/00 – DB 2002, 1114).

281 Im Übrigen ist dem **Schutzbedürfnis** der Arbeitnehmer über eine **Begrenzung der Kündigungswirkungen** Rechnung zu tragen. Die Wirksamkeit der Kündigung ist mithin von der Frage ihrer Rechtsfolgen zu trennen (BAG vom 11.5.1999 – 3 AZR 21/98 – DB 2000, 525; BAG vom 17.8.1999 – 3 ABR 55/98 – DB 2000, 774). Die Wirkungen einer Kündigung der Betriebsvereinbarung können nicht weitergehen als die Wirkungen einer abändernden Betriebsvereinbarung. Unter Beachtung der Grundsätze der Verhältnismäßigkeit und des Vertrauensschutzes hat der Arbeitgeber die von den Arbeitnehmern erreichten Besitzstände entsprechend der vom BAG entwickelten Drei-Stufen-Theorie (vgl. dazu Rn. 253 ff.) zu wahren. Im Umfang dieser Beschränkung der Kündigung bleibt die Betriebsvereinbarung als kollektivrechtliche Grundlage von Versorgungsansprüchen erhalten (BAG vom 21.8.2001 – 3 ABR 44/00 – DB 2002, 952). Auf diese Weise werden die schützenswerten Interessen der Arbeitnehmer umfassend gesichert, ohne dass das Regelungssystem verlassen werden muss, das bei Begründung des Versorgungswerks privatautonom gewählt wurde (BAG vom 11.5.1999 – 3 AZR 21/98 – DB 2000, 525).

282 **cc) Änderung von Gesamtzusagen und vertraglichen Einheitsregelungen.** Versorgungsversprechen, die vor länger zurückliegender Zeit gegeben wurden, beruhen seltener auf Betriebsvereinbarungen. Das ist darauf zurückzuführen, dass früher allgemein davon ausgegangen wurde, dass der Betriebsrat bei dem Erlass einer Versorgungsordnung kein Mitbestimmungsrecht hat. Erst mit den Beschlüssen des BAG (BAG vom 12.6.1975 – 3 ABR 13/74, 3 ABR 137/73 und 3 ABR 66/74 – BB 1975, 1062, 1064 und 1065; ebenso BAG vom 18.3.1976 – 3 ABR 32/75 – DB 1976, 1631 und BAG vom 13.7.1978 – 3 ABR 108/77 – DB 1978, 2129) ist ein Mitbestimmungsrecht bei der Gestaltung von Leistungsplänen anerkannt worden. Vor diesem Zeitpunkt sind deshalb als Zusageform vertragliche Einheitsregelungen oder Gesamtzusagen weit überwiegend anzutreffen. Die bei ihnen gegebenen zahlreichen **Änderungsmöglichkeiten** sind allerdings von sehr **unterschiedlicher Wirkung.**

283 **(1) Einvernehmliche Änderung.** Die Möglichkeit, eine Versorgungszusage einvernehmlich zu ändern, ist **mehr theoretischer Natur.** Von einer Gesamtzusage wird zumeist eine größere Zahl von Mitarbeitern erfasst. Widerruflich erteilte Gesamtzusagen dürfen zwar so widerrufen werden, wie sie erteilt worden sind, und es reicht deshalb aus, wenn der Widerruf gegenüber den Arbeitnehmern in einer Form verlautbart wird, die den einzelnen Arbeitnehmer typi-

scherweise in die Lage versetzt, von der Erklärung Kenntnis zu nehmen (BAG vom 15.2.2005 – 9 AZR 116/04 – DB 2005, 2245; BAG vom 24.1.2006 – 3 AZR 583/04 – DB 2006, 1621). Von dieser Fallgruppe abgesehen, ist jedoch mit jedem einzelnen Arbeitnehmer eine abändernde Vereinbarung zu treffen. Das lässt sich bei größeren Personenkreisen in der Praxis kaum verwirklichen.

(2) Änderungskündigung. Ebenso dürfte es **wenig praktikabel** sein, mittels 284
einer gegenüber sämtlichen Arbeitnehmern auszusprechenden Änderungskündigung eine Abänderung des Versorgungsversprechens zu erreichen. Die Änderungskündigung ist im Hinblick auf die durch das KSchG bedingte individuelle Beurteilung sowie mit Rücksicht auf die unterschiedlichen Kündigungsfristen und den Sonderkündigungsschutz einzelner Arbeitnehmergruppen kein geeignetes Instrument für Eingriffe in Leistungen der betrieblichen Altersversorgung. Das Bestreben einer einheitlichen Behandlung aller Mitarbeiter wird durch das Erfordernis der vorherigen Anhörung des Betriebsrats und die für jeden Einzelfall vorzunehmende Interessenabwägung erschwert, wenn nicht gar unmöglich gemacht. Dass über die Berechtigung der Reduzierung im Instanzenzug letztlich nicht die für die betriebliche Altersversorgung, sondern die für Kündigungsrechtsstreite gebildeten Spruchkörper entscheiden, ist ein zusätzlicher misslicher Umstand. Die Maßstäbe, die eine Kündigung sozial gerechtfertigt erscheinen lassen, sind trotz gewisser Parallelen nicht mit den Gründen gleichzusetzen, die Eingriffe in Versorgungsanwartschaften zulassen.

(3) Ablösende Betriebsvereinbarung. Regelmäßig am **sinnvollsten** ist es, 285
eine Gesamtzusage oder eine vertragliche Einheitsregelung durch eine **Betriebsvereinbarung abzulösen.** Eine Ablösung ist allerdings nur zulässig, wenn die Neuregelung **bei kollektiver Betrachtung** für die Belegschaft insgesamt **nicht ungünstiger** ist, die ursprüngliche Regelung **betriebsvereinbarungsoffen** ist oder wenn die **Geschäftsgrundlage gestört** ist (BAG vom 16.9.1986 – GS 1/82 – DB 1987, 383). Zu dem zuletzt genannten Gesichtspunkt der Störung der Geschäftsgrundlage vgl. Rn. 240 ff. Den Betriebspartnern ist jedoch Vertrauensschutz im Hinblick auf die vorhergehende Rechtsprechung zu gewähren, nach der eine Betriebsvereinbarung ein geeignetes rechtliches Mittel ist, eine auf einer Gesamtzusage oder vertraglichen Einheitsregelung beruhende Versorgungsregelung verschlechternd abzulösen. Die zeitliche Reichweite dieses Vertrauensschutzes ist nicht abschließend höchstrichterlich geklärt. Ob dieses Vertrauen in die Maßgeblichkeit der vorhergehenden Rechtsprechung schon durch das Urteil des 6. Senats (BAG vom 12.8.1982 – 6 AZR 1117/79 – DB 1982, 2298) erschüttert wurde, erscheint zweifelhaft (BAG vom 20.11.1990 – 3 AZR 573/89 – DB 1991, 915), zumal der zuständige Fachsenat die Frage erst durch Beschluss vom 30.4.1985 dem Großen Senat vorgelegt hat (BAG vom 30.4.1985 – 3 AZR 611/83 – DB 1985, 2514). Jedenfalls mit dem Bekanntwerden dieses Vorlagebeschlusses konnten die Betriebsparteien nicht mehr darauf vertrauen, dass mit verschlechternden Betriebsvereinbarungen vertragliche Versorgungswerke abgelöst werden durften (BAG vom 22.10.1991 – 3 AZR 480/90 – BeckRS 1991, 30739016).

Soll eine nachteilige Änderung von vertraglich begründeten Ansprüchen, die 286
auf eine vertragliche Einheitsregelung oder eine Gesamtzusage zurückgehen,

durch eine ablösende Betriebsvereinbarung herbeigeführt werden, müssen sich die **Betriebspartner** über die **Neuverteilung** der reduzierten Versorgungsmittel **einigen**. Kommt eine entsprechende Vereinbarung nicht zustande, ist die **Einigungsstelle** auch dann zuständig, wenn die Betriebspartner gleichzeitig über das Vorliegen der Störung der Geschäftsgrundlage streiten (BAG vom 23.9.1997 – 3 ABR 85/96 – DB 1998, 779). Auch wenn der Betriebsrat davon ausgeht, dass die Geschäftsgrundlage nicht entfallen ist, darf er seine Mitwirkung an der Neuregelung nicht verweigern. Er muss vielmehr über die Modalitäten der Neuregelung – ggf. unter Vorbehalt – verhandeln und mitbestimmen. Die Einigungsstelle kann in diesem Fall zwar die Rechtsfrage des Wegfalls der Geschäftsgrundlage nicht rechtsverbindlich entscheiden, sie kann jedoch ihre eigene Regelungskompetenz wahrnehmen, auch ohne ein entsprechendes gerichtliches Verfahren abzuwarten. Nicht endgültig geklärt ist bislang, wie in betriebsratslosen Betrieben verfahren werden soll (dazu LAG Hamm vom 7.3.1989 – 6 Sa 1215/88 – DB 1989, 931).

287 Wegen des **Günstigkeitsvergleichs,** der aufgrund des kollektiven Bezugs von Gesamtzusagen und vertraglichen Einheitsregelungen **kollektiv** vorzunehmen ist (sog. **kollektiver Günstigkeitsvergleich**), kommt eine Ablösung durch Betriebsvereinbarung nur mit Einschränkungen in Betracht. Zulässig ist eine **Umstrukturierung.** Unter diesem Begriff ist nach der Terminologie des Großen Senats (BAG vom 16.9.1986 – GS 1/82 – DB 1987, 383) eine Vereinbarung zu verstehen, die im Vergleich zu der vorangehenden vertraglichen Regelung bei kollektiver Betrachtung für die Belegschaft insgesamt nicht ungünstiger ist. Insbesondere muss also der **bisherige Dotierungsrahmen aufrechterhalten** bleiben. Durch eine Umstrukturierung lassen sich somit andere Verteilungsgrundsätze verwirklichen und unpraktikabel gewordene Regelungen auf den neuesten Stand bringen. Das machen die unter Rn. 264 erörterten Konstellationen und Beispiele deutlich.

288 Aber **selbst wenn** der Arbeitgeber **gleich hohe Beträge** wie bisher aufwendet, **hält** die **geänderte Regelung nicht immer** einem **Günstigkeitsvergleich stand.** So dürfen die aufzubringenden Mittel nicht mit berücksichtigt werden, die dem Arbeitgeber überhaupt erst aufgrund der Neuregelung zur Verfügung stehen. Dies ist z.B. dann der Fall, wenn an die Stelle einer überwiegend arbeitgeberfinanzierten Pensionskassenversorgung eine bezuschusste arbeitnehmerfinanzierte Altersversorgung in Form der Entgeltumwandlung tritt. In diesem Fall müssen die wegen des teilweisen Entgeltverzichts des Arbeitnehmers vom Arbeitgeber eingesparten Sozialversicherungsbeiträge vor einem kollektiven Günstigkeitsvergleich von den Zuschussbeträgen abgesetzt werden (BAG vom 23.10.2001 – 3 AZR 74/01 – DB 2002, 1383). Der kollektive Günstigkeitsvergleich zwischen einem durch Widerruf der Gesamtzusage für neu in den Betrieb eintretende Mitarbeiter geschlossenen Versorgungswerk und der geänderten Versorgungsordnung, die wieder für alle Mitarbeiter geöffnet ist, kann auch nicht in der Weise vorgenommen werden, dass dem Aufwand für das geschlossene Versorgungswerk mit der naturgemäß sinkenden Zahl von Versorgungsberechtigten der Aufwand gegenübergestellt wird, der auf unbestimmte Zeit für das wieder geöffnete Versorgungswerk aufzubringen ist. Aus den Umständen des Einzelfalls kann sich nämlich ergeben, dass es sich bei dem Widerruf und der Neubegründung der Sache nach um einen gestreckten Ablösungsvorgang handelt. Dann sind der Aufwand, der für die ursprüngliche Versorgungsregelung ohne deren zwischenzeitliche Schließung zu erbringen gewesen wäre, mit dem für die Neuordnung erforderlichen zu vergleichen. Unabhängig davon ist bei Neueröffnung eines Versorgungswerks nach dessen zwischenzeitlicher Schließung ferner stets zu berücksichtigen, dass auch das neue Versorgungswerk für Neueintretende wieder geschlossen werden kann. Deshalb ist grds. der Aufwand aus dem geschlossenen Versorgungswerk mit dem zu vergleichen, der sich bei nächstmöglicher Schließung des neuen Versorgungswerks durch Kündigung der ablösenden Betriebsvereinbarung ergäbe (BAG vom 17.6.2003 – 3 ABR 43/02 – DB 2004, 714).

Ein größerer Gestaltungsspielraum steht den Betriebspartnern zur Verfügung, **289** wenn der Arbeitgeber sich eine Änderung durch eine nachfolgende betriebsverfassungsrechtliche Regelung ausdrücklich oder stillschweigend (konkludent) vorbehalten hat oder wenn aus den Umständen, die den Werdegang des Versorgungswerks und seine weitere Entwicklung begleitet haben, auf eine **Betriebsvereinbarungsoffenheit** zu schließen ist. Eine derartige Konstellation liegt praktisch bei jeder erkennbaren Einschaltung des Betriebsrats beim Zustandekommen oder bei der Ergänzung der Versorgungsregelung vor, etwa durch den Hinweis, dass die Einheitsregelung über den Konzernbetriebsrat abgestimmt ist (BAG vom 3.11.1987 – 8 AZR 316/81 – DB 1988, 966) oder dann, wenn eine Ruhegeldordnung erkennbar dazu bestimmt ist, eine Blankettregelung in einer Betriebsvereinbarung auszufüllen (BAG vom 17.3.1987 – 3 AZR 64/84 – DB 1987, 1639). Dagegen ist nicht von einer Betriebsvereinbarungsoffenheit auszugehen, wenn eine vertragliche Versorgungszusage in einer Änderungsklausel verschiedene Änderungssachverhalte aufführt, jedoch Betriebsvereinbarungen nicht erwähnt (BAG vom 23.9.2003 – 3 AZR 551/02 – AP Nr. 93 zu § 77 BetrVG 1972). Wird z.B. in einem Arbeitsvertragsformular eine Regelung zur betrieblichen Altersversorgung getroffen und in einer anderen Bestimmung der arbeitsvertraglichen Regelung lediglich im Übrigen auf Betriebsvereinbarungen verwiesen, ist bezüglich der Regelungen zur betrieblichen Altersversorgung nicht von einer Betriebsvereinbarungsoffenheit auszugehen (BAG vom 17.6.2008 – 3 AZR 254/07 – DB 2008, 2491). Die Rechtslage ist ebenso zu beurteilen, wenn der Betriebsrat lediglich bei Einzelstreitigkeiten über Versorgungsansprüche mitentscheidet, er aber bei späteren Neuregelungen der Gesamtzusage nicht in Erscheinung tritt (BAG vom 20.11.1990 – 3 AZR 573/89 – DB 1991, 915). Ein Änderungsvorbehalt ist gleichfalls zu verneinen, wenn mit dem Betriebsrat zwar regelmäßig über Versorgungsregelungen gesprochen worden ist, er die Regelungen jedoch nur sehr eingeschränkt beeinflussen konnte und sie als ausschließlich arbeitgeberseitige Versorgungsversprechen in die Betriebsöffentlichkeit gegeben wurden (BAG vom 17.6.2003 – 3 ABR 43/02 – DB 2004, 714). Dagegen ist eine Betriebsvereinbarungsoffenheit zu bejahen, wenn die vertragliche Einheitsregelung nicht schriftlich abgefasst worden ist, sich aus der Entstehungsgeschichte der ursprünglichen Zusage aber ergibt, dass eine Ablösung durch kollektivrechtliche Regelungen eröffnet sein soll (BAG vom 23.10.2001 – 3 AZR 74/01 – DB 2002, 1383). Ebenso ist von dem Vorbehalt einer künftigen Änderung auszugehen, wenn in der Gesamtzusage darauf hingewiesen wird, die Leistungsgewährung sei im Einvernehmen mit dem Gesamtbetriebsrat beschlossen bzw. mit ihm abgestimmt worden (BAG vom 10.12.2002 – 3 AZR 92/02 und 3 AZR 671/01 – DB 2004, 1566 und 1568).

290 Hinsichtlich der Prüfung der Frage, ob von einer Betriebsvereinbarungsoffenheit ausgegangen werden darf, ist nach dem Beschluss des Großen Senats (BAG vom 16.9.1986 – GS 4/85 – BB 1987, 200) ein **großzügiger Maßstab** anzulegen. Das ist in der Tat erforderlich, anderenfalls wären sinnvolle Ergebnisse sonst oft nicht zu erzielen, wie weitere Beispiele aus der Rechtsprechung belegen (BAG vom 3.11.1987 – 8 AZR 316/81 – DB 1988, 966; BAG vom 20.11.1987 – 2 AZR 284/86 – DB 1988, 1501; LAG Köln vom 10.8.1989 – 10/11 Sa 320/89 – DB 1990, 130). Nach aktueller Rechtsprechung des Ersten Senats des BAG ist eine Betriebsvereinbarungsoffenheit regelmäßig bereits dann konkludent vereinbart, wenn der Vertragsgegenstand in AGB geregelt ist (das ist bei Gesamtzusagen und vertraglichen Einheitsregelungen der Fall) und einen **kollektiven Bezug** hat (BAG vom 5.3.2013 – 1 AZR 417/12 – NZA 2013, 916). Bei der somit in der Praxis überwiegend zu bejahenden Betriebsvereinbarungsoffenheit können vertragliche Einheitsregelungen oder Gesamtzusagen – im Gegensatz zum kollektiven Günstigkeitsvergleich (s.o. Rn. 287) grds. auch verschlechternd, also unter Kürzung des Dotierungsrahmens, durch eine Betriebsvereinbarung abgelöst werden.

291 Auch in den Fällen, in denen die Gesamtzusage oder vertragliche Einheitsregelung betriebsvereinbarungsoffen ist, kann **nicht schrankenlos** in Besitzstände der Arbeitnehmer **eingegriffen werden.** Vielmehr ist in einem zweiten Schritt stets zu prüfen, ob die Neuregelung auch einer materiellen Rechtskontrolle standhält, also insbesondere auch die Grundsätze der Verhältnismäßigkeit und des Vertrauensschutzes und damit auch die Drei-Stufen-Theorie gewahrt hat (BAG vom 23.10.2001 – 3 AZR 74/01 – DB 2002, 1383; BAG vom 17.6.2003 – 3 ABR 43/02 – DB 2004, 714). Eingriffe müssen am Zweck der Maßnahme gemessen, geeignet, erforderlich und verhältnismäßig sein. Die Änderungsgründe sind gegenüber den Bestandsschutzinteressen abzuwägen (BAG vom 16.7.1996 – 3 AZR 398/95 – DB 1997, 631; BAG vom 10.12.2002 – 3 AZR 92/02 – DB 2004, 1566; BAG vom 29.7.2003 – 3 AZR 630/02 – AP Nr. 45 zu § 1 BetrAVG Ablösung).

292 Lässt sich eine Betriebsvereinbarungsoffenheit auch aus den Begleitumständen nicht herleiten, bleibt den Betriebsparteien noch als dritte Möglichkeit für eine Ablösung ein „Umweg“, um das von ihnen erstrebte Ziel zu erreichen: Sie schließen eine Betriebsvereinbarung mit dem Inhalt der bisherigen Gesamtzusage oder vertraglichen Einheitsregelung. Diese Betriebsvereinbarung kann nach Maßgabe der Zeitkollisionsklausel durch eine nachfolgende Betriebsvereinbarung abgeändert oder gekündigt werden. Allerdings wäre es sicherlich rechtsmissbräuchlich, wenn eine derartige Betriebsvereinbarung nur als Vehikel für eine Verschlechterung des bisherigen Versorgungsversprechens zwischengeschaltet wird. Dagegen dürfte ein Rechtsmissbrauch dann weniger nahe liegen, wenn als **Zwischenschritt** von den Betriebspartnern zunächst eine **umstrukturierende Betriebsvereinbarung** geschlossen wird. Der Dritte Senat des BAG hat bislang den Fall entschieden, dass eine Gesamtzusage über Leistungen der betrieblichen Altersversorgung durch eine inhaltsgleiche Betriebsvereinba-

rung dauerhaft abgelöst, d.h. ersetzt werden kann, wenn die Gesamtzusage betriebsvereinbarungsoffen ist oder der Arbeitgeber sich im Fall einer Zusage im Durchführungsweg der Unterstützungskasse den Widerruf des Versorgungsversprechens vorbehalten hat (BAG vom 15.2.2011 – 3 AZR 35/09 – BB 2011, 3068 mit Anm. *Schnitker/Sittard*).

(4) Jeweiligkeitsklauseln. Hat sich der Arbeitgeber mittels einer sog. Jeweiligkeitsklausel in einem Formulararbeitsvertrag eine Abänderung von auf arbeitsvertraglicher Einheitsregelung beruhenden Ansprüchen auf Leistungen der betrieblichen Altersversorgung vorbehalten, so ist die Jeweiligkeitsklausel i.d.R. so zu verstehen, dass sich der Arbeitgeber lediglich solche Änderungen vorbehält, die sich im Rahmen der von der Rechtsprechung entwickelten Grundsätze des Vertrauensschutzes und der Verhältnismäßigkeit halten. Eine derartige Klausel verstößt weder gegen das Transparenzgebot des § 307 Abs. 1 S. 2 BGB noch ist sie nach § 308 Nr. 4 BGB unwirksam. Die Abänderungsmöglichkeit unter Beachtung der Grundsätze des Vertrauensschutzes und der Verhältnismäßigkeit ist integraler Bestandteil der Jeweiligkeitsklausel. Einer ausdrücklichen Angabe von Änderungsgründen in der Jeweiligkeitsklausel selbst bedarf es nicht (BAG vom 18.9.2012 – 3 AZR 415/10 – NZA 2013, 210). 293

dd) Versorgungsregelung aufgrund betrieblicher Übung oder des Gleichbehandlungsgrundsatzes. Wie aus § 1b Abs. 1 S. 4 folgt, stehen einer ausdrücklich erteilten Versorgungszusage die auf einer betrieblichen Übung oder dem Grundsatz der Gleichbehandlung beruhenden Versorgungsverpflichtungen gleich. Es handelt sich bei ihnen also auch um vertraglich begründete Versorgungszusagen, sie sind mithin ebenfalls als **Gesamtzusagen zu qualifizieren** (BAG vom 1.3.1972 – 4 AZR 200/71 – BB 1972, 707). Unter Rn. 110ff. und 118ff. ist ausgeführt, dass diese Rechtsbegründungsakte für alle Arbeitnehmer des Betriebs bindend sind; auch ihnen ist daher ein **kollektiver Bezug** beizumessen. Die Ablösbarkeit der beiden vertraglich begründeten Versorgungszusagen durch eine verschlechternde Betriebsvereinbarung richtet sich nach den für eine Gesamtzusage maßgeblichen Regeln. Im Grundsatz gilt also das Günstigkeitsprinzip, das eine verschlechternde Regelung durch Betriebsvereinbarung nur zulässt, wenn die betriebliche Übung aufgrund einer Störung der Geschäftsgrundlage ihre Verbindlichkeit verloren hat und deswegen eine betriebliche Neuregelung erforderlich ist, die sich auch bei kollektiver Gesamtbetrachtung als nicht ungünstiger darstellt als die aus gebündelten Individualzusagen entstandene betriebliche Regelung oder wenn in der einzelvertraglichen Rechtsgrundlage selbst für die Arbeitnehmer erkennbar eine Möglichkeit für eine kollektivrechtliche Veränderung eröffnet worden ist (BAG vom 18.3.2003 – 3 AZR 101/02 – DB 2004, 327; LAG Hessen vom 2.6.2004 – 8 Sa 1771/03 – DB 2004, 2647). 294

ee) Änderung von Einzelzusagen. Eine Versorgungszusage kann auch einzelnen Arbeitnehmern erteilt werden (vgl. Rn. 102ff.); sie ist dann Teil des Arbeitsvertrags. Eine Änderung des Vertragsinhalts bis hin zu einer Aufhebung des Versorgungsversprechens (zur Zulässigkeit eines Erlassvertrags s. BAG vom 14.8.1990 – 3 AZR 301/89 – DB 1991, 501) ist nur durch eine **Vereinbarung** 295 oder eine **Änderungskündigung** erreichbar. In letzterem Fall treten die gleichen Probleme auf, die generell bei Kündigungen von Versorgungsversprechen zu beobachten sind (vgl. dazu Rn. 284).

296 Die Änderung einer Einzelzusage durch eine individualrechtliche Vereinbarung mit dem Arbeitnehmer ist ohne Weiteres möglich und unterliegt nicht den Schranken für ablösende Betriebsvereinbarungen und damit insbesondere nicht der Drei-Stufen-Theorie. Einzelzusagen können jedoch auch betriebsvereinbarungsoffen ausgestaltet sein (BAG vom 5.3.2013 – 1 AZR 417/12 – NZA 2013, 916). Wird arbeitsvertraglich auf Versorgungsregelungen ausdrücklich oder stillschweigend Bezug genommen, liegt hierin regelmäßig eine dynamische Verweisung auf die Regelungen in ihrer jeweiligen Fassung (BAG vom 23.9.1997 – 3 AZR 529/96 – DB 1998, 318). Aufgrund einer derartigen **Jeweiligkeitsklausel** muss der Arbeitnehmer mit einer Abänderung zu seinem Nachteil rechnen. Das Vertrauen des begünstigten Arbeitnehmers auf den ursprünglichen Bestand der Versorgungszusage wird deshalb selbst dann nicht beeinträchtigt, wenn in der arbeitsvertraglichen Zusage eine dynamische Verweisung auf gesetzliche Vorschriften erfolgt und die Verweisungsvereinbarung für ein ausgewogenes, interessengerechtes Versorgungsmodell sorgt (BAG vom 20.4.2004 – 3 AZR 266/02 – DB 2004, 2590). Die gleiche Rechtsfolge tritt ein, wenn bei einer Unterstützungskassenversorgung die Abänderungsbefugnis durch den Richtliniengeber auf ein Kassenmitglied delegiert wird (BAG vom 11.12.2001 – 3 AZR 512/00 – DB 2003, 293).

297 **c) Gerichtliche Kontrolle.** Die Beteiligten und Betroffenen haben die Möglichkeit, nachteilige Änderungen des ursprünglichen Versorgungsversprechens auf ihre **rechtliche Wirksamkeit** und **konkrete Billigkeit** gerichtlich überprüfen zu lassen. Im Grunde bietet die Kontrolle für die Versorgungsberechtigten den stärksten Schutz vor nachteiligen Änderungen. Den Gegenstand der gerichtlichen Kontrolle bildet die Neuregelung des Versorgungswerks. Erfasst werden von dem Schutz auch diejenigen Betriebsrentner, auf die die Neuregelung kraft einer Jeweiligkeitsklausel Anwendung findet. Dabei müssen Verschlechterungen nicht das kollektive Günstigkeitsprinzip wahren. Jeweiligkeitsklauseln sind vielmehr als betriebsvereinbarungsoffen anzusehen (BAG vom 3.9.1991 – 3 AZR 369/90 – DB 1992, 994).

298 **aa) Rechtskontrolle.** In erster Linie führen die Gerichte eine Rechtskontrolle durch. **Abzuwägen** sind die **Bestandsschutzinteressen** der Arbeitnehmer **gegen** die **Änderungsgründe** der Arbeitgeber. Die abändernde Regelung hält einer Kontrolle nur stand, wenn die Grundsätze der Verhältnismäßigkeit und des Vertrauensschutzes angemessen berücksichtigt worden sind (BAG vom 23.10.2001 – 3 AZR 74/01 – DB 2002, 1383; BAG vom 10.12.2002 – 3 AZR 92/02 und 3 AZR 671/01 – DB 2004, 1566 und 1568). Der Arbeitgeber hat deshalb darzulegen, dass die von ihm ins Feld geführten triftigen oder sachlichen Gründe die Reduzierung der Versorgungsleistungen rechtfertigen. Es muss erkennbar sein, dass er eine umfassende und erschöpfende Würdigung unter Abwägung aller in Betracht kommenden Umstände vorgenommen hat. Das hat durch Modellberechnungen und Gegenüberstellungen über die finanziellen Folgen und Entwicklungen der bisherigen und der neuen Versorgungsregelung zu geschehen.

Unterlässt es der Arbeitgeber, diese Zusammenhänge durch Vorlage geeigneter Unterlagen und Berechnungen transparent zu machen, ist die Neuregelung nicht wirksam. Die gleichen Maßstäbe sind bei **Jeweiligkeitsklauseln** anzuwenden. Ihre Aufnahme in ein Versorgungswerk führt keineswegs dazu, dass Versorgungsregelungen beliebig geändert werden können (BAG vom 8.10.1991 – 3 AZR 47/91 – BB 1992, 859; BAG vom 26.8.1997 – 3 AZR 213/96 – DB 1998, 2330; BAG vom 25.7.2000 – 3 AZR 676/99 – DB 2002, 2444).

(1) Umfang der gerichtlichen Kontrolle. Der Umfang der Kontrolle richtet 299
sich danach, wer die abändernde Regelung vereinbart hat. Insoweit kommen die **gleichen Grundsätze** zur Anwendung, die bei der **Inhaltskontrolle** von Versorgungszusagen (Rn. 199 ff.) maßgebend sind. Für **Tarifverträge** sei ergänzend darauf hingewiesen, dass sich im Rahmen der Regelungsbefugnis der Tarifvertragsparteien, die sich auch auf Betriebsrentner erstreckt, Regelungen für die Zukunft zulässig sind. Es müssen jedoch die Grundsätze des Vertrauensschutzes und der Verhältnismäßigkeit gewahrt sein. In die zum Zeitpunkt des Versorgungsfalls geschuldete Ausgangsleistung darf i.d.R. nicht eingegriffen werden (BAG vom 27.2.2007 – 3 AZR 734/05 – DB 2007, 1763). Im Hinblick auf **Betriebsvereinbarungen** ist anzumerken, dass sie nicht ohne Weiteres das geeignete Gestaltungsmittel für die Ablösung individualrechtlicher Regelungen mit kollektivem Bezug, zu denen auch die betriebliche Übung gehört, darstellen. Entweder müssen die Neuregelungen einem kollektiven Günstigkeitsvergleich standhalten oder die bisherigen Regelungen müssen betriebsvereinbarungsoffen sein. Selbst wenn die Betriebsvereinbarungsoffenheit zu bejahen ist, hat noch eine Inhaltskontrolle (anhand der Grundsätze des Vertrauensschutzes und der Verhältnismäßigkeit und damit insbesondere der Drei-Stufen-Theorie) stattzufinden (BAG vom 12.12.2006 – 3 AZR 57/06 – DB 2007, 2435). Die bereits erörterten Gesichtspunkte sind gleichfalls zu beachten, wenn die Neuordnung nicht durch eine abändernde Betriebsvereinbarung bzw. einen Einigungsstellenspruch, sondern durch Kündigung der bisherigen Betriebsvereinbarung herbeigeführt wird. Wenn schon eine Änderung einer Betriebsvereinbarung durch eine spätere Betriebsvereinbarung einer Billigkeitskontrolle unterliegt, muss das erst recht gelten, wenn der Arbeitgeber von dem einseitigen Lösungsmittel der Kündigung der Betriebsvereinbarung Gebrauch macht (BAG vom 18.4.1989 – 3 AZR 688/87 – DB 1989, 2232).

(2) Rechtsfolgen. Hält die **Neuregelung** partiell oder in vollem Umfang 300
einer gerichtlichen Kontrolle nicht stand, ist sie **teilweise oder insgesamt unwirksam.** Letztere Rechtsfolge tritt auch dann ein, wenn der Betriebsrat an der abändernden Regelung nicht ordnungsgemäß beteiligt wurde (BAG vom 26.4.1988 – 3 AZR 168/86 – DB 1988, 2411; BAG vom 19.7.2005 – 3 AZR 472/04 – DB 2006, 343) oder ein betriebsverfassungsrechtlich unzuständiger Betriebsrat gehandelt hat (vgl. BAG vom 17.4.2012 – 3 AZR 401/10 – BeckRS 2012, 73018, für einen unternehmensübergreifend handelnden Gesamtbetriebsrat; vgl. auch Rn. 179). Zwar ist der Arbeitgeber in seiner Entscheidung frei, ob er seinen Mitarbeitern Leistungen der betrieblichen Altersversorgung gewähren will. Bei der Frage, wie diese Leistungen verteilt werden sollen, also bei der Aufstellung des Leistungsplans, ist der Betriebsrat jedoch zu beteiligen. Eine Neu-

ordnung, die ohne oder ohne ausreichende Beteiligung des Betriebsrats vorgenommen wurde, ist für die Betroffenen nicht verbindlich. Zur Beteiligung des Betriebsrats und zu den Rechtsfolgen der Nichtbeachtung des Mitbestimmungsrechts vgl. ausführlich Rn. 176 ff. und 198 f.

301 Auf die **Unwirksamkeit** der abändernden Regelung können sich die Versorgungsberechtigten im Rahmen von § 242 BGB **ohne zeitliche Begrenzung berufen** (LAG Hamm vom 24.3.1987 – 6 Sa 895/86 – NZA 1987, 743). Tritt ein solcher Fall nach längerem Zeitablauf ein, kann das **katastrophale Folgen** haben. Nicht mehr einkalkulierte Ansprüche leben wieder auf und müssen finanziert und befriedigt werden. Es liegt daher im elementaren Interesse aller Beteiligten, peinlich darauf zu achten, dass die für die Änderungen des Versorgungswerks von der höchstrichterlichen Rechtsprechung aufgestellten Grundsätze in jeder Hinsicht berücksichtigt werden.

302 **bb) Individuelle Billigkeitskontrolle.** Sind die abändernden Regelungen, die aufgrund einer tariflichen oder betrieblichen Vereinbarung getroffen wurden, aus Rechtsgründen nicht zu beanstanden, können einzelne Versorgungsempfänger oder Anwartschaftsberechtigte gleichwohl geltend machen, für sie bedeute die **Änderung** eine **unzumutbare Härte.** Ein Abweichen vom Regelungswortlaut unter dem Gesichtspunkt einer teleologischen Reduktion, die auch ohne ausdrückliche Härteklausel zu erwägen ist, kommt jedoch nur in Betracht, wenn ein Arbeitnehmer erheblich nachteilig von einer einschränkenden Regelung betroffen ist, obwohl es bei ihm unter den besonderen Umständen des Einzelfalls an dem fehlt, was Grund für diese Regelung war (BAG vom 19.2.2002 – 3 AZR 99/01 – DB 2002, 1459). Eine solche Prüfung ist Rechtsanwendung in Form der Auslegung und unabhängig davon geboten, ob die Versorgungsregelung eine ausdrückliche Härteklausel enthält (LAG Düsseldorf vom 19.5.2005 – 5 Sa 509/05 – DB 2005, 2143).

303 Der Einwand, die Neuordnung bedeute für sie eine unzumutbare Härte, kann vor allem seitens der Arbeitnehmer berechtigt sein, bei denen der Eintritt des Versorgungsfalls bereits unmittelbar bevorsteht. Es ist verständlich, dass die **Angehörigen rentennaher Jahrgänge** vor Eingriffen in die ihnen gegebene Versorgungszusage in besonderer Weise geschützt werden müssen. Das BAG weist zu Recht darauf hin, dass für die Versorgungsberechtigten eine Korrektur ihres Versorgungsplans umso schwerer wiegt, je näher der Versorgungsfall herangerückt und je größer die Versorgungslücke ist, die durch die Neuregelung gerissen wird. Die ihnen zugesagte Versorgungsleistung darf daher i.d.R. nicht mehr geschmälert werden; ebenso sind nur noch geringfügige Verschlechterungen der zugesagten Hinterbliebenenversorgung gerechtfertigt (BAG vom 12.10.2004 – 3 AZR 557/03 – DB 2005, 783). Aus den genannten Gründen müssen deshalb **Übergangszeiten** und **Besitzstandsregelungen** das Lebensalter der Betroffenen angemessen berücksichtigen (BAG vom 16.9.1986 – GS 1/82 – DB 1987, 383). Als rentennah dürften jedenfalls Arbeitnehmer gelten, bei denen der Versorgungsfall drei Jahre oder kürzer bevorsteht. Es ist daher angezeigt, dass die Tarifvertragsparteien und die Betriebspartner Besitzstandsklauseln vereinbaren, die zumindest den Drei-Jahres-Zeitraum vor Eintritt des Versorgungsfalls absichern. Die Rechtsprechung hat hierzu bislang keine starren

zeitlichen Grenzen festgelegt. In seiner Grundsatzentscheidung vom 8.12.1981 (BAG vom 8.12.1981 – 3 ABR 53/80 – AP Nr. 1 zu § 1 BetrAVG Ablösung) hatte das BAG keinen Anlass, zur Frage der Dauer einer Übergangsregelung Stellung zu nehmen, da die zu beurteilende Besitzstandsregelung eine Garantie der abgelösten Versorgungsregelungen für alle Versorgungsfälle innerhalb eines Zeitraums von fünf Jahren nach Durchführung der Änderung vorsah (vgl. auch BAG vom 20.8.2013 – 3 AZR 959/11 – NZA 2014, 36). Sollten derartige Regelungen nicht getroffen worden sein, haben die **ArbG** eine **interessengerechte Lösung** durch eine ergänzende Vertragsauslegung herbeizuführen (BAG vom 8.12.1981 – 3 ABR 53/80 – DB 1982, 336). Durch eine solche Korrektur wird im Übrigen die Wirksamkeit der Neuregelung nicht berührt.

15. Zeitliche Grenzen von Versorgungsansprüchen

Aufgrund seiner Fürsorgepflicht ist der Arbeitgeber gehalten, dafür zu sorgen, 304 dass der Versorgungsberechtigte die ihm zugesagten Leistungen erhält. I. d. R. dürfte es insoweit keine Probleme geben. Trotzdem sollte der Versorgungsberechtigte seine **Rechte** im Auge behalten und ihre Durchsetzung **rechtzeitig** betreiben, damit sie nicht wegen verspäteter **Geltendmachung** ausgeschlossen sind. Zeitliche Grenzen von Versorgungsansprüchen können sich unter den folgenden Gesichtspunkten ergeben.

a) Verwirkung. Durch langes Untätigbleiben des **Versorgungsberechtigten** 305 können Versorgungsansprüche verwirken (BAG vom 27.2.1990 – 3 AZR 213/88 – DB 1990, 1870). Der Verwirkung ist im Recht der betrieblichen Altersversorgung jedoch nur geringe Bedeutung beizumessen. Eine Verwirkung des Rentenstammrechts, aber auch des Anspruchs auf Zahlung der laufenden Rente, dürfte nur in ganz seltenen Ausnahmefällen in Betracht kommen. Den Schutz vor unbekannten Forderungen hat das Verjährungsrecht zu gewährleisten, nicht der Grundsatz von Treu und Glauben (BAG vom 25.4.2001 – 5 AZR 497/99 – DB 2001, 1833). Verwirkt werden kann auch der Anspruch auf Erteilung einer Versorgungszusage (BAG vom 31.8.1978 – 3 AZR 313/77 – DB 1979, 553). Andererseits verwirkt der **Arbeitgeber,** der längere Zeit nicht gegen eine Überversorgung eingeschritten ist, sein Recht auf Anpassung der Leistung nicht (BAG vom 22.10.2002 – 3 AZR 496/01 – AP Nr. 10 zu § 1 BetrAVG Überversorgung). Abgesehen von diesen Sonderfällen lässt sich generell festhalten, dass längere Untätigkeit allein für die Verwirkung nicht ausreicht. Die Verwirkung dient dem Vertrauensschutz, sie schließt nur die illoyal verspätete Geltendmachung von Rechten aus (BAG vom 24.1.2006 – 3 AZR 484/04 – DB 2007, 471). Eine Verwirkung setzt daher zumindest voraus, dass der Gläubiger beim Schuldner das Vertrauen darauf begründet hat, er werde wegen des betreffenden Rechts nicht mehr in Anspruch genommen und daraufhin eigene Dispositionen trifft (BAG vom 12.12.2006 – 3 AZR 806/05 – DB 2007, 1874). Hieran fehlt es, wenn der Schuldner keine Kenntnis von der in Rede stehenden Forderung hatte. Keiner Verwirkung unterliegen Ruhegeldansprüche, die auf einer Betriebsvereinbarung oder einem Tarifvertrag beruhen, wie aus § 77 Abs. 4 S. 3 BetrVG bzw. § 4 Abs. 4 S. 2 TVG folgt. Eine mögliche Verwirkung ist von Amts wegen zu prüfen.

306 **b) Verjährung.** Der Anspruch auf Leistungen der betrieblichen Altersversorgung, das sog. Rentenstammrecht, verjährt gem. § 18a S. 1 in 30 Jahren. Zu den betriebsrentenrechtlichen Ansprüchen i. d. S. gehören auch solche auf Einhaltung des Durchführungswegs; sie erfassen daher z.B. auch Ansprüche auf Abführung von Beiträgen an externe Versorgungsträger. Die laufenden **Rentenzahlungen** unterliegen der **dreijährigen Verjährungsfrist** des § 195 BGB i.V.m. § 18a S. 2. § 18a S. 2 betrifft mithin lediglich die Leistungen, die dem Betriebsrentner unmittelbar zugute kommen (BAG vom 12.6.2007 – 3 AZR 186/06 – DB 2008, 2034). Zu diesen Ansprüchen zählen auch Zusatzrenten nach der Anordnung zur Einführung einer Zusatzrentenversorgung für Arbeiter und Angestellte in den wichtigsten volkseigenen Betrieben in der früheren DDR (Anordnung 54). Seit dem 3.10.1990 richtet sich deren Verjährung gem. Art. 231 § 6 Abs. 1 EGBGB nach den Bestimmungen des BGB (BAG vom 25.1.2000 – 3 AZR 780/98 – DB 2000, 1234). Rentenzahlungen an Organmitglieder juristischer Personen und an selbständige Handelsvertreter, die dem Geltungsbereich des BetrAVG unterfallen, verjähren nach § 18a nunmehr ebenfalls innerhalb von drei Jahren. Zu der Übergangsregelung s. Erläuterung zu § 18a. Der Verjährungsbeginn knüpft daran an, dass der Anspruch entstanden ist (§ 199 Abs. 1 Nr. 1 BGB), was grds. dessen Fälligkeit voraussetzt (vgl. Palandt/*Ellenberger*, § 199 BGB Rn. 3). Bei Leistungen, die aufgrund einer Anpassungsentscheidung nach § 16 Abs. 1 und Abs. 2 zu treffen sind, tritt die Fälligkeit der Anpassungsforderung erst mit der Rechtskraft des klagestattgebenden Gestaltungsurteils ein (vgl. § 315 Abs. 3 BGB; BAG vom 19.6.2012 – 3 AZR 464/11 – NZA 2012, 1291). Will der Arbeitgeber sich auf Verjährung berufen, muss er die Einrede der Verjährung erheben.

307 **c) Ausschlussfristen.** Tarifverträge sehen i. Allg. vor, dass die aus ihnen hergeleiteten Rechtsansprüche vom Arbeitnehmer binnen einer kurzen Ausschlussfrist seit dem Ausscheiden aus dem Arbeitsverhältnis geltend gemacht werden müssen. Ob eine allgemein gehaltene Ausschlussklausel auch Versorgungsansprüche und -anwartschaften betrifft, ist Auslegungsfrage. Im Zweifel ist dies zu verneinen, denn die Versorgungsansprüche werden i.d.R. erst wesentlich später fällig, so dass eine rasche Klärung und schnelle Abwicklung nicht erforderlich und für den ausscheidenden Arbeitnehmer auch nicht einsichtig ist. Daher werden derartige **Klauseln einschränkend interpretiert** (BAG vom 13.7.1978 – 3 AZR 278/77 – DB 1979, 551; BAG vom 29.3.1983 – 3 AZR 537/80 – AP Nr. 11 zu § 70 BAT; BAG vom 27.2.1990 – 3 AZR 216/88 – DB 1990, 1572; LAG Hamm vom 15.6.1999 – 6 Sa 1423/98 – DB 1999, 1806). Die Ausschlussfrist greift lediglich dann ein, wenn sich dies eindeutig und unmissverständlich aus dem Tarifvertrag ergibt. Ebenso wird eine Auslegung, dass eine allgemein gefasste tarifliche Ausschlussfrist auch Versorgungsverschaffungsansprüche mit umfasst, nur ganz ausnahmsweise in Betracht kommen (BAG vom 7.3.1995 – 3 AZR 282/94 – DB 1995, 2020; BAG vom 26.1.1999 – 3 AZR 381/97 – DB 1999, 2014; BAG vom 18.9.2001 – 3 AZR 689/00 – DB 2002, 1279). Der Anspruch auf Einhaltung des Durchführungswegs wird i.d.R. gleichfalls von tariflichen Ausschlussfristen nicht erfasst. Die Folgen einer unterbliebenen Einhaltung, z.B. durch eine nicht erfolgte Beitragszahlung, zeigen sich erst im Versor-

gungsfall. Wegen dieses zeitlichen Auseinanderfallens können Ausschlussfristen ihren Zweck, die Rechtslage umgehend und schnell zu klären, nicht erfüllen (BAG vom 12.6.2007 – 3 AZR 186/06 – DB 2008, 2034). Demgegenüber hat es das BAG (BAG vom 18.2.2003 – 3 AZR 264/02 – DB 2003, 2448) nicht beanstandet, wenn in einer für leitende Angestellte aufgestellten allgemeinen Versorgungsordnung für einen Anspruch auf vorgezogenes betriebliches Ruhegeld verlangt wird, dass der Arbeitnehmer innerhalb von drei Monaten ab Bezug der vorgezogenen gesetzlichen Rente beim Arbeitgeber einen Antrag auf Zahlung der Betriebsrente stellt. Bei verspäteter Antragsstellung muss es der Arbeitnehmer danach hinnehmen, dass die betriebliche Versorgungsleistung erst ab dem Monat der Antragsstellung gezahlt wird (BAG vom 18.2.2003 – 3 AZR 264/02 – DB 2003, 2448).

16. Prozessuale Fragen

Für **Rechtsstreitigkeiten** aus dem Bereich der betrieblichen Altersversorgung sind die **ArbG zuständig,** wenn es um die Ansprüche oder Anwartschaften von Arbeitnehmern geht. Das folgt aus § 2 Abs. 1 Nr. 3a und c ArbGG, wonach Streitigkeiten aus dem Arbeitsverhältnis und aus dessen Nachwirkungen den ArbG zugewiesen sind. Die Zuständigkeit der ArbG ist auch für Anwartschaften und Ansprüche aus der Anordnung 54 gegeben, obwohl sie im Einigungsvertrag der gesetzlichen Rentenversicherung zugeordnet worden sind (BAG vom 29.4.1994 – 3 AZB 18/93 – DB 1994, 1247). Ist der Versorgungsberechtigte **Organ des Arbeitgebers,** unterfällt aber nach § 17 Abs. 1 S. 2 dem Geltungsbereich des BetrAVG, so kann die Zuständigkeit der **Zivilgerichtsbarkeit** begründet sein. Für den Rechtsweg kommt es dann entscheidend darauf an, welche Rechtsbeziehungen für die Ruhegeldzusage bestimmend waren (BAG vom 27.10.1960 – 5 AZR 578/59 – DB 1961, 71). Wird eine Unterstützungskasse auf Bestätigung einer unverfallbaren Anwartschaft verklagt oder besteht Streit über die Höhe des Anspruchs, so hat die Kasse gegen das Trägerunternehmen einen Anspruch auf Freistellung von den entstandenen Kosten des Verfahrens gem. § 670 BGB (LAG Hamm vom 20.7.1983 – 12 Sa 613/83 – BB 1983, 1923). **308**

Besonderheiten ergeben sich bei **Streitigkeiten** mit dem **PSVaG.** Nachdem die früher in § 13 getroffene Sonderregelung entfallen ist, sind nunmehr § 2 Abs. 1 Nr. 5 und 6 ArbGG maßgebend. Nach § 2 Abs. 1 Nr. 5 ArbGG sind die ArbG für Streitigkeiten zwischen **Versorgungsberechtigten** und dem PSVaG zuständig. Das nach § 256 Abs. 1 ZPO erforderliche Feststellungsinteresse ist auch vor Eintritt eines Sicherungsfalls zu bejahen, da bereits zu diesem Zeitpunkt ein gegenwärtiges Rechtsverhältnis zwischen dem PSVaG und den Versorgungsberechtigten besteht (BGH vom 25.10.2004 – II ZR 413/02 – DB 2005, 1227). Die Zuweisung zur **Arbeitsgerichtsbarkeit** erfolgt unabhängig von der Parteirolle, d.h. auch Aktivprozesse des PSVaG gegenüber Versorgungsberechtigten fallen in die Zuständigkeit der ArbG. Soweit allerdings Nichtarbeitnehmer i.S.d. § 17 Abs. 1 S. 2 Rechtsstreitigkeiten mit dem PSVaG führen, verbleibt es wegen der nach § 5 ArbGG allgemeinen Nichteinbeziehung dieser Beschäftigten in die Arbeitsgerichtsbarkeit bei der Zuständigkeit der ordent- **309** lichen Gerichte (LAG Düsseldorf vom 28.2.1977 – 16 Sa 1040/76 – DB 1977, 779).

310 Rechtsstreitigkeiten zwischen dem **Arbeitgeber** und dem PSVaG sind gem. § 2 Abs. 1 Nr. 6 ArbGG vor den Arbeitsgerichten auszutragen. Dies gilt auch für Streitigkeiten zwischen einem selbständigen **Versorgungsträger** und dem PSVaG, etwa bezüglich des Vermögensübergangs bei einer Unterstützungskasse nach § 9 Abs. 3. Wie aus § 3 ArbGG folgt, bleibt die Zuständigkeit der **ArbG** ebenfalls erhalten, wenn Forderungen von Arbeitnehmern auf betriebliche Altersversorgung gegenüber ihren Arbeitgebern auf den Träger der gesetzlichen Insolvenzsicherung gem. § 9 Abs. 2 übergegangen sind. Macht der PSVaG aus übergegangenem Recht Ansprüche von Arbeitnehmern geltend, so bejaht das BAG seine Zuständigkeit wegen des rechtlichen und wirtschaftlichen Zusammenhangs auch dann, wenn unter diesen Personen Nichtarbeitnehmer sind, denen aber aus Anlass ihrer Tätigkeit für ein Unternehmen Leistungen der betrieblichen Altersversorgung zugesagt worden sind (BAG vom 1.3.1993 – 3 AZB 44/92 – ZIP 1993, 848).

311 Aufgrund der in § 46 Abs. 2 ArbGG enthaltenen Verweisung auf die ZPO richtet sich die **örtliche Zuständigkeit** nach den §§ 12 bis 37 ZPO. Da der Sitz des PSVaG **Köln** ist, sind gem. §§ 12 und 13 ZPO für Klagen gegen den PSVaG das ArbG Köln bzw. das LG Köln örtlich zuständig (LG Stuttgart vom 7.4.1977 – 21 O 73/77 – BB 1977, 752).

312 Für **Streitigkeiten** zwischen dem Arbeitgeber und dem PSVaG hinsichtlich der **Beitragspflicht** oder damit zusammenhängenden Auskunftspflichten, die die §§ 10, 10a und 11 Abs. 1 und 2 zum Gegenstand haben, ist der **Verwaltungsrechtsweg** gegeben.

§ 1a Anspruch auf betriebliche Altersversorgung durch Entgeltumwandlung

(1) [1]Der Arbeitnehmer kann vom Arbeitgeber verlangen, dass von seinen künftigen Entgeltansprüchen bis zu 4 vom Hundert der jeweiligen Beitragsbemessungsgrenze in der allgemeinen Rentenversicherung durch Entgeltumwandlung für seine betriebliche Altersversorgung verwendet werden. [2]Die Durchführung des Anspruchs des Arbeitnehmers wird durch Vereinbarung geregelt. [3]Ist der Arbeitgeber zu einer Durchführung über einen Pensionsfonds oder eine Pensionskasse (§ 1b Abs. 3) bereit, ist die betriebliche Altersversorgung dort durchzuführen; andernfalls kann der Arbeitnehmer verlangen, dass der Arbeitgeber für ihn eine Direktversicherung (§ 1b Abs. 2) abschließt. [4]Soweit der Anspruch geltend gemacht wird, muss der Arbeitnehmer jährlich einen Betrag in Höhe von mindestens einem Hundertsechzigstel der Bezugsgröße nach § 18 Abs. 1 des Vierten Buches Sozialgesetzbuch für seine betriebliche Altersversorgung verwenden. [5]Soweit der Arbeitnehmer Teile seines regelmäßigen Entgelts für betriebliche Altersversorgung verwendet, kann der Arbeitgeber verlangen, dass während eines laufenden Kalenderjahres gleich bleibende monatliche Beträge verwendet werden.

(2) Soweit eine durch Entgeltumwandlung finanzierte betriebliche Altersversorgung besteht, ist der Anspruch des Arbeitnehmers auf Entgeltumwandlung ausgeschlossen.

(3) Soweit der Arbeitnehmer einen Anspruch auf Entgeltumwandlung für betriebliche Altersversorgung nach Absatz 1 hat, kann er verlangen, dass die Voraussetzungen für eine Förderung nach den §§ 10a, 82 Abs. 2 des Einkommensteuergesetzes erfüllt werden, wenn die betriebliche Altersversorgung über einen Pensionsfonds, eine Pensionskasse oder eine Direktversicherung durchgeführt wird.

(4) [1]Falls der Arbeitnehmer bei fortbestehendem Arbeitsverhältnis kein Entgelt erhält, hat er das Recht, die Versicherung oder Versorgung mit eigenen Beiträgen fortzusetzen. [2]Der Arbeitgeber steht auch für die Leistungen aus diesen Beiträgen ein. [3]Die Regelungen über Entgeltumwandlung gelten entsprechend.

Übersicht

1. Anspruch auf Entgeltumwandlung

Bis zur Neuregelung des BetrAVG durch das AVmG war die betriebliche Altersversorgung eine freiwillige Sozialleistung des Arbeitgebers; zu ihrer Einführung war er nicht verpflichtet. Lediglich aufgrund einer entsprechenden tarifvertraglichen Absprache war der tarifgebundene Arbeitgeber gehalten, eine betriebliche Altersversorgung anzubieten. Da eine derartige Verpflichtung nur in seltenen Ausnahmefällen vereinbart worden war, bestand die Möglichkeit, eine künftige Barvergütung in Altersversorgung umzuwandeln, nur in den Betrieben, die eine betriebliche Versorgung für ihre Mitarbeiter eingerichtet hatten. **Von einer Entgeltumwandlung waren** daher bis zum Inkrafttreten des AVmG **am 26.6.2001 rund 59 %** der in der Privatwirtschaft beschäftigten Arbeitnehmer **ausgeschlossen.** 1

2 Nach der Neuregelung des Betriebsrentenrechts hat der Arbeitnehmer **nunmehr** gegenüber dem Arbeitgeber einen **Anspruch auf betriebliche Altersversorgung** im Wege der Entgeltumwandlung. Dies ist eine Einschränkung des Grundsatzes der Vertragsfreiheit. Die Grenzen der althergebrachten, i.d.R. rein arbeitgeberfinanzierten betrieblichen Altersversorgung und der privaten Vorsorge werden verwischt, der Fürsorgegedanke in den Hintergrund gedrängt. Dagegen erhält der Arbeitnehmer die Chance, eigene Schwerpunkte in der Lohnverwendung zu setzen. Damit wird auf die Eigenverantwortung der Beschäftigten und den Entgeltcharakter der betrieblichen Altersversorgung verstärkt abgehoben.

3 Andererseits lässt sich nicht leugnen, dass durch § 1a in die Freiheit zur unternehmerischen Betätigung und in die Berufsfreiheit eingegriffen wird. Der dadurch tangierte Grundrechtsschutz der Art. 2 Abs. 1 und 12 Abs. 1 GG schließt zwar die Abwehr übermäßig belastender und nicht zumutbarer gesetzlicher Auflagen ein. Die sich aus dem BetrAVG ergebende Pflicht zur **Entgeltumwandlung** ist aber trotzdem **mit** dem **GG vereinbar** (BAG vom 12.6.2007 – 3 AZR 14/06 – DB 2007, 2722). Die dem Arbeitgeber auferlegten Belastungen sind durch die gesetzgeberische Gestaltungsfreiheit gedeckt. Eine Gesamtabwägung der Schwere des Eingriffs mit dem Gewicht der ihn rechtfertigenden Gründe zeigt, dass die Grenze der Zumutbarkeit für die Arbeitgeber nicht überschritten wird. Auch soweit der Arbeitgeber das Risiko einer ordnungsgemäßen Erfüllung der gesetzlichen Voraussetzungen, insbesondere des Merkmals der Wertgleichheit bei der Entgeltumwandlung trägt, geht es letztlich um die Verpflichtung zur ordnungsgemäßen Rechtsanwendung. Eine derartige Verpflichtung ist zumutbar.

4 Der Anspruch auf Entgeltumwandlung nach § 1a kann aber durch Tarifvertrag ausgeschlossen werden (vgl. § 17 Abs. 3 S. 1). Sind die Arbeitsvertragsparteien nicht tarifgebunden, hat der tarifvertragliche Ausschluss der Entgeltumwandlung aber nur dann Geltung, wenn zwischen ihnen die Anwendung der einschlägigen tariflichen Regelung vereinbart ist. Die einschlägige tarifliche Regelung ist diejenige, die gem. § 4 Abs. 1 TVG gelten würde, wenn die Arbeitsvertragsparteien tarifgebunden wären. Erforderlich ist also, dass die arbeitsvertragliche Verweisung sich auf den räumlich, zeitlich, fachlich und persönlich anwendbaren Tarifvertrag richtet (BAG vom 19.4.2011 – 3 AZR 154/09 – NZA 2011, 982).

5 Den Arbeitgeber trifft im Übrigen auch nicht die Pflicht, einen Arbeitnehmer von sich aus auf seinen Anspruch auf Entgeltumwandlung hinzuweisen (BAG vom 21.1.2014 – 3 AZR 807/11 – n.n.v.).

6 Die Entgeltumwandlung ist in Abs. 1 S. 1 normiert. Mit dieser Bestimmung wird dem **Arbeitnehmer** das **Recht** eingeräumt, vom Arbeitgeber zu verlangen, dass Teile seiner künftigen Entgeltansprüche durch **Umwandlung** für seine betriebliche Altersversorgung verwendet werden. Der Hinweis auf künftige Ansprüche stellt einerseits klar, dass der Arbeitnehmer seine geschuldete Gegenleistung noch nicht erbracht haben darf. Andererseits muss es sich um Entgeltbeträge handeln, für die bereits eine Rechtsgrundlage i.S.v. § 194 Abs. 1 BGB besteht. Fehlt diese und ergibt sich eine Versorgungszusage allein daraus, dass Arbeitgeber und Arbeitnehmer übereinkommen, anstelle einer angedachten

Gehaltserhöhung eine Versorgung zu vereinbaren, liegt keine Entgeltumwandlung vor. Es handelt sich vielmehr um eine traditionelle Leistungszusage, auf die das Gesetz ohnehin anwendbar ist. Der Rechtsanspruch des Arbeitnehmers gem. § 1a bleibt unberührt.

2. Begrenzungen des Anspruchs

Das Recht des Arbeitnehmers auf Entgeltumwandlung ist **generellen Beschränkungen** unterworfen. Außerdem ist der Anspruch der **Höhe** nach **limitiert.** 7

a) Beschränkung auf Pflichtversicherte. Nach § 17 Abs. 1 S. 3 kann der Arbeitnehmer eine Entgeltumwandlung nur von dem Arbeitgeber verlangen, bei dem er in der gesetzlichen **Rentenversicherung pflichtversichert** ist. Der Geltungsbereich des § 1a ist somit begrenzt. Die Beschränkung entspricht der steuerlichen Förderung in §§ 10a, 82 EStG, in die ebenfalls nur in der Rentenversicherung Pflichtversicherte einbezogen sind. Geringfügig Beschäftigten, die auf die Versicherungsfreiheit verzichtet haben, steht folglich ein Anspruch auf Entgeltumwandlung und die steuerliche Förderung zu. Auch Heimarbeiter können Entgeltumwandlung verlangen, wenn sie in der Rentenversicherung pflichtversichert sind. Ein nicht pflichtversicherter freier Mitarbeiter kann dagegen keine Altersversorgung im Wege der Entgeltumwandlung beanspruchen. **Freiwillig** können die Vertragsparteien jedoch auch in diesem Fall eine **Vereinbarung** auf **Entgeltumwandlung** treffen. Honorar oder Provisionsumwandlungen von Selbständigen sind deshalb möglich. Im Hinblick auf die steuerliche Behandlung ergeben sich dabei keine Besonderheiten. Verzichtet der nicht angestellte Versorgungsberechtigte z.B. auf Honorare oder Provisionen zugunsten einer Versorgungszusage, liegen bei ihm in Höhe des verzichteten Honorarbetrags keine Betriebseinnahmen vor. 8

b) Tariflicher Vorbehalt. Bei Entgeltansprüchen, die auf einem **Tarifvertrag** beruhen, kann gem. § 17 Abs. 5 eine **Umwandlung** nur dann vorgenommen werden, **soweit** dies **tariflich vorgesehen oder zugelassen** ist. Besteht keine entsprechende Tarifregelung, kann ein tarifgebundener Arbeitnehmer seinen Entgeltumwandlungsanspruch nicht durchsetzen, wenn er lediglich Tarifeinkommen bezieht. Unabhängig davon kann auch der tarifgebundene Arbeitnehmer sein Recht auf Umwandlung in Altersversorgung verwirklichen, soweit es die über-/außertariflichen Bestandteile seines Lohns oder Gehalts betrifft. 9

Ein **nicht tarifgebundener Arbeitnehmer** kann dagegen den gesetzlichen Entgeltumwandlungsanspruch nutzen, selbst wenn sein Arbeitgeber tarifgebunden ist. Das gilt auch dann, wenn auf einen Lohn- bzw. Gehaltstarifvertrag Bezug genommen worden ist. Zwar wird ggf. der gewerkschaftlich nicht organisierte Arbeitnehmer hinsichtlich der Höhe des Entgelts dem Gewerkschaftsmitglied gleichgestellt, das Entgelt beruht jedoch nicht auf dem Tarifvertrag. Der betroffene Arbeitnehmer kann die Umwandlung daher auch in diesem Fall auf alle Entgeltbestandteile erstrecken. Insofern steht er besser als der organisierte Arbeitnehmer. Die Notwendigkeit der Zulassung der Umwandlung durch die Tarifpartner wird dadurch unterstrichen. 10

11 Etwas **anderes** gilt dann, **wenn** ein **Tarifvertrag** für **allgemeinverbindlich** erklärt worden ist. Dann beruht das tarifvertraglich geregelte Entgelt für alle Arbeitnehmer auf tarifvertraglicher Grundlage, unabhängig davon, ob der Arbeitgeber Mitglied in einem Arbeitgeberverband ist oder die Arbeitnehmer Gewerkschaftsmitglieder sind, denn für allgemeinverbindlich erklärte Tarifverträge schaffen in ihrem Geltungsbereich eine beiderseitige Tarifgebundenheit. In diesem Fall scheidet eine Umwandlung des Tarifentgelts aus, es sei denn, der für allgemeinverbindlich erklärte Tarifvertrag selbst sieht eine Entgeltumwandlung vor oder lässt sie zu.

12 Nach der **Übergangsregelung** in § 30h gilt die Regelung in § 17 Abs. 5 nur für Entgeltumwandlungen, die auf Zusagen beruhen, die nach dem 29.6.2001, dem Tag der Verkündung des AVmG, erteilt werden. Dies bedeutet, dass für vor Inkrafttreten des Gesetzes vorgenommene Entgeltumwandlungen das bisherige Recht maßgeblich bleibt. Damit wird auf eine zuvor bereits vereinbarte arbeitnehmerfinanzierte betriebliche Altersversorgung, deren Rahmenbedingungen durch die gesetzliche Klarstellung des Tarifvorrangs für tarifliche Entgelte nicht gefährdet werden soll, Rücksicht genommen.

13 **c) Maximale Höhe des gesetzlichen Anspruchs auf Umwandlung.** Der Anspruch auf Entgeltumwandlung ist unabhängig vom individuellen Einkommen gem. Abs. 1 S. 1 maximal auf einen Betrag in Höhe **von 4 % der BBG** in der allgemeinen Rentenversicherung, das ist die BBG West (allg. M.), also für 2014 auf 2.856 € begrenzt. Geringverdiener und Beschäftigte mit Spitzeneinkommen werden gleichbehandelt. Der Gesetzgeber hat die Vier-Prozent-Grenze gewählt, weil Altersvorsorgeaufwendungen ebenfalls bis zu dieser Höhe staatlich gefördert werden. Dadurch wird zugleich die Solvabilität der Rentenversicherung gefestigt. Bei einer uneingeschränkten Möglichkeit zur Entgeltumwandlung würden vermutlich nur noch unzureichende Beiträge in die gesetzliche Rentenversicherung fließen, wodurch ihr Bestand gefährdet wäre.

14 **d) Erfordernis einer Mindesthöhe.** In Abs. 1 S. 4 wird vorgeschrieben, dass der Arbeitnehmer, der von seinem Recht auf Entgeltumwandlung Gebrauch macht, jährlich einen Betrag von **mindestens $^1/_{160}$ der Bezugsgröße** nach § 18 Abs. 1 SGB IV für seine betriebliche Altersversorgung verwenden muss. Dieser Betrag beläuft sich für das Jahr 2014 auf 207,38 €. Dadurch soll das Entstehen von Kleinstrenten vermieden und der Aufbau sinnvoller, kontinuierlich anwachsender Anwartschaften gefördert werden. Prinzipiell dasselbe Ziel verfolgt Abs. 1 S. 5. Nach dieser Vorschrift kann der Arbeitgeber verlangen, dass der Arbeitnehmer während eines Kalenderjahrs gleich bleibende monatliche Beträge seines regelmäßigen Entgelts für die betriebliche Altersversorgung verwendet.

15 **e) Ausschluss bei bestehender Entgeltumwandlung.** Nach Abs. 2 ist der Anspruch auf Umwandlung ausgeschlossen, **soweit bereits** eine durch **Entgeltumwandlung** finanzierte betriebliche Altersversorgung **besteht.** Damit ist zugleich klargestellt, dass arbeitgeberfinanzierte Versorgungszusagen den Anspruch auf Entgeltumwandlung nicht berühren. Sollte der Arbeitnehmer allerdings den Anspruch in der nach Abs. 1 S. 1 zulässigen Höhe nicht ausgeschöpft

haben, hat er die Möglichkeit, mit dem Arbeitgeber eine entsprechende ergänzende Vereinbarung zu treffen.

3. Verwirklichung der Entgeltumwandlung

Die **Erfüllung** des **Anspruchs** auf Entgeltumwandlung kann in **unterschiedlicher Weise** verwirklicht werden. Ebenso bleiben freie Räume zur Gestaltung des Versorgungsumfangs. 16

a) Möglichkeiten der Durchführung. Die Entgeltumwandlung kann auf kollektiv- oder individualrechtlicher Grundlage geregelt werden. Im kollektivrechtlichen Bereich kommt sowohl eine Regelung durch **Tarifvertrag** als auch durch **Betriebsvereinbarung** in Betracht. An die sich daraus ergebenden Vorgaben sind die tarifgebundenen Arbeitsvertragsparteien und bei Vorliegen einer Betriebsvereinbarung der Arbeitgeber und alle Belegschaftsmitglieder bei ihrer Entgeltumwandlung gebunden. 17

Bei fehlender Regelung auf kollektivrechtlicher Ebene wird die Erfüllung des Entgeltumwandlungsanspruchs des Arbeitnehmers allein durch **individualvertragliche Vereinbarung** verwirklicht. Sie bedarf keiner Form. Allerdings ist gem. § 2 Abs. 1 S. 2 Nr. 6 NachwG ein schriftlicher Nachweis zu erteilen. Der Arbeitgeber und der Arbeitnehmer können sich für jeden der fünf Durchführungswege der betrieblichen Altersversorgung frei entscheiden. Wie aus Abs. 1 S. 3 Halbs. 1 folgt, kann der Arbeitgeber allerdings die Wahl des Pensionsfonds oder einer Pensionskasse durchsetzen, wenn er diese Versorgungsträger für die Zwecke der Entgeltumwandlung anbietet. Der Arbeitnehmer hat in diesem Fall die Konditionen zu akzeptieren, die der Arbeitgeber mit dem jeweiligen Versorgungsträger ausgehandelt hat. Zu Recht ist der Gesetzgeber davon ausgegangen, dass die Einschaltung eines Dritten, der der Versicherungsaufsicht unterliegt, die Rechte der Arbeitnehmer in der vorgeschriebenen Weise sichert. Bietet der Arbeitgeber keinen der genannten Durchführungswege an, kann der Arbeitnehmer verlangen, dass der Arbeitgeber eine Direktversicherung für ihn abschließt. Dem Arbeitnehmer steht insoweit ein einseitiges arbeitsrechtliches Bestimmungsrecht zu. Um zu vermeiden, dass der Arbeitgeber mit einer Vielzahl von Versicherern konfrontiert wird und um den Verwaltungsaufwand in Grenzen zu halten, ist Abs. 1 S. 3 Halbs. 2 dahin zu interpretieren, dass sich das Bestimmungsrecht des Arbeitnehmers nicht auf die Wahl eines bestimmten Versicherungsunternehmens erstreckt (BAG vom 19.7.2005 – 3 AZR 502/04 (A) – DB 2005, 2252). 18

b) Erfordernis der Wertgleichheit. Das Gesetz trifft keine Regelung darüber, welche Versorgungsleistungen vereinbart werden können. Arbeitgeber und Arbeitnehmer sind daher frei, den **Umwandlungsbeträgen korrespondierende Leistungen** zuzuordnen. Neben Alters- können also auch Invaliditätsleistungen und eine Hinterbliebenenversorgung vereinbart werden, vorausgesetzt, dass sie sich an das **Wertgleichheitsgebot** des § 1 Abs. 2 Nr. 3 halten. 19

Das BAG hat mit Urteil vom 15.9.2009 (BAG vom 15.9.2009 – 3 AZR 17/09 – NZA 2010, 164) festgestellt, dass bezüglich der **Wertgleichheit** auf den Zeitpunkt des Abschlusses der Umwandlungsvereinbarung abzustellen sei. In welcher Höhe sich die spätere Versorgungsleistung tatsächlich realisiert, spielt 20 nach Ansicht des BAG ebenso wenig eine Rolle wie die subjektiven Vorstellungen der Parteien über die Wertgleichheit; anzulegen sei vielmehr ein objektiver Maßstab.

21 Nach dem Wortlaut des Gesetzes kommt auch eine Abwicklung der Entgeltumwandlung in Form der Beitragszusage mit Mindestleistung in Betracht. Das folgt aus dem Verweis in § 16 Abs. 3 Nr. 3 auf § 16 Abs. 5, aus dem sich ergibt, dass bei einer Beitragszusage mit Mindestleistung auch dann keine Anpassungsprüfung stattfindet, wenn die betriebliche Altersversorgung auf einer Entgeltumwandlung beruht. Umstritten ist, ob die Beitragszusage mit Mindestleistung dem Wertgleichheitsgebot genügt. Die Zusage schränkt nämlich die garantierte Mindestleistung auf die Summe der Beiträge abzüglich einer Risikotragung ein. Eine angemessene Verzinsung, bspw. in Höhe des Garantiezinses der Lebensversicherung, wäre somit nicht sichergestellt.

22 Andererseits ist nicht ersichtlich, dass der Gesetzgeber im Rahmen der Wertgleichheit eine bestimmte Mindestverzinsung bei der entgeltfinanzierten betrieblichen Altersversorgung vorgegeben hat. Arbeitnehmer bei der Entgeltumwandlung ausschließlich auf Systeme bzw. auf Modelle zu begrenzen, bei denen eine Mindestverzinsung durch den Arbeitgeber gewährt wird, findet daher keine gesetzliche Stütze. Jedoch erfordert das Wertgleichheitserfordernis ein **marktübliches Verhältnis** zwischen dem umgewandelten Entgelt auf der einen Seite und dem zur Finanzierung der Versorgungsanwartschaft erworbenen Anlageprodukt auf der anderen Seite. Die **Erträge** dieser Anlage sind **zugunsten** des **Arbeitnehmers** zu verwenden, produktimmanente Anlagekosten in üblicher Höhe können berücksichtigt werden. Soweit Finanzierungslösungen angeboten werden, die für die Altersversorgung ungeeignet sind, verstößt dies gegen die allgemeine Pflicht des Arbeitgebers zur Wahrung schutzwürdiger Arbeitnehmerinteressen sowie gegen dessen Aufklärungspflicht und kann somit Schadenersatzansprüche auslösen.

23 Mit Urteil des BAG vom 15.9.2009 (BAG vom 15.9.2009 – 3 AZR 17/09 – NZA 2010, 164) steht nunmehr fest, dass auch bei **gezillmerten Versicherungsverträgen** von einer **Wertgleichheit** ausgegangen werden kann. Bei einem Lebensversicherungsunternehmen entstehen bei Abschluss einer Versicherung zunächst Kosten für Gehälter, den Aufwand für die EDV und die Einrichtung des Produkts sowie weitere Kosten, die auch die Beratung und Information über das Vertragswerk umfassen. Die Abschlusskosten belasten das Deckungskapital. Bei gezillmerten Tarifen konnte diese Belastung bislang einmalig zu Beginn der Versicherung erfolgen. Seit der Neuregelung in § 169 Abs. 3 VVG müssen diese Kosten allerdings mindestens über die ersten fünf Jahre nach Vertragsschluss verteilt werden. Der Sparanteil der Prämie wird also zunächst zur Tilgung der Abschlusskosten verwendet. Erst wenn sie vollständig getilgt sind, führen die Beiträge zum Aufbau eines Deckungskapitals für die Altersversorgung. Wenn der Vertrag mit laufender Beitragszahlung nicht zu Ende geführt wird, geht dies in den ersten Jahren nach Vertragsschluss also zulasten der Rückkaufswerte.

24 Das BAG hat klar gestellt, dass versicherungsförmige Leistungen nach versicherungsmathematischen Grundsätzen zu berechnen sind, so dass diese Grundsätze folgerichtig auch beim erforderlichen Wertvergleich zugrunde zu legen

sind. Die Zillmerung ist eine versicherungsmathematisch anerkannte Methode zur Verrechnung der Abschluss- und Vertriebskosten, die auch aufsichtsrechtlich ohne Weiteres zulässig ist. Dementsprechend sind auch auf gezillmerten Tarifen beruhende Direktversicherungen als wertgleich anzusehen.

Die Entgeltumwandlungsvereinbarung ist laut BAG aber nicht nur am Wertgleichheitsgebot zu messen, sondern auch anhand der §§ 305 ff. BGB zu überprüfen. Es spricht nach Ansicht des BAG einiges dafür, dass eine unangemessene Benachteiligung i. S. d. § 307 BGB vorliegt, wenn bei einer auf Entgeltumwandlung beruhenden betrieblichen Altersversorgung ein (voll) gezillmerter Versicherungstarif verwendet wird. Angemessen könnte es dagegen sein, die bei der Direktversicherung anfallenden einmaligen Abschluss- und Vertriebskosten auf fünf Jahre zu verteilen. 25

Weder der Verstoß gegen das Wertgleichheitsgebot noch eine unangemessene Benachteiligung i. S. d. § 307 BGB führen aber zu einer Unwirksamkeit der Entgeltumwandlungsvereinbarung oder zu einer Nachzahlung von Arbeitsentgelt. Der Arbeitnehmer hat allenfalls Anspruch auf eine höhere Versorgungsanwartschaft. 26

4. Vorteile der Entgeltumwandlung für den Arbeitnehmer

Die Entgeltumwandlung bietet dem Arbeitnehmer zahlreiche **Vorteile in wirtschaftlicher Hinsicht.** Bezüglich der Durchführungswege ist sie allerdings vom Gesetzgeber unterschiedlich ausgestaltet worden. Zusätzlich ist die durch Umwandlung vereinbarte Versorgung infolge der veränderten Strukturierung des Betriebsrentenrechts **verstärkt abgesichert** worden. 27

a) Steuer- und Sozialabgabenfreiheit. Bei der **unmittelbaren Zusage** sowie der Zusage durch **Unterstützungskassen** kann das Entgelt im Rahmen der zulässigen Höhe effizient für die betriebliche Altersversorgung eingesetzt werden. Das beruht darauf, dass für den umgewandelten Betrag in der Anwartschaftsphase keine Steuern und Sozialabgaben anfallen. Dieses positive Ergebnis ist darauf zurückzuführen, dass der Erwerb von Anwartschaften auf betriebliche Altersversorgung durch Entgeltumwandlung in den genannten Durchführungswegen kein steuerbares Einkommen darstellt und das umgewandelte Entgelt auch sozialversicherungsrechtlich nicht als Arbeitsentgelt anzusehen ist, sofern es 4 % der BBG in der allgemeinen Rentenversicherung nicht übersteigt (vgl. § 14 Abs. 1 S. 2 SGB IV). Der Arbeitnehmer verzichtet auf seine ursprünglichen Forderungen auf Entgelt und nimmt an ihrer Stelle das Versorgungsversprechen als Gegenleistung an. Der Entgeltanspruch geht endgültig unter. Es fehlt mithin an einem lohnsteuerlich relevanten Zufluss beim Arbeitnehmer, da er auf künftige Entgeltansprüche verzichtet. Ein steuer- bzw. beitragspflichtiger Tatbestand liegt daher nicht vor. Aus Vereinfachungsgründen erkennt die Finanzverwaltung die Herabsetzung von Arbeitslohn zugunsten betrieblicher Altersversorgung auch dann als Entgeltumwandlung an, wenn die Änderungsvereinbarung bereits erdiente, aber noch nicht fällig gewordene Anteile umfasst. Erfasst werden von dieser praxisnahen Regelung z. B. jährlich anfallende Zahlungen auf Weihnachts- und Urlaubsgeld oder jährlich auszuzahlende Tantiemen. 28

Der Verlust bei der gesetzlichen Rente und die nachgelagerte Besteuerung, 29
die nach Eintritt des Versorgungsfalls gem. § 19 Abs. 1 Nr. 2 EStG durchzufüh-

ren ist, fallen i.d.R. weniger stark ins Gewicht, zumal gem. § 19 Abs. 2 EStG ab Alter 63 die Versorgungsfreibeträge nebst Zuschlägen, die allerdings bis zum Jahr 2040 kontinuierlich auf Null abschmelzen, genutzt werden können. Bei Kapitalzahlungen kann im Fall von unmittelbaren Zusagen und Unterstützungskassenzusagen häufig die sog. „Fünftelungsregelung" des § 34 Abs. 1 EStG genutzt werden, da es sich regelmäßig um Vergütungen für mehrjährige Tätigkeiten handelt. Außerdem ist durch das Gesetz zur Förderung der zusätzlichen Altersvorsorge und zur Änderung des SGB III vom 10.12.2007 die ursprünglich befristete **Sozialversicherungsfreiheit** auf unbegrenzte Zeit **ausgedehnt** worden.

30 An eine kapitalgedeckte **Pensionskasse** oder einen **Pensionsfonds** können gem. § 3 Nr. 63 EStG in der Anwartschaftsphase Beiträge grds. bis zu 4 % der BBG, 2014 also bis zu 2.856 €, jährlich steuerfrei entrichtet werden; dieser steuerfreie Höchstbetrag erhöht sich um 1.800 € p.a. für Neuzusagen ab 2005. In der Leistungsphase werden die Versorgungsleistungen aus den nicht versteuerten Beiträgen als sonstige Einkünfte gem. § 22 Nr. 5 S. 1 EStG voll versteuert. Im Gegensatz zu Versorgungsbezügen aus unmittelbaren Zusagen und Unterstützungskassenzusagen können die dort gewährten Versorgungsfreibeträge nebst Zuschlägen bei der Pensionskasse und beim Pensionsfonds nicht abgezogen werden. Allerdings kann der Altersentlastungsbetrag nach § 24a EStG genutzt werden. Der Altersentlastungsbetrag wird nach der Neuregelung durch das AltEinkG bis zum Jahr 2040 kontinuierlich auf Null zurückgeführt.

31 Mit der Steuerfreiheit nach § 3 Nr. 63 EStG ist beabsichtigt, den Aufbau der kapitalgedeckten betrieblichen Altersversorgung zu unterstützen. Der Gesetzgeber hat deshalb am 1.1.2005 auch die **Direktversicherung** in die Steuerfreiheit gem. § 3 Nr. 63 EStG einbezogen. Auch für diesen Durchführungsweg gilt für Neuzusagen ab 2005 grds. die volle nachgelagerte Besteuerung der ausgezahlten Versicherungsleistungen nach § 22 Nr. 5 S. 1 EStG, soweit diese auf steuerfreien Beiträgen beruhen. Gleichzeitig **fällt** die **Pauschalierungsmöglichkeit** für Direktversicherungs- und Pensionskassenbeiträge nach § 40b EStG in der am 31.12.2004 geltenden Fassung für nach dem 31.12.2004 erteilte Versorgungszusagen **weg.** Für zum 1.1.2005 bereits bestehende Verträge gilt eine Übergangsregelung. § 40b EStG in der am 31.12.2004 geltenden Fassung ist auf Altzusagen im Durchführungsweg Pensionsfonds nicht anwendbar.

32 Vor dem AltEinkG wurde bei Direktversicherungen und Pensionskassen eine auf (pauschal-)versteuerten Beiträgen beruhende Kapitalauszahlung einschließlich der angesammelten Erträge nach einer Vertragslaufzeit von mindestens zwölf Jahren nicht besteuert (§ 20 Abs. 1 Nr. 6 EStG in der am 31.12.2004 geltenden Fassung). Nach § 20 Abs. 1 Nr. 6 EStG in der aktuellen Fassung ist bei Neuverträgen grds. nur die Hälfte der Zinserträge zu versteuern, wenn die Versicherungsleistung nach Vollendung des 60. Lebensjahrs des Steuerpflichtigen und nach Ablauf von zwölf Jahren seit dem Vertragsschluss ausgezahlt wird. Für Verträge nach dem 31.3.2009 ist zudem noch eine bestimmte Mindestrisikoleistung erforderlich (§ 52 Abs. 36 S. 11 EStG).

33 Für Altzusagen aus kapitalgedeckter Pensionskasse und Direktversicherung, bei denen § 40b EStG in der am 31.12.2004 geltenden Fassung in Form der Pauschalbesteuerung noch in Anspruch genommen werden kann, gilt für Beiträge gem. § 1 Abs. 1 S. 1 Nr. 4 SvEV eine Freiheit in der Sozialversicherung bis

zu 1.752 € bzw. 2.148 €, wenn diese zusätzlich zu Löhnen und Gehältern gewährt werden.

Für Zuwendungen nach § 40b EStG in der zzt. geltenden Fassung an eine nicht kapitalgedeckte Pensionskasse gelten steuer- und beitragsrechtlich gesonderte Regelungen. 34

Die steuerfreie Zuwendung ist in diesen Durchführungswegen außerdem bis zur Höhe von insgesamt 4 % der BBG in der allgemeinen Rentenversicherung sozialabgabenfrei (vgl. § 1 Abs. 1 S. 1 Nr. 9 SvEV). Dies gilt auch für darin enthaltene Beträge, die aus einer Entgeltumwandlung stammen. 35

Werden mehrere Durchführungswege nebeneinander praktiziert (z.B. Direktzusage bzw. Unterstützungskassenversorgung neben Pensionskasse, Pensionsfonds oder Direktversicherung), können die in der Beitragszeit gewährten Freibeträge bezüglich der Sozialversicherung grds. in jedem einzelnen Durchführungsweg ausgeschöpft werden. Werden jedoch mehrere in den maßgebenden Einzelvorschriften gemeinsam genannte Durchführungswege wie Direktzusage und Unterstützungskassenversorgung (§ 14 Abs. 1 S. 2 SGB IV) oder Direktversicherung, Pensionsfonds und Pensionskasse (§ 1 Abs. 1 S. 1 Nr. 9 SvEV i.V.m. § 3 Nr. 63 EStG) nebeneinander praktiziert, kann der Freibetrag je Einzelvorschrift nur einmal berücksichtigt werden. 36

Die **Steuerfreiheit** nach § 3 Nr. 63 EStG ist seit 2005 auf solche Versorgungszusagen beschränkt, die eine Auszahlung der Versorgungsleistungen in Form einer Rente oder eines Auszahlungsplans mit Restverrentung ab spätestens dem 85. Lebensjahr vorsehen – wobei bis zu zwölf Monatsbeträge in einer Zahlung zusammengefasst werden können. Im Übrigen können bei einem Auszahlungsplan maximal 30 % des zu Beginn der Auszahlungsphase zur Verfügung stehenden Kapitals außerhalb der monatlichen Leistungen als Einmalbetrag gem. § 1 Abs. 1 Nr. 4a) AltZertG n.F. ausgezahlt werden. Allein die Möglichkeit, anstelle lebenslanger Versorgungsleistungen eine Kapitalauszahlung zu wählen, steht der Steuerfreiheit der Beiträge grds. nicht entgegen. Wird das Wahlrecht jedoch zugunsten einer Kapitalauszahlung ausgeübt, unterliegt diese ebenso wie eine Rente der Vollbesteuerung nach § 22 Nr. 5 EStG. 37

Die **Beschränkung** des **steuerfreien Fördervolumens bei Arbeitgeberwechsel** auf 4 % der BBG in der gesetzlichen Rentenversicherung je Kalenderjahr **ist** ab 2005 **weggefallen.** Für die Steuerfreiheit nach § 3 Nr. 63 EStG ist auf eine arbeitgeberbezogene Betrachtung abzustellen. Wechselt der Arbeitnehmer im Lauf des Kalenderjahrs sein erstes Dienstverhältnis, können die steuerfreien Höchstbeträge des § 3 Nr. 63 EStG somit im neuen Dienstverhältnis erneut in Anspruch genommen werden, was allerdings entsprechende Beitragsleistungen beider Arbeitgeber voraussetzt, die auch über eine Entgeltumwandlung refinanziert werden können. Hierdurch ergeben sich insbesondere bei einem Arbeitgeberwechsel zwischen verbundenen Unternehmen attraktive Gestaltungsmöglichkeiten. 38

Bei einem Arbeitgeberwechsel im Laufe eines Jahrs kann auch der zusätzliche Steuerfreibetrag von 1.800 € erneut in Anspruch genommen werden. 39

Versorgungsleistungen aus Pensionskassen, Pensionsfonds bzw. Direktversicherungen werden im Zeitpunkt der Auszahlung als **sonstige Einkünfte** gem. § 22 Nr. 5 S. 1 EStG voll **besteuert,** soweit sie auf steuerfreien Beitragsleistungen des Arbeitgebers beruhen oder im Bereich der sog. Riester-Förderung 40 durch Sonderausgabenabzug (§ 10a EStG) bzw. durch Altersvorsorgezulage (Abschn. XI EStG) gefördert wurden. Die Besteuerung als sonstige Einkünfte bewirkt, dass der auf Versorgungsbezüge anzuwendende Versorgungsfreibetrag und der Zuschlag zum Versorgungsfreibetrag hier nicht abgezogen werden dürfen. Beruhen die späteren Rentenleistungen sowohl auf steuerfreien geförderten als auch auf nicht geförderten Beitragsleistungen, müssen die Versorgungsleistungen in einen voll steuerpflichtigen und einen nach § 22 Nr. 5 S. 2 i.V.m. § 22 Nr. 1a bb EStG lediglich mit dem Ertragsanteil zu besteuernden Anteil aufgeteilt werden. Diese Aufteilung ist nach den Verhältnissen zu Beginn der Auszahlung der Versorgungsleistungen sowie bei späteren Änderungen vorzunehmen.

41 Bezüglich der **sozialversicherungsrechtlichen Behandlung** in der Leistungsphase fallen in der Renten- und Arbeitslosenversicherung keine Beiträge aus den durch Entgeltumwandlung finanzierten Versorgungsbezügen an. In der Kranken- und Pflegeversicherung zählen dagegen Versorgungsbezüge zu den beitragspflichtigen Einnahmen (vgl. § 237 S. 1 Nr. 2, S. 2 i.V.m. § 229 Abs. 1 S. 1 Nr. 5 SGB V; § 57 Abs. 1 S. 1 SGB XI). In allen Durchführungswegen sind somit sowohl bei Renten- als auch bei Kapitalzahlungen Kranken- und Pflegeversicherungsbeiträge zu entrichten. Der Beitragspflicht unterliegen der Zahlbetrag der Rente aus der gesetzlichen Rentenversicherung, der Zahlbetrag aus den der Rente vergleichbaren Einnahmen, wozu die Renten aus betrieblicher Altersversorgung einschließlich der Zusatzversorgung im öffentlichen Dienst und der hüttenknappschaftlichen Zusatzversorgung zählen, sowie das Arbeitseinkommen.

42 Bei Kapitalleistungen gilt gem. § 229 Abs. 1 S. 3 SGB V ein Einhundertzwanzigstel der Leistung als monatlicher Zahlbetrag der Versorgungsbezüge, längstens jedoch für 120 Monate. Dies gilt auch für eine Kapitalleistung, die in Raten gezahlt wird (BSG vom 17.3.2010 – B 12 KR 5/09 R – BetrAV 2010, 392).

43 **b) Steuerliche Förderung.** Der Arbeitnehmer kann gem. § 1a Abs. 3 verlangen, dass die Voraussetzungen für die sog. **Riester-Förderung** nach **§§ 10a, 82 Abs. 2 EStG** erfüllt werden, wenn die betriebliche Altersversorgung über einen **Pensionsfonds,** eine **Pensionskasse** oder eine **Direktversicherung** durchgeführt wird. Bei dieser Konstellation wird der Anspruch auf Entgeltumwandlung mit der Riester-Förderung der zusätzlichen Altersvorsorge verknüpft. Zugleich werden auf diese Weise die Riester-Förderung der betrieblichen Altersversorgung und der privaten Altersvorsorge angeglichen.

44 Die Riester-Förderung setzt nach § 82 Abs. 2 EStG voraus, dass der Arbeitnehmer den Entgeltumwandlungsbetrag aus individuell versteuertem Entgelt leistet. Der **Entgeltumwandlungsbetrag** des Arbeitnehmers ist somit in einem ersten Schritt der **Besteuerung** und damit auch der **Verbeitragung** unterworfen. Daraus folgt, dass der Arbeitgeber seinen Sozialversicherungsanteil auf den Entgeltumwandlungsbetrag gleichfalls entrichten muss, wenn der Arbeitnehmer die Förderung gem. § 10a EStG verlangt. Eine Zertifizierung der Altersvorsorgeverträge ist im Rahmen der Entgeltumwandlung für Beiträge zur Direktversicherung, zur Pensionskasse oder zum Pensionsfonds nicht erforderlich. Es ist lediglich eine lebenslange Absicherung des Versorgungsberechtigten im Alter zu gewährleisten, die entweder über eine Leibrentenauszahlung oder durch einen Auszahlungsplan mit Restkapitalverrentung erfolgen kann. Außerhalb der mo-

natlichen Raten können bis zu 30% des zu Beginn der Auszahlungsphase zur Verfügung stehenden Kapitals ausgezahlt werden.

Die Riester-Förderung besteht in der Gewährung einer **Zulage** oder eines **Sonderausgabenabzugs** bis zu einem Höchstbetrag, der gem. § 10a Abs. 1 S. 1 EStG 2.100 € beträgt. Zunächst hat der Arbeitnehmer eine **Zulage** nach §§ 79 ff. EStG zu beantragen, deren Höhe vom Familienstand abhängig ist. Bei einem kinderlosen Zulageberechtigten beläuft sie sich gem. § 84 EStG auf 154 €. Für Zulageberechtigte, die zu Beginn des Beitragsjahrs das 25. Lebensjahr noch nicht vollendet haben, erhöht sich diese Grundzulage um einmalig 200 €. Die Kinderzulage beträgt gem. § 85 EStG jährlich 185 € pro Kind. Für nach dem 31.12.2007 geborene Kinder ist die Zulage auf 300 € angehoben worden. Die Zulage nach den §§ 84, 85 EStG wird gekürzt, wenn der Zulageberechtigte nicht den Mindesteigenbetrag leistet. Dieser beträgt jährlich 4% der Summe der im vorangehenden Kalenderjahr in der Rentenversicherung beitragspflichtigen Einnahmen bzw. sonstigen relevanten Einnahmen (vgl. § 86 Abs. 1 EStG), jedoch nicht mehr als die in § 10a Abs. 1 S. 1 EStG genannten Beträge, vermindert um die Zulage nach den §§ 84 und 85 EStG. Ob der Sonderausgabenabzug oder der Anspruch auf Zulagen für den Arbeitnehmer vorteilhafter ist, wird aufgrund eines Günstigkeitsvergleichs festgestellt. Die Berechnung ist von den Finanzämtern von Amts wegen gem. § 10a Abs. 2 EStG vorzunehmen. 45

Der Gesetzgeber hat die **Riester-Förderung** nach §§ 10a, 82 Abs. 2 EStG auf die externen, **kapitalgedeckten Durchführungswege** beschränkt. Die unmittelbare Versorgungszusage und die Unterstützungskasse bleiben von der Zulagenförderung ausgeschlossen. Der Bundesrat hatte in seiner Stellungnahme vom 21.12.2000 zum Gesetzentwurf (BT-Drs. 14/5068, Anlage 2, 10) dagegen gefordert, das Förderkonzept kompatibel zu gestalten und eine Einbeziehung aller fünf Durchführungswege der betrieblichen Altersversorgung in die Förderung zu ermöglichen. Er hat sich mit seiner Forderung jedoch nicht durchgesetzt. 46

c) Sofortige Unverfallbarkeit. Die **Absicherung der** durch Entgeltumwandlung erworbenen **Versorgungsansprüche** ist durch das BetrAVG i.d.F. vom 26.6.2001 klargestellt und verbessert worden. So ist die auf Entgeltumwandlung beruhende Versorgungsanwartschaft nach § 1b Abs. 5 S. 1 Halbs. 1 sofort unverfallbar. Dies bedeutet, dass bei einem Ausscheiden aus dem Arbeitsverhältnis vor Eintritt des Versorgungsfalls in jedem Fall die bis dahin erworbene (Teil-)Anwartschaft erhalten bleibt. Damit ist die bisherige höchstrichterliche Rechtsprechung (BAG vom 8.6.1993 – 3 AZR 670/92 – DB 1993, 2538) kodifiziert worden. Die Neuregelung der Unverfallbarkeit gilt allerdings nur für Anwartschaften, die auf Zusagen beruhen, die ab dem 1.1.2001 erteilt worden sind. Sofern die sofortige Unverfallbarkeit nicht vertraglich vereinbart oder kraft Richterrechts fingiert wurde, bleibt es gem. § 30f S. 2 für Anwartschaften aus Altzusagen bei den bisherigen Unverfallbarkeitsvoraussetzungen. 47

d) Zusätzliche Absicherung bei externen Durchführungswegen. Zur **weiteren Absicherung** der Versorgungsansprüche durch Entgeltumwandlung bestimmt § 1b Abs. 5 S. 1 Halbs. 2, dass bei der Umwandlung durch Direktversicherungs-, Pensionskassen- und Pensionsfondszusagen dem ausgeschiedenen Arbeitnehmer sofort die Überschussanteile zur Verbesserung der Versicherungs- 48 leistung zugutekommen müssen (Nr. 1), ihm das Recht zur Fortsetzung der Versicherung oder Versorgung mit eigenen Beiträgen einzuräumen ist (Nr. 2) und die Möglichkeiten zur Verpfändung, Abtretung oder Beleihung durch den Arbeitgeber ausgeschlossen werden müssen (Nr. 3). Nach § 1b Abs. 5 S. 2 ist dem Arbeitnehmer im Fall der Versorgung durch Direktversicherung darüber hinaus mit Beginn der Entgeltumwandlung ein unwiderrufliches Bezugsrecht einzuräumen.

49 **e) Sofortiger Insolvenzschutz.** Nach § 7 Abs. 2 S. 1 und 2 erstreckt sich der Insolvenzschutz bei unmittelbaren Versorgungszusagen sowie bei Direktversicherungs-, Unterstützungskassen- und Pensionsfondszusagen generell auf unverfallbare Anwartschaften i.S.v. § 1b. Da durch Abs. 5 dieser Vorschrift klargestellt ist, dass Versorgungsversprechen aus Entgeltumwandlung ab ihrer Erteilung unverfallbar sind, genießen sie den sofortigen **Insolvenzschutz durch** den **PSVaG;** bei der Direktversicherung wird der Insolvenzschutz anstelle dessen allerdings bereits regelmäßig durch das unwiderrufliche Bezugsrecht und das angesammelte Deckungskapital erreicht. Die Einschränkung in § 7 Abs. 5 S. 3, wonach Verbesserungen der Versorgungszusagen bei der Bemessung der Leistungen des Trägers der Insolvenzsicherung nicht berücksichtigt werden, soweit sie in den letzten beiden Jahren vor Eintritt des Sicherungsfalls vereinbart worden sind – dieselbe Rechtsfolge trifft auf erstmalig erteilte Versorgungszusagen erst recht zu (BAG vom 24.11.1998 – 3 AZR 423/97 – DB 1999, 914) –, hat für die Entgeltumwandlung nur noch geringe Bedeutung, denn Versorgungszusagen, die ab dem 1.1.2002 sowie in den beiden letzten Jahren vor Eintritt des Versicherungsfalls erteilt werden, unterfallen dem sofortigen gesetzlichen Insolvenzschutz, soweit die jeweiligen Versorgungsansprüche auf Umwandlungsbeträgen von bis zu 4% der BBG beruhen.

5. Vorteile aus Sicht des Arbeitgebers

50 Für den Arbeitgeber bietet die betriebliche Altersversorgung durch Entgeltumwandlung gleichfalls Vorteile. Diese können neben personalpolitischen Aspekten (Mitarbeiterbindung und -gewinnung) in der Ersparnis von Sozialversicherungsbeiträgen und im sog. **Innenfinanzierungseffekt** durch Rückstellungsbildung in der Steuerbilanz bestehen. Allerdings reicht der durch § 6a EStG gewährte Steuervorteil grds. nicht aus, um einen steuerfreien Deckungsstockaufbau zu gewährleisten. Ein wesentlicher Grund hierfür ist, dass die Versorgungsleistungen seit Jahren mit einem unter Marktgesichtspunkten zu hohen gesetzlichen Rechnungszinsfuß von 6% kalkuliert werden müssen.

51 Die Entgeltumwandlung erfährt insofern eine ertragsteuerliche Flankierung, als bei ihr mindestens der Barwert der gesetzlich unverfallbaren künftigen Pensionsleistungen passiviert werden darf, falls er den herkömmlichen Teilwert überschreitet (§ 6a Abs. 3 S. 2 Nr. 1 sowie S. 6 Halbs. 2 EStG). Da der Arbeitnehmer auf die Versorgungsleistungen aus dem Umwandlungsbetrag zugleich eine gesetzlich unverfallbare Anwartschaft erwirbt, ist es sachgerecht, wenn gem. § 6a EStG die Aufwandsverrechnung des Umwandlungsbetrags ohne untere Altersgrenze zugelassen wird. Bei der Arbeitgeberfinanzierung hat der Gesetzgeber wegen der Änderung der arbeitsrechtlichen Unverfallbarkeitsvoraus-

setzungen konsequenterweise mehrfach den **Finanzierungsbeginn** für die **Pensionsrückstellungsbildung** vom 30. auf das 28. bzw. das 27. Lebensjahr **herabgesetzt.** Die Rückstellungsverbesserungen wurden im AVmG für Zusagen ab 1.1.2001 und im Gesetz zur Förderung der zusätzlichen Altersvorsorge vom 10.12.2007 für Zusagen ab 1.1.2009 neu geregelt.

Wegen der Änderung der Unverfallbarkeitsvoraussetzungen wurde ertrag- 52
steuerlich auch für **Unterstützungskassen** eine Herabsetzung des frühestmöglichen Zuwendungsalters geregelt. Auch bei ihnen wird beim Finanzierungsbeginnalter gem. § 4d EStG nunmehr grds. auf die Vollendung des 27. Lebensjahrs abgestellt. Bei durch Lebensversicherungen rückgedeckten Unterstützungskassen ist für – bspw. aus einer Entgeltumwandlung resultierende – unverfallbare Leistungsanwartschaften gem. § 4d Abs. 1 Nr. 1c S. 3 EStG ein früherer Finanzierungsbeginn vorgesehen, zudem wird grds. eine angemessene Finanzierung im Anwartschaftsdeckungsverfahren erlaubt. Bei der pauschaldotierten Unterstützungskasse kann der Arbeitgeber dagegen für Altersversorgungsanwartschaften nur ein geringes „Reservepolster" von zwei Jahresrenten bilden, die Zuwendung des steuerlichen Deckungskapitals ist erst ab Beginn der lebenslänglich laufenden Leistungen gestattet.

6. Recht auf Beitragsfortzahlung bei ruhendem Arbeitsverhältnis

Nach § 1a Abs. 4, der durch das AltEinkG in das BetrAVG eingefügt wurde, hat 53
der Arbeitnehmer das Recht, die Versicherung oder Versorgung mit eigenen Beiträgen fortzusetzen, falls er bei fortbestehendem Arbeitsverhältnis kein Entgelt erhält. Mit dieser Bestimmung will der Gesetzgeber **vor allem** eine Lücke in der betrieblichen Versorgung von weiblichen Mitarbeitern schließen, die ohne diese Regelung sonst während der **Elternzeit,** die immer noch weit überwiegend von Frauen in Anspruch genommen wird, entstehen würde. Das Recht des Arbeitnehmers auf Beitragsfortzahlung gilt aber nur, solange das **Arbeitsverhältnis fortbesteht.** Kommt es z.B. zu einer Beendigung des Arbeitsverhältnisses wegen einer krankheitsbedingten Kündigung, besteht gegenüber dem Arbeitgeber kein Fortführungsanspruch mehr; u.U. hat der Arbeitnehmer aber dann die Möglichkeit, die Versorgung als private Altersvorsorge fortzuführen.

a) Begriff der entgeltfreien Dienstzeiten. Die entgeltfreien Dienstzeiten, 54
während derer ein Recht des Arbeitnehmers auf Beitragsfortzahlung in die betriebliche Altersversorgung besteht, sind vom Gesetzgeber nicht definiert. Es ist deshalb davon auszugehen, dass das Recht auf Beitragsfortzahlung grds. während aller ruhenden Arbeitsverhältnisse, unabhängig von einem Schutzbedürfnis des jeweiligen Arbeitnehmers besteht. Erfasst wird deshalb nicht nur das Ruhen von Arbeitsverhältnissen während Elternzeiten und langer Erkrankungen, sondern auch das **Ruhen aus anderen** gesetzlichen **Gründen,** wie wegen Ableistung des Wehrdiensts oder aufgrund von Vereinbarungen, z.B. für den Fall einer Entsendung eines Arbeitnehmers, einer Freistellung zur Weiterbildung oder für ein Sabbatjahr.

b) Begrenzung auf externe Durchführungswege. Aus dem Gesetzeswort- 55
laut geht nicht hervor, ob ein Beitragsfortzahlungsrecht des Arbeitnehmers nur

bei bestimmten Durchführungswegen zulässig ist. Das Gesetz spricht lediglich von „Versicherung und Versorgung", die der Arbeitnehmer mit eigenen Beiträgen fortsetzen kann. Aus der Gesetzesbegründung ergibt sich jedoch, dass eine Beitragsfortzahlung des Arbeitnehmers nur für externe Durchführungswege gedacht ist. Auch aus der **Systematik** des § 1a Abs. 4 ist zu folgern, dass nur die in § 1a Abs. 1 angesprochenen Durchführungswege Pensionsfonds, Pensionskasse und Direktversicherung von dieser Regelung erfasst sind.

56 **c) Recht auf Beitragsfortzahlung nur bei eigener Beitragslast.** Nach der Begründung des Gesetzgebers zum mit AltEinkG neu in § 1a eingefügten Abs. 4 hat der Arbeitnehmer ein Recht auf Beitragszahlung nur bei der Entgeltumwandlung bzw. bei sonstigen Systemen, die aus Eigenbeiträgen des Arbeitnehmers finanziert werden. Auch die gesetzessystematische Eingliederung des Rechts auf Beitragsfortzahlung in die Regelungen über die Entgeltumwandlung, auf die zudem S. 3 des Abs. 4 hinweist, spricht dafür, dass das Recht auf Beitragsfortzahlung lediglich in diesem Rahmen Anwendung finden soll. Aus der gesetzlichen Regelung, die die Arbeitnehmerbeiträge den für die **Entgeltumwandlung** maßgeblichen Bestimmungen unterstellt, folgt, dass außerdem die Systeme, die im Rahmen einer **Umfassungszusage** aus Eigenbeiträgen des Arbeitnehmers finanziert werden, unter § 1a Abs. 4 fallen. Auch für sie gelten die weiteren Sonderregelungen zur Entgeltumwandlung entsprechend, also die sofortige Unverfallbarkeit nach § 1b Abs. 5, der daraus resultierende sofortige Insolvenzschutz gem. § 7 Abs. 2 und die Verpflichtung zur Rentenanpassung nach § 16 Abs. 5. Nach alledem ist festzuhalten, dass ein Recht zur Beitragsfortzahlung **nur** bei **arbeitnehmerfinanzierten Altersversorgungssystemen** besteht.

57 Gleichwohl kann sich eine Beitragsfortzahlung durch den Arbeitnehmer zulasten des Arbeitgebers auswirken. Für die aus eigenen Beiträgen des Arbeitnehmers resultierende Versorgung hat er gem. Abs. 4 S. 2 einzustehen. Schwierigkeiten können ferner im Rahmen kofinanzierter Systeme auftreten (sog. Matching). Es fragt sich z.B., ob die Zahlung von Eigenbeiträgen durch den Arbeitnehmer die Pflicht zur Zahlung von **Matching-Beiträgen** des Arbeitgebers auslöst. Die Praxis löst dies durch Auslegung der jeweiligen Zusage im Einzelfall.

58 **d) Keine Begrenzung der Beitragshöhe.** Eine Begrenzung der Höhe der Beiträge des Arbeitnehmers ist dem Gesetzeswortlaut nicht zu entnehmen.

59 Aus der Formulierung „Fortsetzen der Versicherung" lässt sich aber folgern, dass es sich in zeitlicher Hinsicht um ein **lückenloses Fortführen** handeln muss, wie es sich aus dem Versorgungsverhältnis ergibt. Nach allgemeinem Sprachgebrauch ist nämlich dem Wort „Fortsetzen" ein Kontinuum immanent, und dieses bezieht sich eben gerade auf die Versicherung, die bereits besteht. Diese Auslegung ist auch geboten, um zu verhindern, dass ein Arbeitnehmer z.B. im Rahmen einer Versorgung über einen versicherungsförmigen Durchführungsweg nach einer Unterbrechung durch nachträgliche Zahlung von Eigenbeiträgen ohne erneute Gesundheitsprüfung (negative Risikoauslese) zulasten der Versicherungsgemeinschaft Versorgungsanwartschaften erlangt.

60 Darüber hinaus kann es in der Praxis zu **Anwendungsschwierigkeiten bei Systemen mit variablen Beiträgen** kommen. Es wird z.B. zu klären sein, ob

bei dynamisierten Versorgungsregelungen die Beiträge auch während des Ruhens des Arbeitsverhältnisses einer Veränderung unterliegen. Ferner wird sich die Frage stellen, ob ein Arbeitnehmer niedrigere Beiträge als bisher entrichten kann und was bei der Entrichtung von Teilbeiträgen hinsichtlich des nicht geltend gemachten Anspruchs geschieht. Selbst wenn in Einzelfällen die Gesetzesauslegung nicht dazu führt, dass der Arbeitnehmer einen Anspruch auf Beitragsfortzahlung hat, dürfte es sich bei der einen oder anderen Konstellation aus personalpolitischen Gründen empfehlen, ein Recht auf Beitragsfortzahlung einzuräumen.

7. Aufklärungspflicht

Der **Informationsbedarf** darüber, auf welchem Weg die Entgeltumwandlung am rentabelsten genutzt werden kann, ist **groß.** Die Frage lässt sich nicht generell beantworten. Im Hinblick auf die steuerliche und sozialversicherungsrechtliche Behandlung der Entgeltumwandlung ergeben sich unterschiedliche Effekte in der Anwartschafts- und Leistungsphase. Die Aufstellung eines Günstigkeitsvergleichs zwischen der sog. Brutto- und Nettolösung ist außerdem von einer Vielzahl von Kriterien abhängig, die sich für jeden Arbeitnehmer anders darstellen. Die vielfältigen Gestaltungsmöglichkeiten werden noch komplizierter, wenn eine Kombination von Brutto- und Nettolösung in die Berechnung einbezogen wird. Hinzu kommt, dass die Altersvorsorgeverträge auf eine sehr lange Laufzeit ausgerichtet sind. Änderungen steuerlicher, sozialversicherungs- und arbeitsrechtlicher Art können den ursprünglich optimalen Weg infrage stellen. 61

Bezüglich der konkreten steuerrechtlichen Auswirkungen besteht fraglos ein Informationsbedürfnis des Arbeitnehmers; dasselbe gilt für die sozialversicherungsrechtlichen Folgen der Entgeltumwandlung. Es würde jedoch eine **Überstrapazierung** der **Fürsorgepflicht** bedeuten, angesichts der aufgezeigten zahlreichen Gestaltungsmöglichkeiten dem Arbeitgeber eine allgemeine Aufklärungspflicht aufzubürden. Er ist nicht verpflichtet, dem Arbeitnehmer eine individualisierte Beratung in Fragen der Lohnsteuer und der Sozialversicherung anzubieten. Dies gilt umso mehr, als die steuerlichen Auswirkungen und die sozialrechtlichen Regelungen nicht disponibel sind und daher keine atypische Folge der Umwandlungsvereinbarung darstellen. Es ist daher von dem Grundsatz auszugehen, dass der **Arbeitnehmer** sich **selbst informieren** muss, bevor er eine Vereinbarung in Bezug auf sein Arbeitsverhältnis abschließt. Es ist ihm überlassen, ob und falls ja, **welche Institutionen** er zu seiner Unterrichtung **in Anspruch nehmen** will. 62

Eine **andere Beurteilung** greift Platz, soweit die **Leistungsstruktur** infrage steht. Der Arbeitgeber entscheidet, ob die Entgeltumwandlung durch einen Pensionsfonds oder eine Pensionskasse durchgeführt wird. Diese Autonomie verliert er nur, wenn er keine Entscheidung getroffen hat und der Arbeitnehmer infolgedessen seinen Anspruch auf Umwandlung in eine Versorgung durch eine Direktversicherung geltend macht. Mit der sodann vom Arbeitgeber zu treffenden Auswahl des Versorgungsträgers wird zugleich der Tarif, der Geschäftsplan oder Leistungsplan für die konkrete Gegenleistung aus der Entgeltumwandlung festgelegt, sie bilden damit einen wesentlichen Vertragsbestandteil der Entgelt- 63 umwandlung. Der **Arbeitgeber bestimmt** insoweit die **Konditionen,** die bei der Entgeltumwandlung der Arbeitnehmer finanziert.

64 **Mit** dem **Wahlrecht** des Arbeitgebers **wächst** im Gegenzug das **Informationsbedürfnis** des **Arbeitnehmers.** Da er keinen Einfluss auf die Konditionen hat, kann er lediglich darüber entscheiden, ob er ein solches Finanzierungsmodell eingehen möchte. Er ist somit von der Vorauswahl des Arbeitgebers abhängig und muss dem Arbeitgeber letztlich vertrauen, dass dieser seine Vermögensinteressen wahrt. Der Arbeitnehmer kann ohne die Informationen des Arbeitgebers nicht erkennen, welche Auswirkungen die jeweilige Wahl des Tarifs, des Geschäftsplans oder Leistungsplans, z.B. in den Fällen des vorzeitigen Ausscheidens, der Portabilität oder bei vorzeitiger Altersleistung hat. Die Versicherungswirtschaft verwendet bei der versicherungsförmigen Durchführung eine Vielzahl von Tarifen und Tarifarten, die sich unterschiedlich auf die Entwicklung des Versorgungskapitals auswirken können. Im Lichte dieser Gestaltungsmöglichkeiten muss von einem gesteigerten Informationsbedürfnis des Arbeitnehmers ausgegangen werden, dem eine **Informationspflicht** des **Arbeitgebers** gegenübersteht. Der Arbeitgeber muss folglich vor Abschluss der Vereinbarung u.a. Auskunft **über** die jeweiligen **Konditionen** der Entgeltumwandlung geben sowie darüber, dass die Entgeltumwandlung Auswirkungen auf andere Leistungen haben könnte.

65 Eine **generelle Beratungspflicht** des Arbeitgebers **besteht** dagegen **nicht.** Zur Vermeidung von Rechtsnachteilen für den Versorgungsberechtigten kann der Arbeitgeber aber u.U. verpflichtet sein, von sich aus geeignete Hinweise zu geben. Grds. hat zwar jeder Vertragspartner für die Wahrnehmung seiner Interessen selbst zu sorgen und sich Klarheit über die Folgen der vorgesehenen Vereinbarungen zu verschaffen. Der jeder Partei zuzubilligende Eigennutz findet aber seine Grenzen am schutzwürdigen Lebensbereich des Vertragspartners. Hinweis- und Aufklärungspflichten beruhen daher auf den besonderen Umständen des Einzelfalls und sind das Ergebnis einer umfassenden Interessenabwägung (BAG vom 14.1.2009 – 3 AZR 71/07 – AP Nr. 7 zu § 1 BetrAVG Auskunft).

66 Unproblematisch ist es, wenn der Arbeitgeber lediglich aufgrund eines Tarifvertrags, einer Betriebsvereinbarung oder einer individualvertraglichen Verpflichtung die Entgeltumwandlung so ausgestaltet, dass der Arbeitnehmer in eine von ihm frei gewählte Anlageform investieren kann. In diesem Fall macht der Arbeitnehmer lediglich von seiner Freiheit Gebrauch, mit seinem Arbeitsentgelt nach Belieben zu verfahren.

67 Eine **andere Beurteilung** könnte angezeigt sein, wenn der **Arbeitgeber** bestimmte **Empfehlungen ausspricht.** Das kann auch konkludent in der Weise geschehen, dass der Arbeitgeber für einen von ihm favorisierten Durchführungsweg Zuschüsse gewährt.

68 Erweist sich die **Empfehlung** im Nachhinein als **ungünstig,** kann ein Anspruch des Arbeitnehmers auf **Schadenersatz** bestehen.

69 Soweit es die **Beitragsfortzahlung** bei ruhendem Arbeitsverhältnis betrifft, obliegt es dem Arbeitnehmer, seine Rechte selbst rechtzeitig wahrzunehmen. Aus dem Wortlaut des Abs. 4 ergibt sich nicht, dass der Arbeitgeber den Arbeitnehmer über seine Rechte bzw. die Folgen bei ihrer Nichtausübung informieren oder beraten muss. Die Vorschrift ist leicht zu verstehen, so dass der **Arbeit-**

geber auch **nicht** mit Rücksicht auf seine Fürsorgepflicht gehalten ist, den **Arbeitnehmer** über seine Rechte **aufzuklären.**

§ 1b Unverfallbarkeit und Durchführung der betrieblichen Altersversorgung

(1) [1]Einem Arbeitnehmer, dem Leistungen aus der betrieblichen Altersversorgung zugesagt worden sind, bleibt die Anwartschaft erhalten, wenn das Arbeitsverhältnis vor Eintritt des Versorgungsfalls, jedoch nach Vollendung des 25. Lebensjahres endet und die Versorgungszusage zu diesem Zeitpunkt mindestens fünf Jahre bestanden hat (unverfallbare Anwartschaft). [2]Ein Arbeitnehmer behält seine Anwartschaft auch dann, wenn er aufgrund einer Vorruhestandsregelung ausscheidet und ohne das vorherige Ausscheiden die Wartezeit und die sonstigen Voraussetzungen für den Bezug von Leistungen der betrieblichen Altersversorgung hätte erfüllen können. [3]Eine Änderung der Versorgungszusage oder ihre Übernahme durch eine andere Person unterbricht nicht den Ablauf der Fristen nach Satz 1. [4]Der Verpflichtung aus einer Versorgungszusage stehen Versorgungsverpflichtungen gleich, die auf betrieblicher Übung oder dem Grundsatz der Gleichbehandlung beruhen. [5]Der Ablauf einer vorgesehenen Wartezeit wird durch die Beendigung des Arbeitsverhältnisses nach Erfüllung der Voraussetzungen der Sätze 1 und 2 nicht berührt. [6]Wechselt ein Arbeitnehmer vom Geltungsbereich dieses Gesetzes in einen anderen Mitgliedstaat der Europäischen Union, bleibt die Anwartschaft in gleichem Umfange wie für Personen erhalten, die auch nach Beendigung eines Arbeitsverhältnisses innerhalb des Geltungsbereichs dieses Gesetzes verbleiben.

(2) [1]Wird für die betriebliche Altersversorgung eine Lebensversicherung auf das Leben des Arbeitnehmers durch den Arbeitgeber abgeschlossen und sind der Arbeitnehmer oder seine Hinterbliebenen hinsichtlich der Leistungen des Versicherers ganz oder teilweise bezugsberechtigt (Direktversicherung), so ist der Arbeitgeber verpflichtet, wegen Beendigung des Arbeitsverhältnisses nach Erfüllung der in Absatz 1 Satz 1 und 2 genannten Voraussetzungen das Bezugsrecht nicht mehr zu widerrufen. [2]Eine Vereinbarung, nach der das Bezugsrecht durch die Beendigung des Arbeitsverhältnisses nach Erfüllung der in Absatz 1 Satz 1 und 2 genannten Voraussetzungen auflösend bedingt ist, ist unwirksam. [3]Hat der Arbeitgeber die Ansprüche aus dem Versicherungsvertrag abgetreten oder beliehen, so ist er verpflichtet, den Arbeitnehmer, dessen Arbeitsverhältnis nach Erfüllung der in Absatz 1 Satz 1 und 2 genannten Voraussetzungen geendet hat, bei Eintritt des Versicherungsfalles so zu stellen, als ob die Abtretung oder Beleihung nicht erfolgt wäre. [4]Als Zeitpunkt der Erteilung der Versorgungszusage im Sinne des Absatzes 1 gilt der Versicherungsbeginn, frühestens jedoch der Beginn der Betriebszugehörigkeit.

(3) [1]Wird die betriebliche Altersversorgung von einer rechtsfähigen Versorgungseinrichtung durchgeführt, die dem Arbeitnehmer oder seinen Hinterbliebenen auf ihre Leistungen einen Rechtsanspruch gewährt (Pensionskasse und Pensionsfonds), so gilt Absatz 1 entsprechend. [2]Als Zeitpunkt der Erteilung der Versorgungszusage im Sinne des Absatzes 1 gilt der Versicherungsbeginn, frühestens jedoch der Beginn der Betriebszugehörigkeit.

(4) [1]Wird die betriebliche Altersversorgung von einer rechtsfähigen Versorgungseinrichtung durchgeführt, die auf ihre Leistungen keinen Rechtsanspruch

gewährt (Unterstützungskasse), so sind die nach Erfüllung der in Absatz 1 Satz 1 und 2 genannten Voraussetzungen und vor Eintritt des Versorgungsfalles aus dem Unternehmen ausgeschiedenen Arbeitnehmer und ihre Hinterbliebenen den bis zum Eintritt des Versorgungsfalles dem Unternehmen angehörenden Arbeitnehmern und deren Hinterbliebenen gleichgestellt. [2]Die Versorgungszusage gilt in dem Zeitpunkt als erteilt im Sinne des Absatzes 1, von dem an der Arbeitnehmer zum Kreis der Begünstigten der Unterstützungskasse gehört.

(5) [1]Soweit betriebliche Altersversorgung durch Entgeltumwandlung erfolgt, behält der Arbeitnehmer seine Anwartschaft, wenn sein Arbeitsverhältnis vor Eintritt des Versorgungsfalles endet; in den Fällen der Absätze 2 und 3

1. dürfen die Überschussanteile nur zur Verbesserung der Leistung verwendet,
2. muss dem ausgeschiedenen Arbeitnehmer das Recht zur Fortsetzung der Versicherung oder Versorgung mit eigenen Beiträgen eingeräumt und
3. muss das Recht zur Verpfändung, Abtretung oder Beleihung durch den Arbeitgeber ausgeschlossen werden.

[2]Im Fall einer Direktversicherung ist dem Arbeitnehmer darüber hinaus mit Beginn der Entgeltumwandlung ein unwiderrufliches Bezugsrecht einzuräumen.

Übersicht

1. Inhalt der Regelung

1 Gegenüber der ursprünglichen Fassung ist das BetrAVG **durch** das **AVmG** z.T. **neu strukturiert** worden. Die frühere Regelung des § 1 wurde erweitert und in die §§ 1, 1a und 1b aufgeteilt.

2 In § 1b ist die **Unverfallbarkeit** normiert. Soweit sie die in Abs. 5 geregelte Entgeltumwandlung betrifft, ist diese wegen des systematisch vorgegebenen Zusammenhangs bereits bei der Kommentierung des § 1a erläutert worden (vgl.

dort Rn. 47). Ferner wird in § 1b die **Durchführung der betrieblichen Altersversorgung,** für die das Gesetz fünf Formen bereitstellt, geregelt.

In § 1b Abs. 1 S. 4 ist bestimmt, dass Versorgungsverpflichtungen, die auf **betrieblicher Übung** und dem Grundsatz der **Gleichbehandlung** beruhen, ausdrücklich erteilten Versorgungszusagen gleichstehen. Diese Vorschrift fällt mithin in den Bereich der Entstehung von Versorgungszusagen. Sie ist deshalb bereits im Zusammenhang mit der in § 1 geregelten Zusage des Arbeitgebers auf betriebliche Altersversorgung kommentiert worden (vgl. dort Rn. 110 ff. und Rn. 118 ff.). 3

2. Unverfallbarkeit

Die **Unverfallbarkeit** einer **Versorgungsanwartschaft** tritt erst nach Erfüllung mehrerer gesetzlich normierter Voraussetzungen ein. Außerdem kann die Unverfallbarkeit durch eine Reihe weiterer Umstände, die gleichfalls in § 1b Abs. 1 geregelt sind, tangiert werden. 4

a) Gesetzliche Unverfallbarkeitsvoraussetzungen. Durch das **AVmG** sind die **Voraussetzungen** für die Unverfallbarkeit von Versorgungsanwartschaften wesentlich **verbessert** worden. Vor allem werden zulasten der Frauen bestehende Nachteile beseitigt. 5

aa) Beendigung des Arbeitsverhältnisses vor Eintritt eines Versorgungsfalls. Die gesetzliche Unverfallbarkeit tritt nur dann ein, wenn das Ausscheiden vor **Eintritt** eines **Versorgungsfalls** erfolgt. Endet das Arbeitsverhältnis dagegen wegen eines Versorgungsfalls, besteht ein Leistungsanspruch unabhängig von der Erfüllung der Unverfallbarkeitsvoraussetzungen. Das vorzeitige Ausscheiden aus dem Erwerbsleben mit Altersruhegeld aus der gesetzlichen Rentenversicherung ist regelmäßig ein Versorgungsfall (BAG vom 28.2.1989 – 3 AZR 470/87 – NZA 1989, 676). 6

bb) Lebensalter. Das Lebensalter, in dem bei vorzeitigem Ausscheiden eine unverfallbare Versorgungsanwartschaft erworben werden kann, ist durch das Gesetz zur Förderung der zusätzlichen Altersvorsorge und zur Änderung des Dritten Buches Sozialgesetzbuch vom 10.12.2009 auf die **Vollendung des 25. Lebensjahrs** herabgesetzt worden. Die erneute Herabsetzung des Lebensalters um fünf Jahre mit Wirkung zum 1.1.2009 ist zu begrüßen. Die **Herabsetzung berücksichtigt** vor allem die berechtigten **Interessen** der **weiblichen Mitarbeiter.** Nachdem sich die Familienphase verschoben hat – Frauen bekommen heute wesentlich später Kinder als zur Zeit des Inkrafttretens der ersten Fassung des Gesetzes im Jahr 1974 –, wird durch die neue Regelung eine Benachteiligung der Arbeitnehmerinnen vermieden, die bis zur Vollendung des 25. Lebensjahrs arbeiten und sich sodann, ohne Elternzeit in Anspruch zu nehmen, voll der Kindererziehung widmen. Da das BAG die (früheren) Mindestalter von 35 und 30 Jahren für vereinbar mit dem Unionsrecht und damit für nicht alters-/geschlechtsdiskriminierend erklärt hat (BAG vom 28.5.2013 – 3 AZR 635/11 – DB 2013, 1973; BAG vom 15.10.2013 – 3 AZR 10/12 NZA-RR 2014, 87), dürften im Übrigen auch gegen das aktuelle Mindestalter von 25 Jahren keine rechtlichen Bedenken bestehen. 7

8 cc) **Zusagedauer.** Vorausgesetzt wird weiter, dass die **Versorgungszusage** zum Zeitpunkt des Ausscheidens **mindestens fünf Jahre bestanden** hat. Auch diese Regelung ist zu begrüßen. Die früher geltenden, im internationalen Vergleich unverhältnismäßig langen Fristen haben sich auf dem Arbeitsmarkt häufig als Flexibilitätshemmnis erwiesen. Wenn man berücksichtigt, dass viele Arbeitnehmer in fünf Jahren ein Achtel ihrer Lebensarbeitszeit, in der sie Versorgungsansprüche erwerben können, zurücklegen, ist die Halbierung der bisherigen Zusagedauer umso mehr angebracht und gerechtfertigt.

9 Die Fünf-Jahres-Frist wird ebenso wie früher die Zehn-Jahres-Frist mit dem Abschluss des Versorgungsvertrags in Lauf gesetzt. Der Vertrag kommt durch Angebot und Annahme zustande. Werden die betrieblichen Versorgungsleistungen ausschließlich durch den Arbeitgeber finanziert, so bedarf es i.d.R. zum Zustandekommen des Vertrags gem. § 151 BGB keiner Annahmeerklärung des Arbeitnehmers, da das Versorgungsversprechen für ihn nur Vorteile bietet. Die Frist beginnt damit i.d.R. mit dem Zugang der Zusage. Ein Anspruch auf eine Versorgungsanwartschaft aufgrund einer betrieblichen Übung oder aus dem Gleichbehandlungsgebot entsteht frühestens mit Aufnahme der Tätigkeit für das Unternehmen oder, sobald Umstände vorliegen, die die Annahme der genannten Tatbestände rechtfertigen. Auch wenn das betriebliche Versorgungswerk auf einer kollektiv geltenden Versorgungs-, Pensions- oder Ruhegeldordnung beruht, beginnt die Fünf-Jahres-Frist in dem Zeitpunkt, ab dem der Arbeitnehmer vom Geltungsbereich der bereits in Kraft getretenen Kollektivregelung erfasst wird, also regelmäßig mit dem Tag des Diensteintritts. Wird eine Versorgungsordnung bei bestehendem Arbeitsverhältnis neu eingeführt, läuft die Frist ab Inkrafttreten der Regelung. Da der Zeitpunkt des Inkrafttretens von Tarifverträgen und Betriebsvereinbarungen hinausgeschoben oder zurückdatiert werden kann, kann dies u.U. zu einer Verschiebung des Zusagezeitpunkts führen (BAG vom 6.3.1984 – 3 AZR 82/82 – DB 1984, 2516; BAG vom 18.2.2003 – 3 AZR 46/02 – DB 2003, 2554), die aber ggf. nicht für den Eintritt des gesetzlichen Insolvenzschutzes gem. § 7 Abs. 2 relevant ist.

10 Die gesetzlichen Unverfallbarkeitsfristen verlangen ein durchlaufendes Arbeitsverhältnis. Endet das Arbeitsverhältnis durch eine Eigenkündigung des Arbeitnehmers und beginnt mit zeitlicher Unterbrechung ein neues Arbeitsverhältnis, so sind die Unverfallbarkeitsfristen unterbrochen. Auch eine nach Ausspruch der Eigenkündigung abgeschlossene Vereinbarung über die Rückkehr des Arbeitnehmers und über die Anrechnung der früheren Beschäftigungs- und Zusagezeiten löst demgemäß nicht den Insolvenzschutz nach § 7 Abs. 2 aus (BAG vom 21.1.2003 – 3 AZR 121/02 – DB 2003, 2711). Es liegt **keine Unterbrechung** des Arbeitsverhältnisses vor, **wenn** es nur **ruht** (BAG vom 21.1.2003 – 3 AZR 121/02 – DB 2003, 2711). Zeiten der gesetzlichen **Elternzeit** unterbrechen nicht die Zusagedauer. Es ist jedoch zulässig, in der Versorgungsordnung vorzusehen, dass ein weiteres Anwachsen der Anwartschaft während der Elternzeit unterbleibt (BAG vom 15.2.1994 – 3 AZR 708/93 – DB 1994, 1479). Der Ausschluss von Elternzeiten von der Anwartschaftssteigerung stellt auch keine mittelbare Diskriminierung wegen des Geschlechts dar (BAG vom 20.4.2010 – 3 AZR 370/08 – NZA 2010, 1188). Die Zusagedauer wird gleichfalls nicht durch die Einberufung zum **Grundwehrdienst** (die Pflicht zur Ab-

leistung des Grundwehrdiensts ist seit dem 1.7.2011 ausgesetzt) oder zu einer Wehrübung unterbrochen, wie aus §§ 1 Abs. 1, 6 Abs. 2 ArbPlSchG folgt. Dort ist zwar von einer Anrechnung der Betriebszugehörigkeit die Rede, auf die es in § 1b nicht mehr unmittelbar ankommt, allerdings beruht die Zusagedauer i.d.R. auf der fortbestehenden Betriebszugehörigkeit. Eine Anrechnung des Wehrdiensts auf die Betriebszugehörigkeit gem. § 12 Abs. 1 S. 2 ArbPlSchG kommt nur in Betracht, wenn die festgelegte Regelstudienzeit nicht überschritten wird. Von einer Überschreitung i.S.v. § 12 Abs. 1 S. 2 ArbPlSchG ist auch dann auszugehen, wenn sie dem Studierenden nicht vorwerfbar ist. Maßstab ist insoweit nicht die subjektive Vorwerfbarkeit, sondern die objektive Rechtslage. Für das Überschreiten der Regelzeit fehlt ein normierter Zulässigkeitsgrund (LAG Düsseldorf vom 10.10.2006 – 17 Sa 568/06 – DB 2007, 231).

Versorgungsordnungen, die die Erteilung einer Versorgungszusage an alle Be- 11
triebsangehörigen nach einer bestimmten Dauer des Arbeitsverhältnisses vorsehen, begründen ebenfalls von Anfang an eine Anwartschaft auf Versorgungsleistungen. Bei derartigen **Vorschaltzeiten** ist die förmliche Zusage nach Ablauf der Mindestdienstzeit für den Zeitpunkt des Beginns der Unverfallbarkeit ohne Bedeutung, wenn der Arbeitgeber keinen Entscheidungsspielraum mehr hat, ob er die Zusage nach Ablauf der Vorschaltzeit erteilt oder nicht (BAG vom 7.7.1977 – 3 AZR 572/76 – DB 1977, 1704; BAG vom 20.3.1980 – 3 AZR 697/78 – DB 1980, 1352; BAG vom 21.8.1980 – 3 AZR 143/80 – DB 1981, 430; BAG vom 24.2.2004 – 3 AZR 5/03 – NZA 2004, 789). Auch dann, wenn die betrieblichen Versorgungsleistungen von einer Unterstützungskasse erbracht werden, sind an die Dauer des Arbeitsverhältnisses geknüpfte Vorschaltzeiten ohne Bedeutung für den Unverfallbarkeitseintritt (BAG vom 13.7.1978 – 3 AZR 278/77 – DB 1979, 551).

Wird der Versorgungsanspruch von einer bestimmten arbeitsvertraglichen 12
Funktion abhängig gemacht und ist für deren Erreichen nur noch ein zeitlicher Vorlauf vorgesehen, so **beginnt** die **Unverfallbarkeitsfrist** ebenfalls bereits **mit** der **Ankündigung** und nicht erst mit der förmlichen Erteilung der **Zusage** (BAG vom 20.4.1982 – 3 AZR 1118/79 – DB 1982, 1879). Die Rechtslage ist genauso zu beurteilen, wenn der Arbeitgeber dem Arbeitnehmer im Arbeitsverhältnis zusagt, ihm nach einer festgelegten Zeitspanne eine Versorgungszusage zu erteilen. Verbleibt dem Arbeitgeber nach deren Ablauf kein Entscheidungsspielraum, ob er die Zusage erteilt, so beginnt die Unverfallbarkeitsfrist schon mit dem Zeitpunkt der „Zusage" auf die Zusage. Dies gilt auch dann, wenn eine arbeitsvertragliche Probezeit innerhalb eines unbefristeten Arbeitsverhältnisses als Vorschaltzeit festgelegt ist (BAG vom 24.2.2004 – 3 AZR 5/03 – DB 2004, 1158). Stellt der Arbeitgeber dagegen Versorgungsleistungen nur in Aussicht und behält er sich die Entscheidung darüber ausdrücklich vor, ob und wann der Arbeitnehmer in das Versorgungswerk aufgenommen wird, ist die Versorgungszusage noch nicht erteilt.

Für die **Berechnung** der **Fünf-Jahres-Frist** gelten wie bei allen gesetzli- 13
chen Fristen die Auslegungsvorschriften der §§ 187 bis 193 BGB. Die Frist muss ebenso wie früher die Zehn-Jahres-Frist bis auf den letzten Tag erfüllt sein. Es genügt, dass die Unverfallbarkeitsfrist gleichzeitig mit der Beendigung des Arbeitsverhältnisses abläuft (BAG vom 14.1.2009 – 3 AZR 529/07 – BB 2009,

2702). Ein Unterschreiten der Frist – auch wenn es sich nur um wenige Tage handelt – lässt eine unverfallbare Anwartschaft nicht entstehen (BAG vom 7.8.1975 – 3 AZR 12/75 – DB 1975, 2088; LAG Hamm vom 19.12.1989 – 6 Sa 115/89 – DB 1990, 590). Dies gilt auch dann, wenn der Arbeitgeber in seiner betrieblichen Versorgungsregelung grds. eine Härteregelung vorgesehen hat (BAG vom 29.3.1983 – 3 AZR 26/81 – DB 1983, 1879), es sei denn, eine andere Beurteilung ist nach dem Grundsatz der Gleichbehandlung angezeigt.

14 Der Eintritt der gesetzlichen Unverfallbarkeit setzt voraus, dass die betriebliche Versorgungszusage bei Fristablauf tatsächlich noch besteht. Es steht den Arbeitsvertragsparteien grds. frei, Regelungen über die Änderungen oder den Wegfall des betrieblichen Versorgungsanspruchs zu treffen, es sei denn, die Rechtsgrundlage für den Versorgungsanspruch beruht auf einem Tarifvertrag oder einer Betriebsvereinbarung. Das BAG hat z.B. die Möglichkeit eines **Verzichts** auf eine betriebliche Versorgungszusage vor Fristablauf bestätigt (BAG vom 22.9.1987 – 3 AZR 194/86 – DB 1988, 656). Darüber hinaus hat das Gericht **Erlassverträge** in einem bestehenden Arbeitsverhältnis für zulässig erklärt (BAG vom 14.8.1990 – 3 AZR 301/89 – DB 1991, 501; zu weiteren Einzelheiten zum Verzicht und zu Erlassverträgen vgl. auch § 3 Rn. 8).

15 **dd) Regelung für Altzusagen.** Wie unter Rn. 7 ausgeführt, gilt die **Herabsetzung** des **Lebensalters** auf Vollendung des 25. Lebensjahrs **erst** für Zusagen, die **ab 2009** erteilt werden. Allerdings gibt es eine Ausnahme: Wenn die Zusage ab dem 1.1.2009 fünf Jahre bestanden hat, reicht ebenfalls die Vollendung des 25. Lebensjahrs für das Erreichen der Unverfallbarkeit aus. Damit wird verhindert, dass Arbeitnehmer mit Zusagen vor dem 1.1.2009 benachteiligt werden. Mit dieser Regelung gem. § 30f Abs. 2 wird vermieden, dass Arbeitnehmer, die ab 2009 eine Zusage auf Leistungen der betrieblichen Altersversorgung erhalten, im Hinblick auf die Erfüllung der Voraussetzungen für die Unverfallbarkeit ihrer Anwartschaften gleichsam Arbeitnehmer mit Altzusagen „überholen".

16 Zusammengefasst ergibt sich für die Voraussetzungen der Unverfallbarkeit bezüglich des Lebensalters nunmehr folgende **Systematik:** Für Zusagen ab dem 1.1.2009 gilt § 1b, für Zusagen vor dem 1.1.2001 gilt die Übergangsregelung nach § 30f Abs. 1, für Zusagen in der Zwischenzeit, also ab dem 1.1.2001 bis 31.12.2008 gilt die in Rn. 15 beschriebene Übergangsregelung gem. § 30f Abs. 2.

17 **b) Vertragliche Unverfallbarkeit.** Wie aus § 17 Abs. 3 S. 3 folgt, enthält das BetrAVG Mindestnormen zugunsten der Arbeitnehmer. Es kann deshalb über eine vertragliche Regelung ein **früherer Zeitpunkt** für den Eintritt der Unverfallbarkeit **vereinbart** werden. Enthält die Zusage gar keine Verfallklausel und liegen keine Umstände vor, die eine Verfallbarkeit indizieren, tritt sofortige vertragliche Unverfallbarkeit mit Erteilung der Zusage ein. Beweispflichtig dafür ist allerdings der Arbeitnehmer. Derartige Ansprüche unterliegen jedoch nicht der gesetzlichen Insolvenzsicherung nach §§ 7 ff. (BAG vom 26.9.1989 – 3 AZR 814/87 – DB 1990, 383). So löst auch eine nach Ausspruch der Eigenkündigung abgeschlossene Vereinbarung über die Rückkehr des Arbeitnehmers und die Anrechnung früherer Zusagezeiten mithin den Insolvenzschutz nicht aus (BAG vom 21.1.2003 – 3 AZR 121/02 – DB 2003, 2711).

c) Wartezeit. Abs. 1 S. 5 bestimmt, dass Unverfallbarkeit auch dann eintreten kann, wenn der Arbeitnehmer bei vorzeitigem Ausscheiden aus dem Arbeitsverhältnis die nach der Versorgungszusage verlangte Wartezeit noch nicht erfüllt hat. Wartezeiten können also von längerer Dauer sein als die gesetzlichen Unverfallbarkeitsfristen. Die Wartezeit stellt eine **weitere Leistungsvoraussetzung** dar, die angibt, welche Mindestdienstzeit ein Arbeitnehmer zurückgelegt oder welches Mindestalter er erreicht haben muss, damit überhaupt ein Versorgungsanspruch entstehen kann. Die zu den Anspruchsvoraussetzungen zählende Wartezeit stellt im Ergebnis mithin eine Risikobegrenzung dar. Insbesondere ist der Arbeitgeber berechtigt, das Risiko der Invalidität nur dann abzusichern, wenn es sich erst nach einer in der Zusage fixierten Dienstzeit verwirklicht (BAG vom 19.12.2000 – 3 AZR 174/00 – DB 2002, 226). Andererseits tritt auch bei einer relativ kurzen Wartezeit die Unverfallbarkeit erst fünf Jahre nach der Zusageerteilung von Gesetzes wegen ein. 18

Die Privatautonomie überlässt dem Arbeitgeber eine weitgehende **Gestaltungsfreiheit bei der Bestimmung der Wartezeit,** solange er sich damit nicht in Widerspruch zu höherrangigem Recht setzt (BAG vom 9.3.1982 – 3 AZR 389/79 – DB 1982, 2089; BAG vom 24.2.2004 – 3 AZR 5/03 – DB 2004, 1158). Es wurde deshalb vor Inkrafttreten des AGG als unbedenklich angesehen, eine Wartezeit von 20 oder 25 Jahren festzulegen. Auch ungewöhnlich lange Wartezeiten sind in der Vergangenheit von der Rechtsprechung akzeptiert worden (Extrembeispiel: 35 Jahre, LAG Köln vom 10.11.1992 – 4 Sa 238/92 – LAGE Nr. 14 zu § 1 BetrAVG). Allerdings führen anspruchsausschließende lange Wartezeiten zu einer Gruppenbildung, durch die ältere Arbeitnehmer benachteiligt werden. Diese Ungleichbehandlung kann aber durch sachlich einleuchtende Gründe gerechtfertigt sein (BAG vom 17.11.1998 – 1 AZR 147/98 – DB 1999, 637). Das BAG hat es mehrfach als zulässig angesehen, Versorgungszusagen an die Voraussetzung eines Eintrittsalters zu binden und ältere Arbeitnehmer nach Überschreiten einer bestimmten Altersgrenze von der Zusage auszunehmen, wenn diese Ausnahme von vornherein klargestellt wird. Eine solche Abgrenzung des begünstigten Personenkreises nach dem Lebensalter ist nicht willkürlich (BAG vom 31.8.1978 – 3 AZR 313/77 – DB 1979, 553; BAG vom 14.1.1986 – 3 AZR 456/84 – DB 1986, 2237). Arbeitgeber können ein zu billigendes Interesse daran haben, Arbeitnehmer in jüngeren Jahren zum Betriebseintritt zu bewegen. Wird die in diesen Fällen zu erwartende längere Betriebstreue durch die Zusage einer Altersversorgung belohnt, so ist es nachvollziehbar und sachlich gerechtfertigt, Arbeitnehmer von der Altersversorgung auszuschließen, die erst nach Vollendung eines bestimmten Lebensalters ihre Tätigkeit für das Unternehmen aufnehmen. Bei der betrieblichen Altersversorgung kommt noch hinzu, dass die verschiedenen Altersstufen der Mitarbeiter unterschiedliche Versorgungsrisiken mit sich bringen. Da der Arbeitgeber frei darin ist, ob er eine von ihm selbst finanzierte Versorgung zusagt, ist es ihm nicht verwehrt, die höheren Risiken älterer Arbeitnehmer ab einer bestimmten Altersgrenze nicht zu übernehmen. Es ist daher zulässig, nach dem Umfang der noch möglichen künftigen Betriebstreue ab dem Zeitpunkt der Versorgungszusage zu differenzieren (BAG vom 19.4.2005 – 3 AZR 469/04 – DB 2005, 1748). 19

20 Die **Gestaltungsfreiheit** des Arbeitgebers bezüglich der Bestimmung der Wartezeit ist **durch** das **AGG** und die daran anknüpfende Rechtsprechung des **BAG lediglich zu einem gewissen Maß beschränkt** worden. Das Ziel des Gesetzes, Diskriminierungen wegen des Alters zu beseitigen, schließt nicht generell eine unterschiedliche Behandlung aus. Nach § 10 Nr. 4 AGG ist eine Festsetzung unterschiedlicher Altersgrenzen zulässig, wenn sie angemessen und durch ein legitimes Ziel gerechtfertigt ist. Wie in diesem Zusammenhang erneut hervorzuheben ist, handelt es sich bei der betrieblichen Altersversorgung um eine freiwillige Sozialleistung, zu deren Einführung der Arbeitgeber nicht verpflichtet ist. Er kann frei darüber befinden, in welchem Umfang er Mittel zur Verfügung stellen will und welchen Personenkreis er zu versorgen gedenkt. Wenn er die Versorgungslast dadurch begrenzt, dass er Versorgungsleistungen erst nach Ablauf einer längeren Wartezeit erbringen will, ist das legitim und nicht zu beanstanden. Eine Diskriminierung wegen Alters liegt nicht vor, auch wenn z.B. ein Mitarbeiter, der erst mit Vollendung seines 50. Lebensjahrs ein Arbeitsverhältnis eingeht, von vornherein keine Versorgungsanwartschaft erwerben kann, weil die Versorgungsordnung eine Aufnahme nach dem vollendetem 50. Lebensjahr ausschließt (BAG vom 12.11.2013 – 3 AZR 356/12 – BB 2014, 1406) bzw. eine Mindestbetriebszugehörigkeit von 15 Jahren voraussetzt (BAG vom 12.2.2013 – 3 AZR 100/11 – NZA 2013, 733). Laut BAG bewirken weder eine Höchstaltersgrenze von 50 Jahren noch eine Mindestbetriebszugehörigkeit von 15 Jahren eine unzulässige Diskriminierung wegen des Alters (und auch nicht des Geschlechts). Insbesondere würden durch eine solche Regelung die Interessen der Arbeitnehmer nicht unangemessen beeinträchtigt. Im Hinblick darauf, dass ein Erwerbsleben bei typisierender Betrachtung mindestens 40 Jahre und mehr umfasst, sei eine solche Anspruchsvoraussetzung noch hinnehmbar, zumal die betroffenen Arbeitnehmer bereits in vorangegangenen Arbeitsverhältnissen die Möglichkeit hatten, Betriebsrentenanwartschaften zu erdienen. Eine Altersdiskriminierung ist aber bspw. dann gegeben, wenn nach der Versorgungsordnung nur solche Mitarbeiter versorgungsberechtigt sind, die über eine mindestens zehnjährige Dienstzeit verfügen und zum Zeitpunkt der Erfüllung der Wartezeit das 55. Lebensjahr noch nicht vollendet haben (BAG vom 18.3.2014 – 3 AZR 69/12 NZA 2014, 606). Faktisch werden dadurch solche Mitarbeiter von der Versorgung ausgeschlossen, die bei Beginn des Arbeitsverhältnisses bereits das 45. Lebensjahr vollendet haben und mindestens noch 20 Jahre betriebstreu sein können. Eine solche Altersgrenze ist nach Ansicht des BAG nicht angemessen, da dadurch während eines beträchtlichen Teils eines typischen Erwerbslebens keine Versorgungsanwartschaften mehr erworben werden können. Das BAG hält nach Inkrafttreten des AGG auch ausdrücklich nicht mehr an seiner früheren Rechtsprechung fest, wonach die Festlegung einer Mindestbetriebszugehörigkeit von 20 Jahren bsi zum 65. Lebensjahr als Voraussetzung für den Bezug von Altersrente als zulässig erachtet wurde.

21 Sieht die betriebliche Versorgungsregelung über die Fünf-Jahres-Frist hinausgehende **Wartezeiten** für einen Anspruch auf Versorgungsleistungen vor, **können** sie nach Eintritt der Unverfallbarkeit **auch außerhalb des Unternehmens abgeleistet werden,** sofern ihre Erfüllung bei einem unterstellten wei-

teren Verbleiben des Arbeitnehmers in den Diensten des Arbeitgebers bis zum Erreichen der Altersgrenze möglich gewesen wäre (BAG vom 7.7.1977 – 3 AZR 572/76 – DB 1977, 1704; BAG vom 28.2.1989 – 3 AZR 470/87 – DB 1989, 1579). Dies gilt ebenfalls dann, wenn das Ausscheiden wegen Invalidität erfolgt und die betriebliche Altersversorgung entweder eine Invaliditätsversorgung nicht vorsieht oder die für diesen Fall normierte Wartezeit über die gesetzliche Frist hinausgeht. Ggf. bleibt eine unverfallbare Anwartschaft auf Altersrente aufrechterhalten (BAG vom 18.3.1986 – 3 AZR 641/84 – DB 1986, 1930; vgl. auch LAG Hamm vom 8.1.1988 – 6 Sa 531/88 – DB 1989, 179). Besteht nach der Versorgungszusage keine feste Altersgrenze, kann die Wartezeit ausnahmsweise auch nach Erreichen der Regelaltersgrenze erfüllt werden (BAG vom 3.5.1983 – 3 AZR 1263/79 – DB 1983, 1259).

d) Sonderregelung für den Vorruhestand. Mit Abs. 1 S. 2 hat der Gesetzgeber einen Anreiz zum Abschluss von Vorruhestandsvereinbarungen gegeben. 22
Zwar sind Zeiten des Vorruhestands betriebsrentenrechtlich nicht die Fortsetzung des Arbeitsverhältnisses in anderer äußerer Gestalt, sondern bilden ein Rechtsverhältnis eigener Art. Mit dem Eintritt in das Vorruhestandsverhältnis endet regelmäßig das Arbeitsverhältnis (BAG vom 12.12.2006 – 3 AZR 716/05 – DB 2007, 2546). Ein Arbeitnehmer, der aufgrund einer Vorruhestandsregelung ausscheidet, kann jedoch unter **erleichterten Voraussetzungen** eine unverfallbare **Versorgungsanwartschaft erwerben.** Voraussetzung hierfür ist eine von einer Versorgungszusage begleitete Beschäftigungszeit beliebiger Dauer und das Ausscheiden aus dem Arbeitsverhältnis aufgrund einer Vorruhestandsregelung. Notwendig ist in diesem Fall also keine bestimmte Zusagedauer. Allerdings muss für den Arbeitnehmer die Möglichkeit bestanden haben, bei einem Verbleib im Arbeitsverhältnis bis zum Eintritt des Versorgungsfalls überhaupt einen Anspruch auf betriebliches Ruhegeld zu erwerben (BAG vom 28.3.1995 – 3 AZR 496/94 – DB 1995, 1867). Es genügt also, wenn der Arbeitnehmer bis zum Erreichen der Altersgrenze bei einer unterstellten Tätigkeit für den Arbeitgeber die Fünf-Jahres-Frist und eine etwaige Wartezeit sowie weitere Leistungsvoraussetzungen hätte erfüllen können.

e) Änderung der Versorgungszusage. Die gesetzlichen **Unverfallbarkeitsfristen** werden **durch** eine **Änderung** des Inhalts des Versorgungsversprechens 23
gem. Abs. 1 S. 3 **nicht unterbrochen.** Unter der Änderung einer Versorgungszusage ist auch die Erhöhung der versprochenen Leistungen zu verstehen. Dies gilt nicht nur bei der Anhebung des in einer unmittelbaren Versorgungszusage zugesagten Ruhegeldbetrags, sondern auch dann, wenn der Arbeitgeber im Laufe des Arbeitsverhältnisses weitere zusätzliche Versorgungszusagen erteilt, die im wirtschaftlichen Endergebnis zu einer Erhöhung der Versorgungszusage führen und die rechtstechnisch nur deshalb getrennt ausgestaltet worden sind, weil z.B. über den Erhöhungsbetrag eine Direktversicherung abgeschlossen worden ist (BAG vom 12.2.1981 – 3 AZR 163/80 – BB 1981, 1338). Wird ein Arbeitnehmer mit Beginn des Arbeitsverhältnisses in das generelle Versorgungswerk aufgenommen und erhält er später bei der Ernennung zum Prokuristen eine großzügig dotierte Einzelzusage, so setzt dieser Vorgang ebenfalls keine neuen Unverfallbarkeitsfristen in Lauf (BAG vom 20.4.1982 – 3 AZR 1118/79 – DB

1982, 1879). Das vom BAG entwickelte Prinzip der **Einheit der Versorgungszusage** (ebenso BGH vom 28.9.1981 – II ZR 181/80 – DB 1982, 126) gilt auch für den Fall, dass eine spätere Versorgungszusage eine frühere ersetzt, und zwar gleichfalls dann, wenn dem Arbeitnehmer ursprünglich eine Unterstützungskassenleistung versprochen war und er später eine Direktzusage erhalten hat (BAG vom 28.4.1981 – 3 AZR 184/80 – DB 1982, 856). An dieser Rechtsfolge ändert sich nichts, wenn die ursprünglich zugesagten Unterstützungskassenleistungen nicht wegfallen, aber angerechnet werden sollen.

24 Erforderlich ist jedoch, dass zwischen der neuen und der älteren Zusage ein **sachlicher Zusammenhang** besteht, anderenfalls laufen die Unverfallbarkeitsfristen getrennt voneinander (BAG vom 28.4.1992 – 3 AZR 354/91 – BetrAV 1992, 229). Keine Änderung i.S.v. Abs. 1 S. 3 liegt dann vor, wenn der Arbeitgeber eine **zusätzliche Versorgungszusage** erteilt, die in keinem Zusammenhang mit einem früher erteilten Versorgungsversprechen steht. Die Unverfallbarkeitsfrist für die zweite Zusage beginnt neu zu laufen (BAG vom 28.4.1992 – 3 AZR 354/91 – BetrAV 1992, 229). Generell wird man davon ausgehen können, dass zwischen verschiedenartigen Versorgungszusagen ohne Anrechnungs- oder Ersetzungsabrede regelmäßig kein sachlicher Zusammenhang besteht, auch wenn diese Thematik bislang nicht abschließend höchstrichterlich geklärt ist.

25 **f) Übernahme durch eine andere Person.** Die weitere Rechtsfolge des Abs. 1 S. 3, nach der die **Übernahme** einer Versorgungszusage **durch** eine **andere Person** die **Unverfallbarkeitsfristen nicht unterbricht,** erschöpft sich in der Bedeutung, dass die Möglichkeit besteht, noch verfallbare Anwartschaften durch dreiseitigen Vertrag auf einen anderen zu übertragen. Bei § 613a BGB tritt die Auswechslung des Versorgungsschuldners kraft Gesetzes ein. Ist das Arbeitsverhältnis nach dieser Vorschrift auf einen Nachfolgearbeitgeber übergegangen, so führt der Übergang nicht zu einer Fristenunterbrechung. Der Betriebsübernehmer kann die Dienstzeit bei dem früheren Arbeitgeber nur im Hinblick auf eine nach Betriebsübergang erteilte Zusage ausschließen (BAG vom 30.8.1979 – 3 AZR 58/78 – DB 1979, 2431).

26 **g) Wechsel innerhalb der EU.** In Abs. 1 S. 6 ist klargestellt, dass bei einem grenzüberschreitenden Wechsel des Arbeitsplatzes innerhalb der EU **Anwartschaften** auf betriebliche Altersversorgung in gleicher Weise wie bei einem Arbeitsplatzwechsel innerhalb der Bundesrepublik Deutschland **erhalten bleiben.** Die Regelung dient zugleich der Umsetzung der RL 98/49/EG des Rats vom 29.6.1998 zur Wahrung ergänzender Rentenansprüche von Arbeitnehmern und Selbständigen, die innerhalb der EG zu- und abwandern.

3. Durchführungswege

27 Bei den Durchführungswegen geht es um die **Organisation** der **betrieblichen Altersversorgung**. Nach der Novellierung des BetrAVG durch das AVmG stehen dem Arbeitgeber mit der unmittelbaren Zusage bzw. Direktzusage, der Direktversicherung, dem Pensionsfonds sowie der Pensions- und der Unterstützungskasse **fünf Gestaltungsformen** zur Verfügung, die auch miteinander kombiniert werden können. Aus der Verweisung in § 1 Abs. 1 S. 2 auf § 1b Abs. 2 bis 4 ist abzuleiten, dass für die betriebliche Altersversorgung ausschließlich die vorgenannten fünf Durchführungswege in Betracht kommen. Die unterschiedliche Konstruktion der Durchführungswege gestattet es dem Arbeitgeber, die **Leistungen unmittelbar** aus seinem Vermögen zu erbringen oder sich **externer Versorgungsträger** zur Erfüllung seiner Verpflichtungen zu bedienen.

Die Anfang 2002 in Kraft getretenen Neuregelungen der betrieblichen Altersversorgung haben zu **nachhaltigen Veränderungen** in der **Struktur** der **Durchführungswege** geführt. Die aktiven Anwartschaften auf betriebliche Versorgungsleistungen der sozialversicherungspflichtig Beschäftigten sind von 14,6 Mio. im Jahr 2001 auf rund 19,6 Mio. im Jahr 2011 gestiegen. Von den 19,6 Mio. waren rund 4,7 Mio. Begünstigte einer unmittelbaren Versorgungszusage bzw. Unterstützungskassenzusage. Über Direktversicherungen bzw. Pensionskassen waren 2011 weitere rund 4,7 Mio. bzw. 4,6 Mio. sozialversicherungspflichtig Beschäftigte versichert. Außerdem bestanden 2011 für rund 5,2 Mio. der im öffentlichen Dienst Beschäftigten Anwartschaften auf Versorgungsleistungen über öffentliche Zusatzversorgungsträger. 28

Von **geringerer Bedeutung** sind bislang die **Pensionsfonds.** Auf diesen Durchführungsweg entfielen im Jahr 2011 lediglich rund 0,4 Mio. sozialversicherungspflichtige Arbeitnehmer. Die Zurückhaltung, die betriebliche Altersversorgung über einen Pensionsfonds durchzuführen, mag auch auf die damit verbundene Beitragszahlung an den PSVaG zurückzuführen sein. Diese Bedenken sind aber seit dem 1.1.2002 dadurch relativiert worden, dass im Gesetz zur Änderung des SGB die Verpflichtung zur Insolvenzsicherung beim PSVaG auf 20 % des Beitrags reduziert worden ist, den Arbeitgeber hierfür bei der Direktzusage bzw. einer Zusage über die Unterstützungskasse aufbringen müssen. Damit wird der Kapitaldeckung Rechnung getragen und der Tatsache, dass dem Arbeitgeber der Rückgriff auf dieses Kapital durch externe Anlage bei einem vom Arbeitgeber unabhängigen Pensionsfonds entzogen ist; das Risiko des PSVaG als Ausfallbürge in Anspruch genommen zu werden, ist also erheblich geringer. 29

a) Unmittelbare Versorgungszusage. Diese Durchführungsform ist im Gegensatz zu den anderen Durchführungswegen in § 1b nicht gesondert geregelt. Bei der unmittelbaren Zusage – auch als **Direktzusage** bezeichnet – verspricht der **Arbeitgeber** dem Arbeitnehmer, nach Eintritt des Versorgungsfalls die Versorgungsleistungen selbst zu erbringen. Er **haftet** für die **Erfüllung** der **Zusage** unmittelbar mit seinem **Betriebsvermögen** und als Einzelkaufmann oder persönlich haftender Gesellschafter auch mit seinem **Privatvermögen.** 30

Der starke Verbreitungsgrad der unmittelbaren Versorgungszusage in der gewerblichen Wirtschaft ist auf die **Finanzierung durch Pensionsrückstellungen** zu einem günstigen Rechnungszinsfuß zurückzuführen. Vor 2009 betrug er sowohl für die Steuer- als auch für die Handelsbilanz 6 %. Durch das BilMoG vom 25.5.2009 wurde die Bewertung von Pensionsrückstellungen in der Handelsbilanz allerdings grds. geändert. So erfolgte eine Abkoppelung von den steuerlichen Vorschriften des § 6a EStG, um zu einer realistischeren Bewertung der 31

Pensionsverpflichtungen zu gelangen. Hierzu ist entweder der der Restlaufzeit der Verpflichtung entsprechende Marktzins der vergangenen sieben Jahre oder der durchschnittliche Marktzins, der sich bei einer angenommenen Restlaufzeit von 15 Jahren ergibt, zugrunde zu legen (§ 253 Abs. 2 HGB). Diese Zinssätze werden von der Deutschen Bundesbank nach Maßgabe der RückAbzinsV ermittelt und monatlich bekannt gegeben.

32 Trotz des immer noch bestehenden günstigen Innenfinanzierungseffekts wird von Unternehmen verstärkt erwogen, ihre **Verpflichtungen aus** der **betrieblichen Altersversorgung** unter Einschaltung eines externen Trägers **auszufinanzieren.** Dabei können sehr unterschiedliche Wege beschritten werden, z.B. der Wechsel zu einer rückgedeckten Unterstützungskasse, die Einschaltung eines Pensionsfonds oder eines Treuhänders im Rahmen eines CTA. Falls das Unternehmen seine Altersversorgung nicht nur für ausgeschiedene Arbeitnehmer, sondern auch für die aktive Belegschaft möglichst schnell durch Dotierung eines externen Trägers auslagern möchte, werden Einmalbeträge zu dessen Finanzierung benötigt. In diesem Fall eignen sich unter Berücksichtigung der steuerlichen Rahmenbedingungen am ehesten ein CTA oder ein Pensionsfonds. Ob ein Pensionsfonds oder ein CTA das bessere **Outsourcing-Instrument** darstellt, wird das Unternehmen unter Berücksichtigung seiner spezifischen betrieblichen Versorgungssituation abzuwägen haben.

33 Betriebliche Versorgungsleistungen aus unmittelbaren Versorgungszusagen können von **Verbänden branchenspezifisch** angeglichen und in ihrer Verwaltung zentralisiert werden. Sie verlieren dadurch ihren Charakter als unmittelbare Versorgungszusage nicht. Die Deckungsmittel verbleiben bei den einzelnen Unternehmen. Versorgungsrechtliche Beziehungen bestehen nur zwischen den Arbeitnehmern und ihren jeweiligen Arbeitgebern. Derartige **Konditionenkartelle** existieren bei Unternehmen des Bergbaus (Bochumer Verband), der Eisen- und Stahlindustrie (Essener Verband) und des Speditionsgewerbes (Mülheimer Verband). Eine branchenbezogene Aufgliederung innerhalb der Kartelle, z.B. hinsichtlich der Ruhegeldanpassung, ist zulässig (BAG vom 19.2.2002 – 3 AZR 299/01 – AP Nr. 40 zu § 1 BetrAVG Unterstützungskassen).

34 **b) Direktversicherung.** Nach der Definition des § 1b Abs. 2 liegt eine Direktversicherung vor, wenn für die betriebliche Altersversorgung eine **Lebensversicherung** auf das Leben des Arbeitnehmers durch den Arbeitgeber abgeschlossen worden ist und der Arbeitnehmer oder seine Hinterbliebenen hinsichtlich der Leistungen des Versicherers ganz oder teilweise bezugsberechtigt sind. Erfasst werden damit alle Versicherungen, die ein Arbeitgeber zugunsten eines Arbeitnehmers als Leistungen einer betrieblichen Alters-, Invaliditäts- oder Hinterbliebenenversorgung abschließt. Der **Arbeitgeber** muss **Versicherungsnehmer** sein. Schließt der Arbeitnehmer die Versicherung im eigenen Namen ab, so liegt auch dann keine betriebliche Altersversorgung vor, wenn der Arbeitgeber zuvor einen Gruppenversicherungsvertrag geschlossen hat, der den Rahmen der einzelnen Versicherungsverträge bildet. Das BetrAVG findet keine Anwendung.

35 Die Versorgung durch eine Direktversicherung ist mithin durch ein Dreiecksverhältnis gekennzeichnet: Einerseits besteht ein **Versicherungs- bzw.**

Deckungsverhältnis zwischen Arbeitgeber und dem Versicherer, andererseits ein **Versorgungs- bzw. Valutaverhältnis** zwischen dem Arbeitgeber und dem Arbeitnehmer. In ihrem rechtlichen Bestand sind das Versicherungs- und das Versorgungsverhältnis voneinander unabhängig. Im Rahmen des Versicherungsverhältnisses schließt der Arbeitgeber auf das Leben des Arbeitnehmers einen Versicherungsvertrag, der je nach Anzahl der versicherten Arbeitnehmer als **Einzel- oder Gruppenversicherung** ausgestaltet sein kann.

Der Abschluss des Lebensversicherungsvertrags durch den Arbeitgeber 36
schließt nicht aus, dass sich der Arbeitnehmer an der Beitragszahlung beteiligt. Die Zulässigkeit von **Eigenbeitragsanteilen der Arbeitnehmer** ergibt sich aus § 1 Abs. 2 Ziff. 4. Auch bei Eigenbeitragsanteilen des Arbeitnehmers bleibt versicherungsrechtlich der Arbeitgeber Verpflichteter des Versicherungsvertrags. Er schuldet gem. § 1 S. 2 VVG dem Versicherer auch dann die Beiträge, wenn der Arbeitnehmer im Innenverhältnis der Pflicht zur Zahlung seines Anteils nicht nachkommt.

Im Versicherungsvertrag kann dem Arbeitnehmer als dem Versicherten die 37
Anwartschaft auf die Versicherungsleistung entweder unwiderruflich oder widerruflich eingeräumt werden. Gem. § 159 VVG ist der gesetzliche Normalfall, dass ein widerrufliches **Bezugsrecht** eingeräumt wird (BAG vom 15.6.2010 – 3 AZR 334/06 – DB 2010, 2814).

Bei **widerruflichem Bezugsrecht** kann der Arbeitgeber einseitig die Per- 38
son des Bezugsberechtigten verändern. Er ist berechtigt, die Leistungen aus dem Versicherungsvertrag abzutreten, zu beleihen oder zu verpfänden. Auch nach Eintritt der Unverfallbarkeitsvoraussetzungen ist der Widerruf des Bezugsrechts aufgrund Beendigung des Arbeitsverhältnisses zwar versicherungsrechtlich noch möglich, arbeitsrechtlich aber unwirksam. Der Arbeitgeber ist dann **zum Schadenersatz** verpflichtet. Er muss dem Arbeitnehmer eine beitragsfreie Versicherungsanwartschaft verschaffen, deren Wert dem widerrufenen Bezugsrecht bei Beendigung des Arbeitsverhältnisses entspricht (BAG vom 28.7.1987 – 3 AZR 694/85 – DB 1988, 507; BAG vom 8.6.1993 – 3 AZR 670/92 – NZA 1994, 507). Wird ein Insolvenzverfahren gegen den Arbeitgeber eröffnet, so fällt bei einer widerruflichen Bezugsberechtigung der Anspruch auf den Rückkaufswert in die Masse. Diese Rechtsfolge tritt allerdings nicht automatisch ein (so noch BGH vom 4.3.1993 – IX ZR 169/92 – ZIP 1993, 600). Die Eröffnung des Insolvenzverfahrens hat nämlich zunächst nur zur Folge, dass die gegenseitigen Ansprüche auf Leistungen ihre Durchsetzbarkeit verlieren (BGH vom 7.4.2005 – IX ZR 138/04 – DB 2005, 1453) mit der Folge, dass der Verwalter den Vertrag beenden muss und den Rückkaufswert erst dadurch zur Masse ziehen kann (BAG vom 15.6.2010 – 3 AZR 334/06 – DB 2010, 2814).

Bei Einräumung eines **unwiderruflichen Bezugsrechts** erwirbt der be- 39
zugsberechtigte Arbeitnehmer ein durch den Eintritt des Versorgungsfalls bedingtes, vom Arbeitgeber nicht mehr beeinflussbares Recht auf die Leistungen aus dem Versicherungsvertrag. Soweit die betriebliche Altersversorgung durch **Entgeltumwandlung** erfolgt, behält der Arbeitnehmer seine Anwartschaft auch dann, wenn sein Arbeitsverhältnis vor Eintritt des Versorgungsfalls endet, ohne dass Unverfallbarkeitsfristen zu beachten sind. Neben den in Abs. 5 S. 1 Ziff. 1 bis 3 aufgeführten Rechtsfolgen ist ihm in dem Fall gem. Abs. 5 S. 2 da-

rüber hinaus ab Beginn der Entgeltumwandlung ein unwiderrufliches Bezugsrecht einzuräumen. In beiden Konstellationen ist eine wirtschaftliche Nutzung durch den Arbeitgeber nur mit Zustimmung des Arbeitnehmers zulässig (BAG vom 31.7.2007 – 3 AZR 446/05 – DB 2008, 939).

40 Unwiderrufliche Bezugsrechte sind auch **insolvenzfest;** sie fallen nicht in die Insolvenzmasse. Mit der Unwiderruflichkeit erhält das Bezugsrecht dingliche Wirkung (BAG vom 15.6.2010 – 3 AZR 334/06 – DB 2010, 2814). Der Versorgungsberechtigte kann die **Aussonderung** der Rechte aus dem Versicherungsvertrag verlangen (BAG vom 26.6.1990 – 3 AZR 651/88 – DB 1990, 2474; BAG vom 18.9.2012 – 3 AZR 176/10 – BetrAV 2012, 716). Hat der Arbeitnehmer Beiträge durch Entgeltumwandlung wirtschaftlich selbst aufgebracht, steht ihm im Insolvenzfall ebenfalls ein Aussonderungsrecht nach § 47 InsO zu, falls sich aus der Ausgestaltung des Versicherungsverhältnisses nichts Gegenteiliges ergibt (OLG Düsseldorf vom 6.3.1992 – 17 U 201/91 – DB 1992, 1981; BAG vom 8.6.1999 – 3 AZR 136/98 – DB 1999, 2069).

41 Enthält der Versicherungsvertrag ein **eingeschränkt unwiderrufliches Bezugsrecht,** nach dem ein an sich unwiderrufliches Bezugsrecht unter bestimmten Bedingungen doch widerrufen werden kann, ist zu unterscheiden: Liegen die Voraussetzungen des Widerrufsvorbehalts vor, kann das Bezugsrecht versicherungsrechtlich wirksam widerrufen werden. Sind die Voraussetzungen des Vorbehalts nicht gegeben, ist ein Widerruf nicht möglich. Bei der Auslegung eines Widerrufsvorbehalts in Versicherungsverträgen, die der Durchführung einer betrieblichen Altersversorgung dienen, ist auf die betriebsrentenrechtlichen Wertungen abzustellen. Soll das Bezugsrecht widerruflich sein, falls der Arbeitnehmer aus dem Arbeitsverhältnis ausscheidet, ohne dass die Voraussetzungen einer gesetzlichen Unverfallbarkeit der Versorgungszusage vorliegen, kommt es darauf an, ob das Arbeitsverhältnis im betriebsrentenrechtlichen Sinne endet und ob zum Zeitpunkt der Beendigung eine gesetzlich unverfallbare Anwartschaft vorliegt. Geht das Arbeitsverhältnis aufgrund eines Betriebsübergangs auf einen anderen Arbeitgeber über, endet es nicht. Der Arbeitnehmer scheidet nicht aus dem Arbeitsverhältnis aus (BAG vom 15.6.2010 – 3 AZR 334/06 – DB 2010, 2814; BAG vom 18.9.2012 – 3 AZR 176/10 – BetrAV 2012, 716). Zieht der Insolvenzverwalter den Rückkaufswert der Versicherung trotz bereits eingetretener Unwiderruflichkeit des Bezugsrechts zur Masse, kann der Arbeitnehmer nicht die Auskehrung des Rückkaufswerts vom Insolvenzverwalter verlangen, da die Rechte des Arbeitnehmers gegenüber der Versicherung fortbestehen. In diesem Fall kann die Versicherung nämlich nicht mit Erfüllungswirkung an den Insolvenzverwalter leisten (BAG vom 15.6.2010 – 3 AZR 31/07 – DB 2010, 2678).

42 Das Bezugsrecht muss nicht einheitlich für die gesamte versicherungsvertragliche Leistung geregelt sein. Es kann auch teilweise widerruflich und teilweise unwiderruflich gestaltet sein. Vereinbarungen über ein derartig **gespaltenes Bezugsrecht** werden z.B. hinsichtlich verschiedener Leistungsarten oder bezüglich des Grundanspruchs und der Überschussanteile getroffen. Bei Fehlen einer anderweitigen Vereinbarung stehen die anfallenden **Überschussanteile** und **Sondergewinne,** etwa in Form einer Bardividende, grds. dem Arbeitgeber

zu. Der Versorgungsempfänger kann die vorgenannten Erträge nur dann beanspruchen, wenn sie zur Erhöhung der Versicherungssumme verwendet werden oder ihre verzinsliche Ansammlung vorgesehen ist, ohne eine Bestimmung über das Bezugsrecht zu treffen (LAG Hamm vom 20.1.1998 – 6 Sa 992/97 – BB 1998, 542).

Die **Versorgungszusage** gilt gem. Abs. 2 S. 4 **mit** dem **Versicherungsbeginn** als erteilt. Die Fristen für die Erfüllung der Unverfallbarkeit laufen daher ab diesem Zeitpunkt. Das BAG hat darauf hingewiesen, dass es dem gesetzgeberischen Willen nicht entspricht, über das Hinausschieben des Versicherungsbeginns eine dem Abs. 1 widersprechende Betriebsbindung zu erreichen (BAG vom 7.7.1977 – 3 AZR 572/76 – DB 1977, 1704). Mit Urteil vom 19.4.1983 (BAG vom 19.4.1983 – 3 AZR 24/81 – DB 1983, 2474) hat es daher einem Arbeitnehmer einen direkten Versorgungsanspruch gegen seinen Arbeitgeber zugesprochen, obgleich nach den vertraglichen Regelungen lediglich ein Anspruch auf Abschluss einer Direktversicherung nach Erfüllung einer zehnjährigen Betriebszugehörigkeit bestand. Als der Arbeitnehmer nach zehn Jahren ausschied, war die Versicherung noch nicht abgeschlossen worden, so dass ein unverfallbarer Anspruch nach dem Wortlaut des Abs. 1 nicht entstanden war. Das BAG hat in dieser Vertragsgestaltung jedoch eine vom Gesetzgeber missbilligte Betriebsbindung gesehen und dem Arbeitnehmer einen direkten Anspruch gegen den Arbeitgeber zuerkannt. 43

Zu den gesetzlichen Auflagen für die Gestaltungsform Direktversicherung gehört gem. Abs. 2 S. 3 ferner die Verpflichtung, beim Ausscheiden eines Arbeitnehmers nach Erfüllung der Unverfallbarkeitsvoraussetzungen etwaige **Beleihungen** oder **Abtretungen** der Ansprüche aus der Direktversicherung rückgängig zu machen. Da der Arbeitgeber Versicherungsnehmer ist und ihm damit alle Rechte aus dem Versicherungsvertrag zustehen, ist diese Verpflichtung seitens des Versorgungsberechtigten allerdings versicherungsvertragsrechtlich nicht durchsetzbar. Verstößt der Arbeitgeber gegen die Vorschrift, macht er sich im Versorgungsverhältnis zu seinem Arbeitnehmer jedoch schadenersatzpflichtig. Er hat die ohne Beleihung und Abtretung aus dem Versicherungsvertrag fließenden Versorgungsleistungen dann direkt zu erbringen. Das Gebot zur Rückgängigmachung von Abtretungen oder Beleihungen setzt die Beendigung des Arbeitsverhältnisses voraus, im Rahmen bestehender Arbeitsverhältnisse ist es also ohne rechtliche Bedeutung. 44

Die **Finanzierungseffekte** sind bei der Direktversicherung im Vergleich zur unmittelbaren Zusage, die sich durch Pensionsrückstellungen finanziert, **begrenzt,** weil es vor Eintritt des Versorgungsfalls durch die vom Arbeitgeber aufzubringenden Prämien zu Liquiditätsabflüssen kommt, die durch die Inanspruchnahme eines Policendarlehens nur unvollkommen ausgeglichen werden können. Gleichwohl ist die Direktversicherung wegen ihrer Übersichtlichkeit und des geringen Verwaltungsaufwands in mittelständischen Unternehmen stark verbreitet. 45

c) Pensionsfonds. Durch Art. 9 AVmG ist der Pensionsfonds als **fünfter Durchführungsweg** in das BetrAVG eingeführt worden. Mit diesem Rechtsinstitut hat der Gesetzgeber den Vertragsparteien eine Organisationsform zur 46

Verfügung gestellt, die eine Vielzahl neuer Möglichkeiten und Chancen zur Durchführung der betrieblichen Altersversorgung eröffnet.

47 Der Pensionsfonds ist über Art. 10 AVmG in dem neu in das VAG eingefügten Abschn. VII sowie über Art. 6 AVmG in flankierenden steuerrechtlichen Bestimmungen des EStG geregelt. Er ist eine **externe Versorgungseinrichtung,** die in der Rechtsform einer AG, einer Europäischen AG (SE) oder eines Pensionsfondsvereins aG betrieben wird.

48 Die großen Erwartungen, die an die Einführung dieses Durchführungswegs geknüpft wurden, hatten sich allerdings zunächst nicht erfüllt (vgl. dazu Rn. 29). Inzwischen ist eine positive Entwicklung eingetreten. Diese Entwicklung geht vor allem auf die Übernahme bestehender Leistungszusagen von Arbeitgebern zurück. Insbesondere von großen Unternehmen wird die Auslagerung von Pensionsverpflichtungen genutzt. Erwähnt seien die Ende 2006 und 2007 entstandenen Siemens-, RWE- und MAN-Pensionsfonds. Ursächlich für diese Entwicklung waren neben einer Vielzahl weiterer Faktoren insbesondere die Vorgaben für die Ausgestaltung der Versorgung, die sich aus der Legaldefinition des § 112 VAG ergaben. **Durch das 7. VAGÄndG** vom 29.8.2005 und die **9. VAG-Novelle,** die Ende 2007 in Kraft getreten ist, hat der **Pensionsfonds größere Gestaltungsfreiheiten** erhalten, die die Attraktivität dieses Durchführungswegs weiter verbessern und seine Verbreitung fördern.

49 Nach § 112 Abs. 1 S. 1 VAG wird der Pensionsfonds als **rechtsfähige Versorgungseinrichtung** definiert, die gegen Zahlung von Beiträgen im Wege des Kapitaldeckungsverfahrens Leistungen der betrieblichen Altersversorgung für einen oder mehrere Arbeitgeber zugunsten von Arbeitnehmern erbringt, die Höhe der Leistungen oder die Höhe der für diese Leistungen zu entrichtenden künftigen Beiträge nicht für alle vorgesehenen Leistungsfälle durch versicherungsförmige Garantien zusagen darf, den Arbeitnehmern einen eigenen Anspruch auf Leistung gegen den Pensionsfonds einräumt und verpflichtet ist, die Altersvorsorgeleistung als lebenslange Altersrente oder als Einmalkapitalzahlung zu erbringen. Der Pensionsfonds hat danach die Gestalt einer der Versicherungsaufsicht unterstellten **Quasi-Versicherungseinrichtung,** die wie Pensionskassen im Prinzip den auf Lebensversicherungsunternehmen anzuwendenden Vorschriften unterliegt.

50 Mit der Neufassung von § 112 Abs. 1 S. 1 Nr. 4 und S. 2 VAG zum 4.7.2013 wurde klargestellt, dass nunmehr auch die Altersversorgungsleistung als Einmalkapitalzahlung vom Pensionsfonds erbracht und eine lebenslange Zahlung mit einem teilweisen oder vollständigen Kapitalwahlrecht verbunden werden kann. Die zuvor bestehende Einschränkung, dass lediglich für die Invaliditäts- und/oder Hinterbliebenenversorgung eine befristete Leistungserbringung bis hin zur Zahlung eines einmaligen Versorgungskapitals vorgesehen werden konnte, die Altersleistung dagegen in Form einer lebenslangen Rente (als Leibrente oder nach einem Auszahlungsplan, der den Anforderungen des § 1 Abs. 1 S. 1 Nr. 4 AltZertG genügt) erbracht werden musste, ist damit weggefallen. Durch die Änderungen wird es Pensionsfonds ermöglicht, die gleichen Leistungen der betrieblichen Altersversorgung einschließlich Einmalkapitalzahlungen wie die Pensionskassen zu erbringen (BT-Drs. 17/12602, 40). Allerdings gibt es bislang nur eine unzureichende steuerliche Flankierung dieser Änderungen, da nach § 3

Nr. 63 EStG Beiträge nur dann steuerfrei gestellt sind, wenn die Auszahlung der zugesagten Leistungen in Form einer Rente oder eines Auszahlungsplans vorgesehen ist. Reine Kapitalzusagen werden also – anders als Rentenzusagen mit Kapitalwahlrecht – von dem Steuerprivileg des § 3 Nr. 63 EStG nicht erfasst.

Eine für die Praxis **gravierende Änderung** hatte der Gesetzgeber bereits **durch** Schaffung des **§ 112 Abs. 1a VAG** vorgenommen. Dieser regelt, dass Pensionsfonds Renten als Altersversorgungsleistungen abweichend von § 112 Abs. 1 S. 1 Nr. 4 VAG erbringen können, solange Beitragszahlungen durch den Arbeitgeber auch in der Rentenbezugszeit vorgesehen sind. Ein fester Termin für das Zahlungsende darf nicht fixiert werden. Diese Regelung gilt nicht für Zusagen i.S.d. § 1 Abs. 2 Nr. 2, also **für Beitragszusagen mit Mindestleistung.** In diesem Fall ist die flexible Gestaltung von Beiträgen möglich. Der Arbeitgeber kann sich verpflichten, einen bestimmten Teil des Gewinns pro Geschäftsjahr in den Pensionsfonds einzuzahlen. Dem Arbeitnehmer steht dann als Altersversorgungsleistung zumindest die Summe der zu seinen Gunsten dem Pensionsplan zugeführten Beiträge zu, soweit sie nicht rechnungsmäßig für einen biometrischen Risikoausgleich verbraucht worden sind. 51

Bei Leistungszusagen wurde in der Vergangenheit von der BaFin in der Rentenphase stets eine versicherungsförmige Garantie der Leistung gefordert. Dies impliziert insbesondere, dass für die Ermittlung der prospektiven Deckungsrückstellung und des zu ihrer Deckung erforderlichen Sicherungsvermögens gem. § 1 Abs. 1 S. 3 der PFDeckRV derzeit ein Zins in Höhe von maximal 1,75 % (ab 1.1.2015: 1,25 %) zugrunde gelegt werden muss. In der Konsequenz zeichnete sich der Pensionsfonds schon bisher durch ausgesprochen **liberale Kapitalanlagevorschriften** aus, die, wie sich aus § 115 VAG i.V.m. der PFKapAV ergibt, formal nicht zwischen Bereichen mit und ohne versicherungsförmiger Garantie differenzieren. Erst in der Rentenphase musste der Pensionsfonds das Kapitalanlagerisiko tragen. In der Ansparphase konnte er dagegen die Chancen des Kapitalmarkts relativ frei nutzen. 52

Als wesentliche Konsequenz der Regelung in § 112 Abs. 1a VAG ist somit festzuhalten, dass es dem Pensionsfonds bei Leistungszusagen **künftig erlaubt** ist, **von** der **versicherungsförmigen Durchführung** in der **Rentenphase abzuweichen,** wenn und solange sich der Arbeitgeber verpflichtet, bei Bedarf auch in der Rentenbezugszeit Nachschüsse zu leisten. Für den Fall, dass das angesparte Kapital zur Leistungserfüllung nicht ausreicht, also eine Unterdeckung vorliegt und der Arbeitgeber vertragswidrig keine Nachschüsse leistet, muss sich der Pensionsfonds eine Reduzierung der Rentenzahlungen vorbehalten, was ggf. eine Rückkehr zur versicherungsförmigen Durchführung beinhaltet. Für die Differenz zwischen der vom Pensionsfonds noch gezahlten Rente und der ursprünglich zugesagten Versorgung haftet der Arbeitgeber unmittelbar. 53

Die **Übertragung bestehender Leistungszusagen** auf einen Pensionsfonds ist grds. **erleichtert** worden. Das mit der Einführung des Pensionsfonds gleichfalls erstrebte Ziel, Unternehmen, die sich am internationalen Kapitalmarkt finanzieren, die Möglichkeit zu verschaffen, über die Auslagerung von Pensionsrückstellungen und die damit verbundene Verbesserung ihrer Eigenkapitalrelationen günstigere Finanzierungskonditionen zu erhalten, kann nunmehr erreicht werden. Im Hinblick auf die Zielsetzung sind die steuerlichen Rahmenbedin- 54 gungen von besonderem Gewicht. Soweit es den Arbeitgeber betrifft, regelt § 4e Abs. 1 EStG, dass Beiträge an einen Pensionsfonds i.S.d. § 112 VAG vom Unternehmen, das die Beiträge leistet, als Betriebsausgaben abgezogen werden dürfen, soweit sie auf einer festgelegten Verpflichtung beruhen oder der Abdeckung von Fehlbeträgen des Fonds dienen. Soweit die betriebliche Veranlassung gegeben ist, sieht somit der Gesetzgeber eine unbeschränkte Abzugsfähigkeit der Beiträge an einen Pensionsfonds als Betriebsausgaben vor. Eine Einschränkung dem Grunde (da die Auszahlung der Leistung in Form einer lebenslangen Rente oder eines Auszahlungsplans erfolgen muss, ist eine reine Kapitalzusage nicht steuerprivilegiert; ein Kapitalwahlrecht ist aber unschädlich) und der Höhe nach erfolgt nur indirekt durch die lohnsteuerlichen Regelungen des § 3 Nr. 63 EStG, soweit keine Anwendung von § 3 Nr. 66 EStG möglich ist.

55 Die **Übertragung** von Versorgungsanwartschaften auf den Pensionsfonds ist aber **auch für** den **Arbeitnehmer vorteilhaft.** Er erhält für die Auslagerung einer unmittelbaren Versorgungszusage oder einer Unterstützungskassenzusage auf einen Pensionsfonds neben dem Arbeitgeber einen **weiteren Schuldner.** Die Zustimmung des Versorgungsberechtigten braucht deshalb nicht eingeholt zu werden, zumindest sofern sich aus der Zusage nicht ein Anspruch auf Einhaltung eines bestimmten Durchführungswegs ergibt (BAG vom 12.12.2006 – 3 AZR 388/05 – AP Nr. 67 zu § 1 BetrAVG Zusatzversorgungskassen; BAG vom 12.6.2007 – 3 AZR 186/06 – DB 2008, 2034). Allerdings erschöpft sich der Schuldbeitritt des Pensionsfonds nicht darin, dass sich der Arbeitnehmer den Schuldner aussuchen kann, von dem er seine Altersversorgung verlangt. Nach dem Inhalt des Übertragungsgeschäfts soll der Pensionsfonds Primärschuldner gegenüber dem Arbeitnehmer werden. Leistet der Pensionsfonds nicht, haftet allerdings der Arbeitgeber gem. § 1 Abs. 1 S. 3.

56 Der **Schuldbeitritt** mit Erfüllungsübernahme durch einen Pensionsfonds stellt also aus Sicht des Arbeitgebers einen Finanzierungswechsel dar. Für den Anspruch des Arbeitnehmers schafft die Erfüllungsübernahme keine neue causa. Rechtsgrundlage des Anspruchs auf Leistungen der betrieblichen Altersversorgung bleibt die vom Arbeitgeber erteilte Zusage, die der Pensionsfonds erfüllungshalber übernimmt. Für diese Verpflichtung gelten dann aber auch identische Rahmenbedingungen, d.h. die Erfüllungsübernahme darf keine Wirkungen zulasten Dritter hervorrufen. Durch die Erfüllungsübernahme wird der Arbeitgeber wirtschaftlich insoweit nicht mehr belastet, als der Pensionsfonds die bestehenden Versorgungsverpflichtungen oder Versorgungsanwartschaften gegen Einmalbeitrag übernimmt und diese ausfinanziert sind. Ab dem Übertragungszeitpunkt besteht nur noch eine mittelbare Versorgungsverpflichtung, die ertragssteuerlich zu einer Auflösung der nach § 6a EStG gebildeten Pensionsrückstellung führt.

57 Die Finanzierungsbeiträge an den Pensionsfonds führen zu einem Betriebsausgabenabzug im Rahmen des § 4e EStG.

58 Für den Fall der Übernahme durch den Pensionsfonds hat der Gesetzgeber in § 4e Abs. 3 EStG eine Sonderregelung getroffen.

59 Gem. § 4e Abs. 3 S. 1 EStG kann der steuerpflichtige Arbeitgeber auf Antrag die insgesamt erforderlichen Leistungen an einen Pensionsfonds zur teilweisen oder vollständigen Übernahme einer bestehenden Versorgungsverpflichtung

oder Versorgungsanwartschaft durch den Pensionsfonds erst in den dem Wirtschaftsjahr der Übertragung folgenden zehn Wirtschaftsjahren gleichmäßig verteilt als Betriebsausgaben abziehen. Für den Fall, dass eine Pensionsrückstellung nach § 6a EStG gewinnerhöhend aufzulösen ist, ist gem. § 4e Abs. 3 S. 3 EStG diese Regelung mit der Maßgabe anzuwenden, dass die Leistungen an den Pensionsfonds im Wirtschaftsjahr der Übertragung in Höhe der aufgelösten Rückstellung als Betriebsausgaben abgezogen werden können; der die aufgelöste Rückstellung übersteigende Betrag ist sodann in den dem Wirtschaftsjahr der Übertragung folgenden zehn Wirtschaftsjahren gleichmäßig verteilt als Betriebsausgabe abzuziehen.

Die Sonderregelung des § 4e Abs. 3 EStG, die den Arbeitgeber schlechter stellt als die Regelung des § 4e Abs. 1 EStG, ist der Preis für die Lohnsteuerfreiheit der Übertragung. Die Lohnsteuerfreiheit folgt aus § 3 Nr. 66 EStG, wonach Leistungen eines Arbeitgebers oder einer Unterstützungskasse an einen Pensionsfonds zur Übernahme bestehender Versorgungsverpflichtungen oder Versorgungsanwartschaften durch den Pensionsfonds steuerfrei sind, wenn ein Antrag nach § 4d Abs. 3 EStG oder § 4e Abs. 3 EStG gestellt wird. Der **Pensionsfonds wird** somit als einziger kapitalgedeckter externer Durchführungsweg mit Rechtsanspruch **durch** die Regelung des **§ 3 Nr. 66 EStG privilegiert,** zumindest sofern es die Übertragung des Past Service auf einen Pensionsfonds betrifft. Problematisch bleibt dagegen die Übertragung im Rahmen eines Gesamtplans, da gem. BMF-Schreiben vom 24.7.2013 nur die erste Übertragung auf einen Pensionsfonds gem. § 3 Nr. 66 EStG steuerbegünstigt ist, nicht aber anschließend regelmäßig wiederkehrende (z.B. jährliche) Übertragungen der dann neu erdienten Anwartschaften. Die weiteren Übertragungen sollen sich allein nach § 3 Nr. 63 EStG richten, was zu einer nicht nachvollziehbaren Einschränkung der Übertragungsmöglichkeit gem. § 3 Nr. 66 EStG führen würde. 60

Soweit es die **Arbeitnehmerseite** betrifft, handelt es sich bei den Beiträgen eines Arbeitgebers an einen Pensionsfonds wegen des bestehenden Rechtsanspruchs auf Leistung grds. um steuerpflichtige Einnahmen des Arbeitnehmers. Im Rahmen der Umsetzung der nachgelagerten Besteuerung der betrieblichen Altersversorgung in der Leistungsphase hat der Gesetzgeber für Pensionsfonds – wie auch für Pensionskassen und Direktversicherungen – beim Vorliegen bestimmter Voraussetzungen die **Sonderregelung** des § 3 Nr. 63 EStG getroffen. 61

Beiträge des Arbeitgebers aus dem ersten Dienstverhältnis an einen Pensionsfonds, eine Pensionskasse oder für eine Direktversicherung zum Aufbau einer kapitalgedeckten betrieblichen Altersversorgung, bei der eine Auszahlung der zugesagten Alters-, Invaliditäts- oder Hinterbliebenenversorgungsleistungen in Form einer Rente oder eines Auszahlungsplans nach § 1 Abs. 1 S. 1 Nr. 4 AltZertG vorgesehen ist, sind gem. § 3 Nr. 63 S. 1 EStG **steuerfrei,** soweit die Beiträge im Kalenderjahr 4% der BBG in der allgemeinen Rentenversicherung nicht übersteigen. Der Höchstbetrag erhöht sich gem. § 3 Nr. 63 S. 3 EStG um 1.800 €, wenn die Beiträge i.S.d. S. 1 aufgrund einer Versorgungszusage geleistet werden, die nach dem 31.12.2004 erteilt wurde. 62

Bei der **Vermögensanlage** wird den **Pensionsfonds** eine **größere Freiheit** als Lebensversicherungsunternehmen und Pensionskassen eingeräumt, die nur maximal 35% der Anlagemittel in Aktien investieren dürfen. Dem Pensions- 63 fonds wird es dadurch ermöglicht, die Ergiebigkeit der Kapitalmärkte optimal zu nutzen. Wie die anderen externen kapitalgedeckten Durchführungswege Pensionskasse und Direktversicherung ist auch der Pensionsfonds grds. (§ 10 Abs. 2 S. 2 EStG i.V.m. § 5 AltZertG als Ausnahme) **zertifizierungsfrei.**

64 Um die Sicherheit der angelegten Gelder zu gewährleisten, werden der Geschäftsbetrieb und die Ausstattung des Pensionsfonds mit Eigenkapital durch die BaFin überwacht. Zur Sicherstellung der dauernden Erfüllbarkeit der Verträge ist der Pensionsfonds nach § 114 Abs. 1 VAG gehalten, freie und unbelastete Eigenmittel mindestens in Höhe einer **Solvabilitätsspanne** zu bilden, die sich nach dem gesamten Geschäftsumfang bemisst. Dabei gilt ein Drittel der Solvabilitätsspanne als Garantiefonds. Die Berechnung und Höhe der geforderten Solvabilitätsspanne ergibt sich im Einzelnen aus der PFKAustV. Ferner hat der Pensionsfonds gem. § 115 Abs. 1 VAG unter Berücksichtigung der jeweiligen Pensionspläne einen **Deckungsstock** einzurichten. Die Bestände des Deckungsstocks und des übrigen gebundenen Vermögens sind in einer nach Art und Dauer der zu erbringenden Versorgungsleistungen entsprechenden Weise so anzulegen, dass möglichst große Sicherheit und Rentabilität bei ausreichender Liquidität des Fonds unter Wahrung angemessener Mischung und Streuung insgesamt erreicht werden. Dabei sind die Kapitalanlagen beim Trägerunternehmen zur Vermeidung von Risiken zu beschränken.

65 Darüber hinaus unterliegt der Pensionsfonds der ständigen **Kontrolle durch die Aufsichtsbehörde.** Unabhängig davon, dass der Pensionsfonds **vor Aufnahme** des **Geschäftsbetriebs** gem. § 112 Abs. 2 VAG eine **Erlaubnis** benötigt, trifft ihn nach § 115 Abs. 3 VAG die Pflicht, die von ihm beabsichtigte Anlage der Beiträge darzulegen. Demzufolge hat er bei einer wesentlichen Änderung unverzüglich und im Übrigen jährlich der Aufsichtsbehörde eine Erklärung über die Grundsätze seiner Anlagepolitik zu übersenden. Die Erklärung hat Angaben über das Verfahren zur Risikobewertung und zum Risikomanagement sowie zur Strategie in Bezug auf den jeweiligen Pensionsplan, insbesondere die Aufteilung der Vermögenswerte je nach Art und Dauer der Altersversorgungsleistungen, zu enthalten. Durch diese sicherlich recht verwaltungsaufwendigen Mitteilungen soll es der BaFin ermöglicht werden, offensichtliche Fehlentwicklungen für die Belange der Versorgungsempfänger zu erkennen. Zugleich werden die Fondsverwalter dazu angehalten, eine sorgfältige, langfristig orientierte und zusätzlich dokumentierte Anlagestrategie zu betreiben.

66 Einen wesentlichen Schutz der Versorgungsberechtigten bildet daneben die **Verpflichtung zur Auskunftserteilung.** Welche Informationen im Einzelnen zu geben sind, ist in Anlage Teil D zum VAG normiert. Neben Basisdaten sind den Anwartschaftsberechtigten jährlich vor allem die voraussichtliche Höhe der ihnen zustehenden Leistungen sowie die Anlagemöglichkeiten und die Struktur des Anlageportfolios mitzuteilen. Dazu gehört auch die Unterrichtung, ob und wie ethische, soziale und ökologische Belange bei der Anlage der Mittel respektiert wurden. Insoweit handelt es sich zunächst nur um eine Informationspflicht und nicht darum, diese Kategorien umsetzen zu müssen. Doch allein schon durch die Thematisierung dieser Vorgaben kann sich eine entsprechende Auswirkung auf die Vermögensanlage ergeben. Ferner sind die Versorgungsbe-

rechtigten über das Risikopotential und die Kosten der Vermögensverwaltung zu unterrichten, sofern sie das Anlagerisiko tragen.

Mit dem fünften Durchführungsweg eröffnen sich weitere Möglichkeiten zur **flexiblen Beitragsgestaltung**. So ist die Finanzierung der Altersversorgung durch Beitragszusagen über einen Pensionsfonds gleichfalls durchführbar. Das kann auch in der Weise geschehen, dass sich der Arbeitgeber verpflichtet, einen bestimmten Teil des Betriebsergebnisses pro Geschäftsjahr in den Pensionsfonds einzuzahlen. Dadurch erhöht sich die Kalkulationssicherheit für den Arbeitgeber und macht zugleich die Finanzierung für den Pensionsfonds planungssicher. Die Beiträge an den Pensionsfonds können vom Arbeitgeber gem. § 4e Abs. 1 EStG als Betriebsausgaben abgezogen werden, soweit sie auf einer festgelegten Verpflichtung beruhen oder der Abdeckung von Fehlbeträgen des Fonds dienen. 67

Bezüglich der **Risikoverteilung** ergeben sich mehrere Perspektiven. In § 112 Abs. 1 S. 1 Nr. 4 VAG ist normiert, dass die Leistungen als lebenslange Altersrente erbracht werden können. Damit wird das biometrische Risiko der Langlebigkeit auf den **Pensionsfonds** übertragen. Beinhalten die Pensionspläne auch Leistungen der Invaliditäts- und Hinterbliebenenversorgung, hat er dieses Risiko gleichfalls abzusichern. Ebenso trifft den Pensionsfonds das Kapitalanlagerisiko bei laufenden Renten. 68

Der **Arbeitgeber** hat andererseits nach § 1 Abs. 1 S. 3 für die Erfüllung der von ihm zugesagten Leistungen selbst dann einzustehen, wenn die Durchführung der betrieblichen Altersversorgung nicht unmittelbar über ihn erfolgt. Insofern ist auch er mit den biometrischen Risiken und dem Kapitalanlagerisiko belastet. Selbst wenn man das Deckungsverhältnis zwischen Arbeitgeber und Pensionsfonds als Vertrag zugunsten Dritter wertet, ist davon auszugehen, dass die Grundhaftung des Arbeitgebers bestehen bleibt. Der Einstandspflicht des Arbeitgebers, für den Insolvenzfall abgesichert durch den PSVaG, kommt mithin für die Einhaltung der zugesagten Leistung eine bedeutende Rolle zu. Die Bereitschaft der Arbeitgeber zu einem flexiblen Umgang mit der eventuellen Nachschusspflicht und eine entsprechende Risikobereitschaft der Arbeitgeber werden den Spielraum markieren, den die Pensionsfonds am Kapitalmarkt zur Erzielung möglichst hoher Renditen nutzen können. Dadurch kann letztlich der jetzt schon für die betriebliche Altersversorgung bestehende Kostenvorteil noch einmal erhöht werden. 69

Hinsichtlich des Risikos der **Arbeitnehmer** ist darauf hinzuweisen, dass bei beitragsbezogenen Pensionsplänen eine Ablaufleistung über die Beiträge hinaus nicht garantiert ist. Das Anlagerisiko liegt bei dieser Form der Zusage deshalb beim Arbeitnehmer. Die ihm gegenüber zu einem bestimmten Zeitpunkt resultierende und zu bilanzierende Verpflichtung besteht nur aus dem aktuellen Markt- bzw. Zeitwert des auf die ihm zurechenbare Beitragsleistung entfallenden Anteils am Vermögen. Sollte der Anteil die Mindestleistung unterschreiten, haftet allerdings auch insoweit der Arbeitgeber gem. § 1 Abs. 2 Nr. 2 i.V.m. § 1 Abs. 1 S. 3. 70

d) Pensionskasse. Nach der Legaldefinition in Abs. 3 S. 1 ist die Pensionskasse ebenso wie der Pensionsfonds eine **rechtsfähige Versorgungseinrichtung,** 71 die betriebliche Altersversorgung durchführt und dem Arbeitnehmer oder seinen Hinterbliebenen einen **Rechtsanspruch** auf ihre Leistungen einräumt. Weiter beschrieben wird der Zweck der Pensionskasse in § 118a VAG. Kennzeichnend für eine Pensionskasse ist danach, dass sie ein selbständiges Lebensversicherungsunternehmen darstellt, das nach dem Kapitaldeckungsverfahren betrieben wird und die Absicherung wegfallenden Erwerbseinkommens wegen Alters, Invalidität oder Tod bezweckt, wobei im Todesfall Leistungen nur an Hinterbliebene erbracht werden dürfen. Für Dritte, die die Beerdigungskosten zu tragen haben, kann lediglich ein Sterbegeld, begrenzt auf die Höhe der gewöhnlichen Bestattungskosten, vereinbart werden. Einer ausdrücklichen Bezugsrechtsregelung wie bei der Direktversicherung bedarf es damit nicht. Wie bei ihr und dem Pensionsfonds beginnt die Frist für die Erfüllung der **Unverfallbarkeitsvoraussetzungen** gem. Abs. 3 S. 2 mit dem **Versicherungsbeginn** (ein Verzögern des Unverfallbarkeitseintritts durch Hinausschieben des Versicherungsbeginns sollte aber unzulässig sein; vgl. Rn. 43).

72 Pensionskassen können privatrechtlich oder öffentlich-rechtlich organisiert werden. Die **öffentlich-rechtlichen Pensionskassen** dienen der Versorgung der Arbeitnehmer im öffentlichen Dienst. Sie sind organisiert als Körperschaften des öffentlichen Rechts (VBL, Zusatzversorgungskassen von Ländern und Gemeinden, kirchliche Zusatzversorgungskassen). Die **privatrechtlichen Pensionskassen** sind in der Praxis zumeist als VVaG organisiert. Sie können gem. § 7 VAG aber auch als Versicherungsaktiengesellschaften, einschließlich der SE gegründet werden. Überwiegend handelt es sich bei Pensionskassen um kleinere Vereine i.S.v. § 53 VAG.

73 Die Pensionskassen unterliegen als privatrechtliche Versicherungsunternehmen der **Versicherungsaufsicht** durch die BaFin. Ziel und Aufgabe der Versicherungsaufsicht bestehen darin, die jederzeitige Erfüllbarkeit der im Rahmen der bestehenden Versicherungsverhältnisse gegebenen Leistungsversprechen zu gewährleisten. Zudem sind die Versorgungseinrichtungen gem. § 118b Abs. 1 i.V.m. § 115 Abs. 4 VAG verpflichtet, jährlich den Versorgungsberechtigten mitzuteilen, ob und wie ethische, soziale und ökologische Belange bei der Verwendung der eingezahlten Beiträge berücksichtigt werden. Neben der Haftung seitens des Arbeitgebers kann gleichfalls ein unmittelbarer Anspruch gegen die Pensionskasse bestehen (EuGH vom 9.10.2001 – C-379/99 – DB 2002, 279). Das Urteil ist zu der konkreten Frage ergangen, ob die Pensionskasse bei Ungleichbehandlung von Männern und Frauen unmittelbar in Anspruch genommen werden kann.

74 Eine Pensionskasse kann der rechtlich selbständige Versorgungsträger für einen oder mehrere Arbeitgeber sein. Man unterscheidet **Betriebs- oder Firmenpensionskassen,** die Mitarbeiter eines Unternehmens erfassen, **Konzernpensionskassen,** die Mitarbeiter mehrerer Unternehmen, die untereinander im Konzernverbund stehen, versichern, und **Gruppenpensionskassen,** in denen Mitarbeiter mehrerer rechtlich selbständiger Unternehmen ohne einheitliche Leitung, etwa einer gesamten Branche, wie Unternehmen des Bau- und Versicherungsgewerbes oder Kreditinstitute, zusammengefasst sind. Wechselt ein Arbeitnehmer zu einem Arbeitgeber, der derselben Gruppenpensionskasse wie der frühere Arbeitgeber angehört, so findet keine automatische Zusammenrech-

nung der Zeiten statt (OLG Köln vom 11.4.1994 – 5 U 172/93 – BB 1994, 1640). Im Gegensatz zum gewerblichen Versicherer sind die Pensionskassen also regelmäßig auf einen bestimmten Arbeitgeber- oder Arbeitnehmerkreis beschränkt.

Im Zuge der Rentenreform 2001 sind rund 30 **Vertriebspensionskassen** 75 mit dem Ziel gegründet worden, sich die staatliche Förderung des § 3 Nr. 63 EStG zu sichern. Bei diesen Kassen, die auch als „neue Pensionskassen" bezeichnet werden, handelt es sich im Grunde um Lebensversicherer. Anders als diese deregulierten Pensionskassen nehmen die Firmenpensionskassen am allgemeinen Wettbewerb grds. nicht teil; bei ihnen entstehen daher auch keine Abschlusskosten. Sie arbeiten vielmehr ohne Gewinnerzielungsabsichten, was sich auch darin dokumentiert, dass sie vielfach als VVaG organisiert sind. Bei den Firmenpensionskassen gibt es keine individuellen Vertragsabschlüsse. Sie werden vielmehr kollektiv organisiert und durchgeführt und haben nicht zuletzt deshalb im Vergleich zu den Vertriebspensionskassen erheblich niedrigere Kostensätze.

Auch bei der Pensionskasse besteht zwischen Arbeitgeber, Arbeitnehmer und 76 Pensionskasse ein **Dreiecksverhältnis.** Es unterscheidet sich von der Direktversicherung dadurch, dass der **Arbeitnehmer** selbst **Versicherungsnehmer** bei der Pensionskasse und häufig zugleich deren Mitglied ist. Der **Arbeitgeber** ist **Träger** der **Pensionskasse;** er finanziert ihre Leistungen. Die Pflicht zur Zahlung von Zuwendungen an die Pensionskasse ergibt sich entweder als gesonderte vertragliche Verpflichtung oder als Sonderpflicht aus der Mitgliedschaft des Arbeitgebers in der Kasse.

Traditionell werden viele **Arbeitnehmer** an dem notwendigen Beitragsauf- 77 kommen zur **Finanzierung** der von der Pensionskasse in Aussicht gestellten Leistungen **beteiligt.** Die Beteiligung der Arbeitnehmer an der Aufbringung des Beitragsaufkommens kann wie bei der Direktversicherung auch im Wege der **Entgeltumwandlung** erfolgen. Wenn das Arbeitsverhältnis vor Eintritt des Versorgungsfalls endet, behält der Arbeitnehmer seine Anwartschaft. Nach Abs. 5 dürfen in diesem Fall ebenso wie bei der Durchführung der Altersversorgung im Wege der Direktversicherung oder durch einen Pensionsfonds die Überschussanteile nur zur Verbesserung der Leistung verwendet werden. Dem ausgeschiedenen Arbeitnehmer ist außerdem das Recht zur Fortsetzung der Versicherung mit eigenen Beiträgen einzuräumen. Das Recht zur Verpfändung, Abtretung oder Beleihung durch den Arbeitgeber ist ausgeschlossen.

Scheidet der **Arbeitnehmer vor** Eintritt der **Unverfallbarkeitsvorausset-** 78 **zungen aus,** müssen ihm durch eigene Beitragszahlungen finanzierte Leistungen wirtschaftlich erhalten bleiben. Üblicherweise sehen die Satzungen der Pensionskassen für diese Fälle eine Rückgewähr der eigenen Beiträge des Arbeitnehmers mit einer angemessenen Verzinsung vor. Einen Anspruch des Arbeitnehmers auf Fortführung der Mitgliedschaft in der Pensionskasse besteht vor Erreichen der Unverfallbarkeit nicht; Arbeitgeber und Pensionskasse können über die Fortführung nach billigem Ermessen entscheiden. Nach Eintritt der Unverfallbarkeitsvoraussetzungen wird die Versicherung bei Ausscheiden des Arbeitnehmers gem. § 165 Abs. 1 VVG als prämienfreie Versicherung weitergeführt. Lässt es die Satzung der Kasse zu, kann der Arbeitnehmer freiwilliges Mitglied mit dem Recht auf Fortführung der Versicherung bleiben, auch wenn die

Versorgungsanwartschaft noch nicht unverfallbar geworden ist (BAG vom 4.5.1993 – 3 AZR 625/92 – DB 1994, 383). In der Praxis schließen Pensionskassen die Rückgewähr der Arbeitnehmerbeiträge nach Erfüllung der Unverfallbarkeitsvoraussetzungen i.d.R. aus.

79 Die **Rechtsbeziehungen** zwischen dem **Arbeitnehmer** als **Mitglied der Pensionskasse** und der Kasse selbst werden durch die allgemeinen Vertragsbedingungen, die jeweilige Satzung der Kasse sowie durch das VVG, das VAG, das BGB und das Genossenschaftsrecht geregelt. Der Abschluss des Versicherungsvertrags geschieht i.d.R. durch den Arbeitgeber im Wege der Anmeldung. Allein aus dem Beitritt des Arbeitgebers zu einer Pensionskasse kann der Arbeitnehmer nicht das Recht ableiten, an dem Versorgungswerk der Kasse beteiligt zu werden (BAG vom 12.7.1968 – 3 AZR 218/67 – DB 1968, 2133). Ist er jedoch Beteiligter der Pensionskasse, kann sie neben dem Arbeitgeber haften (EuGH vom 9.10.2001 – C-379/99 – DB 2002, 279).

80 Grds. ist der **Beitritt** zur Pensionskasse **freiwillig.** Der Arbeitnehmer kann jedoch im Arbeitsvertrag zum Beitritt verpflichtet werden. Die Pensionskasse ist nicht berechtigt, die Annahme der Mitgliedschaft zu verweigern.

81 Der Arbeitgeber ist aufgrund des Versorgungsverhältnisses verpflichtet, alles zu unternehmen, damit der Arbeitnehmer im Versorgungsfall Leistungen aus der Pensionskasse erhält. Der Arbeitnehmer hat einen Anspruch auf Einhaltung des Durchführungswegs, wenn sich dies aus den für den Betriebsrentenanspruch maßgeblichen Regelungen ergibt (BAG vom 12.6.2007 – 3 AZR 186/06 – DB 2008, 2034; BAG vom 12.12.2006 – 3 AZR 388/05 – AP Nr. 67 zu § 1 BetrAVG Zusatzversorgungskassen). Es besteht insofern ein **durchsetzbarer Anspruch** des Arbeitnehmers, ihn zur Pensionskasse **anzumelden,** sofern deren Satzung es zulässt (BAG vom 28.7.1972 – 3 AZR 444/71 – DB 1972, 2486). Kommt der Arbeitgeber seinen Verpflichtungen schuldhaft nicht nach, macht er sich gegenüber dem Arbeitnehmer schadenersatzpflichtig, es sei denn, er legt Umstände dar, die sein Verschulden ausschließen (BAG vom 28.7.1972 – 3 AZR 468/71 – DB 1972, 2165). Die Verpflichtung zur Abführung von Beiträgen an die Pensionskasse durch den Arbeitgeber stellt allerdings keine Geldschuld dar, soweit es nicht um die Weiterleitung von Entgeltabzügen geht, deshalb löst die verzögerte Abführung auch keinen Anspruch auf Verzugszinsen aus (BAG vom 12.6.2007 – 3 AZR 186/06 – DB 2008, 2034). Der Arbeitnehmer kann ggf. verlangen, dass der Arbeitgeber ihm die geschuldete Versorgung selbst verschafft oder in anderer Weise für eine nach Art und Umfang gleiche Versorgung sorgt. Auch insoweit handelt es sich um einen insolvenzgeschützten Erfüllungsanspruch (BAG vom 29.8.2000 – 3 AZR 201/00 – BB 2000, 2527). Sofern die Pensionskasse von ihrem satzungsmäßigen Recht Gebrauch macht, Fehlbeträge durch Herabsetzung ihrer Leistungen auszugleichen, hat der Arbeitgeber für die Leistungskürzung einzustehen. Hieran ändert auch eine dynamische Bezugnahme auf die Pensionskassensatzung in der Pensionszusage nichts (BAG vom 19.6.2012 – 3 AZR 408/10 – DB 2012, 2818).

82 Die Zuwendungen an die Pensionskasse können vom Arbeitgeber gem. § 4c EStG als Betriebsausgaben steuerlich geltend gemacht werden. Da das Einkommensteuerrecht den Betriebsausgabenabzug nicht beschränkt, kann die betriebliche Altersversorgung während des laufenden Arbeitsverhältnisses des Versor-

gungsberechtigten nach betriebswirtschaftlichen Kriterien ausfinanziert werden. Nachträgliche Aufwendungen sind allenfalls im Zusammenhang mit der Anpassung der Betriebsrenten denkbar. Ein weiterer Vorteil besteht darin, dass wegen der Kontrolle durch die BaFin **keine Beitragszahlung an den PSVaG** zu erfolgen hat. Beschränkungen ergeben sich aber zumindest aus lohnsteuerlicher Sicht aus § 3 Nr. 63 EStG.

e) Unterstützungskasse. Nach der Legaldefinition des Abs. 4 S. 1 sind Unterstützungskassen **rechtsfähige Versorgungseinrichtungen,** die eine betriebliche Altersversorgung durchführen und auf ihre Leistungen **keinen Rechtsanspruch** gewähren, anderenfalls würden sie der Versicherungsaufsicht unterliegen. Sie können für einen, aber auch für mehrere Arbeitgeber eingerichtet sein. Als Trägerunternehmen einer Unterstützungskasse können mehrere Unternehmen eines Konzerns oder mehrere voneinander unabhängige Unternehmen fungieren, die dann als Konzern- bzw. Gruppenunterstützungskasse die Versorgung durchführen. Unterstützungskassen werden zumeist in der Rechtsform eines e.V. oder einer GmbH betrieben, dagegen wegen der bestehenden Staatsaufsicht seltener als Stiftung. 83

Die Unterstützungskasse verfügt über ein eigenes – vom Arbeitgeber abgetrenntes – **Sondervermögen,** das durch Zuwendungen des Arbeitgebers, Stiftungen oder durch Vermögenserträge gespeist wird. Da Unterstützungskassen nicht wie Pensionskassen oder Pensionsfonds der Versicherungsaufsicht unterfallen, dürfen sie ihr Kassenvermögen dem Trägerunternehmen gegen eine angemessene Verzinsung darlehensweise zur Verfügung stellen. 84

Der **Ausschluss des Rechtsanspruchs** auf die Versorgungsleistungen, der letztlich zur Befreiung von der Versicherungsaufsicht geführt hat, ist arbeitsrechtlich praktisch **bedeutungslos** geworden. Das BAG versteht ihn lediglich als ein an sachliche Gründe gebundenes Widerrufsrecht (BAG vom 5.6.1984 – 3 AZR 33/84 – BB 1984, 2067; BAG vom 17.11.1992 – 3 AZR 76/92 – DB 1993, 1241; BAG vom 26.8.1997 – 3 AZR 235/96 – DB 1998, 1190; BAG vom 11.12.2001 – 3 AZR 512/00 – DB 2003, 293). Diese Rechtsprechung ist wiederholt durch das BVerfG bestätigt worden (BVerfG vom 16.2.1987 – 1 BvR 957/79 und 1 BvR 727/81 – AP Nr. 12 und 13 zu § 1 BetrAVG Unterstützungskassen). Das BAG räumt damit den Arbeitnehmern einen Anspruch auf die zugesagten Leistungen ein. Dieses Verständnis ergibt sich aus dem Gebot des Vertrauensschutzes, das als Rechtsstaatsprinzip Verfassungsrang besitzt (BVerfG vom 19.10.1983 – 2 BvR 298/81 – DB 1984, 190). Der Ausschluss des Rechtsanspruchs berechtigt demgemäß die Kasse nicht, wegen Vermögenslosigkeit die Leistungen zu widerrufen. Die Voraussetzungen für einen Widerruf müssen vielmehr beim Trägerunternehmen selbst gegeben sein (BAG vom 28.4.1977 – 3 AZR 300/76 – DB 1977, 1656). Bei der Ausübung des Widerrufsrechts sind die Grundsätze der Verhältnismäßigkeit und des Vertrauensschutzes zu beachten. Den abgestuften Besitzständen der Arbeitnehmer sind entsprechend abgestufte, unterschiedlich gewichtete Eingriffsgründe des Arbeitgebers gegenüberzustellen. Der Widerruf muss den einzelnen Versorgungsberechtigten aber nicht zugehen. Es reicht aus, wenn die Änderungen des Versorgungswerks allgemein im Betrieb bzw. Unternehmen bekannt gemacht werden und die be- 85 troffenen Arbeitnehmer die Möglichkeit haben, von der Änderung Kenntnis zu nehmen. Eine tatsächliche Kenntnisnahme ist nicht erforderlich (BAG vom 9.12.2008 – 3 AZR 384/07 – AP Nr. 22 zu § 9 BetrAVG; BAG vom 9.10.2012 – 3 AZR 533/10 – AP Nr. 47 zu § 1 BetrAVG Unterstützungskassen).

86 Durch die **Insolvenzrechtsreform** ist der früher in § 7 Abs. 1 S. 3 Nr. 5 geregelte **Sicherungsfall** der **wirtschaftlichen Notlage entfallen.** Der Arbeitgeber kann sich deshalb seit dem 1.1.1999 nicht mehr auf diesen Tatbestand gegenüber dem PSVaG zum Zweck der Insolvenzsicherung der unverfallbaren Anwartschaften und laufenden Betriebsrenten berufen. Grundsätze des Vertrauensschutzes stehen dem nicht entgegen (BAG vom 31.7.2007 – 3 AZR 373/06 – DB 2007, 2849). Ein Recht zum Widerruf kann auch nicht auf die in einer Versorgungsordnung aufgenommenen steuerunschädlichen Vorbehalte gestützt werden. Sie wirken nur deklaratorisch und begründen kein eigenständiges Recht zum Widerruf (BAG vom 17.6.2003 – 3 AZR 396/02 – DB 2004, 324). Bei wirtschaftlicher Notlage im Stadium vor einer Insolvenz ist daher gem. § 7 Abs. 1 S. 4 Nr. 2 nur noch der außergerichtliche Vergleich mit dem PSVaG möglich. Ein Widerruf verfallbarer Anwartschaften aus wirtschaftlicher Notlage dürfte gleichwohl weiterhin zulässig sein. Allerdings ist insbesondere fraglich, ob hierbei der Grundsatz der Gleichbehandlung gewahrt ist.

87 Ein Widerruf von Leistungen einer Unterstützungskasse in sog. **Übergangsfällen** (Versorgungsfall unter der Geltung des BetrAVG eingetreten, rechtliche und tatsächliche Grundlagen jedoch vor Inkrafttreten des Gesetzes gelegt) kann wegen der wechselseitigen Abhängigkeit von Widerrufs- und Kürzungsmöglichkeiten auf der einen und der Ausfallsicherung durch den PSVaG auf der anderen Seite generell nicht mehr auf triftige wirtschaftliche Gründe gestützt werden (BAG vom 18.11.2008 – 3 AZR 417/07 – DB 2009, 1079). Bezüglich sog. Übergangsfälle hatte das BVerfG früher die Anforderungen an einen Widerruf von Leistungen einer Unterstützungskasse abgesenkt, indem es auch solche wirtschaftlichen Schwierigkeiten hat ausreichen lassen, bei denen der Grad einer ernsthaften Gefährdung des Bestands des Unternehmens noch nicht erreicht wurde; zugleich hat es aber entschieden, dass in solchen Fällen der Träger der Insolvenzsicherung einzutreten hat (BVerfG vom 14.1.1987 – 1 BvR 1052/79 – BVerfGE 74, 129). § 7 Abs. 1 S. 3 Nr. 5 a.F. sei verfassungskonform auszulegen, so dass der Insolvenzschutz bereits bei wirtschaftlichen Schwierigkeiten eingreife (BVerfG vom 16.2.1987 – 1 BvR 957/79 – AP Nr. 12 zu § 1 BetrAVG Unterstützungskassen). Nach dem BAG (BAG vom 18.11.2008 – 3 AZR 417/07 – DB 2009, 1079) hat die Abschaffung der Vorschrift nicht nur die Folge, dass eine Versorgungszusage nicht mehr wegen wirtschaftlicher Notlage widerrufen werden kann, sondern auch, dass für die vom BVerfG vorgenommene verfassungskonforme Auslegung kein Raum mehr bleibt.

88 Grds. hat sich der Arbeitnehmer zunächst wegen seiner Versorgungsansprüche an die Unterstützungskasse zu halten (BAG vom 12.2.1971 – 3 AZR 83/70 – BB 1971, 784). Ungeachtet dessen hat sich der Arbeitgeber gegenüber den Arbeitnehmern verpflichtet, dafür aufzukommen, dass die Unterstützungskasse nach Maßgabe der Satzung und ihrer Versorgungsrichtlinien die zugesagten Leistungen erbringt. Der **Arbeitgeber** hat die Unterstützungskasse ausreichend zu dotieren, anderenfalls haftet er selbst für die Erbringung der Versorgungsleis-

tung (BAG vom 28.4.1977 – 3 AZR 300/76 – DB 1977, 1656; BAG vom 3.2.1987 – 3 AZR 208/85 – DB 1987, 2414). Diese **Einstandspflicht** trifft ihn auch dann, wenn er die Auszahlung von Leistungen der Kasse vereitelt. Scheidet ein Arbeitgeber, der seinen Arbeitnehmern eine Altersversorgung über eine Gruppenunterstützungskasse versprochen hat, aus dem Kreis der Trägerunternehmen der Unterstützungskasse aus, so endet die Leistungspflicht der Kasse. Stattdessen muss der Arbeitgeber die Versorgungszusage unmittelbar erfüllen (BAG vom 3.2.1987 – 3 AZR 208/85 – DB 1987, 2414; BAG vom 22.10.1991 – 3 AZR 486/90 – DB 1992, 2095; BAG vom 11.2.1992 – 3 AZR 138/91 – ZIP 1992, 1498). Wechselt ein Arbeitnehmer zu einem Arbeitgeber, der derselben **Gruppenunterstützungskasse** oder überbetrieblichen Unterstützungskasse angehört wie der frühere Arbeitgeber, findet entsprechend den Grundsätzen des OLG Köln (OLG Köln vom 11.4.1994 – 5 U 172/93 – BB 1994, 1640, zur vergleichbaren Fallgestaltung bei Gruppenpensionskassen) keine automatische Zusammenrechnung der Zeiten statt.

Die Einstandspflicht des Arbeitgebers kann durch den Abschluss einer **Rückdeckungsversicherung,** die der Refinanzierung der Unterstützungskasse dient, abgesichert werden. Versicherungsnehmer ist die Unterstützungskasse. Auf der Grundlage des Versicherungsvertrags leistet sie die dort vorgesehenen Beiträge und erhält die daraus resultierenden Versicherungsleistungen. Handelt es sich um eine kongruente Rückdeckung, können mit den Versicherungsleistungen sämtliche Versorgungsleistungen gegenüber den Zusagebegünstigten zu jedem Zeitpunkt erbracht werden. Es ist auch eine partielle Rückdeckung möglich, wenn nur ein Teil der Verpflichtung des Arbeitgebers abgedeckt werden soll. 89

Im Fall der **kongruent rückgedeckten Unterstützungskasse** entsprechen die Zuwendungen des Trägerunternehmens an die Kasse denjenigen Prämienzahlungen, welche die Unterstützungskasse ihrerseits an das Versicherungsunternehmen erbringt. Dabei wird auf der Leistungsseite eine Kongruenz dadurch hergestellt, dass der Zusageinhalt, d.h. der Leistungsplan der Unterstützungskasse, an den für die Rückdeckung maßgeblichen Versicherungstarif gekoppelt wird. Der Vorteil dieses Modells besteht darin, dass die an die Versicherung geleisteten Beitragszahlungen beim Trägerunternehmen in vollem Umfang ergebniswirksam als Betriebsausgaben in Abzug gebracht werden können. Allerdings muss es sich aus steuerlichen Gründen bei den Zuwendungen des Arbeitgebers an die Unterstützungskasse um laufende gleich bleibende oder steigende Beträge handeln, wodurch die Flexibilität naturgemäß eingeschränkt wird. 90

Abgesehen von der Sonderform der rückgedeckten Unterstützungskasse besteht zwischen dem Arbeitgeber und der Unterstützungskasse ein **Auftragsverhältnis,** nach dem die Versorgung der Arbeitnehmer entsprechend dem vorgegebenen Leistungsplan abzuwickeln ist. Das bedeutet für die Unterstützungskasse, dass sie zwar keinen Anspruch auf Geldzuweisungen des Arbeitgebers in der nach § 4d EStG steuerrechtlich zulässigen Höhe hat. Sie hat aber für die von ihr getätigten Zahlungen einen Aufwendungsersatzanspruch gem. § 670 BGB (BAG vom 10.11.1977 – 3 AZR 705/76 – DB 1978, 939). 91

Da Unterstützungskassen aus rechtlichen Gründen keine Rechtsansprüche auf die von ihnen in Aussicht gestellten Leistungen gewähren können, hat der 92

Gesetzgeber die Zusagedauer für die Erfüllung der **Unverfallbarkeitsvoraussetzungen** von der **Zugehörigkeit zum Kreis der Begünstigten** der Kasse abhängig gemacht. Der Beginn des Fristlaufs ist von der Aufnahme in den Kreis der Begünstigten der Unterstützungskasse abhängig. Satzungsrechtliche Bestimmungen, wonach eine Aufnahme in den Kreis der Begünstigten erst nach einer gewissen Mindestbetriebszugehörigkeit erfolgen soll, sind wie bei der Direktzusage ohne rechtliche Bedeutung für den Fristlauf (BAG vom 13.7.1978 – 3 AZR 278/77 – DB 1979, 551).

93 Von den fünf Durchführungswegen ist die Unterstützungskasse, von der Versorgung durch Pensionsfonds abgesehen, gemessen an den Deckungsmitteln, die sich 2011 auf nur 35 Mrd. € beliefen, am wenigsten verbreitet. Das mag darauf zurückzuführen sein, dass der Finanzierungseffekt im Vergleich zur unmittelbaren Versorgung wegen der eingeschränkten Anwartschaftsfinanzierung trotz der Möglichkeit, Darlehen an das Trägerunternehmen zu gewähren, erheblich geringer ist. Sie ist jedoch in der Grundform wegen ihrer flexiblen Finanzierungsmöglichkeiten beliebt. Als rückgedeckte Unterstützungskasse erlaubt sie eine sog. kongruente Finanzierung bereits im Anwartschaftszeitraum.

§ 2 Höhe der unverfallbaren Anwartschaft

(1) [1]Bei Eintritt des Versorgungsfalles wegen Erreichens der Altersgrenze, wegen Invalidität oder Tod haben ein vorher ausgeschiedener Arbeitnehmer, dessen Anwartschaft nach § 1b fortbesteht, und seine Hinterbliebenen einen Anspruch mindestens in Höhe des Teiles der ohne das vorherige Ausscheiden zustehenden Leistung, der dem Verhältnis der Dauer der Betriebszugehörigkeit zu der Zeit vom Beginn der Betriebszugehörigkeit bis zum Erreichen der Regelaltersgrenze in der gesetzlichen Rentenversicherung entspricht; an die Stelle des Erreichens der Regelaltersgrenze tritt ein früherer Zeitpunkt, wenn dieser in der Versorgungsregelung als feste Altersgrenze vorgesehen ist, spätestens der Zeitpunkt der Vollendung des 65. Lebensjahres, falls der Arbeitnehmer ausscheidet und gleichzeitig eine Altersrente aus der gesetzlichen Rentenversicherung für besonders langjährig Versicherte in Anspruch nimmt. [2]Der Mindestanspruch auf Leistungen wegen Invalidität oder Tod vor Erreichen der Altersgrenze ist jedoch nicht höher als der Betrag, den der Arbeitnehmer oder seine Hinterbliebenen erhalten hätten, wenn im Zeitpunkt des Ausscheidens der Versorgungsfall eingetreten wäre und die sonstigen Leistungsvoraussetzungen erfüllt gewesen wären.

(2) [1]Ist bei einer Direktversicherung der Arbeitnehmer nach Erfüllung der Voraussetzungen des § 1b Abs. 1 und 5 vor Eintritt des Versorgungsfalls ausgeschieden, so gilt Absatz 1 mit der Maßgabe, daß sich der vom Arbeitgeber zu finanzierende Teilanspruch nach Absatz 1, soweit er über die von dem Versicherer nach dem Versicherungsvertrag auf Grund der Beiträge des Arbeitgebers zu erbringende Versicherungsleistung hinausgeht, gegen den Arbeitgeber richtet. [2]An die Stelle der Ansprüche nach Satz 1 tritt auf Verlangen des Arbeitgebers die von dem Versicherer auf Grund des Versicherungsvertrages zu erbringende Versicherungsleistung, wenn

1. spätestens nach 3 Monaten seit dem Ausscheiden des Arbeitnehmers das Bezugsrecht unwiderruflich ist und eine Abtretung oder Beleihung des Rechts aus

dem Versicherungsvertrag durch den Arbeitgeber und Beitragsrückstände nicht vorhanden sind,
2. vom Beginn der Versicherung, frühestens jedoch vom Beginn der Betriebszugehörigkeit an, nach dem Versicherungsvertrag die Überschußanteile nur zur Verbesserung der Versicherungsleistung zu verwenden sind und
3. der ausgeschiedene Arbeitnehmer nach dem Versicherungsvertrag das Recht zur Fortsetzung der Versicherung mit eigenen Beiträgen hat.

[3]Der Arbeitgeber kann sein Verlangen nach Satz 2 nur innerhalb von 3 Monaten seit dem Ausscheiden des Arbeitnehmers diesem und dem Versicherer mitteilen. [4]Der ausgeschiedene Arbeitnehmer darf die Ansprüche aus dem Versicherungsvertrag in Höhe des durch Beitragszahlungen des Arbeitgebers gebildeten geschäftsplanmäßigen Deckungskapitals oder, soweit die Berechnung des Deckungskapitals nicht zum Geschäftsplan gehört, das nach § 169 Abs. 3 und 4 des Versicherungsvertragsgesetzes berechneten Wertes weder abtreten noch beleihen. [5]In dieser Höhe darf der Rückkaufswert auf Grund einer Kündigung des Versicherungsvertrags nicht in Anspruch genommen werden; im Falle einer Kündigung wird die Versicherung in eine prämienfreie Versicherung umgewandelt. [6]§ 169 Abs. 1 des Versicherungsvertragsgesetzes findet insoweit keine Anwendung. [7]Eine Abfindung des Anspruchs nach § 3 ist weiterhin möglich.

(3) [1]Für Pensionskassen gilt Absatz 1 mit der Maßgabe, daß sich der vom Arbeitgeber zu finanzierende Teilanspruch nach Absatz 1, soweit er über die von der Pensionskasse nach dem aufsichtsbehördlich genehmigten Geschäftsplan oder, soweit eine aufsichtsbehördliche Genehmigung nicht vorgeschrieben ist, nach den allgemeinen Versicherungsbedingungen und den fachlichen Geschäftsunterlagen im Sinne des § 5 Abs. 3 Nr. 2 Halbsatz 2 des Versicherungsaufsichtsgesetzes (Geschäftsunterlagen) auf Grund der Beiträge des Arbeitgebers zu erbringende Leistung hinausgeht, gegen den Arbeitgeber richtet. [2]An die Stelle der Ansprüche nach Satz 1 tritt auf Verlangen des Arbeitgebers die von der Pensionskasse auf Grund des Geschäftsplans oder der Geschäftsunterlagen zu erbringende Leistung, wenn nach dem aufsichtsbehördlich genehmigten Geschäftsplan oder den Geschäftsunterlagen
1. vom Beginn der Versicherung, frühestens jedoch vom Beginn der Betriebszugehörigkeit an, Überschußanteile, die auf Grund des Finanzierungsverfahrens regelmäßig entstehen, nur zur Verbesserung der Versicherungsleistung zu verwenden sind oder die Steigerung der Versorgungsanwartschaften des Arbeitnehmers der Entwicklung seines Arbeitsentgelts, soweit es unter den jeweiligen Beitragsbemessungsgrenzen der gesetzlichen Rentenversicherungen liegt, entspricht und
2. der ausgeschiedene Arbeitnehmer das Recht zur Fortsetzung der Versicherung mit eigenen Beiträgen hat.

[3]Absatz 2 Satz 3 bis 7 gilt entsprechend.

(3a) Für Pensionsfonds gilt Absatz 1 mit der Maßgabe, dass sich der vom Arbeitgeber zu finanzierende Teilanspruch, soweit er über die vom Pensionsfonds auf der Grundlage der nach dem geltenden Pensionsplan im Sinne des § 112 Abs. 1 Satz 2 in Verbindung mit § 113 Abs. 2 Nr. 5 des Versicherungsaufsichtsgesetzes berechnete Deckungsrückstellung hinausgeht, gegen den Arbeitgeber richtet.

(4) Eine Unterstützungskasse hat bei Eintritt des Versorgungsfalls einem vorzeitig ausgeschiedenen Arbeitnehmer, der nach § 1b Abs. 4 gleichgestellt ist, und seinen Hinterbliebenen mindestens den nach Absatz 1 berechneten Teil der Versorgung zu gewähren.

(5) [1]Bei der Berechnung des Teilanspruchs nach Absatz 1 bleiben Veränderungen der Versorgungsregelung und der Bemessungsgrundlagen für die Leistung der betrieblichen Altersversorgung, soweit sie nach dem Ausscheiden des Arbeitnehmers eintreten, außer Betracht; dies gilt auch für die Bemessungsgrundlagen anderer Versorgungsbezüge, die bei der Berechnung der Leistung der betrieblichen Altersversorgung zu berücksichtigen sind. [2]Ist eine Rente der gesetzlichen Rentenversicherung zu berücksichtigen, so kann das bei der Berechnung von Pensionsrückstellungen allgemein zulässige Verfahren zugrunde gelegt werden, wenn nicht der ausgeschiedene Arbeitnehmer die Anzahl der im Zeitpunkt des Ausscheidens erreichten Entgeltpunkte nachweist; bei Pensionskassen sind der aufsichtsbehördlich genehmigte Geschäftsplan oder die Geschäftsunterlagen maßgebend. [3]Bei Pensionsfonds sind der Pensionsplan und die sonstigen Geschäftsunterlagen maßgebend. [4]Versorgungsanwartschaften, die der Arbeitnehmer nach seinem Ausscheiden erwirbt, dürfen zu keiner Kürzung des Teilanspruchs nach Absatz 1 führen.

(5a) Bei einer unverfallbaren Anwartschaft aus Entgeltumwandlung tritt an die Stelle der Ansprüche nach Absatz 1, 3a oder 4 die vom Zeitpunkt der Zusage auf betriebliche Altersversorgung bis zum Ausscheiden des Arbeitnehmers erreichte Anwartschaft auf Leistungen aus den bis dahin umgewandelten Entgeltbestandteilen; dies gilt entsprechend für eine unverfallbare Anwartschaft aus Beiträgen im Rahmen einer beitragsorientierten Leistungszusage.

(5b) An die Stelle der Ansprüche nach den Absätzen 2, 3, 3a und 5a tritt bei einer Beitragszusage mit Mindestleistung das dem Arbeitnehmer planmäßig zuzurechnende Versorgungskapital auf der Grundlage der bis zu seinem Ausscheiden geleisteten Beiträge (Beiträge und die bis zum Eintritt des Versorgungsfalls erzielten Erträge), mindestens die Summe der bis dahin zugesagten Beiträge, soweit sie nicht rechnungsmäßig für einen biometrischen Risikoausgleich verbraucht wurden.

Übersicht

1. Inhalt der Regelung

In § 2 ist geregelt, in welcher Höhe unverfallbare Versorgungsanwartschaften aufrechtzuerhalten sind. Auch bei dieser Bestimmung handelt es sich um eine **Mindestnorm.** Der Arbeitgeber kann dem Arbeitnehmer weitergehende Rechte einräumen (BAG vom 21.6.1979 – 3 AZR 806/78 – BB 1979, 1663). Enthält eine Versorgungszusage keine Verfallklausel, gilt im Zweifel jedoch die gesetzliche Regelung (BAG vom 15.11.2005 – 3 AZR 521/04 – DB 2006, 1280; BAG vom 10.12.2002 – 3 AZR 1/02 – NZA 2003, 576). Der Arbeitnehmer muss darlegen und beweisen, dass zu seinen Gunsten eine abweichende Vereinbarung getroffen wurde (BAG vom 12.3.1985 – 3 AZR 450/82 – DB 1985, 1984; BAG vom 8.6.1999 – 3 AZR 39/98 – DB 1999, 2071; BAG vom 21.8.2001 – 3 AZR 649/00 – DB 2002, 644). Für die Berechnung der Versorgungsanwartschaft ist bezüglich der einzelnen **Durchführungswege** und **Zusagetypen** eine Reihe von **Besonderheiten** zu beachten. 1

2. Quotierungsverfahren

Bei der Schaffung der gesetzlichen Regelung hat sich der Gesetzgeber mit einer Fülle unterschiedlicher Vertragsgestaltungen konfrontiert gesehen, die vor allem der Leistungsbemessung im Versorgungsfall dienten. Er konnte deshalb für die Höhe der unverfallbaren Anwartschaft nicht dem vertraglichen Aufbau der Versorgungsregelung folgen. Er musste stattdessen ein eigenständiges Verfahren entwickeln, das allen Vertragsgestaltungen gerecht wird. Er hat als Grundvariante das Quotierungsverfahren, ein zeitratierliches Berechnungsverfahren – auch **pro-rata-temporis-Verfahren** oder **m/ntel-Verfahren** genannt – gewählt. Das BAG hat mehrfach entschieden, dass diese zeitratierliche Berechnungsweise keine durch Art. 21 Abs. 1 der Charta der Grundrechte der EU verbotene Altersdiskriminierung darstellt (BAG vom 19.7.2011 – 3 AZR 434/09 – DB 2012, 294; BAG vom 11.12.2012 – 3 AZR 634/10 – DB 2013, 1002). 2

a) Anwendungsbereich. Das Quotierungsverfahren gilt für **Leistungszusagen** i.S.v. § 1 Abs. 1. Für Direktversicherungs-, Pensionskassen-, Pensionsfonds- 3 zusagen und die erst in späteren Jahren vom Gesetzgeber in das BetrAVG eingefügten besonderen Zusagetypen (beitragsorientierte Leistungszusage, Entgeltumwandlung, Beitragszusage mit Mindestleistung) gelten ggf. andere Berechnungsverfahren (s. Rn. 25 bis 46).

4 Das Berechnungsverfahren **betrifft** grds. **nur** die **betrieblichen Versorgungsleistungen,** also die durch Arbeitgeberbeiträge finanzierten Teile des Gesamtanspruchs. Sieht das Versorgungswerk eine Eigenbeteiligung des Arbeitnehmers vor, die insbesondere bei der Direktversicherung oder der Pensionskasse möglich ist, wird der selbst finanzierte Teil des Arbeitnehmers nicht dem zeitratierlichen Berechnungsverfahren unterworfen.

5 **b) „Als-ob-Leistung“.** Im Rahmen des zeitratierlichen Berechnungsverfahrens ist zunächst der Anspruch zu ermitteln, der sich bei einer unterstellten weiteren Tätigkeit des Mitarbeiters bis zum Erreichen der vertraglich vorgesehenen Altersgrenze auf Basis der zum Zeitpunkt des Ausscheidens geltenden Versorgungsregelung ergeben hätte. Dieser erste Berechnungsschritt folgt mithin den Bestimmungen der Versorgungsregelung. Sieht sie eine Steigerung des Anspruchs in Abhängigkeit von der Betriebszugehörigkeit oder dem Alter des Mitarbeiters vor, sind alle bis zum Erreichen der Altersgrenze möglichen Steigerungen mit in die Berechnung der sog. **„Als-ob-Leistung“** einzubeziehen. Höchstbegrenzungsklauseln sind gleichfalls zu berücksichtigen. Hiervon kann zwar zugunsten der Anwartschaftsberechtigten abgewichen werden. Es gilt aber nicht die Auslegungsregel, dass die Teilrenten zunächst unabhängig von der Höchstbegrenzungsklausel zu berechnen und die so ermittelten Renten erst bei Überschreitung der Höchstgrenzen zu kürzen sind (BAG vom 21.3.2000 – 3 AZR 102/99 – n.v.). Eine ratierliche Kürzung unterbleibt auch dann nicht, wenn der Arbeitnehmer bis zu seinem Ausscheiden bereits die nach der Versorgungszusage mögliche Höchstrente erreicht hat (BAG vom 12.3.1985 – 3 AZR 450/82 – BB 1985, 1536; BAG vom 17.9.2008 – 3 AZR 1061/06 – DB 2009, 296).

6 Bei einkommensabhängigen Regelungen ist die fiktive Gehaltsentwicklung nach dem Ausscheiden des Arbeitnehmers gem. Abs. 5 S. 1 außer Ansatz zu lassen (vgl. Rn. 22 ff.). Basis für die Ermittlung des erreichbaren Anspruchs bei Vollendung des 67. Lebensjahrs ist damit das ruhegeldfähige Einkommen zum Zeitpunkt des Ausscheidens. Sieht die betriebliche Versorgungsregelung als ruhegeldfähiges Einkommen eine Durchschnittsbildung vor – bspw. monatlicher Durchschnitt des Einkommens der letzten zwei, drei oder mehr Jahre –, so ist die Durchschnittsbildung zum Zeitpunkt des tatsächlichen Ausscheidens nicht vorzunehmen. Die Hochrechnung hat unter Zugrundelegung des Einkommens im letzten Jahr vor dem Ausscheiden zu erfolgen. Eine hiervon abweichende Auffassung hat das BAG in einer Entscheidung vertreten, welcher die Fortschreibung nach § 2 Abs. 5 bei einer Teilzeitbeschäftigung zugrunde lag (BAG vom 24.7.2001 – 3 AZR 567/00 – DB 2002, 588). Hier argumentierte das BAG, dass nach dem Willen des Gesetzgebers durch § 2 Abs. 5 nicht ein Vertragszustand für die Zeit nach dem Ausscheiden mit unverfallbarer Anwartschaft fingiert werden solle.

7 Der Grundsatz der Festschreibung gilt auch, wenn bei der Berechnung der betrieblichen Altersrente die **gesetzliche Rente** berücksichtigt werden muss.

Insoweit sind gleichfalls die Berechnungsgrundlagen zum Zeitpunkt des Ausscheidens maßgebend (BAG vom 12.11.1991 – 3 AZR 520/90 – DB 1992, 638). Auch für die Sozialversicherungsrente ist von der Fiktion auszugehen, die für die Höhe des Versorgungsanspruchs maßgeblichen Bezugsgrößen hätten bis zum Eintritt des Versorgungsfalls unverändert fortbestanden. Dies gilt auch dann, wenn vertraglich vorgesehen ist, dass die Betriebsrente zusammen mit der Sozialversicherungsrente und/oder anderweitigen Versorgungsbezügen eine bestimmte Obergrenze nicht übersteigen darf. Bei solchen **Höchstbegrenzungsklauseln** unterschied die Rechtsprechung bei der Inanspruchnahme vorzeitiger Altersleistungen nach § 6 früher danach, ob in dieser Höchstbegrenzungsklausel eine Berechnungs- oder Begrenzungsvorschrift zu sehen war. Diese Rechtsprechung hat das BAG im Jahr 2006 aufgegeben (vgl. dazu auch § 6 Rn. 25). Nunmehr ist nach der Rechtsprechung des BAG eine Höchstbegrenzungsklausel so anzuwenden, dass bereits die fiktive Vollrente bei Erreichen der festen Altersgrenze der Höchstbegrenzungsklausel zu unterwerfen und erst dann zeitratierlich zu kürzen ist (BAG vom 21.3.2006 – 3 AZR 374/05 – DB 2006, 2354). Ist die Betriebsrente nach der maßgeblichen Versorgungsordnung insoweit zu kürzen, als die Summe aus der Gesamtversorgung und den Einkünften aus Erwerbstätigkeit die ruhegeldfähigen Bezüge übersteigt, sind die Vergleichsgrößen im Zweifel nach einheitlichen Grundsätzen zu ermitteln (BAG vom 23.10.1990 – 3 AZR 553/89 – ZIP 1991, 1167). Im Übrigen ist die Formulierung „Rente aus der gesetzlichen Rentenversicherung" in einer Versorgungsordnung bei der Ermittlung der Gesamtversorgungs-Obergrenze so auszulegen, dass der Betrag der Bruttorente gemeint ist (BAG vom 10.3.1992 – 3 AZR 352/91 – DB 1993, 283; BAG vom 6.4.1993 – 3 AZR 527/92 – BetrAV 1993, 27).

Wird die Rente aus der gesetzlichen Rentenversicherung in die **Höchstbegrenzung** einbezogen, stehen zwei Möglichkeiten für die Hochrechnung zur Verfügung. Entweder wird der erreichbare Anspruch aus der gesetzlichen Rentenversicherung aufgrund der individuellen Versicherungsverhältnisse des Arbeitnehmers ermittelt oder die Hochrechnung wird gem. Abs. 5 S. 2 nach dem für steuerliche Zwecke geschaffenen **Näherungsverfahren** vorgenommen. Die individuelle Berechnung der **voraussichtlichen gesetzlichen Rente** soll auf Antrag des Arbeitnehmers erfolgen. Die erforderlichen Daten kann der Arbeitnehmer über einen Auskunftsantrag beim zuständigen Rentenversicherungsträger abfragen und dem Arbeitgeber die Informationen zur Verfügung stellen. Nachzuweisen sind die persönlichen Entgeltpunkte gem. § 66 SGB VI zum Zeitpunkt des Ausscheidens. Wird die Hochrechnung auf Basis des steuerlichen Näherungsverfahrens vorgenommen, bedarf es keiner zusätzlichen Informationen. Hat der Arbeitnehmer die Unterlagen für einen individuellen Nachweis vorgelegt, ist der erreichbare Versorgungsanspruch entsprechend Abs. 5 S. 2 unter Zugrundelegung der zuletzt vor dem Ausscheiden erreichten Entgeltpunkte auch für die noch ausstehenden Versicherungsjahre zu ermitteln. Da das sozialversicherungspflichtige Einkommen Teil der Bemessungsgrundlage ist und diese dem Festschreibegrundsatz nach Abs. 5 unterliegt, muss für die Hochrechnung auf das letzte Bruttomonatsgehalt abgestellt werden. Eine Durchschnittsbildung der Entgelte aus der Zeit vor dem Ausscheiden des Arbeitnehmers verbietet sich daher (BAG vom 21.3.2006 – 3 AZR 374/05 – DB 2006, 2354). 8

9 Das Gesetz enthält **keine Frist,** binnen derer der Arbeitnehmer dem Arbeitgeber die für eine individuelle Berechnung notwendigen **Unterlagen vorzulegen** hat. Nach der Rechtsprechung des BAG (BAG vom 18.11.1983 – 3 AZR 511/81 – BB 1984, 601) kommt einem Dokument über die Höhe der unverfallbaren Anwartschaft jedoch keine konstitutive Wirkung zu. Das bedeutet, dass ohne besondere vertragliche Regelung der Arbeitnehmer den Anspruch auf eine individuelle Berechnung noch lange nach seinem Ausscheiden geltend machen kann. Daher kann es sinnvoll sein, eine angemessene Ausschlussfrist vorzusehen, binnen derer das Begehren auf individuelle Berechnung und die notwendigen Unterlagen dem Arbeitgeber zugehen müssen. Werden die Unterlagen nicht innerhalb der Ausschlussfrist vorgelegt, sollte die unverfallbare Anwartschaft rechtswirksam unter Ansatz der erreichbaren gesetzlichen Rente nach dem steuerlichen Näherungsverfahren ermittelt werden können.

10 Der nach den Bestimmungen der Versorgungsregelung auf Basis der Verhältnisse zum Zeitpunkt des Ausscheidens ermittelte fiktive Endanspruch bei Vollendung des 67. Lebensjahrs ist entsprechend der tatsächlich geleisteten Betriebszugehörigkeit zur insgesamt bis zur Vollendung des 67. Lebensjahrs möglichen Betriebszugehörigkeit zu kürzen. An die Stelle der Vollendung des 67. Lebensjahrs tritt ein früherer Zeitpunkt, wenn die betriebliche Versorgungsregelung eine feste frühere Altersgrenze vorsieht. Das 67. Lebensjahr bleibt grds. aber auch dann **feste Altersgrenze,** wenn der vorzeitig ausgeschiedene Arbeitnehmer bereits im Zeitpunkt der Inanspruchnahme des vorzeitigen Altersruhegelds die betriebliche Höchstrente erreicht hätte (BAG vom 23.1.2001 – 3 AZR 562/99 – DB 2002, 1168).

11 Während § 2 früher auf die Vollendung des 65. Lebensjahrs abgestellt hat, wird seit dem **RV-Altersgrenzenanpassungsgesetz** vom 20.4.2007, das am 1.2.2008 in Kraft getreten ist, auf das Erreichen der **Regelaltersgrenze in der gesetzlichen Rentenversicherung** Bezug genommen. Die Regelaltersgrenze wird im Zeitraum zwischen 2012 und 2029 auf 67 Jahre angehoben. Beginnend mit dem Geburtsjahrgang 1947 erfolgt die Umstellung zunächst in Ein-Monats- und ab 2024 in Zwei-Monats-Schritten. Bis zum Jahr 2012 bleibt somit die Vollendung des 65. Lebensjahrs für die Berechnung der Versorgungsanwartschaft maßgebend. Dies gebietet der Grundsatz des Vertrauensschutzes. An die Stelle der Vollendung des 65. Lebensjahrs tritt für die Berechnung nach § 2 nach wie vor ein früherer Zeitpunkt, wenn dieser in der Versorgungsregelung als feste Altersgrenze vorgesehen ist. Dies ist jedoch spätestens der Zeitpunkt, in dem der Arbeitnehmer ausscheidet und gleichzeitig eine Altersrente aus der gesetzlichen Rentenversicherung für besonders langjährig Versicherte in Anspruch nimmt. Diese Rente kann der Versicherte beanspruchen, der das 65. Lebensjahr vollendet und eine Wartezeit von 45 Jahren erfüllt hat (§ 38 SGB VI).

12 Zum 1.7.2014 tritt das RV-Leistungsverbesserungsgesetz in Kraft. Danach können besonders langjährig Versicherte für eine Übergangszeit bereits ab Vollendung des 63. Lebensjahrs eine abschlagsfreie Altersrente aus der gesetzlichen Rentenversicherung in Anspruch nehmen. In diesem Zusammenhang wurde § 2 Abs. 1 S. 1 Halbs. 2 in der Weise geändert, dass die Wörter „in dem" durch die Wörter „der Vollendung des 65. Lebensjahres, falls" ersetzt wurden. Damit

wird die rentenversicherungsrechtliche Begünstigung der besonders langjährig Versicherten bei der betrieblichen Altersversorgung zielgerichtet nicht nachvollzogen, um den Trägern betrieblicher Versorgungszusagen keinen weiteren Verwaltungs- und Kostenaufwand aufzubürden. Bei einem besonders langjährig Versicherten bleibt es damit für die Berechnung der unverfallbaren Anwartschaft bei der Altersgrenze 65, auch wenn er die abschlagsfreie Altersrente aus der gesetzlichen Rentenversicherung ab 63 in Anspruch nimmt.

Nach der Rechtsprechung das BAG ist im Einzelfall durch **Auslegung** zu ermitteln, ob **Versorgungsregelungen,** die nicht abstrakt auf das Erreichen der Regelaltersgrenze in der gesetzlichen Rentenversicherung abstellen, sondern ausdrücklich auf die Vollendung des 65. Lebensjahrs, das schrittweise Anheben der Altersgrenze in der gesetzlichen Rentenversicherung nachvollziehen oder ob die Vollendung des 65. Lebensjahrs einen früheren Zeitpunkt i.S.d. § 2 Abs. 1 Satz 1 Halbs. 2 darstellt (BAG vom 15.5.2012 – 3 AZR 11/10 – DB 2012, 1756). Stelle eine vor dem RV-Altersgrenzenanpassungsgesetz entstandene Versorgungsregelung auf das 65. Lebensjahr ab, sei dies **regelmäßig** dahingehend auszulegen, dass damit auf die **Regelaltersgrenze der gesetzlichen Rentenversicherung** Bezug genommen werde, so dass es zu einem „Mitwandern" der festen vertraglichen Altersgrenze der Versorgungsregelung mit der Anhebung der Altersgrenze der gesetzlichen Rentenversicherung komme, so das BAG. Da die Regelaltersgrenze in der gesetzlichen Rentenversicherung seit 1916 durchgehend bei Alter 65 lag, habe beim Verfassen von Versorgungsregelungen keine Veranlassung für abweichende Formulierungen bestanden, wenn an die in der gesetzlichen Rentenversicherung geltende Altersgrenze von 65 Jahren angeknüpft wurde. Insbesondere in Gesamtversorgungssystemen gelange man im Wege der Auslegung regelmäßig dazu, dass die Betriebsrente erst dann gezahlt werden solle, wenn eine Rente aus der gesetzlichen Rentenversicherung beansprucht werden kann, so das BAG. Da es sich bei dieser BAG-Rechtsprechung um eine Auslegungsregel handelt, muss in jedem Einzelfall geprüft werden, ob sich aus anderweitigen Formulierungen oder dem Gesamtgefüge der Versorgungsregelung, den Rahmenbedingungen im Zusammenhang mit der Einführung der Versorgungsregelung, Änderungen der Versorgungsregelung nach Inkrafttreten des RV-Altersgrenzenanpassungsgesetzes oder deren einvernehmlicher Handhabung eine andere Auslegung ergibt. 13

Die Regelauslegung des BAG, dass die Altersgrenze 65 mit der Anhebung in der gesetzlichen Rentenversicherung mitwandere, hat außer bei § 2 auch Bedeutung für andere versorgungsrechtliche Regelungspunkte, wie etwa die Leistungszuwächse für Dienstjahre nach dem 65. Lebensjahr, die Anpassung der versicherungsmathematischen Abschläge bei vorzeitiger Inanspruchnahme der Altersrente nach § 6 und die Berechnung von Versorgungsausgleichen. 14

c) Zeitratierliche Berechnung. Für die **Berechnung** des **Zeitwertfaktors** (auch **Quotierungsfaktor** oder **m/ntel-Faktor** genannt) sind die bürgerlichrechtlichen Fristenbestimmungen der §§ 187 ff. BGB maßgeblich. Grds. muss die Berechnung exakt nach Tagen erfolgen. Eine Berechnung nach Monaten ist jedoch auch zulässig (BAG vom 22.2.1983 – 3 AZR 546/80 – DB 1983, 2680). Es ist auf die gesamte Beschäftigungszeit seit dem Beginn des Arbeitsverhältnis- 15 ses abzustellen. Maßgeblich ist also nicht nur die ruhegeldfähige Beschäftigungszeit, sondern die gesamte Betriebszugehörigkeit einschließlich einer etwaigen betrieblichen Berufsausbildung (BAG vom 19.11.2002 – 3 AZR 167/02 – DB 2003, 2131). Sieht das Versorgungsversprechen die Anrechnung von **Vordienstzeiten** vor, so sind diese sowohl bei der Ermittlung des voraussichtlichen Anspruchs bei Erreichen der Altersgrenze als auch bei dem Zeitwertfaktor selbst zu berücksichtigen. Dies gilt auch dann, wenn die Anrechnung der Vordienstzeiten aufgrund der vom BAG aufgestellten Auslegungsregel erfolgt (BAG vom 8.5.1984 – 3 AZR 68/82 – DB 1984, 2517). Etwas anderes gilt nur dann, wenn die Anrechnung der Vordienstzeiten unter dem Vorbehalt erfolgt, dass der Mitarbeiter nicht vorzeitig ausscheidet.

16 Die Berechnung der unverfallbaren Versorgungsanwartschaft bei Direktzusagen gem. Abs. 1 ist weiterhin davon abhängig, nach welchem **Zusagetyp** und welcher **Zusagestruktur** Leistungen versprochen worden sind. Für die drei Grundtypen der unter § 1 Rn. 72 ff. dargestellten Versorgungsstrukturen, d.h. für das Festrentensystem, das bezügeabhängige System und die Gesamtversorgung unter Anrechnung der gesetzlichen Rente, soll die zeitratierliche Berechnung der Versorgungsanwartschaft auf eine Altersrente in den folgenden Beispielen verdeutlicht werden.

17 d) Beispiele für das ratierliche Berechnungsverfahren.

Für alle Beispiele gelten die folgenden Annahmen:

feste Altersgrenze:	67. Lebensjahr	
Eintritt:	25. Lebensjahr	
Austritt:	46. Lebensjahr	
tatsächliche Betriebszugehörigkeit:	21 Jahre	
mögliche Betriebszugehörigkeit:	42 Jahre	
Unverfallbarkeitsfaktor:	21/42 = 0,5	
Versorgungsfall im Jahr 2013 und später		
(a) Festrentensystem		
Rentenformel:	€ 2,50 pro Dienstjahr	
erreichbare Endrente bei Vollendung des 67. Lebensjahrs:	42 × € 2,50 =	€ 105,00
unverfallbare Anwartschaft:	€ 105,00 × 0,5 =	€ 52,50
(b) Einkommensabhängiges System		
Rentenformel:	0,5 % des ruhegeldfähigen Einkommens pro anrechnungsfähigem Dienstjahr (max. 30 Dienstjahre)	
ruhegeldfähiges Einkommen zum Zeitpunkt des Ausscheidens:	€ 2.500,00	
erreichbare Endrente bei Vollendung des 67. Lebensjahrs:	30 × 0,5 % = 15 %	
	0,15 × € 2.500,00 =	€ 375,00
unverfallbare Anwartschaft:	€ 375,00 × 0,5 =	€ 187,50

(c) Gesamtversorgung unter Anrechnung der gesetzlichen Rente

Rentenformel:	nach 10 Dienstjahren 35 %, für weitere 15 Dienstjahre je 2 % und für weitere 10 Dienstjahre je 1 % bis max. 75 % nach 35 Dienstjahren unter Anrechnung der gesetzlichen Rente	
ruhegeldfähiges Einkommen zum Zeitpunkt des Ausscheidens:	€ 2.500,00	
erreichbare Endrente bei Vollendung des 67. Lebensjahrs ohne Berücksichtigung der gesetzlichen Rente:	0,75 × € 2.500,00 =	€ 1.875,00
sozialversicherungspflichtiges Einkommen:	€ 2.700,00	
erreichbare gesetzliche Rente bei Vollendung des 67. Lebensjahrs nach dem neuen Näherungsverfahren gem. BMF-Schreiben vom 5.5.2008 – Austritt im Jahr 2013 – Alter 46 beim Austritt:	€ 1.183,06	
erreichbare Altersrente bei Vollendung des 67. Lebensjahrs nach Anrechnung der gesetzlichen Rente:	€ 1.875,00 ./. € 1.183,06 =	€ 691,94
unverfallbare Anwartschaft:	€ 691,94 × 0,5 =	€ 345,97

e) Invaliditäts- und Hinterbliebenenversorgung. Bei der Versorgung der Invaliden und der Hinterbliebenen ist ebenfalls zunächst der mögliche Versorgungsanspruch zu ermitteln (BAG vom 15.12.1998 – 3 AZN 816/98 – DB 1999, 916). Es ist also zu berechnen, welcher Hinterbliebenen- oder Invaliditätsversorgungsanspruch entstanden wäre, wenn das Dienstverhältnis nicht vorzeitig, sondern bis zum Eintritt der Invalidität oder des Todes des Versorgungsberechtigten fortgedauert hätte. Daraus folgt, dass eine Invaliditätsversorgung nicht davon abhängig gemacht werden darf, ob bei Eintritt der Invalidität das Arbeitsverhältnis noch besteht. Eine solche Regelung würde gegen § 1b Abs. 1 verstoßen (BAG vom 20.11.2001 – 3 AZR 550/00 – DB 2002, 1510). Abs. 1 S. 2 macht von dem **Quotierungsprinzip** allerdings eine **Ausnahme.** Bei Invalidität oder Tod vor Erreichen der Altersgrenze ist die Versorgungsanwartschaft der Höhe nach auf den Betrag begrenzt, der sich bei einer fiktiven Invalidität oder einem fiktiven Todesfall zum Zeitpunkt des Ausscheidens des Mitarbeiters aus den Diensten des versorgungsverpflichteten Arbeitgebers ergeben hätte. Dadurch soll verhindert werden, dass ein mit einer unverfallbaren Anwartschaft ausscheidender Arbeitnehmer nur aufgrund der Zusagestruktur und der Anwendung des Quotierungsverfahrens bessergestellt wird als er stünde, wenn er nicht vorzeitig ausgeschieden wäre. 18

Zur Verdeutlichung des ratierlichen Berechnungsverfahrens im Fall einer **Invaliditäts- und Hinterbliebenenversorgung** soll das nachfolgende Beispiel, wiederum abgestellt auf die drei Grundtypen der Versorgungsstrukturen, die- 19 nen, wobei von denselben Annahmen wie in dem in Rn. 17 dargestellten Beispiel ausgegangen wird.

(a) Festrentensystem

Rentenformel:	€ 2,50 pro Dienstjahr	
Eintritt der Invalidität:	50. Lebensjahr	
Invaliditätsrente bei Vollendung des 50. Lebensjahrs:	25 × € 2,50 =	€ 62,50
unverfallbare Anwartschaft:	€ 62,50 × 0,5 =	€ 31,25

(b) Einkommensabhängiges System

Rentenformel:	0,5 % des ruhegeldfähigen Einkommens pro anrechnungsfähigem Dienstjahr	
ruhegeldfähiges Einkommen zum Zeitpunkt des Ausscheidens:	€ 2.500,00	
Eintritt der Invalidität:	50. Lebensjahr	
Invaliditätsrente mit Vollendung des 50. Lebensjahrs:	25 × 0,5 % = 12,5 % 0,125 × € 2.500,00 = € 312,50	
unverfallbare Anwartschaft auf Invaliditätsrente:	€ 312,50 × 0,5 =	€ 156,25

(c) Gesamtversorgung unter Anrechnung der gesetzlichen Rente

Rentenformel:	nach 10 Dienstjahren 35 %, für weitere 15 Dienstjahre je 2 % und für weitere 10 Dienstjahre je 1 % bis max. 75 % nach 35 Dienstjahren unter Anrechnung der gesetzlichen Rente	
ruhegeldfähiges Einkommen zum Zeitpunkt des Ausscheidens:	€ 2.500,00	
Eintritt der Invalidität:	50. Lebensjahr	
Invaliditätsrente mit Vollendung des 50. Lebensjahrs ohne Berücksichtigung der gesetzlichen Rente:	0,65 × € 2.500,00 = € 1.625,00	
sozialversicherungspflichtiges Einkommen:	€ 2.700,00	
erreichbare gesetzliche Rente mit Vollendung des 50. Lebensjahrs nach dem Näherungsverfahren i. d. F. vom 5.5.2008 unter Berücksichtigung der Zurechnungszeit bis Alter 60 und des Rentenzugangsfaktors 0,898:	€ 855,17	
Invaliditätsrente bei Vollendung des 50. Lebensjahrs nach Anrechnung der gesetzlichen Rente:	€ 1.625,00 ./. € 855,17 =	€ 769,83
	€ 769,83 × 0,5 =	€ 384,92

Hinsichtlich des Beispiels zu c) ist anzumerken, dass in der Praxis die tatsächliche gesetzliche Rente für die Berechnung herangezogen wird, da die Invalidität i. d. R. durch den Rentenbescheid nachgewiesen wird. Allerdings erfolgt eine Korrektur der Bemessungsgrößen auf das Jahr des Ausscheidens (Abs. 5).

Da die sich rechnerisch ergebende unverfallbare Anwartschaft nicht höher ist als der Betrag, den der Arbeitnehmer erhalten hätte, wenn zum Zeitpunkt seines Ausscheidens die Invalidität eingetreten wäre, steht dem Arbeitnehmer bei einer unterstellten Invalidität mit Vollendung des 50. Lebensjahrs der in den Fallbeispielen a) und b) ermittelte Betrag gem. Abs. 1 S. 2 zu. Die gesetzliche Regelung über den **Mindestanspruch** ist allerdings nur bei seltenen Fallgestaltungen einschlägig. Wäre die Rentenformel im zuerst dargestellten Fall bspw. so ausgestaltet, dass sich nur Dienstjahre nach Vollendung des 40. Lebensjahrs rentensteigernd auswirken, hätte sich zum Zeitpunkt des Ausscheidens ein rechnerischer Anspruch von 10 × 2,50 € = 25,00 € ergeben gegenüber dem ratierlichen Anspruch von 31,25 € (25 × 2,50 € × 0,5). Die unverfallbare Anwartschaft würde sich also bei dieser Fallgestaltung auf 25,00 € ermäßigen, da zum Zeitpunkt des tatsächlichen Ausscheidens nur ein Anspruch in dieser Höhe bestanden hätte. 20

Verweist eine Versorgungszusage für die Betriebsrentenberechnung der vor Eintritt des Versorgungsfalls mit unverfallbarer Anwartschaft ausgeschiedenen Arbeitnehmer pauschal auf das BetrAVG, so ist die **Invaliditätsrente** des **vorzeitig ausgeschiedenen** Arbeitnehmers nach Abs. 1 zu berechnen. Dies kann dazu führen, dass die zwischen Versorgungsfall und fester Altersgrenze fehlende Betriebstreue zweimal anspruchsmindernd berücksichtigt wird. Das BAG hat ausdrücklich darauf hingewiesen, dass sich an dieser Rechtsfolge durch die geänderte Rechtsprechung zur Berechnung der vorzeitigen Altersrente des vorzeitig ausgeschiedenen Arbeitnehmers (vgl. insoweit § 6 Rn. 26 ff.) nichts geändert habe. Ein Verzicht auf die gesetzlich vorgesehene zeitratierliche Kürzung könne nur angenommen werden, wenn diese Begünstigung in der Versorgungszusage deutlich zum Ausdruck gebracht werde, wofür der Arbeitnehmer darlegungs- und beweispflichtig sei (BAG vom 24.7.2001 – 3 AZR 681/00 – DB 2002, 590; BAG vom 21.8.2001 – 3 AZR 649/00 – DB 2002, 644). 21

f) Beibehaltung der Versorgungsregelungen und Bemessungsgrundlagen (Festschreibegrundsatz/Veränderungssperre). Die Veränderungssperre des Abs. 5 erstreckt sich nur auf das Anwartschaftsstadium, nicht auf die Entwicklung der Betriebsrente nach Eintritt des Versorgungsfalls (BAG vom 27.2.2007 – 3 AZR 734/05 – DB 2007, 1763; BAG vom 12.6.2007 – 3 AZR 83/06 – DB 2008, 480). Veränderungen nach dem Ausscheiden dürfen grds. nicht zulasten der unverfallbaren Anwartschaften berücksichtigt werden. Abweichende Vereinbarungen zugunsten des Arbeitnehmers sind dagegen zulässig (BAG vom 7.9.2004 – 3 AZR 517/03 – DB 2005, 508). Die Arbeitsvertragsparteien können daher vereinbaren, dass die erworbene Betriebsrentenanwartschaft nach dem Ausscheiden des Versorgungsberechtigten dynamisiert wird (BAG vom 15.11.2005 – 3 AZR 521/04 – DB 2006, 1280). Dynamische Zusagen wandeln sich durch das Ausscheiden in statische unverfallbare Anwartschaften um. **Verbesserungen und Verschlechterungen** der Versorgungsregelung nach dem Ausscheiden **bleiben außer Ansatz** (BAG vom 27.3.2007 – 3 AZR 60/06 – DB 2008, 536). Durch die Veränderungssperre des Abs. 5 werden somit Versorgungsrechte von der künftigen Entwicklung der Versorgungsregelung und der Bemessungsgrundlagen abgekoppelt, sofern in der Versorgungszusage keine Jeweiligkeitsklausel besteht. Diese Festschreibung auf den Zeitpunkt 22 des Ausscheidens kann sich zugunsten oder zulasten des Arbeitnehmers auswirken. Immer dann, wenn die Bemessungsgrundlage ein variabler Faktor und dessen Entwicklung in der Zukunft nicht eindeutig vorgezeichnet ist, wirkt der Festschreibegrundsatz (BAG vom 11.12.2007 – 3 AZR 127/07 – AP Nr. 51 zu § 1 BetrAVG). Eine Ausnahme von der Veränderungssperre gilt gem. § 17 Abs. 3 S. 1 für tarifvertraglich begründete Anwartschaften. Die Tarifvertragsparteien können die Versorgungsbedingungen bereits ausgeschiedener Arbeitnehmer anderweitig regeln (BAG vom 21.11.2006 – 3 AZR 586/04 – DB 2008, 2203).

23 Die **Veränderungssperre** des Abs. 5 S. 1 hat einen **weiten Anwendungsbereich.** Sie bezieht sich auf sämtliche Versorgungsregelungen. Erfasst wird der gesamte Inhalt der Versorgungszusage und damit auch die Höhe eines in der einschlägigen Versorgungszusage festgelegten versicherungsmathematischen Abschlags für die vorzeitige Inanspruchnahme. Maßgebend für die Berechnung des Altersruhegelds ist deshalb der in der Versorgungsordnung vorgesehene Abschlag zum Zeitpunkt des Ausscheidens des Arbeitnehmers aus dem Arbeitsverhältnis, auch wenn dieser in der Folgezeit reduziert worden ist. Das gilt auch dann, wenn der Versorgungsberechtigte nicht nur vor Eintritt des Versorgungsfalls ausgeschieden ist, sondern außerdem vorzeitiges Altersruhegeld in Anspruch nimmt (BAG vom 24.7.2001 – 3 AZR 567/00 – DB 2002, 588; LAG Düsseldorf vom 3.4.2003 – 5 Sa 1489/02 – DB 2004, 195; BAG vom 17.8.2004 – 3 AZR 318/03 – DB 2005, 563). Aufgrund der Veränderungssperre dürfen auch nach dem Ausscheiden erdiente zusätzliche Versorgungsanwartschaften nicht zu einer Kürzung der unverfallbaren Anwartschaft führen, wie aus Abs. 5 S. 4 folgt.

24 Sind bei der Berechnung der Anwartschaft **Renten der gesetzlichen Rentenversicherung** zu berücksichtigen, so kann nach Abs. 5 S. 2 das bei der Berechnung von Pensionsrückstellungen allgemein zulässige **Näherungsverfahren** zugrunde gelegt werden, wenn nicht der ausgeschiedene Arbeitnehmer die Anzahl der im Zeitpunkt des Ausscheidens erreichten Entgeltpunkte nachweist. Weder der Arbeitgeber noch die ausgeschiedenen Arbeitnehmer können das Näherungsverfahren gegen den Willen ihres Vertragspartners durchsetzen (BAG vom 9.12.1997 – 3 AZR 695/96 – BB 1998, 1537). Wenn der Arbeitnehmer die Anzahl der im Zeitpunkt seines Ausscheidens erreichten sozialversicherungsrechtlichen Entgeltpunkte nachweist, darf der Arbeitgeber das Näherungsverfahren nicht mehr anwenden. Falls der Arbeitnehmer diesen Nachweis nicht erbringt, steht dem Arbeitgeber ein Wahlrecht zu, das er gem. § 315 BGB nach billigem Ermessen ausüben muss. Bei Pensionskassen sind der aufsichtsbehördlich genehmigte Geschäftsplan oder die Geschäftsunterlagen, bei Pensionsfonds der Pensionsplan und die sonstigen Geschäftsunterlagen maßgebend (vgl. insoweit auch Rn. 7 ff.).

3. Direktversicherung

25 Wählt ein Arbeitgeber die Direktversicherung als Gestaltungsform seiner betrieblichen Altersversorgung, so sind für diese Entscheidung im Wesentlichen die folgenden Gründe ausschlaggebend. Ein Ziel ist häufig die gewünschte **Auslagerung betriebsfremder Risiken** auf ein Unternehmen der Versiche-

rungswirtschaft, insbesondere wenn der Kreis der versorgten Mitarbeiter nicht groß genug ist, um einen Risikoausgleich bei vorzeitigen Versorgungsfällen – Invalidität oder Tod – zu gewährleisten. Eine weitere gewichtige Überlegung ist die Planbarkeit der Finanzierungsvorgänge. Darüber hinaus übernimmt bei der Gestaltungsform Direktversicherung der Versicherer die Verwaltung und Abwicklung der Versorgungsansprüche. Diesen Vorteilen stehen jedoch gewisse Besonderheiten bei der Finanzierung gegenüber.

a) Auffüllpflicht des Arbeitgebers. Bei der Versorgung durch eine Direktversicherung tritt in den ersten Jahren nach Abschluss des Versicherungsvertrags eine unterproportionale Kapitalbildung ein. Bei einer verhältnismäßig geringen Dauer des Versicherungsvertrags kann es sein, dass die zeitratierlichen Ansprüche wegen der zu Versicherungsbeginn einbehaltenen Abschluss- und Verwaltungskosten des Versicherers noch nicht ausfinanziert sind. Die entsprechende Lücke muss, falls keine versicherungsvertragliche Abwicklung gewählt wird, vom Arbeitgeber gefüllt werden. 26

b) Versicherungsvertragliche Abwicklung. Um die Haftung für diese Auffüllung zu vermeiden, hat der Gesetzgeber dem Arbeitgeber die Möglichkeit eröffnet, die Ansprüche des vorzeitig ausscheidenden Arbeitnehmers auf die von dem Versicherer aufgrund des Versicherungsvertrags zu erbringende Versicherungsleistung zu beschränken. Die **Wahlmöglichkeit** für die versicherungsvertragliche Abwicklung (auch Ersatzverfahren genannt) steht **allein** dem **Arbeitgeber** zu. Der Gesetzgeber hat an diese Form der Abwicklung unverfallbarer Anwartschaften jedoch Voraussetzungen geknüpft, um den Arbeitnehmer vor einer Aushöhlung seiner betrieblichen Versorgungsansprüche zu schützen. Die versicherungsvertragliche Lösung kommt nur in Betracht, wenn der Arbeitgeber drei Voraussetzungen erfüllt, die in Abs. 2 S. 2 normiert sind. Danach muss der Arbeitgeber spätestens drei Monate nach dem Ausscheiden des Arbeitnehmers diesem ein unwiderrufliches Bezugsrecht eingeräumt und etwaige Abtretungen oder Beleihungen des Rechts aus dem Versicherungsvertrag rückgängig gemacht haben (Abs. 2 S. 2 Nr. 1). Darüber hinaus muss der Versicherungsvertrag vorsehen, dass die Überschussanteile aus dem Vertrag vom Beginn der Versicherung an für Leistungsverbesserungen verwendet werden (Abs. 2 S. 2 Nr. 2). Schließlich muss dem ausgeschiedenen Arbeitnehmer nach dem Versicherungsvertrag das Recht zustehen, die Versicherung nach der Beendigung des Arbeitsverhältnisses mit eigenen Beiträgen fortzuführen (Abs. 2 S. 2 Nr. 3). In Abs. 2 S. 7 hat der Gesetzgeber klargestellt, dass auch in diesen Fällen eine **Abfindung** möglich ist. Allerdings ist auch hier § 3 maßgebend. Die Abfindungsgrenzen des § 3 dürfen in diesem Fall jedoch nicht isoliert für die Direktversicherung betrachtet werden. Etwa gegenüber demselben Arbeitgeber bestehende andere unverfallbare Anwartschaften sind mit zu berücksichtigen. Dies gilt auch für Pensionskassen. 27

aa) Einräumung eines unbelasteten unwiderruflichen Bezugsrechts. In der **Bezugsrechtsgestaltung** des Versicherungsvertrags muss sichergestellt sein, dass die Rechte aus dem Versicherungsvertrag nach Erfüllung der Unverfallbarkeitsfristen unwiderruflich dem Arbeitnehmer zustehen und durch Maßnahmen 28 des Arbeitgebers nicht mehr beeinträchtigt werden können (Abs. 2 S. 2 Nr. 1). Die Bezugsrechtsgestaltung erfolgt durch Erklärung des Arbeitgebers gegenüber dem Lebensversicherungsunternehmen. Die Erklärung muss dem Versicherungsunternehmen spätestens drei Monate nach dem Ausscheiden des Arbeitnehmers zugegangen sein. Die Drei-Monats-Frist wird entsprechend §§ 187 ff. BGB berechnet. Mit dem Zugang bei dem Erklärungsempfänger wird die Erklärung wirksam. Die Erklärung ist auch gegenüber dem Arbeitnehmer abzugeben. Wie aus §§ 14 Abs. 3, 12 Abs. 1 ALB folgt, ist für die Erklärung gegenüber dem Versicherer Schriftform vorgeschrieben. Der Erfolg – also die Einräumung des unwiderruflichen Bezugsrechts – muss vor Fristablauf eingetreten sein. Das Bezugsrecht für die Ansprüche aus dem Versicherungsvertrag muss in voller Höhe auf den Arbeitnehmer übergehen. Vom Arbeitgeber vorgenommene Beleihungen oder Abtretungen der Rechte aus dem Versicherungsvertrag müssen bis zum Fristablauf rückgängig gemacht worden sein. Sind Beitragsrückstände vorhanden, müssen diese ebenfalls innerhalb dieser Frist ausgeglichen werden. Die **wirtschaftlichen Beeinträchtigungen** müssen mithin innerhalb der Drei-Monats-Frist **behoben** worden sein.

29 **bb) Ausschließliche Verwendung der Überschussanteile zur Verbesserung der Versicherungsleistung.** Nach dem Versicherungsvertrag muss sichergestellt sein, dass die **Überschussanteile** vom Versicherungsbeginn an – frühestens jedoch vom Beginn der Betriebszugehörigkeit an – **zur Leistungserhöhung** verwendet werden (Abs. 2 S. 2 Nr. 2). Aufgrund des aufsichtsrechtlich vorgeschriebenen Rechnungszinsfußes (für Versicherungsverträge, die ab dem 1.1.2007 abgeschlossen wurden, 2,25 %, davor 2,75 %, für ab 1.1.2012 abgeschlossene Versicherungsverträge 1,75 %; für ab 1.1.2015 abgeschlossene Versicherungsverträge ist eine Absenkung auf 1,25 % geplant, s. Entwurf des Bundeskabinetts vom 4.6.2014 für ein Lebensversicherungsreformgesetz) kommt dieser Bestimmung eine große Bedeutung zu. Die laufende Verzinsung (Rechnungszins zuzüglich laufender Zinsüberschuss) beträgt bei Lebensversicherungen zzt. im Mittel etwa 3,53 %. Hinzu kommen noch etwaige Schlussgewinnanteile sowie die mittlerweile gesetzlich vorgeschriebene Beteiligung an den Bewertungsreserven. Entsprechende Überschussanteile fallen insbesondere bei den klassischen Lebens- bzw. Rentenversicherungen an, die eine Erlebensfallleistung vorsehen. Aber auch Berufsunfähigkeits- oder Todesfallversicherungen sehen häufig eine Überschussbeteiligung vor – vorrangig eine Beteiligung an etwaigen Risikoüberschüssen. Sofern die formalen Voraussetzungen der versicherungsvertraglichen Lösung erfüllt sind, müsste es auch bei reinen Risikoversicherungen – zumindest wenn sie die Möglichkeit zur Aufrechterhaltung einer beitragsfreien Versicherungsleistung vorsehen – möglich sein, die Leistungen auf das zu begrenzen, was auf Basis des Versicherungsvertrags zu leisten ist.

30 **cc) Fortsetzung der Versicherung mit eigenen Beiträgen.** Die Wahl der versicherungsvertraglichen Abwicklung unverfallbarer Anwartschaften durch den Arbeitgeber setzt darüber hinaus voraus, dass nach dem Versicherungsvertrag dem Arbeitnehmer das Recht eingeräumt wird, die Versicherung nach seinem Ausscheiden mit eigenen Beiträgen fortzuführen (Abs. 2 S. 2 Nr. 3). Dafür ist es ausreichend, dass dem Arbeitnehmer dieses Recht spätestens mit dem Aus-

scheiden eingeräumt wird. Der **wirtschaftliche Vorteil** dieser Regelung für den Arbeitnehmer liegt darin, dass es ihm ermöglicht wird, trotz eines Arbeitsplatzwechsels die **Versorgungsplanung aufrechtzuerhalten.** Er spart damit Abschluss- und Verwaltungskosten für einen neuen Versicherungsvertrag. Darüber hinaus führt die Aufrechterhaltung des Versicherungsvertrags im Vergleich zu einem neuen Vertrag zu einer für den Arbeitnehmer günstigeren Prämienkalkulation auf Basis des Eintrittsalters bei Laufzeitbeginn des übertragenen Vertrags. War die übertragene (Einzel-)Versicherung jedoch Teil eines Gruppen- bzw. Kollektivvertrags, so nimmt der Arbeitnehmer regelmäßig nicht mehr an den entsprechenden Vergünstigungen (z.B. reduzierte Verwaltungskosten aufgrund des Kollektivs) teil, so dass sich bei Fortführung des Vertrags mit unveränderter Beitragshöhe etwas niedrigere Versicherungsleistungen ergeben (für den Bereich der Entgeltumwandlung hierzu kritisch: BAG vom 15.9.2009 – 3 AZR 17/09 – DB 2010, 61).

dd) Verfügungsbeschränkungen für den Arbeitnehmer. Wählt der Arbeitgeber die versicherungsvertragliche Abwicklung und erfüllt er die in Abs. 2 S. 2 aufgeführten Voraussetzungen, wird der Arbeitnehmer Versicherungsnehmer. Er kann die Versicherung mit eigenen Beiträgen fortsetzen oder **beitragsfrei** stellen, also in eine prämienfreie Versicherung umwandeln. Dabei unterliegt der **Arbeitnehmer gesetzlichen Auflagen.** Dadurch soll sichergestellt werden, dass die betrieblichen Versorgungsleistungen dem Arbeitnehmer bei Eintritt des Versorgungsfalls tatsächlich zufließen. Dieses Ziel wird durch die dem Arbeitnehmer auferlegten Verfügungsbeschränkungen in Abs. 2 S. 4 bis 6 erreicht. Danach ist dem Arbeitnehmer eine wirtschaftliche Verwertung der Rechte aus dem Versicherungsvertrag vor Eintritt eines vorgesehenen Versorgungsfalls grds. verwehrt. Unzulässig ist eine Abtretung oder Beleihung der Rechte (Abs. 2 S. 4) und damit auch eine die Beleihung sichernde Verpfändung der Rechte aus dem Versicherungsvertrag. Ausgeschlossen ist darüber hinaus die Inanspruchnahme des Rückkaufswerts der Versicherung in Höhe des gebildeten Deckungskapitals (Abs. 2 S. 5). Dies gilt auch dann, wenn die Versicherung gekündigt wird. In diesem Fall wandelt sich die gekündigte Versicherung kraft gesetzlicher Regelung in eine prämienfreie Versicherung um (Abs. 2 S. 5 Halbs. 2). Das gesetzliche Verwertungsverbot gilt auch bei geringfügigen Ansprüchen und geht insoweit entgegenstehenden Regelungen im Rahmen des Versicherungsvertrags vor. 31

Eine Aufteilung des Versicherungsanspruchs als Folge eines **Versorgungsausgleichs** bei Ehescheidung (vgl. hierzu Teil 4) ist wegen der vorgehenden gesetzlichen Regelungen des VersAusglG aber durch die Verfügungsverbote nicht ausgeschlossen. Die Verfügungsverbote sind auf den Teil des Anspruchs aus dem Versicherungsvertrag, der durch Arbeitgeberleistungen finanziert worden ist, beschränkt. Dazu gehören auch die durch Arbeitgeberbeiträge ausgelösten Gewinnanteile, die erst nach dem Ausscheiden des Mitarbeiters dem Versicherungsvertrag zugeteilt werden. Auch die durch Eigenbeiträge des Arbeitnehmers finanzierten Leistungen gehören hierzu, wenn diese von der Versorgungszusage des Arbeitgebers umfasst sind (§ 1 Abs. 2 Ziff. 4), sowie die Ansprüche aus Entgeltumwandlung. 32

33 ee) **Rechtsfolgen.** Bei fehlender Erfüllung der vorstehend erörterten Auflagen steht dem Arbeitgeber ein Wahlrecht auf die versicherungsvertragliche Abwicklung nicht zu. Es verbleibt bei dem **zeitratierlichen Berechnungsverfahren.** Hat sich der Arbeitgeber durch Vereinbarung zur Wahl der versicherungsvertraglichen Abwicklung verpflichtet und ist diese nicht möglich, weil die Voraussetzungen des Abs. 2 nicht erfüllt sind, kann die versicherungsvertragliche Abwicklung dennoch unter folgender Voraussetzung durchgeführt werden: Der Arbeitgeber muss sich zusätzlich verpflichten, im Versorgungsfall für die mögliche Differenz zwischen den Ansprüchen, die sich nach der versicherungsvertraglichen Abwicklung ergeben, und den Ansprüchen nach dem zeitratierlichen Berechnungsverfahren einzustehen (BAG vom 12.2.2013 – 3 AZR 99/11 – AP Nr. 67 zu § 2 BetrAVG). Sieht die Versorgungszusage vor, dass die Überschussanteile aus der abgeschlossenen Lebensversicherung zu Leistungserhöhungen führen sollen, so stehen auch bei der zeitratierlichen Abwicklung die Überschussanteile dem Arbeitnehmer ungekürzt zu, soweit sie während der Dauer des Arbeitsverhältnisses erwirtschaftet wurden. Überschussanteile aus der Zeit nach der Beendigung des Arbeitsverhältnisses kann der Arbeitnehmer hingegen nicht beanspruchen (BAG vom 29.7.1986 – 3 AZR 15/85 – BB 1987, 692).

4. Pensionskasse

34 Für Pensionskassen gelten vergleichbare Regularien wie bei der Direktversicherung (versicherungsvertragliche Abwicklung). Der Arbeitgeber ist auch bei diesem Durchführungsweg verpflichtet, die Versorgungsleistung aufzufüllen, falls der Leistungsumfang hinter dem zeitratierlich nach Abs. 1 berechneten Anspruch zurückbleibt. Wegen der Vergleichbarkeit der Gestaltungsformen besteht im Übrigen nach Abs. 3 auch bei den Pensionskassen die Möglichkeit, unverfallbare Versorgungsanwartschaften auf die nach dem genehmigten Geschäftsplan finanzierte Versicherungsleistung zu beschränken. Diese Abwicklungsform steht dem Arbeitgeber frei, wenn nach dem aufsichtsrechtlich genehmigten Geschäftsplan der Pensionskasse die **gesetzlichen Auflagen** erfüllt sind. Hierfür müssen wie bei der Direktversicherung die Überschussanteile zur Leistungserhöhung verwendet werden und der Arbeitnehmer muss die Möglichkeit haben, die Versicherung nach seinem Ausscheiden mit eigenen Beiträgen fortführen zu können. Eine **Abfindung** ist in diesen Fällen auch bei Pensionskassen möglich (Abs. 2 S. 7, Abs. 3 S. 3). Die Vorgaben des § 3 sind zu beachten.

35 a) **Steigerung der Anwartschaft durch Überschussanteile oder Teilhabe an der Entwicklung des Arbeitsentgelts.** Wie bei der Direktversicherung muss der aufsichtsrechtlich genehmigte Geschäftsplan vorsehen, dass **Überschussanteile,** die aufgrund des Finanzierungsverfahrens entstehen, nur zur Verbesserung der Versicherungsleistung verwendet werden (Abs. 3 S. 2 Nr. 1). Die Verwendungsmöglichkeit muss nach dem Geschäftsplan ebenfalls bereits vom Beginn des Versicherungsvertrags an bestehen. Sieht der Geschäftsplan der Pensionskasse eine Verrechnung der Gewinnanteile mit den Beitragszahlungen des Arbeitgebers vor, ist die gesetzliche Auflage nicht erfüllt.

36 Abweichend von der Regelung bei der Direktversicherung hat der Gesetzgeber jedoch bei der Pensionskasse eine Beschränkung der unverfallbaren Anwart-

schaft auf den finanzierten Versicherungsanspruch auch dann für zulässig erachtet, wenn zwar nach dem Geschäftsplan die Gewinnanteile nicht ausschließlich für die Leistungsverbesserung verwendet werden, der Versorgungsanspruch des Arbeitnehmers jedoch während seiner Tätigkeit beim Arbeitgeber der **Entwicklung** seines **Arbeitsentgelts** folgt. Gedacht ist dabei an sog. halbdynamische Versorgungszusagen, die dem Mitarbeiter bei Eintritt des Versorgungsfalls einen bestimmten Prozentsatz des zuletzt vor dem Ausscheiden bezogenen ruhegeldfähigen Einkommens versprechen. Nach der gesetzlichen Auflage muss die Dynamik nur für den Teil des Gesamteinkommens gewährleistet sein, der die jeweils geltende BBG in der gesetzlichen Rentenversicherung nicht überschreitet.

b) Fortsetzung der Versicherung mit eigenen Beiträgen. Auch die Pensi- 37
onskasse muss dem ausscheidenden Arbeitnehmer die Möglichkeit einräumen, die Versicherung mit eigenen Beitragsleistungen fortzusetzen (Abs. 3 S. 2 Nr. 2). Entsprechend der Handhabung bei Gruppenversicherungsverträgen erfolgt jedoch nach dem Ausscheiden eine neue Risikoeinschätzung, da der Arbeitnehmer aus dem bisherigen Risikoverband ausscheidet. Die neue Risikoeinschätzung führt üblicherweise zu etwas geringeren Leistungen.

Da Pensionskassen nach der Satzung Leistungen nur an ihre Mitglieder er- 38
bringen dürfen, sind grds. alle versorgungsberechtigten Arbeitnehmer Mitglieder der Pensionskasse. Die Mitgliedschaft muss auch nach dem Ausscheiden des Arbeitnehmers aufrechterhalten bleiben, wenn der Arbeitgeber die versicherungsvertragliche Abwicklung über die Pensionskasse wählt. Üblicherweise sehen die Satzungen der Pensionskassen für diesen Fall jedoch eine **eingeschränkte Mitgliedschaft** vor, um die Ausübung der Mitgliedsrechte nicht durch die Einbeziehung von Mitgliedern, deren Adressen nach dem Wechsel des Arbeitsplatzes häufig nicht bekannt sind, zu erschweren.

c) Verfügungsbeschränkungen für den Arbeitnehmer. Abs. 3 S. 3 verweist 39
auf Abs. 2 S. 3 bis 6. Danach haben die vom Gesetzgeber für die Direktversicherung vorgegebenen Verfügungsbeschränkungen auch bei der Pensionskasse Geltung. Sie gelten ebenfalls **nur für** den **vom Arbeitgeber finanzierten Teil** der Leistungen. Für den durch Eigenbeiträge des Arbeitnehmers finanzierten Teil der Leistungen gelten die Verfügungsbeschränkungen nur dann, wenn diese von der Versorgungszusage des Arbeitgebers umfasst sind (§ 1 Abs. 2 Nr. 4). Die Verfügungsbeschränkungen gelten für die Leistungen, welche auf Entgeltumwandlung basieren. In der Praxis sind die meisten Pensionskassen der Empfehlung der BaFin gefolgt und haben in ihren Satzungen vorgesehen, dass auch der vom Arbeitnehmer selbst finanzierte Teil bis zum Eintritt des Versorgungsfalls jeder wirtschaftlichen Verfügung des Arbeitnehmers entzogen ist.

5. Pensionsfonds

Bei einer Pensionsfondszusage wird die unverfallbare Anwartschaft grds. nach 40
dem **Quotierungsverfahren** des Abs. 1 S. 1 berechnet (Abs. 3a). Bedeutung hat diese Bestimmung allerdings nur, wenn der Pensionsfonds keine Beitragszusage mit Mindestleistung oder beitragsorientierte Leistungszusage, sondern eine

Leistungszusage durchführt (vgl. § 112 Abs. 1 Nr. 2 VAG). Sofern der Arbeitnehmer schon lange im Unternehmen tätig war, bevor ihm die Pensionsfondszusage erteilt wurde, reichen häufig die bei jährlicher Prämienzahlung angesammelten **Deckungsmittel** des Pensionsfonds **nicht aus,** um die zeitratierliche Leistung abzudecken. Die **Lücke** ist dann vom **Arbeitgeber** zu **schließen.**

6. Unterstützungskasse

41 Bei Unterstützungskassen steht grds. **nur das zeitratierliche Berechnungsverfahren** zur Abwicklung unverfallbarer Anwartschaften zur Verfügung. Der Gesetzgeber hat lediglich dem in Satzung und Leistungsplan der Unterstützungskasse verankerten Ausschluss des Rechtsanspruchs Rechnung tragen müssen. Ein vorzeitig ausgeschiedener Arbeitnehmer ist demnach auch hinsichtlich der Höhe seiner unverfallbaren Versorgungsanwartschaft den bis zum Eintritt des Versorgungsfalls dem Unternehmen weiterhin angehörenden Arbeitnehmern gleichzustellen (Abs. 4 i.V.m. § 1b Abs. 4). Die Gleichstellung betrifft jedoch nur den zeitratierlichen Anspruch nach Abs. 1.

7. Entgeltumwandlung

42 Die Höhe einer unverfallbaren Anwartschaft aus einer unmittelbaren Versorgungszusage oder einer Zusage einer Unterstützungskasse richtete sich früher nach dem Quotierungsverfahren des Abs. 1 S. 1 bzw. Abs. 4. Bei Entgeltumwandlungszusagen führte dieses Verfahren oftmals dazu, dass dem Arbeitnehmer bei seinem Ausscheiden eine überhöhte Anwartschaft aufrechterhalten werden musste, wenn der Arbeitgeber nicht die versicherungsvertragliche Abwicklung gewählt hatte. Diese Ungereimtheit hat der Gesetzgeber dadurch beseitigt, dass nach Abs. 5a die **Anwartschaft** nur in der Höhe aufrechtzuerhalten ist, die sich aus den **bis zum Ausscheiden umgewandelten Entgeltbestandteilen** ergibt. Die bei vorzeitigem Ausscheiden erworbene Anwartschaft entspricht mithin der Leistung, die sich nach Maßgabe der Zusage aus den bis zum Ausscheiden geleisteten Umwandlungsbeträgen einschließlich der darauf bis zum Eintritt des Versorgungsfalls entfallenden Erträge ergibt.

43 Durch das HZvNG ist **Abs. 5a im Jahr 2002 erweitert worden.** Nach der Bestimmung in ihrer jetzigen Fassung wird auch die Höhe einer unverfallbaren Anwartschaft bei einem Pensionsfonds aus den bis dahin umgewandelten Entgeltbestandteilen berechnet. Von der Regelung des Abs. 5a sind damit nur noch die Direktversicherung und die Pensionskasse ausgeschlossen. Eine sachliche Rechtfertigung für diese Einschränkung ist nicht ersichtlich, da sich die Ermittlung der Anwartschaft aus der Versorgungsstruktur und nicht aus dem jeweiligen Durchführungsweg ergeben sollte.

44 In § 30g Abs. 1 S. 1 ist normiert, dass Abs. 5a für Zusagen gilt, die nach dem 31.12.2000 erteilt worden sind. Gem. § 30g Abs. 1 S. 2 **kann** die **Anwendung des § 5a** von den Arbeitsvertragsparteien allerdings auch für Anwartschaften **vereinbart** werden, die auf vor dem 1.1.2001 erteilten Zusagen beruhen.

8. Beitragsorientierte Leistungszusage

Die Regelungen zur Berechnung der unverfallbaren Anwartschaft bei Entgeltumwandlung gelten nach Abs. 5a Halbs. 2 für die beitragsorientierte Leistungszusage entsprechend. Die bei vorzeitigem Ausscheiden erworbene Anwartschaft entspricht mithin der Leistung, die sich nach Maßgabe der Zusage aus den bis zum Ausscheiden eingebrachten Beiträgen einschließlich der darauf bis zum Eintritt des Versorgungsfalls entfallenden Erträge ergibt. 45

9. Beitragszusage mit Mindestleistung

Auch für die Beitragszusage mit Mindestleistung gilt nicht das Quotierungsverfahren. Vielmehr steht dem Arbeitnehmer nach Abs. 5b der **Unverfallbarkeitsbetrag** zu, der sich **aus** den zu seinen Gunsten bis zum Ausscheiden aufgewendeten **Beiträgen und** den daraus bis zum Eintritt des Versorgungsfalls erzielten **Erträgen** ergibt. Auf die Besonderheiten der Beitragszusage mit Mindestleistung wird dadurch Rücksicht genommen, dass sich negative Vermögensentwicklungen nach dem Ausscheiden des Arbeitnehmers zu seinen Lasten auswirken. Für diese Wertminderungen muss der Arbeitgeber so lange nicht einstehen, wie folgender Mindestschutz nicht unterschritten wird: die Summe der bis zum Ausscheiden geleisteten Beiträge abzüglich der rechnungsmäßig für biometrischen Risikoausgleich verbrauchten Beiträge. 46

§ 3 Abfindung

(1) Unverfallbare Anwartschaften im Falle der Beendigung des Arbeitsverhältnisses und laufende Leistungen dürfen nur unter den Voraussetzungen der folgenden Absätze abgefunden werden.

(2) [1]Der Arbeitgeber kann eine Anwartschaft ohne Zustimmung des Arbeitnehmers abfinden, wenn der Monatsbetrag der aus der Anwartschaft resultierenden laufenden Leistung bei Erreichen der vorgesehenen Altersgrenze 1 vom Hundert, bei Kapitalleistungen zwölf Zehntel der monatlichen Bezugsgröße nach § 18 des Vierten Buches Sozialgesetzbuch nicht übersteigen würde. [2]Dies gilt entsprechend für die Abfindung einer laufenden Leistung. [3]Die Abfindung ist unzulässig, wenn der Arbeitnehmer von seinem Recht auf Übertragung der Anwartschaft Gebrauch macht.

(3) Die Anwartschaft ist auf Verlangen des Arbeitnehmers abzufinden, wenn die Beiträge zur gesetzlichen Rentenversicherung erstattet worden sind.

(4) Der Teil der Anwartschaft, der während eines Insolvenzverfahrens erdient worden ist, kann ohne Zustimmung des Arbeitnehmers abgefunden werden, wenn die Betriebstätigkeit vollständig eingestellt und das Unternehmen liquidiert wird.

(5) Für die Berechnung des Abfindungsbetrags gilt § 4 Abs. 5 entsprechend.

(6) Die Abfindung ist gesondert auszuweisen und einmalig zu zahlen.

Übersicht

1. Inhalt der Regelung

1 Einen Schwerpunkt des BetrAVG bildet die **Sicherung** der **betrieblichen Versorgungsleistung** zur **Aufrechterhaltung** des **Lebensstandards** im Alter. Mit der in § 3 getroffenen Regelung will der Gesetzgeber erreichen, dass vor allem auch bei einer vorzeitigen Beendigung des Arbeitsverhältnisses dem Arbeitnehmer bei Eintritt des Versorgungsfalls betriebliche Versorgungsleistungen zur Verfügung stehen. Die Umsetzung des gesetzgeberischen Ziels führt zu erheblichen Einschränkungen bei der Gestaltung des Versorgungsverhältnisses durch die Arbeitsvertragsparteien.

2 **a) Grundsätzliches Abfindungsverbot.** Nach der Systematik des Gesetzes enthält § 3 eine positive Regelung über die Zulässigkeit von Abfindungen unverfallbarer Anwartschaften. Weit überwiegend sind die Anwartschaften jedoch einer Abfindung bei Beendigung des Arbeitsverhältnisses entzogen. Tatsächlich stellt § 3 mithin eine **Verbotsnorm** dar.

3 Durch das **AltEinkG** ist der Gedanke der **Sicherung** der **Anwartschaft** bei Beendigung des Arbeitsverhältnisses **verstärkt** worden. Nach Abs. 2 S. 3 ist die Abfindung unzulässig, wenn der Arbeitnehmer von seinem Recht auf Übertragung der Anwartschaft Gebrauch macht. Außerdem soll nach dem Willen des Gesetzgebers sichergestellt sein, dass dem Arbeitnehmer Betriebsrenten bis zum Lebensende erhalten bleiben. Aus diesem Grund erstreckt sich das grundsätzliche **Abfindungsverbot** nicht mehr nur auf unverfallbare Anwartschaften bei Beendigung eines Arbeitsverhältnisses, sondern gem. Abs. 1 **auch** auf **laufende Leistungen.**

4 Wenn auch die genannten Regelungen die Möglichkeit, unverfallbare Anwartschaften und laufende Leistungen abzufinden, stark beschränken, hat der Gesetzgeber jedoch kein generelles Abfindungsverbot normiert, sondern die **Abfindung** unverfallbarer Anwartschaften und laufender Leistungen **in Sonderfällen zugelassen.** Danach ist z.B. die Abfindung von Bagatellanwartschaften und -versorgungsleistungen zulässig, um die Unternehmen von der Verwaltung und Abwicklung geringfügiger Versorgungsansprüche und -leistungen zu

entlasten. Vor Darlegung der Ausnahmen vom Abfindungsverbot wird in der Folge zunächst der Geltungsbereich des Verbots dargestellt.

b) Geltungsbereich des Abfindungsverbots. Das Abfindungsverbot umfasst unverfallbare Versorgungsanwartschaften aus **unmittelbaren Zusagen** des Arbeitgebers sowie unverfallbare Anwartschaften auf Leistungen durch betriebliche **Unterstützungskassen.** Es stellt damit die gleichen Rechtsfolgen sicher, die bei der Direktversicherung und der Pensionskasse – wenn die versicherungsvertragliche Abwicklung vom Arbeitgeber gewählt wird – über die den Arbeitnehmer treffenden Verfügungsverbote erreicht werden. Wählt der Arbeitgeber bei den Gestaltungsformen Direktversicherung und Pensionskasse die ratierliche Berechnungsmethode, so ist auch für diese Ansprüche § 3 einschlägig. 5

Fraglich ist, wie das Merkmal „unverfallbare Anwartschaften“ auszulegen ist. 6
In der bis zum 31.12.2004 geltenden Fassung des § 3 war klargestellt, dass mit unverfallbaren Anwartschaften nur die gesetzlichen unverfallbaren Anwartschaften gemeint sind und nicht etwa lediglich vertraglich unverfallbare. Trotz der nunmehr offenen Gesetzesformulierung ohne einen ausdrücklichen Bezug auf die gesetzliche Regelung zur Unverfallbarkeit gilt nach den Materialien zum AltEinkG auch nach der jetzigen Fassung des § 3 das **Abfindungsverbot nur für gesetzlich unverfallbare** und nicht für vertraglich unverfallbare **Anwartschaften** bei Beendigung des Arbeitsverhältnisses.

Eine **Umgestaltung der Versorgungszusage** im laufenden Arbeitsverhält- 7
nis verstößt nicht gegen das Abfindungsverbot. Es ist deshalb unbedenklich, wenn eine Invaliditätsversorgung durch eine entsprechend höhere Altersversorgung abgelöst wird. Bei einer derartigen Neugestaltung erfolgt weder eine Zahlung vor Eintritt des Versorgungsfalls noch liegt ein entschädigungsloser Verzicht auf Versorgungsrechte vor (BAG vom 20.11.2001 – 3 AZR 28/01 – DB 2002, 2333). Eine Versorgungsregelung, die vorsieht, dass unverfallbare Versorgungsanwartschaften bei vorzeitiger Vertragsbeendigung abzufinden sind, verstößt demgegenüber gegen das Abfindungsverbot und ist nichtig (BAG vom 22.3.1983 – 3 AZR 499/80 – DB 1984, 727). Wenn der Versorgungsberechtigte in diesem Fall trotz der erhaltenen Abfindung nach Eintritt des Versorgungsfalls die abgefundene Betriebsrente verlangt, liegt darin kein Verstoß gegen Treu und Glauben; das Begehren entspricht vielmehr dem Schutzzweck des § 3 (BAG vom 20.11.2001 – 3 AZR 28/01 – DB 2002, 2333).

Im **laufenden Arbeitsverhältnis** kann der Arbeitnehmer auch auf in der 8
Vergangenheit erdiente verfallbare oder unverfallbare Anwartschaften ganz oder teilweise **verzichten** (BAG vom 21.1.2003 – 3 AZR 30/02 – DB 2003, 2130; BAG vom 14.6.2005 – 3 AZR 185/04 – DB 2006, 959). Eine andere Beurteilung greift nur dann Platz, wenn die Rechtsgrundlage für den Versorgungsanspruch auf einem Tarifvertrag oder einer Betriebsvereinbarung beruht. Erfolgt der Verzicht im Zusammenhang mit einer Veränderung der Verteilungsgrundsätze, so bedarf es zu seiner Wirksamkeit allerdings der ordnungsgemäßen Beteiligung des Betriebsrats gem. § 87 Abs. 1 Nr. 10 BetrVG. Das Recht, sich auf die Unwirksamkeit eines früheren Verzichts wegen nicht ordnungsgemäßer Beteiligung des Betriebsrats zu berufen, kann der Versorgungsberechtigte jedoch verwirken, wenn vertrauensbildende Umstandsmomente in Bezug auf die Ord-

nungsgemäßheit des Mitbestimmungsverfahrens vorliegen (BAG vom 21.1.2003 – 3 AZR 30/02 – DB 2003, 2130). Nach § 17 Abs. 3 S. 3 kann zwar von den Bestimmungen des BetrAVG – und so auch von § 3 – zugunsten der Arbeitnehmer abgewichen werden. Die Tatsache, dass ein Arbeitnehmer anstelle einer laufenden Rentenleistung eine Abfindung erhält, stellt aber keine Abweichung zugunsten des Arbeitnehmers dar. Dies gilt selbst dann, wenn der Abfindungsbetrag höher bemessen wird als die nach § 2 berechnete Anwartschaft (BAG vom 22.3.1983 – 3 AZR 499/80 – DB 1984, 727). Aus der Möglichkeit des Verzichts hat das BAG gefolgert, dass auch **Erlassverträge** während eines laufenden Arbeitsverhältnisses zulässig sind (BAG vom 14.8.1990 – 3 AZR 301/89 – DB 1991, 501). Dagegen können Erlassverträge über erdiente Versorgungsanwartschaften im Rahmen eines Betriebsübergangs nicht abgeschlossen werden, da darin eine Umgehung des § 613a BGB liegt (BAG vom 12.5.1992 – 3 AZR 247/91 – DB 1992, 2038).

9 **Abfindungen für den Verlust des Arbeitsplatzes** sind nicht dazu bestimmt, unverfallbare Versorgungsanwartschaften abzugelten. Vereinbarungen über die Verrechnung künftiger Betriebsrentenansprüche mit einer Abfindung nach §§ 9, 10 KSchG sind daher nichtig. Im Versorgungsfall kann der Arbeitnehmer seine Betriebsrente ungekürzt verlangen (BAG vom 24.3.1998 – 3 AZR 800/96 – BB 1998, 1423). Auch Verrechnungen nur einzelner Arten von betrieblichen Versorgungsleistungen (z.B. nur der Invaliditätsleistungen) mit der Abfindung für den Verlust des Arbeitsplatzes sind unzulässig. Das Gleiche gilt für Verrechnungen betrieblicher Versorgungsleistungen lediglich mit Teilen dieser Abfindung. Es liegt deshalb ein Verstoß gegen das Abfindungsverbot bspw. auch dann vor, wenn sich die Versorgungsabrede auf den Versorgungsfall Invalidität beschränkt und lediglich die bis zum 60. Lebensjahr entstehenden Betriebsrentenansprüche erfasst werden (BAG vom 17.10.2000 – 3 AZR 7/00 – DB 2001, 2201). Ebenso ist es verboten, unverfallbare Versorgungsanwartschaften mit Kündigungsabfindungen in Sozialplänen abzugelten (BAG vom 7.8.1975 – 3 AZR 505/74 – DB 1975, 1991; BAG vom 30.10.1980 – 3 AZR 364/79 – DB 1981, 699).

2. Ausnahmen vom Abfindungsverbot

10 Das Abfindungsverbot ist eine Vorschrift, welche die gesetzlichen Regelungen zur Unverfallbarkeit flankiert. Mit dem Abfindungsverbot sollen Rechtsgeschäfte vermieden werden, welche die Rechtswirkungen der Unverfallbarkeit vereiteln. Ausnahmen vom Abfindungsverbot sind daher nur in **sehr begrenztem Umfang** vorgesehen. Ihre Zulässigkeit hängt von den am Zweck des § 3 orientierten Kriterien ab, mithin insbesondere von der Höhe der Anwartschaft.

11 **a) Kapitalzahlungen.** Betriebliche Versorgungszusagen, die im Versorgungsfall eine Kapitalzahlung gewähren, sind auch nach der durch das AltEinkG verschärften Fassung des § 3 zulässig. Sieht die Versorgungszusage ein **Wahlrecht** für Arbeitgeber oder Arbeitnehmer zwischen einer Kapitalzahlung und einer laufenden Rente vor, so verstößt die Entscheidung für die Kapitalzahlung nicht gegen das Abfindungsverbot. Die Entscheidung für die Kapitalzahlung stellt die Ausübung des Wahlrechts i.S.d. § 263 BGB dar und ist damit die Erfüllung des Anspruchs (BGH vom 28.9.2009 – II ZR 12/09 – FamRZ 2010, 209).

Eine Abfindung bei den Gestaltungsformen **Direktversicherung** und **Pensionskasse** kommt vor allem dann in Betracht, wenn der Arbeitgeber sich für die arbeitsrechtliche Lösung der Unverfallbarkeit mit dem ratierlichen Berechnungsverfahren entschieden hat. Der Arbeitgeber hat dann das Recht, den Versicherungsvertrag zu kündigen und sich das Deckungskapital auszahlen zu lassen. Die Kündigungsmöglichkeit besteht jedoch nicht, wenn der Arbeitgeber dem Arbeitnehmer ein unwiderrufliches Bezugsrecht eingeräumt hat. Die Kündigung des Versicherungsverhältnisses setzt dann die Zustimmung des berechtigten Arbeitnehmers voraus. Hat sich der Arbeitgeber für die versicherungsvertragliche Abwicklung unverfallbarer Anwartschaften entschieden, besteht über § 2 Abs. 2 S. 5 ein Verbot für den Arbeitnehmer, den Rückkaufswert der Versicherung in Anspruch zu nehmen (auch bei geringfügigen Ansprüchen). Entsprechendes gilt angesichts § 2 Abs. 2 S. 5 i.V.m. § 2 Abs. 3 S. 3 bei Pensionskassen. 12

b) Bagatellanwartschaften. Bis zum 31.12.2004 konnten Bagatellanwartschaften sowohl auf Verlangen des Arbeitgebers als auch des Arbeitnehmers bei Beendigung des Arbeitsverhältnisses abgefunden werden. Seit dem 1.1.2005 ist gem. Abs. 2 S. 1 nur der Arbeitgeber bei der Beendigung des Arbeitsverhältnisses berechtigt, eine Anwartschaft **ohne Zustimmung des Arbeitnehmers** abzufinden, wenn der Monatsbetrag der aus der Anwartschaft resultierenden laufenden Leistung bei Erreichen der vorgesehenen Altersgrenze 1% der monatlichen Bezugsgröße des § 18 SGB IV (bei Kapitalleistungen zwölf Zehntel der monatlichen Bezugsgröße des § 18 SGB IV) nicht übersteigt. Im Jahr 2014 beläuft sich 1% der monatlichen Bezugsgröße (West) auf einen Betrag von 27,65 € (23,45 € Ost) bzw. bei Kapitalleistungen auf einen einmaligen Betrag von 3.318 € (2.814 € Ost). 13

Auch die Abfindung von Bagatellanwartschaften ist jedoch dann unzulässig, wenn der Arbeitnehmer von seinem **Recht auf Übertragung der Anwartschaft** Gebrauch macht. Das Recht auf Portabilität geht der Abfindung vor, wie aus Abs. 2 S. 3 folgt. 14

Nach Abs. 2 S. 2 gilt die **Bagatellgrenze** entsprechend für die Abfindung **laufender Leistungen** mit der Folge, dass nur laufende Bagatellrenten abgefunden werden dürfen. Für laufende Leistungen, die bereits vor dem 1.1.2005 gezahlt wurden, gilt § 3 allerdings nicht, so dass diese unabhängig von ihrer Höhe abgefunden werden dürfen. Da nach § 3 in der bis Ende 2004 geltenden Fassung die Abfindung einer laufenden Leistung oberhalb der Bagatellgrenze nicht ohne Zustimmung des Rentners möglich war, darf die Abfindung einer solchen laufenden Leistung heute ebenfalls nicht ohne Zustimmung des Rentners vorgenommen werden. 14a

c) Anwartschaft im Rahmen der Entgeltumwandlung. Auch die Abfindung einer Anwartschaft, die im Rahmen einer Entgeltumwandlung erworben wurde, ist **ohne Zustimmung** des Arbeitnehmers **möglich,** wenn sie die Bagatellgrenze des Abs. 2 S. 1 nicht übersteigt. 15

d) Während eines Insolvenzverfahrens erdiente Anwartschaften. Ohne Zustimmung des Arbeitnehmers kann gem. Abs. 4 auch der Teil der Versor- 16 gungsanwartschaft abgefunden werden, welcher während eines Insolvenzverfahrens erdient worden ist, sofern die Betriebstätigkeit vollständig eingestellt und das Unternehmen liquidiert wird. Die Abfindung ist nach Abs. 6 auch in diesem Fall gesondert auszuweisen und einmalig zu zahlen. Diese Abfindungsmöglichkeit des Insolvenzverwalters besteht auch dann, wenn später eine sanierende Übertragung des insolventen Versorgungsträgers i.S.d. § 613a BGB stattfindet (BAG vom 22.12.2009 – 3 AZR 814/07 – DB 2010, 1018). Bei einem solchen Betriebsübergang während des Insolvenzverfahrens hat der Insolvenzverwalter für die während des Insolvenzverfahrens erdienten Anwartschaften der Mitarbeiter einzustehen, die nach dessen Eröffnung, aber vor dem Betriebsübergang ausgeschieden sind, bzw. die von dem Betriebsübergang nicht erfasst wurden oder diesem widersprochen haben. Diese Anwartschaften kann der Insolvenzverwalter abfinden, ohne dabei auf Bagatellanwartschaften begrenzt zu sein.

17 e) **Abfindung bei Erstattung der Rentenversicherungsbeiträge.** Unabhängig von der Höhe der Anwartschaft ist nach Abs. 3 eine Abfindung dann zulässig, wenn sich der Arbeitnehmer die Beiträge zur gesetzlichen Rentenversicherung gem. § 210 SGB VI hat rückerstatten lassen. Im Gegensatz zum bisherigen Recht ist die Abfindung der Versorgungsanwartschaft nicht an die Abfindungsbereitschaft des Arbeitgebers gebunden. Voraussetzung für diese Regelung, die auf das Gesetz zur Förderung der Rückkehrbereitschaft von Ausländern vom 28.11.1983 zurückgeht, ist lediglich ein entsprechendes Verlangen des Arbeitnehmers. Dabei besteht nach dem Gesetzestext offensichtlich keine Beschränkung auf ausländische Arbeitnehmer.

3. Maßgeblicher Zeitpunkt für die Ausnahmen

18 Bezüglich der Zulässigkeit einer Abfindung ist auf den **Zeitpunkt der Abfindung** und nicht auf den Zeitpunkt des Ausscheidens abzustellen. Dies folgt aus dem Wortlaut des Abs. 1, wonach eine unverfallbare Anwartschaft „im Falle der Beendigung des Arbeitsverhältnisses" nur unter den Voraussetzungen der Abs. 2 bis 4 abgefunden werden kann. Eine andere Auffassung würde dem Sinn und Zweck der Regelung widersprechen. Denn dann würde die Anwartschaft eines in einem früheren Jahr ausgeschiedenen Arbeitnehmers dem Abfindungsverbot unterliegen, während eine nominal gleich hohe Anwartschaft eines in einem späteren Jahr ausscheidenden Arbeitnehmers aufgrund der zwischenzeitlich angestiegenen Bezugsgröße des § 18 SGB IV abgefunden werden könnte.

19 Dem Wortlaut des § 3 ist ferner **nicht** zu entnehmen, dass die Abfindung **unmittelbar bei Beendigung** des **Arbeitsverhältnisses** erfolgen muss. Sie kann vielmehr auch noch Jahre nach dem Ausscheiden aus dem Unternehmen – ggf. sogar erst während der Rentenbezugsphase – vorgenommen werden.

4. Anspruch des Arbeitnehmers auf Abfindung?

20 Nach Ansicht des LAG Bremen (LAG Bremen vom 22.6.2011 – 2 Sa 76/10, rkr. – BB 2013, 635) kann sich ein Anspruch des Arbeitnehmers auf Abfindung unabhängig von Abs. 3 aus § 241 Abs. 2 BGB (Fürsorgepflicht) ergeben. In diesem Fall hatte das LAG Bremen der im ungekündigten Arbeitsverhältnis

stehenden Arbeitnehmerin einen Anspruch gegenüber dem Arbeitgeber auf Kündigung des im Rahmen der Entgeltumwandlung abgeschlossenen Versicherungsvertrags zugestanden. Die Arbeitnehmerin hatte sich in einer wirtschaftlichen Notlage befunden, welche sie mithilfe des Rückkaufswerts der Versicherung mindern zu können glaubte.

5. Vereinbarung über die Abfindung

Bei der Abfindung handelt es sich rechtlich betrachtet um einen Änderungsvertrag zwischen Arbeitgeber und Arbeitnehmer zum ursprünglichen Versorgungsvertrag. Hieraus folgt, dass bei Abfindung der Versorgungsanwartschaft im laufenden Arbeitsverhältnis eine entsprechende Vereinbarung erforderlich ist. In den Fällen der Abfindung einer Bagatellanwartschaft (Abs. 2) oder des während eines Insolvenzverfahrens erdienten Teils der Anwartschaft (Abs. 4) besteht dagegen ein einseitiges Gestaltungsrecht des Arbeitgebers, da nach dem Gesetzeswortlaut die Zustimmung des Arbeitnehmers nicht erforderlich ist. Einer entsprechenden Vereinbarung bedarf es daher in diesen Fällen nicht. **21**

6. Ermittlung des Abfindungsbetrags

Für die Berechnung des Abfindungsbetrags gilt § 4 Abs. 5 entsprechend (§ 3 Abs. 5). Es wird insoweit auf die Ausführungen in Rn. 23 ff. zu § 4 verwiesen. **22**

7. Rechtsfolgen eines Verstoßes gegen das Abfindungsverbot

Obwohl die Gesetzesformulierung die Abfindung positiv regelt, beinhaltet sie zugleich einen Verbotstatbestand i.S.d. § 134 BGB. Ein **Rechtsgeschäft,** das gegen die Bestimmungen des § 3 verstößt, ist mithin **nichtig.** Die Nichtigkeit erfasst sowohl die Auskehrung des Betrags als auch dessen Annahme. Der Normzweck der Vorschrift verbietet auch Umgehungsgeschäfte, so dass alle anderen wirtschaftlichen Abwicklungsmodalitäten, die im Ergebnis dazu führen, dass dem Arbeitnehmer bei Eintritt eines Versorgungsfalls die Leistungen der betrieblichen Altersversorgung nicht zur Verfügung stehen, ebenfalls unzulässig sind. Eine Abfindung und damit auch das dazugehörige Erfüllungsgeschäft sind selbst dann nichtig, wenn die Abfindung dem Wert nach höher ist als es eine Berechnung nach den gesetzlichen Vorschriften ergeben würde (BAG vom 22.3.1983 – 3 AZR 499/80 – DB 1984, 727). Verstößt eine Abfindung gegen das Abfindungsverbot, so stellt sie keine Erfüllung i.S.d. § 362 BGB dar. Der versorgungsberechtigte Arbeitnehmer ist damit nicht gehindert, bei Eintritt eines Versorgungsfalls (erneut) Leistungen aus der unverfallbaren Anwartschaft zu verlangen (BAG vom 20.11.2001 – 3 AZR 28/01 – DB 2002, 2333). Da die Abfindung gegen ein gesetzliches Verbot verstieß, ist die Rückforderung des ausgekehrten Abfindungsbetrags gem. § 817 S. 2 BGB ausgeschlossen. **23**

§ 4 Übertragung

(1) [1]Unverfallbare Anwartschaften und laufende Leistungen dürfen nur unter den Voraussetzungen der folgenden Absätze übertragen werden.

(2) Nach Beendigung des Arbeitsverhältnisses kann im Einvernehmen des ehemaligen mit dem neuen Arbeitgeber sowie dem Arbeitnehmer

1. die Zusage vom neuen Arbeitgeber übernommen werden oder
2. der Wert der vom Arbeitnehmer erworbenen unverfallbaren Anwartschaft auf betriebliche Altersversorgung (Übertragungswert) auf den neuen Arbeitgeber übertragen werden, wenn dieser eine wertgleiche Zusage erteilt; für die neue Anwartschaft gelten die Regelungen über Entgeltumwandlung entsprechend.

(3) [1]Der Arbeitnehmer kann innerhalb eines Jahres nach Beendigung des Arbeitsverhältnisses von seinem ehemaligen Arbeitgeber verlangen, dass der Übertragungswert auf den neuen Arbeitgeber übertragen wird, wenn

1. die betriebliche Altersversorgung über einen Pensionsfonds, eine Pensionskasse oder eine Direktversicherung durchgeführt worden ist und
2. der Übertragungswert die Beitragsbemessungsgrenze in der allgemeinen Rentenversicherung nicht übersteigt.

[2]Der Anspruch richtet sich gegen den Versorgungsträger, wenn der ehemalige Arbeitgeber die versicherungsförmige Lösung nach § 2 Abs. 2 oder 3 gewählt hat oder soweit der Arbeitnehmer die Versicherung oder Versorgung mit eigenen Beiträgen fortgeführt hat. [3]Der neue Arbeitgeber ist verpflichtet, eine dem Übertragungswert wertgleiche Zusage zu erteilen und über einen Pensionsfonds, eine Pensionskasse oder eine Direktversicherung durchzuführen. [4]Für die neue Anwartschaft gelten die Regelungen über Entgeltumwandlung entsprechend.

(4) [1]Wird die Betriebstätigkeit eingestellt und das Unternehmen liquidiert, kann eine Zusage von einer Pensionskasse oder einem Unternehmen der Lebensversicherung ohne Zustimmung des Arbeitnehmers oder Versorgungsempfängers übernommen werden, wenn sichergestellt ist, dass die Überschussanteile ab Rentenbeginn entsprechend § 16 Abs. 3 Nr. 2 verwendet werden. [2]§ 2 Abs. 2 Satz 4 bis 6 gilt entsprechend.

(5) [1]Der Übertragungswert entspricht bei einer unmittelbar über den Arbeitgeber oder über eine Unterstützungskasse durchgeführten betrieblichen Altersversorgung dem Barwert der nach § 2 bemessenen künftigen Versorgungsleistung im Zeitpunkt der Übertragung; bei der Berechnung des Barwerts sind die Rechnungsgrundlagen sowie die anerkannten Regeln der Versicherungsmathematik maßgebend. [2]Soweit die betriebliche Altersversorgung über einen Pensionsfonds, eine Pensionskasse oder eine Direktversicherung durchgeführt worden ist, entspricht der Übertragungswert dem gebildeten Kapital im Zeitpunkt der Übertragung.

(6) Mit der vollständigen Übertragung des Übertragungswerts erlischt die Zusage des ehemaligen Arbeitgebers.

Übersicht

1. Zweck und Umfang der Regelung

Durch das AltEinkG ist § 4 grundlegend geändert worden. Die Möglichkeiten, Versorgungsansprüche zu übertragen, die sog. **Portabilität** wurde erleichtert. Dem Arbeitnehmer soll damit ermöglicht werden, die ihm im Laufe seines Erwerbslebens zugesagten Betriebsrenten bei einem betrieblichen Versorgungsträger zu konzentrieren. Er erhält dadurch die Möglichkeit, der Zerstückelung seiner Ansprüche entgegenzuwirken. Auf diese Weise wird zugleich die Gefahr entschärft, dass lange zurückliegende Anwartschaften nicht mehr realisiert werden können. 1

An dem Grundsatz, dass unverfallbare Betriebsrentenanwartschaften grds. nicht übertragen werden dürfen, hat sich durch die Neufassung des § 4 jedoch prinzipiell nichts geändert. Nach wie vor zieht sich als „roter Faden" durch alle Regelungen des BetrAVG der gesetzgeberische Wille, die Versorgungsansprüche des Arbeitnehmers bei Eintritt in den Ruhestand für dessen Dauer sicherzustellen. Im Grunde enthält die Vorschrift daher weiterhin ein **Übertragungsverbot.** 2

Das Übertragungsverbot erstreckt sich gem. Abs. 1 **auch** auf **laufende Leistungen.** Die früher für laufende Leistungen geltenden Übertragungsmöglichkeiten auf Pensionskassen, Unternehmen der Lebensversicherung und öffentlich-rechtliche Versorgungsträger sind entfallen. 3

Die Vorschriften zur Übertragung finden jedoch **keine Anwendung** auf **Betriebsübergänge** und den Wechsel des Durchführungswegs. Geht das Arbeitsverhältnis kraft Rechtsgeschäfts gem. § 613a BGB oder im Wege der Universalrechtsnachfolge auf einen Nachfolgearbeitgeber über oder geht das Unternehmen durch Fusion oder Verschmelzung in einem anderen Unternehmen 4 auf, liegt mithin keine Übertragung nach § 4 vor. Entsprechendes gilt nach den Bestimmungen des UmwG im Fall der Spaltung, Vermögensübertragung und Verschmelzung, wenn ein gesamter Betriebsteil mit allen Aktiva und Passiva ausgegliedert wird (BAG vom 22.2.2005 – 3 AZR 499/03 (A) – BB 2005, 2414).

5 Wie aus § 18 Abs. 1 S. 1 folgt, findet § 4 gleichfalls **keine Anwendung** auf **Pflichtversicherungssysteme** des öffentlichen Diensts, wenn die aus einem solchen System zu übertragenden Anwartschaften oder laufenden Leistungen ganz oder teilweise umlage- oder haushaltsfinanziert sind. Dies wird damit begründet, dass bei umlagefinanzierten Anwartschaften kein Kapital vorhanden ist, das mitgenommen werden kann. Auch ein Anspruch auf teilweise Mitnahme jedenfalls der kapitalgedeckten Anwartschaften besteht nach dem Willen des Gesetzgebers nicht. Eine Anerkennung dieses Anspruchs würde nämlich dem Grundgedanken der Portabilität, Anwartschaften zu bündeln und nicht weiter aufzuteilen, widersprechen. Den Angehörigen des öffentlichen Diensts wird aber die Möglichkeit eröffnet, bei einem Arbeitgeberwechsel innerhalb des öffentlichen Diensts ihre Ansprüche beim Versorgungsträger ihres neuen Arbeitgebers zusammenzufassen bzw. ihre beim alten Arbeitgeber zurückgelegten Versicherungszeiten anerkennen zu lassen. Entsprechende Überleitungsvereinbarungen zwischen den einzelnen kirchlichen und öffentlichen Versorgungsträgern sind geschlossen worden.

2. Inhalt des Übertragungsverbots

6 Dem Übertragungsverbot des Abs. 1 unterliegen die **laufenden Leistungen** und alle **unverfallbaren Anwartschaften** i.S.v. § 1b Abs. 1.

7 Vom Übertragungsverbot wird **nur** der **Teil** der Anwartschaft **erfasst,** der sich aus der **gesetzlichen Regelung** ergibt. Haben die Arbeitsvertragsparteien eine für den Arbeitnehmer günstigere Regelung zur Ermittlung der Höhe der unverfallbaren Anwartschaft getroffen, unterliegt der übersteigende Teil der unverfallbaren Anwartschaft nicht dem Übertragungsverbot. Der Schuldner einer nicht insolvenzgeschützten Versorgungsanwartschaft kann nach dem Belieben der Vertragsparteien ohne Einschränkungen ausgetauscht werden (BAG vom 4.8.1981 – 3 AZR 441/80 – BB 1982, 51). Damit werden die von Unternehmen zugesagten unverfallbaren Anwartschaften, die nicht dem gesetzlichen Insolvenzschutz unterliegen, vom Übertragungsverbot nicht erfasst.

8 Das Übertragungsverbot betrifft nur die private, also die befreiende Schuldübernahme, jedoch nicht den Schuldbeitritt eines neuen Versorgungsschuldners. Da die gesetzliche Fiktion des **Übergangs** der **Arbeitsverhältnisse** auf den Betriebserwerber gem. **§ 613a BGB** nur die aktiven Arbeitsverhältnisse zum Zeitpunkt der Betriebsveräußerung erfasst, verbleiben die Verpflichtungen gegenüber den bereits im Ruhestand befindlichen ehemaligen Mitarbeitern und gegenüber den mit unverfallbarer Anwartschaft ausgeschiedenen Mitarbeitern bei dem veräußernden Unternehmen. Der Betriebserwerber kann sich jedoch durch eine Vereinbarung im Innenverhältnis gegenüber dem Betriebsveräußerer verpflichten, ihn von Forderungen aus diesen bereits beendeten Arbeitsverhältnissen freizustellen. In den Fällen der **Spaltung, Verschmelzung** oder **Vermögensübertragung** können die beteiligten Unternehmen die Ansprüche

früherer Arbeitnehmer gem. § 126 Abs. 1 Nr. 9 UmwG im Spaltungsvertrag einem der beteiligten Rechtsträger zuordnen. Übernimmt der Betriebserwerber auch die Firma, unter der der Betrieb bisher am Rechtsverkehr teilgenommen hat, so haftet er zusätzlich gegenüber den bereits im Ruhestand befindlichen ehemaligen Mitarbeitern und den mit unverfallbarer Anwartschaft ausgeschiedenen Mitarbeitern gem. § 25 HGB.

3. Ausnahmen vom Grundsatz der Nichtübertragbarkeit

Bei einem Arbeitgeberwechsel werden von dem Verbot der schuldbefreienden Übertragung in größerem Ausmaß als nach der früheren gesetzlichen Regelung Ausnahmen gemacht. Es gibt nunmehr **zwei Formen,** in denen Versorgungsanwartschaften übertragen werden können: die **freiwillige Übernahme** gem. Abs. 2 und die **erzwingbare Übertragung** gem. Abs. 3. Dabei wird der Begriff der Übertragung vom Gesetz als Oberbegriff wie auch als Unterfall verwendet, und zwar in der Weise, dass zwischen der Übernahme der Zusage nach Abs. 2 Nr. 1 und der Übertragung im engeren Sinne nach Abs. 2 Nr. 2 zu unterscheiden ist. Die Übertragung nach Abs. 2 Nr. 2 könnte zutreffender als Mitnahme des Übertragungswerts umschrieben werden. 9

a) Freiwillige Übertragung. Sowohl die Übernahme der Zusage als auch die Mitnahme des Übertragungswerts kann zwischen dem bisherigen und dem neuen Arbeitgeber und dem Arbeitnehmer **vereinbart** werden. Es handelt sich dabei um einen Fall der schuldbefreienden Übernahme nach §§ 414 ff. BGB. Die Übernahme von Versorgungsanwartschaften entfaltet zugleich Wirkungen bezüglich der Unverfallbarkeit und der Insolvenzsicherung. 10

Die **Vereinbarung** ist an **keine Form** gebunden. Sie kann seitens des Arbeitnehmers auch konkludent erklärt werden. Die bloße Entgegennahme von Versorgungsleistungen eines Dritten beinhaltet aber nicht automatisch die Zustimmung zur Haftungsbefreiung. Nach Auffassung des BAG ist die befreiende Schuldübernahme ein ungewöhnliches und bedeutsames Rechtsgeschäft. Eine Entlassung des bisherigen Schuldners kann danach nur dann angenommen werden, wenn der Gläubiger dies deutlich zum Ausdruck bringt. Im Zweifel wird der Gläubiger lediglich annehmen, dass er einen Schuldbeitritt genehmigen soll, der ihn begünstigt, weil er einen zusätzlichen Schuldner erhält (BAG vom 11.11.1986 – 3 AZR 194/85 – NZA 1987, 559). 11

Den Hauptanwendungsfall der einvernehmlichen Übertragung auf einen Nachfolgearbeitgeber dürfte der Wechsel eines Arbeitnehmers innerhalb eines Konzerns oder einer Firmengruppe bilden. **Von** einer derartigen **Übernahme** von **Versorgungsanwartschaften** macht die **Praxis** insbesondere beim Wechsel von Führungskräften, aber auch bei überbetrieblichen Branchenregelungen **vielfach Gebrauch.** In diesen Fällen besteht im Rahmen der schuldbefreienden Übernahme die Möglichkeit, die bisherige Versorgungszusage inhaltsgleich weiterzuführen oder sie einvernehmlich an die geänderten Verhältnisse in dem neuen Arbeitsverhältnis anzupassen. Für Direktversicherungen haben sich die Unternehmen der Lebensversicherungswirtschaft vertraglich auf ein einheitliches Übertragungsverfahren geeinigt. 12

13 **aa) Übernahme der Zusage.** Aufgrund der von den Beteiligten getroffenen Vereinbarung ist der neue Arbeitgeber gem. Abs. 2 Nr. 1 verpflichtet, die jeweilige Versorgungszusage des bisherigen Arbeitgebers unverändert zu übernehmen. Zwar beinhaltet der in Abs. 2 Nr. 1 verwendete Begriff „Zusage" das zugrunde liegende Vertragsverhältnis. Sowohl das grundsätzliche Übertragungsverbot nach Abs. 1 als auch die davon bestehende Ausnahme der vereinbarten Mitnahme des Übertragungswerts gem. Abs. 2 Nr. 2 beziehen sich aber ausdrücklich auf unverfallbare Anwartschaften. Aufgrund dieser Gesetzessystematik ist davon auszugehen, dass sich die vereinbarte Übernahme **nur auf unverfallbare Anwartschaften** bezieht.

14 Der Arbeitnehmer hat keinen Rechtsanspruch auf die Übernahme, sie kann **nur einvernehmlich** erfolgen. Für den ehemaligen Arbeitgeber hat die Übernahme befreiende Wirkung und setzt keinen Kapitalfluss zwischen altem und neuem Arbeitgeber voraus. Es ist nicht notwendig, dass die beiden Arbeitsverhältnisse zeitlich aneinander anschließen oder dass zwischenzeitlich kein Arbeitsverhältnis mit einem anderen Arbeitgeber bestanden hat.

15 **bb) Mitnahme des Übertragungswerts.** Nach Abs. 2 Nr. 2 kann der Arbeitnehmer anlässlich eines Arbeitgeberwechsels den Übertragungswert seiner beim bisherigen Arbeitgeber erworbenen unverfallbaren Anwartschaft mitnehmen. Mit der vollständigen Übertragung des Übertragungswerts erlischt die Zusage des ehemaligen Arbeitgebers gem. Abs. 6. Für die neue Anwartschaft gelten die Regelungen der Entgeltumwandlung entsprechend. Sie ist damit sofort unverfallbar und insolvenzgeschützt. Die in § 7 Abs. 5 S. 3 Nr. 2 hierzu bezüglich des Insolvenzschutzes getroffene Regelung stellt allerdings darauf ab, dass der Übertragungswert die zum Zeitpunkt der Übertragung geltende BBG in der allgemeinen Rentenversicherung nicht übersteigt. Der überschreitende Betrag ist erst nach zwei Jahren insolvenzgeschützt. Durch die entsprechende Geltung der Entgeltumwandlungsvorschriften muss die Anpassung nach § 16 Abs. 5 mindestens 1 % p. a. betragen. Sofern eine Direktversicherungs- oder Pensionskassenzusage vorliegt, sind ab Rentenbeginn die auf den Rentenbestand entfallenden Überschussanteile zur Erhöhung der laufenden Versorgungsleistungen zu verwenden (§ 16 Abs. 3 Nr. 2).

16 **cc) Erfordernis einer wertgleichen Zusage.** Der neue Arbeitgeber ist nach der Übertragung frei in seiner Entscheidung, in welchem Leistungsplan er den Übertragungswert verwenden möchte. An die Ausgestaltung der alten Zusage ist er nicht gebunden. Er ist jedoch verpflichtet, eine wertgleiche Zusage zu erteilen. Im Bereich der Entgeltumwandlung ist bislang eine Inhaltsänderung nicht als der Wertgleichheit einer neuen Zusage entgegenstehend angesehen worden, wenn der Barwert der ursprünglichen Zusage dem der geänderten Zusage nach versicherungsmathematischen Grundsätzen entspricht. Es genügt danach zur Gewährleistung der Wertgleichheit, den Barwert bzw. den Übertragungswert in das neue System einzubringen. Bei der Bestimmung der Wertgleichheit zweier Versorgungszusagen sind deren Leistungsstruktur, Leistungsart und Leistungshöhe demnach nicht mehr gesondert zu berücksichtigen, da sie bereits in die Ermittlung des Barwerts bzw. des Übertragungswerts einfließen. Eine Inhaltsänderung durch den neuen Arbeitgeber ist unter Wahrung der

Wertgleichheit der Zusage somit möglich und auch wahrscheinlich. Die **Wertgleichheit** der Zusage stellt auf die **Gesamtheit der Leistungsanwartschaften** ab, die aus einer Zusage resultieren, nicht aber auf die einzelnen Leistungen.

Für den Arbeitnehmer muss die Regelung nach Abs. 2 Nr. 2 nicht nachteilig sein. Der Wert seiner Altersversorgung bleibt erhalten, es ändert sich lediglich der Leistungsplan. Empfindet der **Arbeitnehmer** die vorgesehenen Änderungen als zu weitgehend, so kann er die Übertragung seiner unverfallbaren Anwartschaft verhindern; er **muss** der **Übertragung nicht zustimmen.** Allerdings verbleibt dann die unverfallbare Anwartschaft beim ehemaligen Arbeitgeber bzw. bei dessen Versorgungsträger. Eine Konzentration der betrieblichen Altersversorgung auf den letzten Arbeitgeber, bei dem der Arbeitnehmer vor dem Ruhestand tätig war, ist dann nicht mehr gewährleistet. 17

b) Erzwingbare Anwartschaftsübertragung. Nach Abs. 3 hat der **Arbeitnehmer** einen **Anspruch** darauf, **dass** bei Beendigung des Arbeitsverhältnisses der Übertragungswert seiner betrieblichen Versorgungsanwartschaft, die auf einer **nach dem 31.12.2004 erteilten Zusage** beruht, auf den neuen Arbeitgeber **übertragen wird.** Der Anspruch ist allerdings der Höhe nach begrenzt, um den alten sowie den neuen Arbeitgeber und die ggf. beteiligten Versorgungsträger nicht zu überfordern. Aus Gründen der Planungs- und Rechtssicherheit kann der Arbeitnehmer sein **Recht** auf **Übertragung nur innerhalb eines Jahrs nach Beendigung** des Arbeitsverhältnisses ausüben. 18

aa) Übertragungsanspruch nur bei externer Durchführung in begrenzter Höhe. Der Übertragungsanspruch besteht nach Abs. 3 S. 1 Nr. 1 nur, wenn die betriebliche Altersversorgung über einen Pensionsfonds, eine Pensionskasse oder eine Direktversicherung durchgeführt worden ist. In diesem Rahmen kann der neue Arbeitgeber den Durchführungsweg und den konkreten Versorgungsträger frei wählen. Zum Schutz der Arbeitgeber sowie der Versorgungsträger vor übermäßigen Belastungen ist der Übertragungsanspruch gem. Abs. 3 S. 1 Nr. 2 auf Anwartschaften begrenzt, deren **Übertragungswert** die im Jahr der Übertragung geltende **BBG** in der gesetzlichen Rentenversicherung **nicht übersteigt.** Im Jahr 2014 beläuft sich die BBG in der gesetzlichen Rentenversicherung auf jährlich 71.400 €. Überschreitet der Übertragungswert die Grenze, besteht kein Recht auf eine teilweise Mitnahme. Dies würde nämlich dem Ziel der Portabilität, Versorgungsanwartschaften zu bündeln und nicht weiter aufzusplittern, widersprechen. 19

bb) Keine Übertragbarkeit bei separat bestehendem Ergänzungsanspruch. Ist bei einem versicherungsförmigen System mit arbeitsrechtlicher Lösung die gesetzlich unverfallbare Anwartschaft höher als die Leistung der Direktversicherung oder der Pensionskasse, steht dem Arbeitnehmer gem. § 2 Abs. 2 S. 1 bzw. Abs. 3 S. 1 ein sog. Ergänzungsanspruch gegen den Arbeitgeber in Höhe der Differenz zu. Die sich daraus ergebende Verpflichtung des Arbeitgebers trifft ihn unmittelbar; eine Durchführung über eine Direktversicherung scheidet mithin aus. Da die Regelungen zur Portabilität auf die Bündelung von Versorgungsanwartschaften abzielt, **scheidet** die **isolierte Übertragung** der 20 gegen den Arbeitgeber gerichteten Versorgungsanwartschaft **aus**. Für die einheitliche Übertragung sowohl der über die Direktversicherung durchgeführten Anwartschaft als auch des arbeitsrechtlichen Ergänzungsanspruchs fehlt es nach dem Wortlaut des Gesetzes aber an einer Rechtsgrundlage.

21 **cc) Übertragbarkeit bei versicherungsvertraglicher Abwicklung.** Hat der frühere Arbeitgeber beim Ausscheiden des Arbeitnehmers die versicherungsvertragliche Abwicklung nach § 2 Abs. 2 S. 2 bzw. Abs. 3 S. 2 gewählt, richtet sich der **Anspruch** des Arbeitnehmers auf Übertragung **gegen** das Lebensversicherungsunternehmen bzw. gegen die Pensionskasse als **Schuldner** der **Versicherungsleistung.** Dabei sind die Vorschriften des VVG zum Rückkaufswert und zur Beteiligung an den Bewertungsreserven zu beachten: Gem. §§ 169, 153 VVG sind der Rückkaufswert der Versicherung einschließlich zugeteilter Überschussanteile, der Schlussüberschussanteil sowie Bewertungsreserven wie beim Rückkauf zu übertragen. Die übertragenen Gutschriften aus den Bewertungsreserven und die übertragenen Guthaben an der Überschussbeteiligung sind beim übernehmenden Versorgungsträger zu verwenden. Der Versorgungsträger des ehemaligen Arbeitgebers hat dem neuen Arbeitgeber die entsprechenden Deckungsmittel zur Verfügung zu stellen, der sie seinerseits an den von ihm eingeschalteten Versorgungsträger abzuführen hat. Hat der Arbeitnehmer nach Beendigung des Arbeitsverhältnisses die Versicherung oder Versorgung mit eigenen Beiträgen fortgesetzt, ist die Lebensversicherung, die Pensionskasse oder der Pensionsfonds auch unmittelbar verpflichtet, innerhalb der Jahresfrist den auf diesen Beiträgen beruhenden Übertragungswert zur Verfügung zu stellen. Der neue Arbeitgeber ist verpflichtet, eine dem Übertragungswert wertgleiche Zusage zu erteilen. Sie ist ebenfalls über einen Pensionsfonds, eine Pensionskasse oder eine Direktversicherung durchzuführen. Durch die Verweisung auf die externen Durchführungswege stellt der Gesetzgeber sicher, dass das Versorgungskapital des Arbeitnehmers auch beim erneuten Arbeitgeberwechsel weiterhin portabel bleibt. Mit der vollständigen Übertragung des Übertragungswerts erlischt gem. Abs. 6 die Zusage des alten Arbeitgebers.

22 **c) Sonderregelung bei Einstellung der Betriebstätigkeit und Liquidation.** Für den Fall der Einstellung der Betriebstätigkeit mit nachfolgender Liquidation des Unternehmens ist in Abs. 4 eine Sonderregelung vorgesehen. Die Zusage (laufende Leistung oder unverfallbare Anwartschaft) kann von einer Pensionskasse oder einem Lebensversicherungsunternehmen übernommen werden. Eine **Zustimmung** des **Versorgungsberechtigten** ist **nicht erforderlich.** Es muss jedoch sichergestellt sein, dass die Überschussanteile ab Rentenbeginn für Anpassungen entsprechend § 16 Abs. 3 Nr. 2 verwendet werden. Die Verfügungsbeschränkungen des § 2 Abs. 2 S. 4 bis 6 sind zu beachten (Abs. 4 S. 2). Die wirtschaftliche Verwertung der Versicherungsleistung durch den Versorgungsberechtigten vor Eintritt eines Versorgungsfalls ist somit ausgeschlossen. Dadurch soll erreicht werden, dass ihm die Versorgungsleistungen bei Eintritt des Versorgungsfalls auch tatsächlich zur Verfügung stehen. Im Unterschied zur Übernahme ohne Liquidation nach Abs. 1 löst die Prämienzahlung keine Lohnsteuer aus, wie aus § 3 Nr. 65 S. 2 EStG folgt. Die Besteuerung erfolgt erst im Zeitpunkt des Leistungszuflusses (vgl. § 19 EStG bei Direktzusagen

und Unterstützungskassenzusagen bzw. § 22 EStG bei Pensionsfonds-, Pensionskassen- und Direktversicherungszusagen).

d) Berechnung des Übertragungswerts. Für den Übertragungswert von Versorgungsanwartschaften ist der **Anwartschaftswert** maßgebend. Ebenso wie bei der Abfindungsregelung, die in § 3 Abs. 5 für die Berechnung des Abfindungsbetrags auf § 4 Abs. 5 verweist, wird der Anwartschaftsbarwert nach dem Barwert der nach § 2 bemessenen künftigen Versorgungsleistung im Zeitpunkt der Beendigung des Arbeitsverhältnisses berechnet. Der Barwert einer Versorgungsanwartschaft entspricht der Summe aller zugesagten, auf den Bewertungsstichtag (Zeitpunkt der Übertragung) abgezinsten und mit der Wahrscheinlichkeit ihrer Fälligkeit gewichteten künftigen Zahlungen. Der Barwert entspricht mithin dem Betrag, der – wenn er am Bewertungsstichtag verzinslich angelegt wird – im statistischen Mittel ausreicht, um alle zugesagten Versorgungsleistungen erbringen zu können. 23

aa) Unmittelbare Zusagen und Unterstützungskassenzusagen. Gem. Abs. 5 S. 1 sind bei der Berechnung des Barwerts die Rechnungsgrundlagen sowie die anerkannten Regeln der Versicherungsmathematik maßgebend. In der Gesetzesbegründung heißt es dazu, dass bei einer Direkt- oder Unterstützungskassenzusage der Berechnungsmodus der **Kapitalabfindungsberechnung** gem. § 3 Abs. 2 in der bis zum 31.12.2004 geltenden Fassung Anwendung finden soll. Noch ist die Heranziehung der steuerlichen Zinssätze verbreitet. 24

Arbeitsrechtlich ist allerdings die Definition des Übertragungswerts nicht auf bestimmte Rechnungsgrundlagen beschränkt. Die Heranziehung anderer Rechengrundlagen ist durchaus möglich und vertretbar. Im Rahmen des seit 1.9.2009 geltenden Versorgungsausgleichsrechts (VersAusglG) sind die für eine Anrechtsteilung maßgeblichen Barwerte nach h.M. auch nach familienrechtlichen Grundsätzen unter Zugrundelegung der Rechengrundlagen der letzten Handelsbilanz des Versorgungsträgers vor Ehezeitende zu berechnen. Grund hierfür ist, dass die dort verwendeten Rechengrundlagen den wahren Wert der Anwartschaft realistischer wiedergeben als dies bei Ansatz der steuerrechtlichen Rechengrundlagen der Fall ist, die fiskalpolitisch motiviert sind. Es ist nicht unwahrscheinlich, dass dies in der Zukunft eine Rückkoppelung auf die Berechnungsprämissen für Übertragungs- und Abfindungswerte i.S.d. §§ 3 und 4 geben kann. Die weitere Entwicklung bleibt abzuwarten. 25

bb) Externe Durchführungswege. Nach Abs. 5 S. 2 entspricht der Übertragungswert bei der Durchführung der Altersversorgung über einen Pensionsfonds, eine Pensionskasse oder eine Direktversicherung dem **gebildeten Kapital** im Zeitpunkt der Übertragung. Dabei ist von dem gesamten Wert des für den ausgeschiedenen Arbeitnehmer bestehenden Vertrags auszugehen; Abzüge dürfen nicht vorgenommen werden. Unabhängig davon ergeben sich bei den verschiedenen Durchführungswegen folgende Differenzierungen: 26

Wenn die betriebliche Altersversorgung über eine **Pensionskasse** oder eine **Direktversicherung** durchgeführt wird, bestimmt sich das gebildete Kapital aus dem Deckungskapital, das zum Zeitpunkt der Übertragung dem Umfang der unverfallbaren Anwartschaft entspricht. Sofern die Berechnung des De- 27 ckungskapitals nicht zum Geschäftsplan gehört, entspricht das gebildete Kapital dem Zeitwert der Versicherung ohne Abzüge. („ohne Abzüge" bedeutet, dass ein Ausgleich für die risikomäßige Verschlechterung des Versicherungsbestands, die mit der Stornierung und Übertragung verbundenen Verwaltungskosten und die noch nicht getilgten Abschlusskosten nicht abgezogen werden dürfen.) Soweit die arbeitsrechtliche Vereinbarung zur Versorgung über die Pensionskasse bzw. die Direktversicherung auch einen Anspruch des Arbeitnehmers auf anfallende Überschussanteile vorsieht, umfasst der Übertragungswert neben dem Deckungskapital bzw. dem Zeitwert auch die entsprechenden, im Zeitpunkt der Übertragung dem Vertrag bereits zugeteilten Überschuss- und Schlussüberschussanteile sowie eine ggf. vorhandene Beteiligung an den Bewertungsreserven.

28 Wenn die betriebliche Altersversorgung über einen **Pensionsfonds** durchgeführt wird und ein individuelles Konto für den Arbeitnehmer besteht, ist das gebildete Kapital das auf diesem Konto vorhandene Kapital, mindestens aber der Barwert der ggf. vom Pensionsfonds garantierten Leistung. Besteht kein individuelles Konto für den Arbeitnehmer, entspricht das gebildete Kapital dem Barwert der vom Pensionsfonds ggf. garantierten Leistung. Im Übrigen sind die Bestimmungen des Pensionsplans zu berücksichtigen. Danach kann z.B. das gebildete Kapital dem Verhältnis des Barwerts der unverfallbaren Anwartschaft des Arbeitnehmers zu der Summe der gesamten Barwerte aller Anwartschaften entsprechen. Auch beim Pensionsfonds dürfen keine Abzüge vorgenommen werden.

4. Erlöschen der Zusage des ehemaligen Arbeitgebers

29 In Abs. 6 ist geregelt, dass die Zusage des ehemaligen Arbeitgebers mit der vollständigen Übertragung des Übertragungswerts erlischt. Damit wird der ehemalige Arbeitgeber vollständig und dauerhaft von seiner Leistungspflicht frei. Dies gilt allerdings dann nicht, wenn der Übertragungswert nicht vollständig gezahlt wurde.

5. Folgen eines Verstoßes gegen das Übertragungsverbot

30 Verstößt die Übertragung gegen § 4, so ist sie gem. § 134 BGB **nichtig.** Der bisherige Arbeitgeber bleibt gegenüber dem Versorgungsberechtigten in vollem Umfang verpflichtet. Allerdings kann die fehlgeschlagene Schuldübernahme als Schuldbeitritt zu werten sein, so dass der Versorgungsberechtigte neben dem bisherigen Arbeitgeber zusätzlich auch den neuen Arbeitgeber als Zweitschuldner in Anspruch nehmen kann. Der Erstschuldner bleibt aber weiterhin kraft Gesetzes Mitglied des PSVaG und ist zu weiteren Beitragsleistungen verpflichtet. Bei der Anpassungsprüfung nach § 16 ist bei einem Schuldbeitritt auf die wirtschaftliche Lage des Erstschuldners abzustellen.

§ 4a Auskunftsanspruch

(1) Der Arbeitgeber oder der Versorgungsträger hat dem Arbeitnehmer bei einem berechtigten Interesse auf dessen Verlangen schriftlich mitzuteilen,
1. in welcher Höhe aus der bisher erworbenen unverfallbaren Anwartschaft bei Erreichen der in der Versorgungsregelung vorgesehenen Altersgrenze ein Anspruch auf Altersversorgung besteht und
2. wie hoch bei einer Übertragung der Anwartschaft nach § 4 Abs. 3 der Übertragungswert ist.

(2) Der neue Arbeitgeber oder der Versorgungsträger hat dem Arbeitnehmer auf dessen Verlangen schriftlich mitzuteilen, in welcher Höhe aus dem Übertragungswert ein Anspruch auf Altersversorgung und ob eine Invaliditäts- oder Hinterbliebenenversorgung bestehen würde.

Übersicht

1. Zweck der Vorschrift

Nach § 2 Abs. 6 der bis zum 31.12.2004 geltenden Fassung hatte der Arbeitgeber oder der sonstige Versorgungsträger dem **ausgeschiedenen Arbeitnehmer** Auskunft darüber zu erteilen, ob für ihn die Voraussetzungen einer unverfallbaren betrieblichen Altersversorgung erfüllt sind und in welcher Höhe er Versorgungsleistungen bei Erreichen der in der Versorgungsregelung vorgesehenen Altersgrenze beanspruchen kann. Der **aktive Arbeitnehmer** hatte mithin **keinen Anspruch auf Auskunft.** Dies ist mit dem AltEinkG durch **Einfügung** des **§ 4a** unter Aufhebung des § 2 Abs. 6 beseitigt worden. Der Arbeitnehmer **hat** danach einen **Auskunftsanspruch.** Dass unter den Begriff des Arbeitnehmers i.S.v. § 4a Abs. 1 weiterhin auch der ehemalige Arbeitnehmer fällt, ergibt sich aus der Gesetzesbegründung. Die neue Regelung des Auskunftsanspruchs flankiert außerdem die erweiterten Möglichkeiten, unverfallbare Versorgungsanwartschaften zu übertragen. Nach § 4a Abs. 1 Nr. 2 hat der Arbeitgeber oder der Versorgungsträger dem Arbeitnehmer mitzuteilen, wie hoch bei einer Übertragung der Anwartschaft nach § 4 Abs. 3 der **Übertragungswert** ist. Außerdem ist dem Arbeitnehmer auf dessen Verlangen gem. § 4a Abs. 2 mitzuteilen, in **welcher Höhe aus dem Übertragungswert** ein **Anspruch auf Altersversorgung und/oder auf** eine **Invaliditäts- sowie Hinterbliebenenversorgung** besteht. Die letztgenannten Auskünfte dienen dazu, dem Arbeitnehmer im Rahmen der Portabilität die notwendigen Informationen für seine Entscheidung zu geben. Der Arbeitnehmer kann von seinem Recht auf Übertragung nur dann sinnvoll Gebrauch machen, wenn er einschätzen kann, wie hoch seine beim alten Arbeitgeber aufgebaute betriebliche Altersversor- 1 gung im Vergleich zu der vom neuen Arbeitgeber auf der Basis des Übertragungswerts zugesagten Versorgung ist. Deshalb muss er sowohl die Höhe des Übertragungswerts als auch die Höhe der aus der Übertragung resultierenden Anwartschaft und den Inhalt der neuen Versorgungszusage kennen.

2 Im Falle eines **Betriebsübergangs** stellt sich die Frage, ob der **Veräußerer oder** der **Erwerber auskunftspflichtig** ist. Typischerweise hat der Veräußerer oft noch Kenntnisse der betrieblichen Altersversorgung, die der Arbeitnehmer benötigt. § 613a Abs. 5 Nr. 3 und 4 BGB geben keinen Anspruch auf Auskunft gegen den Veräußerer, da Ansprüche aus betrieblicher Altersversorgung weder Folge des Übergangs noch hinsichtlich der übernommenen Arbeitnehmer in Aussicht gestellte Maßnahmen sind, denn sie bestehen unabhängig vom Handeln des Veräußerers oder Erwerbers (BAG vom 22.5.2007 – 3 AZR 834/05 – DB 2008, 191). Ein Auskunftsanspruch gegen den Veräußerer kann sich jedoch aus Treu und Glauben (§ 242 BGB) ergeben. Da nach dem Betriebsübergang arbeitsrechtliche Beziehungen prinzipiell nur zum Erwerber bestehen, setzt ein Anspruch gegen den Veräußerer allerdings voraus, dass es nicht oder ohne besondere Erschwernisse nicht möglich ist, beim Erwerber eine zuverlässige Auskunft zu erhalten, der Veräußerer diese Auskunft ohne größeren Aufwand erteilen kann und der Arbeitnehmer ein berechtigtes Interesse an der Auskunft hat, z.B. um Ansprüche gegen den Erwerber durchzusetzen. Steht dem Arbeitnehmer gegen den Erwerber ein Auskunftsanspruch aus § 4a zu, ist dieser vorrangig und schließt einen Anspruch gegen den Veräußerer aus Treu und Glauben aus (BAG vom 22.5.2007 – 3 AZR 357/06 – DB 2008, 192).

2. Umfang der Auskunftspflicht

3 Zur Auskunft sind der Arbeitgeber oder der externe Versorgungsträger verpflichtet. Für den Umfang der Auskunft ergeben sich daraus unterschiedliche Konsequenzen. An der vom Arbeitnehmer verlangten Auskunft muss gem. § 4a Abs. 1 ein berechtigtes Interesse bestehen. In allen Konstellationen des § 4a ist dem Arbeitnehmer die **Auskunft schriftlich** zu erteilen.

4 Auslegungsbedürftig ist, was unter dem Begriff **bisher erworbene Anwartschaft** zu verstehen ist. Dies wird bei dem ehemaligen Arbeitnehmer regelmäßig die gesetzlich unverfallbare Anwartschaft sein. Beim aktiven Arbeitnehmer ist es allerdings fraglich, ob auf die bereits dem Grunde und der Höhe nach gesetzlich unverfallbaren Anwartschaften abzustellen ist oder die Leistungen mitzuteilen sind, die sich bei weiterem Verbleiben im Unternehmen, also bei unterstellter Betriebstreue bis zum Versorgungsfall, ergeben. Für die erste Alternative spricht die Formulierung „erworbenen … Anwartschaft“, da sie auf den jeweils erreichten unverfallbaren Stand der Anwartschaft hindeutet. Diese Auslegung dürfte jedoch vielfach nicht den Interessen des Arbeitnehmers gerecht werden; sie entspricht auch nicht den Vorstellungen des Gesetzgebers. Die Materialien zum AltEinkG enthalten als Beispiel für ein berechtigtes Interesse den Fall, dass der Arbeitnehmer beabsichtigt, ergänzende Eigenvorsorge zu treffen. Bei einem intakten Arbeitsverhältnis benötigt der Arbeitnehmer dafür eine Auskunft über die insgesamt zu erreichende Altersversorgung. Erbeten wird danach offensichtlich eine Auskunft über die maximal erreichbare Versorgung. Eine andere Beur-

teilung ist angebracht, wenn bereits feststeht, dass der Arbeitnehmer zu einem früheren konkreten Termin ausscheiden wird.

a) Auskünfte des Arbeitgebers. Die Auskünfte müssen **vollständig** und **richtig** sein. Ausgehend von den Verhältnissen zum Auskunftsstichtag wird der Arbeitgeber bei einem aktiven Arbeitsverhältnis regelmäßig eine weitere Betriebstreue des Arbeitnehmers bis zum Erreichen der Altersgrenze voraussetzen. Von großer praktischer Bedeutung ist dabei, ob die Altersleistung auf statischer oder dynamischer Grundlage zu ermitteln ist. Der gesetzliche Anspruch richtet sich auf die Altersversorgung aus der bisher erworbenen Anwartschaft. Daher sind die Verhältnisse im Zeitpunkt der Auskunftserteilung zugrunde zu legen. Eine darüber hinausgehende Auskunft ist nicht geschuldet. 5

Ist die Höhe der zu erwartenden Versorgungsleistung von der Rente aus der gesetzlichen Rentenversicherung abhängig, z.B. bei sog. Gesamtversorgungssystemen, ist der Arbeitgeber berechtigt, die für die Ermittlung der Höhe der unverfallbaren Versorgungsanwartschaft erforderliche Hochrechnung nach dem **Näherungsverfahren** zu ermitteln. Diese Berechnungsmethode ist für die endgültige Festsetzung der Versorgungsleistung aber nur verbindlich, wenn der ausgeschiedene Arbeitnehmer sich mit ihr einverstanden erklärt und der Arbeitgeber sich keine anderweitige Berechnung vorbehält. Für einen solchen Vorbehalt reicht der Hinweis in der Auskunft aus, dass eine Neuberechnung bei Eintritt des Versorgungsfalls der vorgezogenen Altersrente erfolgt (LAG Hamm vom 9.3.1999 – 6 Sa 1521/98 – DB 1999, 1024). Im Übrigen erstreckt sich die Auskunftsverpflichtung nicht auf andere im Rahmen der Versorgungsregelung vorgesehene Versorgungsleistungen. Sind die Voraussetzungen für die Aufrechterhaltung einer unverfallbaren Anwartschaft nicht erfüllt, empfiehlt es sich dennoch aus Gründen der Rechtssicherheit, alle für die Entscheidung relevanten Tatbestände dem Arbeitnehmer im Rahmen eines **Negativbescheids** mitzuteilen. 6

Streitet der ausgeschiedene Arbeitnehmer mit dem Arbeitgeber über den Inhalt seiner Versorgungsansprüche, so darf der Arbeitgeber bei der Auskunft von den seiner Ansicht nach geltenden Bestimmungen ausgehen. Ein Anspruch auf **Erteilung** einer **neuen Auskunft** kommt erst in Betracht, wenn der Inhalt der Versorgungsansprüche durch rechtskräftige gerichtliche Entscheidung oder durch Einigung der Parteien geklärt ist (BAG vom 9.12.1997 – 3 AZR 695/96 – DB 1998, 2331). 7

Die **Auskunft** stellt **kein** abstraktes **Schuldanerkenntnis** dar. Der Arbeitgeber erkennt damit weder dem Grunde noch der Höhe nach eine bestimmte Versorgungsanwartschaft an. Die Auskunft beinhaltet ausschließlich eine Information; sie hat also nur deklaratorischen Charakter (BAG vom 8.11.1983 – 3 AZR 511/81 – DB 1984, 836; BAG vom 9.12.1997 – 3 AZR 695/96 – DB 1998, 2331; BAG vom 23.8.2011 – 3 AZR 669/09 – DB 2012, 527). Erst recht kommt einem als solchem erkennbaren Begleitschreiben zu einer Rentenauskunft kein eigener Erklärungswert zu (BAG vom 17.6.2003 – 3 AZR 462/02 – DB 2004, 608). Entsprechend ihrem Zweck muss die Auskunft so ausgestaltet sein, dass der Arbeitnehmer sie überprüfen kann, daher sind die Bemessungsgrundlage und der Rechenweg nachvollziehbar darzulegen (BAG vom 9.12.1997 – 3 AZR 695/96 – DB 1998, 2331; BAG vom 23.8.2011 – 3 AZR 669/09 – DB 2012, 8

527). Eine **unrichtige Auskunft,** auf die der Arbeitnehmer bei seiner Versorgungsplanung vertraut, kann bei Vorliegen der weiteren Voraussetzungen des § 280 BGB **Schadenersatzansprüche** des Arbeitnehmers auslösen (BAG vom 12.3.1991 – 3 AZR 86/90 – ZIP 1991, 1446). Der Arbeitgeber haftet insoweit nicht auf das Erfüllungs-, sondern nur auf das negative Interesse (BAG vom 20.6.2000 – 3 AZR 620/99, 3 AZR 52/00, 3 AZR 102/00 – DB 2000, 1414; BAG vom 21.11.2000 – 3 AZR 13/00 – DB 2002, 227).

9 **b) Auskunftsverpflichtung externer Versorgungsträger.** Bei den Durchführungswegen Pensionskasse, Pensionsfonds und Direktversicherung ist der Versorgungs- und Versicherungsvertrag als Vertrag zugunsten Dritter ausgestaltet. Welche Auskünfte im Einzelnen den Versicherungsnehmern zu erteilen sind, ergibt sich aus §§ 7 und 155 VVG. Entsprechendes gilt auch für die Altersversorgung mittels einer Unterstützungskasse. Diese wird im Rahmen eines Geschäftsbesorgungsvertrags für den Arbeitgeber tätig, dem zumindest Schutzwirkung zugunsten der Arbeitnehmer beizumessen ist, auch wenn formell die Arbeitnehmer kein eigenes Leistungsforderungsrecht haben. Sofern die genannten externen Versorgungsträger Auskünfte geben, **haften** sie **für falsche,** unvollständige oder in sonstiger Weise irreführende **Informationen.** Hauptanwendungsfälle sind unrealistische Prognoserechnungen, Unterlassen eines Hinweises auf eine bereits beschlossene bzw. mit hoher Wahrscheinlichkeit bald erfolgende Absenkung der Überschussbeteiligung oder auf eine Umstellungsmöglichkeit bezogen auf den Versorgungstarif sowie eine falsche Standmitteilung. Für einen durch die unrichtigen Auskünfte entstehenden Schaden haften die externen Versorgungsträger gem. § 280 BGB.

10 **Fraglich** ist, ob ein externer Versorgungsträger verpflichtet ist, den Arbeitnehmer über **Beitragsrückstände** oder schädigende Verfügungen des Arbeitgebers zu unterrichten und ihm anzubieten, die Beiträge selbst weiterzuzahlen. Das BAG hat eine solche **Informationspflicht** als nahe liegend bezeichnet, die Frage aber letztlich offengelassen (BAG vom 17.11.1992 – 3 AZR 51/92 – DB 1993, 986). Für eine Informationspflicht, die vom OLG Düsseldorf bejaht worden ist (OLG Düsseldorf vom 17.12.2002 – 4 U 78/02 – BB 2003, 2019), spricht, dass der Arbeitnehmer ohne eine entsprechende Unterrichtung ggf. einen irreparablen Nachteil erleidet. Kommt es zur Insolvenz des Arbeitgebers, besteht bezüglich des Beitragsschadens kein Sicherungsfall gem. § 7 und damit keine Eintrittspflicht des PSVaG. Eine Lösung des Problems lässt sich aus § 166 Abs. 3, Abs. 4 VVG herleiten. Nach dieser Bestimmung hat der Versicherer bei einer Lebensversicherung, die vom Arbeitgeber zugunsten seiner Arbeitnehmer abgeschlossen worden ist, die versicherte Person über die Folgen einer Versäumung der Zahlungsfrist durch den Arbeitgeber zu informieren und ihr eine Zahlungsfrist von mindestens zwei Monaten einzuräumen. So wird dem Versicherten die Möglichkeit eingeräumt, im Falle des Zahlungsverzugs des Arbeitgebers den Versicherungsschutz mit eigenen Mitteln aufrechtzuerhalten.

11 **c) Berechtigtes Interesse an der Auskunft.** Der Arbeitgeber oder der Versorgungsträger sind zur Auskunftserteilung gem. § 4a Abs. 1 nur bei einem berechtigten Interesse des Arbeitnehmers auf dessen Verlangen verpflichtet. Unabhängig von dieser Verpflichtung gehörten auch schon vor der Neuregelung

durch das AltEinkG **„Standmitteilungen"** gegenüber den Versorgungsberechtigten über die Höhe der zu erwartenden Versorgung zumindest bei den versicherungsförmigen Durchführungswegen zum Standard, da sich durch die Überschussbeteiligung – bzw. bei fondsgebundenen Produkten durch die Wertentwicklung – von Jahr zu Jahr Veränderungen ergeben können. Anders als bei Festzusagen oder endgehaltsbezogenen Leistungszusagen sind derartige Mitteilungen sinnvoll und erforderlich. Die Versorgungsberechtigten können nämlich ohne die entsprechende Information keine zielgerichtete Vorsorgeplanung betreiben. Überdies sind Lebensversicherungen, Pensionskassen und Pensionsfonds, soweit sie als Versorgungsträger betriebliche Altersversorgung versicherungsförmig durchführen, nach § 10a VAG i.V.m. Anlage Teil D Nr. 2.b) ohnehin verpflichtet, die Versorgungsberechtigten über die voraussichtliche Höhe ihrer Leistungen zu informieren.

Im Übrigen ist davon auszugehen, dass generell ein berechtigtes Interesse des 12
Arbeitnehmers an der Auskunft vorliegt, wenn er **für** sein **Verlangen** einen **schlüssigen Grund** vorträgt, der die Wichtigkeit der Auskunft für ihn erkennen lässt. Damit hat die Voraussetzung eines berechtigten Interesses nur die Bedeutung einer Missbrauchsvermeidungsregelung. So dürfte ein Auskunftsverlangen unberechtigt sein, wenn es in kurzen Abständen erfolgt und zudem noch übermäßige Kosten verursacht. Als **berechtigt anzuerkennende Konstellationen** kommen neben der allgemeinen Versorgungsplanung z.B. der beabsichtigte Eintritt in Altersteilzeit oder der geplante Übergang in eine Teilzeitbeschäftigung in Betracht. Dagegen ist ein berechtigtes Interesse in Fällen des Versorgungsausgleichs zu verneinen, da es hierzu abschließende gesetzliche Regelungen gibt, die dem betriebsrentenrechtlichen Auskunftsrecht vorgehen. Nach einem Versorgungsausgleich ergibt sich jedoch regelmäßig der Bedarf nach einer höheren ergänzenden Eigenvorsorge, so dass wiederum ein berechtigtes Interesse für eine Auskunft begründet sein kann.

In der Praxis wird es zur Vermeidung einer Vielzahl individueller **Auskünfte** 13
sinnvoll sein, dass der Arbeitgeber in einem bestimmten **zeitlichen Turnus** von sich aus die Arbeitnehmer darüber informiert, wie hoch die Ansprüche auf Altersversorgung aus den unverfallbaren Anwartschaften bei Erreichen der in der Versorgungsregelung vorgesehenen Altersgrenze sind. Bei der unmittelbaren Zusage und der nicht rückgedeckten Unterstützungskasse bietet es sich an, in Zusammenarbeit mit einem versicherungsmathematischen Gutachter zu klären, in welcher Form dem Auskunftsbegehren der Arbeitnehmer am besten entsprochen werden kann.

3. Durchsetzung des Auskunftsanspruchs

Erteilen der Arbeitgeber oder ein sonstiger Versorgungsträger keine Auskunft, 14
so kann der Arbeitnehmer die **Auskunftserteilung im Klagewege** über eine Leistungsklage erzwingen. Eine streitige Auseinandersetzung über die Richtigkeit und Vollständigkeit einer Auskunft ist als Feststellungsklage zu führen (LAG Hamm vom 8.2.1994 – 6 (10) Sa 895/92 – DB 1994, 892). Das Feststellungsinteresse ergibt sich unmittelbar aus der gesetzlichen Regelung. Zuständig für Klagen von Arbeitnehmern gegen den Arbeitgeber auf Auskunftserteilung oder

Berichtigung einer erteilten Auskunft sind die Arbeitsgerichte über § 2 Abs. 1 Nr. 4a ArbGG. Dies gilt gem. § 2 Abs. 1 Nr. 4b ArbGG auch für Klagen gegen Pensionsfonds, Pensions- und Unterstützungskassen, die von Arbeitgebern eingerichtet sind. Dagegen sind für Klagen von Nichtarbeitnehmern gem. § 17 Abs. 1 S. 2 die ordentlichen Gerichte zuständig.

2. Abschnitt. Auszehrungsverbot

§ 5 Auszehrung und Anrechnung

(1) Die bei Eintritt des Versorgungsfalls festgesetzten Leistungen der betrieblichen Altersversorgung dürfen nicht mehr dadurch gemindert oder entzogen werden, daß Beträge, um die sich andere Versorgungsbezüge nach diesem Zeitpunkt durch Anpassung an die wirtschaftliche Entwicklung erhöhen, angerechnet oder bei der Begrenzung der Gesamtversorgung auf einen Höchstbetrag berücksichtigt werden.

(2) [1]Leistungen der betrieblichen Altersversorgung dürfen durch Anrechnung oder Berücksichtigung anderer Versorgungsbezüge, soweit sie auf eigenen Beiträgen des Versorgungsempfängers beruhen, nicht gekürzt werden. [2]Dies gilt nicht für Renten aus den gesetzlichen Rentenversicherungen, soweit sie auf Pflichtbeiträgen beruhen, sowie für sonstige Versorgungsbezüge, die mindestens zur Hälfte auf Beiträgen oder Zuschüssen des Arbeitgebers beruhen.

Übersicht

1. Zweck der Regelung

1 § 5 enthält **zwei** unterschiedliche **Regelungsbereiche.** Das **Auszehrungsverbot des Abs. 1** sichert den Bestand der betrieblichen Versorgungsleistungen nach deren erstmaliger Festsetzung für die Dauer des Ruhestandsverhältnisses. Mit dem **Anrechnungsverbot des Abs. 2** stellt der Gesetzgeber Regelungen darüber auf, ob und inwieweit anderweitige Versorgungsleistungen bei der (erstmaligen) Festsetzung der betrieblichen Altersrente angerechnet oder sonst berücksichtigt werden dürfen.

2 Die Bedeutung beider Bestimmungen beschränkt sich auf **Gesamtversorgungssysteme,** d.h. auf betriebliche Versorgungssysteme, die ihre Leistungen

dem Grunde und der Höhe nach von anderweitigen Versorgungsbezügen, insbesondere den gesetzlichen Versorgungsleistungen, abhängig machen. Die Abhängigkeit der Höhe der betrieblichen Altersrente von anderen Versorgungsleistungen wird entweder dadurch hergestellt, dass andere Versorgungsbezüge ganz oder teilweise auf die betrieblichen Versorgungsleistungen angerechnet **(Anrechnungssysteme)** oder alle Versorgungsbezüge auf einen bestimmten Prozentsatz des letzten Einkommens vor Eintritt des Versorgungsfalls begrenzt werden **(Limitierungssysteme).** Wenn bei einer Gesamtversorgungsobergrenze nicht die Brutto-, sondern die Nettoversorgung maßgebend sein soll, muss die entsprechende Begrenzung in der Versorgungsordnung Ausdruck finden (BAG vom 10.3.1992 – 3 AZR 352/91 – DB 1993, 283; BAG vom 5.10.1999 – 3 AZR 230/98 – DB 2000, 1671; BAG vom 17.1.2012 – 3 AZR 555/09 – AP Nr. 14 zu § 1 BetrAVG Überversorgung). Über die gesetzlich geregelten Tatbestände hinaus können sich Verbote der Anrechnung anderweitiger Versorgungsleistungen oder rechtlich nicht gebilligte Auszehrungen laufender Versorgungsleistungen unter dem Gesichtspunkt der Gleichbehandlung und der betrieblichen Übung ergeben. Gesichert werden sowohl durch das Auszehrungs- als auch durch das Anrechnungsverbot die erstmalig festgesetzten Versorgungsleistungen. Die Bestimmungen des § 5 entfalten damit grds. keine Wirkung während der Anwartschaftsphase, d.h. für die Zeit seit Erteilung der Versorgungszusage bis zum Eintritt des Versorgungsfalls.

Inwieweit die Auszehrung von Anwartschaften zulässig ist, ergibt sich aus 3
einer Auslegung der Versorgungszusage oder allgemeinen rechtlichen Grundsätzen. Der Arbeitgeber darf eine Versorgungszusage nicht so abfassen, dass die Versorgungsanwartschaft bis zum Eintritt des Versorgungsfalls nach vorhersehbarem Verlauf durch den steigenden anderweitigen Versorgungsbezug aufgezehrt wird, eine derartige Gestaltung ist rechtsmissbräuchlich (BAG vom 18.12.1975 – 3 AZR 58/75 – DB 1976, 1015). Hinzunehmen ist es jedoch, wenn der Arbeitgeber als betriebliche Altersrente den nach der Dauer der Betriebszugehörigkeit gestaffelten Unterschiedsbetrag zwischen dem Arbeitsentgelt eines bestimmten Jahrs und der nach Eintritt des Versorgungsfalls gezahlten gesetzlichen Rente verspricht, selbst wenn dies durch die Dynamik der gesetzlichen Rente zur Auszehrung der Anwartschaft führt. Hat der Arbeitgeber aber bei einer derartigen Vertragsgestaltung die Bemessungsgröße Arbeitsentgelt zunächst der Einkommensentwicklung wiederholt angepasst, ist es unbillig i.S.v. § 315 BGB, wenn er diese Anpassung stillschweigend und ohne sachlichen Grund aufgibt (BAG vom 18.12.1975 – 3 AZR 58/75 – DB 1976, 1015). Das **Auszehrungsverbot** ist ausnahmsweise auch **während der Anwartschaftszeit** zu beachten, wenn die Versorgungsanwartschaft bei Ausscheiden aus betriebsbedingten Gründen aufrechterhalten bleibt und bei der Ermittlung der Versorgungsobergrenze unterschiedliche Daten für die Wertberechnung von Anwartschaft und gesetzlicher Rente zugrunde gelegt werden (BAG vom 20.3.1984 – 3 AZR 22/82 – DB 1984, 1995). Bei einer vergleichbaren Vertragsgestaltung hat das BAG die in einem späteren Arbeitsverhältnis erworbene gesetzliche Rente allerdings für voll anrechnungsfähig erklärt (BAG vom 20.11.1975 – 3 AZR 566/74 – DB 1976, 537).

2. Auszehrungsverbot

4 Das Auszehrungsverbot betrifft **laufende Leistungen** der betrieblichen Altersversorgung. Unzulässig ist eine Herabsetzung der erstmalig festgesetzten betrieblichen Versorgungsleistungen infolge der Berücksichtigung von Erhöhungen anderweitiger Versorgungsbezüge, soweit diese als Anpassung an die wirtschaftliche Entwicklung erfolgen.

5 Im Rahmen einer Gesamtversorgung dürfen die Leistungen der betrieblichen Altersversorgung wegen der Anpassung der gesetzlichen Renten auch dann nicht den mit Eintritt in den Ruhestand festgesetzten Betrag unterschreiten, wenn die Gesamtversorgung selbst dynamisiert ist (BAG vom 13.7.1978 – 3 AZR 873/77 – DB 1978, 2274). Zulässig ist es jedoch, im Rahmen eines Gesamtversorgungssystems die vor dem Anpassungstermin festgesetzte betriebliche Versorgungsleistung aufgrund **höherer Dynamisierungen anderweitiger Versorgungsleistungen** zu unterschreiten, sofern nur der erstmalig festgesetzte Betrag bei Eintritt des Versorgungsfalls nicht geschmälert wird (BAG vom 13.7. 1978 – 3 AZR 873/77 – DB 1978, 2274). Allerdings muss bei einer derartigen Vertragsgestaltung gewährleistet sein, dass die betrieblichen Versorgungsleistungen sich zumindest in dem nach § 16 vorgesehenen Maß erhöhen. Bei einem Ausscheiden mit unverfallbarer Anwartschaft endet die zugesagte Dynamik der Versorgung regelmäßig (BAG vom 22.11.1994 – 3 AZR 767/93 – ZIP 1995, 584).

6 Das Auszehrungsverbot gilt gem. § 18 Abs. 1 nicht für Angestellte des **öffentlichen Diensts,** die bis zur Neuregelung in diesem Bereich durch den Tarifvertrag Altersversorgung vom 1.3.2002 einen Anspruch auf eine dynamische Gesamtversorgung erworben haben. Soweit die gesetzliche Ausnahmeregelung aufgrund von Übergangsvorschriften noch Anwendung findet, verstößt sie nicht gegen Art. 3 Abs. 1 GG (BAG vom 28.6.1983 – 3 AZR 94/81 – DB 1983, 2786).

7 In **Tarifverträgen** kann gem. § 17 Abs. 3 S. 1 vom Auszehrungsverbot abgewichen werden. Eine derartige Abweichung muss nicht als solche gekennzeichnet sein. Es genügt, wenn sie sich zweifelsfrei aus der tariflichen Regelung ergibt (BAG vom 5.10.1999 – 3 AZR 230/98 – DB 2000, 1671).

8 Unter anderen Versorgungsbezügen i.S.v. Abs. 1 sind alle gesetzlichen Versorgungsleistungen zu verstehen. Darüber hinaus umfasst das Auszehrungsverbot auch privatrechtliche Versorgungsleistungen wie betriebliche Altersrenten aus unverfallbaren Anwartschaften bei Vorarbeitgebern. Werden solche Anwartschaften auf die betriebliche Versorgungszusage angerechnet, so kann nach Eintritt eines Versorgungsfalls die Dynamisierung der angerechneten laufenden Leistung durch den Vorarbeitgeber gem. § 16 oder einer entsprechenden vertraglichen Regelung nicht zu einer Kürzung des betrieblichen Versorgungsanspruchs gegen den Zweit-Arbeitgeber führen. Hat der Arbeitgeber jedoch ein **mehrstufiges Versorgungssystem,** d.h. fließen die betrieblichen Versorgungsleistungen aus mehreren Quellen, z.B. aus einer Direktzusage unter Anrechnung einer Leistung aus der Pensionskasse oder aus einer zusätzlichen Direktversicherung, so ist wegen des Gedankens der Einheitlichkeit der Versorgung (BAG vom 5.10.1999 – 3 AZR 230/98 – DB 2000, 1671; BAG vom 26.8.2003 – 3 AZR 434/02 – AiB 2003, 709; BAG vom 13.12.2011 – 3 AZR

731/09 – NZA-RR 2012, 316) eine „Auszehrung" eines Teils der insgesamt vom Arbeitgeber erbrachten Versorgungsleistungen durch Dynamisierungen der anderen Versorgungsbestandteile zulässig. Auch im Rahmen eines derartigen mehrstufigen Versorgungssystems muss jedoch sichergestellt sein, dass der Gesamtanspruch während des Rentenbezugs zumindest an den Dynamisierungen teilnimmt, die gem. § 16 gesetzlich vorgeschrieben sind.

Das Auszehrungsverbot betrifft nur die Anpassung anderweitiger Versor- 9
gungsbezüge an die **wirtschaftliche Entwicklung.** Hauptanwendungsfall des Auszehrungsverbots ist damit die Anpassung laufender Leistungen aus der gesetzlichen Rentenversicherung aufgrund der Rentenanpassungsgesetze. Werden zusätzliche Leistungen aus der gesetzlichen Rentenversicherung (wie etwa Kinderzuschüsse) gewährt, so liegt zwar keine Anpassung an die wirtschaftliche Entwicklung vor, die Berücksichtigung ist jedoch schon allein aus dem Gebot der Gleichbehandlung heraus zulässig (BAG vom 21.8.1980 – 3 AZR 63/79 – DB 1981, 114). Ergibt sich dagegen eine Erhöhung der gesetzlichen Versicherungsleistungen z.B. durch eine Umstellung der Rente wegen teilweiser Erwerbsminderung auf eine Altersrente (Eintritt eines weiteren Versorgungsfalls), so verstößt die Berücksichtigung des Mehrbetrags nicht gegen das Auszehrungsverbot.

3. Anrechnung anderweitiger Versorgungsbezüge

In Abs. 2 ist geregelt, in welchem Rahmen die Vertragspartner **andere Versor- 10
gungsbezüge** bei der erstmaligen Festsetzung des betrieblichen Ruhegelds **berücksichtigen** dürfen. Sollen auf Leistungen der betrieblichen Altersversorgung andere Leistungen angerechnet werden, müssen die **Anrechnungstatbestände** in der Versorgungsregelung für den Arbeitnehmer **eindeutig** und unmissverständlich **beschrieben** werden (BAG vom 5.9.1989 – 3 AZR 654/87 – DB 1990, 1143; BAG vom 10.8.1993 – 3 AZR 69/93 – DB 1994, 539). Ist die Anrechnung von sonstigen Versorgungsbezügen der Entscheidung des Arbeitgebers im Einzelfall vorbehalten, ist sie nach billigem Ermessen entsprechend § 315 BGB zu treffen (BAG vom 10.8.1982 – 3 AZR 90/81 – DB 1983, 289). Eine Anrechnung von anderen Leistungen ist i.d.R. nur in dem Umfang möglich, in dem ein Versorgungsberechtigter solche Leistungen tatsächlich erhält (BAG vom 11.2.1992 – 3 AZR 113/91 – NZA 1992, 1042).

a) Anrechnungsvereinbarung. Eine Anrechnung anderweitiger Versorgungs- 11
bezüge setzt zunächst voraus, dass die Vertragspartner eine Anrechnungsvereinbarung getroffen haben. **Ohne** eine derartige **Rechtsgrundlage** ist die **Anrechnung unzulässig.** Wie die Praxis zeigt, kommt es nicht selten zu Streitigkeiten über den Umfang derartiger Regelungen. Auf die Formulierung sollten die Betriebs- und Vertragspartner deshalb große Sorgfalt verwenden.

b) Umfang der Anrechnung. Trotz des leicht verständlichen Wortlauts des 12
§ 5 Abs. 2 hat sich eine **umfangreiche Kasuistik** zu der Frage entwickelt, welche anderen Versorgungsbezüge anrechnungsfrei und welche anrechnungsfähig sind. Im letzteren Fall kann sich zudem eine Differenzierung insofern ergeben, als nur eine teilweise Anrechnung in Betracht kommt.

13 aa) **Anrechnungsverbot.** Die Berücksichtigung von Leistungen, die allein durch **Beitragszahlungen des Arbeitnehmers** begründet worden sind, ist unzulässig. Zu den Versorgungsbezügen, die auf eigenen Beiträgen des Versorgungsempfängers beruhen, gehören insbesondere solche aus privaten Lebensversicherungen des Arbeitnehmers, aber auch Versorgungsleistungen von Berufsverbänden (BAG vom 22.2.2000 – 3 AZR 39/99 – DB 2001, 490) oder Leistungen aus der Weiterführung betrieblicher Versorgungszusagen eines früheren Arbeitgebers durch den Arbeitnehmer selbst. Nicht auf eigenen Beiträgen beruhen von Dritten finanzierte Versorgungsbezüge, etwa beamtenrechtliche Versorgungsbezüge (BAG vom 27.4.1978 – 3 AZR 780/76 – DB 1978, 1596; BAG vom 18.5.2010 – 3 AZR 80/08 – DB 2010, 2400) oder Versorgungsbezüge ehemaliger Beamter nach dem RegelungsG (BAG vom 10.8.1982 – 3 AZR 334/79 – DB 1982, 2627). Dementsprechend können grds. auch die Pensionen von ehemaligen Abgeordneten angerechnet werden, aus dem Teilzeitcharakter der Mandatsausübung folgt kein Anrechnungsverbot (BAG vom 23.9.2003 – 3 AZR 465/02 – DB 2004, 1215 zur Altersentschädigung von ehemaligen Abgeordneten der Bremischen Bürgerschaft). Ebenso beruhen betriebliche Versorgungsleistungen früherer Arbeitgeber nicht auf eigenen Beiträgen (BAG vom 20.11.1990 – 3 AZR 31/90 – NZA 1991, 850). Dagegen verstößt die Anrechnung später erworbener Ansprüche auf betriebliche Altersversorgungsleistungen gegen § 2 Abs. 5 S. 4.

14 bb) **Teilweise anrechnungsfähige Leistungen.** Prinzipiell sind alle Versorgungsbezüge anrechnungsfähig, die mindestens zur Hälfte auf Beiträgen oder Zuschüssen des Arbeitgebers beruhen. Damit sind auch **Renten** der **gesetzlichen Unfallversicherung** grds. anrechnungsfähig, denn der Arbeitgeber bringt die Prämien für diese Versicherung allein auf. Dies gilt auch für Schwerbehinderte (BAG vom 19.7.1983 – 3 AZR 88/81 – DB 1983, 2423). Eine Anrechnung der Unfallrente ist ebenfalls bei einer an die Beamtenversorgung angelehnten Versorgungszusage zulässig. Dem steht nicht entgegen, dass die Beamtenversorgungsgesetze die Anrechnung von Unfallrenten aus der gesetzlichen Unfallversicherung auf Beamtenversorgungsleistungen nicht erwähnen. Diesem Umstand liegt ersichtlich die gesetzgeberische Überlegung zugrunde, dass Beamte nicht in der gesetzlichen Unfallversicherung versichert sind (BAG vom 19.3.2002 – 3 AZR 220/01 – DB 2003, 346).

15 Dem **Arbeitgeber** ist es jedoch **untersagt**, die **Unfallrente** im Rahmen von Gesamtversorgungssystemen **voll** zu **berücksichtigen.** Die uneingeschränkte Anrechnung verstößt gegen den Gleichbehandlungsgrundsatz (BAG vom 8.11.1983 – 3 AZR 64/82 – DB 1984, 352). Bei der Bemessung der Gesamtversorgung muss der Arbeitgeber mindestens den Teil der Verletztenrente unberücksichtigt lassen, der der Grundrente eines Versorgungsberechtigten nach dem BVersG entspricht (BAG vom 19.7.1983 – 3 AZR 241/82 – DB 1983, 1768; BAG vom 19.3.2002 – 3 AZR 220/01 – DB 2003, 346). Die Anrechnung des Teils der Unfallrente, der die immateriellen Schäden an Körper und Gesundheit des Verletzten ausgleichen soll, ist gleichheitswidrig (BAG vom 29.7.2003 – 3 AZR 425/02 – AP Nr. 4 zu § 1 BetrAVG Gesamtversorgung). Dagegen dürfen Verletztenrenten aus der gesetzlichen Unfallversicherung insoweit auf Be-

triebsrenten angerechnet werden, als sie dazu bestimmt sind, Verdienstminderungen zu ersetzen (BAG vom 2.2.1988 – 3 AZR 115/86 – DB 1988, 1273). Das gilt auch dann, wenn eine Verletztenrente aufgrund einer Minderung der Erwerbsfähigkeit von 30% oder weniger gezahlt wird (BAG vom 23.2.1988 – 3 AZR 100/86 – DB 1988, 1274). Wird im Rahmen eines Aufteilungsschlüssels vorgesehen, dass Verletztenrenten der gesetzlichen Unfallversicherung zur Hälfte angerechnet werden, so ist die Regelung i. Allg. rechtlich nicht zu beanstanden (BAG vom 10.4.1984 – 3 AZR 39/83 – DB 1984, 1887). Der teilweisen Anrechnung der Verletztenrente steht nicht entgegen, dass sie wegen eines Arbeitsunfalls aus der Zeit vor der Begründung des Arbeitsverhältnisses und während der Dauer des Arbeitsverhältnisses neben dem Lohn gezahlt wurde (BAG vom 23.2.1988 – 3 AZR 100/86 – BB 1988, 1394); die teilweise Anrechnung wird auch nicht dadurch ausgeschlossen, dass sich der Unfallgeschädigte seinen Anspruch auf die Verletztenrente abfinden lässt (BAG vom 6.6.1989 – 3 AZR 668/87 – DB 1990, 435). Leistet der Versorgungsschuldner neben dem Ruhegehalt einen besonderen Unfallausgleich, dessen Höhe mindestens der Grundrente nach § 31 BVersG entspricht, darf er die gesamte Unfallrente des Versorgungsempfängers anrechnen, denn wirtschaftlich soll der Verletzte nur einmal einen Ausgleich für immaterielle Schäden erhalten (BAG vom 19.3.2002 – 3 AZR 220/01 – DB 2003, 346). Gesetzliche Unfall-Witwenrenten können in vollem Umfang auf Leistungen der betrieblichen Hinterbliebenenversorgung angerechnet werden, ein Verstoß gegen den Gleichbehandlungsgrundsatz ist insoweit nicht gegeben, da die Grundsätze der beschränkten Anrechenbarkeit von Verletztenrenten im Bereich der Hinterbliebenenversorgung nicht anwendbar sind (BAG vom 6.8.1985 – 3 AZR 393/82 – DB 1986, 1181).

cc) Unbeschränkte Anrechnung. Grds. anrechnungsfähig sind die **Renten aus gesetzlichen Rentenversicherungen,** soweit sie auf **Pflichtbeiträgen** beruhen. Erfasst wird damit die vom Arbeitnehmer insgesamt erdiente gesetzliche Rente, an deren Finanzierung sich der Arbeitgeber beteiligt hat. An wen diese Rente letztlich ausgezahlt wird, ist für die Berechnung der Betriebsrente unerheblich. In einem Gesamtversorgungssystem ist mithin die volle und nicht die infolge eines Versorgungsausgleichs geminderte oder erhöhte gesetzliche Rente anzurechnen (BAG vom 20.3.2001 – 3 AZR 264/00 – DB 2001, 2355). Anrechnungsfähig sind ferner sonstige Versorgungsbezüge, die mindestens zur Hälfte auf Beiträge oder Zuschüsse des Arbeitgebers zurückgehen. Den Hauptanwendungsfall bildet die **befreiende Lebensversicherung,** für die der Arbeitgeber üblicherweise die Hälfte der Prämien jedenfalls im Rahmen der BBG übernimmt. Dieselbe Rechtsfolge tritt ein, wenn der Arbeitgeber die Hälfte der Pflichtbeiträge zu einer **berufsständischen Versorgungseinrichtung** geleistet hat. Dabei spielt es keine Rolle, ob der Arbeitgeber die Beitragszuschüsse freiwillig bezahlt hat oder ob er hierzu arbeitsvertraglich verpflichtet war (BAG vom 22.2.2000 – 3 AZR 39/99 – DB 2001, 490). Im Rahmen von Gesamtversorgungssystemen verbietet das Anrechnungsverbot nicht die Festsetzung einer Obergrenze, die bei Eintritt eines Versorgungsfalls unter Berücksichtigung der anrechnungsfähigen anderweitigen Versorgungsbezüge aufgrund deren Höhe zu einem Entfallen des Anspruchs führt (BAG vom 18.12.1975 – 3 AZR 58/75 – 16

DB 1976, 1015). Ausnahmen von der durch § 5 Abs. 2 geregelten Möglichkeit unbeschränkter Anrechnung ergeben sich nach allgemeinen rechtlichen Grundsätzen. So darf die Anrechnung einer eigenen gesetzlichen Altersrente auf eine betriebliche Hinterbliebenenversorgung nach dem allgemeinen Gleichheitssatz des Art. 3 Abs. 1 GG nicht zu einer unverhältnismäßigen wirtschaftlichen Entwertung der Altersrente führen. Den Versorgungsberechtigten müssen noch 20 % ihrer Altersrente verbleiben, d.h. es dürfen höchstens 80 % angerechnet werden. Diese Grenze leitet das BAG aus den Wertungen des Gesetzgebers zu §§ 53 Abs. 5 S. 1, 54 Abs. 3 und 4 BeamtVG ab. Betriebsvereinbarungen sind wegen Verstoßes gegen § 75 BetrVG unwirksam, soweit sie die Grenze der zulässigen Anrechnung überschreiten. Dagegen darf eine Witwenrente aus der gesetzlichen Rentenversicherung auf eine betriebliche Hinterbliebenenrente in vollem Umfang angerechnet werden, wenn beide durch das Versterben derselben Person ausgelöst wurden (BAG vom 18.5.2010 – 3 AZR 97/08 – DB 2010, 2114).

17 **Anrechnungsfähig** ist der **gesamte Anspruch** aus der gesetzlichen **Rentenversicherung,** also auch der Teil des Anspruchs, der durch Arbeitnehmerbeiträge finanziert worden ist. Zu den Renten aus gesetzlichen Rentenversicherungen, die auf Pflichtbeiträgen beruhen, zählen die Renten der Arbeiter und Angestellten und die knappschaftliche Rentenversicherung, nicht dagegen das Altersgeld der Landwirte nach dem GAL (BAG vom 5.9.1989 – 3 AZR 654/87 – DB 1990, 1143). Liegt keine andere Bestimmung vor, sind die gesetzlichen Renten mit ihrem Bruttobetrag anzurechnen (BAG vom 10.3.1992 – 3 AZR 352/91 – DB 1993, 283; BAG vom 14.12.1999 – 3 AZR 742/98 – DB 2001, 823; BAG vom 17.1.2012 – 3 AZR 555/09 – AP Nr. 14 zu § 1 BetrAVG Überversorgung). Die Zulässigkeit der Anrechnung der auf Pflichtbeiträgen beruhenden Rente aus der gesetzlichen Rentenversicherung hängt nicht davon ab, ob nur der Arbeitgeber, der die gesetzliche Rente im Rahmen seiner betrieblichen Versorgungsregelung berücksichtigt, oder auch andere Arbeitgeber den Rentenanspruch mitfinanziert haben (BAG vom 20.11.1975 – 3 AZR 566/74 – DB 1976, 537).

18 Sieht eine Gesamtversorgungszusage eine Anrechnung der Leistungen aus der gesetzlichen Rentenversicherung vor, sind die **Beiträge** des Ruheständlers **zur gesetzlichen Krankenversicherung** nicht zugunsten des Betriebsrentners von der gesetzlichen Rente abzusetzen (BAG vom 10.3.1992 – 3 AZR 352/91 – DB 1993, 283; BAG vom 6.4.1993 – 3 AZR 527/92 – BetrAV 1993, 27; BAG vom 14.12.1999 – 3 AZR 742/98 – DB 2000, 1924). Generell besteht eine Anrechnungsmöglichkeit auch dann, wenn erst mit freiwilligen Beiträgen die Wartezeit für die gesetzliche Rente erfüllt wurde. Der Teil der gesetzlichen Rente, der durch freiwillige Beiträge begründet wurde, bleibt allerdings von der Anrechnung ausgenommen (BAG vom 19.2.1976 – 3 AZR 212/75 – DB 1976, 1237).

19 Als Leistungen der gesetzlichen Rentenversicherung gelten nach der Interpretation des BGH nur Leistungen der deutschen Rentenversicherung, nicht jedoch Renten ausländischer Versicherungsträger (BGH vom 9.4.1986 – IV a ZR 153/84 – DB 1986, 1983). Das BAG hat dagegen eine vertragliche Regelung, nach der auf beamtenähnliche Gesamtversorgungsbezüge gesetzliche Sozialver-

sicherungsrenten angerechnet werden sollen, dahin ausgelegt, dass im Zweifel auch Renten, die in Frankreich nach französischem Sozialversicherungsrecht erworben wurden, anrechenbar sind (BAG vom 27.11.1984 – 3 AZR 436/81 – BB 1985, 1795). Auch andere **ausländische Sozialversicherungsrenten können anrechenbar sein,** wenn sie wie die deutsche gesetzliche Rente auf einer Pflichtversicherung beruhen, dienstzeit- und beitragsabhängig sind und vom Arbeitgeber und vom Versicherten finanziert werden, das ist z.B. in Österreich der Fall (BAG vom 24.4.1990 – 3 AZR 309/88 – DB 1990, 2172).

Beruhen **sonstige Versorgungsbezüge** mindestens **zur Hälfte** auf **Beiträgen** oder **Zuschüssen des Arbeitgebers,** so sind sie ebenfalls in vollem Umfang anrechenbar. In Betracht kommen hier in erster Linie Leistungen aus Pensionskassen oder Direktversicherungen. Hat sich der Arbeitnehmer an den Beitragsleistungen, etwa durch Entgeltumwandlung, beteiligt, so ist nach versicherungsmathematischen Gesichtspunkten zu ermitteln, ob die Leistungen mindestens zur Hälfte auf Beiträgen und Zuschüssen des Arbeitgebers beruhen. Ist dies der Fall, sind die Versorgungsbezüge in vollem Umfang anrechnungsfähig. Liegt eine mindestens hälftige Beteiligung des Arbeitgebers nicht vor, so ist der auf eigenen Beiträgen des Versorgungsempfängers beruhende Teil des Gesamtanspruchs aus der Anrechnung herauszunehmen. Der Anspruch wird damit in einen anrechnungsfähigen und einen anrechnungsfreien Teil aufgeteilt. Bei Gesamtversorgungszusagen kann bei Änderungen der anrechenbaren Leistungen während des Rentenbezugs eine Neuberechnung geboten sein (BAG vom 13.12.2011 – 3 AZR 731/09 – AP Nr. 29 zu § 1 BetrAVG Auslegung). 20

Karenzentschädigungen aus Wettbewerbsverboten können auf eine Betriebsrente angerechnet werden (BAG vom 26.2.1985 – 3 AZR 162/84 – DB 1985, 2053). **Ausgleichsansprüche** von **Handelsvertretern** entstehen nach § 89b Abs. 3 HGB nur, wenn und soweit dies unter Berücksichtigung aller Umstände der Billigkeit entspricht; im Rahmen der Billigkeitserwägung sind auch Leistungen der betrieblichen Altersversorgung zu berücksichtigen. Dies hat zur Folge, dass der Ausgleichsanspruch insoweit nicht zum Entstehen gelangt, als er den kapitalisierten Wert einer betrieblichen Versorgungsleistung nicht überschreitet (BGH vom 18.2.1982 – I ZR 20/80 – DB 1982, 1269). Einer ausdrücklichen Anrechnungsklausel bedarf es daher nicht, es empfiehlt sich jedoch ein klarstellender Hinweis in Versorgungszusagen an Handelsvertreter. 21

Haben sich anrechnungsfähige Versorgungsbezüge im Wege der Durchführung eines **Versorgungsausgleichs** als Folge eines Scheidungsverfahrens verändert, ist im Rahmen der Anrechnung grds. von dem Betrag auszugehen, der sich ohne die Durchführung des Scheidungsverfahrens ergeben hätte (BAG vom 20.3.2001 – 3 AZR 264/00 – DB 2001, 2355). Bezüglich der Anrechnung fiktiver Leistungen, die sich ohne Durchführung eines Versorgungsausgleichs ergeben hätten, empfiehlt sich dennoch eine eindeutige vertragliche Regelung. 22

4. Folgen eines Verstoßes gegen das Auszehrungs- und Anrechnungsverbot

Vertragliche Regelungen, die gegen das Auszehrungs- oder das Anrechnungsverbot verstoßen, sind gem. § 134 BGB nichtig. Die Differenzbeträge können 23 von dem Versorgungsberechtigten nachgefordert werden. Sind z.B. Unfallrenten entgegen der Rechtsprechung des BAG auf betriebliche Versorgungsleistungen angerechnet worden, so muss der Arbeitgeber ebenfalls die einbehaltenen Beträge nachzahlen. Gegen die Nachforderungsansprüche kann der Arbeitgeber ggf. aber den Einwand der Verjährung erheben.

Dritter Abschnitt. Altersgrenze

§ 6 Vorzeitige Altersleistung

[1]Einem Arbeitnehmer, der die Altersrente aus der gesetzlichen Rentenversicherung als Vollrente in Anspruch nimmt, sind auf sein Verlangen nach Erfüllung der Wartezeit und sonstiger Leistungsvoraussetzungen Leistungen der betrieblichen Altersversorgung zu gewähren. [2]Fällt die Altersrente aus der gesetzlichen Rentenversicherung wieder weg oder wird sie auf einen Teilbetrag beschränkt, so können auch die Leistungen der betrieblichen Altersversorgung eingestellt werden. [3]Der ausgeschiedene Arbeitnehmer ist verpflichtet, die Aufnahme oder Ausübung einer Beschäftigung oder Erwerbstätigkeit, die zu einem Wegfall oder zu einer Beschränkung der Altersrente aus der gesetzlichen Rentenversicherung führt, dem Arbeitgeber oder sonstigen Versorgungsträger unverzüglich anzuzeigen.

Übersicht

1. Zweck der Regelung

1 Mit der in § 6 getroffenen Regelung hat der Gesetzgeber der Intention eines **flexiblen Übergangs in den Ruhestand,** der in der gesetzlichen Rentenversicherung seit 1972 möglich ist, im Bereich der Betriebsrenten Rechnung getragen. Durch die RRG 1992 und RRG 1999 sowie das WFG vom 25.9.1996 wirkt sich der Zusammenhang zwischen dem vorzeitigen Bezug gesetzlicher und betrieblicher Altersversorgungsleistungen unmittelbar auf die betriebliche Altersversorgung aus. Andererseits soll der Tendenz zur Frühverrentung durch

die schrittweise Erhöhung der Altersgrenze für die vorzeitige Inanspruchnahme von Leistungen der gesetzlichen Rentenversicherung entgegengewirkt werden. Das gleiche Ziel ist mit der Anhebung der Altersgrenzen von 60 Jahren bei Altersrenten für Frauen sowie bei Arbeitslosigkeit und der Anhebung der Altersgrenze von 63 Jahren für langjährig Versicherte auf jeweils die Vollendung des 65. Lebensjahrs sowie durch die Einfügung von Abschlägen (Rentenzugangsfaktoren) für den vorzeitigen Rentenbezug verfolgt worden.

Diese **Tendenz** ist durch das RV-Altersgrenzenanpassungsgesetz, dessen we- 2
sentliche Bestimmungen am 1.1.2008 in Kraft getreten sind, **fortgesetzt worden.** Danach soll die Rente mit 67 künftig die Regel sein. Mit dem Geburtsjahrgang 1947 beginnend wird ab 2012 das Rentenzugangsalter (Regelaltersgrenze) in Ein- und für Geburtsjahrgänge ab 1959 in Zweimonatsabschnitten angehoben. Für den Geburtsjahrgang 1964 gilt dann die neue Altersgrenze von 67 Jahren. Die Altersgrenze für langjährig Versicherte wird demgemäß stufenweise auf 67 und für Schwerbehinderte auf 65 angehoben; bei früherer Inanspruchnahme sind Abschläge hinzunehmen. Nach RV-Leistungsverbesserungsgesetz (Inkrafttreten 1.7.2014) können besonders langjährig Versicherte nach 45 Beitragsjahren ab 63 abschlagsfrei in Rente gehen, dieses Zugangsalter für die vorzeitige Altersrente wird bis 2029 Stufenweise auf 65 angehoben.

Die in §§ 35, 235 SGB VI normierte schrittweise Anhebung der Regelalters- 3
grenze um zwei Jahre hat auch Auswirkungen auf die betriebliche Altersversorgung. Versorgungsregelungen, die vor dem Inkrafttreten des RV-Altersgrenzenanpassungsgesetzes (1.1.2008) geschaffen wurden und als feste Altersgrenze ausdrücklich auf die Vollendung des 65. Lebensjahrs abstellen, bedürfen der Auslegung, ob damit eine Anlehnung an die bis zu diesem Zeitpunkt geltende Regelaltersgrenze in der gesetzlichen Rentenversicherung gewollt war oder tatsächlich (weiterhin) die Altersgrenze 65 gelten sollte. Das BAG spricht sich – entgegen der bisher überwiegenden Auffassung in der Literatur – im Zweifel für eine dynamische Verweisung und damit ein „Mitwandern" der Altersgrenze aus (BAG vom 15.5.2012 – 3 AZR 11/10 – DB 2012, 1756). Allerdings wird damit keine „automatische" Änderung der festen Altersgrenze für die betroffenen Versorgungsregelungen vorgegeben, sondern lediglich eine Auslegungsregel aufgestellt. Für die Vertragsparteien der Versorgungsregelung bzw. den Arbeitgeber empfiehlt sich diesbezüglich eine Klarstellung der festen Altersgrenze. Dabei sind ggf. Folgeregelungen – auch im Hinblick auf den Bezug vorgezogener Altersleistungen – zu bedenken.

Der **persönliche Geltungsbereich** der **Regelung des § 6** umfasst entspre- 4
chend § 17 Abs. 1 alle Arbeitnehmer, arbeitnehmerähnliche Personen und andere Versorgungsberechtigte, denen aus Anlass ihrer Tätigkeit für ein Unternehmen betriebliche Versorgungszusagen erteilt wurden. Versorgungsberechtigte, die gegenüber dem Träger der gesetzlichen Rentenversicherung keinen Anspruch auf vorzeitige Altersrente haben, können aufgrund der eindeutigen gesetzlichen Regelung einen Anspruch auf vorgezogene betriebliche Altersrente auch nicht über das Gleichbehandlungsgebot erzwingen. Die Regelung betrifft alle Gestaltungsformen der betrieblichen Altersversorgung i.S.v. § 1b. Der Arbeitgeber hat insoweit auf die rechtlich selbständigen Versorgungsträger einzuwirken.

5 Vom sachlichen Geltungsbereich werden sowohl **Altersrenten** als auch **als Altersleistung zugesagte Kapitalleistungen** erfasst.

6 Die Möglichkeit der Inanspruchnahme der vorzeitigen gesetzlichen Altersrente ist ebenso wenig wie das Erreichen der Regelaltersgrenze ein Kündigungsgrund; sie darf gem. § 41 S. 1 SGB VI auch nicht bei der Sozialauswahl bezüglich einer betriebsbedingten **Kündigung** berücksichtigt werden. Vereinbarte **Befristungen** des Arbeitsverhältnisses auf den Zeitpunkt, von dem ab erstmals Anspruch auf eine gesetzliche Altersrente vor Erreichen der Regelaltersgrenze besteht, sind nach § 41 S. 2 SGB VI nur dann wirksam, wenn die Befristungsvereinbarung innerhalb der letzten drei Jahre vor dem Beendigungszeitpunkt geschlossen oder von dem Arbeitnehmer bestätigt worden ist. Eine individualvertragliche Abrede über das Ende des Arbeitsverhältnisses mit Erreichen einer bestimmten Altersgrenze kann nicht durch eine nachfolgende Betriebsvereinbarung in Richtung auf eine niedrigere Altersgrenze geändert werden (BAG vom 7.11.1989 – GS 3/85 – DB 1990, 1724).

7 Der Anspruch auf eine vorgezogene betriebliche Altersleistung ist in § 6 nur dem Grund, nicht jedoch der **Höhe** nach geregelt; eine Regelung war für die sozialpolitische Zielsetzung nicht erforderlich. Eine Vereinbarung zur Höhe ist somit den Vertragsparteien überlassen. Aus der gleichen Überlegung hat der Gesetzgeber auch davon abgesehen, Wartezeiten und sonstige Leistungsvoraussetzungen in den Versorgungsregelungen im Hinblick auf den neuen Leistungsfall zu modifizieren. Insoweit geht das Vertragsrecht vor, falls nicht aufgrund übergeordneter arbeitsrechtlicher Normen eine Veränderung der Wartezeitregelung oder der Leistungsvoraussetzungen erforderlich wird.

2. Voraussetzungen für den Bezug der vorgezogenen Altersleistung

8 Die Möglichkeit, eine vorgezogene Altersleistung zu beziehen, besteht auch dann, wenn der Bezug in der betrieblichen Versorgungsregelung nicht vorgesehen ist. § 6 ist eine zwingende Vorschrift und nicht tarifdispositiv (§ 17 Abs. 3 S. 3). Alle **drei in § 6 Abs. 1 normierten Voraussetzungen** müssen **erfüllt sein,** damit der Versorgungsberechtigte die vorgezogene Altersleistung erhalten kann.

9 **a) Inanspruchnahme der gesetzlichen Vollrente.** Die erste Voraussetzung für den Bezug einer vorgezogenen betrieblichen Altersleistung besteht darin, dass der Versorgungsberechtigte eine vorzeitige **Vollrente** aus der gesetzlichen Rentenversicherung **als Altersrente** in Anspruch nimmt. Der Bezug einer Teilrente nach § 42 SGB VI löst keine Ansprüche nach § 6 aus. Ein Anspruch kann aber nach der betrieblichen Versorgungsregelung bestehen. Darüber hinaus steht es den Arbeitgebern frei, parallel zur gesetzlichen Rentenversicherung eine **betriebliche Altersteilrente** einzuführen.

9a Der Anspruch auf vorgezogene Altersleistung besteht, wenn und solange eine vorzeitige Altersrente als Vollrente aus der gesetzlichen Rentenversicherung bezogen wird. Der Wegfall der vorzeitigen Altersrente wegen Überschreitens der Hinzuverdienstgrenzen (§ 34 Abs. 2, Abs. 3 SGB VI) oder die Umstellung auf eine Teilrente (§ 42 SGB VI) führen zu einem Ruhen des Anspruchs; der Versorgungsschuldner kann die vorgezogenen Altersleistungen wieder einstellen

(§ 6 Abs. 1 S. 2). Der Versorgungsberechtigte ist zur Anzeige dieser geänderten Umstände verpflichtet (§ 6 Abs. 1 S. 3).

Eine **gesetzliche Altersrente** ergibt sich aus der gesetzlichen Rentenversicherung. Träger der gesetzlichen Rentenversicherung sind seit dem 1.1.2005 die Deutsche Rentenversicherung Bund bzw. der Länder und die Deutsche Rentenversicherung Knappschaft-Bahn-See. Deren Rechtsgrundlage ist das SGB VI. Bergmannsrenten gem. § 239a SGB VI a.F. als Sonderform der Rente wegen teilweiser Erwerbsminderung, Leistungen aus berufsständischen Versorgungswerken und das Altersgeld für Landwirte nach dem GAL (seit 1995 ALG) (BAG vom 5.9.1989 – 3 AZR 654/87 – NZA 1990, 269) stellen keine Leistungen der gesetzlichen Rentenversicherung i.S.v. § 6 dar. 10

Für die Antragsberechtigung sind demgemäß ausschließlich die **Bestimmungen** des **SGB VI** maßgebend. Derzeit existieren vier Fallgruppen, in denen in der gesetzlichen Rentenversicherung Versicherte vorzeitig Altersrente in Anspruch nehmen können. In §§ 36, 37, 38 und 40 SGB VI mit den Übergangsregelungen in §§ 236 bis 238 SGB VI sind die speziellen Anspruchsvoraussetzungen für langjährig Beschäftigte, schwerbehinderte Menschen, besonders langjährig Versicherte sowie für langjährig unter Tage beschäftigte Bergleute im Einzelnen normiert. Von einer Inanspruchnahme der vorzeitigen gesetzlichen Altersrente kann erst gesprochen werden, wenn der Arbeitnehmer berechtigt ist, die Rente zu beziehen. Der Anspruch entsteht mit dem rechtskräftigen Rentenbescheid. Unter „gesetzliche Rentenversicherung" ist mithin lediglich die Rentenversicherung i.S.d. SGB VI zu verstehen. Nicht erfasst werden ausländische gesetzliche Rentenversicherungen. Ein **ausländischer Arbeitnehmer** kann daher vorgezogene Leistungen der betrieblichen Altersversorgung nur verlangen, wenn er eine Altersrente aus der deutschen gesetzlichen Rentenversicherung vor Erreichen der für ihn maßgeblichen Regelaltersgrenze in Anspruch nimmt. 11

Ursprünglich versicherungspflichtige Arbeitnehmer, die sich durch den Abschluss einer Lebensversicherung von der Versicherungspflicht in der gesetzlichen Rentenversicherung haben befreien lassen, erfüllen bei Inanspruchnahme der Leistungen aus der **befreienden Lebensversicherung** nicht die gesetzlichen Voraussetzungen. Die Leistung fließt aus dem Versicherungsvertrag, nicht aufgrund eines Anspruchs aus den einschlägigen sozialversicherungsrechtlichen Bestimmungen. Ein „Gleichbehandlungsgebot" besteht aufgrund des Gesetzeswortlauts und des Regelungszwecks nicht (LAG Rheinland-Pfalz vom 24.7.1990 – 3 Sa 254/90 – BetrAV 1991, 44). In der betrieblichen Praxis werden vorgezogene betriebliche Versorgungsleistungen auf Antrag jedoch auch diesem Personenkreis gewährt, sofern bei einer unterstellten Weiterführung der Pflichtversicherung zum Antragszeitpunkt die gesetzlichen Voraussetzungen für eine vorzeitige Altersrente gegeben gewesen wären. Bei Pensionskassen und Direktversicherungen wird die „Gleichbehandlung" nicht versicherungspflichtiger Arbeitnehmer über das versicherungsrechtliche Gleichbehandlungsprinzip erreicht (§ 21 VAG). Die für Pensionskassen geltende Verpflichtung dürfte für Pensionsfonds entsprechend anzuwenden sein. Bei Pensionskassen hat der Geschäftsplan entsprechend den Auflagen der BaFin eine Bezugsberechtigung auch für den Personenkreis vorzusehen, der einen Anspruch auf vorgezogenes gesetzliches Al- 12 tersruhegeld nicht geltend machen kann. Eine entsprechende Empfehlung besteht auch für Direktversicherungen.

13 **b) Erfüllung der vertraglichen Leistungsvoraussetzungen.** Der Anspruch auf vorgezogene betriebliche Altersleistung setzt voraus, dass die in der Versorgungsregelung vorgesehene Wartezeit – zu Begriff und Voraussetzungen vgl. § 1b Rn. 18 ff. – erfüllt ist. Die gesetzliche Unverfallbarkeitsfrist berührt betriebliche Wartezeitregelungen grds. nicht. Damit sind auch Wartezeiten zulässig, die über die gesetzlichen Unverfallbarkeitsfristen hinausgehen. Ist die Wartezeit zum Zeitpunkt des Bezugs der gesetzlichen Altersrente noch nicht erfüllt, so entsteht der Anspruch zeitverzögert mit Erfüllung der vertraglichen Wartezeit (BAG vom 21.6.1979 – 3 AZR 232/78 – DB 1979, 1945). Die Wartezeit kann auch noch nach dem vorzeitigen Ausscheiden aus dem Arbeitsverhältnis erfüllt werden. Der Anspruch auf vorgezogene Altersleistung ist nicht davon abhängig, dass die Anwartschaft des Arbeitnehmers auf Leistungen der betrieblichen Altersversorgung beim Ausscheiden aus dem Arbeitsverhältnis und Eintritt in den Ruhestand gesetzlich unverfallbar ist (BAG vom 28.2.1989 – 3 AZR 470/87 – DB 1989, 1579).

14 Neben den Wartezeiten müssen auch **sonstige Leistungsvoraussetzungen** der betrieblichen Versorgungsregelung erfüllt sein. Regelmäßig sehen Versorgungsregelungen vor, dass betriebliche Versorgungsleistungen nur beansprucht werden können, wenn das Arbeitsverhältnis beendet ist. Ziel dieser Regelung ist es, keine Rentenbezüge neben dem Aktiveneinkommen zu zahlen.

15 **c) Zahlungsverlangen des Versorgungsberechtigten.** Will der Arbeitnehmer eine vorgezogene Altersrente in Anspruch nehmen, muss er sein **Zahlungsverlangen** gegenüber dem Arbeitgeber bzw. dem Versorgungsträger geltend machen. **Adressat** des Begehrens ist grds. der die Altersversorgung zusagende **Arbeitgeber.** Soweit unmittelbare Rechtsbeziehungen zwischen dem Arbeitnehmer und einem die Altersversorgung durchführenden **selbständigen externen Versorgungsträger** bestehen, also bei der Pensionskasse, einem Pensionsfonds, der Unterstützungskasse und der Direktversicherung mit unwiderruflichem Bezugsrecht, kann sich das Verlangen auch gegen den Versorgungsträger richten. Im Fall einer Insolvenz ist der PSVaG der zuständige Adressat (BGH vom 9.6.1980 – II ZR 255/78 – DB 1980, 1588). Der Arbeitnehmer hat im Rahmen seines Verlangens die Inanspruchnahme der gesetzlichen Altersrente nachzuweisen. Eine bestimmte Form oder Frist für das Verlangen ist in § 6 nicht vorgeschrieben. Entsprechende Regelungen hierzu können jedoch in der maßgeblichen Versorgungzusage enthalten sein. So kann eine Versorgungsordnung als Voraussetzung für den Bezug einer vorgezogenen Altersleistung zulässigerweise vorsehen, dass der Versorgungsberechtigte innerhalb von drei Monaten ab Bezug der vorzeitigen gesetzlichen Rente beim Arbeitgeber einen Antrag auf Zahlung einer Betriebsrente stellt und dass die Zahlung der betrieblichen Versorgungsleistung bei verspäteter Antragstellung erst mit dem Monat der Antragstellung beginnt (BAG vom 18.2.2003 – 3 AZR 264/02 – AP Nr. 9 zu § 1 BetrAVG Überversorgung).

3. Höhe der vorgezogenen Altersleistung

Der Gesetzgeber hat keine Bestimmung über die Höhe der vorgezogenen betrieblichen Altersleistung getroffen. Für die fünf Durchführungswege bestehen unterschiedliche Rechtsfolgen und Regelungsmöglichkeiten. Wird die betriebliche Altersversorgung über eine **Pensionskasse** erbracht, so sind die vorgezogenen Leistungen der Höhe nach auf die für den einzelnen Berechtigten zum Zeitpunkt des Abrufs vorhandenen Deckungsmittel beschränkt. Bei der Versorgung über einen **Pensionsfonds** kann der Arbeitnehmer im Fall einer Beitragszusage mit Mindestleistung (§ 1 Abs. 2 Nr. 4) zumindest die Summe der zu seinen Gunsten dem Pensionsplan zugeführten Beiträge verlangen. Bei **Direktversicherungen** ergibt sich die Höhe der Ansprüche aus den Geschäftsplänen. Diese sehen üblicherweise vor, dass das geschäftsplanmäßige Deckungskapital zur Auszahlung gelangt. Ein Stornoabzug wegen des vorgezogenen Zahlungsbeginns erfolgt dann nicht. Auch diese Verträge nehmen an der Schlussdividende anteilig teil. Bei **unmittelbaren Zusagen** und der Versorgung durch **Unterstützungskassen** unterliegen die Bestimmungen zur Bemessung der Höhe der vorgezogenen betrieblichen Altersleistung der Gestaltungsfreiheit der Vertragsparteien. Sie findet ihre Schranken in dem Gleichbehandlungsgrundsatz und den Grundsätzen von Recht und Billigkeit i.S.d. § 315 Abs. 3 BGB (BAG vom 1.6.1978 – 3 AZR 216/77 – DB 1978, 1793). 16

Eine Versorgungsregelung, die für die Berechnung der vorgezogenen Altersrente auf die zum tatsächlichen Zeitpunkt des Ausscheidens erdiente Rente abstellt und auf versicherungsmathematische Abschläge und auf eine zeitratierliche Kürzung verzichtet, ist rechtlich nicht zu beanstanden (BAG vom 29.7.1997 – 3 AZR 114/96 – DB 1998, 319). Aufgrund der vorgezogenen Inanspruchnahme der betrieblichen Altersrente ist der Arbeitgeber jedoch berechtigt, eine **Kürzung** vorzunehmen. Ihr **Umfang** ist danach zu bemessen, welche Leistungen der Arbeitgeber zusätzlich erbringt. Es ist nicht gerechtfertigt, dass der Arbeitgeber stärker belastet wird als in den Fällen, in denen die betriebliche Altersrente erst mit Vollendung des 65. Lebensjahrs des Arbeitnehmers abgerufen wird (BAG vom 1.6.1978 – 3 AZR 216/77 – DB 1978, 1793; BAG vom 23.1.2001 – 3 AZR 164/00 – DB 2001, 1887). Bei einer vorgezogenen Inanspruchnahme wird die betriebliche Altersleistung vom Berechtigten früher und – bei Rentenleistungen – länger bezogen. Dies bedeutet eine Störung des arbeitsrechtlichen Äquivalenzverhältnisses zuungunsten des Arbeitgebers. Zu berücksichtigen sind dabei die **verkürzte Betriebszugehörigkeit** aufgrund des vorzeitigen Ausscheidens, die **längere Rentenlaufzeit,** die **Zinsverluste** aufgrund des vorzeitigen Abrufs der betrieblichen Versorgungsleistung und die Zusatzbelastungen aus der **früher einsetzenden Anpassungspflicht** gem. § 16. Die getroffene Regelung muss billig sein, d.h. sie muss die Interessen des Arbeitgebers und der Arbeitnehmer ausgewogen berücksichtigen; das ist nicht der Fall, wenn die kostenneutrale Ausgestaltung der Betriebsrenten wesentlich überschritten wird (BAG vom 20.4.1982 – 3 AZR 1137/79 – DB 1982, 1830; BAG vom 28.5.2002 – 3 AZR 358/01 – AP Nr. 29 zu § 6 BetrAVG). Der Billigkeit entsprechen grds. solche Regelungen, die entweder auf den zum Zeitpunkt des tatsächlichen Ausscheidens erdienten Anspruch abstellen oder einen versiche- 17 rungsmathematischen Abschlag vorsehen (BAG vom 26.3.1985 – 3 AZR 236/83 – BB 1986, 877). Ausgewogen sind zudem Regelungen, die die vorgezogene betriebliche Altersrente nach der in § 2 Abs. 1 vorgesehenen ratierlichen Berechnungsmethode bemessen (BAG vom 1.6.1978 – 3 AZR 216/77 – DB 1978, 1793; BAG vom 23.1.2001 – 3 AZR 164/00 – DB 2001, 1887).

18 Auch Versorgungsordnungen, die Kapitalleistungen gewähren, können für den Fall vorgezogener Inanspruchnahme versicherungsmathematische Abschläge vorsehen, die neben der höheren Erlebenswahrscheinlichkeit auch den entstehenden Zinsverlust berücksichtigen (BAG vom 25.6.2013 – 3 AZR 219/11 – DB 2013, 2938).

19 Die **Kürzung** der vorgezogenen Altersrente setzt eine **vertragliche Regelung** voraus. Die Vereinbarung kann im Wege einer individuellen Abrede oder über eine generelle Versorgungsregelung getroffen werden. Bei einer Regelung durch Betriebsvereinbarung ist das **Mitbestimmungsrecht des Betriebsrats** gem. § 87 Abs. 1 Nr. 8 BetrVG (Unterstützungskasse und Pensionskasse) bzw. § 87 Abs. 1 Nr. 10 BetrVG (unmittelbare Zusage, Pensionsfonds und Direktversicherung) zu beachten; die einseitige Einführung eines versicherungsmathematischen Abschlags ist unwirksam (BAG vom 26.3.1985 – 3 AZR 236/83 – BB 1986, 877).

20 **a) Verringerte Anzahl von Steigerungsbeträgen.** Sieht eine Versorgungszusage jährliche Steigerungsbeträge oder zu erdienende jährliche Rentenbausteine vor, kann die Höhe des Ruhegelds so bestimmt werden, dass aufsteigend die bis zur vorzeitigen Verrentung erreichten Steigerungsbeträge oder Bausteine angesetzt werden (BAG vom 23.1.2001 – 3 AZR 164/00 – DB 2001, 1887; BAG vom 19.4.2011 – 3 AZR 318/09 – AP Nr. 63 zu § 2 BetrAVG). Damit wird der **verringerten Betriebszugehörigkeit** Rechnung getragen.

21 **b) Versicherungsmathematische Abschläge.** Soll die Kürzung so bemessen werden, dass der Arbeitgeber keine zusätzlichen Versorgungsleistungen, gemessen an dem vertraglich auf Erreichen der festen Altersgrenze vorgesehenen Anspruch, zu erbringen hat, werden versicherungsmathematische Abschläge diesem Ziel am besten gerecht. Bei einer derartigen Regelung wird die **Wertgleichheit** der Ansprüche **über** einen **Barwertvergleich hergestellt.** Die Kürzungsfaktoren sind dabei von der Struktur der Zusage und dem Zeitpunkt der tatsächlichen Inanspruchnahme der vorgezogenen betrieblichen Altersrente abhängig. Generell entsprechen die längere Leistungsdauer ausgleichende Regeln zur Berechnung der vorgezogenen Betriebsrente billigem Ermessen, wenn sie eine aufsteigende Berechnung oder zeitratierliche Kürzung einerseits oder versicherungsmathematische Abschläge in Höhe von maximal 0,5 % für jeden Monat der vorzeitigen Inanspruchnahme andererseits vorsehen (BAG vom 18.11.2003 – 3 AZR 517/02 – DB 2004, 1375; BAG vom 17.8.2004 – 3 AZR 318/03 – DB 2005, 563; BAG vom 17.6.2008 – 3 AZR 783/06 – DB 2008, 2316; BAG vom 29.9.2010 – 3 AZR 557/08 – NZA 2011, 206). Eine individuelle Berechnung im Einzelfall ist nicht erforderlich, es können auch Erfahrungs- bzw. Näherungswerte herangezogen werden (BAG vom 1.6.1978 – 3 AZR 216/77 – DB 1978, 1793). Sieht eine Versorgungsordnung für den vorgezogenen Bezug von Betriebsrenten eine versicherungsmathematische Herabsetzung vor, ohne sie der

Höhe nach zu regeln, ist sie dahingehend auszulegen, dass eine Kürzung in der Höhe erfolgen soll, die in der betrieblichen Altersversorgung allgemein üblich und angemessen ist (BAG vom 29.9.2010 – 3 AZR 557/08 – NZA 2011, 206).

Unabhängig vom Einzelfall finden sich in der betrieblichen Praxis in Versorgungszusagen überwiegend allgemeine Regelungen, nach denen im Fall vorzeitigen Abrufs einer betrieblichen Altersrente die zum Zeitpunkt des tatsächlichen Ausscheidens erdiente Rente für jeden Monat des Bezugs vor Erreichen der festen Altersgrenze auf Dauer um 0,3 bis 0,7 % gekürzt wird. Der PSVaG sieht in seinen Versicherungsbedingungen für die Insolvenzsicherung eine **Kürzung um 0,5 %** für jeden Monat des vorgezogenen Rentenbezugs vor. Das BAG hat diese Regelung für **billig** erachtet (BAG vom 20.4.1982 – 3 AZR 1137/79 – DB 1982, 1830). Zu beachten ist aber auch insoweit der arbeitsrechtliche Gleichbehandlungsgrundsatz. Bezieher vorgezogener betrieblicher Ruhegelder dürfen weder sachwidrig bevorzugt noch benachteiligt werden (BAG vom 29.7.1997 – 3 AZR 114/96 – NZA 1998, 543). An der Rechtmäßigkeit von versicherungsmathematischen Abschlägen in der vorgenannten Höhe ändert sich auch dadurch nichts, dass der Gesetzgeber für die gesetzliche Rentenversicherung für jeden Monat des vorzeitigen Rentenbezugs einen Abschlag von 0,3 % eingeführt hat. 22

c) Auffanglösung bei fehlender Regelung (untechnischer versicherungsmathematischer Abschlag). Enthält die Versorgungszusage keine Regelung zur Höhe vorgezogener Altersleistungen, so ist ggf. der Wille der Vertragsparteien im Wege der ergänzenden Vertragsauslegung zu ermitteln. Dabei können sich Regelungslücken wohl nur bei Versorgungszusagen ergeben, die vor dem Inkrafttreten des BetrAVG vereinbart wurden und naturgemäß auf die gesetzlich vorgesehene Möglichkeit des vorgezogenen Bezugs von Altersleistungen nicht reagieren konnten (so wohl BAG vom 15.11.2011 – 3 AZR 778/09 – AP Nr. 25 zu § 1 BetrAVG Auslegung). Nach diesem Zeitpunkt getroffene Versorgungsvereinbarungen konnten und mussten sich auf den Tatbestand des vorgezogenen Bezugs einer betrieblichen Altersrente einstellen. Fehlt es bei solchen Versorgungszusagen an einer Regelung, so ist davon auszugehen, dass die Vertragsparteien eine Kürzung ausdrücklich nicht vorsehen wollten. Bei vor dem Inkrafttreten des BetrAVG gegebenen Zusagen sind die Gerichte ermächtigt, eine Bestimmung nach billigem Ermessen zu treffen (BAG vom 1.6.1978 – 3 AZR 216/77 – DB 1978, 1793). Zur Lückenfüllung im Rahmen billigen Ermessens hat das BAG eine ratierliche Kürzung vorgezogener Altersleistungen entsprechend § 2 Abs. 1 entwickelt (sog. untechnischer bzw. unechter versicherungsmathematischer Abschlag (BAG vom 1.6.1978 – 3 AZR 216/77 – DB 1978, 1793; BAG vom 11.9.1980 – 3 AZR 185/80 – DB 1981, 944; BAG vom 13.3.1990 – 3 AZR 338/89 – DB 1990, 1619)). Bei Vornahme eines untechnischen versicherungsmathematischen Abschlags findet eine **Kürzung** der Altersleistung wegen des vorgezogenen Bezugs **entsprechend** der Regelung in **§ 2 Abs. 1** statt: Die Zeit zwischen dem Beginn der Betriebszugehörigkeit und der vorgezogenen Inanspruchnahme der Betriebsrente wird in das Verhältnis gesetzt zu der Zeit vom Beginn der Betriebszugehörigkeit bis zum Erreichen der nach der Versorgungszusage maßgeblichen Altersgrenze (BAG vom 23.1.2001 – 23

3 AZR 164/00 – DB 2001, 1887; BAG vom 24.7.2001 – 3 AZR 567/00 – DB 2002, 588; BAG vom 12.12.2006 – 3 AZR 716/05 – DB 2007, 2546; BAG vom 19.4.2011 – 3 AZR 318/09 – AP Nr. 63 zu § 2 BetrAVG; BAG vom 19.6.2012 – 3 AZR 289/10 – BB 2012, 2828; BAG vom 25.6.2013 – 3 AZR 219/11 – DB 2013, 2938). Mit diesem Faktor wird dann die Altersleistung gekürzt.

24 **Sonderprobleme** im Zusammenhang mit der Vornahme einer ratierlichen Kürzung durch den untechnischen versicherungsmathematischen Abschlag ergeben sich bei **Gesamtversorgungszusagen.** Im Rahmen derartiger Versorgungsregelungen werden die betrieblichen Versorgungsleistungen unmittelbar mit anderen Versorgungsleistungen – im Regelfall Leistungen der gesetzlichen Rentenversicherung – verknüpft. Sieht die betriebliche Versorgungsregelung eine Begrenzung der Gesamtversorgungsbezüge in Abhängigkeit von der zuletzt erzielten Brutto- oder Nettovergütung (Limitierungssysteme) vor, so hängt die Höhe der vorgezogenen betrieblichen Altersrente entscheidend von der Durchführung der Gesamtversorgungsbetrachtung ab. Wird die Limitierung der Gesamtversorgung erst im Anschluss an die ratierliche Kürzung vorgenommen, so ergibt sich ein höherer Anspruch, als wenn zunächst die Gesamtversorgungsbetrachtung angestellt wird und der verbleibende Betriebsrentenbetrag nach Berücksichtigung der Rente aus der gesetzlichen Rentenversicherung der ratierlichen Kürzung entsprechend § 2 Abs. 1 unterzogen wird. Abzustellen ist in derartigen Fällen auf den Inhalt der vertraglichen Regelung und den Sinn und Zweck der fraglichen Höchstbegrenzungsklausel (BAG vom 25.10.1983 – 3 AZR 357/81 – DB 1984, 193).

25 Das BAG unterschied früher danach, ob der Gesamtversorgungsbedarf als **Berechnungsfaktor** oder als **Begrenzungsfaktor** dient (BAG vom 10.1.1984 – 3 AZR 411/81 – DB 1984, 2255). Handelte es sich um eine Berechnungsvorschrift, so war zunächst die Gesamtversorgung an der Höchstgrenze zu messen und der ggf. geminderte Betrag zeitanteilig zu kürzen. Dies war immer der Fall bei Anrechnungssystemen. Handelte es sich jedoch um eine Begrenzung, die von der eigentlichen Rentenberechnung unabhängig war und nur dann korrigierend eingreifen sollte, wenn eine unerwünschte Überversorgung auftrat, so blieb die Höchstbegrenzungsklausel zunächst außer Betracht und rechtfertigte eine nochmalige Kürzung nur dann, wenn die zeitanteilig gekürzte Teilrente zusammen mit der gesetzlichen Rente eine überhöhte Gesamtversorgung ergab (BAG vom 25.10.1983 – 3 AZR 357/81 – DB 1984, 193). Nach früherer Rechtsprechung behandelte das BAG Höchstbegrenzungsklauseln im Zweifel als Begrenzungsvorschriften (BAG vom 24.6.1986 – 3 AZR 630/84 – DB 1987, 691; BAG vom 8.5.1990 – 3 AZR 341/88 – DB 1991, 99). An dieser Rechtsprechung hält das BAG nicht mehr fest, weil Höchstbegrenzungsklauseln nach seiner Auffassung nicht oder jedenfalls nicht vorwiegend dazu dienen, eine Überversorgung zu verhindern (BAG vom 21.3.2006 – 3 AZR 374/05 – DB 2006, 2354). Höchstbegrenzungsklauseln treffen im Regelfall eine Aussage darüber, welche Höchstrente bei Betriebstreue bis zur festen Altersgrenze angemessen sein soll und sind dann Teil der Definition der Vollrente, wie sie bei einem Ausscheiden des Arbeitnehmers mit der festen Altersgrenze erreicht werden kann. In diesem Fall sind sie schon bei der Berücksichtigung des Ausgangspunkts für Kürzungen aufgrund vorzeitigen Ausscheidens und vorge-

zogener Inanspruchnahme von Betriebsrenten heranzuziehen. Gegen die frühere Differenzierung zwischen Berechnungs- und Begrenzungsvorschrift spricht auch ihre geringe Praktikabilität. Im Übrigen führte die Annahme einer Begrenzungsvorschrift zur Honorierung nicht erbrachter Betriebstreue.

d) Vorgezogene Altersleistung bei vorzeitigem Ausscheiden. Die Rechtsprechung des BAG zur Frage der Berechnung einer **vorgezogenen Altersrente** eines **mit** einer **unverfallbaren Versorgungsanwartschaft vorzeitig ausgeschiedenen Arbeitnehmers** hat sich im Jahr 2001 geändert. Nach früherer Rechtsprechung galt in diesem Fall, dass eine vertraglich vereinbarte Berechnung der Höhe der vorgezogenen betrieblichen Altersleistungen auch auf den unverfallbar ausgeschiedenen Arbeitnehmer anzuwenden war. Zusätzlich durfte dann diese Rente noch einmal zeitanteilig um den Unverfallbarkeitsfaktor des § 2 gekürzt werden (BAG vom 22.2.1983 – 3 AZR 546/80 – DB 1983, 2254; BAG vom 13.3.1990 – 3 AZR 338/89 – DB 1990, 1619; BAG vom 12.3.1991 – 3 AZR 102/90 – NZA 1991, 771; BAG vom 29.7.1997 – 3 AZR 134/96 – BB 1998, 377). 26

Wie mit Urteil vom 21.3.2000 angekündigt (BAG vom 21.3.2000 – 3 AZR 93/99 – DB 2001, 206) hat das BAG diese Rechtsprechung aufgegeben (BAG vom 23.1.2001 – 3 AZR 164/00 – DB 2001, 1887). Ausgangspunkt dafür war die Überlegung, dass ein weiterhin berufstätiger Arbeitnehmer, der mit einer unverfallbaren Anwartschaft vorzeitig aus dem Arbeitsverhältnis ausgeschieden ist, nur einen Teil der für die volle Betriebsrente erwarteten Gegenleistung erbracht hat. Er muss deshalb gem. § 2 Abs. 1 eine Kürzung der in Aussicht genommenen Vollrente akzeptieren. Nimmt der Arbeitnehmer später die erdiente Teilrente vorgezogen in Anspruch, ändert sich dadurch an dem Anteil der von ihm erbrachten Betriebstreue nichts. Die Konsequenz besteht lediglich darin, dass der Arbeitgeber die in ihrem anteiligen Wert zutreffend ermittelte Teilrente für einen längeren Zeitraum leisten muss, als er ursprünglich einkalkuliert hatte. Diesem Umstand kann nach Auffassung des BAG nicht mit einer zeitratierlichen Kürzung begegnet werden. Ein solcher Rechenschritt hat keinen Bezug zu der Mehrleistung, die der Arbeitgeber aufgrund der gesetzlichen Anordnung in § 6 zu erbringen hat. Ein angemessener Ausgleich kann allein durch einen in der Versorgungsordnung festgelegten versicherungsmathematischen Abschlag erfolgen, der die längere Rentenbezugsdauer zu der allgemeinen Lebenserwartung des Versorgungsberechtigten ins Verhältnis setzt. Dagegen ist es nach Auffassung des BAG nach den insbesondere § 2 und § 6 zu entnehmenden gesetzlichen Grundwertungen von Rechts wegen ausgeschlossen, die fehlende Betriebstreue eines vorzeitig mit einer unverfallbaren Anwartschaft ausgeschiedenen Arbeitnehmers, der die erdiente Betriebsrente vorgezogen in Anspruch nimmt, neben versicherungsmathematischen Abschlägen zweifach mindernd zu berücksichtigen. 27

Im Urteil vom 23.1.2001 (BAG vom 23.1.2001 – 3 AZR 164/00 – DB 2001, 1887) stellt das BAG heraus, dass bei vorgezogener Inanspruchnahme der Betriebsrente durch den vorzeitig Ausgeschiedenen das **Äquivalenzverhältnis** von **Leistung** und **Gegenleistung** in zweifacher Hinsicht **gestört** wird. Zum Ausgleich für diese Verschiebungen sind nach BAG aber grds. nur zwei Kürzun- 28 gen der versprochenen vollen Versorgungsleistung möglich: Wegen des vorzeitigen Ausscheidens ist die Leistung aus der bis dahin erdienten unverfallbaren Anwartschaft gem. § 2 Abs. 1 ausgehend von der fiktiven Vollrente bei Erreichen der festen Altersgrenze zu ermitteln. Im Hinblick auf die frühere und längere Inanspruchnahme kann diese Leistung im zweiten Rechenschritt gekürzt werden, wobei ein versicherungsmathematischer Abschlag dem vorgenommenen Eingriff in das Äquivalenzverhältnis am ehesten entspricht. Ist eine solche Kürzung in der Versorgungsordnung nicht vorgesehen, kann grds. auch die fehlende Betriebstreue zwischen dem vorgezogenen Ruhestand und dem Erreichen der festen Altersgrenze ein zweites Mal als **untechnischer versicherungsmathematischer Abschlag** in entsprechender Anwendung des § 2 Abs. 1 mindernd berücksichtigt werden. Das BAG fasst diesen untechnischen versicherungsmathematischen Abschlag in seiner neueren Rechtsprechung als **„Auffangregelung"** auch für die Fälle auf, in denen die Versorgungsregelung keinen versicherungsmathematischen Abschlag vorsieht, ohne jedoch eine Kürzung wegen des vorgezogenen Bezugs auszuschließen (BAG vom 23.1.2001 – 3 AZR 164/00 – DB 2001, 1887; BAG vom 24.7.2001 – 3 AZR 567/00 – DB 2002, 588; BAG vom 12.12.2006 – 3 AZR 716/05 – DB 2007, 2546; BAG vom 19.4.2011 – 3 AZR 318/09 – AP Nr. 63 zu § 2 BetrAVG; BAG vom 19.6.2012 – 3 AZR 289/10 – BB 2012, 2828; BAG vom 25.6.2013 – 3 AZR 219/11 – DB 2013, 2938; BAG vom 10.12.2013 – 3 AZR 832/11 – BeckRS 2014, 67285). Diese zweite ratierliche Kürzung findet in der Weise statt, dass die Zeit zwischen dem Beginn der Betriebszugehörigkeit und der vorgezogenen Inanspruchnahme der Betriebsrente in Bezug gesetzt wird zu der Zeit von Beginn der Betriebszugehörigkeit bis zum Erreichen der festen Altersgrenze (BAG vom 12.12.2006 – 3 AZR 716/05 – DB 2007, 2546; BAG vom 19.4.2011 – 3 AZR 318/09 – AP Nr. 63 zu § 2 BetrAVG; BAG vom 19.6.2012 – 3 AZR 289/10 – BB 2012, 2828; BAG vom 25.6.2013 – 3 AZR 219/11 – DB 2013, 2938; BAG vom 10.12.2013 – 3 AZR 832/11 – BeckRS 2014, 67285).

29 Die Auffangregelung **(Kürzung durch untechnischen versicherungsmathematischen Abschlag)** findet nicht nur bei laufenden Rentenleistungen **Anwendung,** sondern auch beim vorgezogenen Bezug einmaliger **Kapitalleistungen:** Auch wenn hier der Gedanke eines Ausgleichs längerer Rentenlaufzeit außer Betracht bleibt, bewirkt deren vorgezogener Bezug eine Störung des Äquivalenzverhältnisses von zugesagter Leistung und Gegenleistung. Der Arbeitgeber muss das Kapital früher als vereinbart zur Verfügung stellen, mit einem für ihn nachteiligen Zinseffekt (BAG vom 25.6.2013 – 3 AZR 219/11 – DB 2013, 2938).

30 Je nach Ausgestaltung der Versorgungsregelung können sich grundlegende Änderungen zur Praxis nach der früheren Rechtsprechung ergeben. Bei linearen dienstzeitabhängigen Steigerungen wurde entsprechend der früheren Rechtsprechung regelmäßig die Basis für die Ermittlung der vorgezogenen Altersrente aus der unverfallbaren Anwartschaft neu auf den Zeitpunkt der Inanspruchnahme bestimmt. Diese „heruntergerechnete" erreichbare Leistung wurde entsprechend § 2 Abs. 1 gekürzt und anschließend die versicherungsmathematische Kürzung vorgenommen. Das „Herunterrechnen" ist nach dem Urteil vom 23.1.2001 nicht mehr zulässig. Das BAG sieht die Inanspruchnahme vorgezogener Altersleistungen gem. § 6 nicht mehr als Eintritt eines Versorgungsfalls an (BAG vom 23.1.2001 – 3 AZR 164/00, DB 2001 – 1887; anders noch BAG vom 28.2.1989 – 3 AZR 470/87 – DB 1989, 1579).

Durch die Rechtsprechungsänderung des BAG können sich Ungereimtheiten 31
bei statischen Versorgungssystemen und bei dienstzeitabhängig unterproportionalem Anwartschaftsverlauf, also bei geringeren Leistungssteigerungen mit zunehmendem Alter, einstellen. In diesen Fällen steht ggf. der vorzeitig ausgeschiedene Arbeitnehmer besser als der betriebstreue Rentner. Dass derartige Konstellationen auftreten können, hat auch das BAG gesehen. Das BAG hat zu erkennen gegeben, dass es bei untypischen Zusagen, in denen die beschriebene Berechnungsmethode zu Ergebnissen führen würde, die mit den Grundwertungen des BetrAVG in Widerspruch stehen, ggf. von dieser abweichen würde (BAG vom 24.7.2001 – 3 AZR 567/00 – DB 2002, 588; BAG vom 18.11.2003 – 3 AZR 517/02 – DB 2004, 1375). So konnte das BAG unentschieden lassen, ob dann, wenn eine Versorgungsordnung eine aufsteigende Berechnung der vorgezogenen Betriebsrente vorsieht, also dem bis zum vorgezogenen Wechsel in den Ruhestand Betriebstreuen die Anteile oder Beträge zuerkennt, die nach der Versorgungsordnung bis zu diesem Zeitpunkt angewachsen sind, eine andere Berechnungsweise statthaft oder sogar geboten ist. In einem solchen Fall, so meint das BAG, könnte Ausgangspunkt die bis zur vorgezogenen Inanspruchnahme erreichbare Betriebsrente sein, die dann im Verhältnis der tatsächlich erreichten zu der bis zum vorgezogenen Ruhestand erreichbaren Beschäftigungszeit zu kürzen wäre (BAG vom 18.11.2003 – 3 AZR 517/02 – DB 2004, 1375). Das BAG hat weiter ausdrücklich offengelassen, ob die aufgestellten Berechnungsgrundsätze auch für Gesamtversorgungssysteme und ähnlich ausgestaltete Versorgungszusagen oder für Zusagen gelten, die einmalige Kapitalleistungen in Aussicht stellen (BAG vom 23.1.2001 – 3 AZR 164/00 – DB 2001, 1887; BAG vom 12.12.2006 – 3 AZR 716/05 – DB 2007, 2546). Bei Gesamtversorgungssystemen kann es insbesondere Verwerfungen geben, wenn aufgrund der persönlichen Verhältnisse die anzurechnende gesetzliche Rente in den letzten Jahren überproportional steigt. Die Anwendung der vom BAG entwickelten Berechnungsgrundsätze kann dann zu niedrigeren Betriebsrenten führen und damit einen gegenteiligen Effekt haben. Allerdings hat das BAG nunmehr für Versorgungszusagen, die eine Gesamtversorgungsobergrenze lediglich im Rahmen der Erstberechnung einer Rente vorsehen (sog. Limitierungssysteme) seine Berechnungsgrundsätze angewendet (BAG vom 19.6.2012 – 3 AZR 289/10 – BB 2012, 2828; BAG vom 10.12.2013 – 3 AZR 832/11 – BeckRS 2014, 67285; anders noch BAG vom 19.4.2011 – 3 AZR 318/09 – NZA 2011, 1120). Ebenso hat das BAG die Anwendung seiner Berechnungsgrundsätze inzwischen auch auf den vorgezogenen Bezug einmaliger Kapitalleistungen nach vorzeitigem Ausscheiden ausgedehnt (BAG vom 25.6.2013 – 3 AZR 219/11 – DB 2013, 2938).

Die Rechtsprechungsänderung im Jahr 2001 war Kritik aus Rechtsprechung 32
und Literatur ausgesetzt. Eine im Regierungsentwurf zum AltEinkG vorgesehene Ergänzung des § 2 Abs. 1 S. 1, die den Rechtszustand vor der Rechtsprechungsänderung wiederherstellen sollte, ist jedoch nicht Gesetz geworden. Das BAG hat seine geänderte Rechtsprechung in der Folge stets bestätigt (vgl. BAG vom 24.7.2001 – 3 AZR 567/00 und 3 AZR 681/00 – DB 2002, 588 und 590;

BAG vom 18.3.2003 – 3 AZR 221/02 – DB 2003, 2794; BAG vom 18.11.2003 – 3 AZR 517/02 – DB 2004, 1375; BAG vom 16.12.2003 – 3 AZR 39/03 – DB 2004, 1051; BAG vom 23.3.2004 – 3 AZR 279/03 – AP Nr. 28 zu § 1 BetrAVG Berechnung; BAG vom 7.9.2004 – 3 AZR 524/03 – DB 2005, 839; BAG vom 12.12.2006 – 3 AZR 716/05 – DB 2007, 2546; BAG vom 19.4.2011 – 3 AZR 318/09 – AP Nr. 63 zu § 2 BetrAVG; BAG vom 19.6.2012 – 3 AZR 289/10 – BB 2012, 2828; BAG vom 25.6.2013 – 3 AZR 219/11 – DB 2013, 2938; BAG vom 10.12.2013 – 3 AZR 832/11 – BeckRS 2014, 67285). In der Entscheidung vom 12.12.2006 (BAG vom 12.12.2006 – 3 AZR 716/05 – DB 2007, 2546) hat sich das BAG mit der an seinen Berechnungsgrundsätzen geübten Kritik auseinandergesetzt, die insbesondere die fehlende (versicherungsmathematische) Äquivalenz des untechnischen versicherungsmathematischen Abschlags zum höheren Versorgungsrisiko rügt. Durch die Entscheidung des Gesetzgebers, die Rechtsprechungsänderung nicht durch Ergänzung des § 2 Abs. 1 S. 1 rückgängig zu machen, sieht sich das BAG auch insoweit bestätigt.

33 Bei einer **tarifvertraglichen Regelung** hat es das BAG zugelassen, dass für die Berechnung der vorgezogenen Betriebsrente des vorzeitig ausgeschiedenen Arbeitnehmers die **fehlende Betriebstreue** zwischen dem vorgezogenen Ruhestand und der festen Altersgrenze **zweifach mindernd** berücksichtigt wird. Zur Begründung hat es ausgeführt, dass Tarifvertragsparteien an die Wertung des § 2 Abs. 1 S. 1, die grds. eine zweite zeitratierliche Kürzung zwischen vorgezogener Inanspruchnahme und fester Altersgrenze ausschließe, nicht gebunden seien, weil gem. § 17 Abs. 3 S. 1 in Tarifverträgen von § 2 abgewichen werden dürfe (BAG vom 24.7.2001 – 3 AZR 681/00 – DB 2002, 590; BAG vom 18.11.2003 – 3 AZR 517/02 – DB 2004, 1375).

34 **e) Unterschiedliche Altersgrenzen für Männer und Frauen.** In älteren Versorgungsordnungen ist häufig eine unterschiedliche Altersgrenze bezüglich der Inanspruchnahme betrieblicher Versorgungsleistungen normiert. Beträgt sie z.B. für Frauen 62 und für Männer 65 Jahre, können die Frauen die volle Versorgungsleistung ab 62 beanspruchen, während die Männer bei Verlangen der vorgezogenen Altersrente zu diesem Zeitpunkt versicherungsmathematische Abschläge oder andere Abzüge hinnehmen müssen. Es war lange umstritten, ob dieser Sachverhalt eine **Diskriminierung** beinhaltet.

35 Der EuGH (EuGH vom 17.5.1990 – C-262/88 (Barber) – DB 1990, 1824) sieht in unterschiedlichen Altersgrenzen in betrieblichen Versorgungsregelungen einen **Verstoß gegen** das **Lohngleichheitsgebot** des Art. 157 AEUV (früher: Art. 119 EGV bzw. Art. 141 EG) und damit eine Diskriminierung der Männer. Die für ein die gesetzliche Sozialversicherungsrente ersetzendes betriebliches Versorgungssystem ergangene Entscheidung ist auf alle betrieblichen Versorgungssysteme anzuwenden. In den sog. „Barber-Folgefällen" hat der EuGH seine Rechtsprechung auch für die betriebliche Altersversorgung in Deutschland für anwendbar erklärt (EuGH vom 14.12.1993 – C-110/91 (Moroni) – NZA 1994, 165). Unterschiedliche feste Altersgrenzen für Männer und Frauen sind damit unzulässig und zu harmonisieren. Dabei unterliegen nach dem Splitting-Verfahren des EuGH Anspruchsteile für Tätigkeitszeiten bis einschließlich 17.5.1990 nicht dem Gleichbehandlungsgebot. Unterschiedliche

Regelungen können damit für diesen Zeitraum beibehalten werden. Tätigkeitszeiten nach dem 17.5.1990 sind bis zur Harmonisierung nach dem jeweils besseren Recht zu bewerten. Für spätere Dienstzeiten kann auch auf die ungünstigere Regelung zurückgegriffen werden. Diese Grundsätze gelten für die Bezugstermine und die Höhe der Ansprüche. Übergangsregelungen, die zu einer Fortführung der Ungleichbehandlung über den 17.5.1990 hinaus führen, sind unzulässig (EuGH vom 28.9.1994 – C-408/92 (Smith) – BB 1994, 2145). Wegen der Überleitungsregelungen für die Harmonisierung der Altersgrenzen in der gesetzlichen Rentenversicherung ergeben sich bis zum Jahr 2012 zwangsläufig ungleiche Bezugstermine für Männer und Frauen bei der betrieblichen Altersversorgung. Sie sind nach Art. 6 des Abkommens über die Sozialpolitik vom 7.2.1992 (Verträge von Maastricht) i.V.m. dem neu gefassten Art. 3 Abs. 2 GG zulässig. Das Lohngleichheitsgebot des Art. 157 AEUV bedeutet für die Gestaltungsformen Direktversicherung und Pensionskasse, dass entweder die Beiträge – bei Beitragsprimat – oder die Leistungen – bei Leistungsprimat – gleich sein müssen (EuGH vom 22.12.1993 – C-152/91 (Neath) – DB 1994, 484). Auch die von einem öffentlich-rechtlichen Arbeitgeber gezahlten Beamtenpensionen unterliegen den Anforderungen des Art. 157 AEUV (EuGH vom 28.9.1994 – C-7/93 (Beone) – Slg. 94, I-4471).

Das **BAG** hat die vom EuGH vorgegebene **Begrenzung der Rückwirkung** der Barber-Entscheidung für Dienstzeiten bis zum 17.5.1990 für den deutschen Rechtskreis **nachvollzogen** (BAG vom 18.3.1997 – 3 AZR 759/95 – NZA 1997, 824; BAG vom 3.6.1997 – 3 AZR 910/95 – DB 1997, 1778; BAG vom 23.3.1999 – 3 AZR 647/97 – DB 1999, 2119). Nach Auffassung des Gerichts verstoßen unterschiedliche Rentenbezugsalter in Versorgungsverträgen nach deutschem Recht für eine – nicht näher definierte – Übergangszeit deshalb nicht gegen Art. 3 Abs. 3 GG, weil Art. 3 Abs. 2 GG gestattet, dass die für Frauen bislang im Berufsleben noch bestehenden Nachteile durch besondere Begünstigungen ausgeglichen werden. Soweit es um Beschäftigungszeiten bis zum 17.5.1990 geht, ist es bei der Berechnung der vorgezogen in Anspruch genommenen Betriebsrente erst recht nicht zu beanstanden, wenn nach der Versorgungsordnung zwar für Männer und Frauen dieselbe Altersgrenze, für Frauen aber ein niedrigerer versicherungsmathematischer Abschlag als für Männer anzusetzen ist (BAG vom 23.9.2003 – 3 AZR 304/02 – DB 2004, 2645). Nach diesen Erwägungen ist ein Arbeitgeber aus Gründen der Gleichbehandlung nicht verpflichtet, einem schwerbehinderten Arbeitnehmer ebenso wie einer Arbeitnehmerin die Möglichkeit zu geben, eine betriebliche Altersrente mit Vollendung des 60. Lebensjahrs ohne Abschläge in Anspruch zu nehmen, soweit ein Betriebsrentenanspruch auf Beschäftigungszeiten bis zum 17.5.1990 zurückzuführen ist, denn die Absenkung des Rentenalters für schwerbehinderte Arbeitnehmer beruht auf grds. anderen Erwägungen als die entsprechende Regelung für Frauen (BAG vom 23.5.2000 – 3 AZR 228/99 – DB 2001, 767). Im Ergebnis sind somit nach deutschem Recht unterschiedliche feste Altersgrenzen derzeit durchaus zulässig. Es liegt jedoch ein Verstoß gegen Art. 157 AEUV vor, der den deutschen gesetzlichen Regelungen vorgeht. Daraus folgt, dass die vom EuGH ausgesprochene Begrenzung der Rückwirkung automatisch mit der Anwendung von Art. 157 AEUV für deutsche Versorgungszusagen gilt. Eine Be- 36 nachteiligung der Männer ist nach dem 17.5.1990 nicht nur beim Pensionsalter, sondern auch bei der Leistungshöhe oder bei den sonstigen Leistungsvoraussetzungen unzulässig (BAG vom 7.9.2004 – 3 AZR 550/03 – DB 2005, 507; BAG vom 29.9.2010 – 3 AZR 564/09 – AP Nr. 62 zu § 2 BetrAVG). Ein auf Männer beschränkter versicherungsmathematischer Abschlag in der betrieblichen Altersversorgung, den ein Arbeitgeber nach dem 17.5.1990 eingeführt hat, verstößt gegen Art. 157 AEUV, auch wenn der Arbeitgeber die Möglichkeit der „Verrechnung" des Abschlags mit einem aus anderem Grund gewährten Aufstockungsbetrag vorgesehen hat. Die Rechtsprechung meint, das Lohngleichheitsgebot gelte für jeden einzelnen Bestandteil des den männlichen oder weiblichen Arbeitnehmern gezahlten Entgelts (BAG vom 19.8.2008 – 3 AZR 530/06 – DB 2009, 1770 und 3 AZR 531/06). Es ist jedoch daran zu zweifeln, ob dies als allgemeingültiger Grundsatz angesehen werden kann. Eine Verrechnung von Leistungen mit unterschiedlichen Zwecksetzungen scheidet im Rahmen der Gleichbehandlung auch ohne Rückgriff auf einen solchen Grundsatz aus. Das BAG hat sich weiter zu der Berechnung der Unverfallbarkeitsfaktoren für die beiden Rentenstämme für männliche Mitarbeiter geäußert. Für Dienstzeiten bis zum 17.5.1990 ist der Faktor nach § 2 Abs. 1 auf das 65. Lebensjahr abzustellen, wenn dies die feste Altersgrenze für Männer war, für Dienstzeiten ab dem 18.5.1990 auf das 60. Lebensjahr, wenn dies die feste Altersgrenze für Frauen war (BAG vom 3.6.1997 – 3 AZR 910/95 – DB 1997, 1778). Verstößt die Leistungsordnung einer Pensionskasse gegen Art. 157 AEUV, richten sich hieraus ergebende Differenzansprüche nicht nur gegen die Pensionskasse, sondern wegen dessen Einstandspflicht (§ 1 Abs. 1 S. 3) auch gegen den Arbeitgeber (BAG vom 7.9.2004 – 3 AZR 550/03 – DB 2005, 507). Dies dürfte auf andere externe Versorgungsträger übertragbar sein.

37 **f) Invaliditäts- und Hinterbliebenenrente.** Bei einem vorzeitigen Ausscheiden mit unverfallbarer Anwartschaft auf eine Invaliditätsrente oder Hinterbliebenenversorgung sind die vom BAG für den vorgezogenen Altersruhegeldbezug entwickelten Berechnungsgrundsätze nicht anzuwenden. Es handelt sich um Versorgungsformen, die der Arbeitgeber neben Altersversorgungsleistungen nicht zusagen muss. Für den Gesetzgeber gab es besondere Gründe, zwischen tatsächlich bis zum Versorgungsfall erreichbarer Betriebszugehörigkeit und bei Ermittlung des Unverfallbarkeitsfaktors zu berücksichtigender möglicher Betriebszugehörigkeit zu unterscheiden. Das BAG hat deshalb die zur Berechnung vorgezogener Altersleistungen entwickelte **Rechtsprechung nicht auf** die Versorgungsansprüche von **Invaliden und Hinterbliebenen übertragen** (BAG vom 21.8.2001 – 3 AZR 649/00 – DB 2002, 644).

4. Wegfall der vorgezogenen Betriebsrente

38 **Setzt** der **Arbeitnehmer** nach Vorlage des Rentenbescheids die **Erwerbstätigkeit fort oder nimmt** er danach eine **neue Erwerbstätigkeit auf** und erzielt er dadurch ein Erwerbseinkommen, das die rentenunschädlichen Obergrenzen überschreitet, kann der Arbeitgeber oder der Versorgungsträger die Zahlung der vorgezogenen **Altersrente** gem. S. 2 **einstellen.** Der sozialversicherungsrechtlich zulässige Hinzuverdienst ist in § 34 Abs. 2, Abs. 3 SGB VI ge-

regelt. Werden diese **Verdienstgrenzen** überschritten, entfällt der Anspruch auf vorzeitige Altersrente aus der gesetzlichen Rentenversicherung, mit der Folge des Ruhens des Anspruchs auf vorgezogene betriebliche Altersversorgung. Wird die vorzeitige gesetzliche Altersrente auf eine **Teilrente** gem. § 42 SGB IV umgestellt, kann die vorgezogene betriebliche Altersrente ebenfalls ruhen. Das Gesetz sieht jedoch ein dementsprechendes zwingendes Ruhen der betrieblichen Altersrente nicht vor. Dem Arbeitgeber bzw. dem Versorgungsträger steht also insoweit ein Wahlrecht zu, ob er die Betriebsrente weiter gewähren will.

Lebt der **Anspruch** auf vorzeitige gesetzliche Altersrente durch die Aufgabe **39** der Erwerbstätigkeit **wieder auf,** besteht vom selben Zeitpunkt an ebenfalls wiederum ein Anspruch auf eine vorgezogene betriebliche Altersrente. Die Höhe der Leistungen ergibt sich auch in diesem Fall aus den vertraglichen Regelungen. Der Anspruch auf eine Altersleistung besteht jedoch – unabhängig vom Bezug einer vorzeitigen Altersrente aus der gesetzlichen Rentenversicherung – ab Erreichen der in der Versorgungszusage geregelten festen Altersgrenze ohne Rücksicht darauf, ob nach diesem Zeitpunkt noch eine Erwerbstätigkeit ausgeübt wird.

Der ausgeschiedene Arbeitnehmer ist nach § 6 S. 3 verpflichtet, dem Arbeit- **40** geber oder sonstigen Versorgungsträgern die Aufnahme oder Ausübung einer Beschäftigung oder Erwerbstätigkeit, die zu einem Wegfall oder einer Beschränkung der Altersrente aus der gesetzlichen Rentenversicherung führt, unverzüglich anzuzeigen. **Unterlässt** der **Arbeitnehmer** die **Mitteilung,** besteht ein zivilrechtlicher **Rückforderungsanspruch** des Arbeitgebers aus § 812 Abs. 1 S. 1 BGB wegen ungerechtfertigter Bereicherung. Da der Wegfall oder die Beschränkung des Anspruchs gegenüber der gesetzlichen Rentenversicherung die Aufnahme oder Weiterführung einer Erwerbstätigkeit mit entsprechendem Erwerbseinkommen voraussetzt, lässt sich die Kontrolle über die Besteuerungsmerkmale des Betriebsrentners durchführen. Der Arbeitgeber kann die Zahlung betrieblicher Versorgungsleistungen an den Nachweis der steuerlichen Bewertungskriterien durch den Versorgungsberechtigten knüpfen.

Vierter Abschnitt. Insolvenzsicherung

§ 7 Umfang des Versicherungsschutzes

(1) [1]Versorgungsempfänger, deren Ansprüche aus einer unmittelbaren Versorgungszusage des Arbeitgebers nicht erfüllt werden, weil über das Vermögen des Arbeitgebers oder über seinen Nachlaß das Insolvenzverfahren eröffnet worden ist, und ihre Hinterbliebenen haben gegen den Träger der Insolvenzsicherung einen Anspruch in Höhe der Leistung, die der Arbeitgeber aufgrund der Versorgungszusage zu erbringen hätte, wenn das Insolvenzverfahren nicht eröffnet worden wäre. [2]Satz 1 gilt entsprechend,

1. wenn Leistungen aus einer Direktversicherung aufgrund der in § 1b Abs. 2 Satz 3 genannten Tatbestände nicht gezahlt werden und der Arbeitgeber seiner Verpflichtung nach § 1b Abs. 2 Satz 3 wegen der Eröffnung des Insolvenzverfahrens nicht nachkommt,

2. wenn eine Unterstützungskasse oder ein Pensionsfonds die nach ihrer Versorgungsregelung vorgesehene Versorgung nicht erbringt, weil über das Vermögen oder den Nachlass eines Arbeitgebers, der der Unterstützungskasse oder dem Pensionsfonds Zuwendungen leistet (Trägerunternehmen), das Insolvenzverfahren eröffnet worden ist.

[3]§ 14 des Versicherungsvertragsgesetzes findet entsprechende Anwendung. [4]Der Eröffnung des Insolvenzverfahrens stehen bei der Anwendung der Sätze 1 bis 3 gleich

1. die Abweisung des Antrags auf Eröffnung des Insolvenzverfahrens mangels Masse,
2. der außergerichtliche Vergleich (Stundungs-, Quoten- oder Liquidationsvergleich) des Arbeitgebers mit seinen Gläubigern zur Abwendung eines Insolvenzverfahrens, wenn ihm der Träger der Insolvenzsicherung zustimmt,
3. die vollständige Beendigung der Betriebstätigkeit im Geltungsbereich dieses Gesetzes, wenn ein Antrag auf Eröffnung des Insolvenzverfahrens nicht gestellt worden ist und ein Insolvenzverfahren offensichtlich mangels Masse nicht in Betracht kommt.

(1a) [1]Der Anspruch gegen den Träger der Insolvenzsicherung entsteht mit dem Beginn des Kalendermonats, der auf den Eintritt des Sicherungsfalles folgt. [2]Der Anspruch endet mit Ablauf des Sterbemonats des Begünstigten, soweit in der Versorgungszusage des Arbeitgebers nicht etwas anderes bestimmt ist. [3]In den Fällen des Absatzes 1 Satz 1 und 4 Nr. 1 und 3 umfaßt der Anspruch auch rückständige Versorgungsleistungen, soweit diese bis zu zwölf Monaten vor Entstehen der Leistungspflicht des Trägers der Insolvenzsicherung entstanden sind.

(2) [1]Personen, die bei Eröffnung des Insolvenzverfahrens oder bei Eintritt der nach Absatz 1 Satz 4 gleichstehenden Voraussetzungen (Sicherungsfall) eine nach § 1b unverfallbare Versorgungsanwartschaft haben, und ihre Hinterbliebenen haben bei Eintritt des Versorgungsfalls einen Anspruch gegen den Träger der Insolvenzsicherung, wenn die Anwartschaft beruht

1. auf einer unmittelbaren Versorgungszusage des Arbeitgebers oder
2. auf einer Direktversicherung und der Arbeitnehmer hinsichtlich der Leistungen des Versicherers widerruflich bezugsberechtigt ist oder die Leistungen aufgrund der in § 1b Abs. 2 Satz 3 genannten Tatbestände nicht gezahlt werden und der Arbeitgeber seiner Verpflichtung aus § 1b Abs. 2 Satz 3 wegen der Eröffnung des Insolvenzverfahrens nicht nachkommt.

[2]Satz 1 gilt entsprechend für Personen, die zum Kreis der Begünstigten einer Unterstützungskasse oder eines Pensionsfonds gehören, wenn der Sicherungsfall bei einem Trägerunternehmen eingetreten ist. [3]Die Höhe des Anspruchs richtet sich nach der Höhe der Leistungen gemäß § 2 Abs. 1, 2 Satz 2 und Abs. 5, bei Unterstützungskassen nach dem Teil der nach der Versorgungsregelung vorgesehenen Versorgung, der dem Verhältnis der Dauer der Betriebszugehörigkeit zu der Zeit vom Beginn der Betriebszugehörigkeit bis zum Erreichen der in der Versorgungsregelung vorgesehenen festen Altersgrenze entspricht, es sei denn, § 2 Abs. 5a ist anwendbar. [4]Für die Berechnung der Höhe des Anspruchs nach Satz 3 wird die Betriebszugehörigkeit bis zum Eintritt des Sicherungsfalles berücksichtigt. [5]Bei Pensionsfonds mit Leistungszusagen gelten für die Höhe des Anspruchs die Bestimmungen für unmittelbare Versorgungszusagen entsprechend,

bei Beitragszusagen mit Mindestleistung gilt für die Höhe des Anspruchs § 2 Abs. 5b.

(3) [1]Ein Anspruch auf laufende Leistungen gegen den Träger der Insolvenzsicherung beträgt jedoch im Monat höchstens das Dreifache der im Zeitpunkt der ersten Fälligkeit maßgebenden monatlichen Bezugsgröße gemäß § 18 des Vierten Buches Sozialgesetzbuch. [2]Satz 1 gilt entsprechend bei einem Anspruch auf Kapitalleistungen mit der Maßgabe, daß zehn vom Hundert der Leistung als Jahresbetrag einer laufenden Leistung anzusetzen sind.

(4) [1]Ein Anspruch auf Leistungen gegen den Träger der Insolvenzsicherung vermindert sich in dem Umfang, in dem der Arbeitgeber oder sonstige Träger der Versorgung die Leistungen der betrieblichen Altersversorgung erbringt. [2]Wird im Insolvenzverfahren ein Insolvenzplan bestätigt, vermindert sich der Anspruch auf Leistungen gegen den Träger der Insolvenzsicherung insoweit, als nach dem Insolvenzplan der Arbeitgeber oder sonstige Träger der Versorgung einen Teil der Leistungen selbst zu erbringen hat. [3]Sieht der Insolvenzplan vor, daß der Arbeitgeber oder sonstige Träger der Versorgung die Leistungen der betrieblichen Altersversorgung von einem bestimmten Zeitpunkt an selbst zu erbringen hat, so entfällt der Anspruch auf Leistungen gegen den Träger der Insolvenzsicherung von diesem Zeitpunkt an. [4]Die Sätze 2 und 3 sind für den außergerichtlichen Vergleich nach Absatz 1 Satz 4 Nr. 2 entsprechend anzuwenden. [5]Im Insolvenzplan soll vorgesehen werden, daß bei einer nachhaltigen Besserung der wirtschaftlichen Lage des Arbeitgebers die vom Träger der Insolvenzsicherung zu erbringenden Leistungen ganz oder zum Teil vom Arbeitgeber oder sonstigen Träger der Versorgung wieder übernommen werden.

(5) [1]Ein Anspruch gegen den Träger der Insolvenzsicherung besteht nicht, soweit nach den Umständen des Falles die Annahme gerechtfertigt ist, daß es der alleinige oder überwiegende Zweck der Versorgungszusage oder ihre Verbesserung oder der für die Direktversicherung in § 1b Abs. 2 Satz 3 genannten Tatbestände gewesen ist, den Träger der Insolvenzsicherung in Anspruch zu nehmen. [2]Diese Annahme ist insbesondere dann gerechtfertigt, wenn bei Erteilung oder Verbesserung der Versorgungszusage wegen der wirtschaftlichen Lage des Arbeitgebers zu erwarten war, daß die Zusage nicht erfüllt werde. [3]Ein Anspruch auf Leistungen gegen den Träger der Insolvenzsicherung besteht bei Zusagen und Verbesserungen von Zusagen, die in den beiden letzten Jahren vor dem Eintritt des Sicherungsfalls erfolgt sind, nur

1. für ab dem 1. Januar 2002 gegebene Zusagen, soweit bei Entgeltumwandlung Beträge von bis zu 4 vom Hundert der Beitragsbemessungsgrenze in der allgemeinen Rentenversicherung für eine betriebliche Altersversorgung verwendet werden oder
2. für im Rahmen von Übertragungen gegebene Zusagen, soweit der Übertragungswert die Beitragsbemessungsgrenze in der allgemeinen Rentenversicherung nicht übersteigt.

(6) Ist der Sicherungsfall durch kriegerische Ereignisse, innere Unruhen, Naturkatastrophen oder Kernenergie verursacht worden, kann der Träger der Insolvenzsicherung mit Zustimmung der Bundesanstalt für Finanzdienstleistungsaufsicht die Leistungen nach billigem Ermessen abweichend von den Absätzen 1 bis 5 festsetzen.

Übersicht

1. Normzweck

1 Bis zum Inkrafttreten des BetrAVG waren die Versorgungs- und Anwartschaftsberechtigten gegen eine Insolvenz des Arbeitgebers völlig unzureichend geschützt. Ein **Kernstück des Gesetzes** bildet deshalb die **Insolvenzsicherung**. Die Bedeutung und das Gewicht dieses Rechtsinstituts verdeutlichen die folgenden Daten.

2 **Träger** der **Insolvenzsicherung** ist der **PSVaG** in Köln. Er wurde 1974 von den Deutschen Arbeitgeberverbänden, dem Bundesverband der Deutschen Industrie und dem Verband der Lebensversicherungsunternehmen gegründet. Er unterliegt der Aufsicht der BaFin. Unter dem **Schutz** des PSVaG standen Ende 2012 **rund 10.500.000 Versorgungsberechtigte** aus ca. 93.000 Unternehmen. Der **kapitalisierte Wert** der geschützten betrieblichen Altersversorgung hatte am 31.12.2012 ein Volumen von **304 Mrd. €**. Seit **1975** musste der PSVaG bei rund 15.500 **Insolvenzen** eintreten. Die Tendenz ist steigend. Im Jahr 2012 wurde der PSVaG in 581 Fällen mit einem Schadensvolumen von rund 1.265 Mio. € in Anspruch genommen. Die Inanspruchnahme des PSVaG im Krisenjahr 2009 belief sich auf 817 Fälle mit einem Schadensvolumen von 4.356 Mio. €. Seit seinem Bestehen sind dem PSVaG 633.504 Versorgungsempfänger und 699.626 Anwärter mit unverfallbarer Anwartschaft gemeldet worden. Die **monatlichen Zahlungen** des PSVaG an die Betriebsrentner belaufen sich derzeit auf rund **76 Mio. €.** Zur Entwicklung des PSVaG im Einzelnen vgl. die tabellarische Übersicht in § 14 Rn. 4.

3 Die **Beiträge an den PSVaG** werden **ausschließlich** von der **Arbeitgeberseite** nach Maßgabe der in § 10 normierten Beitragsbemessungsgrundlage aufgebracht. Sie müssen den Barwert der im laufenden Kalenderjahr entstehenden Ansprüche auf Leistungen der Insolvenzsicherung nebst Verwaltungs- und

sonstigen Kosten abdecken. Eine Vorausfinanzierung von Versorgungsanwartschaften aus Insolvenzfällen fand bisher nicht statt. Es waren lediglich Vorschüsse zu entrichten, die erheblich unter dem endgültigen Beitragssatz lagen. Bei der Finanzierung handelte es sich daher **bislang nicht** um ein **volles Anwartschaftsdeckungsverfahren, sondern** um ein sog. **Rentenwertumlageverfahren.** Die vom PSVaG aufgrund einer Insolvenz zu übernehmenden Renten wurden im Jahr der Insolvenz mit ihrem versicherungsmathematisch ermittelten Kapitalwert in die Umlage des folgenden Jahrs einbezogen und damit ausfinanziert. Nur insoweit handelte es sich um ein Kapitaldeckungsverfahren. Die Höhe der somit auf den Geschäftsverlauf des Vorjahrs abgestellten Beiträge ist wegen der negativen Entwicklung in den letzten Jahren gestiegen. Sie beliefen sich von 2002 bis 2005 auf durchschnittlich 4‰ der Leistungen und unverfallbaren Anwartschaften, während der Beitragssatz in den davor liegenden 27 Jahren im Durchschnitt lediglich 1,87‰ der Beitragsbemessungsgrundlage betragen hat. 2006 betrug der Beitragssatz 3,1‰, 2007 3,0‰, 2008 1,8‰, 2009 14,2‰, 2010 1,9‰, 2011 1,9‰, 2012 3,0‰ und 2013 1,7‰. Der durchschnittliche Beitragssatz seit 1975 beträgt 3,1‰. Die Beruhigung der Schadensentwicklung in den letzten Monaten des Jahrs 2012 hat sich nach den Erkenntnissen des Statistischen Bundesamts (Destatis) im Laufe des Jahrs 2013 fortgesetzt.

Aufgrund der hohen Zahl von Insolvenzen in den letzten Jahren ist das Volumen der derzeit noch nicht finanzierten Anwartschaften deutlich angestiegen. 4
Um das Risiko für die den PSVaG finanzierenden Arbeitgeber abzufedern, ist mit dem **Gesetz zur Änderung des Betriebsrentengesetzes** und anderer Gesetze vom 2.12.2006 die **Insolvenzsicherung auf volle Kapitaldeckung umgestellt** worden. Die Umstellung erfolgt zum einen dadurch, dass in Zukunft neben den Versorgungsansprüchen auch die zu sichernden Anwartschaften periodengerecht bereits im Jahr der Insolvenz von den sicherungspflichtigen Unternehmen ausfinanziert werden. Zum anderen werden die bereits in der Vergangenheit aufgelaufenen Anwartschaften nachfinanziert. Heranzuziehen sind insoweit nur die im Jahr 2005 beitragspflichtigen Arbeitgeber. Diese Handhabung entspricht dem Wortlaut, der Systematik sowie der Entstehungsgeschichte der in den §§ 10 und 30i getroffenen Neuregelung; sie führt zu keiner Ungleichbehandlung im Vergleich zu den vor 2005 ausgeschiedenen und den erst ab 2006 beitragspflichtigen Arbeitgebern. Weder wird das Rückwirkungsverbot verletzt noch der Gleichheitssatz des Art. 3 Abs. 1 GG. Es handelt sich um eine grds. zulässige „unechte" Rückwirkung, die durch sachliche Gründe gerechtfertigt ist (BVerwG vom 15.9.2010 – 8 C 35.09 und 8 C 32.09 – DB 2011, 121 und NZA 2011, 49). Um die Belastung der Arbeitgeber während der Umstellung auf vollständige Kapitaldeckung in einem vertretbaren Rahmen zu halten, wird die Nachfinanzierung der Deckungslücke auf 15 Jahre verteilt. Somit wird sichergestellt, dass die verpflichteten Arbeitgeber für die betriebliche Altersversorgung aus Insolvenzen vollständig einstehen müssen, die während der Zeit eintreten, in der sie selbst der Insolvenzsicherungspflicht unterliegen. Was den finanziellen Teil betrifft, bedeutet das für die beitragspflichtigen Arbeitgeber, dass die von ihnen zur **Ausfinanzierung** der Anwartschaften **zu leistenden Zahlungen** an den PSVaG **Betriebsausgaben** darstellen, die den steuerpflichtigen Gewinn mindern. Langfristig gesehen kann die Neuregelung auch

aus anderen Gründen für den Arbeitgeber vorteilhaft sein. Die Umstellung der Finanzierung auf vollständige Kapitaldeckung einschließlich der Nachfinanzierung der aufgelaufenen Altlast wird naturgemäß einen Zinseffekt mit sich bringen. Dieser führt dazu, dass durch die zusätzlich erwirtschafteten Kapitalerträge die anfangs von den Arbeitgebern zu tragenden Mehrbeträge zunehmend kompensiert und nach einiger Zeit sogar überkompensiert werden. Nach einer gewissen Zeit, die allerdings von der Zinsentwicklung am Kapitalmarkt abhängt, werden die beitragspflichtigen Arbeitgeber keine höheren, sondern gegenüber dem früher geltenden Finanzierungsverfahren niedrigere Beiträge an den PSVaG zu zahlen haben.

5 „Gemäß der in Abs. 1 und Abs. 2 zu Tage tretenden Systematik handelt es sich bei Abs. 3 um eine **Höchstgrenze für die Sicherung der Leistungen** der betrieblichen Altersversorgung des insolventen Arbeitgebers. Entsprechend sind die Leistungen aus mehreren insolvenzpflichtigen Versorgungszusagen eines Arbeitgebers bis zur Höchstgrenze zu addieren. Eine Ausnahme von diesem Grundsatz besteht, wenn neben einem eigenen Versorgungsanspruch Leistungen aus abgeleitetem Recht, wie etwa eine Hinterbliebenenversorgung, bezogen werden. Bestehen Versorgungsansprüche aus insolvenzgeschützten Versorgungszusagen mehrerer Arbeitgeber, dürften diese bezogen auf den jeweiligen insolventen Arbeitgeber, getrennt bis zur Höchstgrenze gemäß Abs. 3 S. 1 anzusetzen sein."

2. Sicherungsfälle

6 Die Insolvenzsicherung dient der **Sicherstellung der Ansprüche** des **Arbeitnehmers** bei **Zahlungsunfähigkeit** des **Arbeitgebers** in Form einer Ausfallhaftung (vgl. dazu grds. BAG vom 11.9.1980 – 3 AZR 544/79 – BB 1981, 792). Ziel des Insolvenzschutzes ist die Besserstellung der Gläubiger mit Forderungen aus betrieblicher Altersversorgung gegenüber den anderen Insolvenzgläubigern. Die Ansprüche des Versorgungsberechtigten gegenüber dem Arbeitgeber oder dem Träger der Versorgung bleiben jedoch im Insolvenzfall nicht erhalten, sie gehen auf den PSVaG gem. § 9 Abs. 2 über. Der Versorgungsberechtigte kann seine Ansprüche daher nur noch gegen den Träger der Insolvenzsicherung geltend machen. Auch vor dem Eintritt des Sicherungsfalls besteht aufgrund des zwingenden Charakters der §§ 7 ff. bereits zwischen dem PSVaG und dem versicherten Arbeitnehmer eine unentziehbare Rechtsposition. Infolge der Besonderheiten der Ausgestaltung der Insolvenzsicherung als gesetzlicher Vermögensschadenspflichtversicherung ist die Entstehung des Versicherungsanspruchs nur noch durch den Eintritt des Versicherungsfalls bedingt (BGH vom 25.10.2004 – II ZR 413/02 – DB 2005, 1227). Falls der PSVaG die Ansprüche des Versorgungsberechtigten bestreitet, ist er verpflichtet, die übergegangenen Ansprüche an den Versorgungsberechtigten abzutreten oder diesen zu ermächtigen, einen Rechtsstreit gegen die Insolvenzmasse im eigenen Namen zu führen (BAG vom 12.4.1983 – 3 AZR 607/80 – DB 1983, 1826; BGH vom 8.3.1982 – II ZR 86/81 – DB 1982, 1105).

7 Der **PSVaG** hat **auch** dann **einzustehen, wenn** eine **Beitragszahlung** entgegen § 10 **nicht erfolgt** ist. Umgekehrt besteht eine Zahlungsverpflichtung

des PSVaG nicht, wenn zwar Beiträge abgeführt, der geltend gemachte Anspruch aber nach Maßgabe der gesetzlichen Bestimmungen nicht sicherungsfähig ist (BAG vom 23.3.1999 – 3 AZR 625/97 – ZIP 1999, 1058). Das ist z.B. der Fall, wenn ein früherer Zeitpunkt für die Unverfallbarkeit als die gesetzliche Regelung auf vertraglicher Basis vereinbart wurde (BAG vom 26.9.1989 – 3 AZR 814/87 – DB 1990, 383; zu weiteren Konstellationen vgl. § 1b Rn. 17). Hinsichtlich des **Umfangs der Einstandspflicht** trifft den **PSVaG** die **Darlegungs- und Beweislast.** Sie zählt zu den materiellrechtlichen Vorschriften, die im Insolvenzfall anstelle des Arbeitgebers vom PSVaG zu beachten sind. Zwar kann es für ihn schwierig sein, den Sachverhalt aufzuklären und geeigneten Beweis anzutreten. Die damit verbundenen Risiken hat aber nach der gesetzlichen Konzeption die Solidargemeinschaft der Arbeitgeber und damit der PSVaG zu tragen (BAG vom 21.11.2000 – 3 AZR 91/00 – DB 2001, 2455).

In Abs. 1 S. 1 und S. 4 Nr. 1 bis 3 werden die **Sicherungsfälle enumerativ** 8
aufgeführt. Das von der Rechtsprechung aus den Grundsätzen über den Wegfall der Geschäftsgrundlage entwickelte Recht zum Widerruf insolvenzgeschützter betrieblicher Versorgungsrechte wegen wirtschaftlicher Notlage besteht seit der Streichung des § 7 Abs. 1 S. 3 Nr. 5 durch Art. 91 EGInsO nicht mehr. Gegen den Wegfall des Widerrufsrechts bestehen keine verfassungsrechtlichen Bedenken. Die damit verbundene Rückwirkung ist nicht zu beanstanden. Der Gesetzgeber hat bei dem Wegfall des Widerrufsrechts wegen wirtschaftlicher Notlage zu Recht erkannt, dass dadurch der Grundsatz des Vertrauensschutzes nicht gravierend verletzt wird. Der Eingriff wiegt zudem deshalb nicht schwer, weil der Sicherungsfall des außergerichtlichen Vergleichs zur Abwendung des Insolvenzverfahrens beibehalten wurde. Auf diesem Weg können sanierungsfähige Unternehmen mit Zustimmung des PSVaG vorübergehend von ihren Betriebsrentenverpflichtungen entlastet werden (BAG vom 31.7.2007 – 3 AZR 373/06 und 3 AZR 272/06 – DB 2007, 2849 und DB 2008, 1505; BAG vom 29.9.2010 – 3 AZR 107/08 – DB 2011, 424). Im Übrigen kann ein Widerruf wegen wirtschaftlicher Notlage auch nicht auf die in einer Versorgungsordnung aufgenommenen steuerlichen Vorbehalte gestützt werden. Diese Vorbehalte wirken nur deklaratorisch, sie begründen kein Recht zum Widerruf (BAG vom 8.7.1972 – 3 AZR 481/71 – DB 1972, 2069; BAG vom 26.4.1988 – 3 AZR 277/87 – DB 1988, 2311; BAG vom 17.6.2003 – 3 AZR 396/02 – DB 2004, 324). § 7 Abs. 1 S. 3 Nr. 5 a.F. ist nur noch auf Sicherungsfälle anzuwenden, die vor dem 1.1.1999 eingetreten sind.

Ein Widerruf von Leistungen einer Unterstützungskasse in sog. **Übergangs-** 9
fällen (Versorgungsfall unter Geltung des BetrAVG eingetreten, rechtliche und tatsächliche Grundlagen jedoch vor Inkrafttreten des Gesetzes gelegt) kann nach dem BAG wegen der wechselseitigen Abhängigkeit von Widerrufs- bzw. Kürzungsmöglichkeiten einerseits und Ausfallsicherung des PSVaG andererseits generell nicht mehr auf triftige wirtschaftliche Gründe gestützt werden (BAG vom 18.11.2008 – 3 AZR 417/07 – DB 2009, 1079). Nach Ansicht des BAG ist für eine verfassungskonforme Auslegung des § 7 Abs. 1 S. 3 Nr. 5 a.F., wie sie das BVerfG früher vorgenommen hat, kein Raum mehr (vgl. BVerfG vom 14.1.1987 – 1 BvR 1052/79 – BVerfGE 74, 129; BVerfG vom 16.2.1987 – 1 BvR 957/79 – AP Nr. 12 zu § 1 BetrAVG Unterstützungskassen).

10 Im Übrigen ist bei den Sicherungsfällen **immer** auf die **Insolvenz** des **Arbeitgebers** und nicht auf die der Versorgungseinrichtung abzustellen. Wird eine betriebliche Altersversorgung über eine Unterstützungskasse durchgeführt, tritt der Sicherungsfall daher ein, wenn das Trägerunternehmen insolvent wird, und zwar auch dann, wenn die Unterstützungskasse selbst über ausreichendes Vermögen verfügt, um sämtliche Versorgungsansprüche erfüllen zu können (BAG vom 12.2.1991 – 3 AZR 30/90 – DB 1991, 1735). Ebenso muss der PSVaG gem. Abs. 1 S. 2 Nr. 2 die Versorgungsempfänger schützen, wenn der Arbeitgeber, der einen Pensionsfonds dotiert, insolvent wird. Diese Insolvenzsicherungspflicht gilt unabhängig davon, in welcher Form dem Arbeitnehmer nach § 112 Abs. 1 S. 1 Nr. 4 oder Abs. 1a VAG eine Versorgungsleistung zugesagt wurde. Der Insolvenzsicherungsanspruch deckt somit bei ausbleibenden Versorgungszahlungen die vom Pensionsfonds geschuldete Versorgungsleistung gleichfalls ab.

11 Hinsichtlich der Voraussetzungen und der **formalen Abwicklung** eines Insolvenzverfahrens gelten die Bestimmungen der **InsO.** Ist der Arbeitnehmer bei einem ausländischen Unternehmen beschäftigt, kann der Sicherungsfall nur dann eintreten, wenn das ausländische Unternehmen über eine dem deutschen Insolvenzrecht unterliegende gewerbliche Niederlassung im Inland verfügt (§ 21 ZPO) und über diese das Insolvenzverfahren eröffnet ist (BAG vom 12.2.1991 – 3 AZR 30/90 – DB 1991, 1735).

12 Der **Eröffnung des Insolvenzverfahrens** stehen nach Abs. 1 S. 4 die Abweisung des Antrags auf Eröffnung des Insolvenzverfahrens mangels Masse, die vollständige Beendigung eines offensichtlich insolventen Betriebs und der außergerichtliche Vergleich des Arbeitgebers mit seinen Gläubigern zur Abwendung eines Insolvenzverfahrens gleich. Die Sicherungsfälle gliedern sich danach in **zwei Gruppen:**

13 **a) Unternehmensliquidation.** Die erste Gruppe betrifft die Unternehmensliquidation. Dazu zählen gem. Abs. 1 S. 4 Nr. 1 und 3 die **Eröffnung des Insolvenzverfahrens** über das Vermögen des Arbeitgebers, die **Abweisung des Antrags** auf Eröffnung des Insolvenzverfahrens **mangels Masse** und die **Beendigung der Betriebstätigkeit** bei offensichtlicher Masselosigkeit. Schwierigkeiten können bei der zweiten Konstellation auftreten.

14 **Stellt** der **Arbeitgeber** den **Betrieb ein** und verweigert er die Zahlung von Versorgungsleistungen mit der Begründung, er habe kein für die Eröffnung des Insolvenzverfahrens ausreichendes Vermögen, und kommt ein Insolvenzverfahren offensichtlich mangels Masse nicht in Betracht, wird die **Eintrittspflicht** des **PSVaG** ausgelöst. Die Ansprüche der Versorgungsberechtigten gehen dann gem. § 9 Abs. 2 auf ihn über und er versucht, noch verwertbares Vermögen des Arbeitgebers an sich zu ziehen, notfalls dadurch, dass er ein Insolvenzverfahren einleitet. Der PSVaG tritt damit in der Insolvenz an die Stelle des Arbeitnehmers. Die Versorgungsberechtigten sind gegenüber dem insolventen Arbeitgeber dann nicht mehr aktivlegitimiert. Ihnen stehen nur noch Ansprüche gegenüber dem PSVaG zu. Auf diese Weise erhält der PSVaG die Möglichkeit, einen Teil seiner Aufwendungen anders als durch Beiträge zu finanzieren.

15 Trifft der PSVaG die Feststellung, dass der **Arbeitgeber lediglich zahlungsunwillig** ist, muss er dies dem Versorgungsberechtigten mitteilen. Er ist dann

verpflichtet, die übergegangenen Ansprüche an den Versorgungsberechtigten abzutreten oder diesen zu ermächtigen, einen Rechtsstreit gegen die Insolvenzmasse im eigenen Namen zu führen (BAG vom 12.4.1983 – 3 AZR 607/80 – DB 1983, 1826). Der Versorgungsberechtigte erhält also in diesem Fall keine Leistungen vom PSVaG. Er hat dann die Möglichkeit, den Arbeitgeber auf weitere Zahlung der laufenden Versorgungsleistung zu verklagen oder, wenn er entgegen der Ansicht des PSVaG von dessen Insolvenz ausgeht, einen Antrag auf Eröffnung des Insolvenzverfahrens zu stellen. Drittens kann der Versorgungsberechtigte den PSVaG auf Feststellung verklagen, dass doch ein Sicherungsfall vorliegt und der Träger der Insolvenzsicherung einzutreten habe. Das Verfahren ist sicherlich umständlich und lästig für den Versorgungsempfänger, aber in der geschilderten Fallgestaltung nicht zu umgehen.

b) Fortführung des Unternehmens. Zur zweiten Gruppe der Sicherungsfälle zählt gem. Abs. 1 S. 4 Nr. 2 der **außergerichtliche Vergleich** in Form des Stundungs-, Quoten- oder Liquidationsvergleichs, den der Arbeitgeber mit seinen Gläubigern abgeschlossen hat. Für diesen Sicherungsfall ist die **Zustimmung** des **PSVaG erforderlich.** Dadurch soll verhindert werden, dass Vereinbarungen zulasten Dritter geschlossen werden, denn die Gläubiger, also die Versorgungsberechtigten, werden immer einem Vergleich zustimmen, da ja für Ausfälle, die bei ihnen eintreten, letztlich der PSVaG haftet. Die Regelung ist sinnvoll, denn der Träger der Insolvenzsicherung muss verhindern, dass die Solidargemeinschaft der Arbeitgeber, die den PSVaG finanziert, in ungerechtfertigter Weise belastet wird. 16

Andererseits kann der **PSVaG** seine Zustimmung nicht nach Gutdünken verweigern. Nach sorgfältiger Überprüfung der wirtschaftlichen Situation des Versorgungsschuldners **hat** er einem Vergleich **zuzustimmen, falls** eine **Sanierung möglich** ist, die langfristig zu einer Sicherstellung der Versorgungsansprüche und -anwartschaften führt und damit auch ihn als Träger der Insolvenzsicherung entlastet. Es ist Aufgabe des betroffenen Unternehmens, einen Sanierungsplan vorzulegen, der seine Sanierungsfähigkeit und -würdigkeit belegt. 17

Ein **Sanierungsplan,** der nach betriebswirtschaftlichen Methoden aufzustellen ist, hat nur dann Erfolg, wenn alle an der Wertschöpfung des Unternehmens beteiligten Gläubiger in die Aufbringung von Sanierungsopfern einbezogen werden. Es haben sich mithin neben den Betriebsrentnern und den vorzeitig ausgeschiedenen Versorgungsanwärtern auch die weiteren Gläubiger des Versorgungsschuldners und dessen aktive Arbeitnehmer an den Sanierungslasten zu beteiligen (BAG vom 16.3.1993 – 3 AZR 299/92 – DB 1993, 1927). Den an ihn zu stellenden Anforderungen genügt ein Sanierungsplan nicht, wenn zumindest ein Teil der aktiven Arbeitnehmer weiterhin Zuwächse bei Versorgungsanwartschaften erdienen kann (BAG vom 24.4.2001 – 3 AZR 402/00 – DB 2001, 1787). Dass der Versorgungsschuldner versucht, außenstehende Unternehmensgläubiger zu Forderungsverzichten zu veranlassen, wird allerdings nicht verlangt. Andererseits genügt ein Sanierungsplan den Anforderungen an eine gerechte Verteilung der Sanierungslasten nicht, wenn sich der Beitrag der Anteilseigner zur Sanierung des Not leidenden Unternehmens lediglich auf den Verzicht eines Teils der Sanierungsgewinne beschränkt. 18

3. Umfang der Eintrittspflicht

19 Der Gesetzgeber hat eine **umfassende Sicherung** der Versorgungsberechtigten vorgesehen. Unabhängig davon, ob und in welchem Umfang Deckungsmittel existieren, die dem Zugriff des Arbeitgebers mehr oder weniger entzogen sind, unterliegen der Insolvenzsicherung des PSVaG gem. § 10 Abs. 1 unmittelbare Versorgungszusagen des Arbeitgebers und mittelbar zugesagte betriebliche Versorgungsleistungen über Unterstützungskassen, Direktversicherungen bei widerruflichem Bezugsrecht oder bei unwiderruflichem Bezugsrecht, sofern sie beliehen, abgetreten oder verpfändet sind, und schließlich Zusagen über Pensionsfonds. Nicht gesetzlich insolvenzgesichert sind Zusagen über eine Direktversicherung mit unwiderruflichem Bezugsrecht, die nicht beliehen, abgetreten oder verpfändet sind, weil sie nach Ansicht des Gesetzgebers durch eine Insolvenz des Arbeitgebers nicht gefährdet sind. Ebenso besteht bezüglich der Leistungen aus Pensionskassen im Hinblick auf das Kapitaldeckungsverfahren sowie die Versicherungsaufsicht kein Insolvenzschutz. Bei Pensionskassen in der Rechtsform eines VVaG ist der Versorgungsberechtigte i.d.R. Versicherungsnehmer und somit ist der Versorgungsanspruch von der Insolvenz des Trägerunternehmens unabhängig. Es mehren sich allerdings die Fälle, in denen Pensionskassen Leistungskürzungen vornehmen müssen (vgl. LAG Hessen vom 3.3.2010 – 8 Sa 187/09 – BetrAV 2010, 486, sowie LAG Baden-Württemberg vom 2.6.2010 – 19 Sa 33/09 – BeckRS 2010, 71797). Systemisch besteht für regulierte Pensionskassen im Gegensatz zu Lebensversicherungsunternehmen keine Pflichtmitgliedschaft in einem Sicherungsfonds (Protektor Lebensversicherungs-AG). Die Eintrittspflicht des PSVaG erstreckt sich in diesem Rahmen gem. Abs. 1 und 2 auf laufende Leistungen und Versicherungsanwartschaften. Neben den generellen Fragen zur Sicherungsfähigkeit der Versorgungsansprüche und zur Betriebsveräußerung im Insolvenzverfahren ergeben sich zusätzlich Unterschiede bezüglich der verschiedenen Durchführungswege.

20 **a) Absicherung laufender Leistungen.** Nach Abs. 1 sind alle Versorgungsansprüche auf **laufende Leistungen** oder **Kapitalzusagen** der betrieblichen Altersversorgung **sicherungsfähig** und sicherungspflichtig. Dies gilt **auch** dann, **wenn** dem Versorgungsberechtigten **Sicherungsmittel eingeräumt** wurden. Zu dem in der Praxis bedeutsamsten Sicherungsmittel, insbesondere zur Absicherung von Pensionszusagen an insolvenzrechtlich nicht geschützte Versorgungsberechtigte, wie Gesellschafter von Personenhandelsgesellschaften oder Kapitalgesellschaften, zählt die Verpfändung einer Rückdeckungsversicherung. Rückdeckungsversicherungen gehören rechtlich und wirtschaftlich zum Vermögen des Arbeitgebers. Ihr versorgungsrechtlicher Zweck allein reicht nicht aus, ein Aussonderungsrecht zugunsten des Arbeitnehmers – als versicherter Person – zu begründen (BAG vom 29.7.1967 – 3 AZR 55/66 – DB 1967, 1857). Wird jedoch die auf das Leben des Arbeitnehmers abgeschlossene Lebensversicherung dem Arbeitnehmer zur Sicherung seiner Forderung nach §§ 1273 ff. BGB verpfändet, so liegt eine Umgehung des Grundsatzes der gleichmäßigen Behandlung aller Gläubiger im Insolvenzfall nicht vor. Im Fall der Insolvenz geht das Pfandrecht als akzessorisches Sicherungsmittel gem. § 9 Abs. 2

bei Versorgungsberechtigten, die dem Insolvenzschutz unterliegen, auf den PSVaG über; bei nicht dem Insolvenzschutz unterliegenden Personen führt die Verpfändung zu einem Absonderungsrecht gem. §§ 49 ff. InsO, da die künftigen Forderungen des Arbeitnehmers als Gläubiger durch den Versorgungsvertrag ausreichend bestimmt sind (so im Ergebnis auch BVerwG vom 25.8.2010 – 8 C 23.09 und 8 C 40.09 – DB 2011, 184 und DB 2011, 181).

Ist die Verpflichtung auf einen Nachfolgearbeitgeber übergegangen oder wurde sie übertragen, berührt dies die Sicherungsfähigkeit nicht. Bei einem **Betriebsübergang im Insolvenzverfahren** haftet der PSVaG für sämtliche Rentenansprüche der vor Eröffnung des Insolvenzverfahrens eingetretenen Versorgungsfälle sowie für die Rentenansprüche aller beim insolventen Arbeitgeber mit einer unverfallbaren Anwartschaft ausgeschiedenen Arbeitnehmer und für die bis zur Eröffnung des Insolvenzverfahrens aufgelaufenen unverfallbaren Anwartschaften der im Betrieb verbliebenen Arbeitnehmer. Der Betriebserwerber übernimmt vom Zeitpunkt des Betriebsübergangs an die Versorgungsverpflichtungen der Arbeitnehmer, deren Arbeitsverhältnisse gem. § 613a BGB auf ihn übergegangen sind. Ansprüche aus verfallbaren Anwartschaften haben Arbeitnehmer, die im Betrieb verbleiben, gegen die Masse geltend zu machen (BAG vom 17.1.1980 – 3 AZR 1107/78 – DB 1980, 499; BAG vom 29.10.1985 – 3 AZR 485/83 – DB 1986, 1779). Diese Grundsätze sind auch anwendbar, wenn das Insolvenzverfahren später mangels Masse eingestellt wird (BAG vom 11.2.1992 – 3 AZR 117/91 – DB 1992, 2559) oder bei einem Betriebsübergang im Rahmen eines Insolvenzverfahrens, das mit einem gerichtlich bestätigten Vergleich endet (BAG vom 4.7.1989 – 3 AZR 756/87 – NZA 1990, 188). Die Haftungsbeschränkung des Betriebserwerbers in der Insolvenz tritt allerdings nur dann ein, wenn der Übernehmer den Betrieb nach Eröffnung des Insolvenzverfahrens erworben hat (BAG vom 23.7.1991 – 3 AZR 366/90 – DB 1992, 96; BAG vom 16.2.1993 – 3 AZR 347/92 – DB 1993, 1374). 21

aa) Unmittelbare Versorgungszusagen. Bei diesem Durchführungsweg tritt der PSVaG an die Stelle des insolventen Arbeitgebers. **Geschützt** sind die Leistungsempfänger seit Eintritt des Sicherungsfalls und gem. Abs. 1 und 1a **auch hinsichtlich rückständiger Versorgungsleistungen** für die Dauer von zwölf Monaten. Die Haftungsbegrenzung auf zwölf Monate gilt auch dann, wenn die Versorgungsregelung vorsieht, dass der Tatbestand der Erwerbsunfähigkeit durch eine entsprechende Anerkennung seitens des Sozialversicherungsträgers nachzuweisen ist und diese Anerkennung erst innerhalb eines Sozialgerichtsverfahrens innerhalb von sechs Monaten (seit dem 1.1.2009: zwölf Monate) vor der Insolvenz des Arbeitgebers erfolgt. Die rückwirkend zuerkannte Invaliditätsrente führt nicht zu einer Ausdehnung der Einstandspflicht des PSVaG über die Begrenzung in Abs. 1a S. 3 hinaus (LAG Köln vom 16.3.2005 – 7 Sa 1260/04 – BetrAV 2006, 97). Allerdings entstehen Ansprüche nach Abs. 1a S. 1 nicht bereits am Insolvenzstichtag, sondern regelmäßig erst mit dem Beginn des Kalendermonats, der auf den Eintritt des Sicherungsfalls folgt. Rentenberechnungen nach Tagen werden dadurch überflüssig. Diese Rechtsfolge dient der Verwaltungsvereinfachung und entspricht dem Charakter der Betriebsrente als Monatsrente. Eine Ausnahme von der auf zwölf Monate rückwirkenden Leis- 22 tungspflicht des PSVaG gem. Abs. 1a S. 3 gilt beim außergerichtlichen Vergleich. Nach der Rechtsprechung des BAG wird der Leistungsbeginn auf den Zeitpunkt der Zustimmungserklärung des PSVaG festgelegt. Zu den Versorgungsberechtigten zählen auch die Hinterbliebenen, wenn der Versorgungsempfänger während des Laufs des Insolvenzverfahrens stirbt. Nach Auffassung des ArbG Köln ist der PSVaG dem/den Erben eines Betriebsrentners zur Zahlung ausgefallener rückständiger Versorgungsleistungen aus dem Zeitraum der letzten zwölf Monate verpflichtet, wenn der Betriebsrentner zwar vor dem Entstehen der Leistungspflicht des Trägers der Insolvenzsicherung, jedoch innerhalb des Zwölf-Monate-Zeitraums verstirbt. Das „Entstehen" des Anspruchs i.S.d. Abs. 1a S. 1, d.h. der Eintritt des Sicherungsfalls, sei insoweit als aufschiebende Bedingung zu verstehen (ArbG Köln vom 14.12.2012 – 9 Ca 7701/12, rkr. – BetrAV 2013, 653).

23 **bb) Direktversicherungen.** Laufende Leistungen aus Direktversicherungen unterliegen dem Insolvenzschutz, wenn der Arbeitgeber trotz der Einräumung eines unwiderruflichen Bezugsrechts die Ansprüche aus dem Versicherungsvertrag abgetreten, beliehen oder verpfändet hat (BAG vom 17.10.1995 – 3 AZR 420/94 – DB 1996, 1426). Dagegen besteht für **Einbußen** bei einer Direktversicherung, die einem durch ein unwiderrufliches Bezugsrecht begünstigten Arbeitnehmer entstanden sind, weil der Arbeitgeber die **Beiträge** an den Versicherer **nicht** vertragsgemäß **entrichtet** hat, **kein Insolvenzschutz** (BAG vom 17.11.1992 – 3 AZR 51/92 – BB 1993, 943). Diese Entscheidung lässt in Einzelfällen in bedenklicher Weise eine Lücke im Insolvenzschutz entstehen, die in der Rechtspraxis einer Lösung zugeführt werden muss. Die vom BAG angedeutete Lösung einer Hinweispflicht der Versicherung erscheint dabei wenig praktikabel und entbehrt einer ausreichenden Rechtsgrundlage. Soweit der Arbeitgeber die Deckungsmittel der Direktversicherung bezüglich der Teile beleiht, die auf Eigenbeiträgen des Arbeitnehmers beruhen, besteht keine Sicherungspflicht, da die Eigenbeitragsteile des Arbeitnehmers nicht in den Schutzbereich des Gesetzes fallen und der Arbeitnehmer das Insolvenzrisiko dadurch vermeiden kann, dass er der Beleihung nicht zustimmt.

24 **cc) Pensionsfonds und Unterstützungskassen.** Die von einem Pensionsfonds nach dem **Pensionsplan** zu erbringende Versorgungsleistung ist sicherungsfähig. Dieselbe Rechtsfolge besteht für Unterstützungskassen bezüglich der nach ihrer Versorgungsregelung vorgesehenen Versorgung. Damit geht das Gesetz letztlich auch bei der Unterstützungskasse von Rechtsansprüchen aus. Der Sicherungsfall muss beim Trägerunternehmen und nicht bei der Unterstützungskasse eingetreten sein; die wirtschaftliche Lage der Kasse ist nicht entscheidend (BAG vom 14.12.1993 – 3 AZR 618/93 – DB 1994, 686). Bei einer **Konzern-** oder **Gruppenunterstützungskasse,** also bei Kassen, bei denen Arbeitnehmer mehrerer Unternehmen versorgt werden, wird die rechtliche Existenz der Kasse durch die Insolvenz eines Trägerunternehmens nicht berührt. Die Ansprüche der Versorgungsberechtigten richten sich gegen den PSVaG, dem wiederum ein Forderungsrecht in Höhe des dem insolventen Trägerunternehmen zuzurechnenden Teils des Kassenvermögens zusteht.

b) Eintrittspflicht für Versorgungsanwartschaften. Neben den laufenden Leistungen sind gem. Abs. 2 **auch unverfallbare Versorgungsanwartschaften** i.S.v. § 1b Abs. 1 S. 1 **insolvenzgesichert,** und zwar unabhängig davon, ob der Arbeitnehmer bereits ausgeschieden oder noch im Betrieb verblieben ist. Der Insolvenzschutz ist auch auf kraft Richterrechts unverfallbar gewordene Anwartschaften zu erstrecken (BAG vom 20.1.1987 – 3 AZR 313/85 – DB 1987, 1947; BVerfG vom 10.3.1988 – 1 BvR 915/87 – AP Nr. 38a zu § 7 BetrAVG). Ist ein Arbeitnehmer bei einer ausländischen Gesellschaft beschäftigt, wurde jedoch die Versorgungszusage von einem inländischen Unternehmen erteilt, so besteht zumindest dann Insolvenzschutz, wenn der Arbeitnehmer das Arbeitsverhältnis mit der ausländischen Tochtergesellschaft im Konzerninteresse auf Veranlassung der deutschen Konzernobergesellschaft abgeschlossen hat (BAG vom 6.8.1985 – 3 AZR 185/83 – DB 1986, 131; BAG vom 25.10.1988 – 3 AZR 64/87 – DB 1989, 278). 25

Der **Insolvenzschutz** kann nicht durch eine vertraglich vereinbarte Unverfallbarkeit herbeigeführt werden (BAG vom 28.3.1995 – 3 AZR 496/94 – DB 1995, 1867; BAG vom 22.2.2000 – 3 AZR 4/99 – DB 2001, 2203); er **steht** generell **nicht zur Disposition** der Parteien des Versorgungsvertrags (BAG vom 9.11.1999 – 3 AZR 361/98 – AP Nr. 96 zu § 7 BetrAVG; BAG vom 14.12.1999 – 3 AZR 684/98 – DB 2000, 2536; BAG vom 4.4.2000 – 3 AZR 458/98 – AP Nr. 32 zu § 2 BetrAVG; LAG Köln vom 18.2.2000 – 12 Sa 1318/99 – DB 2000, 2128). Die Berechnung der gesetzlichen Unverfallbarkeit ist grds. für jedes Arbeitsverhältnis separat vorzunehmen. Die Unverfallbarkeitsvoraussetzungen können jedoch durch die Anrechnung von Vordienstzeiten erfüllt sein (BAG vom 19.7.1983 – 3 AZR 397/81 – DB 1983, 2255; BAG vom 26.9.1989 – 3 AZR 814/87 – DB 1990, 383). Allerdings kommt die Anrechnung einer Vordienstzeit nur in Betracht, wenn sie nahtlos an das Arbeitsverhältnis heranreicht, das eine neue Versorgungszusage begründet (BAG vom 22.2.2000 – 3 AZR 4/99 – DB 2001, 2203; BAG vom 21.1.2003 – 3 AZR 121/02 – DB 2003, 2711). Wird eine unverfallbare Anwartschaft auf den Nachfolgearbeitgeber übertragen und übernimmt dieser die Versorgungszusage, ist der Zuwachs der Zusage sofort unverfallbar und damit auch insolvenzgeschützt (BAG vom 15.6.2010 – 3 AZR 31/07 – DB 2010, 2678). Liegt ein Wechsel von einem insolvenzpflichtigen Arbeitsverhältnis in eine nicht insolvenzpflichtige Tätigkeit vor, müssen die Unverfallbarkeitsvoraussetzungen zum Zeitpunkt des Wechsels erfüllt sein. Im umgekehrten Fall müssen die Unverfallbarkeitsvoraussetzungen bei Eintritt des Sicherungsfalls im Rahmen des insolvenzpflichtigen Arbeitsverhältnisses gegeben sein. 26

Während der PSVaG die volle laufende Versorgungsleistung zu übernehmen hat, werden unverfallbare Anwartschaften nur in der nach § 2 Abs. 1 berechneten Höhe in den Insolvenzschutz einbezogen. Dabei ist die Betriebszugehörigkeit i.S.d. § 2 Abs. 1 von der versorgungsfähigen Beschäftigungszeit zu unterscheiden. Durch Beschränkung der versorgungsfähigen Beschäftigungszeit kann der gesetzliche Mindestschutz nicht verringert werden (BAG vom 30.5.2006 – 3 AZR 205/05 – DB 2007, 1987). Arbeitgeber und Arbeitnehmer können mit Wirkung für den Insolvenzschutz in den Grenzen des Abs. 5 jedoch vereinbaren, dass auch Zeiten nach dem Ausscheiden aus dem Arbeitsverhältnis als versorgungssteigernde Dienstzeit anerkannt werden **(Nachdienstzeiten),** etwa 27 um die Zeit bis zur Inanspruchnahme der vorgezogenen Altersrente in der gesetzlichen Rentenversicherung zu überbrücken (BAG vom 10.3.1992 – 3 AZR 140/91 – DB 1992, 2251). Es ist aber zu beachten, dass eine Versorgungsvereinbarung, die über die Berechnungsgrundsätze des § 7 Abs. 2 S. 3 i.V.m. § 2 Abs. 1 und 5 hinausgeht, den PSVaG nicht bindet. Vereinbarungen von Nachdienstzeiten vor der Insolvenz des Arbeitgebers sind deshalb vielfach wertlos. Es besteht allerdings die Möglichkeit, statt der Beendigung des Arbeitsverhältnisses eine Ruhestandsvereinbarung zu treffen (BAG vom 30.5.2006 – 3 AZR 205/05 – DB 2007, 1987).

28 Für die **Berechnung der Höhe des Anspruchs** wird die Betriebszugehörigkeit bis zum Eintritt des Sicherungsfalls berücksichtigt. Abzustellen ist auf die tatsächlichen Verhältnisse im Zeitpunkt des Sicherungsfalls und nicht auf die Verhältnisse im Zeitpunkt des Versorgungsfalls. Die im Zeitpunkt des Sicherungsfalls bestehenden Bemessungsgrundlagen sind auf den Zeitpunkt des Versorgungsfalls hochzurechnen. Nach dem Sicherungsfall eintretende Veränderungen der Bemessungsgrundlage für die Betriebsrente, etwa bei gehaltsabhängigen Zusagen, werden nicht berücksichtigt (BAG vom 12.3.1991 – 3 AZR 63/90 – NZA 1992, 132). Anpassungen der Versorgungsleistungen, die sich nach variablen Größen bemessen, sind bei Versorgungsanwärtern mithin nicht insolvenzgeschützt. Der unterschiedliche Insolvenzschutz für Versorgungsanwärter und Versorgungsempfänger ist verfassungsrechtlich nicht zu beanstanden (BAG vom 4.4.2000 – 3 AZR 458/98 – AP Nr. 32 zu § 2 BetrAVG). Etwas anderes gilt nur dann, wenn in einer ablösenden Versorgungsordnung der bis zum Ablösungszeitpunkt erdiente unverfallbare und nach § 2 Abs. 1 berechnete Versorgungsbesitzstand als Mindestrente garantiert worden ist; sie ist insolvenzgeschützt. Die zeitratierliche Kürzung der Mindestrente nach Abs. 2 i.V.m. § 2 Abs. 1 auf den Zeitpunkt der Eröffnung des Insolvenzverfahrens ist ausgeschlossen (BAG vom 22.9.1987 – 3 AZR 662/85 – DB 1988, 291; BAG vom 21.3.2000 – 3 AZR 93/99 – DB 2001, 206). Tritt aufgrund einer durchgeführten generellen Neuregelung des Versorgungswerks eine Verschlechterung der erreichbaren Endrente i.S.v. § 2 Abs. 1 ein, weil die Steigerungssätze für noch ausstehende Dienstjahre gemindert werden, kann sich nach der Durchführung der Neuregelung rechnerisch eine geringere unverfallbare Anwartschaft als vor der Neuordnung ergeben. In diesem Fall besteht der Insolvenzschutz zumindest in der Höhe, wie er sich unter Zugrundelegung des alten Versorgungssystems auf Basis der Bemessungsgrundlage zum Neuordnungsstichtag zu diesem Stichtag ergeben hätte (BAG vom 22.9.1987 – 3 AZR 662/85 – DB 1988, 291; BAG vom 21.1.1992 – 3 AZR 21/91 – DB 1992, 1051, zur Berechnung s. auch LAG Köln vom 25.8.1989 – 9 Sa 572/89 – BB 1990, 353).

29 Die Sicherungspflicht des PSVaG erstreckt sich auch auf gesetzlich unverfallbare Versorgungsanwartschaften aus einer **Pensionsfondszusage.** Bei ihnen richtet sich die Höhe des Insolvenzsicherungsanspruchs nach der gem. § 2 Abs. 1 i.V.m. Abs. 3a quotierten Versorgungsleistung, wenn eine Leistungszusage i.S.v. Abs. 2 S. 5 Halbs. 1 vorliegt. Bei Beitragszusagen mit Mindestleistung ist die Höhe der zu sichernden unverfallbaren Anwartschaft und des daraus resultierenden Anspruchs gem. Abs. 2 S. 5 Halbs. 2 nach den unter § 2 Rn. 46 erörterten Kriterien zu bemessen.

Ist bei einer **Direktversicherung** das **Bezugsrecht widerruflich** gestaltet, so wird der Insolvenzverwalter i.d.R. das Bezugsrecht zur Verwertung der Insolvenzmasse widerrufen, ohne dass er dabei selbst gem. § 60 InsO schadenersatzpflichtig wird; Schadenersatzansprüche der Arbeitnehmer stellen dagegen keine Masseschulden i.S.d. § 53 InsO dar (BAG vom 26.2.1991 – 3 AZR 213/90 – DB 1991, 2242). Das Gleiche gilt, wenn im Fall eines „eingeschränkt unwiderruflichen Bezugsrechts" die Voraussetzungen des Widerrufsvorbehalts vorliegen, d.h. keine gesetzliche Unverfallbarkeit eingetreten ist. Der Insolvenzverwalter muss das Bezugsrecht widerrufen, um den Versicherungsvertrag zu beenden und den Rückkaufswert zur Masse zu ziehen, da die Eröffnung des Insolvenzverfahrens nur zur Folge hat, dass die gegenseitigen Ansprüche auf Leistungen ihre Durchsetzbarkeit verlieren (BGH vom 7.4.2005 – IX ZR 138/04 – DB 2005, 1453; BAG vom 15.6.2010 – 3 AZR 334/06 – DB 2010, 2814). Bei einem widerrufenen Bezugsrecht oder einer Beleihung oder Abtretung einer Direktversicherung mit **unwiderruflichem Bezugsrecht** richtet sich der Anspruch auf „Wiederherstellung der vertragsmäßigen Leistungen" unter Berücksichtigung der Wirkungen des Insolvenzfalls. Dabei ist von der im Versicherungsvertrag vorgesehenen Versicherungssumme auszugehen und diese entsprechend § 2 Abs. 1 mit Hilfe der ratierlichen Berechnungen auf den Zeitpunkt des Eintritts des Insolvenzfalls neu zu bestimmen. Das Deckungskapital der Soll-Versicherung wird mit dem Deckungskapital der Ist-Versicherung verglichen; ein etwaiger Differenzbetrag ist durch eine Einmalprämie des PSVaG auszugleichen. Außer Ansatz bleibt der durch den Arbeitnehmer selbst finanzierte Anteil der Versicherung. Bei ausgeschiedenen Arbeitnehmern ist bei der Errechnung der Soll-Versicherungsleistung der Ergänzungsanspruch des § 2 Abs. 2 S. 1 dann mitzurechnen, wenn der Arbeitgeber die ratierliche Berechnung gem. § 2 Abs. 1 gewählt hat. Bei noch beschäftigten Arbeitnehmern besteht aufgrund der fehlenden Verweisung auf § 2 Abs. 2 S. 1 in § 7 Abs. 2 S. 3 kein insolvenzgesicherter Ergänzungsanspruch. 30

c) Insolvenzschutz für Nichtarbeitnehmer. Ob Versorgungsansprüche von Personen, die **Nichtarbeitnehmer** sind, insolvenzgeschützt sind, hängt nach § 17 Abs. 1 S. 2 davon ab, ob ihnen die Versorgungsleistung **aus Anlass** ihrer **Tätigkeit** für ein **Unternehmen** zugesagt worden ist. Entscheidend ist also, dass die Versorgungsleistung ihren Grund in der Arbeit für ein fremdes Unternehmen hat. Eine Altersversorgung ist z.B. dann nicht aus Anlass des Arbeitsverhältnisses oder der Tätigkeit für ein Unternehmen zugesagt worden, wenn eine GmbH nur ihren Gesellschaftern eine Versorgung verspricht und wenn deren Art und Höhe bei Beschäftigten, die nicht Gesellschafter sind, wirtschaftlich nicht vertretbar wäre (BAG vom 25.1.2000 – 3 AZR 769/98 – NZA 2001, 959). Zum persönlichen Geltungsbereich s. auch § 17 Rn. 5 ff. 31

Bei einem Einzelunternehmen, der oHG, der GmbH & Co. KG, der GmbH und der KGaA besteht nach der vielfältigen Rechtsprechung des BGH eine gesetzliche **Insolvenzsicherung nur für echte Minderheitsgesellschafter** mit einer Beteiligung von nicht mehr als 10%. Für Vollkaufleute, selbständige Alleingesellschafter, Mehrheitsgesellschafter, Minderheitsgesellschafter mit Leitungsmacht sowie tätige Minderheitsgesellschafter mit gemeinsamer Mehrheit 32 ist dagegen kein Insolvenzschutz gegeben. Eine Ausnahme bildet die KG. Bei dieser Rechtsform besteht Insolvenzschutz nicht nur für den echten Minderheitsgesellschafter, sondern auch für angestellte Komplementäre. Grds. muss der PSVaG darlegen und beweisen, dass er wegen einer Unternehmerstellung des Versorgungsberechtigten nicht für die zugesagten Leistungen einzutreten hat. Die Darlegungs- und Beweislast kann sich allerdings umkehren, wenn der Versorgungsberechtigte sich weigert, zur Aufklärung des Sachverhalts hinsichtlich der von ihm bekleideten Position beizutragen (LG Köln vom 28.12.1988 – 24 O 82/87 – DB 1989, 1780).

33 Bei einem **Wechsel** von einer Arbeitnehmertätigkeit **in** eine nicht unter den Insolvenzschutz fallende **Unternehmertätigkeit** ist der auf die Arbeitnehmertätigkeit entfallende Teil des betrieblichen Versorgungsanspruchs insolvenzgesichert (BGH vom 9.6.1980 – II ZR 255/78 – DB 1980, 1588). Wird der Arbeitnehmer Einzelkaufmann, erlischt die Anwartschaft bzw. der Anspruch wegen der Vereinigung von Schuld und Forderung. Liegt ein Wechsel von einer nicht insolvenzfähigen Unternehmertätigkeit in eine Arbeitnehmerstellung vor, besteht Insolvenzschutz, sofern die Zusage auch die Zeiten der Arbeitnehmertätigkeit erfasst (BGH vom 9.6.1980 – II ZR 255/78 – DB 1980, 1588; BGH vom 16.6.1980 – II ZR 195/79 – DB 1980, 1991). Der PSVaG kann im Insolvenzfall die Versorgungsleistungen für die Zeit der unternehmerischen Tätigkeit zeitanteilig kürzen (BGH vom 2.4.1990 – II ZR 156/89 – BetrAV 1990, 206).

4. Grenzen des Insolvenzschutzes

34 Durch die Insolvenzsicherung soll die Funktion der betrieblichen Altersversorgung, zur Aufrechterhaltung des Lebensstandards nach dem Ausscheiden aus dem aktiven Arbeitsleben beizutragen, auch im Insolvenzfall gewährleistet werden. Zur Erreichung dieses Ziels dürfen der **PSVaG** und die ihn finanzierende Solidargemeinschaft der Arbeitgeber **nicht überfordert** werden. Der Gesetzgeber hat **deshalb** die **Eintrittspflicht** des PSVaG **begrenzt** und vor missbräuchlicher Inanspruchnahme gesichert.

35 **a) Höchstgrenzen der Eintrittspflicht.** Nach Abs. 3 sind die durch den PSVaG gesicherten Leistungen der Höhe nach auf das **Dreifache der Bezugsgröße** gem. § 18 SGB IV **insolvenzgeschützt.** Nach den Verhältnissen des Jahrs 2013 sind damit in den alten Bundesländern 8.085 € und in den neuen Bundesländern 6.825 € pro Monat insolvenzgesichert. Bei einem Anspruch auf Kapitalleistungen gilt diese Regelung entsprechend, wobei 10 % der Kapitalleistungen als Jahresbetrag einer laufenden Leistung anzusetzen sind. Daraus ergibt sich das 120-Fache der maximalen monatlichen Leistung. Sie beträgt danach 2013 in den alten Bundesländern 970.200 € und in den neuen Bundesländern 819.000 €. Bei Zahlung einer Witwenrente ist zunächst die nach Abs. 1 zu erbringende Versorgungsleistung zu ermitteln (BAG vom 30.8.1979 – 3 AZR 381/78 – DB 1979, 2330; BGH vom 21.3.1983 – II ZR 174/82 – DB 1983, 1261). Erst in einem zweiten Schritt ist die vom PSVaG zu erbringende Hinterbliebenenleistung auf die in Abs. 3 festgesetzten Höchstgrenzen zurückzuführen (BGH vom 11.10.2004 – II ZR 369/02 – ZIP 2004, 2297).

Gem. der in Abs. 1 und 2 zu Tage tretenden Systematik handelt es sich bei Abs. 3 um eine Höchstgrenze für die Sicherung der Leistungen der betrieblichen Altersversorgung des insolventen Arbeitgebers. Entsprechend sind die Leistungen aus mehreren insolvenzpflichtigen Versorgungszusagen eines Arbeitgebers an einen Versorgungsgläubiger bis zur Höchstgrenze zu addieren. Eine Ausnahme von diesem Grundsatz besteht, wenn neben einem eigenen Versorgungsanspruch Leistungen aus abgeleitetem Recht, wie etwa eine Hinterbliebenenversorgung, bezogen werden. Bestehen Versorgungsansprüche aus insolvenzgeschützten Versorgungszusagen mehrerer Arbeitgeber, dürften diese, bezogen auf den jeweiligen insolventen Arbeitgeber, getrennt bis zur Höchstgrenze gem. Abs. 3 S. 1 anzusetzen sein. 36

b) Anzurechnende Leistungen. Die **Leistungen des PSVaG vermindern sich** nach Abs. 4 in dem Maß, wie der Arbeitgeber oder ein sonstiger Träger der Versorgung Leistungen erbringt. Da nach § 9 Abs. 2 alle Ansprüche auf den PSVaG übergehen, kommen Leistungen aus der Verwertung von Sicherheiten durch den Versorgungsempfänger nur insoweit in Betracht, wie es sich um nichtakzessorische Sicherungsmittel handelt. Leistungen des Arbeitgebers können z.B. aus dem konkursfreien Vermögen erbracht werden. 37

c) Versicherungsmissbrauch. Nach Abs. 5 ist der PSVaG bei einer missbräuchlichen Inanspruchnahme nicht zur Übernahme des Versorgungsanspruchs verpflichtet. Nach den allgemeinen Beweisregeln hat der PSVaG den Missbrauchstatbestand nachzuweisen. Die Unangemessenheit der Versorgungszusage, geschäftliche oder verwandtschaftliche Verflechtungen des Arbeitnehmers und des Arbeitgebers sowie die wirtschaftliche Lage des Arbeitgebers bei Erteilung oder Verbesserung der Versorgungszusage können **Indizien für** eine **missbräuchliche Inanspruchnahme** sein. Die Umstände müssen insgesamt die Annahme rechtfertigen, dass die Sicherung der Einstandspflicht des PSVaG der alleinige oder überwiegende Zweck der Versorgungszusage oder ihrer Verbesserung gewesen ist (BAG vom 8.5.1990 – 3 AZR 121/89 – DB 1990, 2375). Arbeitgeber und Arbeitnehmer müssen dabei am Zustandekommen der missbräuchlichen Maßnahme zusammengewirkt haben (BAG vom 26.6.1990 – 3 AZR 641/88 – DB 1990, 2475). War der begünstigte Arbeitnehmer nicht an der missbräuchlichen Maßnahme beteiligt, trifft ihn nicht der Nachteil aus einem Versicherungsmissbrauch (BAG vom 19.2.2002 – 3 AZR 137/01 – DB 2002, 2115). Zu den möglichen missbräuchlichen Verbesserungen einer Zusage gehören auch Vereinbarungen zwischen Arbeitgeber und Arbeitnehmer über eine Erhöhung der laufenden Betriebsrente (BAG vom 29.11.1988 – 3 AZR 184/87 – BB 1989, 1558; BAG vom 26.4.1994 – 3 AZR 981/93 – ZIP 1994, 1369; BAG vom 18.3.2003 – 3 AZR 120/02 – DB 2004, 84). 38

Das Gesetz stellt in S. 2 eine **widerlegbare Vermutung** auf, die eine **Beweiserleichterung** für den **PSVaG** bewirken soll. So wird ein Missbrauch vermutet, wenn bei Erteilung oder Verbesserung der Versorgungszusage wegen der wirtschaftlichen Lage des Arbeitgebers zu erwarten ist, dass die Zusage nicht erfüllt werden kann. Ein Versicherungsmissbrauch ist aber nicht schon dann gegeben, wenn die wirtschaftliche Lage des Arbeitgebers im Zeitpunkt der Zusage oder Verbesserung schlecht war (BAG vom 29.11.1988 – 3 AZR 184/87 – BB 39

1989, 1558; BAG vom 8.5.1990 – 3 AZR 121/89 – DB 1990, 2375; BAG vom 10.3.1992 – 3 AZR 140/91 – DB 1992, 2251). Außerdem muss es sich für die Annahme einer unwiderleglichen Missbrauchsvermutung gem. Abs. 5 S. 3 a.F. um eine „vereinbarte" Verbesserung handeln. Eine solche Vereinbarung liegt nicht vor, wenn durch streitiges, rechtskräftiges Urteil die Anpassung zu einem außerhalb des gesetzlichen Karenzzeitraums von zwei Jahren vor Insolvenzeröffnung liegenden Anpassungszeitpunkt festgestellt wird (BAG vom 18.3.2003 – 3 AZR 120/02 – DB 2004, 84). Ob dies in gleicher Weise auch für nicht streitige Urteile gelten kann, hat das Gericht offen gelassen. Abgesehen von der Frage der Vereinbarung muss der begünstigte Arbeitnehmer den missbilligten Zweck der Maßnahme zumindest erkennen können (BAG vom 17.10.1995 – 3 AZR 420/94 – DB 1996, 1426). Hiervon ist auszugehen, wenn sich für ihn die Erkenntnis aufdrängen musste, wegen der wirtschaftlichen Lage des Arbeitgebers sei ernsthaft nicht damit zu rechnen, dass die Zusage erfüllt werde (BAG vom 19.2.2002 – 3 AZR 137/01 – DB 2002, 2115).

40 Eine **unwiderlegliche Missbrauchsvermutung** greift bei Verbesserungen Platz, wenn sie in den beiden letzten Jahren vor Eintritt des Sicherungsfalls vereinbart wurden (BAG vom 24.11.1998 – 3 AZR 423/97 – NZA 1999, 650). Nach seinem Wortlaut gilt Abs. 5 S. 3 nicht für die erstmalige Erteilung von Versorgungszusagen. Was aber für die Verbesserung einer Versorgungszusage maßgebend ist, muss erst recht für ihre erstmalige Erteilung gelten. Es besteht deshalb kein Insolvenzschutz, wenn die Versorgungszusage erst innerhalb zweier Jahre vor Eintritt des Sicherungsfalls erteilt wurde (BAG vom 24.11.1998 – 3 AZR 423/97 – NZA 1999, 650). Für den Beginn der Zwei-Jahres-Frist kommt es darauf an, an welchem Tag die Verbesserung zugesagt worden ist, nicht wann der damit bezweckte Erfolg eintritt (BAG vom 2.6.1987 – 3 AZR 764/85 – DB 1987, 2211). Automatische Leistungsverbesserungen, z.B. durch Anhebung des versorgungsfähigen Gehalts durch Tariferhöhungen, gelten nicht als Verbesserungen und fallen somit nicht unter die unwiderlegliche Missbrauchsvermutung. Auf Beleihungen einer Direktversicherung kann dagegen Abs. 5 S. 3 nicht entsprechend angewandt werden (BAG vom 26.6.1990 – 3 AZR 641/88 – DB 1990, 2475), selbst wenn das Bezugsrecht unwiderruflich war (BAG vom 17.10.1995 – 3 AZR 420/94 – DB 1996, 1426). Überträgt der Arbeitgeber innerhalb des letzten Monats vor dem Antrag auf Eröffnung des Insolvenzverfahrens über sein Vermögen seine Rechte als Versicherungsnehmer aus einer Direktversicherung auf den versicherten Arbeitnehmer, so kann der Insolvenzverwalter im Wege der Insolvenzanfechtung die Zurückgewährung zur Insolvenzmasse verlangen, wenn dem Arbeitnehmer noch keine unverfallbare Anwartschaft i.S.d. BetrAVG zustand. Der Anspruch des Insolvenzverwalters auf Rückübertragung zur Insolvenzmasse unterfällt keiner tariflichen Ausschlussfrist; er verjährt jedoch innerhalb von zwei Jahren nach Eröffnung des Insolvenzverfahrens (BAG vom 19.11.2003 – 10 AZR 110/03 – DB 2004, 494).

41 Durch das AltEinkG ist die Rückausnahme des **Abs. 5 S. 3 erweitert worden.** Die zusätzlich in diese Bestimmung eingefügte Nr. 2 soll, flankierend zur Portabilität nach § 4, bewirken, dass das übertragene Betriebsrentenkapital des Arbeitnehmers beim neuen Arbeitgeber von Anfang an insolvenzgeschützt ist. Die Zwei-Jahres-Schutzfrist zugunsten des PSVaG findet in diesen Fällen keine

Anwendung. Um das Risiko des PSVaG und der ihn finanzierenden Arbeitgeber kalkulierbar zu halten, wird die Einstandspflicht jedoch auf die Höhe des Übertragungswerts, dessen Mitnahme der Arbeitnehmer nach § 4 Abs. 3 beanspruchen kann, begrenzt. Infolge der Verweisung auf die BBG in der gesetzlichen Rentenversicherung sind in 2014 Übertragungswerte bis maximal 71.400 € gesetzlich insolvenzgeschützt. Zum sofortigen Insolvenzschutz gem. Abs. 5 S. 3 Nr. 1 vgl. § 1a Rn. 49.

d) Nicht insolvenzgefährdete Arbeitnehmer des öffentlichen Diensts. Vom Insolvenzschutz sind Arbeitnehmer, die bei einem nicht insolvenzgefährdeten Arbeitgeber des öffentlichen Diensts beschäftigt sind, gem. § 17 Abs. 2 **ausgenommen.** Das Gesetz zählt die Arbeitgeber enumerativ auf. Alle nicht genannten juristischen Personen des öffentlichen Rechts und des Privatrechts unterliegen der Insolvenzsicherung und damit auch der Beitragspflicht zum PSVaG. Dem Bund, den Ländern und den Gemeinden werden Körperschaften, Stiftungen und Anstalten des öffentlichen Rechts gleichgestellt, bei denen das Insolvenzverfahren nicht zulässig ist. Dazu gehören z.B. Einrichtungen und Eigenbetriebe der Gemeinden. Auch die Körperschaften, Stiftungen und Anstalten des öffentlichen Rechts, bei denen die Insolvenz nicht zulässig ist, weil Bund, Land oder Gemeinde kraft Gesetzes die Zahlungsfähigkeit sichern, unterliegen nicht der Insolvenzsicherung. Das ist z.B. der Fall bei kommunalen Sparkassen und Landesbanken, bei Versicherungsanstalten und Versicherungskammern, bei Berufsgenossenschaften, dem Träger der Rentenversicherung sowie bei der Bundesknappschaft und der AOK in Nordrhein-Westfalen seit dem 1.1.1988. 42

e) Katastrophenfall. Durch die **Sonderregelung** in Abs. 6 soll das unternehmerische **Risiko** des **PSVaG eingegrenzt** werden. Mit Zustimmung der BaFin kann der PSVaG im Katastrophenfall die Leistungen nach billigem Ermessen abweichend von den in den Abs. 1 bis 5 festgelegten Bewertungsverfahren festsetzen. 43

5. Europarechtliche Bezüge

Die RL 2008/94/EG des Europäischen Parlaments und des Rates vom 22.10.2008 über den Schutz der Arbeitnehmer bei Zahlungsunfähigkeit des Arbeitgebers – RL 2008/94/EG (ABl. L 283 vom 28.10.2008) – ist an die Stelle der RL 80/987/EWG des Rates vom 20.10.1980 über den Schutz der Arbeitnehmer bei Zahlungsunfähigkeit des Arbeitgebers (ABl. EG vom 28.10.1980, Nr. L 283/23) getreten. Gem. Art. 8 RL 2008/94/EG vergewissern sich die Mitgliedstaaten, dass die notwendigen Maßnahmen zum Schutz der Interessen der Arbeitnehmer sowie Personen, die zum Zeitpunkt des Eintritts der Zahlungsunfähigkeit des Arbeitgebers aus dessen Betrieb oder Unternehmen bereits ausgeschieden sind, hinsichtlich ihrer erworbenen Rechte oder Anwartschaften auf Leistungen bei Alter, einschließlich der Hinterbliebenenleistungen, aus betrieblichen oder überbetrieblichen Zusatzversorgungseinrichtungen getroffen werden. Die Bundesrepublik hält nationale Durchführungsmaßnahmen im Hinblick auf §§ 7 ff. nicht für erforderlich. Art. 8 RL 2008/94 ist gem. EuGH vom 44

25.1.2007 (EuGH vom 25.1.2007 – C-278/05 (Robins u.a.) – Slg. 2007, I–1053) spätestens seit dieser Entscheidung klar und präzise, so dass unter weiteren Voraussetzungen ein Entschädigungsanspruch des Arbeitnehmers gegen einen Mitgliedstaat wegen mangelnder Umsetzung gegeben sein kann, wenn im konkreten Fall das Mindestniveau des Insolvenzschutzes auf weniger als die Hälfte von dessen Leistungsanspruch begrenzt ist (EuGH vom 25.4.2013 – C-398/11 (Hogan u.a.) – n.n.v.). Art. 4 Abs. 3 RL 2008/94 lässt allerdings Höchstgrenzen der Insolvenzsicherung, vgl. § 7 Abs. 3, zu.

§ 8 Übertragung der Leistungspflicht und Abfindung

(1) Ein Anspruch gegen den Träger der Insolvenzsicherung auf Leistungen nach § 7 besteht nicht, wenn eine Pensionskasse oder ein Unternehmen der Lebensversicherung sich dem Träger der Insolvenzsicherung gegenüber verpflichtet, diese Leistungen zu erbringen, und die nach § 7 Berechtigten ein unmittelbares Recht erwerben, die Leistungen zu fordern.

(1a) [1]Der Träger der Insolvenzsicherung hat die gegen ihn gerichteten Ansprüche auf den Pensionsfonds, dessen Trägerunternehmen die Eintrittspflicht nach § 7 ausgelöst hat, im Sinne von Absatz 1 zu übertragen, wenn die Bundesanstalt für Finanzdienstleistungsaufsicht hierzu die Genehmigung erteilt. [2]Die Genehmigung kann nur erteilt werden, wenn durch Auflagen der Bundesanstalt für Finanzdienstleistungsaufsicht die dauernde Erfüllbarkeit der Leistungen aus dem Pensionsplan sichergestellt werden kann. [3]Die Genehmigung der Bundesanstalt für Finanzdienstleistungsaufsicht kann der Pensionsfonds nur innerhalb von drei Monaten nach Eintritt des Sicherungsfalles beantragen.

(2) [1]Der Träger der Insolvenzsicherung kann eine Anwartschaft ohne Zustimmung des Arbeitnehmers abfinden, wenn der Monatsbetrag der aus der Anwartschaft resultierenden laufenden Leistung bei Erreichen der vorgesehenen Altersgrenze 1 vom Hundert, bei Kapitalleistungen zwölf Zehntel der monatlichen Bezugsgröße nach § 18 des Vierten Buches Sozialgesetzbuch nicht übersteigen würde oder wenn dem Arbeitnehmer die Beiträge zur gesetzlichen Rentenversicherung erstattet worden sind. [2]Dies gilt entsprechend für die Abfindung einer laufenden Leistung. [3]Die Abfindung ist darüber hinaus möglich, wenn sie an ein Unternehmen der Lebensversicherung gezahlt wird, bei dem der Versorgungsberechtigte im Rahmen einer Direktversicherung versichert ist. [4]§ 2 Abs. 2 Satz 4 bis 6 und § 3 Abs. 5 gelten entsprechend.

Übersicht

1. Übernahme von Versicherungsfällen

1 Unter den in Abs. 1 genannten Voraussetzungen können von einer Pensionskasse, einem Pensionsfonds oder einem Unternehmen der Lebensversicherung

die Leistungen nach § 7 übernommen werden. Von dieser Möglichkeit hat der PSVaG insoweit Gebrauch gemacht, als er mit einem Konsortium von Lebensversicherern die Übernahme der Versicherungsfälle und deren Abwicklung vertraglich vereinbart hat. Die Zustimmung der versicherten Personen zu einem derartigen Schuldübernahmevertrag ist nicht erforderlich.

2. Übertragung der Leistungspflicht

Wie dargelegt, greift die Sicherungspflicht des PSVaG ein, wenn das Unternehmen, das den Pensionsfonds finanziert hat, insolvent wird. Ein gut dotierter Pensionsfonds kann aber trotz der Insolvenz des Unternehmens die versprochenen Versorgungsleistungen gewähren. Deswegen ist der Pensionsfonds gem. § 8 Abs. 1a S. 3 berechtigt, innerhalb von drei Monaten nach Eintritt des Sicherungsfalls bei der BaFin die Genehmigung zu beantragen, selbst die Ansprüche der Arbeitnehmer des insolventen Unternehmens erfüllen zu dürfen. Wie aus § 8 Abs. 1a S. 2 folgt, kann die Genehmigung nur erteilt werden, wenn die dauernde Erfüllbarkeit der Versorgungsleistungen aus dem Pensionsplan sichergestellt ist. Ggf. hat der PSVaG gem. § 8 Abs. 1a S. 1 die gegen ihn gerichteten Ansprüche auf den Pensionsfonds zu übertragen, eine Maßnahme, die zugleich der Entlastung des PSVaG dient. 2

3. Abfindung von Anwartschaften

Unverfallbare Anwartschaften kann der PSVaG ohne Zustimmung des Arbeitnehmers abfinden. Korrespondierend zu den Änderungen bei der Abfindung durch den Arbeitgeber in § 3 sind auch die Abfindungsmöglichkeiten des PSVaG in Abs. 2 mit Inkrafttreten des AltEinkG neu geregelt worden. Nach Abs. 2 S. 3 besitzt der PSVaG auch weiterhin ohne wertmäßige Begrenzung die Berechtigung zur Abfindung, wenn der Abfindungsbetrag an ein Unternehmen der Lebensversicherung gezahlt wird, wobei die in § 2 Abs. 2 S. 4 bis 6 normierten Voraussetzungen zu beachten sind. Der Abfindungsbetrag richtet sich nach § 3 Abs. 5. Die Verweiskette von § 8 Abs. 2 S. 3 auf § 3 Abs. 5, der seinerseits auf § 4 Abs. 5 Bezug nimmt, macht deutlich, dass es sich bei der Abfindungsmöglichkeit des PSVaG im Grunde um eine Übertragung handelt, bei der die Versorgung ja nicht abgefunden wird, sondern bei dem bisherigen Versicherer des insolventen Arbeitgebers bleibt. Der PSVaG wird durch diese Regelung von seiner Leistungspflicht befreit, während die Absicherung der Versorgungsberechtigten gewährleistet bleibt. 3

§ 9 Mitteilungspflicht, Forderungs- und Vermögensübergang

(1) [1]Der Träger der Insolvenzsicherung teilt dem Berechtigten die ihm nach § 7 oder § 8 zustehenden Ansprüche oder Anwartschaften schriftlich mit. [2]Unterbleibt die Mitteilung, so ist der Anspruch oder die Anwartschaft spätestens ein Jahr nach dem Sicherungsfall bei dem Träger der Insolvenzsicherung anzumelden; erfolgt die Anmeldung später, so beginnen die Leistungen frühestens mit dem Ersten des Monats der Anmeldung, es sei denn, daß der Berechtigte an der rechtzeitigen Anmeldung ohne sein Verschulden verhindert war.

(2) [1]Ansprüche oder Anwartschaften des Berechtigten gegen den Arbeitgeber auf Leistungen der betrieblichen Altersversorgung, die den Anspruch gegen den Träger der Insolvenzsicherung begründen, gehen im Falle eines Insolvenzverfahrens mit dessen Eröffnung, in den übrigen Sicherungsfällen dann auf den Träger der Insolvenzsicherung über, wenn dieser nach Absatz 1 Satz 1 dem Berechtigten die ihm zustehenden Ansprüche oder Anwartschaften mitteilt. [2]Der Übergang kann nicht zum Nachteil des Berechtigten geltend gemacht werden. [3]Die mit der Eröffnung des Insolvenzverfahrens übergegangenen Anwartschaften werden im Insolvenzverfahren als unbedingte Forderungen nach § 45 der Insolvenzordnung geltend gemacht.

(3) [1]Ist der Träger der Insolvenzsicherung zu Leistungen verpflichtet, die ohne den Eintritt des Sicherungsfalls eine Unterstützungskasse erbringen würde, geht deren Vermögen einschließlich der Verbindlichkeiten auf ihn über; die Haftung für die Verbindlichkeiten beschränkt sich auf das übergegangene Vermögen. [2]Wenn die übergegangenen Vermögenswerte den Barwert der Ansprüche und Anwartschaften gegen den Träger der Insolvenzsicherung übersteigen, hat dieser den übersteigenden Teil entsprechend der Satzung der Unterstützungskasse zu verwenden. [3]Bei einer Unterstützungskasse mit mehreren Trägerunternehmen hat der Träger der Insolvenzsicherung einen Anspruch gegen die Unterstützungskasse auf einen Betrag, der dem Teil des Vermögens der Kasse entspricht, der auf das Unternehmen entfällt, bei dem der Sicherungsfall eingetreten ist. [4]Die Sätze 1 bis 3 gelten nicht, wenn der Sicherungsfall auf den in § 7 Abs. 1 Satz 4 Nr. 2 genannten Gründen beruht, es sei denn, daß das Trägerunternehmen seine Betriebstätigkeit nach Eintritt des Sicherungsfalls nicht fortsetzt und aufgelöst wird (Liquidationsvergleich).

(3a) Absatz 3 findet entsprechende Anwendung auf einen Pensionsfonds, wenn die Bundesanstalt für Finanzdienstleistungsaufsicht die Genehmigung für die Übertragung der Leistungspflicht durch den Träger der Insolvenzsicherung nach § 8 Abs. 1a nicht erteilt.

(4) [1]In einem Insolvenzplan, der die Fortführung des Unternehmens oder eines Betriebes vorsieht, kann für den Träger der Insolvenzsicherung eine besondere Gruppe gebildet werden. [2]Sofern im Insolvenzplan nichts anderes vorgesehen ist, kann der Träger der Insolvenzsicherung, wenn innerhalb von drei Jahren nach der Aufhebung des Insolvenzverfahrens ein Antrag auf Eröffnung eines neuen Insolvenzverfahrens über das Vermögen des Arbeitgebers gestellt wird, in diesem Verfahren als Insolvenzgläubiger Erstattung der von ihm erbrachten Leistungen verlangen.

(5) Dem Träger der Insolvenzsicherung steht gegen den Beschluß, durch den das Insolvenzverfahren eröffnet wird, die sofortige Beschwerde zu.

Übersicht

1. Mitteilungspflichten des PSVaG

Nach Abs. 1 ist der PSVaG verpflichtet, den Berechtigten schriftlich über den **Grund und die Höhe** seiner **Versorgungsansprüche** zu **informieren.** Der Berechtigte ist nicht verpflichtet, seine Ansprüche selbst zu errechnen und den Träger der Insolvenzsicherung unmittelbar im Wege der bezifferten Leistungsklage in Anspruch zu nehmen. Er kann vielmehr zunächst Auskunft über deren Höhe verlangen und den Auskunftsantrag im Wege der Stufenklage mit einem unbezifferten Zahlungsantrag verbinden (BAG vom 28.6.2011 – 3 AZR 385/09 – BetrAV 2011, 662). Die Mitteilungsverpflichtung besteht sowohl zur Höhe übernommener laufender Leistungen bzw. der Leistungen, deren Voraussetzungen im Zeitpunkt der Eröffnung des Insolvenzverfahrens (s. auch § 7 Abs. 1 S. 4) sämtlich gegeben waren (BAG vom 28.6.2011 – 3 AZR 385/09 – BetrAV 2011, 662), als auch bei Anwartschaften hinsichtlich der Bezifferung der bei Erreichen der festen Altersgrenze zu beanspruchenden Altersrente. Die „Leistungsbescheide" des PSVaG stellen keine Verwaltungsakte dar, da die Beziehung zwischen PSVaG und dem Arbeitnehmer als Versichertem rein zivilrechtlicher Natur ist. Es handelt sich lediglich um Wissenserklärungen mit deklaratorischem Inhalt, aus denen i.d.R. keine Ansprüche abgeleitet werden können, es sei denn, das Vertrauen des Berechtigten auf deren Bestand sei ausnahmsweise schutzwürdig. Hierfür bestehen hohe Anforderungen, da der PSVaG nur gesetzlich gebotene Leistungspflichten begründen will (BAG vom 29.9.2010 – 3 AZR 546/08 – DB 2011, 247). Eine Verpflichtung zur Mitteilung der Höhe der Invaliditätsleistungen oder des vorgezogenen Altersruhegelds entfällt dagegen, weil eine Bezifferung dieser Ansprüche von dem Zeitpunkt der Inanspruchnahme abhängt und diese bis dahin nicht voll bestimmbar sind. Anspruchsberechtigt ist der versorgungsberechtigte Arbeitnehmer, ein Anspruch der Hinterbliebenen entsteht erst mit dem Todesfall. Nur bei einem Sicherungsfall nach § 7 Abs. 1 S. 4 Nr. 2 wirkt das Mitteilungsschreiben konstitutiv, da die Eintrittspflicht von der Übernahmeerklärung des PSVaG abhängig gemacht wird. Im Übrigen hat die Mitteilung nur deklaratorische Bedeutung. 1

Unterbleibt die Mitteilung durch den PSVaG, so hat der versorgungsberechtigte Arbeitnehmer spätestens ein Jahr nach dem Sicherungsfall seinen Anspruch oder seine Anwartschaft beim PSVaG anzumelden. Wird die Frist versäumt, können die Leistungen erst im Monat der erfolgten Anmeldung beansprucht werden, es sei denn, dass der Berechtigte an der rechtzeitigen Anmeldung ohne sein Verschulden verhindert war. Die Ansprüche der Versorgungsberechtigten sind im Fall einer Insolvenz vom Insolvenzverwalter gem. § 11 Abs. 1 S. 2 dem PSVaG zu melden. 2

Die **Ausschlussfrist** beginnt mit dem Eintritt des Versorgungsfalls nicht erneut zu laufen, wenn der Versorgungsberechtigte bereits vom PSVaG eine Anwartschaftsmitteilung erhalten hat. Es gibt keine Anhaltspunkte für die Annahme, dass der Gesetzgeber eine anderweitige Rechtsfolge entgegen dem eindeutigen Wortlaut des Abs. 1 gewollt hat. Allein verwaltungsmäßige Probleme des PSVaG rechtfertigen keine andere Beurteilung (BAG vom 21.3.2000 – 3 AZR 72/99 – BB 2000, 1356). 3

2. Forderungsübergang

4 In Abs. 2 ist der gesetzliche Forderungsübergang der Versorgungsansprüche auf den PSVaG geregelt. Der Forderungsübergang findet ohne Rücksicht darauf statt, wann der Versorgungsfall eintritt und wann bei unverfallbaren Anwartschaften ein Zahlungsanspruch gegen den PSVaG entsteht (BAG vom 12.4.1983 – 3 AZR 607/80 – DB 1983, 1826). Der PSVaG kann den Versorgungsberechtigten nicht auf seine Sicherungsrechte verweisen und sich dadurch seiner gesetzlich zugewiesenen Aufgabe entziehen (BGH vom 9.3.1981 – II ZR 171/79 – ZIP 1981, 898). Abs. 2 schafft eine endgültige Rechtszuweisung (BAG vom 12.4.1983 – 3 AZR 607/80 – DB 1983, 1826). Der **Forderungsübergang im Fall** eines **Insolvenzverfahrens erfolgt mit dessen Eröffnung,** in den anderen Sicherungsfällen mit der Mitteilung über die Ansprüche durch den PSVaG. Vom Forderungsübergang werden alle Versorgungsansprüche erfasst, die dem Versorgungsberechtigten gegenüber seinem Arbeitgeber zustehen. Auch vertragliche Abtretungsverbote verhindern den Forderungsübergang nicht. Aufgrund des Forderungsübergangs nimmt der PSVaG am Insolvenzverfahren nach § 45 InsO teil.

5 Durch den Forderungsübergang **ändert** sich **nichts an** der **Rangstellung** der **Versorgungsansprüche.** Im Fall des Insolvenzverfahrens wandeln sich die übergegangenen Versorgungsansprüche und -anwartschaften in sofort fällige Kapitalansprüche um. Die mit der Eröffnung des Insolvenzverfahrens übergegangenen Anwartschaften werden gem. Abs. 2 S. 3 im Insolvenzverfahren als unbedingte Forderungen nach § 45 InsO mit ihrem (versicherungsmathematischen) Schätzwert geltend gemacht. Bei der Schätzung ist eine zugesagte Dynamisierung zu berücksichtigen. Der Vorteil der sofortigen Fälligkeit ist durch Abzinsung des Kapitalbetrags auszugleichen. Das BAG hat dabei einen Abzinsungssatz von 5,5 % akzeptiert (BAG vom 11.10.1988 – 3 AZR 295/87 – ZIP 1989, 319). Auch **akzessorische Sicherungsrechte,** die der Verstärkung der Forderung dienen, werden von dem Forderungsübergang erfasst (BAG vom 12.12.1989 – 3 AZR 540/88 – DB 1990, 895). Dazu gehören Pfandrechte der Versorgungsberechtigten an Rückdeckungsversicherungen und sonstige Pfandrechte, z.B. auch an einem Wertpapierdepot.

6 Ist jedoch keine Insolvenzsicherungspflicht durch den PSVaG gegeben, fehlt es an der rechtlichen Grundlage für die sofortige Fälligkeit der nicht durch den PSVaG gesicherten Versorgungsanwartschaften. Der Absonderungsberechtigte i.S.d. § 50 InsO hat keinen Anspruch darauf, dass noch nicht entstandene und nicht fällige Forderungen befriedigt werden. Entsprechend wird der auf aufschiebend bedingte Forderungen entfallende Anteil nicht ausbezahlt, sondern gem. den §§ 191 Abs. 1, 198 InsO vorzugsweise hinterlegt (BGH vom 7.4.2005 – IX ZR 138/04 – NJW 2005, 2231; BGH vom 11.4.2013 – IX ZR 176/11 – DB 2013, 1105; so wohl auch BAG vom 17.1.2012 – 3 AZR 10/10 – BetrAV 2012, 368).

7 Bei sog. Contractual Trust Arrangements (CTA-Modellen) gehen – je nach Ausgestaltung des Modells – die Pfandrechte der Versorgungsberechtigten an dem Rückübertragungsanspruch der auf den „Trust“ übertragenen Vermögensgegenstände oder bei der sog. doppelseitigen Treuhand ggf. das eigenständige

Leistungsrecht (Sicherungstreuhand) des Versorgungsberechtigten gegenüber dem „Trust" auf den PSVaG über. Ebenso werden vom Forderungsübergang Hypotheken der Versorgungsberechtigten und Bürgschaften, die zur Absicherung der Ansprüche aus betrieblicher Altersversorgung eingeräumt sind, erfasst. Der Bürge kann sich nicht auf den Wegfall der Geschäftsgrundlage (jetzt Störung der Geschäftsgrundlage, § 313 BGB) berufen wegen der unvorhergesehenen Insolvenz. Abs. 2 S. 2 verhindert auch nicht, dass der PSVaG aus einer Bürgschaft gegen den mit dem Versorgungsberechtigten in häuslicher Gemeinschaft lebenden Ehegatten des Berechtigten vorgeht (BGH vom 13.5.1993 – IX ZR 166/92 – ZIP 1993, 903). Der Forderungsübergang betrifft auch den Schuldbeitritt eines Dritten zur Absicherung der Ansprüche aus betrieblicher Altersversorgung (BAG vom 12.12.1989 – 3 AZR 540/88 – DB 1990, 895). Der Anspruch des Versorgungsberechtigten gegen den PSVaG vermindert sich nicht um die Ansprüche aus dem Schuldbeitritt. Er erhält aufgrund der Insolvenz einen gesetzlichen Anspruch gegenüber dem PSVaG. Dieser kann sich aufgrund des gesetzlichen Forderungsübergangs an den schuldbeitretenden Dritten halten. Erfasst werden auch Ansprüche gegen frühere Einzelunternehmer gem. § 28 HGB, die ihr Unternehmen in eine KG eingebracht haben (BAG vom 23.1.1990 – 3 AZR 171/88 – DB 1990, 1466).

Den **Forderungsübergang** betreffen gleichfalls Ansprüche **gegen ausgeschiedene persönlich haftende Gesellschafter** einer Personengesellschaft gem. §§ 128, 161 Abs. 2 HGB. BGH und BAG (BGH vom 19.5.1983 – II ZR 50/82 – BB 1983, 1367; BGH vom 19.5.1983 – II ZR 49/82 – DB 1983, 1440; BGH vom 19.5.1983 – II ZR 207/81 – DB 1983, 1714; BAG vom 28.11.1989 – 3 AZR 818/87 – ZIP 1990, 534) haben dabei die grds. bestehende Haftung des persönlich haftenden Gesellschafters für alle während seiner Mitgliedschaft erteilten Versorgungszusagen auf solche Ansprüche begrenzt, die bis zu fünf Jahre nach dem Ausscheiden des Gesellschafters fällig werden. Diese Haftungsbegrenzung auf fünf Jahre nach dem Ausscheiden des Gesellschafters wird jedoch nicht auf ehemalige persönlich haftende Gesellschafter ausgedehnt, die als Kommanditisten in der Gesellschaft verbleiben und die Geschäfte der KG als Geschäftsführer einer Komplementär-GmbH weiterführen (BGH vom 19.5.1983 – II ZR 49/82 – DB 1983, 1440; BAG vom 3.5.1983 – 3 AZR 1263/79 – DB 1983, 1259; BAG vom 28.11.1989 – 3 AZR 818/87 – ZIP 1990, 534). Vertragliche Haftungsausschlussklauseln sind gegenüber dem PSVaG unwirksam (LG Köln vom 21.8.1991 – 24 O 125/90 – DB 1992, 640). Das **NachhBG** hat für nach dem 26.3.1994 begründete Verpflichtungen die Rechtsprechung in ihren wesentlichen Inhalten modifiziert (§ 160 HGB). Zusätzlich ist aber auch der Wechsel des persönlich haftenden Gesellschafters in die Position des geschäftsführenden Kommanditisten einer GmbH & Co. KG in die Enthaftung mit einzubeziehen. 8

Nach Abs. 2 S. 2 kann der Forderungsübergang vom PSVaG **nicht zum Nachteil des Berechtigten** geltend gemacht werden. Der Versorgungsanspruch geht nur insoweit auf den PSVaG über, als er nach § 7 einstandspflichtig ist (BAG vom 9.11.1999 – 3 AZR 361/98 – NZA 2000, 1290), ggf. muss der PSVaG im Fall einer Übersicherung den zur Befriedigung des Leistungsanspruchs des versorgungsberechtigten Arbeitnehmers nicht notwendigen Teil des 9

Sicherungsrechts zurückübertragen. Hinsichtlich der Verteilung des Erlöses aus der Verwertung eines Sicherungsrechts ist danach folgende Reihenfolge zugrunde zu legen: Dem Versorgungsberechtigten steht der Erlös zu, soweit er einen Ausfall hat, der PSVaG also nicht in der Höhe Leistungen erbringt, die der Versorgungsberechtigte zum Zeitpunkt der Insolvenz nach der Versorgungszusage beanspruchen kann. Danach kann der PSVaG den Erlös, begrenzt auf die Höhe seiner Eintrittspflicht, verlangen. Soweit anschließend noch ein Erlös vorhanden ist, steht er der Insolvenzmasse zu.

3. Vermögensübergang

10 Nach Abs. 3 gehen das Vermögen einer **Unterstützungskasse** und aus Gründen des Gläubigerschutzes auch deren Verpflichtungen auf den PSVaG über. Dies geschieht auch dann, wenn bei Eintritt des Sicherungsfalls die Kasse weder vermögenslos noch zahlungsunfähig ist (BAG vom 12.2.1991 – 3 AZR 30/90 – DB 1991, 1735). Zu dem übergehenden Vermögen gehören auch Darlehensforderungen der Unterstützungskasse gegen das Trägerunternehmen (BAG vom 6.10.1992 – 3 AZR 41/92 – DB 1993, 987), Verwaltungskostenerstattung sowie Bankguthaben und Grundvermögen z.B. an Werkswohnungen. Der Vermögensübergang am Grundvermögen führt zur Unrichtigkeit des Grundbuchs. Der PSVaG hat für eine Berichtigung des Grundbuchs zu sorgen, was am einfachsten durch einen Antrag auf Grundbuchberichtigung gem. §§ 2 Abs. 1, 29 Abs. 1 GBO erfolgen kann. Der PSVaG verwertet das übergegangene Vermögen zeitnah, um die damit verbundene Entlastungswirkung für seine zu Zwangsbeiträgen verpflichteten Mitglieder alsbald zu erzielen und – in den wenigen Fällen überdotierter Unterstützungskassen – den Versorgungsberechtigten die ihnen ggf. zustehenden Leistungsverbesserungen möglichst bald zukommen zu lassen. Daneben gehen die Forderungen der Arbeitnehmer gegen den Arbeitgeber nach Abs. 2 auf den PSVaG über (BAG vom 26.8.1986 – 3 AZR 98/85 – ZIP 1987, 587). Bei der Berechnung der nach Abs. 2 übergehenden Forderungen der Arbeitnehmer ist derjenige Betrag anzusetzen, der tatsächlich aus dem Vermögen der Kasse erzielt werden kann. In der Insolvenz des Trägerunternehmens ist daher zunächst das Kassenvermögen festzustellen. Seine Höhe – evtl. in Höhe der Quote – bestimmt die Höhe der von den Arbeitnehmern nach Abs. 2 auf den PSVaG übergegangenen Forderungen (BAG vom 6.10.1992 – 3 AZR 41/92 – ZIP 1993, 281).

11 Um eine vernünftige Abwicklung zu ermöglichen, ist in Abs. 3 S. 1 bestimmt, dass **neben** dem **Vermögen auch** die **Verbindlichkeiten** der Unterstützungskasse **auf** den **PSVaG übergehen.** Die Haftung des PSVaG für Verbindlichkeiten der Unterstützungskasse beschränkt sich dabei auf das übergegangene Vermögen (Abs. 3 S. 1 Halbs. 2). Fraglich ist, was als Verbindlichkeit der Unterstützungskasse in Betracht kommt. Hier ist zu trennen zwischen den Verbindlichkeiten, die bis zum Tag des Eintritts des Sicherungsfalls und solchen, die danach entstanden sind. Einfacher einzuordnen sind die Verbindlichkeiten, die nach dem Tag des Eintritts des Sicherungsfalls entstanden sind. Es dürfte sich empfehlen, neue Verbindlichkeiten nur nach Rücksprache mit dem PSVaG einzugehen. Nach dem Normzweck des Abs. 3 soll das Vermögen der Unterstüt-

zungskasse nämlich dem Versorgungszweck zugeführt werden und nicht für Verbindlichkeiten verwendet werden, die ggf. nicht erforderlich sind. Eine neue Verbindlichkeit i.d.S. sind z.B. die Kosten für die Auflösung der Unterstützungskasse, wenn diese etwa bei einer GmbH im Handelsregister eingetragen werden muss und dieser Vorgang Kosten auslöst. Hier ist zu beachten, dass sich die Auflösung der Unterstützungskasse nach deren Satzungsregelungen vollzieht. Komplexer ist die Beantwortung der Frage, welche vor dem Tag des Eintritts des Sicherungsfalls entstandenen Verbindlichkeiten der Unterstützungskasse aus dem auf den PSVaG übergegangenen Vermögen beglichen werden müssen. Bis dahin entstandene stichtagsbezogene Kosten von Energieversorgern, Grundsteuern oder Steuerberaterkosten sind unproblematisch. Sofern aber Verbindlichkeiten nicht im Zusammenhang mit der Aufgabenstellung der Unterstützungskasse stehen, ist im Einzelfall zu entscheiden, ob der PSVaG zu einer Übernahme verpflichtet ist.

Wenn das Trägerunternehmen der Unterstützungskasse insolvent ist, stellt 12
sich die **Frage, ob auch über** die **Unterstützungskasse** das **Insolvenzverfahren** beantragt und eröffnet werden kann. Dies setzt voraus, dass bei der Unterstützungskasse ein Insolvenzgrund, also Überschuldung, Zahlungsunfähigkeit oder drohende Zahlungsunfähigkeit, vorliegt. In der Zeit vor der Eröffnung des Insolvenzverfahrens über das Trägerunternehmen tritt häufig der Fall ein, dass das Trägerunternehmen der Unterstützungskasse die zur Zahlung der Leistungen notwendigen Mittel nicht mehr zur Verfügung stellen kann. Dies allein ist aber kein Grund für die Unterstützungskasse, die Eröffnung eines Insolvenzverfahrens zu beantragen, denn es liegt kein Insolvenzgrund vor. Für die Ansprüche der Versorgungsberechtigten hat das Trägerunternehmen, mithin der Arbeitgeber, nach § 1 Abs. 3 einzustehen. Wenn er die Leistungen nicht erbringen kann, ist aufgrund der dann eintretenden Insolvenz des Arbeitgebers der PSVaG eintrittspflichtig. Die Unterstützungskasse steht bei diesem Ablauf quasi außen vor. Hinzu kommt, dass die Versorgungsberechtigten gegenüber der Unterstützungskasse – formal gesehen – keinen Anspruch auf Leistungen haben, da es zu den Wesensmerkmalen der Unterstützungskasse gehört, dass sie auf ihre Leistungen keinen Rechtsanspruch gewährt. Nach der Eröffnung des Insolvenzverfahrens über das Trägerunternehmen ist der PSVaG eintrittspflichtig für die betriebliche Altersversorgung und das Vermögen der Unterstützungskasse geht nach Abs. 3 S. 1 auf den PSVaG über. Da auch die Verbindlichkeiten auf den PSVaG übergehen und dieser bis zur Höhe des übergegangenen Vermögens dafür haftet, besteht grds. kein Insolvenzgrund für die Unterstützungskasse.

Wird bei einer **Unterstützungskasse mit mehreren Trägerunternehmen** 13
(Gruppen- oder Konzernunterstützungskasse) ein Unternehmen insolvent, wird die Unterstützungskasse von der Insolvenz des Trägerunternehmens nicht berührt. Anstelle eines Forderungsübergangs hat der PSVaG gegen die Unterstützungskasse einen Anspruch in Höhe des anteiligen Kassenvermögens, das dem den Sicherungsfall auslösenden Trägerunternehmen zuzurechnen ist. Ob dabei die übrigen an der Gruppenunterstützungskasse beteiligten Trägerunternehmen solidarisch mit ihren Vermögensanteilen für den Ausgleichsanspruch des PSVaG haften, bestimmt das BAG in erster Linie nach den von den Beteiligten getroffenen Vereinbarungen (BAG vom 22.10.1991 – 3 AZR 1/91 – DB 1992, 996),

wie etwa im Fall eines Umlageverfahrens. Werden in der Kasse Beitrags- und Aufwendungskonten für jedes Trägerunternehmen gesondert geführt, wie es steuerrechtlich im Grunde notwendig ist, lässt sich der auf das insolvente Trägerunternehmen entfallende Vermögensanteil ohne Schwierigkeiten bestimmen. Hiervon geht das BAG (BAG vom 16.2.2010 – 3 AZR 216/09 – NZA 2010, 701) im Hinblick auf Abs. 3 S. 3 als Regelfall aus (sog. Segmentierung). Fehlen derartige Unterlagen, werden die Bilanzwerte der Unterstützungskasse entsprechend dem bestehenden Verpflichtungsumfang aufgeteilt werden müssen. Wie dies zu geschehen hat, hat das BAG nicht endgültig geklärt. Zumindest für diesen Fall ist weiterhin davon auszugehen, dass die Aufteilung nach versicherungsmathematischen Grundsätzen vorzunehmen ist. Bei den laufenden Leistungen kann auf das steuerliche Verfahren zur Ermittlung der Deckungskapitalien (Anlage 1 zu § 4d Abs. 1 EStG), bei den Anwartschaften auf die steuerlichen Grundsätze zur Rückstellungsbildung gem. § 6a EStG zurückgegriffen werden. Entsprechend den Verpflichtungsanteilen ist dann das vorhandene Kassenvermögen aufzuteilen. Schließt die Satzung einer Gruppenunterstützungskasse Rückflüsse an das Trägerunternehmen aus, besteht für dieses bzw. den („starken" vorläufigen) Insolvenzverwalter, etwa durch die Übernahme der Versorgungsverpflichtungen im Wege der Direktzusage, kaum eine Möglichkeit, das Vermögen, z.B. in Gestalt des Rückkaufswerts der von der Unterstützungskasse abgeschlossenen kongruenten Rückdeckungsversicherungen, herauszuverlangen (BAG vom 29.9.2010 – 3 AZR 107/08 – ZIP 2011, 347). Im Ergebnis steigt auf diese Weise auch die Insolvenzsicherheit der vom PSVaG nicht abgesicherten Versorgungsleistungen (s. auch Rn. 6).

14 Nach Abs. 3 S. 4 schließen Sicherungsfälle, die nicht zu einer Beendigung der gewerblichen Tätigkeit des Unternehmens führen, einen Vermögensübergang aus. In diesen Fällen muss das Vermögen der Kasse zur Erbringung der nicht untergegangenen Leistungen zur Verfügung stehen. Im Fall des **Liquidationsvergleichs** findet jedoch ebenfalls ein Vermögensübergang statt, da hier die gewerbliche Tätigkeit vollständig beendet wird.

15 Werden Versorgungsleistungen durch einen **Pensionsfonds** erbracht, trifft Abs. 3a für den Vermögensübergang eine Sonderregelung. Sie knüpft an die in § 8 Abs. 1a normierte Rechtsfolge unmittelbar an. Verweigert nämlich die BaFin die Genehmigung zur Leistungserfüllung durch den Pensionsfonds, muss der PSVaG anstelle des Fonds die versprochenen Versorgungsleistungen erbringen. Das Vermögen des Pensionsfonds geht dann aufgrund des gesetzlichen Forderungsübergangs auf den PSVaG über.

16 Nach Abs. 4 kann im Insolvenzplan für den PSVaG eine besondere Gruppe gebildet werden. Darüber hinaus kann der PSVaG unter bestimmten Voraussetzungen in einem zweiten Insolvenzverfahren **Erstattung der** von ihm aufgrund des ersten Insolvenzverfahrens **erbrachten Leistungen** verlangen.

17 Gegen den Beschluss, durch den das Insolvenzverfahren eröffnet wird, steht dem PSVaG nach Abs. 5 ein eigenes **Beschwerderecht** zu. Dies erscheint geboten, weil die Eröffnung des Insolvenzverfahrens für den PSVaG wegen dessen Eintrittspflicht erhebliche wirtschaftliche Lasten auslöst. Es soll vermieden werden, dass sich der Schuldner durch die Eintrittspflicht des PSVaG, die mit Eröffnung des Insolvenzverfahrens beginnt, allzu leicht sanieren kann.

§ 10 Beitragspflicht und Beitragsbemessung

(1) Die Mittel für die Durchführung der Insolvenzsicherung werden auf Grund öffentlich-rechtlicher Verpflichtung durch Beiträge aller Arbeitgeber aufgebracht, die Leistungen der betrieblichen Altersversorgung unmittelbar zugesagt haben oder eine betriebliche Altersversorgung über eine Unterstützungskasse, eine Direktversicherung der in § 7 Abs. 1 Satz 2 und Absatz 2 Satz 1 Nr. 2 bezeichneten Art oder einen Pensionsfonds durchführen.

(2) [1]Die Beiträge müssen den Barwert der im laufenden Kalenderjahr entstehenden Ansprüche auf Leistungen der Insolvenzsicherung decken zuzüglich eines Betrages für die aufgrund eingetretener Insolvenzen zu sichernden Anwartschaften, der sich aus dem Unterschied der Barwerte dieser Anwartschaften am Ende des Kalenderjahres und am Ende des Vorjahres bemisst. [2]Der Rechnungszinsfuß bei der Berechnung des Barwerts der Ansprüche auf Leistungen der Insolvenzsicherung bestimmt sich nach § 65 des Versicherungsaufsichtsgesetzes; soweit keine Übertragung nach § 8 Abs. 1 stattfindet, ist der Rechnungszinsfuß bei der Berechnung des Barwerts der Anwartschaften um ein Drittel höher. [3]Darüber hinaus müssen die Beiträge die im gleichen Zeitraum entstehenden Verwaltungskosten und sonstigen Kosten, die mit der Gewährung der Leistungen zusammenhängen, und die Zuführung zu einem von der Bundesanstalt für Finanzdienstleistungsaufsicht festgesetzten Ausgleichsfonds decken; § 37 des Versicherungsaufsichtsgesetzes bleibt unberührt. [4]Auf die am Ende des Kalenderjahres fälligen Beiträge können Vorschüsse erhoben werden. [5]Sind die nach den Sätzen 1 bis 3 erforderlichen Beiträge höher als im vorangegangenen Kalenderjahr, so kann der Unterschiedsbetrag auf das laufende und die folgenden vier Kalenderjahre verteilt werden. [6]In Jahren, in denen sich außergewöhnlich hohe Beiträge ergeben würden, kann zu deren Ermäßigung der Ausgleichsfonds in einem von der Bundesanstalt für Finanzdienstleistungsaufsicht zu genehmigenden Umfang herangezogen werden.

(3) Die nach Absatz 2 erforderlichen Beiträge werden auf die Arbeitgeber nach Maßgabe der nachfolgenden Beträge umgelegt, soweit sie sich auf die laufenden Versorgungsleistungen und die nach § 1b unverfallbaren Versorgungsanwartschaften beziehen (Beitragsbemessungsgrundlage); diese Beträge sind festzustellen auf den Schluß des Wirtschaftsjahrs des Arbeitgebers, das im abgelaufenen Kalenderjahr geendet hat:

1. Bei Arbeitgebern, die Leistungen der betrieblichen Altersversorgung unmittelbar zugesagt haben, ist Beitragsbemessungsgrundlage der Teilwert der Pensionsverpflichtung (§ 6a Abs. 3 des Einkommensteuergesetzes).
2. [1]Bei Arbeitgebern, die eine betriebliche Altersversorgung über eine Direktversicherung mit widerruflichem Bezugsrecht durchführen, ist Beitragsbemessungsgrundlage das geschäftsplanmäßige Deckungskapital oder, soweit die Berechnung des Deckungskapitals nicht zum Geschäftsplan gehört, die Deckungsrückstellung. [2]Für Versicherungen, bei denen der Versicherungsfall bereits eingetreten ist, und für Versicherungsanwartschaften, für die ein unwiderrufliches Bezugsrecht eingeräumt ist, ist das Deckungskapital oder die Deckungsrückstellung nur insoweit zu berücksichtigen, als die Versicherungen abgetreten oder beliehen sind.

3. Bei Arbeitgebern, die eine betriebliche Altersversorgung über eine Unterstützungskasse durchführen, ist Beitragsbemessungsgrundlage das Deckungskapital für die laufenden Leistungen (§ 4d Abs. 1 Nr. 1 Buchstabe a des Einkommensteuergesetzes) zuzüglich des Zwanzigfachen der nach § 4d Abs. 1 Nr. 1 Buchstabe b Satz 1 des Einkommensteuergesetzes errechneten jährlichen Zuwendungen für Leistungsanwärter im Sinne von § 4d Abs. 1 Nr. 1 Buchstabe b Satz 2 des Einkommensteuergesetzes.

4. Bei Arbeitgebern, soweit sie betriebliche Altersversorgung über einen Pensionsfonds durchführen, ist Beitragsbemessungsgrundlage 20 vom Hundert des entsprechend Nummer 1 ermittelten Betrages.

(4) [1]Aus den Beitragsbescheiden des Trägers der Insolvenzsicherung findet die Zwangsvollstreckung in entsprechender Anwendung der Vorschriften der Zivilprozeßordnung statt. [2]Die vollstreckbare Ausfertigung erteilt der Träger der Insolvenzsicherung.

Übersicht

1. Beitragspflicht

1 Die Mittel für die Durchführung der Insolvenzsicherung werden durch die Arbeitgeber, die Leistungen der betrieblichen Altersversorgung unmittelbar oder durch externe Versorgungsträger zugesagt haben, aufgrund öffentlich-rechtlicher Verpflichtung durch Beiträge aufgebracht (BGH vom 23.4.2013 – II ZR 161/11 – ZIP 2013, 1278). Damit ist die Insolvenzsicherung als **Pflichtversicherung** konzipiert.

2 **Der PSVaG ist beliehener Unternehmer.** Für Fragen aus dem Beitragsbereich sind die Verwaltungsgerichte zuständig. Die Beitragsbescheide sind Verwaltungsakte (OVG NW vom 22.3.1994 – 13 A 195/93 – DB 1994, 1936). Der PSVaG kann auch Beitragsgrundlagenbescheide erlassen, in denen nur festgestellt wird, dass der betroffene Arbeitgeber der Beitragspflicht unterliegt (BVerwG vom 15.1.1987 – 3 C 3.81 – NJW 1987, 3017). Finanzielle Forderungen gegen Mitgliedsunternehmen oder Arbeitnehmer, die sich nur mittelbar auf das Beitragsvolumen des PSVaG auswirken, kann dieser nicht im Weg des Verwaltungsakts durchsetzen (Hess. VGH vom 4.9.1990 – 11 TH 2140/89 – ZIP 1990, 1599; vgl. auch BVerwG vom 23.5.1995 – 1 C 32.92 – BetrAV 1995, 242). Die Beitragspflicht erlischt an dem Tag, an dem die Insolvenzsicherungspflicht entfällt (BVerwG vom 14.3.1991 – 3 C 24.90 – ZIP 1991, 668). Sie beginnt an dem Tag, an dem erstmals eine unverfallbare Versorgungsanwartschaft begründet wird oder ein Versorgungsfall eintritt. Wird ein Eigenbetrieb einer Gebietskör-

perschaft, dessen Arbeitnehmern eine betriebliche Altersversorgung unmittelbar zugesagt war, in eine privatrechtliche Gesellschaft umgewandelt, ist die Gesellschaft verpflichtet, Beiträge zur Insolvenzsicherung zu erbringen. Die Freistellung von der Insolvenzsicherungs- und damit auch von der Beitragspflicht gem. § 17 Abs. 2 endet ab diesem Zeitpunkt (BVerwG vom 13.7.1999 – 1 C 13.98 – ZIP 1999, 1816). Bei Beginn oder Ende der Insolvenzsicherungspflicht während eines laufenden Jahrs erhebt der PSVaG anteilige Beiträge. Bei Versorgungszusagen, die nur teilweise in den Geltungsbereich des BetrAVG fallen, ist die Beitragsbemessungsgrundlage lediglich bezogen auf die Zeit einer insolvenzgeschützten Tätigkeit zu ermitteln. Die Einstandspflicht des PSVaG in Höhe der Ausfallquote nach einem gerichtlichen Vergleichsverfahren besteht auch nach einer Sanierung des Unternehmens fort.

2. Gesamtbeitragsaufkommen

Für die Finanzierung der Insolvenzsicherung hat das Gesetz in Abs. 2 a.F. ein **Kapitalwertumlageverfahren** vorgesehen. Bei diesem Verfahren werden die Deckungsmittel für alle laufenden Leistungen der Sicherungsfälle des laufenden Kalenderjahrs und für die erstmals fällig werdenden Leistungen aus Sicherungsfällen vergangener Jahre mit dem Beitragsaufkommen eines Kalenderjahrs bereitgestellt. Dies gilt auch für Erhöhungen laufender Leistungen, die der PSVaG in den unter § 16 Rn. 76 erläuterten Konstellationen zu übernehmen hat. Bei der Berechnung des Barwerts bestimmt sich der Rechnungszinsfuß nach § 65 VAG. Vorschüsse können erhoben werden. Die Beiträge müssen auch die Kosten des PSVaG (Personal- und Sachkosten im Zusammenhang mit der Beitrags- und Leistungsverwaltung) und die Bildung einer Verlustrücklage entsprechend § 37 VAG und eines Ausgleichsfonds decken. Eine Finanzierung der Anwartschaften erfolgte bislang nicht, diese wurden erst dann in die Finanzierung einbezogen, wenn der Versorgungsfall eingetreten war. 3

Da bei der Beitragskalkulation des PSVaG die zu sichernden unverfallbaren Anwartschaften außer Betracht blieben, wurde die Ausfinanzierung insolvenzbedingter Lasten z.T. weit in die Zukunft verschoben. Mit der Änderung des Abs. 2 durch das Gesetz zur Änderung des Betriebsrentengesetzes und anderer Gesetze vom 2.12.2006 ist die Finanzierung der Insolvenzsicherung auf eine **vollständige Kapitaldeckung umgestellt** worden. Nach Abs. 2 S. 1 **müssen** die **Beiträge** eines Jahrs den **gesamten Schaden** aus den neu eintretenden Insolvenzen **decken**, der **aus** den **Barwerten** für die bereits **laufenden Leistungen und** den Barwerten für die gesetzlich **unverfallbaren Anwartschaften** besteht. Dazu wird der bisherige Beitrag um die Differenz der Barwerte der gesicherten Anwartschaften zum Bilanzstichtag des jeweiligen Kalenderjahrs und des Vorjahrs ergänzt. Die bereits **in der Vergangenheit aufgelaufenen Anwartschaften** werden **nachfinanziert.** Um die Belastung der Arbeitgeber während der Umstellung auf vollständige Kapitaldeckung in einem vertretbaren Rahmen zu halten, wird die Nachfinanzierung der Deckungslücke gem. der Übergangsvorschrift des § 30i auf 15 Jahre verteilt. 4

Bezüglich der Berechnung des Beitrags ist in Abs. 2 S. 2 geregelt, welchen **Rechnungszinsfuß** der Träger der Insolvenzsicherung verwenden muss. Für 5 die schon laufenden Leistungen muss wie bisher mit den für die Lebensversicherungen geltenden Rechnungszinsfuß kalkuliert werden. Bei der Bewertung der Anwartschaften hängt der Rechnungszinsfuß davon ab, ob der Träger der Insolvenzsicherung von der Möglichkeit Gebrauch macht, sich von seinen zukünftigen Verpflichtungen zur Zahlung von Renten nach § 8 Abs. 1 zu befreien. Macht er von dieser Möglichkeit Gebrauch, indem er z.B. Versicherungen gegen Einmalprämien abschließt, so ist bei der Bewertung der Anwartschaft der Rechnungszinsfuß für Lebensversicherungsunternehmen maßgeblich. Wenn er dagegen die Anwartschaften als eigene Kapitalanlage führt, was im Regelfall geschieht, ist ein höherer Rechnungszinsfuß gerechtfertigt. Ansonsten bliebe unberücksichtigt, dass mit dem Rechnungszinsfuß für Lebensversicherungen Zinsüberschüsse erzielt würden, die nur den jeweiligen Beitragszahlern zugutekämen.

6 Während die Regelungen zu den Kosten, die im Ausgleichsfonds, der Verlustrücklage und der Vorschusszahlungen den Bestimmungen in Abs. 2 S. 1 und dem ersten Halbs. des S. 3 der bisherigen Gesetzesfassung entsprechen, wird mit dem neuen S. 5 zusätzlich zu der schon bislang bei außergewöhnlich hohen Schäden möglichen **Inanspruchnahme** des **Ausgleichsfonds,** jetziger Satz 6, ein Instrument zur **Glättung** von **Beitragsspitzen** eingeführt. Der zu finanzierende Schaden kann, soweit er den des Vorjahrs übersteigt, auf die folgenden vier Jahre verteilt werden. Hiervon hat der PSVaG gem. seinen Mitteilungen erstmals im historischen Schadenshöchstjahr 2009 Gebrauch gemacht und Teile der erforderlichen Beiträge auf die nächsten vier Jahre verteilt. Von dem Beitragssatz für 2009 in Höhe von 14,20‰ waren 8,20 Promillepunkte der Beitragsbemessungsgrundlage 2009 am 31.12.2009 und jeweils 1,50 Promillepunkte der Beitragsbemessungsgrundlage 2009 am 31.12. der Jahre 2010 bis 2013 fällig. Die Entscheidung des PSVaG, das Glättungsverfahren heranzuziehen und für das Beitragsjahr 2009 von einer Aktivierung des Ausgleichfonds abzusehen, beruht nicht auf einem Ermessensfehlgebrauch. Der PSVaG durfte bei seiner Prognose davon ausgehen, dass der Schadensverlauf im Jahr 2010 wieder auf das Niveau des Geschäftsjahrs 2008 zurückkehren wird, so dass zu erwarten war, dass auch künftig auf Milderungsmittel zurückgegriffen werden könne (OVG RP vom 18.5.2012 – 7 A 11241/11.OVG – BetrAV 2012, 545).

3. Beitragsbemessungsgrundlage

7 Die Beitragsbemessungsgrundlage **hängt von dem jeweiligen Durchführungsweg** ab und bezieht sich nach Abs. 3 auf die laufenden Versorgungsleistungen und die nach § 1b unverfallbaren Versorgungsanwartschaften. Diese Beträge sind auf den Schluss des Wirtschaftsjahrs des Arbeitgebers, das im abgelaufenen Kalenderjahr geendet hat, festzustellen. Ein Wechsel des Durchführungswegs wirkt sich ebenso wie jede andere Änderung der Bemessungsgrundlage erst im nachfolgenden Kalenderjahr auf die Höhe des Beitrags zur Insolvenzsicherung aus. Das folgt aus dem Wortlaut und der systematischen Stellung des § 10 Abs. 3. Gegen die Stichtagsregelung bestehen keine Bedenken; sie entspricht dem Sinn und Zweck der Insolvenzsicherung und steht mit Art. 12, 20 und 3 GG im Einklang (BVerwG vom 23.1.2008 – 6 C 19.07 – DB 2008, 1441). Diese Grundsätze sind insbesondere bei einem Wechsel von einer

unmittelbaren Zusage zu einer Versorgung über einen Pensionsfonds, der wegen der Höhe der Beiträge privilegiert ist (dazu Rn. 14), zu beachten.

Prinzipiell geht das Gesetz vom **versicherungsrechtlichen Äquivalenzprinzip** aus, wonach das zu versichernde individuelle Risiko und die Prämie einander entsprechen sollen, ohne jedoch dieses Prinzip konsequent durchzuhalten. Maßgebend dafür waren sachliche Gründe wie die Gesichtspunkte der Praktikabilität und der Wirtschaftlichkeit. Der Gesetzgeber hat davon abgesehen, Deckungsquoten für die einzelnen vom Arbeitgeber gewählten Durchführungswege festzusetzen oder das individuelle Wirtschaftsrisiko des Unternehmens zu berücksichtigen. Das Gesetz verzichtet auf ein selbständiges Berechnungssystem und legt zur Ermittlung des Schlüssels die Bewertungsgrundsätze des Steuerrechts zugrunde. So wird das individuelle Insolvenzrisiko bei der Beitragsfestsetzung nicht berücksichtigt; teilweise trägt der PSVaG ein Risiko ohne Beitrag, teilweise erhält er einen Beitrag ohne Risiko. Akzessorische Sicherungsrechte nach § 9 Abs. 2 bleiben bei der Beitragsbemessung unberücksichtigt. Demgegenüber stellt das BVerwG auf das abstrakte Insolvenzrisiko des jeweiligen Durchführungswegs ab (zuletzt BVerwG vom 12.10.2011 – 8 C 19/10 – NZA 2013, 378). Daher besteht eine uneingeschränkte Beitragspflicht auch für kongruent rückgedeckte, pfandrechtlich gesicherte Direktzusagen (BVerwG vom 25.8.2010 – 8 C 40.09 – BetrAV 2011, 98) und auch eine solche für kongruent rückgedeckte und pfandrechtlich gesicherte Unterstützungskassenzusagen (BVerwG vom 25.8.2010 – 8 C 23.09 – DB 2011, 184; vgl. auch OVG HH vom 14.1.2010 – 4 Bf 22/08 – ZIP 2010, 1509). Das BVerwG beruft sich auf den Wortlaut sowie den systematischen Zusammenhang der Regelungen, die an die Konstruktion des Primäranspruchs anknüpfen, d.h. die Leistungspflicht des Arbeitgebers, die letztlich auch neben einer Unterstützungskassenzusage besteht. Auch scheide eine verfassungskonforme Reduktion von Abs. 3 Nr. 1 und Nr. 3 aus, da keine Grundrechte tangiert seien. Insbesondere sei die wirtschaftliche Betätigungsfreiheit, Art. 2 Abs. 1 GG, nicht verletzt, da der PSVaG-Beitrag keine Sonderabgabe, sondern einen Beitrag (Entgelt) für einen gewährten Vorteil in Gestalt der Übernahme der den Arbeitgeber an sich treffenden Insolvenzsicherungspflicht darstelle. Auf eine individuelle Vorteilsgerechtigkeit komme es hierbei nicht an. Ein Verstoß gegen Art. 3 Abs. 1 GG scheide ebenfalls aus, da es nicht zuletzt aus Gründen der Begrenzung des Verwaltungsaufwands auf das abstrakte Insolvenzrisiko des jeweiligen Durchführungswegs als dem die Ungleichbehandlung rechtfertigenden Grund ankomme. Die Rechtsprechung des BVerwG zu kongruent rückgedeckten, pfandrechtlich gesicherten unmittelbaren Versorgungszusagen lasse sich ohne Einschränkungen auch auf privatrechtliche Sicherungsabreden im Zusammenhang mit Direktzusagen, wie z.B. CTA-Modelle in Form der doppelseitigen Sicherungstreuhand, übertragen. Im Hinblick auf die Absicherung des unterschiedlichen abstrakten Insolvenzrisikos scheide bei derartigen Konstruktionen auch die entsprechende Heranziehung der Beitragsprivilegierung für Pensionsfonds aus (OVG RP vom 18.5.2012 – 7 A 11241/11.OVG – BetrAV 2012, 545). 8

a) Unmittelbare Versorgungszusage. Nach Abs. 3 Nr. 1 ist die **Beitragsbemessungsgrundlage** bei unmittelbaren Versorgungszusagen der steuerliche 9

Rückstellungsbetrag. Maßgebend ist hierfür § 6a Abs. 3 EStG, der die Höhe der Pensionsrückstellung regelt. Danach darf eine Pensionsrückstellung höchstens mit dem Teilwert der Pensionsverpflichtung angesetzt werden. Der Teilwert ist versicherungsmathematisch zu berechnen. Das versicherungsmathematische Berechnungsverfahren liefert nicht nur für die aus der Pensionsverpflichtung zu erwartende Inanspruchnahme die wahrscheinlichsten Werte, sondern ist auch wegen ihrer mathematischen Gesetzmäßigkeit besser als jede andere Berechnungsmethode für den Einsatz von Datenverarbeitungsanlagen geeignet. Das Teilwertprinzip stellt ein Gleichverteilungsprinzip dar. Der Versorgungsaufwand wird vom Beginn des Diensteintritts des versorgungsberechtigten Arbeitnehmers bis zu dem in der Pensionszusage vorgesehenen Zeitpunkt des Eintritts des Versorgungsfalls rechnungsmäßig aufgeteilt. Eine Erhöhung der Pensionszusage wird so behandelt, als ob bereits zum Diensteintritt die höhere Pensionszusage erfolgt wäre. Die Pensionsrückstellung nach § 6a EStG ist auch dann Bemessungsgrundlage für den Beitrag, wenn die steuerlichen Voraussetzungen für ihre Bildung nicht erfüllt sind, weil z.B. die Pensionszusage nicht schriftlich erteilt wurde oder ein sog. steuerschädlicher Vorbehalt besteht.

10 Wird ein **Eigenbetrieb** von einem kommunalen Arbeitgeber in eine privatrechtliche Gesellschaft umgewandelt, so sind in die Beitragsbemessungsgrundlage der übernehmenden Gesellschaft alle Versorgungsanwartschaften, unabhängig davon, wann die Unverfallbarkeit eingetreten ist, einzubeziehen. Dies bedeutet, dass auch solche unverfallbaren Versorgungsanwartschaften bei der Bemessung der Beitragspflicht berücksichtigt werden müssen, die bereits während der Beschäftigung in dem Eigenbetrieb erdient worden sind (BVerwG vom 13.7.1999 – 1 C 14.98 – ZIP 1999, 2067).

11 **b) Direktversicherung.** Besteht eine unverfallbare Anwartschaft auf Leistungen einer Direktversicherung mit widerruflichem Bezugsrecht eines Arbeitnehmers, ist gem. Abs. 3 Nr. 2 S. 1 **Beitragsbemessungsgrundlage** das geschäftsplanmäßige **Deckungskapital.** Als geschäftsplanmäßiges Deckungskapital sind die bis zum Berechnungszeitpunkt aufgrund des Versicherungsvertrags zu zahlenden Versicherungsprämien unter Berücksichtigung einer vierprozentigen Verzinsung anzusetzen. Abtretungen, Beleihungen oder Verpfändungen des Bezugsrechts werden ebenso wenig wie Beitragsrückstände berücksichtigt. Abzustellen ist auf die Verhältnisse am Bilanzstichtag. Erteilt der Arbeitgeber zunächst eine betriebliche Altersversorgung im Weg der unmittelbaren Versorgungszusage und ändert er später den Durchführungsweg in eine Direktversicherung, richtet sich die Einstandspflicht des PSVaG nach § 7 und die Beitragspflicht nach Abs. 3 so lange nach der ursprünglichen Versorgungszusage, wie die vom Versicherer nach dem Versicherungsvertrag aufgrund der Beiträge des Arbeitgebers zu erbringende Versicherungsleistung den zum Änderungszeitpunkt erreichten Besitzstand nicht erfüllt (BAG vom 22.9.1987 – 3 AZR 662/85 – DB 1988, 291). Allerdings kann die Beitragsbemessungsgrundlage um das Deckungskapital gekürzt werden, wenn dem Arbeitnehmer ein unwiderrufliches Bezugsrecht eingeräumt worden ist und das Deckungskapital nicht belastet ist.

12 **c) Unterstützungskasse.** Bei Arbeitgebern, die eine betriebliche Altersversorgung über eine Unterstützungskasse durchführen, erfolgt die **Beitragsbemes-**

sung gem. Abs. 3 Nr. 3 auf Basis des **Deckungskapitals** für **laufende Leistungen** und eines **pauschalen Ansatzes** für die **Anwartschaften** in Höhe des 20-Fachen der einkommensteuerlich zulässigen jährlichen Zuwendungen des Arbeitgebers an die Unterstützungskasse. Maßgebend ist dafür § 4d EStG. Da der Unterstützungskasse lediglich eine Finanzierung im sog. Kapitalwertdeckungsverfahren zugestanden wird, d.h. ähnlich wie bei dem PSVaG selbst die Zuwendungen des Deckungskapitals für die Leistungen erst im Zeitpunkt des Leistungsanfalls steuerlich möglich sind und ihr zur Erhaltung der Leistungsfähigkeit für die Anwartschaften nur ein Reservepolster zugebilligt wird, wurde das Äquivalenzprinzip in verschiedener Hinsicht durchbrochen. Die beitragsrechtliche Ungleichbehandlung von Anwartschaften aus Unterstützungskassen einerseits und Direktzusagen andererseits (bei Unterstützungskassenanwartschaften wird ein konstanter Mittelwert in Höhe der Hälfte der erreichbaren Versorgungsleistung zugrunde gelegt, während bei Anwartschaften aus Direktzusagen gem. § 10 Abs. 3 Nr. 1 i.V.m. § 6a Abs. 3 EStG auf den Teilwert der Pensionsverpflichtung abgestellt wird) ist durch sachliche Gründe, wie z.B. eine unaufwendige Beitragsbemessung, gerechtfertigt. Dies gelte sowohl für die Anknüpfung an unterschiedliche steuerrechtliche Vorschriften zum Betriebsausgabenabzug als auch für die Vervielfältigung des für Unterstützungskassenanwartschaften geltenden Abzugsbetrags mit dem Faktor 20. Im sozialpolitischen Bereich, zu dem auch die Insolvenzsicherung der betrieblichen Altersversorgung gehöre, habe der Gesetzgeber einen weiten Gestaltungsspielraum, der allein durch das Willkürverbot eine Begrenzung finde (BVerwG vom 12.10.2011 – 8 C 19/10 – NZA 2013, 378).

Soweit sich nachträglich herausstellt, dass die **Beitragsbemessungsgrundlage unzutreffend** ermittelt worden ist, verfährt der PSVaG in Anlehnung an § 48 VwVfG nach folgender **Richtlinie:** Außerhalb der Aufbewahrungsfristen des Arbeitgebers hinsichtlich der Berechnungsgrundlagen von sechs Jahren gem. § 11 Abs. 2 S. 2 erfolgt grds. keine nachträgliche Änderung der Beitragshöhe. Eine Ausnahme macht der PSVaG bei arglistiger Täuschung, wenn der ursprüngliche Beitragsbescheid durch einen dem PSVaG zur Beurteilung besonders vorgetragenen Sachverhalt erwirkt wurde, der in wesentlicher Beziehung unrichtig oder unvollständig war, oder wenn dem Beitragspflichtigen der Grund für die fehlende oder falsche Beitragserhebung bekannt oder aufgrund grober Fahrlässigkeit unbekannt war. 13

d) Pensionsfonds. Wenn Arbeitgeber die betriebliche Altersversorgung über einen Pensionsfonds durchführen, sind gem. Abs. 3 Nr. 4 für die **Beitragsbemessungsgrundlage** die für **unmittelbare Versorgungszusagen** bestehenden Regelungen **entsprechend** anzuwenden. Erfasst werden sowohl die Beitragszusage mit Mindestleistung als auch die Leistungszusage. Unter Anwendung der Berechnungsgrundsätze des § 6a EStG muss jeweils der Wert der Versorgungsverpflichtung versicherungsmathematisch festgestellt werden. Bei einer Beitragszusage mit Mindestleistung entspricht sie der Ausfallhaftung des Arbeitgebers in Höhe der Summe der zugesagten Beträge, soweit diese nicht rechnungsmäßig durch einen biometrischen Risikoausgleich verbraucht werden. Im Übrigen bleibt wegen der nur entsprechenden Anwendung des Abs. 3 14

Nr. 1 offen, ob der dort vorgesehene Rechnungszinsfuß von 6% bindend ist. Die Gesetzesfassung dürfte eine sachgerechte anderweitige Festsetzung des Zinsfußes, insbesondere auch hinsichtlich der Bewertung von Beitragszusagen mit Mindestleistung, zulassen. Da es sich um einen externen, einer Pensionskasse ähnlichen Durchführungsweg handelt, erscheint es fraglich, ob die Pflicht zur Insolvenzsicherung – jedenfalls in der fixierten Höhe – zu Recht besteht. Diese Bedenken sind seit dem 1.1.2002 dadurch relativiert worden, dass im Gesetz zur Änderung des SGB VII die Verpflichtung zur Insolvenzsicherung auf 20% des Beitrags reduziert worden ist, den Arbeitgeber bei der unmittelbaren Versorgungszusage bzw. einer Zusage über die Unterstützungskasse aufbringen müssen. Damit wird der Kapitaldeckung Rechnung getragen und der Tatsache, dass dem Arbeitgeber der Rückgriff auf dieses Kapital durch externe Anlage bei einem vom Arbeitgeber unabhängigen Pensionsfonds entzogen ist; das Risiko des PSVaG, als Ausfallbürge in Anspruch genommen zu werden, ist also erheblich geringer.

4. Fälligkeit und Zwangsvollstreckung

15 Der Beitragsanspruch des PSVaG wird frühestens nach Erlass eines Beitragsbescheids, spätestens am Ende eines Kalenderjahrs fällig (OVG NW vom 25.9.1992 – 13 A 1394/91 – DB 1993, 46). In der Praxis erhebt der PSVaG zunächst Vorschüsse, um die während des laufenden Jahrs erforderlichen Leistungen finanzieren zu können, und nimmt eine endgültige Berechnung der Höhe des fälligen Beitrags erst am Ende des Kalenderjahrs vor. Aus den Beitragsbescheiden des PSVaG findet die Zwangsvollstreckung in **entsprechender Anwendung** der Vorschriften der **ZPO** statt. Die vollstreckbare Ausfertigung erteilt der PSVaG. Diese Regelung ergibt sich aus der Verleihung öffentlich-rechtlicher Befugnisse an den PSVaG. Sie erleichtert diesem die Durchführung seiner Aufgaben. Zur Verjährung des Anspruchs auf Beitragszahlung s. § 10a.

§ 10a Säumniszuschläge; Zinsen; Verjährung

(1) Für Beiträge, die wegen Verstoßes des Arbeitgebers gegen die Meldepflicht erst nach Fälligkeit erhoben werden, kann der Träger der Insolvenzsicherung für jeden angefangenen Monat vom Zeitpunkt der Fälligkeit an einen Säumniszuschlag in Höhe von bis zu eins vom Hundert der nacherhobenen Beiträge erheben.

(2) [1]Für festgesetzte Beiträge und Vorschüsse, die der Arbeitgeber nach Fälligkeit zahlt, erhebt der Träger der Insolvenzsicherung für jeden Monat Verzugszinsen in Höhe von 0,5 vom Hundert der rückständigen Beiträge. [2]Angefangene Monate bleiben außer Ansatz.

(3) [1]Vom Träger der Insolvenzsicherung zu erstattende Beiträge werden vom Tage der Fälligkeit oder bei Feststellung des Erstattungsanspruchs durch gerichtliche Entscheidung vom Tage der Rechtshängigkeit an für jeden Monat mit 0,5 vom Hundert verzinst. [2]Angefangene Monate bleiben außer Ansatz.

(4) [1]Ansprüche auf Zahlung der Beiträge zur Insolvenzsicherung gemäß § 10 sowie Erstattungsansprüche nach Zahlung nicht geschuldeter Beiträge zur Insolvenzsicherung verjähren in sechs Jahren. [2]Die Verjährungsfrist beginnt mit Ablauf

des Kalenderjahres, in dem die Beitragspflicht entstanden oder der Erstattungsanspruch fällig geworden ist. [3]Auf die Verjährung sind die Vorschriften des Bürgerlichen Gesetzbuchs anzuwenden.

Übersicht

1. Regelungszweck

Die Vorschrift des § 10a, die durch das RRG 1999 in das BetrAVG eingefügt wurde, ergänzt mit ihren Festlegungen das öffentlich-rechtliche Beitragsschuldverhältnis, das bis Ende 1998 in § 10 nur unvollkommen geregelt war. Mit dieser Gesetzesnorm wird der Eigenart des PSVaG als Selbsthilfeeinrichtung der Wirtschaft Rechnung getragen und ihm mehr Spielraum eingeräumt. Das Prinzip der **Beitragsgerechtigkeit** findet in der Möglichkeit, Säumniszuschläge und Verzugszinsen zu erheben, seinen Niederschlag. Säumige Schuldner sollen sich nicht auf Kosten der öffentlich-rechtlichen Beitragszahlergemeinschaft Vorteile verschaffen dürfen, ohne für die Schäden aufkommen zu müssen. 1

2. Säumniszuschläge, Zinsen

Der PSVaG kann nunmehr Säumniszuschläge und Verzugszinsen per **Beitragsbescheid** verlangen. Die Abs. 1 bis 3 bestimmen die Höhe der Säumniszuschläge für Verstöße gegen die Meldepflicht sowie die Verzinsung rückständiger oder zu erstattender Beiträge. Die unterschiedlichen Regelungen der Säumniszuschläge und der Verzugszinsen berücksichtigen, dass die Meldepflicht ausschließlich in der Sphäre des Arbeitgebers liegt. Individuellen Umständen kann durch das eingeräumte Ermessen pflichtgemäß Rechnung getragen werden. Bei den Verzugszinsen wird davon ausgegangen, dass i.d.R. Zinserträge in gleicher Höhe erwirtschaftet werden können. 2

3. Verjährung

Abs. 4 regelt die Verjährung sowohl von **Beitragsforderungen** des PSVaG als auch die von **Erstattungsansprüchen** nach Entrichtung nicht geschuldeter Beiträge zur Insolvenzsicherung gegenüber dem PSVaG. Durch die Verweisung auf die Vorschriften des BGB wird erreicht, dass Verjährung von Amts wegen nicht zu berücksichtigen ist. Zugleich wird dem PSVaG ermöglicht, einem Arbeitgeber unzulässige Rechtsausübung entgegenzuhalten, wenn dieser wegen unterlassener Meldung nach § 11 nicht zu Beiträgen herangezogen wurde. Die Verjährungsfrist orientiert sich an den Aufbewahrungsfristen für den Arbeitgeber nach § 11 Abs. 2 S. 2 und beträgt somit sechs Jahre. Der Beginn der Verjährungsfrist entspricht § 199 Abs. 1 BGB und bewirkt, dass Verjährungstermine nicht dauernd, sondern nur jeweils am Ende eines Jahrs überprüft werden müssen. 3

§ 11 Melde-, Auskunfts- und Mitteilungspflichten

(1) [1]Der Arbeitgeber hat dem Träger der Insolvenzsicherung eine betriebliche Altersversorgung nach § 1b Abs. 1 bis 4 für seine Arbeitnehmer innerhalb von 3 Monaten nach Erteilung der unmittelbaren Versorgungszusage, dem Abschluß einer Direktversicherung oder der Errichtung einer Unterstützungskasse oder eines Pensionsfonds mitzuteilen. [2]Der Arbeitgeber, der sonstige Träger der Versorgung, der Insolvenzverwalter und die nach § 7 Berechtigten sind verpflichtet, dem Träger der Insolvenzsicherung alle Auskünfte zu erteilen, die zur Durchführung der Vorschriften dieses Abschnitts erforderlich sind, sowie Unterlagen vorzulegen, aus denen die erforderlichen Angaben ersichtlich sind.

(2) [1]Ein beitragspflichtiger Arbeitgeber hat dem Träger der Insolvenzsicherung spätestens bis zum 30. September eines jeden Kalenderjahres die Höhe des nach § 10 Abs. 3 für die Bemessung des Beitrages maßgebenden Betrages bei unmittelbaren Versorgungszusagen und Pensionsfonds auf Grund eines versicherungsmathematischen Gutachtens, bei Direktversicherungen auf Grund einer Bescheinigung des Versicherers und bei Unterstützungskassen auf Grund einer nachprüfbaren Berechnung mitzuteilen. [2]Der Arbeitgeber hat die in Satz 1 bezeichneten Unterlagen mindestens 6 Jahre aufzubewahren.

(3) [1]Der Insolvenzverwalter hat dem Träger der Insolvenzsicherung die Eröffnung des Insolvenzverfahrens, Namen und Anschriften der Versorgungsempfänger und die Höhe ihrer Versorgung nach § 7 unverzüglich mitzuteilen. [2]Er hat zugleich Namen und Anschriften der Personen, die bei Eröffnung des Insolvenzverfahrens eine nach § 1 unverfallbare Versorgungsanwartschaft haben, sowie die Höhe ihrer Anwartschaft nach § 7 mitzuteilen.

(4) Der Arbeitgeber, der sonstige Träger der Versorgung und die nach § 7 Berechtigten sind verpflichtet, dem Insolvenzverwalter Auskünfte über alle Tatsachen zu erteilen, auf die sich die Mitteilungspflicht nach Absatz 3 bezieht.

(5) In den Fällen, in denen ein Insolvenzverfahren nicht eröffnet wird (§ 7 Abs. 1 Satz 4) oder nach § 207 der Insolvenzordnung eingestellt worden ist, sind die Pflichten des Insolvenzverwalters nach Absatz 3 vom Arbeitgeber oder dem sonstigen Träger der Versorgung zu erfüllen.

(6) Kammern und andere Zusammenschlüsse von Unternehmern oder anderen selbständigen Berufstätigen, die als Körperschaften des öffentlichen Rechts errichtet sind, ferner Verbände und andere Zusammenschlüsse, denen Unternehmer oder andere selbständige Berufstätige kraft Gesetzes angehören oder anzugehören haben, haben den Träger der Insolvenzsicherung bei der Ermittlung der nach § 10 beitragspflichtigen Arbeitgeber zu unterstützen.

(7) Die nach den Absätzen 1 bis 3 und 5 zu Mitteilungen und Auskünften und die nach Absatz 6 zur Unterstützung Verpflichteten haben die vom Träger der Insolvenzsicherung vorgesehenen Vordrucke zu verwenden.

(8) [1]Zur Sicherung der vollständigen Erfassung der nach § 10 beitragspflichtigen Arbeitgeber können die Finanzämter dem Träger der Insolvenzsicherung mitteilen, welche Arbeitgeber für die Beitragspflicht in Betracht kommen. [2]Die Bundesregierung wird ermächtigt, durch Rechtsverordnung mit Zustimmung des Bundesrates das Nähere zu bestimmen und Einzelheiten des Verfahrens zu regeln.

Übersicht

1. Erstmalige Mitteilung

1 Nach der Begründung betrieblicher Versorgungsverpflichtungen hat der Arbeitgeber den PSVaG zu informieren. Die Mitteilung hat gem. Abs. 1 innerhalb von drei Monaten nach Erteilung der unmittelbaren Versorgungszusage, nach Abschluss einer Direktversicherung oder nach Errichtung einer Unterstützungskasse oder eines Pensionsfonds zu erfolgen. Gibt es nur in einigen Betrieben eines Unternehmens eine betriebliche Altersversorgung, genügt es, wenn der betreffende Betrieb dies dem PSVaG mitteilt. Inländische Tochterunternehmen ausländischer Unternehmen sind mitteilungspflichtig, wenn sie eine betriebliche Altersversorgung durchführen. Dagegen sind Tochtergesellschaften ohne eigene Altersversorgung nicht mitteilungspflichtig. Da jedoch nur laufende Leistungen und unverfallbare Versorgungsanwartschaften insolvenzgesichert sind, verlangt der PSVaG entgegen der Regelung des Abs. 1 bei Anwartschaften eine **Meldung** erst dann, **wenn die gesetzlichen Unverfallbarkeitsfristen erfüllt** sind. Der PSVaG kann von einer Unterstützungskasse als „sonstigen Träger der Versorgung" i.S.d. Abs. 1 S. 2 bei einer Mischfinanzierung verlangen, dass diese zu den gem. § 1b Abs. 5 sofort unverfallbaren Versorgungsanwartschaften aufgrund von Entgeltumwandlung Auskunft erteilt, wenn im Zeitpunkt des Eintritts des Sicherungsfalls hinsichtlich des Arbeitgeberanteils (arbeitgeberfinanzierter Zuschussbetrag) die fünfjährige Unverfallbarkeitsfrist gem. § 1b Abs. 4, Abs. 1 S. 1 noch nicht verstrichen war (ArbG Würzburg vom 18.6.2013 – 10 Ca 1636/12, rkr. – DB 2013, 2400). Nach dem Wortlaut des Abs. 1 ist eine Mitteilung auch dann erforderlich, wenn eine Direktversicherung mit unwiderruflichem Bezugsrecht des Arbeitnehmers abgeschlossen wird, der PSVaG hält jedoch eine Meldung erst für erforderlich, sobald der Arbeitgeber eine wirtschaftliche Verfügung vornimmt. Nach Abs. 7 ist vorgesehen, dass Vordrucke des PSVaG verwendet werden. Der PSVaG verlangt jedoch nur eine formlose Meldung unter Angabe der DEVO-DÜVO-Nr. Allerdings kann der PSVaG aufgrund des Abs. 7 Mitteilungen und Auskünfte als nicht abgegeben zurückweisen, wenn ein von ihm vorgesehener Formularzwang nicht beachtet wird. Für den Erlass von Meldebescheinigungen fehlt dem PSVaG jedoch die erforderliche Ermächtigung (OVG NW vom 10.5.1993 – 13 A 1779/92 – DB 1993, 1832). Dem PSVaG steht die Möglichkeit der Leistungsklage gegen den Arbeitgeber zu, wenn die Mitteilung innerhalb der Drei-Monats-Frist unterbleibt. Nach Abs. 1 S. 2 sind neben dem Arbeitgeber auch der Versorgungsträger, der Insolvenzverwalter und die Versorgungsberechtigten verpflichtet, dem PSVaG alle Auskünfte zu erteilen, die zur Durchführung der Insolvenzsicherung erforderlich sind. Hierzu gehören u.a. auch Gruppenunterstützungskassen, deren Auskunftspflicht nicht gegenüber der Amtshilfe durch die in Abs. 6 genannten

Körperschaften und Vereinigungen einschließlich der Amtshilfe seitens der Finanzämter und Abs. 8 nachrangig ist (OVG HH vom 3.2.2010 – 4 Bf 352/09.Z – BetrAV 2010, 186).

2 Trägt der Versorgungsberechtigte nicht in ausreichendem Umfang dazu bei, dass die erforderlichen Leistungsdaten festgestellt werden können, kann dies zu einem Leistungsverweigerungsrecht des PSVaG führen. Unselbständige Niederlassungen ausländischer Gesellschaften sind nur dann beitrags- und meldepflichtig, wenn sie eigenständig insolvenzfähig sind.

2. Periodische Mitteilung

3 Der Arbeitgeber hat gem. Abs. 2 spätestens bis zum 30. September eines jeden Kalenderjahrs dem PSVaG die für die Bemessung des Beitrags **maßgebende Bemessungsgrundlage** anzugeben. Die Mitteilungsfrist betrifft nicht den Versorgungsträger. Die Beitragsbemessungsgrundlage hat der Arbeitgeber zu berechnen, wobei er zur Berechnung der Beitragsbemessungsgrundlage bei unmittelbaren Versorgungszusagen sowie der Versorgung durch Pensionsfonds ein versicherungsmathematisches Gutachten zugrunde zu legen, bei einer Direktversicherung eine Bescheinigung des Versicherers einzuholen und bei Unterstützungskassen nachprüfbare Berechnungen vorzulegen hat. Der PSVaG hat das Recht, die Mitteilungspflicht von beitragspflichtigen Arbeitgebern durch Verwaltungsakt zu konkretisieren und solche Bescheide in entsprechender Anwendung der Zwangsvollstreckungsvorschriften der ZPO durchzusetzen (BVerwG vom 22.11.1994 – 1 C 22.92 – BB 1995, 1092).

4 Die für die Ermittlung der Beitragsbemessungsgrundlage in Abs. 2 S. 1 bezeichneten **Unterlagen** sind mindestens **sechs Jahre aufzubewahren.** Nach den AIB brauchen Arbeitgeber, die wegen einer Beitragsbemessungsgrundlage von maximal 250.000 € aus unmittelbaren Pensionszusagen nur geringe Beiträge zu entrichten haben, nur alle fünf Jahre ein Gutachten einzuholen; dabei erhöht der PSVaG für die vier gutachtenfreien Jahre bei Beständen mit Anwärtern die Beitragsbemessungsgrundlage des Vorjahrs jeweils pauschal um 15 %. Für alle Durchführungswege gelten im Übrigen Kleinbetragsregelungen für Arbeitgeber mit einer Beitragsbemessungsgrundlage von bis zu 60.000 €.

3. Mitteilungspflichten bei einem Sicherungsfall

5 Für den Fall einer Insolvenz hat der **Insolvenzverwalter** nach Abs. 3 die **Eröffnung** des **Insolvenzverfahrens** dem PSVaG **mitzuteilen** und die entsprechenden Angaben vorzunehmen. Neben den Namen und Anschriften der Versorgungsempfänger, der Höhe ihrer Versorgung sowie den Namen und Anschriften der Personen, die bei Eröffnung des Insolvenzverfahrens eine nach § 1b unverfallbare Versorgungsanwartschaft haben, sowie der Höhe ihrer Anwartschaft verlangt der PSVaG die Vorlage bestimmter Unterlagen (s. dazu die Merkblätter des PSVaG). Der Arbeitgeber, die Versorgungsträger und die Versorgungsberechtigten sind gem. Abs. 4 verpflichtet, den Insolvenzverwalter bei der Erfüllung seiner Auskunftspflicht zu unterstützen. In den Sicherungsfällen, in denen **kein Insolvenzverfahren eröffnet** wird, hat der **Arbeitgeber** bzw. der Versorgungsträger dem PSVaG gegenüber die **Auskunftspflichten** zu er-

füllen. Kommt der Versorgungsberechtigte seinen Mitwirkungspflichten nicht nach, so steht dem PSVaG ein Leistungsverweigerungsrecht zu (LG Köln vom 28.12.1988 – 24 O 82/87 – DB 1989, 1780).

4. Amtshilfe

In Abs. 6 und 8 erfährt der PSVaG im Weg der Amtshilfe eine gesetzliche Un- 6
terstützung. Unter Abs. 6 fallen öffentlich-rechtliche berufsständische Körperschaften sowie privatrechtliche berufsständische Vereinigungen. Sie haben den PSVaG bei der Ermittlung der beitragspflichtigen Arbeitgeber zu unterstützen. Nach Abs. 8 können auch die Finanzämter dem PSVaG mitteilen, welche Arbeitgeber für die Beitragspflicht in Betracht kommen. Voraussetzung für die Unterstützungspflicht ist ein entsprechendes **Ersuchen** des **PSVaG.** Das Gesetz ist davon ausgegangen, dass insbesondere bei Beginn der Geschäftstätigkeit der PSVaG bei der Ermittlung der beitragspflichtigen Arbeitgeber auf die Hilfe der einschlägigen Institutionen angewiesen sein könnte.

§ 12 Ordnungswidrigkeiten

(1) Ordnungswidrig handelt, wer vorsätzlich oder fahrlässig

1. **entgegen § 11 Abs. 1 Satz 1, Abs. 2 Satz 1, Abs. 3 oder Abs. 5 eine Mitteilung nicht, nicht richtig, nicht vollständig oder nicht rechtzeitig vornimmt,**
2. **entgegen § 11 Abs. 1 Satz 2 oder Abs. 4 eine Auskunft nicht, nicht richtig, nicht vollständig oder nicht rechtzeitig erteilt oder**
3. **entgegen § 11 Abs. 1 Satz 2 Unterlagen nicht, nicht richtig, nicht vollständig oder nicht rechtzeitig vorlegt oder entgegen § 11 Abs. 2 Satz 2 Unterlagen nicht aufbewahrt.**

(2) Die Ordnungswidrigkeit kann mit einer Geldbuße bis zu zweitausendfünfhundert Euro geahndet werden.

(3) Verwaltungsbehörde im Sinne des § 36 Abs. 1 Nr. 1 des Gesetzes über Ordnungswidrigkeiten ist die Bundesanstalt für Finanzdienstleistungsaufsicht.

In Abs. 1 Nr. 1 bis 3 sind abschließend diejenigen Mitteilungs-, Auskunfts-, 1
Vorlage- und Aufbewahrungspflichten aufgeführt, die durch § 11 Abs. 1 bis 5 begründet werden. Wer diese Pflichten vorsätzlich oder fahrlässig nicht richtig, nicht vollständig oder nicht rechtzeitig erfüllt, handelt ordnungswidrig. **Verstöße gegen** die enumerativ aufgezählten **Pflichten** können als Ordnungswidrigkeit mit einer Geldbuße bis zu 2.500 € geahndet werden. Verwaltungsbehörde i.S.d. OWiG ist die BaFin.

Folgende Pflichten können verletzt werden: die Pflicht 2

- des Arbeitgebers zur Mitteilung an den PSVaG über das Bestehen oder die Neueinrichtung einer betrieblichen Altersversorgung;
- zur periodischen Mitteilung der Beitragsbemessungsgrundlage;
- des Insolvenzverwalters, im Insolvenzfall die Eröffnung des Insolvenzverfahrens, die Namen und Anschriften der Versorgungsempfänger und -anwärter und die Höhe ihrer Versorgung oder ihrer Anwartschaft unverzüglich mitzuteilen;

- des Arbeitgebers und des sonstigen Versorgungsträgers in den Fällen, in denen ein Insolvenzverfahren nicht eröffnet oder nach § 207 InsO eingestellt worden ist, die Pflichten des Insolvenzverwalters nach § 11 Abs. 3 zu erfüllen;
- dem PSVaG alle Auskünfte zu erteilen, die zur Durchführung der Vorschriften über die Insolvenzsicherung erforderlich sind;
- dem Insolvenzverwalter Auskünfte über alle Tatsachen zu erteilen, auf die sich die Mitteilungspflicht nach § 11 Abs. 3 bezieht.

3 Ordnungswidrig handelt auch derjenige, der die in § 11 Abs. 1 S. 2 verlangten Unterlagen nicht, nicht richtig, nicht vollständig oder nicht rechtzeitig vorlegt oder die Pflicht zur Aufbewahrung von Unterlagen verletzt.

4 Die genannten Pflichten können von dem Arbeitgeber, dem Insolvenzverwalter, dem externen Versorgungsträger oder dem Versicherer verletzt werden. Über § 9 OWiG können auch Organmitglieder juristischer Personen und Personen, die vom Inhaber des Betriebs beauftragt sind, den Betrieb ganz oder z. T. zu leiten oder in eigener Verantwortung Aufgaben wahrnehmen, die dem Inhaber des Betriebs obliegen, als Täter in Betracht kommen. Die **Ordnungswidrigkeit** setzt eine vorsätzliche oder fahrlässige Pflichtverletzung i.S.v. § 10 OWiG voraus. Die Höhe der Geldbuße beträgt nach Abs. 2 i.V.m. § 17 Abs. 1 OWiG mindestens 5 € und höchstens 2.500 €, bei fahrlässigem Handeln gem. § 17 Abs. 2 OWiG höchstens 1.250 €. Zuständig für die Verfolgung von Ordnungswidrigkeiten ist nach Abs. 3 i.V.m. § 36 Abs. 1 Nr. 1 OWiG die BaFin. Gem. § 67 S. 1 OWiG kann der Betroffene gegen den **Bußgeldbescheid** innerhalb von zwei Wochen nach Zustellung schriftlich oder zur Niederschrift bei der BaFin Einspruch einlegen.

§ 13 (*aufgehoben*)

§ 14 Träger der Insolvenzsicherung

(1) [1]Träger der Insolvenzsicherung ist der Pensions-Sicherungs-Verein Versicherungsverein auf Gegenseitigkeit. [2]Er ist zugleich Träger der Insolvenzsicherung von Versorgungszusagen Luxemburger Unternehmen nach Maßgabe des Abkommens vom 22. September 2000 zwischen der Bundesrepublik Deutschland und dem Großherzogtum Luxemburg über Zusammenarbeit im Bereich der Insolvenzsicherung betrieblicher Altersversorgung. [3]Er unterliegt der Aufsicht durch die Bundesanstalt für Finanzdienstleistungsaufsicht. [4]Die Vorschriften des Versicherungsaufsichtsgesetzes gelten, soweit dieses Gesetz nichts anderes bestimmt.

(2) [1]Der Bundesminister für Arbeit und Sozialordnung weist durch Rechtsverordnung mit Zustimmung des Bundesrates die Stellung des Trägers der Insolvenzsicherung der Kreditanstalt für Wiederaufbau zu, bei der ein Fonds zur Insolvenzsicherung der betrieblichen Altersversorgung gebildet wird, wenn

1. **bis zum 31. Dezember 1974 nicht nachgewiesen worden ist, daß der in Absatz 1 genannte Träger die Erlaubnis der Aufsichtsbehörde zum Geschäftsbetrieb erhalten hat,**
2. **der in Absatz 1 genannte Träger aufgelöst worden ist oder**

3. die Aufsichtsbehörde den Geschäftsbetrieb des in Absatz 1 genannten Trägers untersagt oder die Erlaubnis zum Geschäftsbetrieb widerruft.

[2]In den Fällen der Nummern 2 und 3 geht das Vermögen des in Absatz 1 genannten Trägers einschließlich der Verbindlichkeiten auf die Kreditanstalt für Wiederaufbau über, die es dem Fonds zur Insolvenzsicherung der betrieblichen Altersversorgung zuweist.

(3) [1]Wird die Insolvenzsicherung von der Kreditanstalt für Wiederaufbau durchgeführt, gelten die Vorschriften dieses Abschnittes mit folgenden Abweichungen:

1. In § 7 Abs. 6 entfällt die Zustimmung der Bundesanstalt für Finanzdienstleistungsaufsicht.

2. [1]§ 10 Abs. 2 findet keine Anwendung. [2]Die von der Kreditanstalt für Wiederaufbau zu erhebenden Beiträge müssen den Bedarf für die laufenden Leistungen der Insolvenzsicherung im laufenden Kalenderjahr und die im gleichen Zeitraum entstehenden Verwaltungskosten und sonstigen Kosten, die mit der Gewährung der Leistungen zusammenhängen, decken. [3]Bei einer Zuweisung nach Absatz 2 Nr. 1 beträgt der Beitrag für die ersten 3 Jahre mindestens 0,1 vom Hundert der Beitragsbemessungsgrundlage gemäß § 10 Abs. 3; der nicht benötigte Teil dieses Beitragsaufkommens wird einer Betriebsmittelreserve zugeführt. [4]Bei einer Zuweisung nach Absatz 2 Nr. 2 oder 3 wird in den ersten 3 Jahren zu dem Beitrag nach Nummer 2 Satz 2 ein Zuschlag von 0,08 vom Hundert der Beitragsbemessungsgrundlage gemäß § 10 Abs. 3 zur Bildung einer Betriebsmittelreserve erhoben. [5]Auf die Beiträge können Vorschüsse erhoben werden.

3. In § 12 Abs. 3 tritt an die Stelle der Bundesanstalt für Finanzdienstleistungsaufsicht die Kreditanstalt für Wiederaufbau.

[2]Die Kreditanstalt für Wiederaufbau verwaltet den Fonds im eigenen Namen. [3]Für Verbindlichkeiten des Fonds haftet sie nur mit dem Vermögen des Fonds. [4]Dieser haftet nicht für die sonstigen Verbindlichkeiten der Bank. [5]§ 11 Abs. 1 Satz 1 des Gesetzes über die Kreditanstalt für Wiederaufbau in der Fassung der Bekanntmachung vom 23. Juni 1969 (BGBl. I S. 573), das zuletzt durch Artikel 14 des Gesetzes vom 21. Juni 2002 (BGBl. I S. 2010) geändert worden ist, ist in der jeweils geltenden Fassung auch für den Fonds anzuwenden.

Übersicht

1. Der PSVaG als Träger der Insolvenzsicherung

Als Träger der Insolvenzsicherung wurde 1974 von den Deutschen Arbeitgeberverbänden, dem Bundesverband der Deutschen Industrie und dem Verband der Lebensversicherungsunternehmen der PSVaG gegründet. Er ist mit Befugnissen der öffentlichen Verwaltung ausgestattet. Als **aufsichtspflichtiges Versicherungsunternehmen** i.S.v. § 1 Abs. 1 VAG unterliegt der PSVaG der Aufsicht der BaFin. Gem. Abs. 1 S. 4 unterliegt der PSVaG primär dem BetrAVG und im Übrigen dem VAG sowie den vereinsrechtlichen Vorschriften des BGB. 1

2 Alle Arbeitgeber mit sicherungspflichtigen Maßnahmen der betrieblichen Altersversorgung treten dem PSVaG mit Abschluss des Versicherungsvertrags bei. Die Versicherung ist gem. § 3 Abs. 1 der Satzung abgeschlossen, wenn der PSVaG die Meldung einer sicherungspflichtigen betrieblichen Altersversorgung, zu der der Arbeitgeber öffentlich-rechtlich verpflichtet ist, schriftlich bestätigt. Die Arbeitgeber sind Versicherungsnehmer und alleinige Beitragspflichtige. Die Anwärter mit einer gesetzlich unverfallbaren Versorgungsanwartschaft bzw. die Betriebsrentner sind als versicherte Person anzusehen. Den insolvenzbedingten Ausfall der Versorgung als versichertes Risiko übernimmt der PSVaG. Es handelt sich nach Auffassung der BaFin um eine Vermögensschadensversicherung. Das **Mitgliedschaftsverhältnis** der Arbeitgeber zum PSVaG ist nach den privatrechtlichen Bestimmungen des Vereinsrechts ausgestaltet. Das privatrechtliche Mitgliedschaftsverhältnis, welches gem. § 3 Abs. 3 der Satzung des PSVaG auf einem freiwilligen Entschluss des Arbeitgebers beruht, ist von dessen daneben bestehendem Versicherungsverhältnis mit öffentlich-rechtlich ausgestalteter Beitragspflicht zu trennen. Zwar setzte die Mitgliedschaft beim PSVaG ein bestehendes Versicherungsverhältnis voraus. Jedoch ziehe ein solches nicht notwendigerweise die Mitgliedschaft nach sich (BGH vom 23.4.2013 – II ZR 161/11 – DB 2013, 1548). Die Mitgliedschaft endet daher mit der Beendigung des Versicherungsverhältnisses. Dieses endet, wenn der Arbeitgeber die betriebliche Altersversorgung einstellt oder mit dem Eintritt eines Sicherungsfalls i.S.v. § 7 Abs. 1. Davon sind der Fortsetzungsvergleich und die Stundung oder Kürzung betrieblicher Versorgungsleistungen ausgenommen. Dagegen erfolgt keine Beendigung durch die Liquidation einer juristischen Person, solange noch Verpflichtungen aus der Altersversorgung vorhanden sind. Für die durch eine sog. Rentnergesellschaft versorgten ehemaligen Mitarbeiter besteht also weiterhin Insolvenzschutz.

3 Nach § 9 Abs. 1 der Satzung des PSVaG besteht der **Vorstand** aus mindestens zwei Personen. Er wird vom Aufsichtsrat bestellt. Der von der Mitgliederversammlung zu wählende **Aufsichtsrat** besteht gem. § 10 Abs. 1 der Satzung aus zwölf Mitgliedern. Ihm obliegt die Überwachung der Geschäftsführung des Vorstands, darüber hinaus benötigt der Vorstand zu bestimmten Geschäften die Zustimmung des Aufsichtsrats. Nach § 15 der Satzung stellt die Mitgliederversammlung das oberste Vertretungsorgan des PSVaG dar. Jedes Mitglied hat eine Stimme. Die Mitgliederversammlung tritt i.d.R. jährlich zusammen. Der PSVaG hat sich zur Beratung von Aufsichtsrat und Vorstand einen **Beirat** bestellt.

2. Die Entwicklung des PSVaG

4 Die Bedeutung des PSVaG erschließt sich aus der im Anschluss abgedruckten **Übersicht.** Als Ersatz für den Fall, dass der PSVaG wieder aufgelöst wird oder die BaFin den Geschäftsbetrieb des PSVaG untersagt oder die Erlaubnis widerruft, weist gem. Abs. 2 der Bundesminister für Arbeit und Sozialordnung durch Rechtsverordnung mit Zustimmung des Bundesrats die Stellung des Trägers der Insolvenzsicherung der Kreditanstalt für Wiederaufbau zu.

Übersicht
über die Entwicklung des PENSIONS-SICHERUNGS-VEREINS
vom 1. Januar 1975, Beginn des Geschäftsbetriebs, bis 31. Dezember 2013

Geschäftsjahr	Mitglieder	Vorschusssatz	endgültiger Beitragssatz	Beitragsbemessungsgrundlage	Beitragsvolumen	Sicherungsfälle	Schadenvolumen	gemeldete Versorgungsempfänger	gemeldete Anwärter mit unverfallbarer Anwartschaft	Bilanzsumme	Kapitalanlagen	Ausgleichsfonds	PSVaG-Mitarbeiter[1]
	Anzahl[3] (31.Dez.)	‰	‰	Mrd.€	Mio. €	Anzahl	Mio.€	Anzahl	Anzahl	Mio.€ (31.Dez.)	Mio. € (31.Dez.)	Mio. € (31.Dez.)	Anzahl[2]
1975	31 045	1,5	1,5	37,3	56,5	249	38,2	5 060	7 290	47,6	42,4	17,6	36
1976	31 685	1,5	1,9	42,4	81,6	267	83,7	8 614	8 795	61,7	50,9	17,9	41
1977	32 102	1,7	1,9	46,5	87,4	246	65,5	4 745	5 808	101,5	89,5	45,2	42
1978	32 778	1,7	0,7	50,1	36,5	187	39,7	4 765	6 785	151,0	145,8	52,0	43
1979	32 518	0,5	1,1	55,2	60,9	154	65,2	5 346	8 116	135,6	117,0	58,4	48
1980	32 547	0,8	1,4	61,4	85,9	161	87,3	6 879	6 985	177,3	160,8	68,3	50
1981	33 895	0,9	2,0	68,5	137,5	246	141,6	11 780	13 228	243,9	233,4	79,8	59
1982	33 977	1,4	6,9	74,1	512,5	363	623,9	39 564	55 498	661,6	552,0	5,7	71
1983	33 746	–,–	3,7	76,2	281,6	322	264,3	10 689	14 992	339,2	318,3	65,6	81
1984	33 968	1,8	2,6	83,9	218,6	369	200,2	8 036	15 601	375,3	358,2	137,8	85
1985	34 662	1,6	1,4	92,0	135,6	366	194,0	7 461	9 746	415,5	402,8	141,1	88
1986	34 848	1,0	1,1	98,2	116,4	332	191,0	8 135	13 448	436,8	419,9	171,8	97
1987	35 725	0,6	1,8	107,4	244,4	307	299,5	15 891	19 873	522,8	501,0	183,0	99
1988	35 813	1,2	0,9	112,0	103,3	200	158,8	4 460	7 606	489,2	473,8	188,2	103

Geschäftsjahr	Mitglieder Anzahl[3] (31.Dez.)	Vorschusssatz ‰	endgültiger Beitragssatz ‰	Beitragsbemessungsgrundlage Mrd.€	Beitragsvolumen Mio. €	Sicherungsfälle Anzahl	Schadenvolumen Mio.€	gemeldete Versorgungsempfänger Anzahl	gemeldete Anwärter mit unverfallbarer Anwartschaft Anzahl	Bilanzsumme Mio.€ (31.Dez.)	Kapitalanlagen Mio. € (31.Dez.)	Ausgleichsfonds Mio. € (31.Dez.)	PSVaG-Mitarbeiter[1] Anzahl[2]
1989	36 051	0,6	0,6	117,6	72,8	173	143,4	4 943	7 872	461,0	445,3	190,0	101
1990	36 712	–,–	0,3	123,7	38,8	158	170,1	7 323	6 241	402,2	373,5	190,5	100
1991	37 282	–,–	0,9	131,4	116,0	162	201,5	6 165	6 355	419,7	398,0	191,3	100
1992	37 758	0,3	0,8	140,6	115,5	207	216,7	10 487	11 192	448,3	429,8	191,3	99
1993	38 115	0,3	3,1	150,8	467,5	328	703,9	34 349	27 830	718,7	661,8	53,3	101
1994	38 179	1,0	2,3	157,0	363,3	348	425,4	18 414	21 506	785,6	755,6	139,8	109
1995	38 573	1,0	2,6	163,6	426,7	386	489,3	15 228	19 639	729,0	697,5	189,1	121
1996	39 045	1,0	2,8	171,3	481,2	404	724,6	41 948	29 674	790,1	756,0	51,1	131
1997	39 233	1,0	2,7	178,4	482,6	406	422,8	12 737	15 088	786,7	743,0	151,9	138
1998	39 737	1,0	1,2	184,6	223,6	399	387,7	11 763	16 033	757,3	737,3	219,5	133
1999	39 774	0,5	2,8	189,2	530,5	394	610,6	27 751	18 980	936,5	896,7	281,0	130
2000	39 778	1,0	2,1	208,6	439,9	442	548,1	14 898	18 467	801,8	763,8	332,5	129
2001	39 893	1,0	2,5	218,0	546,0	479	614,1	17 339	18 398	848,6	806,8	369,4	130
2002	40 643	1,0	4,5	225,0	1 016,8	705	1 481,4	43 565	41 696	1 271,6	1 203,6	70,7	136
2003	45 858	1,5	4,4	235,0	1 036,1	726	877,2	29 125	25 798	959,7	913,7	221,8	149
2004	53 102	1,5	3,6	243,0	881,8	753	760,6	19 507	16 866	951,2	923,7	348,7	157

Geschäftsjahr	Mitglieder	Vorschusssatz	endgültiger Beitragssatz	Beitragsbemessungsgrundlage	Beitragsvolumen	Sicherungsfälle	Schadenvolumen	gemeldete Versorgungsempfänger	gemeldete Anwärter mit unverfallbarer Anwartschaft	Bilanzsumme	Kapitalanlagen	Ausgleichsfonds	PSVaG-Mitarbeiter[1]
	Anzahl[3] (31.Dez.)	‰	‰	Mrd.€	Mio. €	Anzahl	Mio.€	Anzahl	Anzahl	Mio.€ (31.Dez.)	Mio. € (31.Dez.)	Mio. € (31.Dez.)	Anzahl[2]
2005	59 636	1,5	4,9	251,0	1 237,7	745	1 234,0	29 326	27 653	1 001,8	962,6	477,7	160
2006	64 696	1,5	3,1	264,0	825,7	654	791,5	13 863	13 634	1 321,0	1 289,2	588,0	161
2007	69 376	1,0	3,0	272,0	822,6	530	943,5	11 873	17 411	2 100,7	2 038,4	654,7	166
2008	73 093	1,0	1,8	277,0	506,1	544	591,8	7 491	9 430	2 242,1	2 194,0	696,6	170
2009	76 029	–,–	14,2	285,0	4 068,3	971	4 356,3	79 871	89 242	4 036,5	3 370,5	874,0	179
2010	83 322	–,–	1,9	289,0	549,2	679	648,7	9 434	11 346	3 795,6	3 568,5	992,5	190
2011	90 740	–,–	1,9	295,0	569,3	616	626,1	7 188	11 619	3 567,3	3 296,0	1 080,7	206
2012	93 031	–,–	3,0	304,0	916,8	642	1 264,8	17 538	24 668	4 097,5	3 745,8	1 164,1	221
2013	93 765	–,–	1,7	312,0	544,2	668	780,7	12 337	15 117	4 783,8	4 436,1	1 238,3	230
					19 437,7	16 288	22 467,7	645 888	715 526				

[1] einschließlich Mitarbeiter in Teilzeit oder mit ruhendem Arbeitsverhältnis (Elternzeit, Altersteilzeit) –

[2] bis 1986 Anzahl der Mitarbeiter zum 31.12. einschließlich der Mitglieder des Vorstands; ab 1987 aufgrund des Bilanzrichtlinien-Gesetzes vom 19.12.1985 Jahresdurchschnitt

[3] ab 2013 einschließlich versicherter Nichtmitglieder

§ 15 Verschwiegenheitspflicht

[1]Personen, die bei dem Träger der Insolvenzsicherung beschäftigt oder für ihn tätig sind, dürfen fremde Geheimnisse, insbesondere Betriebs- oder Geschäftsgeheimnisse, nicht unbefugt offenbaren oder verwerten. [2]Sie sind nach dem Gesetz über die förmliche Verpflichtung nichtbeamteter Personen vom 2. März 1974 (BGBl. I S. 469, 547) von der Bundesanstalt für Finanzdienstleistungsaufsicht auf die gewissenhafte Erfüllung ihrer Obliegenheiten zu verpflichten.

1 Das Gesetz sieht für alle Personen, die beim PSVaG beschäftigt sind oder für ihn tätig werden, eine **Geheimhaltungspflicht** vor. § 15 S. 1 stellt ein Schutzgesetz i.S.v. § 823 Abs. 2 BGB dar. Ein Verstoß gegen die Geheimhaltungspflicht gibt dem geschädigten Arbeitgeber einen Schadenersatzanspruch. Darüber hinaus bedeutet der Verstoß gegen die Geheimhaltungspflicht eine Vertragsverletzung des Mitarbeiters gegenüber dem PSVaG in seiner Funktion als Arbeitgeber.

2 Zur Geheimhaltung sind nicht nur die Arbeitnehmer des PSVaG, sondern auch Berater, Gutachter und freiberufliche Mitarbeiter verpflichtet. Diese dürfen fremde Geheimnisse, d.h. solche Umstände, die nicht allgemein bekannt sind und an deren Geheimhaltung der Geheimnisträger ein Interesse hat, insbesondere Betriebs- oder Geschäftsgeheimnisse, nicht unbefugt offenbaren oder verwerten. Zu den fremden Geheimnissen gehören z.B. der Inhalt und die Höhe der Versorgungszusagen, die Bemessungs- und Besteuerungsgrundlagen, die Höhe von Löhnen und Gehältern oder der Sozialrenten. Diese Geheimnisse dürfen nicht weitergegeben oder wirtschaftlich genutzt werden. Durch die Verpflichtung nach dem Verpflichtungsgesetz vom 2.3.1974 werden diese Personen zu „für den öffentlichen Dienst besonders Verpflichteten" i.S.d. § 203 Abs. 2 S. 1 Nr. 2 i.V.m. § 11 Abs. 1 Nr. 4 StGB. Eine Straftat nach § 203 oder § 204 StGB wird auf Antrag strafrechtlich verfolgt und mit einer Geldstrafe oder Freiheitsstrafe von bis zu einem Jahr bzw. bis zu zwei Jahren geahndet. Der PSVaG ist bei Vorliegen eines berechtigten Interesses (z.B. Erreichen des Quorums für die Antragsstellung in Mitgliederversammlungen, Bekanntmachung der Kandidatur für den Aufsichtsrat) dem auskunftsbegehrenden Mitglied gegenüber nach vereinsrechtlichen Grundsätzen zur Herausgabe einer vollständigen Liste seiner Mitglieder verpflichtet. Die bloße Auskunft über deren Namen und Anschrift beinhaltet weder einen Verstoß gegen die Geheimhaltungspflicht gem. § 15 S. 1 noch gegen datenschutzrechtliche Gesichtspunkte (BGH vom 23.4.2013 – II ZR 161/11 – DB 2013, 1548).

Fünfter Abschnitt. Anpassung

§ 16 Anpassungsprüfungspflicht

(1) Der Arbeitgeber hat alle drei Jahre eine Anpassung der laufenden Leistungen der betrieblichen Altersversorgung zu prüfen und hierüber nach billigem Ermessen zu entscheiden; dabei sind insbesondere die Belange des Versorgungsempfängers und die wirtschaftliche Lage des Arbeitgebers zu berücksichtigen.

(2) Die Verpflichtung nach Absatz 1 gilt als erfüllt, wenn die Anpassung nicht geringer ist als der Anstieg

1. des Verbraucherpreisindexes für Deutschland oder
2. der Nettolöhne vergleichbarer Arbeitnehmergruppen des Unternehmens

im Prüfungszeitraum.

(3) Die Verpflichtung nach Absatz 1 entfällt, wenn

1. der Arbeitgeber sich verpflichtet, die laufenden Leistungen jährlich um wenigstens eins vom Hundert anzupassen,
2. die betriebliche Altersversorgung über eine Direktversicherung im Sinne des § 1b Abs. 2 oder über eine Pensionskasse im Sinne des § 1b Abs. 3 durchgeführt wird, ab Rentenbeginn sämtliche auf den Rentenbestand entfallende Überschussanteile zur Erhöhung der laufenden Leistungen verwendet werden und zur Berechnung der garantierten Leistung der nach § 65 Abs. 1 Nr. 1 Buchstabe a des Versicherungsaufsichtsgesetzes festgesetzte Höchstzinssatz zur Berechnung der Deckungsrückstellung nicht überschritten wird oder
3. eine Beitragszusage mit Mindestleistung erteilt wurde; Absatz 5 findet insoweit keine Anwendung.

(4) [1]Sind laufende Leistungen nach Absatz 1 nicht oder nicht in vollem Umfang anzupassen (zu Recht unterbliebene Anpassung), ist der Arbeitgeber nicht verpflichtet, die Anpassung zu einem späteren Zeitpunkt nachzuholen. [2]Eine Anpassung gilt als zu Recht unterblieben, wenn der Arbeitgeber dem Versorgungsempfänger die wirtschaftliche Lage des Unternehmens schriftlich dargelegt, der Versorgungsempfänger nicht binnen drei Kalendermonaten nach Zugang der Mitteilung schriftlich widersprochen hat und er auf die Rechtsfolgen eines nicht fristgemäßen Widerspruchs hingewiesen wurde.

(5) Soweit betriebliche Altersversorgung durch Entgeltumwandlung finanziert wird, ist der Arbeitgeber verpflichtet, die Leistungen mindestens entsprechend Absatz 3 Nr. 1 anzupassen oder im Falle der Durchführung über eine Direktversicherung oder eine Pensionskasse sämtliche Überschussanteile entsprechend Absatz 3 Nr. 2 zu verwenden.

(6) Eine Verpflichtung zur Anpassung besteht nicht für monatliche Raten im Rahmen eines Auszahlungsplans sowie für Renten ab Vollendung des 85. Lebensjahres im Anschluss an einen Auszahlungsplan.

Übersicht

1. Normzweck und -struktur

1 Die strenge Anwendung des die Wirtschaftsordnung grds. durchziehenden Nominalwertprinzips führt bei langlaufenden Leistungen wie Renten im Laufe der Zeit zu einer **Auszehrung durch den Kaufkraftverlust.** Nachdem die vorgesetzliche Rechtsprechung eine Lösung in Anwendung der Grundsätze der Störung der Geschäftsgrundlage gesucht hatte (BAG vom 30.3.1973 – 3 AZR 26/72 – DB 1973, 773; BAG vom 30.3.1973 – 3 AZR 34/72 – BB 1973, 705; BGH vom 28.5.1973 – II ZR 58/71 – DB 1973, 1497), sorgt seit Inkrafttreten des BetrAVG § 16 für einen Ausgleich. Die Vorschrift sieht keine automatische Anpassung der laufenden Leistungen der betrieblichen Altersversorgung vor. Als Grundsatz (Abs. 1 und 2) stellt das Gesetz der inflationsbedingten Auszehrung eine **Anpassungsprüfungspflicht des Arbeitgebers** entgegen (Rn. 11 ff.). Zweck der Vorschrift ist es, den Betriebsrentnern ein Verfahren zur Anpassung ihrer Versorgungsleistungen zur Verfügung zu stellen, durch das diese den Kaufkraftverlust ausgleichen können, ohne den Arbeitgeber zu überlasten. Die Rentenanpassung liegt nicht nur im Interesse der Betriebsrentner, sondern im **All-**

gemeinwohlinteresse (BAG vom 19.6.2012 – 3 AZR 464/11 – NZA 2012, 1291). Die Rechtsprechung begreift daher die **Anpassung als den Regelfall** und die Nichtanpassung als die Ausnahme (BAG vom 26.5.2009 – 3 AZR 369/07 – DB 2009, 2384; BAG vom 11.3.2008 – 3 AZR 358/06 – DB 2008, 2369).

Das Gesetz erlaubt, die Anpassungsprüfung **durch andere Anpassungsmechanismen zu ersetzen** (Rn. 67 ff.). Moderne Versorgungssysteme nehmen sehr häufig die Möglichkeit wahr, laufende Leistungen garantiert um 1 % p.a. zu erhöhen (Abs. 3 Nr. 1). Bei Direktversicherungen und Pensionskassen wird der Rentner in aller Regel auf eine Erhöhung durch die Überschussbeteiligung verwiesen (Abs. 3 Nr. 2). Diese alternativen Anpassungsmechanismen gelten auch bei durch Entgeltumwandlung finanzierten Zusagen (Abs. 5). 2

In bestimmten Konstellationen ist die **Anpassungsprüfung ausgeschlossen** (Rn. 73 ff.), insbesondere bei Beitragszusagen mit Mindestleistung (Abs. 3 Nr. 3) und Auszahlungsplänen (Abs. 6), aber auch in der Insolvenz und ggf. aufgrund teleologischer Reduktion des § 16. 3

2. Anpassungspflichtiger Arbeitgeber

Nach Abs. 1 hat der **Arbeitgeber** eine Anpassung der laufenden Leistungen der betrieblichen Altersversorgung zu prüfen. Abzustellen ist auf den **arbeitsvertraglich** maßgeblichen Arbeitgeber, das gilt auch bei Firmengruppen oder Konzernen (BAG vom 10.2.2009 – 3 AZR 727/07 – DB 2009, 2554). Allerdings können unter bestimmten Voraussetzungen bei der Beurteilung der wirtschaftlichen Lage nach Abs. 1 die Verhältnisse anderer Unternehmen mit in die Prüfung einbezogen werden (zu Einzelheiten vgl. Rn. 48 ff.). 4

Unter § 16 fällt auch der **Rechtsnachfolger,** etwa bei Gesamtrechtsnachfolge gem. § 1922 BGB oder nach UmwG (BAG vom 28.5.2013 – 3 AZR 125/11 – NZA-RR 2013, 598; BAG vom 31.7.2007 – 3 AZR 810/05 – DB 2008, 135). Ist durch Betriebsübergang nach § 613a BGB oder durch Übernahme nach § 4 eine Versorgungsanwartschaft übergegangen, trifft den Übernehmer nach Eintritt des Versorgungsfalls auch die Anpassungsverpflichtung (BAG vom 25.4.2006 – 3 AZR 50/05 – DB 2007, 580). Auch sog. **Rentnergesellschaften** oder Abwicklungsgesellschaften, die ausschließlich oder überwiegend der Erfüllung und Abwicklung einer betrieblichen Altersversorgung dienen, sind zur Anpassung der Betriebsrenten verpflichtet (BAG vom 26.10.2010 – 3 AZR 502/08 – BB 2011, 700; BAG vom 9.11.1999 – 3 AZR 420/98 – DB 2000, 1867; vgl. noch Rn. 52 ff.). 5

Keine Arbeitgeber i.S.d. Gesetzes sind dagegen die **selbständigen Versorgungsträger,** die für den Arbeitgeber die betriebliche Altersversorgung durchführen. Von § 16 werden deshalb Lebensversicherer, Pensionskassen, Pensionsfonds und Unterstützungskassen nicht erfasst. Sie können aber in ihren Leistungsbestimmungen eine Anpassung vorsehen, die den Arbeitgeber wirtschaftlich oder – im Fall des Abs. 3 Nr. 2 (Rn. 71) – auch rechtlich entlastet. 6

3. Laufende Versorgungsleistungen

7 Unter § 16 fallen nur **Leistungen der betrieblichen Altersversorgung.** Damit sind sonstige Sozialleistungen wie Übergangsgelder, Überbrückungszahlungen, Gnadengehälter und Sterbegelder nicht anzupassen. Lösen betriebliche Versorgungsansprüche bei Erreichen einer bestimmten Altersgrenze Übergangsgelder oder Überbrückungszahlungen ab, unterliegen sie ab diesem Zeitpunkt der Anpassung. Auch **Sachleistungen** können Leistungen der betrieblichen Altersversorgung darstellen (vgl. dazu § 1 Rn. 43). Da sie regelmäßig nicht der Entwertung unterliegen, ist eine Anpassung nicht erforderlich. Wurde jedoch die Sachleistung in eine Geldleistung umgewandelt – z.B. Umwandlung eines Kohledeputats in eine Energiebeihilfe –, die dem inflationsbedingten Wertverfall unterliegt, kommt die Anpassung zum Tragen (BAG vom 11.8.1981 – 3 AZR 395/80 – BB 1981, 1835).

8 Unter § 16 fallen nur **laufende Leistungen,** d.h. regelmäßig wiederkehrende Leistungen, die entweder lebenslänglich oder zumindest für eine längere Laufzeit gewährt werden. Bei **Kapitalleistungen** kann der Versorgungsempfänger durch Anlage des Kapitals einer Entwertung der Versorgungsleistung entgegenwirken. Sie unterliegen daher nicht der Anpassung. Wird eine Einmalzahlung, z.B. in Form einer Weihnachtsgratifikation, neben regelmäßig wiederkehrenden Leistungen i.S. einer 13. Rente gewährt, wird auch diese vom Normzweck der Vorschrift erfasst. Einmalzahlungen, die den eingetretenen Kaufkraftverlust ausgleichen sollen, sind dagegen keine laufenden Leistungen. Sie unterliegen nicht der Anpassung (vgl. BAG vom 11.12.2001 – 3 AZR 674/00 – DB 2002, 2228). **Ratenzahlungen** unterliegen der Anpassungsprüfung, wenn sie sich über einen Zeitraum erstrecken, in dem eine erhebliche Entwertung durch Kaufkraftverlust droht. Es ist zumindest fraglich, ob dies immer schon bei jeder über mehr als drei Jahre gestreckten Auszahlung der Fall ist.

9 Bei **Gesamtversorgungszusagen** berechnet sich die Betriebsrente als Differenz zwischen einer definierten Gesamtversorgung und der gesetzlichen Rente (sowie ggf. weiterer Versorgungsbezüge). Laufende Leistung i.S.v. Abs. 1 ist hier die im Versorgungsfall errechnete Betriebsrente (Ausgangsrente), nicht die Gesamtversorgung (BAG vom 14.2.2012 – 3 AZR 685/09, DB 2012, 1935). Etwas anderes gilt, wenn sich der Arbeitgeber vertraglich verpflichtet, eine zugesagte Gesamtversorgung aus gesetzlicher Rente und Betriebsrente auch im Bezugszeitraum anhand eines vorgegebenen Maßstabs und unter Anrechnung der jeweils aktuellen gesetzlichen Rente zu dynamisieren. Bei einer solchen sog. **Gesamtrentenfortschreibung** trägt der Arbeitgeber das Risiko der Entwicklung der gesetzlichen Rente bis zur Grenze der Störung der Geschäftsgrundlage (BAG vom 19.2.2008 – 3 AZR 290/06 – DB 2008, 1387). Angesichts dieser Wirkung setzt eine Gesamtrentenfortschreibung eine eindeutige Regelung in der Versorgungszusage voraus. Im Zweifel liegt bloß eine „einfache" Gesamtversorgung vor.

10 Da sich die Anpassung nur auf laufende Leistungen bezieht, greift § 16 erst mit dem Versorgungsfall. **Versorgungsanwartschaften** sind nicht zu dynamisieren (BAG vom 15.9.1977 – 3 AZR 654/76 – DB 1977, 1903). Während der Anwartschaftszeit eingetretene Entwertungen sind auch nach Beginn der Ren-

tenzahlungen nicht zu berücksichtigen (BAG vom 1.7.1976 – 3 AZR 37/76 – DB 1976, 1724).

4. Anpassungsprüfung (Abs. 1, 2 und 4)

Der gesetzliche Grundsatz ist die in Abs. 1, 2 und 4 geregelte Anpassungsprü- 11
fung.

a) Prüfungszeitraum und -zeitpunkt. Die Anpassung der laufenden Leis- 12
tungen ist **alle drei Jahre** zu prüfen. Maßgebend für die Frist ist der Tag, von dem ab erstmals der Anspruch auf die laufenden Leistungen dem Grunde nach besteht. Werden Versorgungsleistungen umgestellt, z.B. von einer Invaliditätsrente auf eine Altersrente, wird der Fristablauf nicht berührt. Er ist grds. für jede einzelne Versorgungsleistung zu beachten. Werden jedoch mehrere Versorgungsleistungen gewährt, ist es zulässig, sie zusammenzufassen und für die Anpassung als Einheit zu betrachten, es sei denn, dass nach der Auslegung der Versorgungszusagen und der ihnen zugrunde liegenden Versorgungsregelung eine getrennte Anpassung geboten ist (BAG vom 30.8.2005 – 3 AZR 395/04 – DB 2006, 732).

Der in § 16 vorgeschriebene Drei-Jahres-Turnus für die Überprüfung der 13
Anpassung der Betriebsrenten zwingt nicht zu starren individuellen Prüfungsterminen. Der Arbeitgeber kann z.B. die in einem Jahr anstehenden Anpassungsprüfungen zusammenfassen und zu einem bestimmten Zeitpunkt innerhalb oder am Ende des Jahrs vornehmen (st. Rspr., etwa BAG vom 18.2.2003 – 3 AZR 172/02 – DB 2003, 2606). Eine derartige **Bündelung des Prüfungstermins** vermeidet unverhältnismäßigen Verwaltungsaufwand und beeinträchtigt die Interessen der Betriebsrentner nur geringfügig (BAG vom 23.5.2000 – 3 AZR 83/99 – DB 2002, 155). Der Arbeitgeber muss für die Bündelung einen nachvollziehbaren Zeitpunkt wählen (BAG vom 11.10.2011 – 3 AZR 732/09 – DB 2012, 1278). Wegen der Auswirkungen der Anpassungsprüfung auf die Bilanzen der Unternehmen kommt z.B. ein einheitlicher Prüfungszeitpunkt in zeitlich engem Zusammenhang mit dem Bilanzabschlusstermin in Frage. Alternativ spricht auch viel für einen Zeitpunkt, zu dem der letzte Jahresabschluss testiert und die Planung für die nächsten Geschäftsjahre abgeschlossen ist, da dies die Anpassungsprüfung erleichtert.

Für den Betriebsrentner verzögert sich durch eine Bündelung allenfalls die 14
erste Anpassungsprüfung. Die ihm daraus entstehenden Nachteile werden regelmäßig dadurch abgemildert, dass ein entsprechend höherer Teuerungsausgleich zu berücksichtigen ist. Die Bündelung des Prüfungstermins darf für einen Betriebsrentner aber maximal zu einer Verzögerung der ersten Anpassungsprüfung um **sechs Monate** führen (BAG vom 11.12.2012 – 3 AZR 615/10 – NZA 2013, 864; BAG vom 30.8.2005 – 3 AZR 395/04 – DB 2006, 732). Unter diesen Bedingungen ist auch eine Bündelung auf einen Anpassungsstichtag **alle drei Jahre** zulässig, der dann für alle Betriebsrentner des Unternehmens gilt (BAG vom 14.2.2012 – 3 AZR 685/09 – DB 2012, 1935; BAG vom 30.8.2005 – 3 AZR 395/04 – DB 2006, 732).

Es ist zulässig, den Prüfungszeitraum zu verkürzen. Ein Vorziehen der Anpas- 15
sungsprüfung kann auf dem berechtigten Wunsch des Arbeitgebers beruhen, alle

Versorgungsleistungen jeweils in einem festen einheitlichen Drei-Jahres-Rhythmus zu überprüfen. Dabei kommt die **Verkürzung** des Zeitraums regelmäßig **nur bei der erstmaligen Anpassungsprüfung** in Betracht. Auf die gesamte Laufzeit der Betriebsrente gesehen, bringt die Vorverlegung der ersten Anpassungsprüfung sogar mehr Vor- als Nachteile (BAG vom 30.8.2005 – 3 AZR 395/04 – DB 2006, 732). Wurde der Prüfungszeitraum verkürzt, besteht ein Anspruch auf eine erneute Anpassungsprüfung erst nach Ablauf von weiteren drei Jahren.

16 Ein fester Anpassungsrhythmus ergibt sich für **Altrenten,** die bei Inkrafttreten des BetrAVG zum 1.1.1975 bereits gezahlt wurden. Als ersten Anpassungsprüfungsstichtag hat das BAG hier den 1.1.1975 festgesetzt (BAG vom 1.7.1976 – 3 AZR 791/75 – BB 1976, 1029) und eine generelle Anhebung der Betriebsrenten um die Hälfte des eingetretenen Kaufkraftverlusts als billigem Ermessen entsprechend angesehen (BAG vom 15.9.1977 – 3 AZR 654/76 – DB 1977, 1893).

17 **b) Belange der Versorgungsempfänger.** Abs. 2 normiert, unter welchen Voraussetzungen die Belange der Versorgungsempfänger hinreichend berücksichtigt sind, also den **Anpassungsbedarf.**

18 **aa) Ausgleich des Kaufkraftverlusts (Abs. 2 Nr. 1).** Gem. Abs. 2 Nr. 1 ist der Anpassungsbedarf erfüllt, wenn die **Teuerung, gemessen am Verbraucherpreisindex** für Deutschland, **ausgeglichen** wird. Frühere Anpassungen, auch wenn sie freiwillig oder auf vertraglicher Basis vorgenommen wurden, verringern den Anpassungsbedarf. Bei der Ermittlung des Kaufkraftverlusts ist auf die in der einschlägigen Fachpresse veröffentlichten Indexwerte der Monate abzustellen, die dem erstmaligen Rentenbezug und dem jeweiligen Anpassungsstichtag unmittelbar vorausgehen (BAG vom 30.8.2005 – 3 AZR 395/04 – DB 2006, 732). Eine Umstellung des Verbraucherpreisindex auf ein neues Wägungsschema (etwa am 28.2.2008 auf den sog. VPI^{2005} oder am 20.2.2013 auf den VPI^{2010}) ist für Anpassungsstichtage zu berücksichtigen, die nach dem Veröffentlichungsdatum durch das Statistische Bundesamt liegen, und zwar auch für Zeiträume vor der Umstellung (BAG vom 11.10.2011 – 3 AZR 527/09 – AP Nr. 81 zu § 16 BetrAVG; BAG vom 28.6.2011 – 3 AZR 859/09 – DB 2011, 2926).

19 Wurde die Rente bereits vor dem 1.1.2003 bezogen, wird der Kaufkraftverlust zwischen Renteneintritt und dem 31.12.2002 anhand des Preisindex für die Lebenshaltung von Vier-Personen-Haushalten von Arbeitern und Angestellten mit mittleren Einkommen berechnet, und nur für den Zeitraum danach nach dem Verbraucherpreisindex (§ 30c Abs. 4; BAG vom 31.7.2007 – 3 AZR 810/05 – DB 2008, 135). Hierzu wird der maßgebliche Indexstand des Lebenshaltungskostenindex im Vormonat des Rentenbeginns in dem Verhältnis reduziert, in dem der Lebenshaltungskostenindex und der Verbraucherpreisindex im Dezember 2002 zueinander standen, nämlich 0,94203 (sog. **Rückrechnungsmethode;** BAG vom 11.10.2011 – 3 AZR 527/09 – AP Nr. 81 zu § 16 BetrAVG).

20 Wenn der Arbeitgeber anlässlich eines Anpassungstermins eine Anpassung ganz oder teilweise nicht vorgenommen hat, verbleibt ein **Nachholbedarf.** Da der Anpassungsbedarf immer seit Rentenbeginn zu ermitteln ist (Rn. 18),

würde dies beim nächsten Anpassungsstichtag, zu dem der Arbeitgeber zur Anpassung wirtschaftlich in der Lage ist, grds. aufgeholt, wenn auch nur mit Wirkung für die Zukunft (BAG vom 28.4.1992 – 3 AZR 142/91 – DB 1992, 2401). Diese Verpflichtung zur sog. **nachholenden Anpassung** erfährt durch Abs. 4 allerdings für zu Recht unterbliebene Anpassungen ab 1.1.1999 eine wichtige **Einschränkung** (Rn. 29 ff.).

Der Anpassungsbedarf ist betriebsrentenimmanent zu bestimmen; Veränderungen im Leistungssystem der gesetzlichen Rentenversicherung sind irrelevant. Auch ist der Arbeitgeber nicht verpflichtet, bei der Anpassung auf die individuelle Belastung eines Rentners mit überdurchschnittlich hohen Steuern oder auf den Krankenversicherungsbeitrag der Rentner Rücksicht zu nehmen (BAG vom 23.5.2000 – 3 AZR 103/99 – NZA 2001, 1076; BAG vom 14.2.1989 – 3 AZR 313/87 – DB 1989, 1422). **21**

bb) Begrenzung des Anpassungsbedarfs. Die grds. von Abs. 2 Nr. 1 geschützte Erwartung eines Kaufkraftausgleichs wird durch Abs. 2 Nr. 2 und durch Abs. 4 **begrenzt.** **22**

(1) Nettolohnentwicklung vergleichbarer Arbeitnehmergruppen (Abs. 2 Nr. 2). Abs. 2 Nr. 2 beschränkt den Anpassungsbedarf auf den Anstieg der Nettolöhne vergleichbarer Arbeitnehmergruppen des Unternehmens. Die Vorschrift beruht auf Rechtsprechung, die schon vor ihrem Inkrafttreten im Jahr 1999 ergangen war (etwa BAG vom 14.2.1989 – 3 AZR 313/87 – DB 1989, 1422). Vor dem Hintergrund des Normzwecks des § 16 ist diese Begrenzung der Anpassung einleuchtend. Wenn bereits die aktive Belegschaft mit ihren kollektiv-arbeitsrechtlichen Möglichkeiten bei der Entlohnung keinen Teuerungsausgleich erzielen kann, entspricht es der Billigkeit, die Anpassung der Betriebsrenten entsprechend zu begrenzen (BAG vom 19.6.2012 – 3 AZR 464/11 – NZA 2012, 1291). **23**

Nach Auffassung des BAG ist der Praxis überlassen, Modelle zu entwickeln, die eine **praktikable und sachgerechte Prüfung** der Nettolohnentwicklung ermöglichen (BAG vom 30.8.2005 – 3 AZR 395/04 – DB 2006, 732; BAG vom 20.5.2003 – 3 AZR 179/02 – AP Nr. 1 zu § 1 BetrAVG Auslegung; BAG vom 10.9.2002 – 3 AZR 593/01 – DB 2003, 1800; BAG vom 23.5.2000 – 3 AZR 103/99 – DB 2001, 2507). Der **Arbeitgeber** hat einen **weiten Ermessensspielraum.** Er muss für eine **hinreichend zuverlässige Datenermittlung** sorgen, ohne dass dies Typisierungen, Pauschalierungen und Generalisierungen ausschließt (BAG vom 19.6.2012 – 3 AZR 464/11 – NZA 2012, 1291). Die Vergleichsgruppe, innerhalb der die Nettolöhne ermittelt werden, kann gröber oder feiner eingeteilt werden. Der Entscheidungsspielraum ist nicht überschritten, solange **klare, verdienstbezogene Abgrenzungskriterien** die Gruppenbildung als sachgerecht erscheinen lassen (BAG vom 10.9.2002 – 3 AZR 593/01 – DB 2003, 1800; BAG vom 23.5.2000 – 3 AZR 103/99 – DB 2001, 2507). Es ist daher nicht zu beanstanden, wenn z.B. alle außertariflichen Angestellten zu einer Gruppe zusammengefasst werden (BAG vom 30.8.2005 – 3 AZR 395/04 – DB 2006, 732). Offen ist, ob ohne Gruppenbildung auf die Vergütungsentwicklung aller Arbeitnehmer des Unternehmens abgestellt werden kann, wenn nicht belegt ist, dass sich die Vergütung sämtlicher **24**

Arbeitnehmer vergleichbar entwickelt (vgl. BAG vom 30.8.2005 – 3 AZR 395/04 – DB 2006, 732).

25 Abs. 2 Nr. 2 geht als Leitbild davon aus, dass die Nettolohnentwicklung **unternehmensweit** bestimmt wird. Dies steht einer **konzernweiten Ermittlung** nicht entgegen, die aber einer Billigkeitskontrolle unterliegt (BAG vom 19.6.2012 – 3 AZR 464/11 – NZA 2012, 1291; BAG vom 30.8.2005 – 3 AZR 395/04 – DB 2006, 732). Eine konzernweite Ermittlung liegt insbesondere nahe, wenn bereits die Versorgung konzernweit zugesagt und einheitlich abgewickelt wird. Werden in **Konditionenkartellen** (Bochumer Verband, Essener Verband) unternehmens- und konzernübergreifend einheitliche Anpassungsentscheidungen getroffen, kann auch die Nettolohnentwicklung entsprechend ermittelt werden (BAG vom 17.8.2004 – 3 AZR 367/03 – AP Nr. 55 zu § 16 BetrAVG; BAG vom 20.5.2003 – 3 AZR 179/02 – AP Nr. 1 zu § 1 BetrAVG Auslegung).

26 **Sämtliche Vergütungsbestandteile** müssen in die Berechnung eingehen, also nicht nur das Festgehalt (BAG vom 19.6.2012 – 3 AZR 408/10 – AP Nr. 9 zu § 1 BetrAVG Pensionskasse; BAG vom 20.5.2003 – 3 AZR 179/02 – AP Nr. 1 zu § 1 BetrAVG Auslegung). Karrierebedingte Vergütungssteigerungen können herausgerechnet werden (BAG vom 20.5.2003 – 3 AZR 179/02 – AP Nr. 1 zu § 1 BetrAVG Auslegung; BAG vom 10.9.2002 – 3 AZR 593/01 – DB 2003, 1800). **Gesetzliche Abzüge** können aufgrund typisierter Vorgaben pauschal in Abzug gebracht werden (BAG vom 10.9.2002 – 3 AZR 593/01 – DB 2003, 1800).

27 Die Gerichte haben nicht zu prüfen, ob eine andere Gruppenbildung in ihren Augen gerechter oder zweckmäßiger wäre. Selbst wenn die von dem Arbeitgeber zur Ermittlung der reallohnbezogenen Obergrenze angewandte Berechnungsmethode unzulänglich ist, hat der Versorgungsempfänger keinen Anspruch auf höhere Anpassung seiner Betriebsrente, wenn sich der Fehler auf die Höhe der Anpassung nicht entscheidend ausgewirkt hat, die Leistungsbestimmung im Ergebnis also der Billigkeit entspricht (BAG vom 30.8.2005 – 3 AZR 395/04 – DB 2006, 732; BAG vom 20.5.2003 – 3 AZR 179/02 – AP Nr. 1 zu § 1 BetrAVG Auslegung; BAG vom 23.5.2000 – 3 AZR 103/99 – DB 2001, 2507).

28 Der **Zeitraum,** in dem die Nettolohnentwicklung ermittelt wird, ist identisch mit dem Zeitraum zur Berechnung des Kaufkraftverlusts, reicht also **vom Rentenbeginn bis zum Anpassungsstichtag** (BAG vom 19.6.2012 – 3 AZR 464/11 – NZA 2012, 1291; BAG vom 30.8.2005 – 3 AZR 395/04 – DB 2006, 732). Dies steht nicht zur Disposition des Arbeitgebers. Folgerichtig ist für künftige Anpassungsentscheidungen von Bedeutung, ob die aktiven Arbeitnehmer einen Abbau der Nettolohneinbußen durch spätere Verdiensterhöhungen erreichen (BAG vom 21.8.2001 – 3 AZR 589/00 – DB 2002, 1331). Eine isolierte, auf jeweils drei Jahre begrenzte Betrachtungsweise würde zu einer unzureichenden Berücksichtigung der Belange der Versorgungsempfänger führen, weil den Betriebsrentnern Kaufkraftverluste dauerhaft verblieben, die bei den aktiven Arbeitnehmern ausgeglichen worden sind. Der erhebliche Verwaltungsaufwand, der damit verbunden ist, dass Vergütungsdaten für weit zurückreichende Zeiträume zu ermitteln sind, ist hinzunehmen (BAG vom 19.6.2012 – 3 AZR 464/11 – NZA 2012, 1291).

(2) Zu Recht unterbliebene Anpassung (Abs. 4). Abs. 4 regelt eine **bedeutsame Ausnahme vom Gebot der nachholenden Anpassung,** also der Verpflichtung, bei der Anpassungsprüfung den Kaufkraftverlust seit Rentenbeginn zu berücksichtigen (Rn. 18). Eine in der Vergangenheit zu Recht unterbliebene Anpassung muss zu einem späteren Zeitpunkt **nicht nachgeholt** werden. Eine Anpassung ist dann zu Recht unterblieben, wenn die wirtschaftliche Lage keine (volle) Anpassung erlaubt hat (BAG vom 28.5.2013 – 3 AZR 125/11 – NZA-RR 2013, 598; BAG vom 30.8.2005 – 3 AZR 395/04 – DB 2006, 732; BAG vom 21.8.2001 – 3 AZR 589/00 – DB 2002, 1331). In der Folge ist der Kaufkraftverlust zwischen Rentenbeginn und Anpassungsstichtag um den Kaufkraftverlust früherer Anpassungsperioden zu eliminieren, in denen die Anpassung zu Recht unterblieb. Die mathematisch richtige Rechenoperation ist nicht die Subtraktion (so aber wohl BAG vom 28.5.2013 – 3 AZR 125/11 – NZA-RR 2013, 598 und BAG vom 20.8.2013 – 3 AZR 750/11 – DB 2014, 372). Stattdessen wird der Kaufkraftverlust zwischen Rentenbeginn und dem Beginn der herauszurechnenden Anpassungsperiode auf Basis der maßgeblichen Indexstände (Rn. 18 f.) gemessen und mit dem Kaufkraftverlust zwischen dem Ende der herauszurechnenden Anpassungsperiode und dem aktuellen Anpassungsstichtag (wiederum auf Basis der maßgeblichen Indexstände) multipliziert. 29

Abs. 4 S. 2 ergänzt dies durch eine **unwiderlegliche Fiktion,** wonach eine Anpassung dann als zu Recht unterblieben gilt, wenn der Arbeitgeber dem Leistungsempfänger die **wirtschaftliche Lage des Unternehmens schriftlich dargelegt** und dieser **nicht binnen drei Kalendermonaten schriftlich widersprochen** hat. Der Versorgungsberechtigte ist über die Rechtsfolgen eines nicht fristgemäßen Widerspruchs zu **belehren.** Der schriftlichen Darlegung der wirtschaftlichen Lage des Unternehmens muss zu entnehmen sein, aufgrund welcher Umstände davon auszugehen ist, dass das Unternehmen voraussichtlich nicht in der Lage ist, die Anpassung zu leisten. Sie muss so detailliert sein, dass der Versorgungsempfänger durch diese allein in die Lage versetzt wird, die Entscheidung des Arbeitgebers auf Plausibilität hin überprüfen zu können (BAG vom 11.10.2011 – 3 AZR 732/09 – DB 2012, 1278). Die Rechtsprechung erwartet, dass das Unterrichtungsschreiben nach Jahren aufgeschlüsselte Angaben zur Eigenkapitalentwicklung und -verzinsung enthält (BAG vom 11.10.2011 – 3 AZR 732/09 – DB 2012, 1278). Dies setzt eine eingehende Darlegung des bilanziellen Zahlenwerks einschließlich etwaig notwendiger Korrektur voraus. Angesichts der sehr detaillierten und komplexen Vorgaben der Rechtsprechung zur Beurteilung der wirtschaftlichen Lage (vgl. Rn. 34 ff.) ist zu befürchten, dass die vom Gesetzgeber angestrebte Vereinfachung der Anpassungsprüfung verfehlt wird. 30

Auch wenn die **Fiktion nicht greift,** etwa weil der Arbeitgeber gar nicht oder jedenfalls nicht im Einklang mit den Vorgaben von Abs. 4 S. 2 informiert hat, kann er sich darauf berufen, eine frühere Anpassung sei zu Recht unterblieben (BAG vom 25.4.2006 – 3 AZR 159/05 – DB 2006, 2639). Ggf. muss das ArbG dann im Rahmen der Prüfung des aktuellen Anpassungsbedarfs inzident auch prüfen, ob die Entscheidung des Arbeitgebers, die Anpassung zu dem früheren Termin zu unterlassen, im Einklang mit dem Gesetz stand. 31

32 Wenn sich der Arbeitgeber erfolgreich auf Abs. 4 berufen kann, ist nicht nur der bei der früheren Anpassungsentscheidung nicht ausgeglichene Kaufkraftverlust bei künftigen Anpassungsentscheidungen aus dem Anpassungsbedarf herauszurechnen. Auch die **Nettolohnentwicklung** i.S.v. Abs. 2 Nr. 2 ist entsprechend zu korrigieren (BAG vom 28.5.2013 – 3 AZR 125/11 – NZA-RR 2013, 598; BAG vom 25.4.2006 – 3 AZR 159/05 – DB 2006, 2639).

33 Gem. § 30c Abs. 2 gilt Abs. 4, und damit die Einschränkung der nachholenden Anpassung nur für **ab dem 1.1.1999** zu Recht unterbliebene Anpassungen. Anpassungen, die vor diesem Zeitpunkt unterblieben sind, sind nachzuholen (BAG vom 13.12.2005 – 3 AZR 217/05 – DB 2006, 1687). Insoweit ist weiter von einem Anpassungsbedarf in Höhe des **Kaufkraftverlusts seit Rentenbeginn** auszugehen (BAG vom 28.4.1992 – 3 AZR 142/91 – DB 1992, 2401; vgl. Rn. 18 ff.).

34 **c) Wirtschaftliche Lage des Arbeitgebers.** Nach Abs. 1 ist im Rahmen der Anpassungsprüfungspflicht neben den Belangen des Versorgungsempfängers die wirtschaftliche Lage des Arbeitgebers zu berücksichtigen. Neben dem Normalfall, in dem auf die wirtschaftliche Lage des Arbeitgebers abzustellen ist, der das Versorgungsversprechen gegeben hat, können sich besondere Konstellationen einstellen, wenn der Arbeitgeber in einen **Konzern eingebunden** ist (Rn. 48 ff.) oder es sich um eine **Rentnergesellschaft** handelt (Rn. 52 ff.).

35 **aa) Kriterien zur Beurteilung der wirtschaftlichen Lage.** Die Anpassung von Betriebsrenten an die Kaufkraftentwicklung kann ganz oder teilweise abgelehnt werden, wenn und soweit dadurch eine **übermäßige Belastung des Unternehmens** verursacht würde. Die Belastung ist dann als übermäßig anzusehen, wenn es mit einiger Wahrscheinlichkeit unmöglich sein wird, den Teuerungsausgleich aus dem **Wertzuwachs des Unternehmens und dessen Erträgen** aufzubringen (BAG vom 13.12.2005 – 3 AZR 217/05 – DB 2006, 1687; BAG vom 4.10.1994 – 3 AZR 910/93 – DB 1995, 528). Zu befürchtende Einbußen in die Unternehmenssubstanz stehen einer Anpassung entgegen. Wertzuwächse sind nur insoweit zu berücksichtigen, als sie zu bilanzieren sind und ohne Gefährdung der Wettbewerbsfähigkeit und der Arbeitsplätze verwendet werden können (BAG vom 18.2.2003 – 3 AZR 172/02 – DB 2003, 2606).

36 Mindestens muss sich das **im Unternehmen eingesetzte Eigenkapital angemessen verzinsen** (BAG vom 17.4.1996 – 3 AZR 56/95 – DB 1996, 2496). Auf lange Sicht wird nur ein Unternehmen, das Gewinne abwirft, in der Lage sein, sich im Wettbewerb zu behaupten. Der Basiszins entspricht der **Umlaufrendite öffentlicher Anleihen** (BAG vom 23.1.2001 – 3 AZR 287/00 – DB 2001, 2507; BAG vom 23.5.2000 – 3 AZR 146/99 – DB 2001, 2255). Da es sich um die Verzinsung eines unter Risiko stehenden Kapitals handelt, ist ein gewisser Risikozuschlag erforderlich (BAG vom 17.4.1996 – 3 AZR 56/95 – DB 1996, 2496). Der **Risikozuschlag** beträgt für alle Unternehmen einheitlich 2%; ein Geldentwertungsabschlag darf unterbleiben (BAG vom 28.5.2013 – 3 AZR 125/11 – NZA-RR 2013, 598; BAG vom 23.1.2001 – 3 AZR 287/00 – DB 2001, 2507; BAG vom 23.5.2000 – 3 AZR 146/99 – DB 2001, 2255). **Verlustvorträge** sind von Bedeutung, soweit es auf die Höhe des Eigenkapitals ankommt (BAG vom 23.5.2000 – 3 AZR 83/99 – DB 2002, 155). Zum Eigen-

kapital zählen gem. § 266 Abs. 3 lit. A HGB das gezeichnete Kapital, Kapitalrücklagen, Gewinnrücklagen, Gewinn-/Verlustvorträge und Jahresüberschüsse/Jahresfehlbeträge (BAG vom 28.5.2013 – 3 AZR 125/11 – NZA-RR 2013, 598; BAG vom 30.11.2010 – 3 AZR 754/08 – BB 2011, 756). Verändert sich das Eigenkapital zwischen Anfang und Ende des Geschäftsjahrs, ist von einem **Durchschnittswert** auszugehen (BAG vom 26.10.2010 – 3 AZR 502/08 – BB 2011, 700; BAG vom 23.1.2001 – 3 AZR 287/00 – DB 2001, 2507). Zu ermitteln ist die tatsächliche Eigenkapitalverzinsung und nicht eine fiktive, die sich ergeben hätte, wenn unternehmerische Entscheidungen anders getroffen worden wären. § 16 BetrAVG knüpft an die tatsächliche wirtschaftliche Lage des Arbeitgebers an und bezweckt keine Korrektur unternehmerischer Entscheidungen (BAG vom 21.8.2012 – 3 ABR 20/10 – BetrAV 2013, 63).

Der Arbeitgeber darf berücksichtigen, dass **unzureichendes Eigenkapital** 37
nicht nur das Unternehmensergebnis und die Liquidität beeinflusst, sondern auch die Fähigkeit, Krisen zu bewältigen und Verluste zu verkraften (BAG vom 28.5.2013 – 3 AZR 125/11 – NZA-RR 2013, 598; BAG vom 23.1.2001 – 3 AZR 287/00 – DB 2001, 2507; BAG vom 23.5.2000 – 3 AZR 83/99 – DB 2002, 155). Dieser Aspekt ist von der angemessenen Eigenkapitalverzinsung zu unterscheiden und geht über diese hinaus. Verlorene Vermögenssubstanz muss bei einer ungenügenden Kapitalausstattung wieder aufgebaut werden (BAG vom 18.2.2003 – 3 AZR 172/02 – DB 2003, 2606). Dem Arbeitgeber ist zuzubilligen, dass er nach Eigenkapitalverlusten möglichst rasch für eine ausreichende **Eigenkapitalausstattung** sorgt und bis dahin von Betriebsrentenerhöhungen absieht. Auch **Kapitalrücklagen** müssen nicht für Betriebsrentenanpassungen verwandt werden. Dies gilt jedenfalls dann, wenn das Eigenkapital unter das gezeichnete Kapital absinkt, die Gesellschafter daraufhin eine Kapitalrücklage bilden, die anschließend erzielten Gewinne nicht ausgeschüttet, sondern zur Verbesserung der Eigenkapitalausstattung verwendet werden und trotzdem das gezeichnete Kapital ohne die Kapitalrücklage bis zum nächsten Anpassungsstichtag voraussichtlich nicht erreicht wird (BAG vom 11.12.2012 – 3 AZR 615/10 – NZA 2013, 864; BAG vom 23.1.2001 – 3 AZR 287/00 – DB 2001, 2507).

Die **Erhaltung** des **Betriebs und** der **Arbeitsplätze** hat Vorrang vor der 38
Rentenanpassung (BAG vom 17.1.1980 – 3 AZR 1107/78, 3 AZR 614/78 und 3 AZR 1018/78 – DB 1980, 499, 306 und 541; BAG vom 15.9.1977 – 3 AZR 654/76 – DB 1977, 1903). Die Betriebsrentner müssen Rücksicht auf ihren früheren Betrieb und seine aktiven Arbeitnehmer nehmen, da diese die Erträge erwirtschaften, die notwendig sind, um auch u.a. die Leistungen der betrieblichen Altersversorgung erbringen zu können (BAG vom 15.9.1977 – 3 AZR 654/76 – DB 1977, 1903). Demgemäß ist sicherzustellen, dass der Arbeitgeber die erwirtschafteten Mittel für eine gesunde Weiterentwicklung zur Schaffung und Erhaltung von Arbeitsplätzen einsetzen kann.

Maßgeblicher **Beurteilungszeitpunkt** ist der Anpassungsstichtag. Entschei- 39
dend ist die voraussichtliche **künftige Belastbarkeit** des Unternehmens in der Zeit bis zum nächsten Anpassungsstichtag, also in den **nächsten drei Jahren** (BAG vom 18.2.2003 – 3 AZR 172/02 – DB 2003, 2606; BAG vom 23.1.2001 – 3 AZR 287/00 – DB 2001, 2507). Die tatsächliche wirtschaftliche Entwicklung

der **letzten drei Jahre** vor dem Anpassungsstichtag liefert die benötigten Anhaltspunkte für die vom Arbeitgeber zu erstellende **Prognose,** soweit daraus Schlüsse für die weitere Entwicklung des Unternehmens gezogen werden können (BAG vom 25.4.2006 – 3 AZR 50/05 – DB 2007, 580; BAG vom 18.2.2003 – 3 AZR 172/02 – DB 2003, 2606). Besondere Entwicklungen, die nicht fortwirken und sich voraussichtlich nicht wiederholen, eignen sich nicht als Prognosegrundlage (BAG vom 23.1.2001 – 3 AZR 287/00 – DB 2001, 2507). Demgegenüber kann es auf vorhersehbare wirtschaftliche Entwicklungen auch dann ankommen, wenn sich diese bis zum Anpassungsstichtag nicht ausgewirkt haben (BAG vom 31.7.2007 – 3 AZR 810/05 – DB 2008, 135).

40 Die Prognose muss realitätsgerecht und vertretbar sein. Dem Arbeitgeber steht aber ein **Beurteilungsspielraum** zu (BAG vom 10.2.2009 – 3 AZR 727/07 – DB 2009, 2554). Die nach dem Anpassungsstichtag tatsächlich eintretende Entwicklung kann die Prognose des Arbeitgebers bestätigen oder entkräften und dadurch die Darlegungs- und Beweislast beeinflussen (BAG vom 10.2.2009 – 3 AZR 727/07 – DB 2009, 2554; BAG vom 23.5.2000 – 3 AZR 83/99 – DB 2002, 155). Je günstiger die weitere wirtschaftliche Entwicklung ausfällt und je schneller eine Besserung eintritt, desto genauer und sorgfältiger muss der Arbeitgeber vortragen, dass seine frühere negative Einschätzung trotzdem nicht zu beanstanden ist (BAG vom 11.12.2012 – 3 AZR 615/10 – NZA 2013, 864; BAG vom 25.4.2006 – 3 AZR 50/05 – DB 2007, 580; vgl. auch BAG vom 11.10.2011 – 3 AZR 527/09 – AP Nr. 81 zu § 16 BetrAVG). Führt die spätere Entwicklung zu berechtigten Zweifeln an der Prognose, muss u.U. ein längerer Zeitraum in Betracht gezogen werden (BAG vom 25.4.2006 – 3 AZR 50/05 – DB 2007, 580). Spätere, unerwartete Veränderungen der wirtschaftlichen Verhältnisse des Unternehmens können jedoch erst bei der nächsten Anpassungsprüfung berücksichtigt werden (BAG vom 20.8.2013 – 3 AZR 750/11 – DB 2014, 372; BAG vom 17.4.1996 – 3 AZR 56/95 – DB 1996, 2496; BAG vom 16.3.1993 – 3 AZR 299/92 – DB 1993, 1927).

41 Der Arbeitgeber ist **nicht** in jedem Fall **verpflichtet, eine Prognose** der künftigen wirtschaftlichen Entwicklung **zu erstellen.** Eine unterlassene oder nur oberflächliche Prognose des Arbeitgebers lässt die Entscheidung, die Betriebsrente nicht anzupassen, ebenso wenig fehlerhaft werden, wie eine gründliche Prognose eine solche Entscheidung unanfechtbar richtig werden lässt (BAG vom 13.12.2005 – 3 AZR 217/05 – DB 2006, 1687). In diesem Fall kommt es auf die objektive wirtschaftliche Lage an; letztlich vergibt sich der Arbeitgeber die Chance, im Rahmen einer Prognose seinen Beurteilungsspielraum auszuüben.

42 Die **handelsrechtlichen, also auf Basis des HGB erstellten Jahresabschlüsse** des prüfungsverpflichteten Unternehmens bieten einen **geeigneten Einstieg** für die Feststellung sowohl der erzielten Betriebsergebnisse als auch des jeweils vorhandenen Eigenkapitals (BAG vom 17.4.1996 – 3 AZR 56/95 – DB 1996, 2496). Jahresabschlüsse, die nach **internationalen Rechnungslegungsstandards** erstellt wurden (IFRS, US-GAAP), stellen ebenso wenig eine geeignete Basis dar (BAG vom 21.8.2012 – 3 ABR 20/10 – BetrAV 2013, 63) wie der handelsrechtliche **Konzernabschluss** (BAG vom 11.12.2012 – 3 AZR 615/10 – NZA 2013, 864). Betriebswirtschaftlich gebotene Korrekturen sind

vorzunehmen. Dies gilt vor allem für die in den Bilanzen enthaltenen **Scheingewinne** und für betriebswirtschaftlich überhöhte Abschreibungen (BAG vom 26.10.2010 – 3 AZR 502/08 – BB 2011, 700; BAG vom 23.5.2000 – 3 AZR 146/99 – DB 2001, 2255). Handelsrechtlich zulässige **Abschreibungen auf den Goodwill** sind nicht zu beanstanden (BAG vom 21.8.2012 – 3 ABR 20/10 – BetrAV 2013, 63). Auch zum Zeitpunkt des Anpassungsstichtags absehbare **Investitionen** i.S.d. notwendigen Erhaltung der Unternehmenssubstanz sind zu berücksichtigen (BAG vom 17.4.1996 – 3 AZR 56/95 – DB 1996, 2496). **Außerordentliche Erträge** sind regelmäßig herauszurechnen (BAG vom 23.1.2001 – 3 AZR 287/00 – DB 2001, 2507), sofern sie nicht eine ausreichende Kontinuität aufweisen (BAG vom 28.5.2013 – 3 AZR 125/11 – NZA-RR 2013, 598; BAG vom 26.10.2010 – 3 AZR 502/08 – BB 2011, 700). **Betriebssteuern** sind zu berücksichtigen, nicht aber Steuern vom Einkommen und vom Ertrag (BAG vom 28.5.2013 – 3 AZR 125/11 – NZA-RR 2013, 598; BAG vom 21.8.2012 – 3 ABR 20/10 – BetrAV 2013, 63).

Der Sachvortrag der Parteien muss ausreichende Anhaltspunkte dafür ent- 43
halten, dass derartige Korrekturen nötig sind (BAG vom 23.1.2001 – 3 AZR 287/00 – DB 2001, 2507) und einen für die Anpassungsentscheidung erheblichen Umfang haben können. Davon zu unterscheiden ist die Frage, ob die Jahresabschlüsse handelsrechtlich ordnungsgemäß erstellt wurden. Soweit der Versorgungsberechtigte die Fehlerhaftigkeit testierter Jahresabschlüsse geltend machen will, hat er die seiner Ansicht nach unterlaufenen Fehler näher zu bezeichnen (BAG vom 11.12.2012 – 3 AZR 615/10 – NZA 2013, 864; BAG vom 18.2.2003 – 3 AZR 172/02 – DB 2003, 2606).

Nach Abs. 1 hat der Arbeitgeber die eigene wirtschaftliche Lage zu berück- 44
sichtigen. Dies gilt nach einem **Betriebsübergang** auch für den beim Betriebsveräußerer erworbenen Teil des Versorgungsanspruchs (BAG vom 25.4.2006 – 3 AZR 50/05 – DB 2007, 580). Eine besondere Situation kann sich zudem einstellen, wenn der Versorgungsschuldner aus der **Verschmelzung** zweier Unternehmen entstanden ist. Auch hier kommt es darauf an, ob der Kaufkraftverlust aus den zu erwartenden Erträgen und dem Wertzuwachs des aus der Verschmelzung entstandenen Unternehmens ausgeglichen werden kann, unabhängig davon, für welches der früheren Unternehmen der konkrete Rentner tätig gewesen war. Voraussetzung ist aber, dass die Verschmelzung zum Anpassungsstichtag absehbar war (BAG vom 11.12.2012 – 3 AZR 615/10 – NZA 2013, 864; BAG vom 31.7.2007 – 3 AZR 810/05 – DB 2008, 135). Als Grundlage für die Prognose ist die wirtschaftliche Entwicklung der ursprünglich selbständigen Unternehmen bis zur Verschmelzung zu berücksichtigen (BAG vom 28.5.2013 – 3 AZR 125/11 – NZA-RR 2013, 598; BAG vom 29.9.2010 – 3 AZR 427/08 – DB 2011, 362; BAG vom 31.7.2007 – 3 AZR 810/05 – DB 2008, 135).

Handelt es sich bei dem **Arbeitgeber** um eine **Gewerkschaft, gelten** für sie 45
Besonderheiten, weil sie als steuerbefreiter Berufsverband nicht am Markt zur Gewinnerzielung tätig ist. Zwar muss auch eine Gewerkschaft wie jeder andere Arbeitgeber die Verbindlichkeiten erfüllen, die sie gegenüber ihren Arbeitnehmern übernommen hat (BAG vom 11.12.2001 – 3 AZR 512/00 – DB 2003, 293). Zu berücksichtigen ist jedoch, dass der Gewerkschaft lediglich die Beiträge

ihrer Mitglieder als Einkünfte zur Verfügung stehen. Diese Mittel darf sie nur zu den satzungsmäßig vorgegebenen koalitionspolitischen Zwecken verwenden. Bei der Festlegung ihrer koalitionspolitischen Aufgaben ist sie durch das Grundrecht aus Art. 9 Abs. 3 GG geschützt. Das Gleiche gilt für ihre Entscheidung, wie und in welcher Weise sie ihre Aufgaben erfüllt. Eine Überprüfung und Bewertung solcher Entscheidungen steht den Gerichten für Arbeitssachen jedenfalls dann nicht zu, wenn es nur um die Aufrechterhaltung der bisherigen Aktivitäten geht. Stehen der Gewerkschaft darüber hinaus keine Mittel zur Verfügung, ist es nicht zu beanstanden, wenn sie die Anpassung der laufenden Betriebsrenten der ehemals bei ihr Beschäftigten ablehnt (BAG vom 13.12.2005 – 3 AZR 217/05 – DB 2006, 1687). Ähnliche Grundsätze gelten auch, wenn es sich bei dem zur Anpassungsprüfung verpflichteten Unternehmen um einen Arbeitgeberverband oder eine Partei handelt.

46 In den sog. **Konditionenkartellen** (Bochumer Verband, Essener Verband) kann zwar der Anpassungsbedarf, insbesondere die Nettolohnentwicklung, unternehmens- und konzernübergreifend bestimmt werden (vgl. Rn. 25), nicht aber die wirtschaftliche Lage. § 16 schreibt hier zwingend eine unternehmensbezogene Sichtweise vor (BAG vom 20.5.2003 – 3 AZR 179/02 – AP Nr. 1 zu § 1 BetrAVG Auslegung). Relevant wird dies freilich nur, wenn die entsprechende Leistungsordnung dem Arbeitgeber überhaupt den Einwand schlechter wirtschaftlicher Lage erlaubt (BAG vom 30.11.2010 – 3 AZR 754/08 – BB 2011, 756; BAG vom 25.7.2000 – 3 AZR 674/99 – DB 2000, 1624).

47 Eine **betriebliche Übung,** die dem versorgungspflichtigen Arbeitgeber keinen Entscheidungsspielraum belässt und ihn unabhängig von der Belastbarkeit des Unternehmens zum vollen Ausgleich des Geldwertverlusts verpflichtet, ist ein Ausnahmetatbestand. Das Verhalten des Arbeitgebers muss daher deutlich auf einen entsprechenden Verpflichtungswillen hinweisen (BAG vom 25.4.2006 – 3 AZR 50/05 – DB 2007, 580).

48 **bb) Anpassung im Konzern.** Auch wenn es grds. auf die wirtschaftliche Lage des Versorgungsschuldners ankommt (BAG vom 10.2.2009 – 3 AZR 727/07 – DB 2009, 2554), kann es zulässig oder sogar geboten sein, im Konzern auf die **wirtschaftliche Lage anderer Unternehmen** abzustellen. Dies kann einmal dann der Fall sein, wenn der Rentner aufgrund der Besonderheiten der Zusage berechtigterweise darauf **vertrauen** durfte, dass der gesamte Konzern für ihre Erfüllung einsteht (BAG vom 29.9.2010 – 3 AZR 427/08 – DB 2011, 362; BAG vom 25.6.2002 – 3 AZR 226/01 – DB 2003, 1584; BAG vom 4.10.1994 – 3 AZR 910/93 – DB 1995, 528). Aus der Vereinheitlichung der Versorgungsregelungen und der Anrechnung von Beschäftigungszeiten innerhalb eines Konzerns ergibt sich allerdings nicht, dass die Konzernunternehmen eine gesamtschuldnerische Haftung für die Verbindlichkeiten übernehmen wollen (BAG vom 15.1.2013 – 3 AZR 638/10 – DB 2013, 1368; BAG vom 28.7.2005 – 3 AZR 463/04 – DB 2006, 2471).

49 Auch im Fall eines sog. **Berechnungsdurchgriffs** kann ein Unternehmen trotz eigener schlechter wirtschaftlicher Lage zur Anpassung verpflichtet sein, weil ihm die gute wirtschaftliche Lage des herrschenden Unternehmens zugerechnet wird. Nach früherer Rechtsprechung beruhte der Berechnungsdurch-

griff auf zwei Voraussetzungen (etwa BAG vom 4.10.1994 – 3 AZR 910/93 – DB 1995, 528). Zum einen musste eine **verdichtete Konzernverbindung** bestehen. Dies ist bei einem Beherrschungs- oder Ergebnisabführungsvertrag der Fall, aber auch, wenn die Obergesellschaft die Geschicke des Tochterunternehmens **dauernd und umfassend** geführt hat. Als zweite Voraussetzung musste das herrschende Unternehmen seine Leitungsmacht in einer Weise ausgeübt haben, die **keine angemessene Rücksicht auf die Belange der abhängigen Gesellschaft** nahm. Die wirtschaftliche Schieflage der Tochtergesellschaft musste hierauf beruhen. Die Voraussetzungen orientierten sich an der früheren zivilgerichtlichen Rechtsprechung **zum qualifiziert faktischen Konzern** (etwa BGH vom 29.3.1993 – II ZR 265/92 – AP Nr. 2 zu § 303 AktG). Dadurch war sichergestellt, dass letztlich die Muttergesellschaft die wirtschaftliche Last der von der Tochtergesellschaft zu erbringenden Anpassung trug.

Nachdem die Zivilgerichte ihre Rechtsprechung geändert haben (etwa BGH **50** vom 16.7.2007 – II ZR 3/04 – BB 2007, 1970), besteht dieser Zusammenhang nicht mehr und das BAG hat seine frühere Rechtsprechung zum Berechnungsdurchgriff aufgegeben (BAG vom 15.1.2013 – 3 AZR 638/10 – DB 2013, 1368). Stattdessen führt das BAG in einer anderen Entscheidung aus, dass schon das Bestehen eines **Beherrschungsvertrags** einen Berechnungsdurchgriff ohne Weiteres rechtfertige, also unabhängig davon, ob im konkreten Fall Leitungsmacht unangemessen ausgeübt wurde und die wirtschaftlichen Schwierigkeiten der Tochtergesellschaft verursacht hat (BAG vom 26.5.2009 – 3 AZR 369/07 – DB 2009, 2384). Diese Rechtsprechung hat zu Kritik geführt (*Cisch/Kruip*, Baustelle Betriebsrentenanpassung im Konzern, NZA 2010, 540, 542) und sollte überdacht werden. In keinem Fall sollte sie über die Fälle des Beherrschungsvertrags hinaus auch auf Ergebnisabführungsverträge ausgedehnt werden (offengelassen in: BAG vom 15.1.2013 – 3 AZR 638/10 – DB 2013, 1368). Auch eine zugunsten dritter Gläubiger abgegebene **Patronatserklärung** rechtfertigt keinen Berechnungsdurchgriff (BAG vom 29.9.2010 – 3 AZR 427/08 – DB 2011, 362).

Geht es der Untergesellschaft gut, so kann diese das Anpassungsbegehren ihrer **51** Rentner nur dann unter Hinweis auf die **schlechte wirtschaftliche Lage des Konzerns** oder der Muttergesellschaft abwehren, wenn sich bereits konkret abzeichnet, dass deren wirtschaftliche Krise mit hoher Wahrscheinlichkeit auf das Unternehmen des versorgungspflichtigen Arbeitgebers „durchschlagen“ wird, und zwar in einem solchen Umfang, dass dieses Unternehmen durch eine Anpassung der Betriebsrenten überfordert würde (BAG vom 10.2.2009 – 3 AZR 727/07 – DB 2009, 2554). Ein „negativer Berechnungsdurchgriff“ scheidet aus.

cc) Rentnergesellschaft. Eine Rentnergesellschaft ist eine Gesellschaft, die **52** kein erhebliches operatives Geschäft betreibt, sondern deren wesentlicher Geschäftszweck in der **Abwicklung der Versorgungsverpflichtungen,** also der Auszahlung laufender Renten und der Verwaltung unverfallbarer Anwartschaften besteht (BAG vom 11.3.2008 – 3 AZR 358/06 – DB 2008, 2369). Eine **Abwicklungsgesellschaft** unterscheidet sich hiervon nur dadurch, dass sie im Bereich der Geschäftsabwicklung noch unternehmerisch aktiv ist (BAG vom

26.10.2010 – 3 AZR 502/08 – BB 2011, 700). Auch Rentnergesellschaften und Abwicklungsgesellschaften sind zur Anpassungsprüfung verpflichtet (BAG vom 26.10.2010 – 3 AZR 502/08 – BB 2011, 700; BAG vom 25.6.2002 – 3 AZR 226/01 – DB 2003, 1584). Ebenso trifft den **Erben** eines ehemals einzelkaufmännisch tätigen früheren Arbeitgebers die Pflicht zur Anpassung, selbst wenn er das Geschäft des Erblassers nicht weiterführt (BAG vom 9.11.1999 – 3 AZR 420/98 – DB 2000, 1867). Die Anpassungsprüfung und die Ermittlung der wirtschaftlichen Lage einer Rentnergesellschaft richten sich grds. nach denselben Kriterien wie denjenigen für werbende Gesellschaften. Insbesondere müssen die Lasten der Anpassung aus den Erträgen und Wertsteigerungen finanziert werden können. Ein **Eingriff** in die **Vermögenssubstanz** ist dem Versorgungsschuldner auch hier **nicht zuzumuten** (BAG vom 26.10.2010 – 3 AZR 502/08 – BB 2011, 700; BAG vom 25.6.2002 – 3 AZR 226/01 – DB 2003, 1584). Den Gesellschaftern der Rentnergesellschaft steht eine angemessene Eigenkapitalverzinsung zu. Es kommt wiederum der Zinssatz der Umlaufrendite öffentlicher Anleihen zur Anwendung, allerdings **ohne** den vom BAG für werbende Gesellschaften für angemessen erachteten **Risikozuschlag** von 2% (BAG vom 15.1.2013 – 3 AZR 638/10 – DB 2013, 1368; BAG vom 26.10.2010 – 3 AZR 502/08 – BB 2011, 700; BAG vom 25.6.2002 – 3 AZR 226/01 – DB 2003, 1584).

53 Entsteht eine Rentnergesellschaft durch **Ausgliederung aus einer werbenden Gesellschaft** nach dem UmwG (vgl. im Einzelnen dazu § 1 Rn. 224 ff.), trifft das ausgliedernde Unternehmen die arbeitsvertragliche **Nebenpflicht,** die **Gesellschaft** so **auszustatten,** dass sie nicht nur die laufenden Betriebsrenten zahlen kann, sondern auch zu den gesetzlich vorgesehenen Anpassungen in der Lage ist (BAG vom 11.3.2008 – 3 AZR 358/06 – DB 2008, 2369). Die Rentnergesellschaft ist ausreichend ausgestattet, wenn sie bei einer realistischen betriebswirtschaftlichen Betrachtung genügend leistungsfähig ist. Zur Bewertung der Versorgungsverbindlichkeiten sind die Sterbetafeln der Versicherungswirtschaft und ein vorsichtiger Rechnungszins zugrunde zu legen, den das BAG für einen Sachverhalt aus dem Jahr 2004 mit 3% ansetzte (BAG vom 11.3.2008 – 3 AZR 358/06 – DB 2008, 2369). Künftige Rentenanpassungen sind mit einem Anpassungssatz zu berücksichtigen, der dem durchschnittlichen Kaufkraftverlust der letzten 20 Kalenderjahre entspricht. Eine unzureichende Ausstattung der Rentnergesellschaft führt zwar nicht zur Unwirksamkeit der Übertragung der Versorgungsverbindlichkeiten. Die fehlende ausreichende Ausstattung der Gesellschaft kann jedoch einen **Schadenersatzanspruch** gegen den übertragenden Rechtsträger nach §§ 280 Abs. 1, 241 Abs. 2, 31, 278 BGB auslösen (BAG vom 11.3.2008 – 3 AZR 358/06 – DB 2008, 2369). Es gibt gute Gründe (*Cisch/Kruip*, Baustelle Betriebsrentenanpassung im Konzern, NZA 2010, 540, 543), diese weitreichenden Vorgaben nicht auf Fallgruppen auszudehnen, in denen eine Rentnergesellschaft nicht durch Ausgliederung nach dem UmwG entsteht, sondern durch **Stilllegung oder Verkauf des operativen Geschäfts** (ggf. verbunden mit dem Übergang der aktiven Arbeitsverhältnisse nach § 613a BGB).

54 Hingegen sollen ähnliche Finanzierungsvorgaben gelten, wenn ein herrschendes Unternehmen einen **Beherrschungsvertrag kündigt** (BAG vom 26.5.2009 – 3 AZR 369/07 – DB 2009, 2384).

d) Ermessensentscheidung. Über die Anpassung der laufenden Versorgungsleistungen hat der **Arbeitgeber** gem. Abs. 1 nach **billigem Ermessen** zu entscheiden. Der Gesetzgeber hat dem Arbeitgeber damit einen Handlungsspielraum eingeräumt, dessen Grenzen durch die Billigkeit bestimmt sind. Abs. 1 und 2 BetrAVG geben vor, dass die Belange der Betriebsrentner auf einen Ausgleich des Kaufkraftverlusts (begrenzt auf die Nettolohnentwicklung vergleichbarer Arbeitnehmer) gerichtet sind und dass der Arbeitgeber seine wirtschaftliche Lage berücksichtigen kann. Diese Kriterien haben eine detaillierte Ausprägung durch die Rechtsprechung erhalten. Zwar ist nicht ausgeschlossen, dass der Arbeitgeber neben den Belangen der Rentner und seiner wirtschaftlichen Lage noch weitere Aspekte berücksichtigt (BAG vom 19.6.2012 – 3 AZR 464/11 – NZA 2012, 1291; BAG vom 11.10.2011 – 3 AZR 527/09, AP Nr. 81 zu § 16 BetrAVG). Bisher hat die Rechtsprechung solche Kriterien aber noch nicht herausgearbeitet. Da nach Auffassung des BAG die Anpassung der Renten der Regelfall und die Nichtanpassung die Ausnahme ist (Rn. 1), ist auch nicht damit zu rechnen, dass ein erheblicher zusätzlicher Spielraum für Arbeitgeber besteht. 55

e) Durchsetzung des Anpassungsanspruchs. Auch wenn das Gesetz außerhalb vom Abs. 5 S. 2 nicht vorgesehen hat, dass der Arbeitgeber die von ihm getroffene Entscheidung mitteilen muss, hat er sie dem Versorgungsempfänger auf dessen Anfrage bekannt zu geben und zu begründen, damit dieser seinerseits überprüfen kann, ob sie billigem Ermessen entspricht (LAG Hamm vom 19.3.1991 – 6 Sa 697/90 – DB 1991, 1121). Ist der **Betriebsrentner** der Auffassung, dass der Arbeitgeber seine Belange nicht ausreichend berücksichtigt hat, kann er seinen Anpassungsanspruch im Wege der **Leistungsklage** entsprechend § 315 Abs. 3 S. 2 BGB durchsetzen (BAG vom 17.8.2004 – 3 AZR 367/03 – AP Nr. 55 zu § 16 BetrAVG). Dies gilt auch für künftig fällig werdende Teilbeträge (BAG vom 11.12.2012 – 3 AZR 615/10 – NZA 2013, 864). Anstelle eines bezifferten Antrags kann der Kläger die konkrete Erhöhung in das Ermessen des Gerichts stellen, wenn er den anspruchsbegründenden Sachverhalt und einen Mindestbetrag angibt (BAG vom 15.1.2013 – 3 AZR 638/10 – DB 2013, 1368; BAG vom 10.2.2009 – 3 AZR 727/07 – DB 2009, 2554). Verstößt die Entscheidung des Arbeitgebers, die Rente nicht oder nicht vollständig anzupassen, gegen § 16, tritt **Fälligkeit** des Anspruchs auf die erhöhte Rente, und damit die Möglichkeit des Rentners, **Verzugszinsen** geltend zu machen, nicht schon mit dem Anpassungsstichtag ein, sondern erst mit der rechtskräftigen Ersetzung der Arbeitgeberentscheidung durch die Gerichte gem. § 315 Abs. 3 S. 2 BGB (BAG vom 10.12.2013 – 3 AZR 595/12 – BetrAV 2014, 201; BAG vom 19.6.2012 – 3 AZR 464/11 – NZA 2012, 1291; BAG vom 28.6.2011 – 3 AZR 859/09 – DB 2011, 2926). 56

Der **Arbeitgeber** trägt die **Darlegungs- und Beweislast** dafür, **dass** er aufgrund der wirtschaftlichen Lage seines Unternehmens zu einer **Anpassung nicht imstande** war, die von ihm getroffene Anpassungsentscheidung mithin billigem Ermessen entspricht (BAG vom 25.4.2006 – 3 AZR 159/05 – DB 2006, 2639). Die Mitteilung von Verlusten, mit denen einzelne Handelsbilanzen oder Betriebsergebnisberechnungen abgeschlossen wurden, reicht als Vortrag 57 nicht aus. Solche Ergebnisse erlauben Rückschlüsse auf die wirtschaftliche Lage eines Unternehmens i.d.R. nur i.V.m. den übrigen Bilanzdaten, also ihren Berechnungsgrundlagen (BAG vom 23.4.1985 – 3 AZR 548/82 – DB 1985, 1645). Je günstiger die weitere wirtschaftliche Entwicklung ausfällt und je schneller eine Besserung eintritt, desto genauer und sorgfältiger muss der Arbeitgeber vortragen, dass seine frühere negative Einschätzung nicht zu beanstanden ist (BAG vom 11.12.2012 – 3 AZR 615/10 – NZA 2013, 864; BAG vom 25.4.2006 – 3 AZR 50/05 – DB 2007, 580).

58 Der **Versorgungsberechtigte** kann sich zunächst darauf beschränken zu bestreiten, dass der Arbeitgeber nicht in der Lage ist, den Teuerungsausgleich zu finanzieren. Es ist dann Sache des Arbeitgebers, im Einzelnen darzulegen, aus welchen Gründen er zu einer Anpassung nicht imstande ist. Dazu muss er sämtliche bestimmenden Faktoren vortragen. Geschieht dies, so ist i.S. einer **abgestuften Darlegungslast** der Betriebsrentner gehalten, Einwendungen zu erheben, aus denen sich ergibt, dass es doch möglich ist, den Kaufkraftverlust auszugleichen.

59 Kann der Arbeitgeber seiner Darlegungslast nur genügen, indem er Betriebs- oder Geschäftsgeheimnisse preisgibt, muss ihn das Gericht mit den Mitteln des Prozessrechts schützen. In Betracht kommen der zeitweise Ausschluss der Öffentlichkeit und strafbewehrte Schweigegebote, die das Gesetz in § 52 ArbGG, §§ 172 und 174 GVG bereitstellt.

60 Die Verpflichtung des Arbeitgebers zur **nachholenden Anpassung** (Rn. 20) kann zu einer erheblichen wirtschaftlichen Belastung führen, so dass die Leistungsfähigkeit des Arbeitgebers besonders sorgfältig zu prüfen ist (BAG vom 17.4.1996 – 3 AZR 56/95 – DB 1996, 2496; BAG vom 28.4.1992 – 3 AZR 142/91 – DB 1992, 2401). Legt das Gericht die Anpassung fest und reicht der zur Verfügung stehende Betrag nicht für eine umfängliche nachholende Anpassung aus, ist zunächst der in den letzten drei Jahren entstandene Anpassungsbedarf auszugleichen (BAG vom 17.4.1996 – 3 AZR 56/95 – DB 1996, 2496).

61 **f) Verjährung.** Dem Grunde nach **verjährt** der Anpassungsanspruch wie das Rentenstammrecht nach 30 Jahren. Der einzelne daraus resultierende Anspruch auf die Anpassungsleistung verjährt mit dem Anspruch auf die laufende Leistung gem. § 195 BGB, § 18a in drei Jahren (BAG vom 26.5.2009 – 3 AZR 797/07 – NZA 2009, 1279; s. auch § 1 Rn. 306). Das BAG deutet allerdings an, dass der Beginn der dreijährigen Verjährung eine ermessensfehlerfreie Entscheidung des Arbeitgebers über die Anpassung voraussetzt (BAG vom 17.8.2004 – 3 AZR 367/03 – AP Nr. 55 zu § 16 BetrAVG; vgl. zur Fälligkeit oben Rn. 56). Dies hätte zur Konsequenz, dass die Verjährungsfrist für die Differenz zwischen der tatsächlich gezahlten und der gem. § 16 geschuldeten Rente nicht zu laufen beginnt, wenn der Arbeitgeber die Anpassung zu Unrecht abgelehnt hat.

62 **g) Einschränkung der Verpflichtung zur nachträglichen Anpassung.** Eine **verjährungsähnliche Wirkung** hat allerdings die Rechtsprechung zur sog. nachträglichen Anpassung, die von der nachholenden Anpassung (Rn. 20) zu unterscheiden ist. Unter der **nachträglichen Anpassung** versteht das BAG die Prüfung der Anpassung bezogen auf einen früheren Anpassungsstichtag unter Berücksichtigung der damaligen wirtschaftlichen Lage des Unternehmens

(BAG vom 18.2.2003 – 3 AZR 172/02 – DB 2003, 2606; BAG vom 17.4.1996 – 3 AZR 56/95 – DB 1996, 2496). Prüfungsziel ist es, herauszufinden, ob die (teilweise) Unterlassung der Rentenanpassung zu einem früheren Stichtag rechtmäßig war oder nicht.

Nach dem BAG hat eine vom Arbeitgeber **tatsächlich getroffene Anpassungsentscheidung** eine Befriedungsfunktion und streitbeendenden Charakter. Will der Betriebsrentner sein Recht erhalten, die Entscheidung überprüfen zu lassen, muss er spätestens **bis zum nächsten Anpassungsstichtag** eine **(außergerichtliche) Rüge** erheben (BAG vom 10.2.2009 – 3 AZR 610/07 – BB 2009, 2589; BAG vom 17.4.1996 – 3 AZR 56/95 – DB 1996, 2496). Andernfalls **erlischt** der **Anspruch** auf Überprüfung dieser Entscheidung. Selbst wenn der Versorgungsberechtigte rechtzeitig gerügt hat, muss er im Anschluss an den Rügezeitraum bis zum dann nächstfolgenden Anpassungsstichtag, also **binnen weiterer drei Jahre, Klage erheben,** um zu verhindern, dass sein Anspruch verwirkt (BAG vom 10.2.2009 – 3 AZR 610/07 – BB 2009, 2589; BAG vom 21.8.2007 – 3 AZR 330/06 – DB 2007, 2720; BAG vom 25.4.2006 – 3 AZR 372/05 – DB 2006, 2527). Der Klage muss nicht immer eine außergerichtliche Rüge vorangehen. Es genügt, wenn die Klage innerhalb der Rügefrist eingelegt wurde. Ohne diese streitbeendende Wirkung müsste rückwirkend die wirtschaftliche Lage zu einem längst vergangenen Anpassungsstichtag beurteilt werden. Außerdem könnten sich die Versorgungsverpflichtungen nachträglich in einem Maße erhöhen, dass hierdurch eine Verschlechterung der aktuellen wirtschaftlichen Lage des Arbeitgebers eintreten und somit den anstehenden Anpassungen die Grundlage entzogen werden könnte. 63

Handeln Arbeitgeber über **Konditionenkartelle** (Bochumer Verband, Essener Verband) branchenweit gebündelt, können auch die Betriebsrentner durch eine Interessenvertretung auftreten mit der Folge, dass die Rüge durch diese Interessenvertretung auch die Rechte ihrer Mitglieder wahrt (BAG vom 10.2.2009 – 3 AZR 610/07 – BB 2009, 2589; BAG vom 17.8.2004 – 3 AZR 367/03 – AP Nr. 55 zu § 16 BetrAVG). 64

Trifft der Arbeitgeber **keine konkrete Anpassungsentscheidung** (oder kommuniziert er sie jedenfalls nicht), so enthält dieses Schweigen die Erklärung, keine Anpassung vornehmen zu wollen. Diese Erklärung gilt nach Ablauf von drei Jahren nach dem Anpassungsstichtag als abgegeben. In diesem Fall beginnt erst nach Ablauf dieses Drei-Jahres-Zeitraums die Frist, innerhalb derer der Betriebsrentner die Anpassungsentscheidung geltend machen muss. Der Betriebsrentner kann die unterbliebene Anpassung daher bis **zum übernächsten Anpassungsstichtag** (also insgesamt sechs Jahre lang) außergerichtlich **rügen** (BAG vom 17.4.1996 – 3 AZR 56/95 – DB 1996, 2496). Nach Ablauf des Rügezeitraums muss er wiederum innerhalb weiterer drei Jahre **Klage** erheben (BAG vom 25.4.2006 – 3 AZR 372/05 – DB 2006, 2527). 65

Sofern es zur Prüfung der nachträglichen Anpassung kommt, ist auf die wirtschaftliche Lage **zum Zeitpunkt des früheren Anpassungsstichtags** abzustellen. Die tatsächliche Entwicklung des Unternehmens nach dem Anpassungsstichtag kann eine frühere Prognose dabei bestätigen oder entkräften. Nur insoweit sind die wirtschaftlichen Daten bis zur letzten Tatsachenverhandlung zu berücksichtigen. Nicht vorhersehbare neue Rahmenbedingungen spielen je- 66 doch keine Rolle, denn die Anpassungspflicht soll nicht durch spätere, unerwartete Veränderungen der wirtschaftlichen Verhältnisse des Unternehmens entfallen; der Arbeitgeber soll sich durch pflichtwidrige Verzögerung der Anpassungsentscheidung keinen Vorteil verschaffen können (BAG vom 17.4.1996 – 3 AZR 56/95 – DB 1996, 2496). Es spricht viel dafür, dass die **Fiktion der zu Recht unterbliebenen Anpassung** nach § 16 Abs. 4 S. 2 (Rn. 30) auch für die nachträgliche Anpassung gilt (BAG vom 11.10.2011 – 3 AZR 732/09 – DB 2012, 1278).

5. Alternativen zur Anpassungsprüfung

67 Ab 1999 hat der Gesetzgeber Alternativen zur Anpassungsprüfung eingeführt, insbesondere um diese für den Arbeitgeber **kalkulierbarer** zu machen.

68 **a) Garantieanpassung um 1 % p. a. (Abs. 3 Nr. 1).** Nach Abs. 3 Nr. 1 entfällt die Anpassungsprüfungspflicht, wenn sich der Arbeitgeber zu einer jährlichen **Rentenanpassung** von **mindestens 1 %** verpflichtet. Die Verpflichtung besteht unabhängig von der wirtschaftlichen Lage des Arbeitgebers und ist außerdem insolvenzgeschützt (vgl. Rn. 76). In beidem liegt ein bedeutsamer Vorteil für die Arbeitnehmer, der es nach der gesetzgeberischen Wertentscheidung rechtfertigt, dass nicht mehr der volle Kaufkraftverlust ausgeglichen wird (BAG vom 11.10.2011 – 3 AZR 527/09 – AP Nr. 81 zu § 16 BetrAVG). Die Zusage, laufende Renten alle drei Jahre um 3 % zu erhöhen, genügt den Anforderungen von Abs. 3 Nr. 1 nicht (vgl. BAG vom 11.10.2011 – 3 AZR 527/09 – AP Nr. 81 zu § 16 BetrAVG).

69 Diese zugesagte Anpassung – die bei schriftlicher Festlegung auch entsprechend steuerlich bilanziert werden kann – ist gem. § 30c Abs. 1 allerdings auf **Neuzusagen** beschränkt, die **ab dem 1.1.1999** erteilt worden sind. Maßgebend ist das Datum der Versorgungszusage, nicht das Datum, an dem die 1 %-Garantieanpassung vereinbart wurde, oder das Datum des Renteneintritts (BAG vom 28.6.2011 – 3 AZR 282/09 – DB 2011, 2923; BAG vom 28.6.2011 – 3 AZR 859/09 – AP Nr. 74 zu § 16 BetrAVG; BAG vom 18.9.2012 – 3 AZR 431/10 – NZA-RR 2013, 651). Da die Tarifvertragsparteien gem. § 17 Abs. 3 von § 16 abweichen dürfen, steht es ihnen frei, auch für Altzusagen eine Dynamik entsprechend der Entwicklung der beamtenrechtlichen Versorgungsbezüge durch eine jährliche Anpassung der Renten um 1 % zu ersetzen (offen gelassen in: BAG vom 18.9.2012 – 3 AZR 415/10 – NZA 2013, 210; vgl. aber auch BAG vom 27.3.2007 – 3 AZR 299/06 – DB 2007, 2847).

70 Der Arbeitgeber kann sich bereits im Rahmen der Versorgungszusage zur Anpassung der Renten um wenigstens 1 % p. a. verpflichten. Dies gilt unabhängig von der Rechtsgrundlage (individualvertraglich, Betriebsvereinbarung oder Tarifvertrag). Aber auch eine nachträgliche Verpflichtung reicht aus. Dies gilt jedenfalls dann, wenn die Verpflichtung des Arbeitgebers auf gleichem Wege erfolgt wie die ursprüngliche Zusage. Darüber hinaus spricht viel dafür, dass auch eine vom Arbeitgeber eingegangene **einseitige Verpflichtung** ausreicht. Einseitige Verpflichtungen sind der Rechtsordnung nicht unbekannt (etwa § 657 BGB). Ein Konflikt zum Günstigkeitsprinzip (§ 4 Abs. 3 TVG bzw. § 77 Abs. 4 BetrVG) dürfte auch bei ursprünglich kollektiv-rechtlicher Versorgungszusage

nicht vorliegen, da sich der Anspruch auf die Anpassungsprüfung gem. § 16 Abs. 1 und 2 BetrAVG nicht aus der Versorgungszusage, sondern aus dem Gesetz ergibt (A. A. *Höfer*, § 16 Rn. 5436; wohl auch *Blomeyer/Rolfs/Otto*, § 16 Rn. 306 ff.). Auch eine Erwähnung von § 16 Abs. 1 und 2 in der Versorgungszusage wird regelmäßig rein deklaratorisch sein.

b) Anpassung bei Direktversicherungen und Pensionskassen (Abs. 3 Nr. 2). Nach Abs. 3 Nr. 2 entfällt die Anpassungsprüfungspflicht, wenn bei Zusagen über eine Direktversicherung oder Pensionskasse ab Rentenbeginn alle auf den Rentenbestand entfallenden **Überschussanteile zur Erhöhung** der laufenden Leistung verwendet werden. Dabei darf hinsichtlich der garantierten Rentenleistung der gesetzlich festgelegte Höchstzinssatz zur Berechnung der Deckungsrückstellung (§ 65 Abs. 1 Nr. 1a VAG i.V.m. § 2 Deckungsrückstellungsverordnung) nicht überschritten werden (für eine sehr enge Auslegung: LAG Hessen vom 3.3.2010 – 8 Sa 187/09 – BetrAV 2010, 486; nicht diskutiert in: BAG vom 19.6.2012 – 3 AZR 408/10 – AP Nr. 9 zu § 1 BetrAVG Pensionskasse). Es gibt keine zeitliche Beschränkung des Anwendungsbereichs; § 30c Abs. 1 gilt ausdrücklich nur für Abs. 3 Nr. 1. 71

c) Entgeltumwandlung (Abs. 5). Bei Zusagen, die im Wege der **Entgeltumwandlung** finanziert werden, ist der Arbeitgeber gem. Abs. 5 verpflichtet, die Versorgungsleistungen **entsprechend** Abs. 3 Nr. 1 **anzupassen,** also mit mindestens 1 % jährlich. Bei Durchführung der Entgeltumwandlung über Direktversicherungen und Pensionskassen muss der Arbeitgeber sämtliche Überschussanteile für die Leistungsanpassung verwenden. Während Abs. 3 Nr. 2 dies auf die Überschussanteile ab Rentenbeginn beschränkt, ergibt sich schon aus dem Gebot der **Wertgleichheit** (§ 1 Abs. 2 Nr. 3), dass auch die Überschussanteile der Anwartschaftsphase zugunsten des Arbeitnehmers verwendet werden müssen (vgl. auch § 1b Abs. 5 Nr. 1). Abs. 5 gilt nach der Übergangsvorschrift in § 30c Abs. 3 nur für laufende Leistungen, die auf Zusagen beruhen, die nach dem 31.12.2000 erteilt worden sind. 72

6. Ausschluss der Anpassungsprüfung

In anderen Fällen besteht überhaupt **keine Verpflichtung** des Arbeitgebers zur Anpassungsprüfung. 73

a) Beitragszusage mit Mindestleistung (Abs. 3 Nr. 3). Nach Abs. 3 Nr. 3 entfällt die Anpassungsprüfungspflicht bei Beitragszusagen mit Mindestleistung. Die gesetzgeberische Ratio hinter dieser Norm ist, dass dem Versorgungsberechtigten bei dieser Durchführungsform gem. § 1 Abs. 2 Nr. 2 das planmäßig zuzurechnende Versorgungskapital zusteht, zu dem auch die **aus den Beiträgen erzielten Erträge** gehören (ausführlich: *Kruip/Karst* in Schlewing/Henssler/Schipp/Schnitker, Arbeitsrecht der betrieblichen Altersversorgung, Teil 6 A, Rn. 285 ff.). Dies ist nicht auf die Anwartschaftsphase beschränkt, sondern gilt auch für die Bezugsphase. Die Beitragszusage mit Mindestleistung ist nur in den externen Durchführungswegen Direktversicherung, Pensionskasse und Pensionsfonds zulässig. Bei einer Auszahlung der Versorgungsleistung als Rente entstehen hier Überschüsse, die die Leistung erhöhen. Dies erklärt, weshalb gem. 74

Abs. 3 Nr. 3 Halbs. 2 die Anpassungsprüfungspflicht **auch** entfällt, **wenn** die Altersversorgung **durch Entgeltumwandlung** im Wege einer Beitragszusage mit Mindestleistung **finanziert** wird. Die Überschüsse stehen dem Versorgungsberechtigten systembedingt ohnehin zu. Ein Widerspruch zu Abs. 5 2. Alt., der bei der Entgeltumwandlung zwingend die Verwendung der Überschussanteile zugunsten des Arbeitnehmers vorschreibt, besteht nicht.

75 **b) Versorgung nach Auszahlungsplänen (Abs. 6).** Nach Abs. 6 besteht keine Anpassungspflicht für monatliche Raten im Rahmen eines Auszahlungsplans sowie für Renten ab Vollendung des 85. Lebensjahrs im Anschluss an einen Auszahlungsplan. Diese Vorschrift bezieht sich auf den **Auszahlungsplan mit anschließender Teilkapitalverrentung** i. S. v. § 1 Abs. 1 Nr. 4 AltZertG, der bei sog. „Riester-Verträgen" auch im Rahmen der betrieblichen Altersversorgung relevant werden kann. Ein Teil des zugunsten des Versorgungsberechtigten zur Verfügung stehenden Versorgungskapitals wird hier in Raten bis zum 85. Lebensjahr ausgezahlt. Lebt der Versorgungsberechtigte zu diesem Zeitpunkt noch, wird das verbleibende Kapital zu einer lebenslangen Rente verrentet. Die Leistungen (Raten und Rentenzahlungen) müssen mindestens gleich bleiben oder steigen. § 1 Abs. 1 Nr. 4 AltZertG erlaubt teilweise modifizierte Auszahlungen, wie die Zusammenfassung zu Jahresbeträgen. Aus dem spezifischen Charakter des Auszahlungsplans ist abzuleiten, dass die dauerhafte Nichtanpassung nur für diese Pläne gilt und **nicht unbesehen auf andere Ratenzahlungen ausgedehnt** werden kann (vgl. Rn. 8).

76 **c) Insolvenz.** Der PSVaG ist nicht zur Anpassung laufender Versorgungsleistungen verpflichtet. § 16 ist nicht anwendbar, weil der **PSVaG nicht Arbeitgeber** des ehemaligen Mitarbeiters war und es auf seine wirtschaftliche Lage nicht ankommen kann, da es sich bei ihm um einen nicht auf Erzielung von Gewinn ausgerichteten genossenschaftlichen Zusammenschluss handelt (BAG vom 26.10.2010 – 3 AZR 502/08 – BB 2011, 700; BAG vom 5.10.1993 – 3 AZR 698/92 – DB 1994, 687; BAG vom 3.2.1987 – 3 AZR 330/85 – DB 1987, 2046; BAG vom 22.3.1983 – 3 AZR 574/81 – DB 1983, 1982). Die Rechtsprechung des BAG leuchtet auch deshalb ein, weil ein Rentner im Insolvenzfall nicht besser gestellt sein kann als Versorgungsberechtigte, die deshalb keine Anpassung erhalten, weil sich ihr früherer Arbeitgeber in wirtschaftlichen Schwierigkeiten befindet. Eine andere Beurteilung ist nur dann angebracht, wenn der Arbeitgeber bereits nach dem Inhalt der Ruhegeldzusage zur Anpassung verpflichtet war, die Versorgungsordnung also eine von Abs. 1 losgelöste Dynamisierung der laufenden Betriebsrente vorsieht (BAG vom 8.6.1999 – 3 AZR 39/98 – DB 1999, 2071; BAG vom 26.1.1999 – 3 AZR 464/97 – DB 1999, 1563; BAG vom 22.11.1994 – 3 AZR 767/93 – DB 1995, 582). Dies gilt insbesondere, wenn sich der Arbeitgeber gem. Abs. 3 Nr. 1 verpflichtet hat, laufende Leistungen jährlich um 1 % anzupassen (oben Rn. 68). Ebenso hat der PSVaG Anpassungsansprüche aus Wertsicherungs- und Spannungsklauseln oder einer betrieblichen Übung zu beachten (BAG vom 3.2.1987 – 3 AZR 330/85 – DB 1987, 2046). Eine Eintrittspflicht des PSVaG für Rentenanpassungen, die in den beiden letzten Jahren vor Eintritt des Sicherungsfalls erteilt worden sind, scheidet demgegenüber aus. Diese gelten gem. § 7 Abs. 5 S. 3 als rechtsmiss-

bräuchlich, es sei denn, es handelt sich um „planmäßige" oder „automatische" Verbesserungen (BAG vom 26.4.1994 – 3 AZR 981/93 – DB 1994, 1831).

d) Teleologische Reduktion. Das BAG kommt in teleologischer Reduktion zu dem Ergebnis, dass § 16 nicht anwendbar ist, wenn dem Mitarbeiter Vergütung und Versorgung nach beamtenrechtlichen Grundsätzen zugesagt worden war (BAG vom 30.11.2010 – 3 AZR 798/08 – DB 2011, 826 und BAG vom 17.9.2013 – 3 AZR 419/11 – BeckRS 2014, 65094; vgl. auch § 17 Rn. 21). 77

7. Keine Mitbestimmung

Unabhängig von der Frage der **Regelungsbefugnis des Betriebsrats** für bereits beendete Arbeitsverhältnisse (vgl. dazu BAG vom 28.6.2011 – 3 AZR 282/09 – DB 2011, 2923; BAG vom 12.12.2006 – 3 AZR 476/05 – DB 2007, 2043) steht ihm bei der Entscheidungsfindung über die Anhebung laufender Versorgungsleistungen kein Mitbestimmungsrecht zu. Dies ist offensichtlich, wo es keinen Entscheidungsspielraum des Arbeitgebers gibt, also etwa bei Abs. 3 und 5. Aber auch bei der Anpassungsprüfung (Abs. 1, 2 und 4) geht es nicht – wie bei der Einführung eines betrieblichen Versorgungssystems – um die Verteilung von Mitteln, die der Arbeitgeber freiwillig zur Verfügung gestellt hat (§ 1 Rn. 176 ff.), sondern um Gesetzesvollzug. Entsprechend steht dem Betriebsrat kein Auskunftsanspruch nach § 80 Abs. 2 BetrVG zu. 78

Sechster Abschnitt. Geltungsbereich

§ 17 Persönlicher Geltungsbereich und Tariföffnungsklausel

(1) [1]Arbeitnehmer im Sinne der §§ 1 bis 16 sind Arbeiter und Angestellte einschließlich der zu ihrer Berufsausbildung Beschäftigten; ein Berufsausbildungsverhältnis steht einem Arbeitsverhältnis gleich. [2]Die §§ 1 bis 16 gelten entsprechend für Personen, die nicht Arbeitnehmer sind, wenn ihnen Leistungen der Alters-, Invaliditäts- oder Hinterbliebenenversorgung aus Anlaß ihrer Tätigkeit für ein Unternehmen zugesagt worden sind. [3]Arbeitnehmer im Sinne von § 1a Abs. 1 sind nur Personen nach den Sätzen 1 und 2, soweit sie aufgrund der Beschäftigung oder Tätigkeit bei dem Arbeitgeber, gegen den sich der Anspruch nach § 1a richten würde, in der gesetzlichen Rentenversicherung pflichtversichert sind.

(2) Die §§ 7 bis 15 gelten nicht für den Bund, die Länder, die Gemeinden sowie die Körperschaften, Stiftungen und Anstalten des öffentlichen Rechts, bei denen das Insolvenzverfahren nicht zulässig ist, und solche juristische Personen des öffentlichen Rechts, bei denen der Bund, ein Land oder eine Gemeinde kraft Gesetzes die Zahlungsfähigkeit sichert.

(3) [1]Von den §§ 1a, 2 bis 5, 16, 18a Satz 1, §§ 27 und 28 kann in Tarifverträgen abgewichen werden. [2]Die abweichenden Bestimmungen haben zwischen nichttarifgebundenen Arbeitgebern und Arbeitnehmern Geltung, wenn zwischen diesen die Anwendung der einschlägigen tariflichen Regelung vereinbart ist. [3]Im Übrigen kann von den Bestimmungen dieses Gesetzes nicht zuungunsten des Arbeitnehmers abgewichen werden.

(4) Gesetzliche Regelungen über Leistungen der betrieblichen Altersversorgung werden unbeschadet des § 18 durch die §§ 1 bis 16 und 26 bis 30 nicht berührt.

(5) Soweit Entgeltansprüche auf einem Tarifvertrag beruhen, kann für diese eine Entgeltumwandlung nur vorgenommen werden, soweit dies durch Tarifvertrag vorgesehen oder durch Tarifvertrag zugelassen ist.

Übersicht

1. Geltungsbereich

1 Gem. § 17 Abs. 1 werden vom persönlichen Geltungsbereich des Gesetzes **Arbeitnehmer** und **Nichtarbeitnehmer** erfasst, falls es sich bei Letzteren nicht um selbständige Unternehmer handelt. **Besonderheiten** sind hinsichtlich der in den **neuen Bundesländern** Beschäftigten zu beachten.

2 **a) Arbeitnehmer und Nichtarbeitnehmer.** Als Arbeitnehmer definiert Abs. 1 S. 1 Arbeiter und Angestellte einschließlich der zu ihrer Berufsausbildung Beschäftigten. Abzugrenzen ist danach, ob der Begünstigte in einem **Arbeitsverhältnis im allgemeinen arbeitsrechtlichen Sinne** steht (BAG vom 25.1.2000 – 3 AZR 769/98 – AP Nr. 38 zu § 1 BetrAVG). Ein Berufsausbildungsverhältnis wird dem Arbeitsverhältnis gleichgestellt. Abs. 1 S. 2 erweitert den Geltungsbereich um eine bestimmte Gruppe von sog. „Nichtarbeitnehmern", nämlich solchen, denen die Versorgung **aus Anlass einer Tätigkeit für ein Unternehmen** zugesagt wurde. Unter den Geltungsbereich fallen damit arbeitnehmerähnliche Personen (etwa Heimarbeiter oder Hausgewerbetreibende) oder Handelsvertreter sowie freiberuflich Tätige wie Rechtsanwälte, Steuerberater, Architekten oder Gewerbetreibende (BGH vom 13.7.2006 – IX ZR 90/05 – DB 2006, 1951). Unter der Voraussetzung, dass ihm Leistungen der betrieblichen Altersversorgung zugesagt worden sind, kann z.B. auch der aufgrund eines Werkvertrags in einem Betrieb als selbständiger Handwerker Tätige eine Versorgungsanwartschaft erwerben. Entscheidend ist stets, dass die Tätigkeit aufgrund von vertraglichen Beziehungen zwischen dem Begünstigten und dem

Unternehmen erbracht wird. Es reicht nicht aus, dass die Tätigkeit dem Unternehmen wirtschaftlich zugutekommt (BAG vom 20.4.2004 – 3 AZR 297/03 – DB 2004, 2432). Die Rechtsnatur des Vertrags (Arbeits-, Dienst- oder Werkvertrag) ist zweitrangig. Nach Auffassung des LAG Baden-Württemberg (LAG Baden-Württemberg vom 24.11.2011 – 11 Sa 68/11 – BeckRS 2012, 66413) soll sich die Anwendbarkeit des Gesetzes auf Nichtarbeitnehmer in strenger Wortlautauslegung nur auf die §§ 1 bis 16 beziehen, also insbesondere nicht auf die Übergangsvorschriften der §§ 26 ff.

In negativer Abgrenzung fallen alle Personen aus dem Geltungsbereich heraus, 3
die **selbst als Unternehmer** einzuordnen sind. Sie werden nicht für ein anderes Unternehmen, sondern für ihren eigenen Betrieb tätig. Die ihnen von diesem Unternehmen zugesagte Versorgung genießt nicht den Schutz des BetrAVG (unter den genannten Bedingungen aber ggf. die von einem anderen Unternehmen zugesagte Versorgung). Diese Abgrenzung ist vor allen Dingen für den Insolvenzschutz von Bedeutung (s. dazu § 7 Rn. 31 ff. sowie PSVaG Merkblatt 300/M 1 Stand: 3.10 – unter www.psvag.de – zu der gegenüber der Rechtsprechung restriktiven Eingrenzung des PSVaG). Als Anknüpfungspunkt für die Unterscheidung zwischen Arbeitnehmer und Unternehmer hat die Rechtsprechung des BGH auf den Einzelkaufmann abgestellt. Dieser müsse sich aus seinem eigenen Unternehmen versorgen; bereits formalrechtlich könne er daher nicht als Empfänger einer Versorgungszusage bezeichnet werden. Mit einem Einzelkaufmann gleichzusetzen sei derjenige, welcher für ein Unternehmen tätig sei, das ihm mit Rücksicht auf vermögensrechtliche Verbindungen oder aufgrund einer Leitungsfunktion wie ein eigenes zuzurechnen sei (BGH vom 28.4.1980 – II ZR 254/78 – BB 1980, 1046; BGH vom 9.6.1980 – II ZR 255/78 – DB 1980, 1588; BGH vom 14.7.1980 – II ZR 224/79 – BB 1980, 1527).

Eine Einschränkung des Arbeitnehmerbegriffs enthält Abs. 1 S. 3 für den Fall 4
der **Entgeltumwandlung.** Danach kann der Arbeitnehmer eine Entgeltumwandlung nur von dem Arbeitgeber verlangen, bei dem er in der gesetzlichen Rentenversicherung pflichtversichert ist (zu Einzelheiten vgl. § 1a Rn. 8).

b) Einzelfälle.

aa) Unternehmensunbeteiligte. Fremdgeschäftsführer oder Vorstände 5
einer AG, die nicht an dem Unternehmen, für welches sie tätig sind, beteiligt sind, genießen den Schutz des BetrAVG. Aus dem Umstand, dass bei Organmitgliedern keine Verhandlungsunterlegenheit vorliegt, schließt das BAG aber, dass die Vertragsparteien von den Vorschriften des BetrAVG in gleichem Maße **abweichen** dürfen, wie Abs. 3 dies Tarifvertragsparteien erlaubt (BAG vom 21.4.2009 – 3 AZR 285/07 – AP Nr. 20 zu § 1 BetrAVG Beamtenversorgung; s. noch Rn. 21). Auch Komplementäre einer KG oder KGaA fallen in den persönlichen Geltungsbereich des BetrAVG, wenn sie bei **wirtschaftlicher Betrachtungsweise** nur angestellte persönlich haftende Gesellschafter sind. Dies ist der Fall, wenn sie lediglich im Außenverhältnis als Gesellschafter auftreten, im Innenverhältnis aber wie Angestellte gegenüber den die Gesellschaft beherrschenden Kommanditisten weisungsgebunden sind. Ein Indiz kann dafür sein, dass sie durch interne Regelungen von der Haftung freigestellt werden (BGH vom 9.6.1980 – II ZR 255/78 – DB 1980, 1588).

6 **bb) Unternehmensbeteiligte Personen.** Auch wenn Personen am Unternehmen beteiligt sind, können sie dem persönlichen Geltungsbereich des BetrAVG unterfallen. Entscheidend ist, ob sie allein oder gemeinsam mit anderen eine **Unternehmerstellung** innehaben.

7 **(1) Organmitglieder juristischer Personen.** Bei juristischen Personen ist auf die **Kapitalbeteiligung** oder die **Anzahl der Stimmrechte** abzustellen (vgl. auch PSVaG Merkblatt 300/M 1 Stand: 3.10 – unter www.psvag.de). Die Kapitalanteile oder Stimmrechte mehrerer geschäftsführender Gesellschafter sind zusammenzuzählen. Eine den Schutz des BetrAVG ausschließende Mitunternehmerstellung liegt vor, wenn die leitend tätigen Gesellschafter zusammen über die Mehrheit der Kapitalanteile oder Stimmrechte verfügen (BGH vom 14.7.1980 – II ZR 106/79 – DB 1980, 1992). Weitere Voraussetzung für die Nichtanwendung des Gesetzes ist aber, dass die Beteiligung des Versorgungsberechtigten nicht völlig unbedeutend ist. In Anlehnung an das Aktien- und Umwandlungsrecht ist wohl davon auszugehen, dass eine Minderheitsbeteiligung von 10 %, ab der bereits gewisse Minderheitsrechte bestehen, nicht mehr unerheblich ist. Haben bspw. zwei geschäftsführende Gesellschafter jeder für sich nur eine Minderheitsbeteiligung von 40 % bzw. 15 %, verfügen sie gemeinsam über die Kapitalmehrheit. Sie sind daher beide als Unternehmer zu qualifizieren. Die Anwendung des BetrAVG ist auch dann ausgeschlossen, wenn die geschäftsleitende Person eine Altersversorgungszusage von einer Gesellschaft erhalten hat, deren Kapital ganz oder teilweise einer weiteren Gesellschaft gehört, an der sie wiederum beteiligt ist.

8 Ein **Minderheitsgesellschafter,** der zusammen mit einem Mehrheitsgesellschafter die Geschäfte der Kapitalgesellschaft führt, genießt dagegen den Schutz des BetrAVG, da der Mehrheitsgesellschafter auch ohne ihn seinen Willen in der Gesellschaft durchsetzen kann (BGH vom 25.9.1989 – II ZR 259/88 – NJW 1990, 49). Steht dem Minderheitsgesellschafter kein Mehrheitsgesellschafter, sondern ein anderer Minderheitsgesellschafter gegenüber, kann er gleichwohl unter den Geltungsbereich des Gesetzes fallen, wenn der andere Minderheitsgesellschafter aufgrund einer Stimmrechtsverteilungsregelung im Gesellschaftsvertrag die Mehrheit der Stimmen auf sich vereint (BAG vom 16.4.1997 – 3 AZR 869/95 – DB 1997, 2495). Bei einem Statuswechsel (von Arbeitnehmer zu Unternehmer oder umgekehrt) wird die Zeit der Arbeitnehmertätigkeit vom persönlichen Geltungsbereich des Gesetzes erfasst.

9 **(2) Gesellschafter juristischer Personen.** Gesellschafter von juristischen Personen können zugleich auch in einem Arbeitsverhältnis zum Unternehmen stehen. Das BAG grenzt danach ab, ob die Zusage „aus Anlass des Arbeitsverhältnisses" erteilt wurde oder als Unternehmerlohn anzusehen ist und verlangt eine Kausalitätsprüfung, die alle Umstände des Einzelfalls berücksichtigt (BAG vom 19.1.2010 – 3 AZR 42/08 – DB 2010, 1411; BAG vom 19.1.2010 – 3 AZR 660/09 – BB 2010, 1211; BAG vom 25.1.2000 – 3 AZR 769/98 – AP Nr. 38 zu § 1 BetrAVG). Kriterien sind etwa die Höhe der Kapitalbeteiligung, Art und Höhe der Versorgung und ob die Zusage ausschließlich den Gesellschaftern, nicht aber Arbeitnehmern ohne Gesellschaftsbeteiligung erteilt wurde. Auch wer aufgrund einer mehrheitlichen Kapital- oder Stimmrechtsbeteiligung ein

Unternehmen letztverantwortlich leitet, ohne Organ zu sein, ist Unternehmer (OLG Köln vom 21.2.1986 – 6 U 141/85 – DB 1986, 1063).

(3) Persönlich haftende Gesellschafter. Persönlich haftende Gesellschafter von Personengesellschaften werden **nicht** durch das BetrAVG **geschützt** (BGH vom 28.4.1980 – II ZR 254/78 – BB 1980, 1046; BGH vom 9.6.1980 – II ZR 255/78 – DB 1980, 1588). Fraglos besteht eine besondere Nähe zum Einzelkaufmann, haftet der Gesellschafter doch unabhängig von der Höhe der Kapitaleinlage. Gesellschafter von BGB-Gesellschaften und oHG sowie Komplementäre von KG und KGaA fallen deshalb grundsätzlich nicht unter den Anwendungsbereich des BetrAVG. 10

(4) Kommanditisten. Kommanditisten einer KG sind nach den §§ 164, 170 HGB von der Geschäftsführung ausgeschlossen und zur Vertretung der Gesellschaft nicht ermächtigt. Sind sie für ein Unternehmen tätig, ist der Erwerb betrieblicher Versorgungsansprüche nach Maßgabe des BetrAVG nicht ausgeschlossen. Maßgeblich ist die **Qualität der Leitungsmacht.** Werden z.B. geschäftsleitende Aufgaben kraft einer Prokura wahrgenommen, kann ein mehrheitlich kapitalbeteiligter Kommanditist als Unternehmer zu qualifizieren sein, auf den das BetrAVG keine Anwendung findet (BGH vom 1.2.1999 – II ZR 276/97 – MDR 1999, 555). 11

(5) Gesellschafter-Geschäftsführer einer GmbH & Co. KG. Bei einer GmbH & Co. KG sind Besonderheiten zu beachten. Unterhält die **Komplementär-GmbH** einen von der Förderung der Geschäfte der KG unterscheidbaren wirtschaftlich **eigenständigen Betrieb,** der die Grundlage dafür bildet, dass für die GmbH Dienste geleistet werden und dafür eine Versorgungszusage erteilt wird, kommt es im Hinblick auf den Gesellschafter-Geschäftsführer nur auf die Verhältnisse bei der GmbH an. Hat der Gesellschafter-Geschäftsführer dort oder gemeinsam mit anderen eine Mehrheitsbeteiligung, ist er Unternehmer, andernfalls kann er den Schutz des BetrAVG beanspruchen. Unterhält die Komplementär-GmbH hingegen **keinen eigenen Geschäftsbetrieb,** ist es nach der Rechtsprechung des BGH gleichgültig, ob die Zusage von der GmbH oder der KG erteilt wurde. Bei der Prüfung der Unternehmerstellung müssen die Geschäftsanteile des GmbH-Geschäftsführers bei der GmbH und bei der KG zusammengerechnet werden. Dabei können die GmbH-Anteile des Geschäftsführers nur in Höhe der Quote berücksichtigt werden, mit der die GmbH ihrerseits an der KG beteiligt ist (BGH vom 28.4.1980 – II ZR 254/78 – DB 1980, 1434). 12

c) Geltung in den neuen Bundesländern. In den neuen Bundesländern ist das BetrAVG nicht wie die meisten arbeitsrechtlichen Bestimmungen der Bundesrepublik Deutschland bereits mit dem 3.10.1990 in Kraft getreten; vielmehr gilt das BetrAVG gem. Anlage 1 Kapitel VIII Sachgebiet A Abschnitt III Ziff. 16 zum Einigungsvertrag erst seit 1.1.1992. Die §§ 1 bis 18 finden **nur bei Zusagen** über Leistungen der betrieblichen Altersversorgung **Anwendung, die nach dem 31.12.1991 erteilt** wurden. Eine Zusage ist in diesem Sinne nur erteilt, wenn Ansprüche auf Leistungen der betrieblichen Altersversorgung einzelvertraglich begründet werden oder kollektivvertraglich entstehen. Dies setzt eine neue Verpflichtung voraus. Die bloße Erfüllung einer vorher entstandenen 13

Rechtspflicht reicht ebenso wenig aus wie die Beschreibung der Folgen einer bestehenden Rechtslage, auch wenn die daraus folgenden Verpflichtungen den Versorgungsschuldner kraft Rechtsnachfolge binden. Etwas anderes gilt auch nicht für Arbeitsverträge, die nach der Einheit – 3.10.1990 –, aber vor dem 1.1.1992 abgeschlossen wurden. Eine einschränkende Auslegung der einheitlich von den gesetzgebenden Körperschaften der Bundesrepublik Deutschland und der ehemaligen DDR geschaffenen Stichtagsregelung ist nicht möglich (BAG vom 29.1.2008 – 3 AZR 522/06 – DB 2008, 1867). Mit diesem späteren Inkrafttreten sollen westdeutsche Unternehmen, die in den neuen Bundesländern Beteiligungen anstreben, sowie der PSVaG vor unkalkulierbaren finanziellen Risiken aus Altlasten geschützt werden. Versorgungszusagen, die vor dem 1.1.1992 erteilt worden sind, nehmen also nicht am Schutz des BetrAVG teil. Dies gilt insbesondere für die Vorschriften über die Unverfallbarkeit, die vorgezogene Altersrente, den Insolvenzschutz und die Anpassung laufender Versorgungsleistungen. Eine frühere Zusage fällt aber dann in den Geltungsbereich des BetrAVG, wenn sie mit dem Willen bestätigt wird, Ansprüche auf Leistungen der betrieblichen Altersversorgung erneut zu begründen (BAG vom 19.1.2010 – 3 AZR 660/09 – BB 2010, 1211; BGH vom 25.7.2005 – II ZR 237/03 – AP Nr. 35 zu § 17 BetrAVG).

14 Haben westdeutsche Unternehmen oder Konzerne, bei denen **Gesamt- bzw. Konzernbetriebsvereinbarungen** über eine betriebliche Altersversorgung bestehen, ihre unternehmerischen Aktivitäten nach der Wiedervereinigung in die neuen Bundesländer ausgedehnt, muss durch Auslegung ermittelt werden, ob die Mitarbeiter in dem neu aufgenommenen Betrieb von der Gesamt- bzw. Konzernbetriebsvereinbarung erfasst werden sollten (BAG vom 28.4.1992 – 1 ABR 68/91 – DB 1992, 2641). Sind etwa die Betriebe des Unternehmens, die von einer Gesamtbetriebsvereinbarung erfasst werden sollen, im Einzelnen aufgezählt oder ergibt sich aus dem Wortlaut oder Sinn und Zweck der Gesamtbetriebsvereinbarung ein Anhaltspunkt dafür, dass nur diejenigen Betriebe unter ihren Geltungsbereich fallen, die dem Unternehmen bereits zum Zeitpunkt ihres Abschlusses angehörten, werden neu aufgenommene Betriebe von der Gesamtbetriebsvereinbarung nicht erfasst. Ist ein solcher Anhaltspunkt nicht ersichtlich, muss davon ausgegangen werden, dass die neu aufgenommenen Betriebe dem Geltungsbereich der Vereinbarung unterfallen.

15 Unabhängig vom Datum der Zusage konnten die **Zusagefristen** frühestens am 1.1.1992 beginnen. Vor dem 1.1.1992 zurückgelegte **Betriebszugehörigkeit** ist demgegenüber zu berücksichtigen, wenn die Identität des Unternehmens aufrechterhalten blieb. Das ist der Fall bei einem umgewandelten, aber weitergeführten Unternehmen der früheren DDR (BAG vom 19.2.2002 – 3 AZR 137/01 – DB 2002, 2115; BGH vom 25.7.2005 – II ZR 237/03 – AP Nr. 35 zu § 17 BetrAVG). Allerdings ist der Betriebserwerber nicht verpflichtet, bei der Aufstellung von Berechnungsregeln Vorbeschäftigungszeiten als wertbildende Faktoren zu berücksichtigen (BAG vom 19.12.2000 – 3 AZR 451/99 – DB 2001, 2407).

16 Betriebliche Versorgungssysteme außerhalb der staatlichen Sozialversicherung und der sie ergänzenden Versorgungsregelungen gab es in der ehemaligen DDR nur in sehr geringem Umfang. Die Leistungen nach der Anordnung zur Einfüh-

rung einer Zusatzrentenversorgung für die Arbeiter und Angestellten in den wichtigsten volkseigenen Betrieben vom 9.3.1954 **(Anordnung 54)** sind als Leistungen der betrieblichen Altersversorgung und nicht als Leistungen der Sozialversicherung zu qualifizieren (BAG vom 29.4.1994 – 3 AZB 18/93 – DB 1994, 1247). Durch den Einigungsvertrag sind sie ausdrücklich nicht auf Sozialleistungen überführt worden. Nach den Bestimmungen des Einigungsvertrags kann nach dem 31.12.1991 ein Anspruch auf eine Zusatzrente nach der Anordnung 54 nicht mehr erworben werden. Sofern am 31.12.1991 nicht bereits eine Rente aufgrund dieser Anordnung gezahlt wurde, entsteht daher kein Anspruch auf diese Zusatzversorgung mehr (BAG vom 27.2.1996 – 3 AZR 242/95 – DB 1996, 2343). Entgegen der klaren Zuordnung im Einigungsvertrag hat das BAG (BAG vom 29.4.1994 – 3 AZB 18/93 – DB 1994, 1247) die Zuständigkeit der ArbG für Klagen auf Feststellung von Rechten aus der Anordnung 54 bejaht.

d) Gesetzeskollision. Abs. 4 stellt klar, dass gesetzliche Regelungen über Leis- 17
tungen der betrieblichen Altersversorgung durch die arbeitsrechtlichen Vorschriften des Gesetzes nicht berührt werden. Der **Vorrang** sonstiger Gesetze gilt wegen § 18 nicht für den Bereich des öffentlichen Diensts.

2. Tarifliche Regelungen

Neben dem persönlichen Geltungsbereich ist in § 17 die **Regelungskompe-** 18
tenz der **Tarifvertragsparteien** normiert. **Drei Gesichtspunkte** hat der Gesetzgeber als regelungsbedürftig angesehen.

a) Unabdingbarkeit. Die die **betriebliche Altersversorgung prägenden** 19
gesetzlichen **Normen** sind **nicht** zuungunsten des Arbeitnehmers **abdingbar;** ihr Bestand ist mithin unantastbar. Wie im Umkehrschluss aus Abs. 3 S. 1 zu folgern ist, darf von der Regelung der Zusage auf betriebliche Altersversorgung (§ 1), ihrer Durchführung und ihrer Unverfallbarkeit (§ 1b), von der Vorschrift bezüglich der vorzeitigen Altersleistung (§ 6), von den Bestimmungen zur Insolvenzsicherung (§§ 7 bis 15), vom Geltungsbereich (§ 17) und den Sonderregelungen für den öffentlichen Dienst (§ 18) nicht abgewichen werden.

b) Tariföffnungsklausel. Aus dem **Gedanken der Tarifautonomie** erklärt 20
es sich, dass nach Abs. 3 S. 1 in Tarifverträgen von den §§ 1a, 2 bis 5, 16, 18a S. 1, 27 und 28 abgewichen werden kann. Nach dem Wortlaut wären mit Ausnahme von §§ 27 und 28 auch die Übergangsvorschriften nicht tariflich abdingbar. Ob dies richtig ist, hat das BAG am Beispiel von § 30c BetrAVG offengelassen (BAG vom 18.9.2012 – 3 AZR 415/10 – NZA 2013, 210). Abs. 3 S. 2 erlaubt den Arbeitsvertragsparteien, auf abweichende Bestimmungen in Tarifverträgen Bezug zu nehmen (BAG vom 27.6.2006 – 3 AZR 255/05 – DB 2007, 118), also auch zum Nachteil des Arbeitnehmers. Damit werden nicht nur betriebseinheitliche Versorgungsbedingungen ermöglicht, sondern auch das sozialpolitisch unerwünschte Ergebnis vermieden, dass ungünstige tarifliche Regelungen lediglich für die Mitglieder der Tarifvertragsparteien gelten, während nicht tarifgebundene Versorgungsberechtigte in den Genuss der günstigeren gesetzlichen Bestimmungen kommen. Allerdings haben abweichende Bestimmungen zwischen nicht tarifgebundenen Arbeitgebern und Arbeitnehmern nach Abs. 3 S. 2 nur

dann Geltung, wenn zwischen diesen die Anwendung der „einschlägigen" tariflichen Regelung vereinbart ist. Das setzt voraus, dass der Tarifvertrag in Bezug genommen wird, der bei Tarifgebundenheit der Parteien räumlich, betrieblich, fachlich und persönlich gelten würde (BAG vom 19.4.2011 – 3 AZR 154/09 – DB 2011, 2210). Die Befugnis, von gesetzlichen Bestimmungen abzuweichen, ist den Tarifvertragsparteien zugewiesen, die hiervon selbst Gebrauch machen müssen und dies nicht den Betriebspartnern überlassen dürfen. Daher reicht es nicht aus, wenn eine von zwingenden Vorschriften abweichende Betriebs- oder Dienstvereinbarung durch die Tarifpartner bestätigt wird (BAG vom 18.9.2012 – 3 AZR 415/10 – NZA 2013, 210).

21 Das BAG hält es für möglich, den von der Tariföffnungsklausel eröffneten **Gestaltungsspielraum** sinngemäß **auch auf Organmitglieder anzuwenden** (soweit diese nach Abs. 1 unter das BetrAVG fallen). Ähnlich wie zwischen Tarifvertragsparteien bestehe auch bei Organmitgliedern keine Verhandlungsunterlegenheit und damit kein Bedürfnis für eine generelle Unabdingbarkeit der Vorschriften des BetrAVG (BAG vom 21.4.2009 – 3 AZR 285/07 – AP Nr. 20 zu § 1 BetrAVG Beamtenversorgung). Allerdings steht bisher nicht fest, ob sich der BGH, der für Rechtsstreitigkeiten mit Organmitgliedern zuständig ist, dieser Auffassung anschließt, die den Schutzcharakter des BetrAVG nicht unbeträchtlich einschränken würde. Eine teleologische Reduktion (konkret: keine Anwendung der gesetzlichen Vorgaben zur Rentenanpassung in § 16) nimmt das BAG auch vor, wenn dem Mitarbeiter **Vergütung und Versorgung nach beamtenrechtlichen Grundsätzen** zugesagt worden war (BAG vom 30.11.2010 – 3 AZR 798/08 – DB 2011, 826).

22 Im Übrigen kann nach Abs. 3 S. 3 von den Bestimmungen des BetrAVG nicht zuungunsten des Arbeitnehmers abgewichen werden. Damit lässt die Vorschrift alle **Abweichungen** zu, **soweit** sie für den Arbeitnehmer **günstiger** sind als das Gesetz. So kann z.B. von der Veränderungssperre des § 2 Abs. 5 zugunsten des Arbeitnehmers abgewichen werden. Ebenso können die Parteien des Arbeitsverhältnisses vereinbaren, dass die erworbene Betriebsrentenanwartschaft nach dem Ausscheiden des Versorgungsberechtigten dynamisiert wird (BAG vom 15.11.2005 – 3 AZR 521/04 – DB 2006, 1280). Eine Abwägung zur Beurteilung der Zulässigkeit einer Abweichung muss streng individualbezogen erfolgen. Ergibt ein Einzelvergleich, dass ein Verstoß gegen das Gesetz vorliegt, da die Vereinbarung den Arbeitnehmer benachteiligt, ist die getroffene Regelung gem. § 134 BGB nichtig. An deren Stelle tritt die gesetzliche Regelung.

23 **c) Tarifvorrang bei Entgeltumwandlung.** Der **Anspruch** auf Entgeltumwandlung ist **tarifdispositiv.** Soweit Entgeltansprüche auf einem Tarifvertrag beruhen, können sie nach Abs. 5 nur in Versorgungsansprüche umgewandelt werden, falls das im Tarifvertrag vorgesehen oder zugelassen ist. Der Gesetzeswortlaut gibt damit die Möglichkeit, in einem Tarifvertrag die Konditionen festzulegen oder die Umwandlung tariflicher Entgelte durch individualrechtliche Vereinbarungen zuzulassen (vgl. im Einzelnen § 1a Rn. 9 ff.). Schon längere Zeit vor Inkrafttreten der Regelung (gem. § 30h nur für Versorgungszusagen, die nach dem 29.6.2001 erteilt wurden) wurde in verschiedenen Tarifbereichen die Möglichkeit der Entgeltumwandlung eingeführt. Inzwischen bestehen in sehr vielen Branchen Tarifverträge zur Entgeltumwandlung, etwa in der chemischen Industrie, der Metallindustrie, bei den Banken und Versicherungsunternehmen oder in der Bauwirtschaft.

Neben der Frage, ob und welche Bestandteile des Tariflohns umgewandelt werden können, regeln Tarifverträge häufig weitere **Rahmenbedingungen,** wie etwa die Dauer **der Umwandlung, Antragsfristen,** das **Leistungsspektrum** oder die **Leistungsvoraussetzungen.** Teilweise wird die Entgeltumwandlung gefördert, wie etwa in der chemischen Industrie. Darüber hinaus bestehen keine Bedenken, dass die Tarifvertragsparteien den Betrieben Standardvorgaben machen, die zu Entlastungen von unnötigem Verwaltungsaufwand beitragen. Z. B. kann entschieden werden, ob der Anspruch auf Entgeltumwandlung bereits für Beschäftigte in der Probezeit gelten soll, obwohl der Verbleib im Betrieb erst nach deren Ablauf feststeht. Es ist zu beobachten, dass Tarifverträge sehr häufig **Öffnungsklauseln** enthalten, die es erlauben, betriebliche Lösungen zu finden, etwa zum Zweck leichterer Administrierbarkeit oder auch, um die Entgeltumwandlung in ein schon bestehendes Versorgungssystem zu integrieren. 24

Der Wortlaut von Abs. 5 („soweit dies durch Tarifvertrag vorgesehen oder durch Tarifvertrag zugelassen ist") spricht dafür, dass Tarifentgelt durch Tarifvertrag unmittelbar zugunsten betrieblicher Altersversorgung umgewandelt werden kann, also ohne dass es einer individuellen Willenserklärung des Mitarbeiters bedürfte. Ob der Spielraum der Tarifvertragsparteien tatsächlich so weit geht, ist zweifelhaft. Zulässig – und sozialpolitisch sogar wünschenswert – sind aber durch Tarifvertrag eingeführte **Opting-Out-Modelle,** durch die Tarifentgelt umgewandelt wird, sofern der betroffene Mitarbeiter nicht innerhalb bestimmter Fristen widerspricht. 25

Abs. 3 S. 1 schafft die Möglichkeit, in Tarifverträgen von § 1a abzuweichen. Danach sind die Tarifvertragsparteien befugt, den **Anspruch auf Entgeltumwandlung** insgesamt **abzubedingen** (BAG vom 19.4.2011 – 3 AZR 154/09 – DB 2011, 2210). Ein derartiger Ausschluss des Anspruchs ohne jegliche Kompensation widerspricht jedoch tendenziell dem Gesetzeszweck, die betriebliche Altersversorgung durch Entgeltumwandlung zu fördern, und verweist die Arbeitnehmer letztlich ausschließlich auf die private Altersvorsorge einschließlich der staatlichen Förderung nach §§ 10a, 82 Abs. 2 EStG, die tariflich nicht disponibel ist. 26

§ 18 Sonderregelungen für den öffentlichen Dienst

(1) Für Personen, die

1. **bei der Versorgungsanstalt des Bundes und der Länder (VBL) oder einer kommunalen oder kirchlichen Zusatzversorgungseinrichtung pflichtversichert sind, oder**
2. **bei einer anderen Zusatzversorgungseinrichtung pflichtversichert sind, die mit einer der Zusatzversorgungseinrichtungen nach Nummer 1 ein Überleitungsabkommen abgeschlossen hat oder aufgrund satzungsrechtlicher Vorschriften von Zusatzversorgungseinrichtungen nach Nummer 1 ein solches Abkommen abschließen kann, oder**

3. unter das Gesetz über die zusätzliche Alters- und Hinterbliebenenversorgung für Angestellte und Arbeiter der Freien und Hansestadt Hamburg (Erstes Ruhegeldgesetz – 1. RGG), das Gesetz zur Neuregelung der zusätzlichen Alters- und Hinterbliebenenversorgung für Angestellte und Arbeiter der Freien und Hansestadt Hamburg (Zweites Ruhegeldgesetz – 2. RGG) oder unter das Bremische Ruhelohngesetz in ihren jeweiligen Fassungen fallen oder auf die diese Gesetze sonst Anwendung finden,

gelten die §§ 2, 5, 16, 27 und 28 nicht, soweit sich aus den nachfolgenden Regelungen nichts Abweichendes ergibt; § 4 gilt nicht, wenn die Anwartschaft oder die laufende Leistung ganz oder teilweise umlage- oder haushaltsfinanziert ist.

(2) Bei Eintritt des Versorgungsfalles erhalten die in Absatz 1 Nr. 1 und 2 bezeichneten Personen, deren Anwartschaft nach § 1b fortbesteht und deren Arbeitsverhältnis vor Eintritt des Versorgungsfalles geendet hat, von der Zusatzversorgungseinrichtung eine Zusatzrente nach folgenden Maßgaben:

1. [1]Der monatliche Betrag der Zusatzrente beträgt für jedes Jahr der aufgrund des Arbeitsverhältnisses bestehenden Pflichtversicherung bei einer Zusatzversorgungseinrichtung 2,25 vom Hundert, höchstens jedoch 100 vom Hundert der Leistung, die bei dem höchstmöglichen Versorgungssatz zugestanden hätte (Voll-Leistung). [2]Für die Berechnung der Voll-Leistung
   a) ist der Versicherungsfall der Regelaltersrente maßgebend,
   b) ist das Arbeitsentgelt maßgebend, das nach der Versorgungsregelung für die Leistungsbemessung maßgebend wäre, wenn im Zeitpunkt des Ausscheidens der Versicherungsfall im Sinne der Versorgungsregelung eingetreten wäre,
   c) finden § 2 Abs. 5 Satz 1 und § 2 Abs. 6 entsprechend Anwendung,
   d) ist im Rahmen einer Gesamtversorgung der im Falle einer Teilzeitbeschäftigung oder Beurlaubung nach der Versorgungsregelung für die gesamte Dauer des Arbeitsverhältnisses maßgebliche Beschäftigungsquotient nach der Versorgungsregelung als Beschäftigungsquotient auch für die übrige Zeit maßgebend,
   e) finden die Vorschriften der Versorgungsregelung über eine Mindestleistung keine Anwendung und
   f) ist eine anzurechnende Grundversorgung nach dem bei der Berechnung von Pensionsrückstellungen für die Berücksichtigung von Renten aus der gesetzlichen Rentenversicherung allgemein zulässigen Verfahren zu ermitteln. [2]Hierbei ist das Arbeitsentgelt nach Buchstabe b zugrunde zu legen und – soweit während der Pflichtversicherung Teilzeitbeschäftigung bestand – diese nach Maßgabe der Versorgungsregelung zu berücksichtigen.
2. Die Zusatzrente vermindert sich um 0,3 vom Hundert für jeden vollen Kalendermonat, den der Versorgungsfall vor Vollendung des 65. Lebensjahres eintritt, höchstens jedoch um den in der Versorgungsregelung für die Voll-Leistung vorgesehenen Vomhundertsatz.
3. Übersteigt die Summe der Vomhundertsätze nach Nummer 1 aus unterschiedlichen Arbeitsverhältnissen 100, sind die einzelnen Leistungen im gleichen Verhältnis zu kürzen.
4. Die Zusatzrente muss monatlich mindestens den Betrag erreichen, der sich aufgrund des Arbeitsverhältnisses nach der Versorgungsregelung als Versiche-

rungsrente aus den jeweils maßgeblichen Vomhundertsätzen der zusatzversorgungspflichtigen Entgelte oder der gezahlten Beiträge und Erhöhungsbeträge ergibt.

5. [1]Die Vorschriften der Versorgungsregelung über das Erlöschen, das Ruhen und die Nichtleistung der Versorgungsrente gelten entsprechend. [2]Soweit die Versorgungsregelung eine Mindestleistung in Ruhensfällen vorsieht, gilt dies nur, wenn die Mindestleistung der Leistung im Sinne der Nummer 4 entspricht.
6. [1]Verstirbt die in Absatz 1 genannte Person, erhält eine Witwe oder ein Witwer 60 vom Hundert, eine Witwe oder ein Witwer im Sinne des § 46 Abs. 1 des Sechsten Buches Sozialgesetzbuch 42 vom Hundert, eine Halbwaise 12 vom Hundert und eine Vollwaise 20 vom Hundert der unter Berücksichtigung der in diesem Absatz genannten Maßgaben zu berechnenden Zusatzrente; die §§ 46, 48, 103 bis 105 des Sechsten Buches Sozialgesetzbuch sind entsprechend anzuwenden. [2]Die Leistungen an mehrere Hinterbliebene dürfen den Betrag der Zusatzrente nicht übersteigen; gegebenenfalls sind die Leistungen im gleichen Verhältnis zu kürzen.
7. Versorgungsfall ist der Versicherungsfall im Sinne der Versorgungsregelung.

(3) Personen, auf die bis zur Beendigung ihres Arbeitsverhältnisses die Regelungen des Ersten Ruhegeldgesetzes, des Zweiten Ruhegeldgesetzes oder des Bremischen Ruhelohngesetzes in ihren jeweiligen Fassungen Anwendung gefunden haben, haben Anspruch gegenüber ihrem ehemaligen Arbeitgeber auf Leistungen in sinngemäßer Anwendung des Absatzes 2 mit Ausnahme von Absatz 2 Nr. 3 und 4 sowie Nr. 5 Satz 2; bei Anwendung des Zweiten Ruhegeldgesetzes bestimmt sich der monatliche Betrag der Zusatzrente abweichend von Absatz 2 nach der nach dem Zweiten Ruhegeldgesetz maßgebenden Berechnungsweise.

(4) Die Leistungen nach den Absätzen 2 und 3 werden, mit Ausnahme der Leistungen nach Absatz 2 Nr. 4, jährlich zum 1. Juli um 1 vom Hundert erhöht, soweit in diesem Jahr eine allgemeine Erhöhung der Versorgungsrenten erfolgt.

(5) Besteht bei Eintritt des Versorgungsfalles neben dem Anspruch auf Zusatzrente oder auf die in Absatz 3 oder Absatz 7 bezeichneten Leistungen auch Anspruch auf eine Versorgungsrente oder Versicherungsrente der in Absatz 1 Satz 1 Nr. 1 und 2 bezeichneten Zusatzversorgungseinrichtungen oder Anspruch auf entsprechende Versorgungsleistungen der Versorgungsanstalt der deutschen Kulturorchester oder der Versorgungsanstalt der deutschen Bühnen oder nach den Regelungen des Ersten Ruhegeldgesetzes, des Zweiten Ruhegeldgesetzes oder des Bremischen Ruhelohngesetzes, in deren Berechnung auch die der Zusatzrente zugrunde liegenden Zeiten berücksichtigt sind, ist nur die im Zahlbetrag höhere Rente zu leisten.

(6) Eine Anwartschaft auf Zusatzrente nach Absatz 2 oder auf Leistungen nach Absatz 3 kann bei Eintritt der anwartschaftsberechtigten Person in ein Versorgungssystem einer überstaatlichen Einrichtung in das Versorgungssystem dieser Einrichtung übertragen werden, wenn ein entsprechendes Abkommen zwischen der Zusatzversorgungseinrichtung oder der Freien und Hansestadt Hamburg oder der Freien Hansestadt Bremen und der überstaatlichen Einrichtung besteht.

(7) [1]Für Personen, die bei der Versorgungsanstalt der deutschen Kulturorchester oder der Versorgungsanstalt der deutschen Bühnen pflichtversichert sind, gelten die §§ 2 bis 5, 16, 27 und 28 nicht. [2]Bei Eintritt des Versorgungsfalles treten

an die Stelle der Zusatzrente und der Leistungen an Hinterbliebene nach Absatz 2 und an die Stelle der Regelung in Absatz 4 die satzungsgemäß vorgesehenen Leistungen; Absatz 2 Nr. 5 findet entsprechend Anwendung. [3]Die Höhe der Leistungen kann nach dem Ausscheiden aus dem Beschäftigungsverhältnis nicht mehr geändert werden. [4]Als pflichtversichert gelten auch die freiwillig Versicherten der Versorgungsanstalt der deutschen Kulturorchester und der Versorgungsanstalt der deutschen Bühnen.

(8) Gegen Entscheidungen der Zusatzversorgungseinrichtungen über Ansprüche nach diesem Gesetz ist der Rechtsweg gegeben, der für Versicherte der Einrichtung gilt.

(9) Bei Personen, die aus einem Arbeitsverhältnis ausscheiden, in dem sie nach § 5 Abs. 1 Satz 1 Nr. 2 des Sechsten Buches Sozialgesetzbuch versicherungsfrei waren, dürfen die Ansprüche nach § 2 Abs. 1 Satz 1 und 2 nicht hinter dem Rentenanspruch zurückbleiben, der sich ergeben hätte, wenn der Arbeitnehmer für die Zeit der versicherungsfreien Beschäftigung in der gesetzlichen Rentenversicherung nachversichert worden wäre; die Vergleichsberechnung ist im Versorgungsfall aufgrund einer Auskunft der Deutschen Rentenversicherung Bund vorzunehmen.

Übersicht

1. Persönlicher Geltungsbereich

1 Das BetrAVG enthält in § 18 **Sonderregelungen für die Zusatzversorgung** des öffentlichen Diensts. Erfasst werden von dieser Sonderform der betrieblichen Altersversorgung rund 5,3 Mio. Pflichtversicherte. Der Personenkreis ist im Einzelnen in § 18 Abs. 1 Nr. 1 bis 3 gekennzeichnet. Die Durchführung ist neben der VBL 26 kommunalen und kirchlichen Zusatzversorgungskassen anvertraut. Bei der Zusatzversorgung handelt es sich mithin um das mit Abstand größte Versorgungssystem, das etwa ein Drittel der gesamten betrieblichen Altersversorgung ausmacht.

2 Gegenüber den Arbeitnehmern des öffentlichen Diensts ist der Geltungsbereich des BetrAVG nach § 18 Abs. 1 Halbs. 2 eingeschränkt. Von den Regelungen der §§ 2, 5, 16, 27 und 28 wird dieser Personenkreis ausgeschlossen. Demnach sind die §§ 1, 3, 4, 6 bis 15 und 17 anwendbar. Mithin gelten für die Arbeitnehmer des öffentlichen Diensts grds. auch die insolvenzrechtlichen Bestimmungen. Der **Insolvenzschutz** kommt allerdings **kaum zum Tragen,** da nach § 17 Abs. 2 die öffentlich-rechtlichen Arbeitgeber überwiegend vom Geltungsbereich der §§ 7 bis 15 ausgenommen sind. Für Leistungen der Zusatzversorgungseinrichtungen wird kein Insolvenzschutz gewährt.

2. Grundsätze der Neuregelung des Altersvermögensgesetzes

Die bisherige Regelung der **unverfallbaren Versorgungsanwartschaft** ist 3
von Versorgungsberechtigten des öffentlichen Diensts unter dem Gesichtspunkt der Gleichbehandlung in Frage gestellt worden. Das BVerfG hat den entsprechenden Verfassungsbeschwerden (BVerfG vom 15.7.1998 – 1 BvR 1554/89 u.a. – NZA 1999, 194) stattgegeben. Es hat erkannt, dass § 18 a.F., der den Fortbestand und die Höhe der Anwartschaften aus der Zusatzversorgung des öffentlichen Diensts bei vorzeitigem Ausscheiden abweichend von den für die Privatwirtschaft geltenden Vorschriften regelt, mit dem allgemeinen Gleichheitssatz des Art. 3 Abs. 1 GG und mit der Berufsfreiheit des Art. 12 Abs. 1 GG unvereinbar ist. Zugleich hat es dem Gesetzgeber aufgegeben, bis zum 31.12.2000 eine verfassungsgemäße Neuregelung zu treffen. Die Novellierung des § 18 erfolgte mit Wirkung zum 1.1.2001 durch das Erste Gesetz zur Änderung des Gesetzes zur Verbesserung der betrieblichen Altersversorgung vom 21.12.2000 (BGBl. I 2000, 1914). In der Folge waren im großen Umfang Bestandsrenten gem. § 18 n.F. umzurechnen.

Mit der Änderung des § 18 werden die bei den Zusatzversorgungseinrichtun- 4
gen des öffentlichen Diensts Versicherten und vergleichbare Personen den Arbeitnehmern mit einer Altersversorgungszusage der **gewerblichen Wirtschaft angenähert.** Als Alternative wäre lediglich die Streichung des § 18 in Betracht gekommen. Das hätte zur Folge gehabt, dass die bei den Zusatzversorgungseinrichtungen versicherten Personen vollständig unter die für die gewerbliche Wirtschaft geltenden Regelungen gefallen wären. Diese Lösung wäre nur dann den historisch gewachsenen und aus der Parallele zur Beamtenversorgung resultierenden Besonderheiten der Zusatzversorgung des öffentlichen Diensts gerecht geworden, wenn für die praktische Umsetzung beeinträchtigende zusätzliche Regelungen für diesen Bereich getroffen worden wären. Das BVerfG hat die gegen die erforderlich gewordenen Neuberechnungsvorschriften gemäß der VBL-Satzung a.F. und damit mittelbar gegen § 18 n.F. erhobenen Verfassungsbeschwerden zweier in 1998/99 in den Ruhestand getretener Arbeitnehmer mangels hinreichender Substantiierung als unzulässig zurückgewiesen. In Abkehr von seiner bisherigen Rechtsprechung erachtet das BVerfG die VBL-Satzung als tauglichen Beschwerdegegenstand i.S.d. § 90 Abs. 1 BVerfGG, da die VBL als Anstalt des öffentlichen Rechts an die Grundrechte gebunden sei. Dies gilt unabhängig von der Einordnung der VBL-Satzung als privatrechtliche AVB. Die Beschwerdeführer haben im Wesentlichen unter Berufung auf Art. 3 Abs. 1 GG geltend gemacht, durch § 18 Abs. 2 Nr. 1 S. 2 Buchst. f) n.F., der zwingend das Näherungsverfahren zur Berechnung der anzurechnenden Grundversorgung vorschreibt, gegenüber den von § 2 Abs. 5 S. 2 erfassten Beschäftigten der Privatwirtschaft, die eine weniger pauschalierte Berechnung ihrer Sozialversicherungsrente verlangen können, benachteiligt zu werden. Im Übrigen ergäbe sich nach Auffassung der Beschwerdeführer eine Benachteiligung, da sich die Zusatzrente nach § 18 Abs. 2 Nr. 1 n.F. mit Hilfe eines unverfallbaren jährlichen Anteilssatzes von 2,25 % berechne, hingegen nach § 2 eine individuelle Unverfallbarkeitsquote ermittelt werde. Dieser Vortrag erfüllt nicht die Anforderungen an eine Verfassungsbeschwerde. Richtet sich diese gegen komplexe Rege-

lungen, genüge es nicht, nachteilige Ungleichbehandlungen durch einzelne Faktoren zu behaupten. Es bedarf einer Auseinandersetzung mit ihrem Zusammenwirken und dem Gesamtergebnis. Dazu sind erforderlichenfalls Alternativberechnungen, wenn nötig unter Zuhilfenahme sachkundiger Dritter, vorzulegen (BVerfG vom 8.5.2012 – 1 BvR 1065/03 und 1 BvR 1082/03 – ZTR 2012, 457).

5 Neben der Neufassung des § 18 war eine weitere Verteuerung der Zusatzversorgung dadurch eingetreten, dass das BVerfG (BVerfG vom 25.8.1999 – 1 BvR 1246/95 – NZA 1999, 1152) die satzungsrechtliche Regelung zur Berechnung der Zusatzrente von Teilzeitbeschäftigten für verfassungswidrig erklärt hat und mit der Halbanrechnungsentscheidung (BVerfG vom 22.3.2000 – 1 BvR 1136/96 – NZA 2000, 996) ein Strukturelement der bisherigen Zusatzversorgung in Frage gestellt hat.

6 Aufgrund dieser Entwicklung war die Finanzierbarkeit der Zusatzversorgung des öffentlichen Diensts nicht länger gewährleistet. Die Tarifvertragsparteien haben sich deshalb auf eine neue Regelung der Altersversorgung für die Beschäftigten des öffentlichen Diensts verständigt. Nach dem ATV vom 1.3.2002 erfolgt die Finanzierung **nicht mehr allein** durch ein **Umlageverfahren,** sondern **auch** im Wege der **Kapitaldeckung.** Die Versorgung selbst ist vom bisherigen endgehaltsbezogenen Gesamtversorgungssystem auf ein beitragsorientiertes Punktesystem umgestellt worden. Die Vorgaben des AVmG, in die die Beschäftigten des öffentlichen Diensts einbezogen worden sind, machten ferner die Öffnung für eine freiwillige Versicherung notwendig. Mit Urteilen vom 27.3.2007 und 14.11.2007 haben das BAG (BAG vom 27.3.2007 – 3 AZR 299/06 – DB 2007, 2847) und der BGH (BGH vom 14.11.2007 – IV ZR 74/06 – BetrAV 2008, 203) die Umstellung der Zusatzversorgung des öffentlichen und kirchlichen Diensts vom Gesamtversorgungssystem auf das Punktemodell gebilligt. Für den Systemwechsel bestand ausreichender Anlass, wobei die Einschätzung der voraussichtlichen Entwicklung Sache der Tarifvertragsparteien ist, denen eine Einschätzungsprärogative zukommt (BGH vom 4.11.2009 – IV ZR 118/07 – BeckRS 2009, 87664). Auch die Zusatzversorgung nach den Richtlinien für Arbeitsverträge in den Einrichtungen des Deutschen Caritasverbands wird durch das tarifvertraglich geregelte Punktemodell des öffentlichen Diensts erfasst (BAG vom 19.8.2008 – 3 AZR 383/06 – NZA 2009, 1275). Zugleich hat der BGH im Urteil vom 14.11.2007 erkannt, dass der Berechnungsmodus für die Startgutschriften der rentenfernen Jahrgänge – es handelt sich immerhin um rund 4,8 Mio. Versicherte –, der im Wesentlichen auf § 18 Abs. 2 beruht, im Grundsatz nicht zu beanstanden ist. Allerdings verstößt nach Auffassung des Gerichts bei der Berechnung der Startgutschrift der Versorgungssatz von 2,25 % für jedes Jahr der Pflichtversicherung gegen den Gleichheitsgrundsatz des Art. 3 Abs. 1 GG, was insbesondere bei „Späteinsteigern“ mit langer Berufsausbildung zu Nachteilen führen könne. Ferner hatte der BGH den Tarifvertragsparteien aufgegeben, die Auswirkungen des Näherungsverfahrens vor einer Neuregelung zu den Startgutschriften zu überprüfen. Diese haben sich mit dem 5. Änderungstarifvertrag vom 30.5.2011 auf das sog. „Vergleichsmodell“ verständigt, welches sowohl bei rentenfernen als auch beitragsfrei Versicherten zum Tragen kommt. Die bisherige Startgutschrift wird

gem. § 23 Abs. 1a ATV/ATV-K mit der Anwartschaft verglichen, die sich aufgrund einer modifizierten Berechnung gem. § 18 ergibt, wobei sich diese beim Unverfallbarkeitsfaktor sowie bei der erreichbaren Voll-Leistung stärker an § 2 anlehnt. Ist die Anwartschaft nach dem Vergleichsmodell höher als die bisherige Startgutschrift, wird ein Zuschlag in Höhe der Differenz gewährt. Ferner haben die Tarifvertragsparteien gemäß Protokollnotiz zu § 33 Abs. 1 und Abs. 1a ATV/ATV-K die ausschließliche Anwendung des Näherungsverfahrens bei der Ermittlung der Startgutschriften für rentenferne Versicherte bekräftigt, da dieses in aller Regel für die Versicherten günstiger sei (s. auch BVerfG vom 8.5.2012 – 1 BvR 1065/03 und 1 BvR 1082/03 – ZTR 2012, 457).

Das BVerfG hat zwei Verfassungsbeschwerden gegen Urteile des BGH zu den Startgutschriften rentenferner Jahrgänge nicht zur Entscheidung angenommen und im Übrigen zu deren Unbegründetheit ausgeführt: Eine Neuregelung zur Berechnung der Startgutschriften bleibt so lange den Tarifvertragsparteien im Hinblick auf deren verfassungsrechtlich geschützte Autonomie, Art. 9 Abs. 3 GG, vorbehalten, wie mehrere Möglichkeiten für eine verfassungskonforme Neugestaltung offen stehen (BVerfG vom 29.3.2010 – 1 BvR 1373/08 und 1 BvR 1433/08 – BetrAV 2010, 390). Soweit es die Startgutschriften der rentennahen Jahrgänge betrifft, hat der BGH mit Urteil vom 24.9.2008 (BGH vom 24.9.2008 – IV ZR 134/07 – FamRZ 2009, 36) erkannt, dass die Berechnung der bis zum Zeitpunkt der Systemumstellung erworbenen Rentenanwartschaften und deren Übertragung in das neu geschaffene Betriebsrentensystem nach dem ATV und §§ 78, 79 der Satzung der VBL nicht zu beanstanden sei. Mit der entsprechenden Übergangsregelung hätten die Tarifvertragsparteien dem erhöhten Schutzbedürfnis der rentennahen Versicherten Rechnung getragen. Die getroffene Regelung sei vertretbar und schon aus diesem Grund verfassungsrechtlich nicht zu beanstanden. Ob die Tarifvertragsparteien damit auch die gerechteste und zweckmäßigste Lösung getroffen haben, sei von den Gerichten nicht zu überprüfen. 7

3. Anspruch auf Zusatzrente

Die Arbeiter und Angestellten des öffentlichen Diensts erhalten ihre betriebliche Altersversorgung nach einem System, das sich nach der tarifvertraglichen Neuregelung der in der Privatwirtschaft üblichen Versorgung weitgehend angenähert hat. Die Höhe der nach Maßgabe von erworbenen Versorgungsrechten abhängigen Rente ist nach der gesamten Erwerbsbiographie der Versorgungsberechtigten im öffentlichen Dienst ausgerichtet. Gezahlt wird die Rente von besonderen Versorgungsanstalten, die im Gesetz als **Zusatzversorgungseinrichtungen** bezeichnet werden. 8

Da die Zusatzversorgungsanstalten, i.d.R. rechtsfähige Anstalten des öffentlichen Rechts (VBL) oder rechtlich unselbständige Sondervermögen eines öffentlich-rechtlichen Trägers (ZVK), zugleich Pensionskassen darstellen, besteht kein Unterschied zu den übrigen Formen der betrieblichen Altersversorgung, soweit diese als Direktversicherung oder mit einer Pensionskasse durchgeführt wird. Bei dem Versorgungsverhältnis zwischen Arbeitgeber und Arbeitneh- 9 mern handelt es sich um ein arbeitsrechtliches Rechtsverhältnis. Aufgrund des zwischen dem Arbeitgeber und der Anstalt geschlossenen privatrechtlichen Gruppenversicherungsvertrags, bei dem der Arbeitgeber Versicherungsnehmer ist, ist der Arbeitnehmer Versicherter und Bezugsberechtigter. Unmittelbare Ansprüche gegen die Anstalt entstehen erst im Versorgungs- bzw. Versicherungsfall.

10 Die **Zusatzrente** wird gem. § 18 Abs. 4 **jährlich** zum 1. Juli um **1% angepasst.** Mit dieser Regelung hat der Gesetzgeber der Auflage des BVerfG (BVerfG vom 22.3.2000 – 1 BvR 1136/96 – NZA 2000, 996) entsprochen, das den Ausschluss der Dynamisierung der Zusatzrente nur bis zum 31.12.2000 mit Art. 3 Abs. 1 GG für vereinbar gehalten hat. Die Anpassungsregelung selbst ist nicht zu beanstanden. Sie trägt der existenzsichernden Funktion der Zusatzversorgung in ausreichendem Umfang Rechnung, die Teuerungsrate wird weitgehend ausgeglichen (BAG vom 27.3.2007 – 3 AZR 299/06 – DB 2007, 2847; BAG vom 29.1.2008 – 3 AZR 214/06 – DB 2008, 1812; BGH vom 17.9.2008 – IV ZR 191/05 – DB 2008, 2547). Von der Anpassung ist die Versicherungsrente nach Abs. 2 Nr. 4 ausgeschlossen. Die Anpassung erfolgt nicht, wenn in dem jeweiligen Jahr die Versorgungsrenten nicht angehoben werden. Hierdurch wird vermieden, dass die Zusatzrente eines ausgeschiedenen Arbeitnehmers sich günstiger entwickelt als die eines Arbeitnehmers, der bis zum Versorgungsfall beim Arbeitgeber verblieben ist.

11 Nach § 18 Abs. 5 wird der **Erwerb** von **Doppelansprüchen ausgeschlossen.** Aufgrund dieser Vorschrift wird vermieden, dass der Berechtigte für denselben Zeitraum sowohl einen Anspruch auf Zusatzrente als auch einen Anspruch auf Versorgungs- oder Versicherungsrente nach der Versorgungsregelung geltend machen kann. Stattdessen ist nur die im Zahlbetrag höhere Leistung zu gewähren. Wegen der unterschiedlichen Anpassungen der Leistungen ist es durchaus möglich, dass zum Zeitpunkt des Versorgungsfalls die eine Leistung zu zahlen und die andere später zu erbringen ist. Bei der Vergleichsbetrachtung sind mehrere Zusatzrenten zusammenzurechnen.

4. Zusatzrente bei Ausscheiden mit unverfallbarer Anwartschaft

12 § 18 i. d. F. vom 26.6.2001 sieht nunmehr im Grundsatz die **Gleichbehandlung von Arbeitnehmern** des öffentlichen Diensts **mit denen der gewerblichen Wirtschaft** vor. Nach Eintritt der Unverfallbarkeit, aber vor dem Eintritt des Versorgungsfalls ausscheidende Arbeitnehmer erhalten eine Anwartschaft auf einen ihrer Betriebszugehörigkeit entsprechenden Anteil der zugesagten Versorgung. Eine völlige Gleichstellung bei der Berechnung des auf die Betriebszugehörigkeit entfallenden Anteils der Versorgungsanwartschaften ist allerdings aufgrund der Besonderheiten der Zusatzversorgung des öffentlichen Diensts nicht möglich. Die allgemeine Regelung des § 2 geht von der individuell zugesagten Versorgung für die Zeit vom Beginn der Betriebszugehörigkeit bis zum Erreichen der festen Altersgrenze aus. Sie gewährt hiervon eine Teilleistung, die sich aus dem Verhältnis der Dauer der tatsächlichen Beschäftigungszugehörigkeit zu der Zeit von Beginn der Betriebszugehörigkeit bis zum Erreichen der festen Altersgrenze ergibt. Die Zusatzversorgung lässt bei vorzeitigem Ausschei-

den eine Ermittlung der fiktiv bei Erreichen der festen Altersgrenze zustehenden individuellen Versorgung, insbesondere unter Berücksichtigung mehrerer Beschäftigungen im öffentlichen Dienst, in einer für die praktische Umsetzung vertretbaren Weise nicht zu. Das ist darauf zurückzuführen, dass für die Berechnung der Leistungen aus der Zusatzversorgung durchweg nicht nur auf die Beschäftigungszeit bei einem einzelnen Arbeitgeber, sondern auf sämtliche Beschäftigungszeiten innerhalb des öffentlichen Diensts abgestellt wird. Gleichwohl werden zur weitgehenden Angleichung der Regelungen im öffentlichen Dienst an die der gewerblichen Wirtschaft gem. § 18 Abs. 2 Nr. 1 S. 2 Buchst. c die in § 2 Abs. 5 S. 1 und § 2 Abs. 6 getroffenen Bestimmungen für entsprechend anwendbar erklärt. Dabei handelt es sich bezüglich der Anwendbarkeit des § 2 Abs. 6 um ein Redaktionsversehen, denn diese Bestimmung ist durch das AVmG zum 31.12.2004 aufgehoben und durch Einfügung des § 4a ersetzt worden. Unter Berücksichtigung der vorstehenden Erwägungen geht das Gesetz bezüglich der in Fällen des vorzeitigen Ausscheidens im öffentlichen Dienst erlangten Versorgungsanwartschaft von der in diesem Versorgungssystem abstrakt höchstmöglichen Versorgungsleistung aus. Hiervon wird ein der Dauer der Betriebszugehörigkeit entsprechender Anteil ermittelt. Dieses den Besonderheiten der Zusatzversorgung Rechnung tragende Verfahren ist im Interesse der Praktikabilität unumgänglich. Es genügt den vom BVerfG aufgestellten Anforderungen.

Der in § 18 Abs. 2 geregelte Versorgungsanspruch enthält mithin eine eigene 13
Anspruchsgrundlage für die Arbeitnehmer des öffentlichen Diensts. Im Gegensatz zu § 2 Abs. 1 richtet sich der **Anspruch** nicht gegen den früheren Arbeitgeber, sondern **nur gegen** die **Zusatzversorgungseinrichtung.** Das ist generell die Einrichtung, bei der die Versicherung zum Zeitpunkt des Ausscheidens bestanden hat. Im Fall einer Überleitung des Versicherungsverhältnisses auf eine andere Zusatzversorgungskasse besteht die Versicherung bei der neuen Einrichtung weiter.

Die **Höhe der anteiligen Versorgung** ist nach § 18 Abs. 2 Nr. 1 S. 1 zu 14
berechnen. Entsprechend der in § 2 Abs. 1 für die Arbeitnehmer außerhalb des öffentlichen Diensts geltenden Regelung muss die während der Betriebszugehörigkeit erworbene Versorgungsanwartschaft in Beziehung zu dem Versorgungsanspruch, der bei einem Verbleiben in der Dienststelle bis zum Erreichen der festen Altersgrenze entstanden wäre, gesetzt werden. Aus Gründen der Praktikabilität wird die **Berechnung** der fiktiv mit Erreichen der festen Altersgrenze zustehenden Versorgungsrente allerdings **schematisiert.** Auf die Voll-Leistung ist als Grundversorgung stets die fiktiv ermittelte Rente der gesetzlichen Rentenversicherung anzurechnen. Gesamtversorgungsfähiges Entgelt ist generell das durchschnittliche monatliche Entgelt der letzten drei Kalenderjahre vor dem Versicherungsfall. Nach § 18 Abs. 2 Nr. 1 S. 2 Buchst. b ist insoweit auf den Zeitraum vor dem Ausscheiden abzustellen. Für die Nettogesamtversorgung werden von diesem Bruttoentgelt fiktiv die Steuern und Sozialversicherungsbeiträge abgezogen, die üblicherweise bei einem entsprechenden Arbeitnehmer anrechenbar gewesen wären. Das auf diese Weise ermittelte fiktive Nettoarbeitsentgelt wird mit dem Versorgungssatz multipliziert und ergibt dann die Nettogesamtversorgung.

15 Durch die in § 18 Abs. 2 Nr. 1 S. 1 normierte **Begrenzung der Voll-Leistung auf 100 %** wird verhindert, dass der Empfänger einer Zusatzrente eine höhere Leistung erhält als es nach den Versorgungsregelungen bei einem Verbleib im öffentlichen Dienst möglich wäre. Eine prinzipiell ähnliche Begrenzung ist in § 18 Abs. 2 Nr. 3 vorgesehen. Danach wird die Summe der Leistungen auf den Betrag festgesetzt, den ein nicht vorzeitig ausgeschiedener Arbeitnehmer höchstens erhalten hätte, wenn er während seines Erwerbslebens bei mehreren Arbeitgebern beschäftigt gewesen wäre und aufgrund dessen mehrere Ansprüche auf eine Zusatzrente erworben hätte. Wie § 18 Abs. 2 Nr. 1 S. 2 Buchst. d klarstellt, ist nach den Versorgungsreglungen der Zusatzversorgungseinrichtungen des öffentlichen Diensts im Versicherungsfall eine zwischenzeitige Beurlaubung oder Teilzeitbeschäftigung bei der Berechnung der Versorgungsrente mit einem **Gesamtbeschäftigungsquotienten** zu berücksichtigen. Er beträgt bei einer Halbtagsbeschäftigung z.B. 0,5. Der Gesamtbeschäftigungsquotient, der aus der Zeit der Beschäftigung bei dem öffentlichen Arbeitgeber ermittelbar ist, ist danach auch für die übrige Zeit, die in die Berechnung nach § 18 mit einfließt, zugrunde zu legen.

16 Die auf die Voll-Leistung als Grundversorgung **anzurechnende fiktive Rente** aus der gesetzlichen Rentenversicherung ist nach dem **Näherungsverfahren** zu ermitteln. Allein dieses Verfahren ist geeignet, die notwendige Kongruenz zwischen der Gesamtversorgung und der anzurechnenden Rente herzustellen. Bei der Berechnung der Gesamtversorgung wird ein durchgehender Versicherungsverlauf zugrunde gelegt, der zu dem höchstmöglichen Versorgungssatz führt. Auch das Näherungsverfahren geht von einer kontinuierlichen Versicherung in der gesetzlichen Rentenversicherung während eines fiktiven Zeitraums von 45 Jahren aus. Darüber hinaus führt die Beschränkung auf das Näherungsverfahren zu einer wesentlichen Verfahrensvereinfachung, die im Rahmen des Masseverfahrens der Zusatzversorgung unumgänglich ist. Das Näherungsverfahren ist auch in Fällen anzuwenden, in denen die Grundversorgung aufgrund von Beiträgen zu einer berufsständischen Versorgungseinrichtung oder zu einer Lebensversicherung besteht.

17 Die in Übergangsregelungen zur Umstellung der kirchlichen Zusatzversorgung von einem Gesamtversorgungssystem auf ein beitragsorientiertes Punktemodell vorgenommene Differenzierung zwischen rentennahen und rentenfernen Jahrgängen bei der Ermittlung der für die Startgutschrift maßgeblichen Anwartschaft verstößt nicht gegen Art. 3 Abs. 1 GG, weil bei rentennahen Ärzten die Anwartschaft nach den Übergangsbestimmungen der KZVKS des Verbandes der Diözesen Deutschlands unter Berücksichtigung eines zu ermittelnden fiktiven Bezugs aus der berufsständischen Versorgung für Ärzte zu errechnen ist, während bei rentenfernen Ärzten unter Bezugnahme auf § 18 Abs. 2 lediglich eine (geringere) fiktive Rente aus der gesetzlichen Rentenversicherung Berücksichtigung findet. Die darin liegende Benachteiligung Rentennaher sei durch die Befugnis der hinter der KZVKS stehenden Tarifvertragsparteien zur Typisierung, Generalisierung und Pauschalierung sachlich gerechtfertigt. Daher scheide auch eine Inhaltskontrolle der Übergangsvorschriften nach den §§ 307 ff. BGB infolge einer damit einhergehenden indirekten Kontrolle des den KZVKS-Bestimmungen zugrunde liegenden Tarifvertrags aus (BAG vom 20.8.2013 –

3 AZR 959/11 – DB 2013, 2808). Der BGH hat eine auf Art. 3 Abs. 1 GG gestützte Klage eines rentennahen Versicherten i.S.d. § 79 Abs. 2 VBL-Satzung n.F. mit berufsständischer Versorgung gegen seine Startgutschriftenberechnung an das OLG Karlsruhe zur weiteren Sachaufklärung zurückverwiesen. Nach Auffassung des BGH kann eine benachteiligende Ungleichbehandlung rentennaher, bei denen die voraussichtliche tatsächliche Grundversorgung von der Gesamtversorgung abgezogen wird, gegenüber rentenfernen Versicherten, bei denen in Übergangsregelungen auf § 18 Abs. 2 Nr. 1 S. 2 Buchst. f) n.F. und damit auf das Näherungsverfahren Bezug genommen wird, nicht von vornherein ausgeschlossen werden. Zwar bestehen gegen die unterschiedliche Behandlung rentenferner und rentennaher Versicherter einschließlich der zu deren Unterscheidung getroffenen Stichtagsregelung keine rechtlichen Bedenken. Jedoch müsse festgestellt werden, ob sich eine mögliche Ungleichbehandlung noch im Rahmen zulässiger Typisierung bewege. Hierzu sei, abgestellt auf die Gruppe der Versicherten mit einer berufsständischen Grundversorgung, festzustellen, für wie viele rentenferne Versicherte dieser Gruppe und in welchem Umfang sich die Übergangsregelung konkret günstiger auswirke als die für die rentennahen Versicherten. Hierbei sei nicht allein auf die Startgutschrift abzustellen, sondern hier sind die am Ende nach dem neuen Punktesystem voraussichtlich zu leistenden Zusatzrenten zu vergleichen (BGH vom 25.9.2013 – IV ZR 47/12 – BetrAV 2014, 189).

Durch § 18 Abs. 2 S. 2 wird weiter festgelegt, dass auch bei der Ermittlung der einzubeziehenden Grundversorgung das Arbeitsentgelt nach Buchst. b maßgebend ist. Die Begrenzung auf die BBG der gesetzlichen Rentenversicherung ist dem Näherungsverfahren immanent. Zudem wird sichergestellt, dass auch bei einer Teilzeitbeschäftigung eine Rente in sachgerechter Höhe berücksichtigt wird. Liegt eine Teilzeitbeschäftigung innerhalb des Drei-Jahres-Zeitraums vor dem Ausscheiden vor, ist nach den Versorgungsregelungen das Entgelt zunächst auf ein Vollzeitentgelt hochzurechnen und anschließend mit dem Gesamtbeschäftigungsquotienten auf ein Teilzeitentgelt zu kürzen. Diese Berechnungsschritte werden auch bei der Ermittlung der Gesamtversorgung durchgeführt. 18

Da allein auf den Versicherungsfall der Regelaltersgrenze bei der Berechnung der Voll-Leistung abgestellt wird, bedarf es einer **Abschlagsregelung** für die **vorzeitige Inanspruchnahme** der Leistungen. Der Abschlag beträgt 0,3 % für jeden vollen Kalendermonat, in dem der Versorgungsfall vor Erreichen der festen Altersgrenze eintritt (Abs. 2 Nr. 2). Unabhängig davon ist er gem. § 18 Abs. 2 Nr. 2 auf den in der Versorgungsregelung für die Voll-Leistung vorgesehenen Prozentsatz begrenzt. 19

Die in den Versorgungsvorschriften der Zusatzversorgungseinrichtungen enthaltenen Regelungen zu **Mindestleistungen in Form der Versicherungsrente** und der Versicherungsrente aufgrund des BetrAVG fließen nicht in die Berechnung der Voll-Leistung ein, von der ein der Pflichtversicherungszeit entsprechender Teil als Zusatzrente zu zahlen wäre. Vielmehr ist in § 18 Abs. 2 Nr. 4 festgelegt, dass die Versicherungsrente dem Berechtigten in voller Höhe zusteht oder er als Mindestleistung den Betrag erhält, der den von ihm gezahlten Beträgen bzw. dem entsprechenden Teil des Entgelts entspricht. Auf diese Weise bleibt die insoweit bestehende eigentumsähnliche Position unangetastet. 20

21 Bei der Ermittlung des nach § 18 Abs. 9 maßgeblichen fiktiven Rentenanspruchs ist bei sog. Dienstordnungsangestellten isoliert allein auf die Zeit der versicherungsfreien Beschäftigung gem. § 5 Abs. 1 Nr. 2 SGB VI abzustellen. Hat das Arbeitsverhältnis i.S.d. § 18 Abs. 9 bereits am 31.12.1998 bestanden, ist in die Vergleichsberechnung nach § 18 Abs. 9 gem. § 30 Abs. 3 S. 4 auch die fiktive VBL-Rente einzubeziehen. Etwaige (vorgelagerte) Dienstzeiten im Beamtenverhältnis sind nicht zu berücksichtigen. § 18 Abs. 9 knüpfe an das Arbeitsverhältnis an, in dem nach § 5 Abs. 1 S. 1 Nr. 2 SGB VI Sozialversicherungsfreiheit bestanden hat und in dem die Versorgungsanwartschaft erworben wurde (BAG vom 19.6.2012 – 3 AZR 708/11 – NZA 2013, 433).

§ 18a Verjährung

[1]Der Anspruch auf Leistungen aus der betrieblichen Altersversorgung verjährt in 30 Jahren. [2]Ansprüche auf regelmäßig wiederkehrende Leistungen unterliegen der regelmäßigen Verjährungsfrist nach den Vorschriften des Bürgerlichen Gesetzbuchs.

1 Bezüglich der allgemeinen Grundsätze zur Verjährung im Betriebsrentenrecht wird auf § 1 Rn. 306 und zur Verjährung bei der Rentenanpassung auf § 16 Rn. 61 verwiesen. Hinzuweisen ist noch auf Art. 229 § 5 EGBGB, der eine Übergangsregelung enthält. Danach gilt für monatliche Rentenraten, die am 31.12.2001 bereits fällig, aber noch nicht verjährt waren, weiterhin die zweijährige Verjährungsfrist nach § 196 BGB a.F. Bei Rentenzahlungen an Organmitglieder juristischer Personen und an selbständige Handelsvertreter wird die dreijährige Verjährungsfrist ab dem 1.1.2002 berechnet, es sei denn, die bisherige vierjährige Verjährungsfrist (§ 197 BGB a.F.) lief früher ab.

Zweiter Teil. Steuerrechtliche Vorschriften

§ 19–25

(Red. anm.: Änderungen des EStG, des KStG, des GewStG, des VStG, des VersStG, des UStG und des ZuwG, abgedruckt im Anhang außer VersStG, UStG und ZuwG)

Dritter Teil. Übergangs- und Schlußvorschriften

Eine Erläuterung der Übergangs- und Schlussvorschriften erübrigt sich zum überwiegenden Teil. Sie sind zumeist aus sich heraus verständlich und deshalb nicht erläuterungsbedürftig. Nur wenn diese Vorschriften Besonderheiten aufweisen, sind sie kommentiert, soweit dies noch nicht im Zusammenhang mit der entsprechenden Vorschrift im Hauptteil des Kommentars erfolgt ist. 1

§ 26

Die §§ 1 bis 4 und 18 gelten nicht, wenn das Arbeitsverhältnis oder Dienstverhältnis vor dem Inkrafttreten des Gesetzes beendet worden ist.

§ 27

§ 2 Abs. 2 Satz 2 Nr. 2 und 3 und Abs. 3 Satz 2 Nr. 1 und 2 gelten in Fällen, in denen vor dem Inkrafttreten des Gesetzes die Direktversicherung abgeschlossen worden ist oder die Versicherung des Arbeitnehmers bei einer Pensionskasse begonnen hat, mit der Maßgabe, daß die in diesen Vorschriften genannten Voraussetzungen spätestens für die Zeit nach Ablauf eines Jahres seit dem Inkrafttreten des Gesetzes erfüllt sein müssen.

§ 28

§ 5 gilt für Fälle, in denen der Versorgungsfall vor dem Inkrafttreten des Gesetzes eingetreten ist, mit der Maßgabe, daß diese Vorschrift bei der Berechnung der nach dem Inkrafttreten des Gesetzes fällig werdenden Versorgungsleistungen anzuwenden ist.

§ 29

§ 6 gilt für die Fälle, in denen das Altersruhegeld der gesetzlichen Rentenversicherung bereits vor dem Inkrafttreten des Gesetzes in Anspruch genommen worden ist, mit der Maßgabe, daß die Leistungen der betrieblichen Altersversorgung vom Inkrafttreten des Gesetzes an zu gewähren sind.

§ 30

[1]Ein Anspruch gegen den Träger der Insolvenzsicherung nach § 7 besteht nur, wenn der Sicherungsfall nach dem Inkrafttreten der §§ 7 bis 15 eingetreten ist; er kann erstmals nach dem Ablauf von sechs Monaten nach diesem Zeitpunkt geltend gemacht werden. [2]Die Beitragspflicht des Arbeitgebers beginnt mit dem Inkrafttreten der §§ 7 bis 15.

§ 30a

(1) [1]Männlichen Arbeitnehmern,

1. die vor dem 1. Januar 1952 geboren sind,
2. die das 60. Lebensjahr vollendet haben,
3. die nach Vollendung des 40. Lebensjahres mehr als 10 Jahre Pflichtbeiträge für eine in der gesetzlichen Rentenversicherung versicherte Beschäftigung oder Tätigkeit nach den Vorschriften des Sechsten Buches Sozialgesetzbuch haben,
4. die die Wartezeit von 15 Jahren in der gesetzlichen Rentenversicherung erfüllt haben und
5. deren Arbeitsentgelt oder Arbeitseinkommen die Hinzuverdienstgrenze nach § 34 Abs. 3 Nr. 1 des Sechsten Buches Sozialgesetzbuch nicht überschreitet,

sind auf deren Verlangen nach Erfüllung der Wartezeit und sonstiger Leistungsvoraussetzungen der Versorgungsregelung für nach dem 17. Mai 1990 zurückgelegte Beschäftigungszeiten Leistungen der betrieblichen Altersversorgung zu gewähren. [2]§ 6 Satz 3 gilt entsprechend.

(2) Haben der Arbeitnehmer oder seine anspruchsberechtigten Angehörigen vor dem 17. Mai 1990 gegen die Versagung der Leistungen der betrieblichen Altersversorgung Rechtsmittel eingelegt, ist Absatz 1 für Beschäftigungszeiten nach dem 8. April 1976 anzuwenden.

(3) Die Vorschriften des Bürgerlichen Gesetzbuchs über die Verjährung von Ansprüchen aus dem Arbeitsverhältnis bleiben unberührt.

1 Als Reaktion auf die Rechtsprechung des EuGH zur Gleichbehandlung von Männern und Frauen im Hinblick auf die Altersgrenzen in Versorgungszusagen wurde mit dem RRG 1999 ein neuer § 30a eingefügt. Auch ohne gesetzliche Rente in Anspruch zu nehmen, können danach Männer für nach dem 17.5.1990 (Zeitpunkt des Barber-Urteils des EuGH vom 17.5.1990 – C-262/88 – DB 1990, 1824) zurückgelegte Beschäftigungszeiten die vorzeitige betriebliche Altersrente verlangen, wenn sie die für Frauen geltenden Voraussetzungen für eine vorzeitige Altersrente aus der gesetzlichen Rentenversicherung sowie die besonderen Leistungsvoraussetzungen der Versorgungszusage erfüllen. Die Rechtsprechung versteht § 30a nicht als eigene Anspruchsnorm, sondern als Ergänzung zu § 6 (LAG Baden-Württemberg vom 24.11.2011 – 11 Sa 68/11 – BeckRS 2012, 66413).

2 Die praktische Relevanz dieser Vorschrift ist eingeschränkt, da nur die wenigsten Arbeitnehmer wirtschaftlich über die Möglichkeit verfügen, ohne gleichzeitigen Bezug der Rente aus der gesetzlichen Rentenversicherung nur von einer vorgezogenen Betriebsrente leben zu können. Im Übrigen setzen die meisten betrieblichen Versorgungszusagen zum Bezug der Leistungen voraus, dass der Mitarbeiter aus dem Erwerbsleben ausgeschieden ist, so dass der Abruf einer vorgezogenen Altersrente unter gleichzeitiger Fortsetzung der aktiven Tätigkeit im Unternehmen ebenfalls i. d. R. ausscheidet.

§ 30b

§ 4 Abs. 3 gilt nur für Zusagen, die nach dem 31. Dezember 2004 erteilt werden.

§ 30c

(1) § 16 Abs. 3 Nr. 1 gilt nur für laufende Leistungen, die auf Zusagen beruhen, die nach dem 31. Dezember 1998 erteilt werden.

(2) § 16 Abs. 4 gilt nicht für vor dem 1. Januar 1999 zu Recht unterbliebene Anpassungen.

(3) § 16 Abs. 5 gilt nur für laufende Leistungen, die auf Zusagen beruhen, die nach dem 31. Dezember 2000 erteilt werden.

(4) Für die Erfüllung der Anpassungsprüfungspflicht für Zeiträume vor dem 1. Januar 2003 gilt § 16 Abs. 2 Nr. 1 mit der Maßgabe, dass an die Stelle des Verbraucherpreisindexes für Deutschland der Preisindex für die Lebenshaltung von 4-Personen-Haushalten von Arbeitern und Angestellten mit mittlerem Einkommen tritt.

Es wird auf die Kommentierung zu § 16, insbesondere Rn. 19, 33 und 69 verwiesen. 1

§ 30d Übergangsregelung zu § 18

(1) [1]Ist der Versorgungsfall vor dem 1. Januar 2001 eingetreten oder ist der Arbeitnehmer vor dem 1. Januar 2001 aus dem Beschäftigungsverhältnis bei einem öffentlichen Arbeitgeber ausgeschieden und der Versorgungsfall nach dem 31. Dezember 2000 eingetreten, sind für die Berechnung der Voll-Leistung die Regelungen der Zusatzversorgungseinrichtung nach § 18 Abs. 1 Satz 1 Nr. 1 und 2 oder die Gesetze im Sinne des § 18 Abs. 1 Satz 1 Nr. 3 sowie die weiteren Berechnungsfaktoren jeweils in der am 31. Dezember 2000 geltenden Fassung maßgebend; § 18 Abs. 2 Nr. 1 Buchstabe b bleibt unberührt. [2]Die Steuerklasse III/0 ist zugrunde zu legen. [3]Ist der Versorgungsfall vor dem 1. Januar 2001 eingetreten, besteht der Anspruch auf Zusatzrente mindestens in der Höhe, wie er sich aus § 18 in der Fassung vom 16. Dezember 1997 (BGBl. I S. 2998) ergibt.

(2) Die Anwendung des § 18 ist in den Fällen des Absatzes 1 ausgeschlossen, soweit eine Versorgungsrente der in § 18 Abs. 1 Satz 1 Nr. 1 und 2 bezeichneten Zusatzversorgungseinrichtungen oder eine entsprechende Leistung aufgrund der Regelungen des Ersten Ruhegeldgesetzes, des Zweiten Ruhegeldgesetzes oder des Bremischen Ruhelohngesetzes bezogen wird, oder eine Versicherungsrente abgefunden wurde.

(3) [1]Für Arbeitnehmer im Sinne des § 18 Abs. 1 Satz 1 Nr. 4, 5 und 6 in der bis zum 31. Dezember 1998 geltenden Fassung, für die bis zum 31. Dezember 1998 ein Anspruch auf Nachversicherung nach § 18 Abs. 6 entstanden ist, gilt Absatz 1 Satz 1 für die aufgrund der Nachversicherung zu ermittelnde Voll-Leistung entsprechend mit der Maßgabe, dass sich der nach § 2 zu ermittelnde Anspruch gegen den ehemaligen Arbeitgeber richtet. [2]Für den nach § 2 zu ermittelnden Anspruch gilt § 18 Abs. 2 Nr. 1 Buchstabe b entsprechend; für die übrigen Bemessungsfaktoren ist auf die Rechtslage am 31. Dezember 2000 abzustellen. [3]Leistungen der gesetzlichen Rentenversicherung, die auf einer Nachversicherung wegen Ausscheidens aus einem Dienstordnungsverhältnis beruhen, und Leistungen, die die zuständige Versorgungseinrichtung aufgrund von Nachversicherun-

gen im Sinne des § 18 Abs. 6 in der am 31. Dezember 1998 geltenden Fassung gewährt, werden auf den Anspruch nach § 2 angerechnet. [4]Hat das Arbeitsverhältnis im Sinne des § 18 Abs. 9 bereits am 31. Dezember 1998 bestanden, ist in die Vergleichsberechnung nach § 18 Abs. 9 auch die Zusatzrente nach § 18 in der bis zum 31. Dezember 1998 geltenden Fassung einzubeziehen.

1. Vereinfachung der Berechnung

1 Die Berechnung der Leistung auf der Grundlage der maßgeblichen Vorschriften, die zum Zeitpunkt des Ausscheidens gegolten haben, ist in Anbetracht der Komplexität und Vielschichtigkeit der Regelungen im Bereich der Zusatzversorgungen des öffentlichen Diensts, die auch innerhalb kürzerer Zeiträume weit gehenden Veränderungen unterliegen, heute kaum noch durchführbar. Insbesondere ist in diesem Massenverfahren die Zuhilfenahme der Datenverarbeitung unumgänglich. Eine Berechnung der Leistungen auf der Grundlage früherer Rechtszustände wäre jedoch nur noch durch manuelle Einzelberechnung möglich. Dies würde einen unverhältnismäßigen Personal- und Kostenaufwand bedeuten. Aus Vereinfachungsgründen wird deshalb nach Abs. 1 auf die am 31.12.2000 geltende Regelung abgestellt. Dabei wird durch Halbs. 2 deutlich gemacht, dass bei der Berechnung der Zusatzrente das nach den Versorgungsregelungen maßgebliche Entgelt zum Zeitpunkt des Ausscheidens zu berücksichtigen ist. Ist der Versorgungsfall vor dem 1.1.2001 eingetreten, besteht der Anspruch auf Zusatzrente mindestens in der Höhe, wie er sich aus § 18 i.d.F. vom 18.12.1997 ergibt.

2. Umwandlung der Nachversicherung

2 Für Arbeitnehmer, für die gem. § 18 Abs. 6 in der bis zum 31.12.1998 geltenden Fassung ein Anspruch auf Nachversicherung bestand, findet gem. der Übergangsregelung in Abs. 3 eine Neuberechnung statt. Für den nach § 2 zu ermittelten Anspruch gilt § 18 Abs. 2 Nr. 1 Buchst. b entsprechend; hinsichtlich der übrigen Bemessungsfaktoren ist auf die Rechtslage am 31.12.2000 abzustellen (BAG v. 31.5.2011 – 3 AZR 406/09 – BB 2011, 2740, auch für den Fall der vorgezogenen Inanspruchnahme). Leistungen, die die zuständige Versorgungseinrichtung aufgrund von Nachversicherungen gewährt, werden auf den Anspruch angerechnet; er richtet sich gegen den ehemaligen Arbeitgeber. Ferner wird gem. Abs. 3 auf eine besondere Berechnung einer Zusatzrente und die Anrechnung der Versorgungsrente oder einer vergleichbaren Leistung nach § 18 Abs. 5 verzichtet, falls eine Versorgungsrente oder eine entsprechende Leistung bezogen wird. Den Arbeitnehmern entstehen hieraus keine Nachteile, da die Versorgungsrente über die entsprechende Leistung wegen Einbeziehung aller Pflichtversicherungszeiten in aller Regel höher ist als die Zusatzrente.

§ 30e

(1) § 1 Abs. 2 Nr. 4 zweiter Halbsatz gilt für Zusagen, die nach dem 31. Dezember 2002 erteilt werden.

(2) [1]§ 1 Abs. 2 Nr. 4 zweiter Halbsatz findet auf Pensionskassen, deren Leistungen der betrieblichen Altersversorgung durch Beiträge der Arbeitnehmer und Arbeitgeber gemeinsam finanziert und die als beitragsorientierte Leistungszusage oder als Leistungszusage durchgeführt werden, mit der Maßgabe Anwendung, dass dem ausgeschiedenen Arbeitnehmer das Recht zur Fortführung mit eigenen Beiträgen nicht eingeräumt werden und eine Überschussverwendung gemäß § 1b Abs. 5 Nr. 1 nicht erfolgen muss. [2]Wird dem ausgeschiedenen Arbeitnehmer ein Recht zur Fortführung nicht eingeräumt, gilt für die Höhe der unverfallbaren Anwartschaft § 2 Abs. 5a entsprechend. [3]Für die Anpassung laufender Leistungen gelten die Regelungen nach § 16 Abs. 1 bis 4. [4]Die Regelung in Absatz 1 bleibt unberührt.

Mit dem HZvNG ist § 30e in das BetrAVG eingefügt worden. Die Norm enthält Übergangsvorschriften im Hinblick auf die Ausweitung der betrieblichen Altersversorgung in § 1 Abs. 2 Nr. 4 und bestimmt, dass die Änderung nur auf Zusagen Anwendung findet, die nach dem 31.12.2002 erteilt werden. 1

Durch das AltEinkG ist in Abs. 2 zusätzlich der S. 2 eingefügt worden. Diese Bestimmung trägt der Besonderheit der kofinanzierten Pensionskassenzusage Rechnung, wonach dem Arbeitnehmer nach seinem Ausscheiden das Recht zur Fortführung mit eigenen Beiträgen nicht eingeräumt werden muss. Dem Arbeitgeber ist dadurch die Wahl der versicherungsförmigen Lösung nach § 2 Abs. 3 S. 2 verwehrt. S. 2 stellt deshalb sicher, dass auch bei diesen Zusagen § 2 Abs. 5a gilt, also die Versorgungsanwartschaft eines vor Eintritt des Versorgungsfalls ausgeschiedenen Arbeitnehmers auf die vom Zeitpunkt der Zusage bis zum Ausscheiden tatsächlich erworbene Anwartschaft beschränkt werden kann. 2

§ 30f

(1) [1]Wenn Leistungen der betrieblichen Altersversorgung vor dem 1. Januar 2001 zugesagt worden sind, ist § 1b Abs. 1 mit der Maßgabe anzuwenden, dass die Anwartschaft erhalten bleibt, wenn das Arbeitsverhältnis vor Eintritt des Versorgungsfalles, jedoch nach Vollendung des 35. Lebensjahres endet und die Versorgungszusage zu diesem Zeitpunkt
1. mindestens zehn Jahre oder
2. bei mindestens zwölfjähriger Betriebszugehörigkeit mindestens drei Jahre
bestanden hat; in diesen Fällen bleibt die Anwartschaft auch erhalten, wenn die Zusage ab dem 1. Januar 2001 fünf Jahre bestanden hat und bei Beendigung des Arbeitsverhältnisses das 30. Lebensjahr vollendet ist. § 1b Abs. 5 findet für Anwartschaften aus diesen Zusagen keine Anwendung.

(2) Wenn Leistungen der betrieblichen Altersversorgung vor dem 1. Januar 2009 und nach dem 31. Dezember 2000 zugesagt worden sind, ist § 1b Abs. 1 Satz 1 mit der Maßgabe anzuwenden, dass die Anwartschaft erhalten bleibt, wenn das Arbeitsverhältnis vor Eintritt des Versorgungsfalls, jedoch nach Vollen-

dung des 30. Lebensjahres endet und die Versorgungszusage zu diesem Zeitpunkt fünf Jahre bestanden hat; in diesen Fällen bleibt die Anwartschaft auch erhalten, wenn die Zusage ab dem 1. Januar 2009 fünf Jahre bestanden hat und bei Beendigung des Arbeitsverhältnisses das 25. Lebensjahr vollendet ist.

1 Die Unverfallbarkeitsfristen (heute § 1b) sind im Laufe der Zeit mehrfach zugunsten des Anwärters geändert worden, zuletzt durch eine Herabsetzung des Mindestalters beim Ausscheiden von 30 Jahren auf 25 Jahre. § 30f enthält die dazu ergangenen Übergangsregelungen (vgl. zur Auslegung von Abs. 1 S. 1 Halbs. 2: BAG vom 26.5.2009 – 3 AZR 816/07 – DB 2010, 287). Die Anknüpfung an ein bei Ausscheiden erreichtes Mindestalter (35 bzw. 30 Jahre) hat das BAG bestätigt (BAG vom 15.10.2013 – 3 AZR 10/12 – DB 2014, 962; BAG vom 28.5.2013 – 3 AZR 635/11 – DB 2013, 1973.

§ 30g

(1) [1]§ 2 Abs. 5a gilt nur für Anwartschaften, die auf Zusagen beruhen, die nach dem 31. Dezember 2000 erteilt worden sind. [2]Im Einvernehmen zwischen Arbeitgeber und Arbeitnehmer kann § 2 Abs. 5a auch auf Anwartschaften angewendet werden, die auf Zusagen beruhen, die vor dem 1. Januar 2001 erteilt worden sind.

(2) § 3 findet keine Anwendung auf laufende Leistungen, die vor dem 1. Januar 2005 erstmals gezahlt worden sind.

1 Abs. 2 dient dem Vertrauensschutz. Danach können laufende Betriebsrenten, die bereits erstmals vor dem 1.1.2005 gezahlt worden sind, weiterhin abgefunden werden. Hat die Hauptleistung (Alters- oder Invaliditätsrente) vor dem 1.1.2005 begonnen, reicht dies für die Anwendung des § 30g auf eine ab dem 1.1.2005 beginnende Hinterbliebenenrente aus. Letztere wird somit nicht vom Abfindungsverbot für laufende Leistungen erfasst.

§ 30h

§ 17 Abs. 5 gilt für Entgeltumwandlungen, die auf Zusagen beruhen, die nach dem 29. Juni 2001 erteilt werden.

§ 30i

(1) [1]Der Barwert, der bis zum 31. Dezember 2005 aufgrund eingetretener Insolvenzen zu sichernden Anwartschaften wird einmalig auf die beitragspflichtigen Arbeitgeber entsprechend § 10 Abs. 3 umgelegt und vom Träger der Insolvenzsicherung nach Maßgabe der Beträge zum Schluss des Wirtschaftsjahres, das im Jahr 2004 geendet hat, erhoben. [2]Der Rechnungszinsfuß bei der Berechnung des Barwerts beträgt 3,67 vom Hundert.

(2) [1]Der Betrag ist in 15 gleichen Raten fällig. [2]Die erste Rate wird am 31. März 2007 fällig, die weiteren zum 31. März der folgenden Kalenderjahre. [3]Bei vorfälliger Zahlung erfolgt eine Diskontierung der einzelnen Jahresraten mit dem zum Zeitpunkt der Zahlung um ein Drittel erhöhten Rechnungszinsfuß nach

§ 65 des Versicherungsaufsichtsgesetzes, wobei nur volle Monate berücksichtigt werden.

(3) Der abgezinste Gesamtbetrag ist gemäß Absatz 2 am 31. März 2007 fällig, wenn die sich ergebende Jahresrate nicht höher als 50 Euro ist.

(4) Insolvenzbedingte Zahlungsausfälle von ausstehenden Raten werden im Jahr der Insolvenz in die erforderlichen jährlichen Beiträge gemäß § 10 Abs. 2 eingerechnet.

Durch das Gesetz zur Änderung des BetrAVG vom 2.12.2006, mit dem § 10 Abs. 2 geändert und neu gefasst wurde, ist zugleich die Übergangsvorschrift des § 30i eingefügt worden, in der die **Nachfinanzierung** bereits in der Vergangenheit aufgelaufener Anwartschaften geregelt ist. Abs. 1 regelt die Umstellung auf vollständige Kapitaldeckung für die noch nicht finanzierten unverfallbaren Anwartschaften aus früheren Insolvenzen. Dazu wurde die bis zum 31.12.2005 bestehende Deckungslücke in Höhe des Barwerts der nicht finanzierten Anwartschaften einmalig auf die beitragspflichtigen Arbeitgeber umgelegt und vom Träger der Insolvenzsicherung erhoben. Gegen diese Handhabung bestehen keine verfassungsrechtlichen Bedenken (BVerwG vom 15.9.2010 – 8 C 35.09 – DB 2011, 121). Die Aufteilung der für die Finanzierung der Deckungslücke erforderlichen Beiträge erfolgt nach den in § 10 Abs. 3 geregelten Maßstäben. Der Umlageschlüssel ergibt sich aus den zu den Bilanzstichtagen 2004 gemeldeten Beträgen. Auf diese Weise wird sichergestellt, dass die Deckungslücke von den Arbeitgebern ausgeglichen wird, die in der Zeit des Entstehens der Deckungslücke insolvenzsicherungspflichtig waren und so auch von Liquiditätsvorteilen profitieren konnten. S. 2 schreibt für die Bewertung der Anwartschaften einen Zinsfuß von 3,67 % vor; dies entsprach dem um ein Drittel erhöhten, vorsichtig kalkulierten Rechnungszinsfuß für Lebensversicherungen von 2,75 % bei Inkrafttreten der Vorschrift. Ziel war zu gewährleisten, dass die beitragspflichtigen Arbeitgeber keine zu hohe Vorausfinanzierung leisten (BT-Drs. 16/1936, 7). Dies würde zu Zinsüberschüssen führen, welche nur den jeweiligen Beitragszahlern zugutekämen und nicht mehr bzw. nicht mehr in vollem Umfang denjenigen Arbeitgebern, die in der Zwischenzeit ihre Pensionsverpflichtungen in einen Durchführungsweg ohne bzw. mit einer ermäßigten Insolvenzsicherungspflicht übertragen haben. 1

Um die Belastung der beitragspflichtigen Arbeitgeber abzumildern, legt Abs. 2 fest, dass die Nachfinanzierung der Deckungslücke auf 15 Jahre verteilt wird. Durch diesen Zahlungsmodus wird die Zahllast über eine überschaubare Zeitspanne ausgedehnt und so die Liquiditätsbelastung der Arbeitgeber in einem moderaten Rahmen gehalten. Zusätzlich wird in S. 2 den unterschiedlichen Liquiditätsbedürfnissen der Praxis Rechnung getragen. Beitragspflichtige Unternehmen können sich dazu entschließen, den auf sie entfallenden Anteil auch vorfällig zu zahlen. Abs. 3 enthält zur Verwaltungsvereinfachung eine Kleinbetragsregelung. In Abs. 4 wird geregelt, dass insolvenzbedingte Zahlungsausfälle von ausstehenden Raten in regelmäßigen Beitragsverfahren nach § 10 Abs. 2 eingerechnet und erhoben werden müssen. 2

§ 31

Auf Sicherungsfälle, die vor dem 1. Januar 1999 eingetreten sind, ist dieses Gesetz in der bis zu diesem Zeitpunkt geltenden Fassung anzuwenden.

§ 32

[1]Dieses Gesetz tritt vorbehaltlich des Satzes 2 am Tage nach seiner Verkündung in Kraft. [2]Die §§ 7 bis 15 treten am 1. Januar 1975 in Kraft.

1 Das Gesetz wurde im BGBl. am 21.12.1974 verkündet, damit ist es gem. S. 1 mit Ausnahme der §§ 7 bis 15 am 22.12.1974 in Kraft getreten. Die §§ 7 bis 15 sind gem. S. 2 seit dem 1.1.1975 in Kraft.

Vierter Teil. Versorgungsausgleich

Übersicht

1. Ziel des Versorgungsausgleichs

1 Die während der **Ehezeit** (§ 3 Abs. 1 VersAusglG) erworbenen Versorgungsanwartschaften sollen zwischen den Ehegatten hälftig aufgeteilt werden **(Halbteilungsgrundsatz),** § 1 Abs. 1 VersAusglG. Das ist aus verfassungsrechtlichen Gründen geboten (grundlegend: BVerfG vom 28.2.1980 – 1 BvL 17/77 – DB 1980, 644). Die **Hälfte des Werts** des in der Ehezeit erdienten Teils eines Versorgungsanrechts (**Ehezeitanteil,** § 1 Abs. 1 VersAusglG), die der ausgleichsberechtigten Person zusteht, wird als **Ausgleichswert** (§ 1 Abs. 2 VersAusglG) bezeichnet. Der Versorgungsausgleich zielt darauf ab, frühzeitig eigenständige Versorgungsanrechte der ausgleichsberechtigten Person zu schaffen und damit die Versorgungsschicksale der Ehegatten möglichst bei der Scheidung endgültig zu trennen.

2. Gesetzliche Regelung

2 Der Versorgungsausgleich wurde erstmals 1977 gesetzlich geregelt, seitdem mehrfach überarbeitet und 2009 grundlegend reformiert.

3 **a) Frühere Gesetzesfassungen.** Die erste gesetzliche Regelung des Versorgungsausgleichs erfolgte 1977 mit dem Ehereformgesetz unmittelbar in den §§ 1587 ff. BGB a.F. und in später eingefügten Nebengesetzen, insbesondere dem VAHRG. Sie hatte den Grundsatz der Gesamtsaldierung und des Einmalausgleichs als Kernstück. **Gesamtsaldierung** bedeutet, dass alle Versorgungen außerhalb der gesetzlichen Rentenversicherung durch Umrechnung mit der gesetzlichen Rentenversicherung „vergleichbar" gemacht wurden. Alle vergleichbar gemachten Versorgungen beider Ehegatten wurden saldiert. **Einmalausgleich** bedeutet, dass der Ehegatte, der in der Ehe insgesamt höhere Versorgungsanrechte erworben hatte, die Hälfte der Differenz an den anderen Ehegatten abgeben musste, was vordringlich über die gesetzliche Rentenversicherung erfolgen sollte. Soweit dies – wie bei betrieblichen Versorgungsanrechten oftmals – nicht möglich war, weil bestimmte Wertgrenzen für den Ausgleich in der gesetzlichen Rentenversicherung überschritten waren, erfolgte der Ausgleich erst im Leistungsbezugsstadium (schuldrechtlicher Augleich). Reformbedarf entstand insbesondere, weil die für die Umrechnung von anderen Anrechten in Anrechte der gesetzlichen Rentenversicherung verwendeten Vorgaben (BarwertVO) zu mit der Halbteilung nicht mehr zu vereinbarenden Wertverzerrungen führten (BVerfG vom 2.5.2006 – 1 BvR 1351/95 – FamRZ 2006, 1002).

4 **b) Aktuelle Gesetzesfassung.** Das seit dem 1.9.2009 anwendbare VersAusglG hat den Grundsatz der Gesamtsaldierung und des Einmalausgleichs aufgegeben und verfolgt den Grundsatz des **„Hin-und-her-Ausgleichs"** (BT-Drs. 16/10144, 30). Das bedeutet, dass bezogen auf jedes einzelne Versorgungsanrecht ein isolierter Ausgleich erfolgt und die **Hälfte des Werts** des Ehezeitanteils jeden Anrechts auf den jeweils anderen Ehegatten übertragen wird. Folgerichtig definiert § 1 Abs. 2 VersAusglG als **ausgleichspflichtige Person** diejenige Person, die einen Ehezeitanteil erworben hat und als **ausgleichsberechtigte Person** diejenige, der die Hälfte des Werts des Ehezeitanteils, der Ausgleichswert,

zusteht. Dieselbe Person kann im Rahmen eines Versorgungsausgleichs sowohl ausgleichsverpflichtet (hinsichtlich ihrer eigenen Versorgungsanrechte) als auch ausgleichsberechtigt (hinsichtlich der Versorgungsanrechte des zu scheidenden Ehegatten) sein.

c) Eingetragene Lebenspartnerschaft. Der Versorgungsausgleich findet auch Anwendung bei Aufhebung einer eingetragenen Lebenspartnerschaft (§ 20 LPartG). 5

3. Gegenstand des Versorgungsausgleichs

Gegenstand das Versorgungsausgleichs nach dem VersAusglG sind **Versorgungsanrechte** i.S.d. § 2 VersAusglG. 6

Versorgungsanrecht ist der Oberbegriff für Anwartschaften und laufende Versorgungsleistungen. Bei Anwartschaften kommt es nicht darauf an, ob die Wartezeit erfüllt (§ 2 Abs. 3 VersAusglG) oder Unverfallbarkeit eingetreten (§ 19 Abs. 2 Nr. 1 VersAusglG) ist. **Rückdeckungsversicherungen** sind nicht unmittelbar Gegenstand des Versorgungsausgleichs, da es sich bei ihnen nicht um Versorgungszusagen, sondern um Finanzierungsvehikel handelt. Der Bedeutung von verpfändeten Rückdeckungsversicherungen für die Insolvenzsicherung von Versorgungsanrechten, die nicht dem BetrAVG unterfallen, trägt das in § 11 Abs. 1 S. 2 Nr. 2 VersAusglG geregelte Erfordernis eines vergleichbaren Risikoschutzes bei interner Teilung Rechnung (vgl. dazu BT-Drs. 16/10144, 56). **Zeitwertkonten** sind keine dem Versorgungsausgleich unterfallenden Versorgungsanrechte, weil sie nicht der Altersversorgung, sondern der Finanzierung einer ruhestandsnahen Freistellung dienen (BT-Drs. 16/10144, 48). 7

Ein auszugleichendes Anrecht muss **durch Arbeit oder Vermögen** geschaffen oder aufrechterhalten worden sein (§ 2 Abs. 2 Nr. 1 VersAusglG). 8

Weiter muss das Anrecht auf **Alters- oder Invaliditätsversorgung** gerichtet sein (§ 2 Abs. 2 Nr. 2 VersAusglG). Anrechte auf eine **Hinterbliebenenversorgung** (Witwen-/Witwerversorgung) sind in § 2 Abs. 2 Nr. 2 VersAusglG nicht erwähnt, da diese nicht der ausgleichspflichtigen Person, sondern einer Dritten Person zugutekommen. Aus der Gesetzesbegründung ergibt sich jedoch, dass auch eine Hinterbliebenenversorgung, die Teil eines Versorgungsanrechts ist, das auch Alters- oder Invaliditätsversorgung umfasst, zur Vereinfachung in den Versorgungsausgleich einzubeziehen ist (BT-Drs. 16/10144, 46). Praktisch relevant wird dieser Vereinfachungsaspekt nur bei Witwen-/Witwerversorgungen, nicht aber bei Waisenversorgungen. Wenn eine Zusage für eine Hinterbliebenenversorgung isoliert erteilt wurde, wird diese Hinterbliebenenversorgung nicht in den Ausgleich einbezogen (BT-Drs. 16/10144, 46). 9

§ 2 Abs. 2 Nr. 3 Halbs. 1 VersAusglG setzt als Grundsatz weiter voraus, dass das Anrecht auf eine **Rente** gerichtet ist. Nach der Ausnahmeregelung des § 2 Abs. 2 Nr. 3 Halbs. 2 VersAusglG unterliegen insbesondere Anrechte der betrieblichen Altersversorgung jedoch unabhängig von der vorgesehenen Leistungsform dem Versorgungsausgleich. Damit unterfallen nunmehr auch betriebliche Versorgungszusagen, die auf **Kapital** (Einmalkapital oder Raten) gerichtet sind, sowie Auszahlpläne dem Versorgungsausgleich. Soweit diese zu dem Zeitpunkt, an dem der Versorgungsträger Kenntnis vom Versorgungsausgleichsver- 10 fahren erlangt, durch Erfüllung bereits vollständig erloschen sind, kommt kein Versorgungsausgleich mehr in Betracht, da kein auszugleichendes Anrecht mehr existiert. Nicht Gegenstand des Versorgungsausgleichs sind betriebliche Versorgungen in Form von **Sachleistungen (Deputaten),** da der gesetzliche Ausgleichsmechanismus Anrechte voraussetzt, die auf Geldleistungen gerichtet sind (BGH vom 4.9.2013 – XII ZB 296/13 – FamRZ 2013, 1795).

11 Soweit sich eine betriebliche **Versorgung aus verschiedenen Elementen** mit unterschiedlichen Finanzierungsverfahren (Arbeitgeber- und Arbeitnehmerfinanzierung) bzw. unterschiedlichen wertbildenden Faktoren zusammensetzt, ist jedes dieser Elemente als separates Versorgungsanrecht zu behandeln und gesondert intern bzw. extern auszugleichen; abweichend von diesem Grundsatz ist die Versorgung jedoch einheitlich an den Grenzwerten für die Geringfügigkeit nach § 18 VersAusglG zu messen (BGH vom 30.11.2011 – XII ZB 79/11 – FamRZ 2012, 189; vgl. dazu Rn. 62).

4. Ausgleichsformen

12 Der Versorgungsausgleich kann durch verschiedene Ausgleichsformen durchgeführt werden.

13 **a) Vorrang von Vereinbarungen.** Vereinbarungen der Ehegatten nach den §§ 6 bis 8 VersAusglG gehen den gesetzlichen Regelungen über den Versorgungsausgleich vor (§ 9 Abs. 1 VersAusglG). Nach den Regelbeispielen in § 6 Abs. 1 VersAusglG können Vereinbarungen insbesondere vorsehen, dass der Versorgungsausgleich in die Regelung der ehelichen Vermögensverhältnisse einbezogen wird (Nr. 1), ganz oder teilweise ausgeschlossen wird (Nr. 2) oder durch den Ausgleich nach der Scheidung nach den §§ 20 bis 24 VersAusglG vorgenommen werden soll (Nr. 3).

13a Soweit ein **Teilausschluss** nach Nr. 2 erfolgen soll, ist praktisch wichtig, dass die Ehegatten durch Vereinbarungen nicht über den durch zwingendes Gesetz definierten Stichtag Ehezeitende (§ 3 Abs. 1 VersAusglG) disponieren können. Es ist ihnen aber möglich, bei unverändertem Ehezeitende die in einem bestimmten Zeitraum erworbenen Teile eines Versorgungsanrechts aus dem Versorgungsausgleich auszunehmen (BGH vom 18.7.2001 – XII ZB 106/96 – NJW 2001, 3333).

13b Wird der **Ausgleich nach der Scheidung** nach Nr. 3 durch Vereinbarung herbeigeführt, ist für betriebliche Versorgungsträger von Belang, dass § 25 Abs. 2 VersAusglG vorsieht, dass bei vereinbartem schuldrechtlichen Versorgungsausgleich ein Anspruch auf Teilhabe an der Hinterbliebenenversorgung nach § 25 VersAusglG nicht in Betracht kommt (vgl. Rn. 57 ff.).

14 Die **formellen Wirksamkeitsvoraussetzungen** für Parteivereinbarungen sind in § 7 VersAusglG geregelt. Gegenüber dem früheren Recht sind sie deutlich abgesenkt worden. § 8 regelt die **materiellen Wirksamkeitsvoraussetzungen** von Vereinbarungen über den Versorgungsausgleich. Nach § 8 Abs. 1 VersAusglG ist eine allgemeine Inhalts- und Ausübungskontrolle vorzunehmen. Nach § 8 Abs. 2 können durch Vereinbarungen der Ehegatten Anrechte nur übertragen oder begründet werden, wenn die maßgeblichen Regelungen dies zulassen und die betroffenen Versorgungsträger zustimmen.

b) Ausgleichsreife als Weichenstellung. Soweit Anrechte ausgleichsreif sind und keine entgegenstehende Vereinbarung über den Versorgungsausgleich besteht, erfolgt der Ausgleich grds. bei der Scheidung (§ 9 Abs. 1 VersAusglG; interne oder externe Teilung), andernfalls nach der Scheidung (schuldrechtlicher Ausgleich). Ausgleichsreif ist ein Anrecht, soweit es **dem Grunde und der Höhe nach hinreichend verfestigt** ist. Daran fehlt es insbesondere bei betrieblichen Versorgungsanrechten, die weder gesetzlich noch vertraglich unverfallbar sind (§ 19 Abs. 2 Nr. 1 VersAusglG). Dadurch können in den ersten Jahren nach Diensteintritt arbeitgeberfinanzierte Zusageteile noch verfallbar sein, während die auf Entgeltumwandlung basierenden Zusageteile wegen § 1b Abs. 5 bereits unverfallbar und damit ausgleichsreif sind. Ebenso fehlt die Ausgleichsreife bei solchen Teilen eines Anrechts, die zum Stichtag Ehezeitende (§ 5 Abs. 2 S. 1 VersAusglG) dem Grunde und der Höhe nach noch nicht sicher feststehen. Praktisch relevant sind insbesondere folgende Fallgruppen: 15

- **Endgehaltsabhängige Leistungszusagen:** Der bei unterstelltem Ausscheiden zum Stichtag Ehezeitende (§ 45 Abs. 1 S. 2 VersAusglG) erdiente Teil der Versorgung ist bei der Scheidung auszugleichen. Der auf dem Gehaltsanstieg beruhende Wertanstieg des in der Ehezeit erdienten Teils der Versorgung – nicht der auf spätere Dienstjahre entfallende Anstieg – ist in einem **zweiten Ausgleichsschritt** nach der Scheidung (schuldrechtlich) auszugleichen (vgl. BT-Drs. 16/10144, 63, 64). Dabei ist zu beachten, dass ein Anstieg des Werts der ehezeitanteiligen Versorgung gem. § 5 Abs. 4 Satz 2 VersAusglG auch im Ausgleich nach der Scheidung nur berücksichtigungsfähig ist, wenn er einen **Bezug zur Ehezeit** aufweist (BT-Drs. 16/10144, 49). Ein solcher Bezug zur Ehezeit wird angenommen, wenn eine „normale" Einkommensentwicklung erfolgt. Er wird ausgeschlossen, soweit eine **nachehezeitliche Karriere** ursächlich für einen Gehaltsanstieg ist. Für den umgekehrten Fall, dass bei einer endgehaltsabhängigen Zusage das für die im Ergebnis zu erbringende Leistung maßgebliche letzte Gehalt des Ausgleichspflichtigen niedriger ist als dessen Gehalt zum Stichtag Ehezeitende, sieht das VersAusglG keinen Mechanismus vor, nach dem der zu hoch erfolgte Ausgleich korrigiert werden könnte. 16
- **Limitierte Gesamtversorgungszusagen:** Diese seien grds. nicht ausgleichsreif, soweit die betriebliche Versorgung durch den **künftigen Erwerb weiterer Versorgungsanrechte noch gemindert werden kann,** wobei es auf den Grad der Wahrscheinlichkeit einer solchen Minderung nicht ankomme. Abweichend hiervon ist Ausgleichsreife aber anzunehmen, soweit ein limitiertes Gesamtversorgungsanrecht eine **Mindestleistung** vorsieht, die nicht mehr unterschritten werden kann. In diesem Fall ist die Mindestleistung ausgleichsreif und das Anrecht im Übrigen bei der Scheidung nicht ausgleichsreif (BGH vom 17.4.2013 – XII ZB 371/12 – FamRZ 2013, 1021). Ob diese Wertungen auch auf ausgleichspflichtige Personen anwendbar sind, die vor dem Stichtag Ehezeitende mit unverfallbarer Anwartschaft (Festschreibeeffekt nach § 2 Abs. 5) ausgeschieden sind und deren festgeschriebene Versorgung keinen Veränderungen mehr unterliegt, ist bislang nicht entschieden. 17
- **Fondsorientierte Versorgungszusagen:** Ungeachtet späterer Kursschwankungen seien diese Zusagen nicht mehr verfallbar und damit ausgleichsreif 18

(BGH vom 29.2.2012 – XII ZB 609/10 – NJW 2012, 1287, bezogen auf eine fondsorientierte private Lebensversicherung).

19 – **Ausländischer/überstaatlicher Versorgungsträger:** Sind Versorgungsanwartschaften gegenüber einem solchen Versorgungsträger begründet, so können diese nicht in den Ausgleich bei der Scheidung einbezogen werden, da das deutsche Familiengericht keine Teilungsanordnungen gegenüber ausländischen oder überstaatlichen Versorgungsträgern erlassen kann. Folglich fehlt auch in diesem Fall die Ausgleichsreife (§ 19 Abs. 1 S. 2 Nr. 4 VersAusglG).

20 **c) Grundsatz. Wertausgleich bei der Scheidung.** Soweit der Ausgleich bei der Scheidung in Betracht kommt, d.h. das Anrecht ausgleichsreif ist und keine abweichende Vereinbarung der Ehegatten vorliegt, ist er grds. durch interne und ausnahmsweise durch externe Teilung vorzunehmen (§ 9 Abs. 2 und Abs. 3 VersAusglG).

21 **aa) Grundsatz der internen Teilung.** Das VersAusglG sieht als Regel vor, dass Anrechte intern aufzuteilen sind. Die interne Teilung entspricht in ihrem Grundsatz der freiwilligen Realteilung, die bis zum 31.8.2009 galt. Bei der internen Teilung überträgt das Familiengericht zulasten des Anrechts des ausgleichspflichtigen Ehegatten ein Anrecht in Höhe des Ausgleichwerts auf den ausgleichsberechtigten Ehegatten (§ 10 Abs. 1 VersAusglG). Der Ausgleich geschieht danach durch richterlichen Gestaltungsakt, der ein Rechtsverhältnis zwischen dem ausgleichsberechtigten Ehegatten und dem Versorgungsträger begründet. Die Entscheidung des Familiengerichts ist von dem Versorgungsträger umzusetzen. Mit der Begründung eines eigenständigen Anrechts gegenüber dem Versorgungsträger erlangt der ausgleichsberechtigte Ehegatte die **Stellung eines ausgeschiedenen Arbeitnehmers i.S.d. BetrAVG** (§ 12 VersAusglG).

22 Maßgeblich für die **Ausgestaltung des neu zu begründenden Anrechts** sind grds. die Regelungen, die für das auszugleichende Anrecht gelten (§ 10 Abs. 3 i.V.m. § 11 Abs. 2 VersAusglG). Soweit dabei die Voraussetzungen des § 11 Abs. 1 S. 2 VersAusglG eingehalten werden, können aber auch Abweichungen von diesen Regelungen vorgenommen werden. Nach dessen Nr. 1 hat der jeweilige Versorgungsträger für die ausgleichsberechtigte Person ein **eigenständiges, entsprechend gesichertes Anrecht** zu begründen.

23 Das neu begründete Anrecht muss eine **vergleichbare Sicherung** vorsehen, wie sie auch für die Versorgung der ausgleichspflichtigen Person gilt. Relevant ist dies etwa, wenn das auszugleichende Anrecht über eine an den Versorgungsberechtigten verpfändete Rückdeckungsversicherung gesichert ist (BT-Drs. 16/10144, 56). In diesem Fall ist auch das Anrecht der ausgleichsberechtigten Person entsprechend zu sichern.

24 § 11 Abs. 1 S. 2 Nr. 2 VersAusglG verlangt eine **vergleichbare Wertentwicklung.** Das bedeutet etwa, dass das Anrecht der ausgleichsberechtigten Person nach den gleichen Mechanismen anzupassen ist, die auch für das Anrecht der ausgleichspflichtigen Person vorgesehen sind. Für Direktversicherungen und deregulierte Pensionskassen lässt § 2 Abs. 2 S. 3 DeckungsrückstellungsVO zu, dass bei interner Teilung für die ausgleichsberechtigte Person ein Anrecht im selben, ggf. **geschlossenen Tarif** eingerichtet wird, der für das Anrecht der ausgleichspflichtigen Person maßgeblich ist. Für Pensionsfonds ergibt sich das-

selbe aus § 1 Abs. 3 S. 2 PensionsfondsdeckungsrückstellungsVO. Eine Verpflichtung hierzu geben beide Verordnungen nicht vor.

Nach § 11 Abs. 1 S. 2 Nr. 3 VersAusglG muss grds. der gleiche **Risikoschutz** 25
(Alter, Invalidität, Tod) gewährt werden. Allerdings lässt das Gesetz abweichend davon die Möglichkeit zu, dass der Versorgungsträger den Risikoschutz im Anrecht des Ausgleichsberechtigten auf eine Altersleistung beschränkt, wenn er für das nicht abgesicherte Risiko (Invalidität und/oder Tod) einen zusätzlichen Ausgleich bei der Altersversorgung schafft.

Sind nach einer internen Teilung für **beide Ehegatten Anrechte gleicher** 26
Art bei demselben Versorgungsträger auszugleichen, so vollzieht sich der Ausgleich nur in Höhe des Wertunterschieds nach **Verrechnung** (§ 10 Abs. 2 S. 1 VersAusglG). Diese Regelung soll dem Versorgungsträger Aufwand ersparen. Für den Bereich der betrieblichen Altersversorgung setzt die Anwendbarkeit dieser Regelung voraus, dass beide Ehegatten den gleichen Versorgungsträger und gleichartige Versorgungsansprüche – dem Grunde nach – gegenüber dem Versorgungsträger haben und dieser die Verrechnungsmöglichkeit ausüben möchte.

Im Fall einer internen Teilung erlaubt § 13 VersAusglG dem Versorgungsträger, 27
entstehende angemessene **Teilungskosten** jeweils hälftig von den Anrechten der Ehegatten in Abzug zu bringen. Der Gesetzeswortlaut enthält keine weiteren Angaben zum konkreten Umfang der abzugsfähigen Kosten. Der BGH hat folgende Leitlinien vorgegeben:

Der organisatorische Mehraufwand, der dem Versorgungsträger als an der 28
Scheidung unbeteiligtem Dritten durch die interne Teilung ensteht, soll vergütet werden, um diese vom Gesetzgeber präferierte Teilungsform für den Versorgungsträger kostenneutral auszugestalten. Berücksichtigungsfähig sind alle **durch die interne Teilung entstehenden Kosten.** Das sind die Kosten für die Aufnahme eines weiteren Versorgungsberechtigten in das Versorgungssystem einschließlich der Kosten für die Kontenverwaltung (grundlegend BGH vom 1.2.2012 – XII ZB 172/11 – FamRZ 2012, 610), auch soweit hierbei externe Anbieter eingeschaltet sind (BGH vom 4.4.2012 – XII ZB 310/11 – FamRZ 2012, 942). Nicht berücksichtigungsfähig sind demgegenüber die Kosten für die Ehezeitermittlung und die Beteiligung am Versorgungsausgleichsverfahren (BGH vom 1.2.2012 – XII ZB 172/11 – FamRZ 2012, 610).

Entstehende Kosten sind für die Angemesssenheitsprüfung grds. in Form ei- 29
ner genauen Kalkulation darzulegen. Da dies jedoch einen unverhältnismäßigen Aufwand verursacht, dürfen Teilungskosten auch **pauschaliert** angesetzt werden, wobei der BGH den in den Gesetzesmaterialien angegebenen Rahmen von 2 bis 3% des Deckungskapitals (BT-Drs. 16/10144, 57), aber auch andere Pauschalierungsmethoden gebilligt hat (BGH vom 1.2.2012 – XII ZB 172/11 – FamRZ 2012, 610). Die Wahl der Pauschalierungsmethode obliegt dem Versorgungsträger, das Gericht ist nicht berechtigt, an deren Stelle eine eigene abweichende Pauschalierungsmethode zu setzen (BGH vom 27.6.2012 – XII ZB 275/11 – FamRZ 2012, 1546). Der BGH hat es nicht beanstandet, dass Versorgungsträger hierfür einen typischen Musterfall aufbereiten (BGH vom 11.7.2012 – XII ZB 459/11 – NJW-RR 2012, 1220), d.h. er verlangt gerade keine einzelfallbezogene Aufbereitung der entstehenden Kosten. Zum Schutz werthaltiger Anrechte seien pauschale Kostenansätze in Abhängigkeit vom ehezeitanteiligen

Kapitalwert jedoch durch einen **Höchstbetrag** zu begrenzen. Die Höhe dieser Obergrenze sei zunächst durch den Versorgungsträger festzusetzen, aber der gerichtlichen Überprüfung zugänglich. Zwar zeichne sich in Rechtsprechung und Literatur eine Tendenz ab, für jedes eigenständige Anrecht einen Höchstbetrag von 500 € anzusetzen. **Verallgemeinerungsfähige Aussagen** zur Höhe z.B. bei betrieblichen Direktzusagen entstehender Kosten sind aber **nicht möglich** (grundlegend BGH vom 1.2.2012 – XII ZB 172/11 – FamRZ 2012, 610; vgl. auch BGH vom 4.4.2012 – XII ZB 310/11 – FamRZ 2012, 942). Sachlich soll die Obergrenze dazu führen, dass der Kostenabzug die Anrechte der Ehegatten nicht empfindlich schmälert und nicht außer Verhältnis zum tatsächlichen Aufwand des Versorgungsträgers steht (grundlegend BGH vom 1.2.2012 – XII ZB 172/11 – FamRZ 2012, 610; BGH vom 4.4.2012 – XII ZB 310/11 – FamRZ 2012, 942). Betriebliche Direktzusagen unterscheiden sich insoweit insbesondere von Versicherungstarifen dadurch, dass bei ihnen regelmäßig nicht vorgesehen ist, laufende Verwaltungskosten aus Beiträgen oder dem Kapitalstock zu entnehmen (BGH vom 1.2.2012 – XII ZB 172/11 – FamRZ 2012, 610; vgl. auch *Cisch/Hufer/Karst*, Versorgungsausgleich: Teilungskosten bei betrieblichen Direktzusagen, BB 2011, 1401).

30 Ungeachtet des Erfordernisses von Obergrenzen bei pauschaliertem Kostenansatz sind Teilungskosten **oberhalb** der für den konkreten Versorgungsträger maßgeblichen **Obergrenze** zudem berücksichtigungsfähig, wenn dieser sie **konkret darlegt** (BGH vom 4.4.2012 – XII ZB 310/11 – FamRZ 2012, 942). Die Frage der Angemessenheit der Kosten unterliegt der Überprüfung durch das Familiengericht. In der Auskunft nach § 220 Abs. 4 FamFG hat der Versorgungsträger auch über den beabsichtigten Kostenabzug Auskunft zu erteilen.

31 **bb) Ausnahmefall der externen Teilung.** Bei der externen Teilung begründet das Familiengericht für die ausgleichsberechtigte Person zulasten des Anrechts der ausgleichspflichtigen Person ein Anrecht in Höhe des Ausgleichswerts bei einem anderen Versorgungsträger als demjenigen, bei dem das Anrecht der ausgleichspflichtigen Person besteht (§ 14 Abs. 1 VersAusglG). Im Rahmen dieser externen Teilung hat der Versorgungsträger der ausgleichspflichtigen Person den Ausgleichswert als Kapitalwert an diesen anderen Versorgungsträger zu zahlen (§ 222 Abs. 3 FamFG, § 14 Abs. 4 VersAusglG), er muss aber die ausgleichsberechtigte Person nicht in sein eigenes Versorgungssystem aufnehmen. Für das einzurichtende Anrecht der ausgleichsberechtigten Personen gelten die Regelungen, die bei dem anderen Versorgungsträger maßgeblich sind.

32 Da die externe Teilung stets einen **Kapitalabfluss** beim Träger der auszugleichenden Versorgung mit sich bringt, kann sie niemals gegen dessen Willen erfolgen (BT-Drs. 16/10144, 43).

33 Die externe Teilung kann in **zwei Fallgruppen** herbeigeführt werden:

34 Erste Fallgruppe ist die zwischen ausgleichsberechtigtem Ehegatten und dem Versorgungsträger des ausgleichspflichtigen Ehegatten **vereinbarte externe Teilung** (§ 14 Abs. 2 Nr. 1 VersAusglG). Für diese vereinbarte externe Teilung ist keine Wertobergrenze vorgesehen.

35 Zweite Fallgruppe ist die **vom Versorgungsträger einseitig verlangte externe Teilung.** Ein solches einseitiges Verlangen der externen Teilung setzt voraus, dass der Ausgleichswert die gesetzlich vorgegebene Bezugsgröße nicht übersteigt (§§ 14 Abs. 2 Nr. 2, 17 VersAusglG). Bei den externen Durchführungswegen der betrieblichen Altersversorgung (der **Direktversicherung,** der **Pensionskasse** oder dem **Pensionsfonds**) beträgt der Grenzbetrag gem. § 14 Abs. 2 Nr. 2 VersAusglG bei einem Ausgleichswert in Form eines Rentenbetrags 2% bzw. bei einem Ausgleichswert in Form eines Kapitalbetrags 240% der Bezugsgröße des § 18 SGB IV. Das entspricht im Kalenderjahr 2014 einer maximalen Monatsrente von 55,30 € oder einem Kapitalbetrag von maximal 6.636,00 €. Besteht die auszugleichende Versorgung gegenüber dem **Arbeitgeber** selbst (Direktzusage) oder einer **Unterstützungskasse,** so sieht § 17 VersAusglG **deutlich höhere Grenzbeträge** vor. Bei diesen Gestaltungsformen bemisst sich der Höchstbetrag für den Ausgleichswert an der jeweiligen BBG in der allgemeinen Rentenversicherung. Bezogen auf das Kalenderjahr 2014 ergibt sich damit ein Grenzbetrag in Höhe von 71.400 €. Übersteigt der Ausgleichswert diesen Grenzwert, setzt die externe Teilung insgesamt das Einverständnis des ausgleichsberechtigten Ehegatten voraus.

§ 16 VersAusglG, der die externe Teilung von Anrechten aus öffentlich-rechtlichen Dienst- und Amtsverhältnissen zwingend und ohne Wertbegrenzung vorsieht, ist auf **betriebliche Versorgungszusagen nach beamtenrechtlichen Grundsätzen** demgegenüber nicht als dritte Fallgruppe zur Herbeiführung der externen Teilung anwendbar. Hintergrund dieser Sonderregelung ist, dass dem Bund die Gesetzgebungskompetenz fehlt, um die interne Teilung von Anrechten von Landesbeamten anzuordnen (Art. 70 GG). Bei privatrechtlichen Anstellungsverhältnissen (Art. 74 Abs. 1 Nr. 1, Nr. 12 GG) liegt dies anders, und zwar auch dann, wenn die Versorgung sich inhaltlich nach beamtenrechtlichen Grundsätzen richtet (BGH vom 23.1.2013 – XII ZB 575/12 – FamRZ 2013, 608). **36**

Den anderen Versorgungsträger **(Zielversorgungsträger)** i.S.d. § 14 VersAusglG wählt nach § 15 VersAusglG die ausgleichsberechtigte Person aus. Allerdings muss der gewählte Zielversorgungsträger auch bereit sein, die ausgleichsberechtigte Person aufzunehmen (§ 222 Abs. 2 FamFG). **37**

Die gewählte Zielversorgung muss zudem eine angemessene Versorgung gewährleisten (§ 15 Abs. 2 VersAusglG). Das wird nach § 15 Abs. 4 VersAusglG bei Anrechten der gesetzlichen Rentenversicherung, Anrechten i.S.d. BetrAVG oder Anrechten aus einem Vertrag, der nach § 5 des AltZertG zertifiziert ist, stets angenommen. **38**

Nur ausnahmsweise ist die Zustimmung der ausgleichspflichtigen Person zur Wahl der Zielversorgung erforderlich. Dies ist der Fall, wenn die ausgleichspflichtige Person durch eine externe Teilung **steuerliche Nachteile** (zu steuerlichen Auswirkungen des Versorgungsausgleichs vgl. BMF vom 24.7.2013 – IV C 3 – S 2015/11/100002/IV C 5 – S 2333/09/10005 – DB 2013, 1696, Rn. 400ff. und *Schmid/Bührer*, Versorgungsausgleich und Steuerrecht der Altersversorgung für die Praxis, FamRZ 2010, 1608) zu erwarten hat oder dies zu einer schädlichen Verwendung mit **Nachteilen im Zusammenhang mit der gesetzlichen Förderung** führt (§ 15 Abs. 3 VersAusglG). Nach § 15 Abs. 4 VersAusglG wird bei den dort angeführten Versorgungen stets angenommen, dass die Voraussetzungen des § 15 Abs. 3 VersAusglG erfüllt sind. Dadurch sollen Familiengerichte von der Prüfung steuerlicher Fragen entlastet werden. **39**

40 Soweit die ausgleichsberechtigte Person ihr Recht zur Wahl des Zielversorgungsträgers nicht innerhalb der ihr durch das Gericht gesetzten Frist (§ 222 Abs. 1 FamFG) (wirksam) ausübt, begründet das Familiengericht das zugunsten der ausgleichsberechtigten Person zu begründende Anrecht bei einem **Auffangversorgungsträger.** Dieser Auffangversorgungsträger ist nach § 15 Abs. 5 S. 1 VersAusglG grds. die gesetzliche Rentenversicherung. Bei Anrechten i.S.d. BetrAVG ist jedoch nach § 15 Abs. 5 S. 2 VersAusglG abweichend davon die Versorgungsausgleichskasse **(VAUSK)** Auffangversorgungsträger. Die VAUSK ist in der Rechtsform eines VVaG gegründet. Träger ist ein Konsortium von Versicherungsunternehmen. Bei der VAUSK handelt es sich um eine rückgedeckte Pensionskasse i.S.v. § 118a VAG. Die Kasse sieht lebenslang laufende Rentenleistungen vor. Die Anwartschaften können von den Versorgungsberechtigten weder abgetreten noch beliehen werden. Das VersAusglKassG ist den Regelungen des BetrAVG nachempfunden. Allerdings ist eine Erhöhung der Versorgung durch eigene Beiträge des Ausgleichsberechtigten ausgeschlossen (§ 5 Abs. 2 VersAusglKassG). Hintergrund der Ausnahmeregelung für Anrechte nach dem BetrAVG ist, dass der Gesetzgeber vermeiden wollte, dass Anrechte aus der regelmäßig kapitalgedeckten zweiten Säule der Altersversorgung in die umlagefinanzierte erste Säule umgeleitet werden (Ausschuss-Drs. 16(11)1402, 13).

41 Grds. ist der Ausgleichswert bei externer Teilung mit dem Zinssatz des abgebenden Versorgungsträgers zu **verzinsen,** damit die ausgleichsberechtigte Person entsprechend dem Halbteilungsgrundsatz an der Wertentwicklung des Ausgleichswerts für diesen Zeitraum partizipiert (BGH vom 7.9.2011 – XII ZB 546/10 – BetrAV 2011, 743). Diese Verzinsung umfasst den **Zeitraum vom Ehezeitende bis zur Rechtskraft** der Entscheidung über den Versorgungsausgleich und geht nicht über diesen Zeitraum hinaus; hierfür besteht mit Blick auf die allgemeinen Verzugsregelungen kein Bedürfnis (BGH vom 6.2.2013 – XII ZB 204/11 – FamRZ 2013, 773; BGH vom 13.2.2013 – XII ZB 631/12 – FamRZ 2013, 1019).

42 Ausnahmsweise erfolgt in **zwei Konstellationen keine Verzinsung** des Ausgleichswerts:

43 Die **erste Ausnahmekonstellation** bilden Sachverhalte, bei denen bereits zum Stichtag Ehezeitende oder auch erst danach Leistungen aus dem auszugleichenden Versorgungsanrecht an die ausgleichspflichtige Person erbracht werden. Hier stehe die **gegenläufige Entwicklung der Auszahlung** einem durch Verzinsung auszugleichenden Wertzuwachs des Ausgleichswerts entgegen (BGH vom 7.9.2011 – XII ZB 546/10 – BetrAV 2011, 743). Ob bei nach Ehezeitende einsetzenden Leistungen aus dem auszugleichenden Anrecht insgesamt keine Verzinsung (so z.B. OLG Nürnberg vom 9.11.2012 – 10 UF 1321/12 – FamRZ 2013, 791) oder nur für den Zeitraum ab Einsetzen der Leisutngen keine Verzinsung erfolgt, ist höchstrichterlich noch nicht entschieden.

44 Die zweite Ausnahmekonstellation bilden fondsorientierte Versorgungszusagen. Der Wertzuwachs durch Kursanstiege nach Ehezeitende ist – anders als ein Wertverlust nach Ehezeitende – im Versorgungsausgleich nicht berücksichtigungsfähig (BGH vom 29.2.2012 – XII ZB 609/10 – BetrAV 2012, 264). Die ausgleichsberechtigte Person ist deshalb nicht an ihnen zu beteiligen und würde in diesen Fällen durch eine feste (positive) Verzinsung etwas erhalten, das in der Versorgungszusage nicht angelegt ist (BGH vom 7.8.2013 – XII ZB 552/12 – FamRZ 2013, 1635).

d) Ausnahme. Ausgleich nach der Scheidung. Der Ausgleich nach der Scheidung umfasst Anrechte, die **vom Wertausgleich** bei der Scheidung **aus rechtlichen Gründen nicht erfasst** wurden. Dies betrifft insbesondere Fälle fehlender Ausgleichsreife oder abweichender Vereinbarungen der Ehegatten (§ 6 Abs. 1 S. 2 Nr. 3 VersAusglG). Bei Anrechten, die dem Wertausgleich bei der Scheidung unterfallen, deren Ausgleich aber nicht erfolgt ist, weil sie übersehen, verschwiegen oder vergessen wurden, kommen Ausgleichsansprüche nach der Scheidung demgegenüber nicht in Betracht, weil diesen keine generelle Auffangfunktion zukommt (BGH vom 24.7.2013 – XII ZB 340/11 – FamRZ 2013, 1548). 45

Der Ausgleichsanspruch richtet sich auf laufende Rentenleistungen, aber auch auf Kapitalleistungen (§ 22 VersAusglG), die für den Versorgungsfall zugesagt wurden. Auszugleichen sind diese aber vorbehaltlich § 29 VersAusglG nur, solange sie nicht durch Erfüllung erloschen sind. 46

aa) Schuldrechtlicher Ausgleichsanspruch. Kernstück des Ausgleichs nach der Scheidung ist der Anspruch auf schuldrechtlichen Ausgleich. Nach § 20 Abs. 1 VersAusglG kann die **ausgleichsberechtigte Person** unter bestimmten Umständen **unmittelbar von der ausgleichspflichtigen Person** den Ausgleichswert der zugesagten Leistung (Rente oder Kapital) **verlangen.** Erforderlich ist der Bezug von Leistungen aus einer noch nicht ausgeglichenen, dem schuldrechtlichen Ausgleich unterfallenden Versorgung durch die ausgleichspflichtige Person. Zudem muss eine der Fälligkeitsvoraussetzungen nach § 20 Abs. 2 VersAusglG erfüllt sein, d.h., die ausgleichsberechtigte Person muss eine laufende Versorgung i.S.d. § 2 VersAusglG beziehen (Nr. 1), die Regelaltersgrenze der gesetzlichen Rentenversicherung erreicht haben (Nr. 2) oder die gesundheitlichen Voraussetzungen für eine laufende Versorgung wegen Invalidität erfüllen (Nr. 3). Zudem darf das auszugleichende Anrecht nach § 20 Abs. 1 S. 3 VersAusglG nicht geringfügig i.S.d. § 18 VersAusglG sein (vgl. Rn. 62). 47

Nach § 21 VersAusglG wird der Anspruch der ausgleichspflichtigen Person gegen den Versorgungsträger in der Höhe, in der die ausgleichsberechtigte Person einen Anspruch gegen die ausgleichspflichtige Person hat, an die ausgleichsberechtigte Person **abgetreten.** Derartige Abtretungen gehen nach § 21 Abs. 3 VersAusglG eventuellen Abtretungsverboten in Versorgungsregelungen vor. Im Ergebnis kann damit die ausgleichsberechtigte Person kraft abgetretenen Rechts unmittelbar Leistungen vom Träger der auszugleichenden Versorgung verlangen. Die ausgleichspflichtige Person erhält geminderte Leistungen. 48

Verstirbt der ausgleichsberechtigte Ehegatte, entfällt die Zahlungsverpflichtung des ausgleichspflichtigen Ehegatten zum Ablauf des Todesmonats (§§ 31 Abs. 3 S. 1, 20 Abs. 3 VersAusglG, § 1585 Abs. 1 S. 3 BGB). Diesem steht damit wieder der volle Leistungsanspruch zu (§ 21 Abs. 4 VersAusglG). 49

Im Falle des schuldrechtlichen Ausgleichs entsteht zunächst der volle Versorgungsanspruch beim ausgleichspflichtigen Ehegatten mit der Folge, dass dieser – bei bestehender Sozialbeitragspflicht – auf den vollen Versorgungsanspruch 50

Sozialbeiträge zu entrichten hat. Allerdings geht ein Teil des Versorgungsanspruchs – regelmäßig im Wege der Abtretung – auf den ausgleichsberechtigten Ehegatten über.

51 Deshalb bestimmt § 20 Abs. 1 S. 2 VersAusglG, dass die auf den Ausgleichswert entfallenden **Sozialversicherungsbeiträge oder vergleichbaren Aufwendungen** von der schuldrechtlichen Ausgleichsrente abzuziehen sind. Sozialversicherungsbeiträge sind die **Beiträge zur Krankenversicherung** der Rentner und zur **Pflegeversicherung.** Sozialversicherungsbeiträgen vergleichbare Aufwendungen sind insbesondere Beiträge zur privaten Kranken- und Pflegeversicherung (BT-Drs. 16/11903, 55), nicht aber die Steuer.

52 **Steuerlich** kann der ausgleichspflichtige Ehegatte die Zahlung der Ausgleichsrente nach § 10 Abs. 1 Nr. 1b EStG aber als Sonderausgabe geltend machen, so weit die der Ausgleichsrente zugrunde liegende Versorgung bei ihm der Besteuerung unterliegt und die ausgleichsberechtigte Person unbeschränkt einkommensteuerpflichtig ist.

53 **bb) Abfindung.** Für ein noch nicht ausgeglichenes Anrecht kann die ausgleichsberechtigte Person von der ausgleichspflichtigen Person eine „zweckgebundene Abfindung“ verlangen (§ 23 Abs. 1 S. 1 VersAusglG). Der Anspruch setzt voraus, dass die ausgleichspflichtige Person während der Ehezeit eine ausgleichspflichtige Anwartschaft erworben hat oder sie bereits Leistungen bezieht und die Versorgung weder intern noch extern ausgeglichen wurde. Zudem kommt die Abfindung nur bei Anrechten in Betracht, die bereits ausgleichsreif sind (BGH vom 17.4.2013 – XII ZB 371/12 – FamRZ 2013, 1021). Die Abfindung ist an den Versorgungsträger zu zahlen, den der ausgleichsberechtigte Ehegatte benennt (§ 23 Abs. 1 VersAusglG).

54 **cc) Teilhabe an der Hinterbliebenenversorgung. Verstirbt** die **ausgleichspflichtige** Person, so erlischt deren Versorgungsanspruch. Der Anspruch der ausgleichsberechtigten Person auf schuldrechtliche Ausgleichsrente geht damit ins Leere (§ 31 Abs. 3 S. 1 VersAusglG). Folgerichtig kann die ausgleichsberechtigte Person keine Leistungen mehr aus abgetretenem Recht verlangen. Sie kann jedoch einen selbständigen gesetzlichen Anspruch gegenüber dem Träger der Versorgung des verstorbenen ausgleichspflichtigen Ehegatten geltend machen (§ 25 i.V.m. § 31 VersAusglG). Die Regelungen zur Teilhabe an der Hinterbliebenenversorgung entsprechen im Wesentlichen dem verlängerten schuldrechtlichen Versorgungsausgleich i.S.d. § 3a VAHRG nach dem früheren Recht.

55 Der Anspruch nach § 25 VersAusglG besteht nur, wenn bei unterstelltem Fortbestand der Ehe bis zum Ableben der ausgleichspflichtigen Person eine Hinterbliebenenversorgung an die ausgleichsberechtigte Person zu erbringen gewesen wäre. Deshalb kommt **Ausschlusstatbeständen** der Hinterbliebenenversorgung eine besondere Bedeutung zu.

56 Die höchste praktische Bedeutung hat der Ausschluss der Hinterbliebenenversorgung durch **Wiederverheiratungsklauseln.** Bei deren Vorliegen ist der Anspruch des ausgleichsberechtigten Ehegatten nach § 25 VersAusglG ausgeschlossen, sobald dieser erneut heiratet. Auch eine in der Versorgungsordnung etwa vorgesehene Abfindung bei Wiederverheiratung erhält der ausgleichsberechtigte Ehegatte nur, wenn der Anspruch nach § 25 VersAusglG vor der Wie-

derheirat entstanden ist, da nur in diesem Fall ein bereits entstandener Anspruch wegfällt und dies durch die Abfindung surrogiert wird (BGH vom 13. 4.2011 – XII ZB 122/09 – FamRZ 2011, 961).

Soweit der schuldrechtliche Ausgleich aufgrund einer **Vereinbarung** der Ehegatten erfolgt ist, findet nach § 25 Abs. 2 VersAusglG keine Teilhabe an der Hinterbliebenenversorgung statt. Bezogen auf Vereinbarungen nach früherem Versorgungsausgleichsrecht ist dies in der Rechtsprechung umstritten (Rechtsprechungsnachweise bei *Schramm*, Teilhabe an Hinterbliebenenversorgung trotz Vereinbarung zum Versorgungsausgleich, NJW-Spezial 2013, 132). **57**

Soweit der Versorgungsträger Zahlungen an eine **Witwe** zu erbringen hat, sind diese um den errechneten Anspruch der ausgleichsberechtigten Person zu kürzen (§ 25 Abs. 5 VersAusglG). Nach § 30 Abs. 1 S. 2 VersAusglG gilt für die Dauer eines Verfahrens über die Teilhabe an der Hinterbliebenenversorgung eine Schutzregelung für den Versorgungsträger. Soweit dieser aufgrund einer bereits bestehenden Verpflichtung Leistungen (z.B. an die Witwe) erbracht hat, wird er dadurch von seiner Leistungspflicht gegenüber der nunmehr auch berechtigten Person (z.B. der ausgleichsberechtigten Person) befreit (§ 30 Abs. 1 VersAusglG). Die Übergangsfrist endet am letzten Tag des Monats, der dem Monat folgt, in dem der Versorgungsträger von der Rechtskraft der Entscheidung Kenntnis erlangt hat (§ 30 Abs. 2 VersAusglG). Für den Zeitraum, in dem die Schutzregelung eingreift, bleiben Bereicherungsansprüche der nunmehr auch berechtigten Person (ausgleichsberechtigte Person) gegen die bisher berechtigte Person (Witwe) unberührt (§ 30 Abs. 3 VersAusglG). **58**

5. Ausnahmen vom Versorgungsausgleich

Unter bestimmten Voraussetzungen sieht das Gesetz vor, dass der Versorgungsausgleich insgesamt unterbleibt. Soweit der Versorgungsausgleich nach den nachstehenden Vorschriften unterbleibt, hat das Gericht dies nach § 224 Abs. 3 FamFG in der Beschlussformel festzustellen. **59**

Nach § 3 Abs. 3 VersAusglG findet bei einer **kurzen Ehezeit** von bis zu drei Jahren ein Versorgungsausgleich nur statt, wenn ein Ehegatte dies beantragt. **60**

Nach § 6 Abs. 1 S. 2 Nr. 2 VersAusglG können die Ehegatten den Versorgungsausgleich durch **Vereinbarung** vollständig oder teilweise ausschließen, vgl. auch Rn. 13. **61**

Nach § 18 VersAusglG unterbleibt der Versorgungsausgleich bei **Geringfügigkeit.** Gem. § 18 Abs. 1 VersAusglG soll das Familiengericht beiderseitige Anrechte gleicher Art nicht ausgleichen, wenn die Differenz ihrer Ausgleichswerte gering ist. Nach § 18 Abs. 2 VersAusglG soll es einzelne Anrechte mit einem geringen Ausgleichswert nicht ausgleichen. Ein Wertunterschied oder ein Ausgleichswert sind gering, wenn sie am Ende der Ehezeit als Rentenbetrag höchstens 1% der Bezugsgröße nach § 18 Abs. 1 SGB IV (2014: 27,65 €) oder als Kapitalwert höchstens 120% der monatlichen Bezugsgröße des § 18 Abs. 1 SGB IV (2014: 3.318 €) betragen. Innerhalb des § 18 VersAusglG ist vorrangig dessen Abs. 1 zu prüfen, d.h., ob bei Anrechten gleicher Art die Differenz der Ausgleichswerte gering ist. Neben § 18 Abs. 1 VersAusglG ist nicht zusätzlich § 18 Abs. 2 VersAusglG zu prüfen. Ein Anwendungsbereich für § 18 Abs. 2 **62**

VersAusglG besteht damit nur in Fällen, in denen keine Anrechte gleicher Art existieren (BGH vom 30.11.2011 – XII ZB 328/10 – FamRZ 2012, 277 und BGH vom 30.11.2011 – XII ZB 344/10 – NJW 2012, 312).

63 Nach § 27 VersAusglG ist der Versorgungsausgleich beschränkt bzw. er entfällt, wenn er grob **unbillig** wäre.

6. Verfahren

64 Der Versorgungsausgleich wird **von Amts wegen** durchgeführt, es gilt der Amtsermittlungsgrundsatz (§ 26 FamFG). Nach § 219 FamFG sind sowohl die Ehegatten bzw. ggf. deren Hinterbliebene als auch die Versorgungsträger, bei denen ein auszugleichendes Anrecht besteht oder ein Anrecht zum Zweck des Ausgleichs begründet werden soll, zu beteiligen.

65 **a) Auskunftspflichten.** Nach § 220 FamFG besteht eine **Auskunftspflicht** des Versorgungsträgers der auszugleichenden Versorgung gegenüber dem Familiengericht. Durch standardisierte Auskunftsbögen fragt das Familiengericht insbesondere die in § 5 VersAusglG angegebenen Werte (Ehezeitanteil, Ausgleichswert und korrespondierenden Kapitalwert) ab. Der Versorgungsträger ist verpflichtet, die nach § 5 VersAusglG benötigten **Werte** einschließlich einer übersichtlichen und **nachvollziehbaren Berechnung** vorzulegen und die für die Teilung maßgebliche Regelung mitzuteilen (§ 220 Abs. 4 FamFG). Aufgabe des Familiengerichts bleibt es jedoch weiterhin, die vorgelegten Berechnungen und den **Teilungsvorschlag** zu überprüfen (§ 26 FamFG). Neben der verfahrensrechtlichen Auskunftspflicht nach § 220 FamFG bestehen materiellrechtliche Auskunftspflichten des Versorgungsträgers nach § 4 VersAusglG und ggf. aus **§ 4a.**

66 **b) Entscheidung des Familiengerichts.** Entscheidungen über den Wertausgleich durch interne oder externe Teilung ergehen als **Gestaltungsentscheidungen.** Sie gestalten die Rechtslage zwar rückwirkend zum Ehezeitende um (BGH vom 7.9.2011 – XII ZB 546/10 – BetrAV 2011, 743). Die Umgestaltung wird aber verfahrensrechtlich grds. **erst mit Rechtskraft** der Entscheidung über den Versorgungsausgleich **wirksam** (§ 224 Abs. 1 FamFG) und wirkt von diesem Zeitpunkt an in die Zukunft. Soweit der Versorgungsausgleich als Folgesache im Verbundverfahren behandelt wird (§ 137 Abs. 2 Nr. 1 FamFG), wird die Entscheidung des Gerichts hierüber ausnahmsweise abweichend von § 224 Abs. 1 FamFG nicht vor der Rechtskraft der Entscheidung über die Scheidung wirksam (§ 148 FamFG). Dem Umstand, dass der Versorgungsträger regelmäßig nicht unmittelbar in dem Zeitpunkt, in dem die Entscheidung über den Versorgungsausgleich wirksam wird, von diesem Wirksamwerden erfährt, trägt die Schuldnerschutzregelung in § 30 VersAusglG Rechnung (vgl. dazu Rn. 58).

67 Nach Auffassung des BGH setzt das Familiengericht den Ausgleichswert fest und begründet bzw. überträgt durch Gestaltungsentscheidung das Anrecht der ausgleichsberechtigten Person. Auseinandersetzungen über die **Kürzung** des auszugleichenden Anrechts infolge des Versorgungsausgleichs fielen demgegenüber in die Zuständigkeit der **Fachgerichte** (BGH vom 6.3.2013 – XII ZB 271/11 – FamRZ 2013, 852; BGH vom 29.5.2013 – XII ZB 663/11 – FamRZ

2013, 1546), d.h. bei betrieblichen Versorgungszusagen regelmäßig in die Zuständigkeit der Arbeitsgerichte. Mit Blick auf die **Präjudizwirkung** der rechtskräftigen Entscheidung des Familiengerichts hinsichtlich Ehezeitanteil (X) und Ausgleichswert (1/2 X) wäre es erstaunlich, wenn eine Prüfung der Kürzung durch ein Arbeitsgericht zu einem anderen Ergebnis als 1/2 X gelangen oder nachträglich z.B. andere Berechnungsprämissen fordern könnte, als sie der rechtskräftigen Entscheidung des Familiengerichts zugrunde liegen. Auch hier muss die Rechtskraft der Entscheidung des Familiengerichts durch ein ArbG zu beachten sein.

Versorgungsausgleichsbedingte Erhöhungen oder Verringerungen **anderer** 68
Versorgungsanrechte, die auf eine betriebliche Gesamtversorgungszusage **anzurechnen** sind, bleiben bei der Ermittlung der betrieblichen Versorgungsleistung außer Betracht, da sich die dem Privatbereich des Arbeitnehmers zuzuordnende Ehescheidung sonst zugunsten bzw. zulasten des Arbeitgebers auswirken würde (BAG vom 20.3.2001 – 3 AZR 264/00 – NZA 2002, 273). Eine Aussetzung der Kürzung wegen der §§ 33 ff. VersAusglG kommt bei betrieblichen Versorgungsanrechten nicht in Betracht, weil diese in § 32 VersAusglG nicht genannt sind. Das BVerfG hat die Verfassungsmäßigkeit des § 32 VersAusglG hinsichtlich des Ausschlusses der §§ 33 und 37 VersAusglG bei der Zusatzversorgung des öffentlichen Dienstes bestätigt (BVerfG vom 6.5.2014 – 1 BvL 9/12 und 1 BvR 1145/13 – n.n.v. – n.w.N.).

c) Rechtsweg gegen Versorgungsausgleichsentscheidungen. Gegen Ent- 69
scheidungen über den Versorgungsausgleich ist – ohne Beschränkung durch einen Mindestbeschwerdewert – die **Beschwerde** möglich (§§ 228, 58 ff. FamFG), gegen die Entscheidung der Beschwerdeinstanz bei ihrer Zulassung die Rechtsbeschwerde (§§ 70 ff. FamFG); auch private und betriebliche Versorgungsträger sind grds. durch jeden im Gesetz nicht vorgesehenen Eingriff in ihre Rechtsstellung beschwert, ohne dass hierbei eine finanzielle Mehrbelastung vorliegen muss (vgl. BGH vom 31.10.2012 – XII ZB 588/11 – FamRZ 2013, 207 und BGH vom 9.1.2013 – XII ZB 550/11 – FamRZ 2013, 612). Wegen des anrechtsbezogenen Hin- und Herausgleichs können sich Rechtsmittel auch auf einzelne Anrechte beziehen, was regelmäßig bei Rechtsmitteln der Versorgungsträger gegeben ist **(Teilanfechtung)** (vgl. hierzu BGH vom 26.1.2011 – XII ZB 504/10 – NJW 2011, 1139). Hinsichtlich der nicht vom Rechtsmittel umfassten übrigen Versorgungsanrechte der Ehegatten erwächst die Entscheidung über den Versorgungsausgleich regelmäßig nach Ablauf der Rechtsmittelfristen in Teilrechtskraft.

d) Abänderung rechtskräftiger Versorgungsausgleichsentscheidungen. 70

aa) Abänderungen von Entscheidungen über den Ausgleich bei der 71
Scheidung. Zu unterscheiden sind zwei Abänderungswege:

Nach § 225 FamFG können rechtskräftige Entscheidungen über den Wert- 72
ausgleich bei der Scheidung **bezogen auf einzelne Versorgungsanrechte** abgeändert werden, wenn **rechtliche oder tatsächliche Veränderungen** nach dem Ende der Ehezeit vorliegen, die auf den Ehezeitanteil zurückwirken. Allerdings bezieht diese Abänderung sich nur auf Anrechte i.S.d. § 32 Vers-

AusglG, zu denen Anrechte nach dem BetrAVG nicht zählen. Der BGH sieht § 32 VersAusglG als verfassungsgemäß an (BGH vom 7.11.2012 – XII ZB 271/12 – FamRZ 2013, 189; BGH vom 6.3.2013 – XII ZB 271/11 – FamRZ 2013, 852). Das BVerfG sieht § 32 jedenfalls als verfassungsgemäß an, soweit hierdurch eine Anpassung nach § 33 und § 37 VersAusglG bei der Zusatzversorgung des öffentlichen Dienstes ausgeschlossen ist (BVerfG vom 6.5.2014 – 1 BvL 9/12 und 1 BvR 1145/13 – n.n.v.).

73 Nach § 51 VersAusglG können Entscheidungen über den öffentlich-rechtlichen Versorgungsausgleich, die nach dem bis zum 31.8.2009 maßgeblichen früheren Recht ergangen sind, abgeändert werden, wenn die Bewertung nach der BarwertVO bei einem in die Gesamtsaldierung einbezogenen Anrecht über bestimmte Toleranzgrenzen hinweg von der tatsächlichen Wertentwicklung abweicht. Hierdurch sollen die verfassungswidrigen **Folgen der BarwertVO korrigiert** werden. Die Abänderung kann wegen des betrieblichen oder wegen eines anderen nach der BarwertVO umgerechneten („dynamisierten") Anrechts erfolgen. Wegen eines betrieblichen Versorgungsanrechts ist die Abänderung jedoch auch bei Vorliegen ihrer Voraussetzungen ausgeschlossen, wenn nach einem Teilausgleich nach § 3b Abs. 1 Nr. 1 VAHRG noch ein Ausgleich nach der Scheidung durchgeführt werden kann (§ 51 Abs. 4 VersAusglG). Wenn bei irgendeinem in die Gesamtsaldierung einbezogenen Anrecht die Voraussetzungen des § 51 VersAusglG vorliegen, ist der **gesamte** Versorgungsausgleich neu vorzunehmen, indem jedes Anrecht jedes Ehegatten nach den §§ 9 ff. VersAusglG intern oder extern geteilt wird. Anrechte, die im Ausgleich nach früherem Recht zu berücksichtigen gewesen wären, dort aber vergessen, verheimlicht oder übersehen wurden, können auch im Abänderungsverfahren nach § 51 VersAusglG nicht nachträglich ausgeglichen werden, da die hierin liegende Korrektur eines jenseits der BarwertVO liegenden Fehlers der Ausgangsentscheidung durch § 51 VersAusglG nicht abgedeckt ist (BGH vom 24.7.2013 – XII ZB 340/11 – FamRZ 2013, 1548 und BGH vom 24.7.2013 – XII ZB 415/12 – FamRZ 2013, 1642).

74 **bb) Abänderungen von Entscheidungen über Ausgleichsansprüche nach der Scheidung.** Nach §§ 227 Abs. 1, 48 FamFG können Entscheidungen über Ausgleichsansprüche nach der Scheidung wegen nach Ehezeitende eingetretener **tatsächlicher oder rechtlicher Änderungen mit Ehezeitbezug** bezogen auf einzelne Anrechte abgeändert werden. Praktisch relevant ist diese Abänderungsmöglichkeit mit Blick auf die Rechtsprechungsvorgabe, Ausgleichswerte im Ausgleich nach der Scheidung nicht als dynamische Quote, sondern als feste Eurobeträge festzusetzen (BGH vom 11.9.2007 – XII ZB 177/04 – NJW 2008, 153) nach anpassungsbedingten Erhöhungen des auszugleichenden Anrechts. Das Wesentlichkeitserfordernis in § 48 Abs. 1 FamFG dürfte dieser Anpassung unter Fortführung der Wertung zum früheren Recht, nach der im schuldrechtlichen Versorgungsausgleich die Halbteilung Vorrang vor der Begrenzung der Abänderung habe (dazu BGH vom 19.12.1989 – IVb ZB 183/88 – FamRZ 1990, 380), auch bei betragsmäßig niedrigen Anpassungen nicht entgegenstehen.

7. Wertberechnungen

Nach § 1 Abs. 2 VersAusglG steht der ausgleichsberechtigten Person die als **Ausgleichswert** bezeichnete **Hälfte des Werts des Ehezeitanteils** des auszugleichenden Anrechts zu. 75

Nach § 5 Abs. 1 VersAusglG hat der Versorgungsträger den Ehezeitanteil zu berechnen. Bei betrieblichen Versorgungsanrechten kann der Ehezeitanteil beim Ausgleich bei der Scheidung abweichend von § 5 Abs. 1 VersAusglG wahlweise als Renten- oder als Kapitalbetrag angegeben werden (§ 45 Abs. 1 S. 1 VersAusglG; vgl. BT-Drs. 16/10144, 82; BT-Drs. 16/11903, 53 und BGH vom 6.2.2013 – XII ZB 204/11 – FamRZ 2013, 773). Wird ein Rentenbetrag mitgeteilt, so hat der Versorgungsträger gleichzeitig entsprechend § 47 VersAusglG den „korrespondierenden Kapitalwert" mitzuteilen. Beim Ausgleich nach der Scheidung sind nach § 5 Abs. 4 S. 1 VersAusglG grds. keine Kapitalwerte, sondern nur Rentenbeträge anzugeben. Nach § 5 Abs. 3 VersAusglG hat der Versorgungsträger einen **Vorschlag für den Ausgleichswert** zu unterbreiten. Über diesen Vorschlag entscheidet sodann das Familiengericht. 76

a) Maßgeblicher Zeitpunkt. Grds. sind Ehezeitanteil und Ausgleichswert nach § 5 Abs. 2 S. 1 VersAusglG bezogen auf den Stichtag Ehezeitende zu ermitteln. 77

Nach § 5 Abs. 2 S. 2 VersAusglG sind im Versorgungsausgleichsverfahren tatsächliche oder rechtliche Veränderungen nach dem Ende der Ehezeit, die auf den Ehezeitanteil zurückwirken, zu berücksichtigen. Bei Ausgleichsansprüchen nach der Scheidung sind – anders als im Wertausgleich bei der Scheidung – zudem nach § 5 Abs. 4 S. 2 VersAusglG auch allgemeine Wertanpassungen zu berücksichtigen. 78

Insbesondere sind nach Ehezeitende erfolgte **Änderungen** der für das auszugleichende Anrecht maßgeblichen **Versorgungsregelung** als rechtliche Änderung i.S.d. § 5 Abs. 2 S. 2 VersAusglG berücksichtigungsfähig (BGH vom 26.1.2011 – XII ZB 504/10 – NJW 2011, 547; BGH vom 28.3.2012 – XII ZB 593/11 – FamRZ 2012, 941; BGH vom 19.6.2013 – XII ZB 633/11 – NJW 2013, 2967), was gerade hinsichtlich Neuordnungen betrieblicher Versorgungsanrechte praktisch bedeutsam ist. 79

Eine besondere Herausforderung in der Praxis bereiten zudem Konstellationen, in denen der ausgleichspflichtige Ehegatte bereits laufende Versorgungsleistungen bezieht, da dieser Leistungsbezug bei kapitalgedeckten Versorgungssystemen einen Verzehr des auf den Stichtag Ehezeitende berechneten ehezeitanteiligen Werts der Versorgung mit sich bringt **(Kapitalwertverzehr).** Der BGH trifft zwar für **Anwärterkonstellationen** die Wertung, dass die Teilung bezogen auf den Stichtag Ehezeitende erfolgt (BGH vom 7.9.2011 – XII ZB 546/10 – BetrAV 2011, 743). Um **Leistungsbezugskonstellationen** sachgerecht zu behandeln, zeichnet sich jedoch in der Instanzenrechtsprechung für diese eine Tendenz ab, erneut Versorgungsauskünfte bezogen auf einen der gerichtlichen Entscheidung näheren Zeitpunkt einzuholen und den Kapialwertverzehr so hälftig zwischen den Ehegatten aufzuteilen (z.B. OLG Köln vom 15.1.2013 – 4 UF 126/12 – FamRZ 2013, 1578 m.w.N. zum Diskussionsstand). 80

81 **b) Kapitalwert nach § 45 Abs. 1 VersAusglG.** Das VersAusglG gestaltet den Versorgungsausgleich als akzessorisches System aus. Soweit das möglich ist, verweist es auf die Regelungen der Primärsysteme. Für den beim Ausgleich bei der Scheidung erforderlichen Kapitalwert betrieblicher Versorgungsanrechte verweisen die §§ 45 Abs. 1 S. 1, 47 Abs. 4 S. 1 VersAusglG auf den Übertragungswert nach § 4 Abs. 5.

82 **aa) Pensionsfonds, Pensionskasse, Direktversicherung.** Bei diesen Durchführungswegen stellen die §§ 45 Abs. 1 S. 1, 47 Abs. 4 S. 1 VersAusglG i.V.m. § 4 Abs. 5 S. 2 auf das **gebildete Kapital** im Zeitpunkt der Übertragung ab. Dieser Wert stimmt im Versorgungsausgleich i.d.R. mit dem Rückkaufswert ohne Abzug von Stornokosten überein. Im Versorgungsausgleich ist anstelle des Zeitpunkts der Übertragung nach § 5 Abs. 2 S. 1 VersAusglG grds. der Stichtag Ehezeitende maßgeblich, vgl. Rn. 77 ff.

83 **bb) Direktzusage, Unterstützungskasse.** Bei diesen Durchführungswegen bestimmt sich die Kapitalermittlung nach §§ 45 Abs. 1 S. 1, 47 Abs. 4 S. 1 VersAusglG i.V.m. § 4 Abs. 5 S. 1. Auszugehen ist vom **Barwert** der nach § 2 bemessenen künftigen Versorgungsleistung im Zeitpunkt der Übertragung – im Versorgungsausgleich grds. zum Stichtag Ehezeitende.

84 Entscheidende Bedeutung für die Ermittlung des Barwerts kommt dem Rechnungszinsfuß zu. Der **Rechnungszins,** mit dem die zu erwartenden Leistungen auf den Berechnungsstichtag abgezinst werden, ist jedoch weder nach §§ 45, 47 VersAusglG noch nach § 4 Abs. 5 gesetzlich vorgegeben.

85 Die Gesetzesbegründung zum VersAusglG gibt allerdings zu erkennen, dass der Gesetzgeber für den Versorgungsausgleich davon ausgeht, dass die **BilMoG-Zinssätze nach § 253 Abs. 2 HGB i.V.m. der RückstellungsabzinsungsVO** bezogen auf das Ehezeitende herangezogen werden (BT-Drs. 16/10144, 85), die die Deutsche Bundesbank seit Dezember 2008 monatsgenau bekannt gibt. Der BGH hat in Literatur und Instanzenrechtsprechung teilweise geäußerte Kritik, wonach dieser Zinssatz zu hoch sei und damit zu niedrige Ausgleichswerte mit sich brächte, zurückgewiesen und klargestellt, dass Zweifel an der Angemessenheit des BilMoG-Zinses bezogen auf den Stichtag Ehezeitende nicht ersichtlich sind (BGH vom 7.9.2011 – XII ZB 546/10, Rn. 28, BetrAV 2011, 743). Ob bei einem Ehezeitende vor Dezember 2008, für das die Deutsche Bundesbank keinen BilMoG-Zinssatz nach § 253 Abs. 2 HGB i.V.m. der RückstellungsabzinsungsVO bekannt gegeben hat, ein Zins von 6% angesetzt werden darf (ja nach OLG Bamberg vom 21.1.2013 – 2 UF 67/12 – FamRZ 2013, 1581), ist höchstrichterlich noch nicht entschieden.

86 Für beitragsorientierte Leistungszusagen, die ein bestimmtes Zinsversprechen beinhalten, solle abweichend vom Zinssatz nach § 253 Abs. 2 HGB i.V.m. der RückstellungsabzinsungsVO i.d.R. der **vom Versorgungsträger zugesagte Zins** maßgeblich sein (BGH vom 6.2.2013 – XII ZB 204/11 – FamRZ 2013, 773).

87 Als **biometrische Rechnungsgrundlagen** kommen im Versorgungsausgleich die allgemein anerkannten Tafelwerke in Betracht.

88 Ob und ggf. wie sich die Entscheidung des EuGH (EuGH vom 1.3.2011 – C-236/09 (Test-Achat) – DB 2011, 821) zur Berücksichtigung des Geschlechts

in Versicherungstarifen auf die Berücksichtigung des **Geschlechts** bei der Ermittlung der Barwerte im Versorgungsausgleich auswirkt, bleibt abzuwarten. Während in der Rechtsprechung der OLGs grds. die Tendenz vorherrschte, geschlechtsspezifische Barwertberechnungen als zulässig anzusehen (OLG Stuttgart vom 25.6.2013 – 15 UF 30/12 – n. v.; OLG Brandenburg vom 11.7.2011 – 9 UF 77/11 – FamRZ 2012, 555; OLG Oldenburg vom 6.12.2010 – 14 UF 128/10 – FamRZ 2011, 1148; OLG Nürnberg vom 6.5.2011 – 11 UF 165/11 – FamRZ 2011, 194), hat nun so weit ersichtlich als erstes Obergericht das OLG Celle verlangt, dass jedenfalls die VBL als öffentlich-rechtlicher Versorgungsträger im Versorgungsausgleich geschlechtsneutrale Barwertberechnungen vornimmt (OLG Celle vom 24.10.2013 – 10 UF 195/12 – FamRZ 2014, 305, m.w.N. zum Diskussionsstand).

Ferner spielen bei Barwertermittlungen **Trendannahmen** eine Rolle. Auf- **89**
grund der gesetzlichen Vorgabe in § 45 Abs. 1 S. 2 VersAusglG ist von einem Ausscheiden der ausgleichspflichtigen Person spätestens zum Stichtag Ehezeitende auszugehen. Abweichend von der Barwertermittlung in Handelsbilanzen kommen damit im Versorgungsausgleich weder eine Berücksichtigung von **Fluktuationstrends** noch eine Berücksichtigung von **Gehaltstrends** (schuldrechtlich auszugleichende „verfallbare Einkommensdynamik", BT-Drs. 16/10144, 63, 64) in Betracht. Vergleichbar der verfallbaren Einkommensdynamik sind auch nicht garantierte Anhebungen von Eckwerten in Eckwertsystemen zu behandeln.

Rententrends sind zu berücksichtigen, soweit sie zum Stichtag Ehezeitende **90**
bereits dem Grunde und der Höhe nach feststehen und auch ein unverfallbar ausscheidender Mitarbeiter an ihnen partizipiert. Dies ist etwa bei der 1-%-Anpassung nach § 16 Abs. 3 Nr. 1 gegeben. Ob auch Prüfungsanpassungen nach § 16 Abs. 1 (prognostisch) einzubeziehen sind, ist umstritten und höchstrichterlich noch nicht geklärt. Gegen die Berücksichtigung künftiger Prüfungsanpassungen spricht jedenfalls, dass diese zum Stichtag Ehezeitende (§ 5 Abs. 2 S. 1 VersAusglG: Stichtagsprinzip) insbesondere der Höhe nach nicht feststehen und dadurch Prognoseentscheidungen erforderlich würden, die durch die Reform des Versorgungsausgleichsrechts gerade vermieden werden sollten (keine Berücksichtigung nach OLG Stuttgart vom 25.6.2013 – 15 UF 30/12 – n.v. m.w.N. zum Diskussionsstand; vgl. auch OLG Frankfurt vom 7.8.2012 – 1 UF 192/11 – BeckRS 2013, 02537; *Hufer/Karst*, Versorgungsausgleich bei Direktzusagen: Keine Berücksichtigung von Rententrends, DB 2012, 2576; Berücksichtigung nach OLG München vom 22.9.2011 – 16 UF 171/11 – FamRZ 2012, 130; OLG Koblenz vom 5.7.2012 – 11 UF 1132/11 – FamRZ 2013, 462).

Finanzierungsendalter ist regelmäßig die in der Versorgungszusage vorge- **91**
sehene feste Altersgrenze, da auf eine vorgezogene Altersleistung nur abzustellen ist, wenn die Entscheidung hierfür vor Ehezeitende gefallen ist (BGH vom 7.3.2012 – XII ZB 599/10 – FamRZ 2012, 851).

c) Ehezeitanteil. Im Versorgungsausgleich ist nach § 1 Abs. 1 VersAusglG nur **92**
der in der Ehezeit erworbene Teil von Versorgungsanrechten auszugleichen. Ehezeit ist nach § 3 Abs. 1 VersAusglG die Zeit vom ersten Tag des Monats, in dem die Ehe geschlossen wurde, bis zum letzten Tag des Monats vor Zustellung

des Scheidungsantrags. Um zu ermitteln, welcher Teil der insgesamt erworbenen Versorgungsanwartschaft in der Ehezeit erworben worden ist, sieht das Gesetz in § 45 Abs. 2 i.V.m. §§ 39, 40 VersAusglG zwei Ansätze vor, die unmittelbare und die zeitratierliche Bewertung.

93 **aa) Unmittelbare Bewertung.** Nach dem Gesetzeswortlaut (§ 45 Abs. 2 S. 1 VersAusglG) ist der Grundsatz die **unmittelbare Bewertung.** Danach entspricht bei einem Anrecht, dessen Wert sich nach einer Bezugsgröße richtet, die unmittelbar bestimmten Zeitabschnitten zugeordnet werden kann, der Wert des Ehezeitanteils dem Umfang der auf die Ehezeit entfallenden Bezugsgröße. Mögliche Bezugsgrößen sind bspw. die Höhe des Deckungskapitals, die Summe von Rentenbausteinen, die Summe entrichteter Beiträge oder die Dauer der Zugehörigkeit zu einem Versorgungssystem (§ 39 Abs. 2 VersAusglG). Die unmittelbare Bewertung findet bspw. Anwendung auf **beitragsorientierte Leistungszusagen** i.S.d. § 1 Abs. 2 Nr. 1 und **Beitragszusagen mit Mindestleistung** i.S.d. § 1 Abs. 2 Nr. 2 VersAusglG. Bei beitragsorientierten Leistungszusagen ist die unmittelbare Bewertung nach BGH zwingend und auch dann heranzuziehen, wenn arbeitsrechtlich wegen § 30g zeitratierlich zu bewerten ist, da der Wert des gesamten Anrechts im Versorgungsausgleich keine Rolle spiele (BGH vom 6.2.2013 – XII ZB 204/11 – NJW 2013, 1240). Ob der BGH diese Wertung auch aufrechterhält, wenn es im Einzelfall bei einem Gleichlauf zwischen Ehezeit und tatsächlicher Betriebszughörigkeit zu einer Diskrepanz zwischen der (wegen § 30g) tatsächlich erdienten Anwartschaft und deren Ehezeitanteil kommt, bleibt abzuwarten.

94 Bei **versicherungsmathematischen Bausteinplänen** kann die unmittelbare Berwertung anhand der in der Ehezeit zugewiesenen Versorgungsbausteine erfolgen. Für jahresweise zugeordnete Bausteine geben die Gesetzesmaterialien für die unmittelbare Bewertung zwar vor, **angebrochene Jahre** zu Beginn und Ende der Ehezeit anteilig zu berücksichtigen (BT-Drs. 16/10144, 78). Der BGH hat es jedoch nicht beanstandet, die Versicherungssumme bzw. den Kontostand zum Ehezeitende von der Versicherungssumme/dem Kontostand zum Ehezeitbeginn in Abzug zu bringen (BGH vom 6.2.2013 – XII ZB 204/11 – NJW 2013, 1240). Diese von der Gesetzesbegründung abweichende Sichtweise des BGH ist mit Blick auf das **„In-Prinzip"** (BGH vom 3.6.1981 – IVb ZB 764/80, BGHZ 81, 196) konsequent. Hervorzuheben ist zudem, dass bei versicherungsmathematischen Kapitalbausteinplänen mit vorweggenommener Verzinsung bei externer Teilung ungeachtet dieser Form der unmittelbaren Bewertung der hälftige Zeitwert (bei Direktzusage: Barwert) und nicht der hälftige Stand der Kapitalbausteine – der die vorweggenommene Verzinsung bis zur Altersgrenze mit umfasst – an den Zielversorgungsträger auszukehren ist (BGH vom 6.2.2013 – XII ZB 204/11 – NJW 2013, 1240).

95 Bei **fondsorientierten Versorgungszusagen,** bei denen definierte Beiträge zu definierten Zeitpunkten (monatlich bzw. jährlich) verwendet werden, um Anteile an Sicherungsvermögen zu erwerben, nimmt die Praxis die unmittelbare Berwertung verbreitet anhand der in der Ehezeit erworbenen Anteile am Sicherungsvermögen vor. Bezogen auf die externe Teilung einer fondsorientierten privaten Lebensversicherung hat der BGH vorgegeben, dass das Fami-

liengericht aus Gründen der Bestimmtheit nicht die Anzahl von Fondsanteilen **(„offene Tenorierung“),** sondern einen Euro-Betrag festzusetzen habe (BGH vom 29.2.2012 – XII ZB 609/10, NJW 2012, 1287). Ob diese Wertung auf betriebliche Versorgungsanrechte i. Allg. und solche bei interner Teilung im Besonderen übertragbar ist, ist bislang höchstrichterlich nicht entschieden und wird unterschiedlich gesehen (vgl. z.B. OLG Celle vom 28.8.2012 – 10 UF 17/12 – FamRZ 2013, 468, m.w.N. zum Diskussionsstand).

bb) Zeitratierliche Bewertung. § 45 Abs. 2 S. 2 VersAusglG ordnet an, dass dann, wenn die unmittelbare Bewertung nicht möglich ist, eine **zeitratierliche Bewertung** durchzuführen ist. Bei der zeitratierlichen Bewertung eines Anrechts nach dem BetrAVG in der Anwartschaftsphase ist gem. § 45 Abs. 2 S. 3 VersAusglG im ersten Schritt der Wert des Anrechts nach § 45 Abs. 1 VersAusglG zu ermitteln. Das bedeutet, es ist die insgesamt bei Eintritt des Versorgungsfalls erreichbare Leistung hochzurechnen und das betriebsrentenrechtliche m/n-tel nach § 2 Abs. 1 i.V.m. Abs. 4, Abs. 5 zu ermitteln. Dabei ist nach § 45 Abs. 1 S. 2 VersAusglG davon auszugehen, dass die Betriebszugehörigkeit der ausgleichspflichtigen Person spätestens zum Stichtag Ehezeitende geendet hat. Im zweiten Schritt ist nach § 45 Abs. 2 S. 3 VersAusglG der im ersten Schritt ermittelte Wert des Anrechts mit dem Quotienten aus ehezeitlicher Betriebszugehörigkeit und gesamter Betriebszugehörigkeit bis zum Ehezeitende zu multiplizieren. Verkürzt dargestellt ist damit im Ergebnis das Verhältnis von ehezeitlicher Betriebszugehörigkeit zu insgesamt möglicher Betriebszugehörigkeit zu ermitteln. **96**

Bei zeitratierlicher Bewertung laufender Leistungen ist im ersten Schritt abweichend vom soeben Dargestellten nach § 41 Abs. 2 S. 2 VersAusglG von den tatsächlich gewährten Leistungen auszugehen, da § 45 VersAusglG nur für Anwartschaften heranzuziehen ist und für laufende Leistungen die allgemeine Regelung in § 41 VersAusglG maßgeblich ist (BT-Drs. 16/10144, 82). **97**

Geht man von der Wertung des BGH (BGH vom 6.2.2013 – XII ZB 204/11 – NJW 2013, 1240) aus, bezieht sich die zeitratierliche Berwertung ausschließlich auf Leistungszusagen. Zeitratierlich sind bspw. **(endgehaltsbezogene) Leistungszusagen** (BT-Drs. 16/10144, 82) oder **Festbetragszusagen** zu bewerten. **98**

Bei **Leistungszusagen, die rechnerisch unmittelbar bewertet werden könnten,** ist das Verhältnis zwischen unmittelbarer und zeitratierlicher Bewertung noch nicht ausjudiziert. Beispiel hierfür sind Zusagen, bei denen keine Beiträge, sondern Versorgungsleistungen definiert sind, indem jährlich (i.d.R. nicht versicherungsmathematische) Versorgungsbausteine gebildet werden oder bei denen für jedes Beschäftigungsjahr konkret definierte Festbeträge zugesagt sind **(Karrieredurchschnittspläne).** Zwar gibt der Wortlaut des § 45 Abs. 2 S. 2 VersAusglG einen Vorrang der unmittelbaren Bewertung vor und lässt die zeitratierliche Bewertung nur zu, wenn die unmittelbare Bewertung nicht möglich ist. Bei Anrechten, die dem BetrAVG unterfallen, ist jedoch die Besonderheit des **§ 30g** zu beachten. Das Argument des BGH (BGH vom 6.2.2013 – XII ZB 204/11 – NJW 2013, 1240), wonach bei beitragsorientierten Zusagen für den Versorgungsausgleich der Wert des gesamten Anrechts keine Rolle spiele, ist auf Leistungszusagen nicht ohne Weiteres übertragbar, da diese nach **99** der Wertentscheidung des Gesetzgebers proportional während der gesamten Dienstzeit erworben werden (BT-Drs. 7/1281, 24; z.B. auch BAG vom 25.6.2013 – 3 AZR 219/11 – MDR 2013, 1411). Überdies setzen § 40 Abs. 4 VersAusglG und die Gesetzesbegründung zum VersAusglG für endgehaltsbezogene Leistungszusagen die zeitratierliche Bewertung vor (BT-Drs. 16/10144, 82), obgleich diese abhängig von der Planformel rechnerisch z.T. auch unmittelbar bewertet werden könnten.

100 Bei Anrechten, die aus einem nicht unmittelbar bewertbaren Teil (z.B. Initialbaustein) und einem unmittelbar bewertbaren Teil bestehen, ist der Teil, der nicht unmittelbar bewertet werden kann, zeitratierlich zu bewerten (BT-Drs. 16/10144, 78). Praktisch betrifft dies Konstellationen, in denen bei Neuordnungen **Initialbausteine** gebildet und der Future Service als beitragsorientierte Leistungszusage ausgestaltet wurde.

101 Zudem findet die zeitratierliche Bewertung Anwendung, wenn die unmittelbare Bewertung mit einem **unzumutbaren Aufwand** verbunden wäre, etwa dann, wenn zwar die Höhe des gesamten Anrechts, nicht aber die einzelnen ehezeitlichen Beiträge aus den bei dem Versorgungsträger vorhandenen Dokumentationen ersichtlich sind (BT-Drs. 16/10144, 82).

102 **d) Ausgleichswert.** Ausgleichswert ist nach § 1 Abs. 2 VersAusglG die Hälfte des Werts des Ehezeitanteils. Abhängig davon, ob der Ehezeitanteil als Kapitalwert oder als Rentenbetrag geteilt wird, ergeben sich unterschiedliche Teilungsvarianten. Das Gesetz enthält keine Aussage dazu. Die Gesetzesbegründung lässt insgesamt drei Teilungsvarianten zu (BT-Drs. 16/10144, 50), zwischen denen sich der Versorgungsträger des auszugleichenden Anrechts entscheiden kann:

103 **aa) Leistungshalbierung.** Wird die ehezeitanteilige Leistung halbiert, erhält jeder der Ehegatten im gleichen Versorgungsfall im gleichen Lebensalter ehezeitanteilig eine gleich hohe Leistung. Der Gesamtbarwert bzw. das Gesamtdeckungskapital der beiden Anrechte verändert sich bereits im Zeitpunkt der Teilung gegenüber dem des ungeteilten Anrechts. Hintergrund ist, dass für die Ehegatten unterschiedlich lange Zinslaufzeiten und unterschiedliche biometrische Annahmen (Alter, Geschlecht) gelten.

104 Die Leistungshalbierung kommt nicht nur bei Rentenleistungen, sondern auch bei Kapitalleistungen in Betracht (vgl. *Cisch/Hufer*, Umsetzungs- und Gestaltungsmöglichkeiten nach der Strukturreform des Versorgungsausgleichsrechts, BetrAV 2009, 500).

105 **bb) Kapitalwerthalbierung.** Der Kapitalwert des Ehezeitanteils (Barwert oder Deckungskapital) wird hälftig zwischen den Ehegatten aufgeteilt. Aufgrund der unterschiedlichen Zinslaufzeiten und Biometrien (Lebensalter, Geschlecht) der Ehegatten erhält jeder der Ehegatten aus der Hälfte des ihm zustehenden ehezeitanteiligen Kapitalwerts im gleichen Versorgungsfall im gleichen Lebensalter eine unterschiedlich hohe Leistung. Die Gesamtbelastung des Versorgungsträgers bleibt im Zeitpunkt der Teilung gleich. Zur Frage geschlechtsspezifischer Kapitalwertbestimmungen vgl. Rn. 88.

106 **cc) Kapitalwertteilung zur Herbeiführung gleich hoher Leistungen.** Schließlich kann der Kapitalwert zwischen den beiden Ehegatten so aufgeteilt

werden, dass sich im gleichen Versorgungsfall bei gleichem Lebensalter gleich hohe Rentenansprüche ergeben. Den unterschiedlichen Zinslaufzeiten und Biometrien bei den beiden Ehegatten wird dadurch Rechnung getragen, dass der Kapitalwert zwischen den Ehegatten nicht hälftig, sondern so aufgeteilt wird, dass die sich aus dem jeweiligen Kapitalanteil ergebenden Renten gleich hoch sind. Da der maßgebliche Kapitalbetrag bei der Teilung nicht erhöht wird, bleibt die Gesamtbelastung des Versorgungsträgers im Zeitpunkt der Teilung gleich. Zur Frage geschlechtsspezifischer Kapitalwertbestimmungen vgl. Rn. 88, zur Anwendung dieser Teilungsvariante bei Kapitalleistungen vgl. Nachweis in Rn. 104.

e) Korrespondierender Kapitalwert. Nach § 5 Abs. 3 VersAusglG ist dann, wenn es sich bei dem Ausgleichswert nicht um einen Kapitalwert handelt, zusätzlich der korrespondierende Kapitalwert nach § 47 VersAusglG anzugeben. Bei Anrechten nach dem BetrAVG handelt es sich auch beim korrespondierenden Kapitalwert um den Übertragungswert nach § 4 Abs. 5 (§ 47 Abs. 4 S. 1 VersAusglG). Der korrespondierende Kapitalwert ist nach § 47 Abs. 2 VersAusglG der **„Einkaufspreis“** für eine Versorgung in Höhe des Ausgleichswerts für die **ausgleichspflichtige** Person bei dem Versorgungsträger, bei welchem das auszugleichende Anrecht besteht. Seine Bedeutung liegt insbesondere darin, dass der Gesetzgeber durch die Verpflichtung zur Angabe dieses Werts Vereinbarungen der Ehegatten über den Versorgungsausgleich fördern möchte. 107

8. Mitbestimmung

Ob und ggf. bei welchen Gestaltungsmöglichkeiten im Versorgungsausgleich betriebliche Mitbestimmungsrechte bestehen, ist gegenwärtig nicht geklärt. Bedeutung kann der Mitbestimmung jedenfalls **nicht** bezogen auf solche Entscheidungen zukommen, die **ausschließlich** den **ausgleichsberechtigten** Ehegatten betreffen (z.B. interne oder externe Teilung, Leistungsstruktur des für den ausgleichsberechtigten Ehegatten einzurichtenden Anrechts bei interner Teilung). Der ausgleichsberechtigte Ehegatte ist nicht Teil des Belegschaftskollektivs, das durch den Betriebsrat repräsentiert wird. Ebenso dürfte Mitbestimmung **nicht** in Betracht kommen, soweit der Arbeitgeber als Versorgungsträger **ausschließlich gesetzliche Vorgaben** umsetzt, ohne dass ihm Spielraum zur Gestaltung bleibt (Einzelheiten: *Cisch/Hufer*, Umsetzungs- und Gestaltungsmöglichkeiten nach der Strukturreform des Versorgungsausgleichsrechts, BetrAV 2009, 500). 108

Soweit **externe Versorgungsträger** eingeschaltet sind, ist zudem zu beachten, dass selbst eine Verletzung bestehender Mitbestimmungspflichten nur dann eine Unwirksamkeit einer belastenden Maßnahme gegenüber dem betroffenen Arbeitnehmer und damit eine Einstandspflicht des Arbeitgebers nach § 1 Abs. 1 S. 3 mit sich bringt, wenn die Mitbestimmungswidrigkeit kausal für die Benachteiligung des Arbeitnehmers ist. Das ist nach der Rechtsprechung des BAG nicht der Fall, wenn der Arbeitgeber keine Möglichkeit hatte, eine mitbestimmte Entscheidung durchzusetzen (zu einer Gruppenunterstützungskasse: BAG vom 9.5.1989 – 3 AZR 439/88 – DB 1989, 2491). 109

Anhang

1. Allgemeines Gleichbehandlungsgesetz (AGG) [1]

Vom 14. August 2006
(BGBl. I S. 1897)

Zuletzt geändert durch Gesetz vom 3. April 2013
(BGBl. I S. 610)

FNA 402-40

– Auszug –

Abschnitt 1. Allgemeiner Teil

§ 1 Ziel des Gesetzes

Ziel des Gesetzes ist, Benachteiligungen aus Gründen der Rasse oder wegen der ethnischen Herkunft, des Geschlechts, der Religion oder Weltanschauung, einer Behinderung, des Alters oder der sexuellen Identität zu verhindern oder zu beseitigen.

§ 2 Anwendungsbereich

(1) Benachteiligungen aus einem in § 1 genannten Grund sind nach Maßgabe dieses Gesetzes unzulässig in Bezug auf:

...

(2) [1]Für Leistungen nach dem Sozialgesetzbuch gelten § 33c des Ersten Buches Sozialgesetzbuch und § 19a des Vierten Buches Sozialgesetzbuch. [2]Für die betriebliche Altersvorsorge gilt das Betriebsrentengesetz.

...

Abschnitt 2. Schutz der Beschäftigten vor Benachteiligung

Unterabschnitt 1. Verbot der Benachteiligung

...

§ 10 Zulässige unterschiedliche Behandlung wegen des Alters

[1]Ungeachtet des § 8 ist eine unterschiedliche Behandlung wegen des Alters auch zulässig, wenn sie objektiv und angemessen und durch ein legitimes Ziel gerechtfertigt ist. [2]Die Mittel zur Erreichung dieses Ziels müssen angemessen und erforderlich sein. [3]Derartige unterschiedliche Behandlungen können insbesondere Folgendes einschließen:

...

---

[1] Verkündet als Art. 1 des Gesetzes zur Umsetzung europäischer Richtlinien zur Verwirklichung des Grundsatzes der Gleichbehandlung vom 14.8.2006 (BGBl. I S. 1897); Inkrafttreten gem. Art. 4 Satz 1 dieses G am 18.8.2006.

4. die Festsetzung von Altersgrenzen bei den betrieblichen Systemen der sozialen Sicherheit als Voraussetzung für die Mitgliedschaft oder den Bezug von Altersrente oder von Leistungen bei Invalidität einschließlich der Festsetzung unterschiedlicher Altersgrenzen im Rahmen dieser Systeme für bestimmte Beschäftigte oder Gruppen von Beschäftigten und die Verwendung von Alterskriterien im Rahmen dieser Systeme für versicherungsmathematische Berechnungen,

...

2. Konsolidierte Fassung des Vertrags über die Arbeitsweise der Europäischen Union (AEUV)

In der Fassung der Bekanntmachung vom 9. Mai 2008
(ABl. EU Nr. C 115, S. 47)

Zuletzt geändert durch ÄndBeschl. 2012/419/EU vom 11. Juli 2012
(ABl. EU Nr. L 204, S. 131)

– Auszug –

Dritter Teil. Die internen Politiken und Maßnahmen der Union

Titel X. Sozialpolitik

Art. 157 (ex-Artikel 141 EGV) [Gleiches Entgelt für Männer und Frauen]

(1) Jeder Mitgliedstaat stellt die Anwendung des Grundsatzes des gleichen Entgelts für Männer und Frauen bei gleicher oder gleichwertiger Arbeit sicher.

(2) Unter „Entgelt" im Sinne dieses Artikels sind die üblichen Grund- oder Mindestlöhne und -gehälter sowie alle sonstigen Vergütungen zu verstehen, die der Arbeitgeber aufgrund des Dienstverhältnisses dem Arbeitnehmer unmittelbar oder mittelbar in bar oder in Sachleistungen zahlt.

Gleichheit des Arbeitsentgelts ohne Diskriminierung aufgrund des Geschlechts bedeutet,

a) dass das Entgelt für eine gleiche nach Akkord bezahlte Arbeit aufgrund der gleichen Maßeinheit festgesetzt wird,
b) dass für eine nach Zeit bezahlte Arbeit das Entgelt bei gleichem Arbeitsplatz gleich ist.

...

3. Bürgerliches Gesetzbuch (BGB)[1]

In der Fassung der Bekanntmachung vom 2. Januar 2002
(BGBl. I S. 42, ber. BGBl. I S. 2909 und BGBl. I 2003 S. 738)

Zuletzt geändert durch BVerfGE vom 17. Dezember 2013
(BGBl. I 2014 S. 110)

FNA 400-2

– Auszug –

Buch 2. Recht der Schuldverhältnisse

Abschnitt 8. Einzelne Schuldverhältnisse

Titel 8. Dienstvertrag und ähnliche Verträge

Untertitel 1. Dienstvertrag

...

§ 613a Rechte und Pflichten bei Betriebsübergang

(1) [1]Geht ein Betrieb oder Betriebsteil durch Rechtsgeschäft auf einen anderen Inhaber über, so tritt dieser in die Rechte und Pflichten aus den im Zeitpunkt des Übergangs bestehenden Arbeitsverhältnissen ein. [2]Sind diese Rechte und Pflichten durch Rechtsnormen eines Tarifvertrags oder durch eine Betriebsvereinbarung geregelt, so werden sie Inhalt des Arbeitsverhältnisses zwischen dem neuen Inhaber und dem Arbeitnehmer und dürfen nicht vor Ablauf eines Jahres nach dem Zeitpunkt des Übergangs zum Nachteil des Arbeitnehmers geändert werden. [3]Satz 2 gilt nicht, wenn die Rechte und Pflichten bei dem neuen Inhaber durch Rechtsnormen eines anderen Tarifvertrags oder durch eine andere Betriebsvereinbarung geregelt werden. [4]Vor Ablauf der Frist nach Satz 2 können die Rechte und Pflichten geändert werden, wenn der Tarifvertrag oder die Betriebsvereinbarung nicht mehr gilt oder bei fehlender beiderseitiger Tarifgebundenheit im Geltungsbereich eines anderen Tarifvertrags dessen Anwendung zwischen dem neuen Inhaber und dem Arbeitnehmer vereinbart wird.

(2) [1]Der bisherige Arbeitgeber haftet neben dem neuen Inhaber für Verpflichtungen nach Absatz 1, soweit sie vor dem Zeitpunkt des Übergangs entstanden sind und vor Ablauf von einem Jahr nach diesem Zeitpunkt fällig werden, als Gesamtschuldner. [2]Werden solche Verpflichtungen nach dem Zeitpunkt des Übergangs fällig, so haftet der bisherige Arbeitgeber für sie jedoch nur in dem Umfang, der dem im Zeitpunkt des Übergangs abgelaufenen Teil ihres Bemessungszeitraums entspricht.

(3) Absatz 2 gilt nicht, wenn eine juristische Person oder eine Personenhandelsgesellschaft durch Umwandlung erlischt.

(4) [1]Die Kündigung des Arbeitsverhältnisses eines Arbeitnehmers durch den bisherigen Arbeitgeber oder durch den neuen Inhaber wegen des Übergangs eines Betriebs oder eines Betriebsteils ist unwirksam. [2]Das Recht zur Kündigung des Arbeitsverhältnisses aus anderen Gründen bleibt unberührt.

(5) Der bisherige Arbeitgeber oder der neue Inhaber hat die von einem Übergang betroffenen Arbeitnehmer vor dem Übergang in Textform zu unterrichten über:

---

[1] Neubekanntmachung des BGB v. 18.8.1996 (BGBl. S. 195) in der ab 1.1.2002 geltenden Fassung.

1. den Zeitpunkt oder den geplanten Zeitpunkt des Übergangs,
2. den Grund für den Übergang,
3. die rechtlichen, wirtschaftlichen und sozialen Folgen des Übergangs für die Arbeitnehmer und
4. die hinsichtlich der Arbeitnehmer in Aussicht genommenen Maßnahmen.

(6) [1]Der Arbeitnehmer kann dem Übergang des Arbeitsverhältnisses innerhalb eines Monats nach Zugang der Unterrichtung nach Absatz 5 schriftlich widersprechen. [2]Der Widerspruch kann gegenüber dem bisherigen Arbeitgeber oder dem neuen Inhaber erklärt werden.

...

Buch 4. Familienrecht

Abschnitt 1. Bürgerliche Ehe

Titel 7. Scheidung der Ehe

Untertitel 3. Versorgungsausgleich

§ 1587 Verweis auf das Versorgungsausgleichsgesetz

Nach Maßgabe des Versorgungsausgleichsgesetzes findet zwischen den geschiedenen Ehegatten ein Ausgleich von im In- oder Ausland bestehenden Anrechten statt, insbesondere aus der gesetzlichen Rentenversicherung, aus anderen Regelsicherungssystemen wie der Beamtenversorgung oder der berufsständischen Versorgung, aus der betrieblichen Altersversorgung oder aus der privaten Alters- und Invaliditätsvorsorge.

4. Gesetz über den Versorgungsausgleich (Versorgungsausgleichsgesetz – VersAusglG)[1]

Vom 3. April 2009 (BGBl. I 2009 S. 700)

Zuletzt geändert durch Gesetz vom 8. Dezember 2010 (BGBl. I S. 1768)

FNA 404-31

– Auszug –

Teil 1. Der Versorgungsausgleich

Kapitel 1. Allgemeiner Teil

§ 1 Halbteilung der Anrechte

(1) Im Versorgungsausgleich sind die in der Ehezeit erworbenen Anteile von Anrechten (Ehezeitanteile) jeweils zur Hälfte zwischen den geschiedenen Ehegatten zu teilen.

(2) [1]Ausgleichspflichtige Person im Sinne dieses Gesetzes ist diejenige, die einen Ehezeitanteil erworben hat. [2]Der ausgleichsberechtigten Person steht die Hälfte des Werts des jeweiligen Ehezeitanteils (Ausgleichswert) zu.

---

[1] Verkündet als Art. 1 des Gesetzes zur Strukturreform des Versorgungsausgleichs (VAStrRefG) vom 3.4.2009 (BGBl. I S. 700); Inkrafttreten gem. Art. 23 Satz 1 dieses G am 1.9.2009.

§ 2 Auszugleichende Anrechte

(1) Anrechte im Sinne dieses Gesetzes sind im In- oder Ausland bestehende Anwartschaften auf Versorgungen und Ansprüche auf laufende Versorgungen, insbesondere aus der gesetzlichen Rentenversicherung, aus anderen Regelsicherungssystemen wie der Beamtenversorgung oder der berufsständischen Versorgung, aus der betrieblichen Altersversorgung oder aus der privaten Alters- und Invaliditätsvorsorge.

(2) Ein Anrecht ist auszugleichen, sofern es
1. durch Arbeit oder Vermögen geschaffen oder aufrechterhalten worden ist,
2. der Absicherung im Alter oder bei Invalidität, insbesondere wegen verminderter Erwerbsfähigkeit, Berufsunfähigkeit oder Dienstunfähigkeit, dient und
3. auf eine Rente gerichtet ist; ein Anrecht im Sinne des Betriebsrentengesetzes oder des Altersvorsorgeverträge-Zertifizierungsgesetzes ist unabhängig von der Leistungsform auszugleichen.

(3) Eine Anwartschaft im Sinne dieses Gesetzes liegt auch vor, wenn am Ende der Ehezeit eine für das Anrecht maßgebliche Wartezeit, Mindestbeschäftigungszeit, Mindestversicherungszeit oder ähnliche zeitliche Voraussetzung noch nicht erfüllt ist.

(4) Ein güterrechtlicher Ausgleich für Anrechte im Sinne dieses Gesetzes findet nicht statt.

...

§ 5 Bestimmung von Ehezeitanteil und Ausgleichswert

(1) Der Versorgungsträger berechnet den Ehezeitanteil des Anrechts in Form der für das jeweilige Versorgungssystem maßgeblichen Bezugsgröße, insbesondere also in Form von Entgeltpunkten, eines Rentenbetrags oder eines Kapitalwerts.

(2) [1]Maßgeblicher Zeitpunkt für die Bewertung ist das Ende der Ehezeit. [2]Rechtliche oder tatsächliche Veränderungen nach dem Ende der Ehezeit, die auf den Ehezeitanteil zurückwirken, sind zu berücksichtigen.

(3) Der Versorgungsträger unterbreitet dem Familiengericht einen Vorschlag für die Bestimmung des Ausgleichswerts und, falls es sich dabei nicht um einen Kapitalwert handelt, für einen korrespondierenden Kapitalwert nach § 47.

(4) [1]In Verfahren über Ausgleichsansprüche nach der Scheidung nach den §§ 20 und 21 oder den §§ 25 und 26 ist grundsätzlich nur der Rentenbetrag zu berechnen. [2]Allgemeine Wertanpassungen des Anrechts sind zu berücksichtigen.

(5) Die Einzelheiten der Wertermittlung ergeben sich aus den §§ 39 bis 47.

...

Kapitel 2. Ausgleich

Abschnitt 2. Wertausgleich bei der Scheidung

Unterabschnitt 2. Interne Teilung

§ 10 Interne Teilung

(1) Das Familiengericht überträgt für die ausgleichsberechtigte Person zulasten des Anrechts der ausgleichspflichtigen Person ein Anrecht in Höhe des Ausgleichswerts bei dem Versorgungsträger, bei dem das Anrecht der ausgleichspflichtigen Person besteht (interne Teilung).

(2) [1]Sofern nach der internen Teilung durch das Familiengericht für beide Ehegatten Anrechte gleicher Art bei demselben Versorgungsträger auszugleichen sind, vollzieht dieser den Ausgleich nur in Höhe des Wertunterschieds nach Verrechnung. [2]Satz 1 gilt ent-

sprechend, wenn verschiedene Versorgungsträger zuständig sind und Vereinbarungen zwischen ihnen eine Verrechnung vorsehen.

(3) Maßgeblich sind die Regelungen über das auszugleichende und das zu übertragende Anrecht.

§ 11 Anforderungen an die interne Teilung

(1) [1]Die interne Teilung muss die gleichwertige Teilhabe der Ehegatten an den in der Ehezeit erworbenen Anrechten sicherstellen. [2]Dies ist gewährleistet, wenn im Vergleich zum Anrecht der ausgleichspflichtigen Person
1. für die ausgleichsberechtigte Person ein eigenständiges und entsprechend gesichertes Anrecht übertragen wird,
2. ein Anrecht in Höhe des Ausgleichswerts mit vergleichbarer Wertentwicklung entsteht und
3. der gleiche Risikoschutz gewährt wird; der Versorgungsträger kann den Risikoschutz auf eine Altersversorgung beschränken, wenn er für das nicht abgesicherte Risiko einen zusätzlichen Ausgleich bei der Altersversorgung schafft.

(2) Für das Anrecht der ausgleichsberechtigten Person gelten die Regelungen über das Anrecht der ausgleichspflichtigen Person entsprechend, soweit nicht besondere Regelungen für den Versorgungsausgleich bestehen.

§ 12 Rechtsfolge der internen Teilung von Betriebsrenten

Gilt für das auszugleichende Anrecht das Betriebsrentengesetz, so erlangt die ausgleichsberechtigte Person mit der Übertragung des Anrechts die Stellung eines ausgeschiedenen Arbeitnehmers im Sinne des Betriebsrentengesetzes.

§ 13 Teilungskosten des Versorgungsträgers

Der Versorgungsträger kann die bei der internen Teilung entstehenden Kosten jeweils hälftig mit den Anrechten beider Ehegatten verrechnen, soweit sie angemessen sind.

Unterabschnitt 3. Externe Teilung

§ 14 Externe Teilung

(1) Das Familiengericht begründet für die ausgleichsberechtigte Person zulasten des Anrechts der ausgleichspflichtigen Person ein Anrecht in Höhe des Ausgleichswerts bei einem anderen Versorgungsträger als demjenigen, bei dem das Anrecht der ausgleichspflichtigen Person besteht (externe Teilung).

(2) Eine externe Teilung ist nur durchzuführen, wenn
1. die ausgleichsberechtigte Person und der Versorgungsträger der ausgleichspflichtigen Person eine externe Teilung vereinbaren oder
2. der Versorgungsträger der ausgleichspflichtigen Person eine externe Teilung verlangt und der Ausgleichswert am Ende der Ehezeit bei einem Rentenbetrag als maßgeblicher Bezugsgröße höchstens 2 Prozent, in allen anderen Fällen als Kapitalwert höchstens 240 Prozent der monatlichen Bezugsgröße nach § 18 Abs. 1 des Vierten Buches Sozialgesetzbuch beträgt.

(3) § 10 Abs. 3 gilt entsprechend.

(4) Der Versorgungsträger der ausgleichspflichtigen Person hat den Ausgleichswert als Kapitalbetrag an den Versorgungsträger der ausgleichsberechtigten Person zu zahlen.

(5) Eine externe Teilung ist unzulässig, wenn ein Anrecht durch Beitragszahlung nicht mehr begründet werden kann.

§ 15 Wahlrecht hinsichtlich der Zielversorgung

...

(5) Übt die ausgleichsberechtigte Person ihr Wahlrecht nicht aus, so erfolgt die externe Teilung durch Begründung eines Anrechts in der gesetzlichen Rentenversicherung.

...

§ 17 Besondere Fälle der externen Teilung von Betriebsrenten

Ist ein Anrecht im Sinne des Betriebsrentengesetzes aus einer Direktzusage oder einer Unterstützungskasse auszugleichen, so darf im Fall des § 14 Abs. 2 Nr. 2 der Ausgleichswert als Kapitalwert am Ende der Ehezeit höchstens die Beitragsbemessungsgrenze in der allgemeinen Rentenversicherung nach den §§ 159 und 160 des Sechsten Buches Sozialgesetzbuch erreichen.

Unterabschnitt 4. Ausnahmen

...

§ 19 Fehlende Ausgleichsreife

(1) Ist ein Anrecht nicht ausgleichsreif, so findet insoweit ein Wertausgleich bei der Scheidung nicht statt. § 5 Abs. 2 gilt entsprechend.

(2) Ein Anrecht ist nicht ausgleichsreif,

1. wenn es dem Grund oder der Höhe nach nicht hinreichend verfestigt ist, insbesondere als noch verfallbares Anrecht im Sinne des Betriebsrentengesetzes,

...

(4) Ausgleichsansprüche nach der Scheidung gemäß den §§ 20 bis 26 bleiben unberührt.

...

Teil 2. Wertermittlung

Kapitel 2. Sondervorschriften für bestimmte Versorgungsträger

...

§ 45 Sondervorschriften für Anrechte nach dem Betriebsrentengesetz

(1) [1]Bei einem Anrecht im Sinne des Betriebsrentengesetzes ist der Wert des Anrechts als Rentenbetrag nach § 2 des Betriebsrentengesetzes oder der Kapitalwert nach § 4 Abs. 5 des Betriebsrentengesetzes maßgeblich. [2]Hierbei ist anzunehmen, dass die Betriebszugehörigkeit der ausgleichspflichtigen Person spätestens zum Ehezeitende beendet ist.

(2) [1]Der Wert des Ehezeitanteils ist nach den Grundsätzen der unmittelbaren Bewertung zu ermitteln. [2]Ist dies nicht möglich, so ist eine zeitratierliche Bewertung durchzuführen. [3]Hierzu ist der nach Absatz 1 ermittelte Wert des Anrechts mit dem Quotienten zu multiplizieren, der aus der ehezeitlichen Betriebszugehörigkeit und der gesamten Betriebszugehörigkeit bis zum Ehezeitende zu bilden ist.

(3) Die Absätze 1 und 2 gelten nicht für ein Anrecht, das bei einem Träger einer Zusatzversorgung des öffentlichen oder kirchlichen Dienstes besteht.

...

Kapitel 3. Korrespondierender Kapitalwert als Hilfsgröße

§ 47 Berechnung des korrespondierenden Kapitalwerts

(1) Der korrespondierende Kapitalwert ist eine Hilfsgröße für ein Anrecht, dessen Ausgleichswert nach § 5 Abs. 3 nicht bereits als Kapitalwert bestimmt ist.

(2) Der korrespondierende Kapitalwert entspricht dem Betrag, der zum Ende der Ehezeit aufzubringen wäre, um beim Versorgungsträger der ausgleichspflichtigen Person für sie ein Anrecht in Höhe des Ausgleichswerts zu begründen.

...

(4) [1]Für ein Anrecht im Sinne des Betriebsrentengesetzes gilt der Übertragungswert nach § 4 Abs. 5 des Betriebsrentengesetzes als korrespondierender Kapitalwert. [2]Für ein Anrecht, das bei einem Träger einer Zusatzversorgung des öffentlichen oder kirchlichen Dienstes besteht, ist als korrespondierender Kapitalwert der Barwert im Sinne des Absatzes 5 zu ermitteln.

5. Handelsgesetzbuch [HGB – ohne Seehandel]

Vom 10. Mai 1897 (RGBl. S. 219)

Zuletzt geändert durch Gesetz vom 4. Oktober 2013 (BGBl. I S. 3746)

BGBl. III/FNA 4100-1

– Auszug –

Drittes Buch. Handelsbücher

Erster Abschnitt. Vorschriften für alle Kaufleute

Zweiter Unterabschnitt. Eröffnungsbilanz. Jahresabschluß

Zweiter Titel. Ansatzvorschriften

§ 246 Vollständigkeit. Verrechnungsverbot

...

(2) ... [2]Vermögensgegenstände, die dem Zugriff aller übrigen Gläubiger entzogen sind und ausschließlich der Erfüllung von Schulden aus Altersversorgungsverpflichtungen oder vergleichbaren langfristig fälligen Verpflichtungen dienen, sind mit diesen Schulden zu verrechnen; entsprechend ist mit den zugehörigen Aufwendungen und Erträgen aus der Abzinsung und aus dem zu verrechnenden Vermögen zu verfahren. [3]Übersteigt der beizulegende Zeitwert der Vermögensgegenstände den Betrag der Schulden, ist der übersteigende Betrag unter einem gesonderten Posten zu aktivieren.

...

§ 249 Rückstellungen

(1) [1]Rückstellungen sind für ungewisse Verbindlichkeiten und für drohende Verluste aus schwebenden Geschäften zu bilden. [2]Ferner sind Rückstellungen zu bilden für

1. im Geschäftsjahr unterlassene Aufwendungen für Instandhaltung, die im folgenden Geschäftsjahr innerhalb von drei Monaten, oder für Abraumbeseitigung, die im folgenden Geschäftsjahr nachgeholt werden,
2. Gewährleistungen, die ohne rechtliche Verpflichtung erbracht werden.

(2) [1]Für andere als die in Absatz 1 bezeichneten Zwecke dürfen Rückstellungen nicht gebildet werden. [2]Rückstellungen dürfen nur aufgelöst werden, soweit der Grund hierfür entfallen ist.

…

Dritter Titel. Bewertungsvorschriften

…

§ 253 Zugangs- und Folgebewertung

(1) … [2]Verbindlichkeiten sind zu ihrem Erfüllungsbetrag und Rückstellungen in Höhe des nach vernünftiger kaufmännischer Beurteilung notwendigen Erfüllungsbetrages anzusetzen. [3]Soweit sich die Höhe von Altersversorgungsverpflichtungen ausschließlich nach dem beizulegenden Zeitwert von Wertpapieren im Sinn des § 266 Abs. 2 A. III. 5 bestimmt, sind Rückstellungen hierfür zum beizulegenden Zeitwert dieser Wertpapiere anzusetzen, soweit er einen garantierten Mindestbetrag übersteigt. [4]Nach § 246 Abs. 2 Satz 2 zu verrechnende Vermögensgegenstände sind mit ihrem beizulegenden Zeitwert zu bewerten. [5]Kleinstkapitalgesellschaften (§ 267a) dürfen eine Bewertung zum beizulegenden Zeitwert nur vornehmen, wenn sie von keiner der in § 264 Absatz 1 Satz 5, § 266 Absatz 1 Satz 4, § 275 Absatz 5 und § 326 Absatz 2 vorgesehenen Erleichterungen Gebrauch machen. [6]In diesem Fall erfolgt die Bewertung der Vermögensgegenstände nach Satz 1, auch soweit eine Verrechnung nach § 246 Absatz 2 Satz 2 vorgesehen ist.

(2) [1]Rückstellungen mit einer Restlaufzeit von mehr als einem Jahr sind mit dem ihrer Restlaufzeit entsprechenden durchschnittlichen Marktzinssatz der vergangenen sieben Geschäftsjahre abzuzinsen. [2]Abweichend von Satz 1 dürfen Rückstellungen für Altersversorgungsverpflichtungen oder vergleichbare langfristig fällige Verpflichtungen pauschal mit dem durchschnittlichen Marktzinssatz abgezinst werden, der sich bei einer angenommenen Restlaufzeit von 15 Jahren ergibt. [3]Die Sätze 1 und 2 gelten entsprechend für auf Rentenverpflichtungen beruhende Verbindlichkeiten, für die eine Gegenleistung nicht mehr zu erwarten ist. [4]Der nach den Sätzen 1 und 2 anzuwendende Abzinsungszinssatz wird von der Deutschen Bundesbank nach Maßgabe einer Rechtsverordnung ermittelt und monatlich bekannt gegeben. [5]In der Rechtsverordnung nach Satz 4, die nicht der Zustimmung des Bundesrates bedarf, bestimmt das Bundesministerium der Justiz im Benehmen mit der Deutschen Bundesbank das Nähere zur Ermittlung der Abzinsungszinssätze, insbesondere die Ermittlungsmethodik und deren Grundlagen, sowie die Form der Bekanntgabe.

…

§ 255 Bewertungsmaßstäbe

…

(2) … [3]Bei der Berechnung der Herstellungskosten dürfen angemessene Teile der Kosten der allgemeinen Verwaltung sowie angemessene Aufwendungen für soziale Einrichtungen des Betriebs, für freiwillige soziale Leistungen und für die betriebliche Altersversorgung einbezogen werden, soweit diese auf den Zeitraum der Herstellung entfallen. …

…

Zweiter Abschnitt. Ergänzende Vorschriften für Kapitalgesellschaften (Aktiengesellschaften, Kommanditgesellschaften auf Aktien und Gesellschaften mit beschränkter Haftung) sowie bestimmte Personenhandelsgesellschaften

Erster Unterabschnitt. Jahresabschluß der Kapitalgesellschaft und Lagebericht

Fünfter Titel. Anhang

§ 285 Sonstige Pflichtangaben

[1]Ferner sind im Anhang anzugeben:

...

9. für die Mitglieder des Geschäftsführungsorgans, eines Aufsichtsrats, eines Beirats oder einer ähnlichen Einrichtung jeweils für jede Personengruppe

...

b) die Gesamtbezüge (Abfindungen, Ruhegehälter, Hinterbliebenenbezüge und Leistungen verwandter Art) der früheren Mitglieder der bezeichneten Organe und ihrer Hinterbliebenen. Buchstabe a Satz 2 und 3 ist entsprechend anzuwenden. Ferner ist der Betrag der für diese Personengruppe gebildeten Rückstellungen für laufende Pensionen und Anwartschaften auf Pensionen und der Betrag der für diese Verpflichtungen nicht gebildeten Rückstellungen anzugeben;

...

...

Vierter Abschnitt. Ergänzende Vorschriften für Unternehmen bestimmter Geschäftszweige

Zweiter Unterabschnitt. Ergänzende Vorschriften für Versicherungsunternehmen und Pensionsfonds

Dritter Titel. Bewertungsvorschriften

§ 341b Bewertung von Vermögensgegenständen.

(1) [1]Versicherungsunternehmen haben immaterielle Vermögensgegenstände, soweit sie entgeltlich erworben wurden, Grundstücke, grundstücksgleiche Rechte und Bauten einschließlich der Bauten auf fremden Grundstücken, technische Anlagen und Maschinen, andere Anlagen, Betriebs- und Geschäftsausstattung, Anlagen im Bau und Vorräte nach den für das Anlagevermögen geltenden Vorschriften zu bewerten. [2]Satz 1 ist vorbehaltlich Absatz 2 und § 341c auch auf Kapitalanlagen anzuwenden, soweit es sich hierbei um Beteiligungen, Anteile an verbundenen Unternehmen, Ausleihungen an verbundene Unternehmen oder an Unternehmen, mit denen ein Beteiligungsverhältnis besteht, Namensschuldverschreibungen, Hypothekendarlehen und andere Forderungen und Rechte, sonstige Ausleihungen und Depotforderungen aus dem in Rückdeckung übernommenen Versicherungsgeschäft handelt. [3]§ 253 Abs. 3 Satz 4 ist nur auf die in Satz 2 bezeichneten Vermögensgegenstände anzuwenden.

(2) [1]Auf Kapitalanlagen, soweit es sich hierbei um Aktien einschließlich der eigenen Anteile, Anteile oder Aktien an Investmentvermögen sowie sonstige festverzinsliche und nicht festverzinsliche Wertpapiere handelt, sind die für das Umlaufvermögen geltenden § 253 Abs. 1 Satz 1, Abs. 4 und 5, § 256, anzuwenden, es sei denn, dass sie dazu bestimmt werden, dauernd dem Geschäftsbetrieb zu dienen; in diesem Fall sind sie nach den für das Anlagevermögen geltenden Vorschriften zu bewerten.

(3) § 256 Satz 2 in Verbindung mit § 240 Abs. 3 über die Bewertung zum Festwert ist auf Grundstücke, Bauten und im Bau befindliche Anlagen nicht anzuwenden.

(4) Verträge, die von Pensionsfonds bei Lebensversicherungsunternehmen zur Deckung von Verpflichtungen gegenüber Versorgungsberechtigten eingegangen werden, sind mit dem Zeitwert unter Berücksichtigung des Grundsatzes der Vorsicht zu bewerten; die Absätze 1 bis 3 sind insoweit nicht anzuwenden.

...

§ 341d Anlagestock der fondsgebundenen Lebensversicherung

Kapitalanlagen für Rechnung und Risiko von Inhabern von Lebensversicherungen, für die ein Anlagestock nach § 54b des Versicherungsaufsichtsgesetzes zu bilden ist, sind mit dem Zeitwert unter Berücksichtigung des Grundsatzes der Vorsicht zu bewerten; die §§ 341b, 341c sind nicht anzuwenden.

Achter Titel. Straf- und Bußgeldvorschriften, Ordnungsgelder

§ 341m Strafvorschriften

[1]Die Strafvorschriften der §§ 331 bis 333 sind auch auf nicht in der Rechtsform einer Kapitalgesellschaft betriebene Versicherungsunternehmen und Pensionsfonds anzuwenden.

...

6. Einführungsgesetz zum Handelsgesetzbuch [EGHGB]

Vom 10. Mai 1897 (RGBl. S. 437)

Zuletzt geändert durch Gesetz vom 4. Oktober 2013 (BGBl. I S. 3746)

BGBl. III/FNA 4101-1

– Auszug –

Zweiter Abschnitt. Übergangsvorschriften zum Bilanzrichtlinien-Gesetz

...

Art. 28 [Pensionsrückstellungen]

(1) [1]Für eine laufende Pension oder eine Anwartschaft auf eine Pension auf Grund einer unmittelbaren Zusage braucht eine Rückstellung nach § 249 Abs. 1 Satz 1 des Handelsgesetzbuchs nicht gebildet zu werden, wenn der Pensionsberechtigte seinen Rechtsanspruch vor dem 1. Januar 1987 erworben hat oder sich ein vor diesem Zeitpunkt erworbener Rechtsanspruch nach dem 31. Dezember 1986 erhöht. [2]Für eine mittelbare Verpflichtung aus einer Zusage für eine laufende Pension oder eine Anwartschaft auf eine Pension sowie für eine ähnliche unmittelbare oder mittelbare Verpflichtung braucht eine Rückstellung in keinem Fall gebildet zu werden.

(2) Bei Anwendung des Absatzes 1 müssen Kapitalgesellschaften die in der Bilanz nicht ausgewiesenen Rückstellungen für laufende Pensionen, Anwartschaften auf Pensionen und ähnliche Verpflichtungen jeweils im Anhang und im Konzernanhang in einem Betrag angeben.

...

7. Gesetz über die Zertifizierung von Altersvorsorge- und Basisrentenverträgen (Altersvorsorgeverträge-Zertifizierungsgesetz – AltZertG)

Vom 26. Juni 2001 (BGBl. I S. 1322)

Zuletzt geändert durch Gesetz vom 18. Dezember 2013 (BGBl. I S. 4318)

FNA 860-6-20

– Auszug –

§ 1 Begriffsbestimmungen zum Altersvorsorgevertrag

(1) [1]Ein Altersvorsorgevertrag im Sinne dieses Gesetzes liegt vor, wenn zwischen dem Anbieter und einer natürlichen Person (Vertragspartner) eine Vereinbarung in deutscher Sprache geschlossen wird,

1. *[aufgehoben]*
2. die für den Vertragspartner eine lebenslange und unabhängig vom Geschlecht berechnete Altersversorgung vorsieht, die nicht vor Vollendung des 62. Lebensjahres oder einer vor Vollendung des 62. Lebensjahres beginnenden Leistung aus einem gesetzlichen Alterssicherungssystem des Vertragspartners (Beginn der Auszahlungsphase) gezahlt werden darf; Leistungen aus einer ergänzenden Absicherung der verminderten Erwerbsfähigkeit oder Dienstunfähigkeit und einer zusätzlichen Absicherung der Hinterbliebenen können vereinbart werden; Hinterbliebene in diesem Sinne sind der Ehegatte und die Kinder, für die dem Vertragspartner zum Zeitpunkt des Eintritts des Versorgungsfalles ein Anspruch auf Kindergeld oder ein Freibetrag nach § 32 Abs. 6 des Einkommensteuergesetzes zugestanden hätte; der Anspruch auf Waisenrente oder Waisengeld darf längstens für den Zeitraum bestehen, in dem der Rentenberechtigte die Voraussetzungen für die Berücksichtigung als Kind im Sinne des § 32 des Einkommensteuergesetzes erfüllt;
3. in welcher der Anbieter zusagt, dass zu Beginn der Auszahlungsphase zumindest die eingezahlten Altersvorsorgebeiträge für die Auszahlungsphase zur Verfügung stehen und für die Leistungserbringung genutzt werden; sofern Beitragsanteile zur Absicherung der verminderten Erwerbsfähigkeit oder Dienstunfähigkeit oder zur Hinterbliebenenabsicherung verwendet werden, sind bis zu 20 Prozent der Gesamtbeiträge in diesem Zusammenhang nicht zu berücksichtigen; das gilt auch für den Fall, dass das gebildete Kapital zu Beginn der Auszahlungsphase nach Nummer 10 Buchstabe b auf einen anderen Altersvorsorgevertrag übertragen wird;
4. die monatliche Leistungen* für den Vertragspartner in Form einer
   a) lebenslangen Leibrente oder Ratenzahlungen im Rahmen eines Auszahlungsplans mit einer anschließenden Teilkapitalverrentung ab spätestens dem 85. Lebensjahr vorsieht; die Leistungen müssen während der gesamten Auszahlungsphase gleich bleiben oder steigen; Anbieter und Vertragspartner können vereinbaren, dass bis zu zwölf Monatsleistungen in einer Auszahlung zusammengefasst werden oder eine Kleinbetragsrente nach § 93 Abs. 3 des Einkommensteuergesetzes abgefunden wird; bis zu 30 Prozent des zu Beginn der Auszahlungsphase zur Verfügung stehenden Kapitals kann an den Vertragspartner außerhalb der monatlichen Leistungen ausgezahlt werden; die gesonderte Auszahlung der in der Auszahlungsphase anfallenden Zinsen und Erträge ist zulässig;

* Red. Anm.: amtl. Fehler. Müsste wohl „Leistung“ heißen.

b) lebenslangen Verminderung des monatlichen Nutzungsentgelts für eine vom Vertragspartner selbst genutzte Genossenschaftswohnung vorsieht oder eine zeitlich befristete Verminderung mit einer anschließenden Teilkapitalverrentung ab spätestens dem 85. Lebensjahr vorsieht; die Leistungen müssen während der gesamten Auszahlungsphase gleich bleiben oder steigen; die Ansparleistung muss in diesem Fall durch die Einzahlung auf weitere Geschäftsanteile an einer eingetragenen Genossenschaft erfolgen; die weiteren Geschäftsanteile gelten mit Beginn der Auszahlungsphase als gekündigt; Buchstabe a Teilsatz 3 bis 5 gilt entsprechend;

5. die einen Erwerb weiterer Geschäftsanteile an einer eingetragenen Genossenschaft nur zulässt, wenn der Vertragspartner im Zeitpunkt des Abschlusses des Altersvorsorgevertrags sowie in den neun Monaten davor eine Genossenschaftswohnung des Anbieters durchgehend selbst genutzt hat und bei Erwerb weiterer Geschäftsanteile an einer eingetragenen Genossenschaft vorsieht, dass
   a) im Fall der Aufgabe der Selbstnutzung der Genossenschaftswohnung, des Ausschlusses, des Ausscheidens des Mitglieds oder der Auflösung der Genossenschaft die Möglichkeit eingeräumt wird, dass mindestens die eingezahlten Altersvorsorgebeiträge und die gutgeschriebenen Erträge auf einen vom Vertragspartner zu bestimmenden Altersvorsorgevertrag übertragen werden, und
   b) die auf die weiteren Geschäftsanteile entfallenden Erträge nicht ausgezahlt, sondern für den Erwerb weiterer Geschäftsanteile verwendet werden;

6.–7. *[aufgehoben]*

8. die vorsieht, dass die angesetzten Abschluss- und Vertriebskosten gleichmäßig mindestens auf die ersten fünf Vertragsjahre verteilt werden, soweit sie nicht als Prozentsatz von den Altersvorsorgebeiträgen abgezogen werden;

9. *[aufgehoben]*

10. die dem Vertragspartner bis zum Beginn der Auszahlungsphase einen Anspruch gewährt,
    a) den Vertrag ruhen zu lassen,
    b) den Vertrag mit einer Frist von drei Monaten zum Ende eines Kalendervierteljahres zu kündigen, um das gebildete Kapital auf einen anderen auf seinen Namen lautenden Altersvorsorgevertrag mit einer Vertragsgestaltung nach diesem Absatz desselben oder eines anderen Anbieters übertragen zu lassen, oder
    c) mit einer Frist von drei Monaten zum Ende eines Kalendervierteljahres eine Auszahlung des gebildeten Kapitals für eine Verwendung im Sinne des § 92a des Einkommensteuergesetzes zu verlangen;

    soweit es sich um den Erwerb weiterer Geschäftsanteile an einer Genossenschaft handelt, gilt der erste Halbsatz mit der Maßgabe, dass die weiteren Geschäftsanteile mit einer Frist von drei Monaten zum Ende des Geschäftsjahres gekündigt werden können und die Auszahlung des auf die weiteren Geschäftsanteile entfallenden Geschäftsguthabens binnen sechs Monaten nach Wirksamwerden der Kündigung verlangt werden kann;

11. die im Fall der Verminderung des monatlichen Nutzungsentgelts für eine vom Vertragspartner selbst genutzte Genossenschaftswohnung dem Vertragspartner bei Aufgabe der Selbstnutzung der Genossenschaftswohnung in der Auszahlungsphase einen Anspruch gewährt, den Vertrag mit einer Frist von nicht mehr als drei Monaten zum Ende des Geschäftsjahres zu kündigen, um spätestens binnen sechs Monaten nach Wirksamwerden der Kündigung das noch nicht verbrauchte Kapital auf einen anderen auf seinen Namen lautenden Altersvorsorgevertrag desselben oder eines anderen Anbieters übertragen zu lassen.

[2]Ein Altersvorsorgevertrag im Sinne dieses Gesetzes kann zwischen dem Anbieter und dem Vertragspartner auch auf Grundlage einer rahmenvertraglichen Vereinbarung mit einer Vereinigung geschlossen werden, wenn der begünstigte Personenkreis die Voraussetzungen des § 10a des Einkommensteuergesetzes erfüllt. [3]Bei einer Übertragung des nach Satz 1 Nummer 10 Buchstabe b gekündigten Kapitals ist es unzulässig, dass der Anbieter des bisherigen Altersvorsorgevertrags dem Vertragspartner Kosten in Höhe von mehr als 150 Euro in Rechnung stellt. [4]Bei der Berechnung der Abschluss- und Vertriebskosten sind vom Anbieter des neuen Altersvorsorgevertrags maximal 50 Prozent des übertragenen, im Zeitpunkt der Übertragung des nach § 10a oder Abschnitt XI des Einkommensteuergesetzes geförderten Kapitals zu berücksichtigen.

(1a) [1]Als Altersvorsorgevertrag gilt auch ein Vertrag,

1. der für den Vertragspartner einen Rechtsanspruch auf Gewährung eines Darlehens vorsieht,
2. der dem Vertragspartner einen Rechtsanspruch auf Gewährung eines Darlehens einräumt, sowie der darauf beruhende Darlehensvertrag; der Vertrag kann auch mit einer Vertragsgestaltung nach Absatz 1 zu einem einheitlichen Vertrag zusammengefasst werden,
3. der dem Vertragspartner einen Rechtsanspruch auf Gewährung eines Darlehens einräumt und bei dem unwiderruflich vereinbart wird, dass dieses Darlehen durch Altersvorsorgevermögen getilgt wird, welches in einem Altersvorsorgevertrag nach Absatz 1 oder Nummer 2 gebildet wird; beide Vertragsbestandteile (Darlehensvertrag und Altersvorsorgevertrag nach Absatz 1 oder Nummer 2) gelten als einheitlicher Vertrag.

[2]Das Darlehen ist für eine wohnungswirtschaftliche Verwendung im Sinne des § 92a Abs. 1 Satz 1 des Einkommensteuergesetzes einzusetzen und ist spätestens bis zur Vollendung des 68. Lebensjahres des Vertragspartners zu tilgen. [3]Absatz 1 Satz 1 Nr. 8 gilt entsprechend.

...

§ 2 Begriffsbestimmungen zum Basisrentenvertrag

(1) [1]Ein Basisrentenvertrag im Sinne dieses Gesetzes liegt vor, wenn zwischen dem Anbieter und einer natürlichen Person (Vertragspartner) eine Vereinbarung in deutscher Sprache geschlossen wird, die die Voraussetzungen des § 10 Absatz 1 Nummer 2 Buchstabe b Doppelbuchstabe aa des Einkommensteuergesetzes erfüllt. [2]Dies gilt entsprechend, wenn zum Aufbau einer kapitalgedeckten betrieblichen Altersversorgung eine Vereinbarung, die die Anforderungen des § 10 Absatz 1 Nummer 2 Buchstabe b Doppelbuchstabe aa des Einkommensteuergesetzes erfüllt, zwischen dem Anbieter und dem Arbeitgeber zugunsten des Arbeitnehmers geschlossen wird.

(1a) Ein Basisrentenvertrag im Sinne dieses Gesetzes liegt auch vor, wenn zwischen dem Anbieter und einer natürlichen Person (Vertragspartner) eine Vereinbarung in deutscher Sprache geschlossen wird, die die Voraussetzungen des § 10 Absatz 1 Nummer 2 Buchstabe b Doppelbuchstabe bb des Einkommensteuergesetzes erfüllt und bei der vorgesehen ist, dass der Anbieter

1. eine teilweise Erwerbsminderung anerkennt, wenn ärztlich prognostiziert wird, dass der Vertragspartner wegen Krankheit, Körperverletzung oder Behinderung voraussichtlich für mindestens zwölf Monate außerstande ist, unter den üblichen Bedingungen des allgemeinen Arbeitsmarktes mindestens sechs Stunden täglich erwerbstätig zu sein oder eine volle Erwerbsminderung anerkennt, wenn ärztlich prognostiziert wird, dass der Vertragspartner wegen Krankheit, Körperverletzung oder Behinderung voraussichtlich für mindestens zwölf Monate außerstande ist, unter den üblichen Bedingungen des allgemeinen Arbeitsmarktes mindestens drei Stunden täglich erwerbstätig zu sein; die ver-

sicherte Leistung ist bei einer teilweisen Erwerbsminderung mindestens zur Hälfte und bei voller Erwerbsminderung in voller Höhe zu erbringen;
2. von dem Kalendermonat an leistet, zu dessen Beginn die teilweise oder volle Erwerbsminderung eingetreten ist, wenn die Leistung bis zum Ende des 36. Kalendermonats nach Ablauf des Monats des Eintritts der teilweisen oder vollen Erwerbsminderung beantragt wird; wird der Antrag zu einem späteren Zeitpunkt gestellt, ist die Leistung ab dem Kalendermonat zu gewähren, der 36 Monate vor dem Monat der Beantragung liegt;
3. auf Antrag des Vertragspartners die Beiträge für die Absicherung der teilweisen oder vollen Erwerbsminderung ab dem Zeitpunkt der Geltendmachung der Ansprüche auf eine teilweise oder volle Erwerbsminderung bis zur endgültigen Entscheidung über die Leistungspflicht zinslos und ohne andere Auflagen stundet;
4. für die Absicherung der teilweisen oder vollen Erwerbsminderung auf das Kündigungsrecht nach § 19 Absatz 3 Satz 2 und das Abänderungsrecht nach § 19 Absatz 4 des Versicherungsvertragsgesetzes verzichtet, wenn der Vertragspartner seine Anzeigepflicht schuldlos verletzt hat; und
5. die medizinische Mitwirkungspflicht des Vertragspartners zur Feststellung und nach der Feststellung der teilweisen oder vollen Erwerbsminderung auf zumutbare und medizinisch indizierte ärztliche Untersuchungs- und Behandlungsleistungen beschränkt.

(2) [1]Anbieter eines Basisrentenvertrages im Sinne dieses Gesetzes sind die Anbieter im Sinne des § 1 Abs. 2, einschließlich der Pensionskassen im Sinne des § 118a des Versicherungsaufsichtsgesetzes, sowie der Pensionsfonds im Sinne des § 112 des Versicherungsaufsichtsgesetzes.

...

8. Gesetz über die Beaufsichtigung der Versicherungsunternehmen (Versicherungsaufsichtsgesetz – VAG)

In der Fassung der Bekanntmachung vom 17. Dezember 1992
(BGBl. 1993 I S. 2)

Zuletzt geändert durch Gesetz vom 28. August 2013
(BGBl. I S. 3395)

FNA 7631-1

– Auszug –

I. Einleitende Vorschriften

§ 1 Aufsichtspflichtige Unternehmen

(1) Der Aufsicht nach diesem Gesetz unterliegen
1. Unternehmen, die den Betrieb von Versicherungsgeschäften zum Gegenstand haben und nicht Träger der Sozialversicherung sind (Versicherungsunternehmen),
2. Pensionsfonds im Sinne des § 112 Abs. 1 und
3. Versicherungs-Zweckgesellschaften im Sinne des § 121g.

...

§ 1a Öffentlich-rechtliche Versorgungseinrichtungen

(1) Für öffentlich-rechtliche Versicherungsunternehmen des öffentlichen Dienstes oder der Kirchen, die ausschließlich die Alters-, Invaliditäts- oder Hinterbliebenenversorgung zum Gegenstand haben, gelten nur § 13 Abs. 1, die §§ 14, 54 Abs. 4 Satz 1 Nr. 1 und Satz 2, § 55 Abs. 1 und 2, § 55a sowie die §§ 81, 81a, 82, 83, 83a, 86, 88, 89 und 89a.

(2) [1]Soweit öffentlich-rechtliche Einrichtungen, einschließlich der rechtlich unselbstständigen kommunalen und kirchlichen Zusatzversorgungskassen und der Versorgungsanstalt des Bundes und der Länder, im Wege der freiwilligen Versicherung Leistungen der Altersvorsorge anbieten, ist für die diesen Geschäften entsprechenden Verbindlichkeiten und Vermögenswerte ein separater Abrechnungsverband einzurichten. [2]Die Verbindlichkeiten und Vermögenswerte werden ohne die Möglichkeit einer Übertragung getrennt von den anderen Geschäften der Einrichtung verwaltet und organisiert. [3]Auf den Abrechnungsverband finden die Vorschriften dieses Gesetzes über die Geschäfte der Pensionskassen entsprechend Anwendung; die Einrichtungen unterliegen insoweit auch der Versicherungsaufsicht.

...

VII. Einrichtungen der betrieblichen Altersversorgung

1. Pensionsfonds

§ 112 Definition

(1) [1]Ein Pensionsfonds ist eine rechtsfähige Versorgungseinrichtung, die

1. im Wege des Kapitaldeckungsverfahrens Leistungen der betrieblichen Altersversorgung für einen oder mehrere Arbeitgeber zugunsten von Arbeitnehmern erbringt,
2. die Höhe der Leistungen oder die Höhe der für diese Leistungen zu entrichtenden künftigen Beiträge nicht für alle vorgesehenen Leistungsfälle durch versicherungsförmige Garantien zusagen darf,
3. den Arbeitnehmern einen eigenen Anspruch auf Leistung gegen den Pensionsfonds einräumt und
4. verpflichtet ist, die Altersversorgungsleistung als lebenslange Zahlung oder als Einmalkapitalzahlung zu erbringen.

Eine lebenslange Zahlung im Sinne des Satzes 1 Nummer 4 kann mit einem teilweisen oder vollständigen Kapitalwahlrecht verbunden werden.

(1a) [1]Pensionsfonds können Renten als Altersversorgungsleistungen abweichend von Absatz 1 Satz 1 Nr. 4 erbringen, solange Beitragszahlungen durch den Arbeitgeber auch in der Rentenbezugszeit vorgesehen sind. [2]Ein fester Termin für das Zahlungsende darf nicht vorgesehen werden. [3]Satz 1 gilt nicht für Zusagen im Sinne des § 1 Abs. 2 Nr. 2 des Betriebsrentengesetzes.

(2) Pensionsfonds bedürfen zum Geschäftsbetrieb der Erlaubnis der Aufsichtsbehörde.

(3) Als Arbeitnehmer im Sinne dieser Vorschrift gelten auch ehemalige Arbeitnehmer sowie die unter § 17 Abs. 1 Satz 2 des Gesetzes zur Verbesserung der betrieblichen Altersversorgung fallenden Personen.

§ 113 Anzuwendende Vorschriften

(1) Für Pensionsfonds im Sinne des § 112 gelten die auf die Lebensversicherungsunternehmen anzuwendenden Vorschriften dieses Gesetzes entsprechend, soweit dieses Gesetz keine abweichenden Regelungen oder Maßgaben enthält.

(2) Von den auf die Lebensversicherungsunternehmen anzuwendenden Vorschriften dieses Gesetzes gelten für Pensionsfonds die folgenden Vorschriften nur mit einer Maßgabe entsprechend:

1. § 5 Abs. 3 Nr. 2 mit der Maßgabe, dass mit dem Antrag auf Erlaubnis die Pensionspläne einzureichen sind; Pensionspläne sind die im Rahmen des Geschäftsplanes ausgestalteten Bedingungen zur planmäßigen Leistungserbringung im Versorgungsfall;
2. § 5 Abs. 4 mit der Maßgabe, dass § 114 Abs. 2 an die Stelle des § 53c Abs. 2 tritt;
3. § 7 Abs. 1 mit der Maßgabe, dass die Erlaubnis nur Aktiengesellschaften einschließlich der Europäischen Gesellschaft (SE) und Pensionsfondsvereinen auf Gegenseitigkeit erteilt werden darf; für Pensionsfondsvereine auf Gegenseitigkeit gelten die Vorschriften über Versicherungsvereine auf Gegenseitigkeit entsprechend, soweit nichts anderes bestimmt ist;
4. § 10a mit der Maßgabe, dass der Arbeitnehmer die Angaben der Anlage Teil D erhält;

4a. § 11a Abs. 3 mit der Maßgabe, dass jeweils § 116 Abs. 1 an die Stelle des § 65 Abs. 1 tritt;

4b. § 11b Satz 2 mit der Maßgabe, dass der unabhängige Treuhänder zudem ausreichende Kenntnisse im Bereich der betrieblichen Altersversorgung erworben haben muss;

5. § 13 Abs. 1 mit der Maßgabe, dass die Genehmigungspflicht nicht für Pensionspläne gilt; Änderungen und die Einführung neuer Pensionspläne werden erst nach drei Monaten wirksam, falls die Aufsichtsbehörde nicht vorher die Unbedenklichkeit feststellt;
6. § 64a Absatz 1 Satz 4 Nummer 3 und Absatz 7 Nummer 3 mit der Maßgabe, dass im Rahmen der Anforderungen an geeignete interne Steuerungs- und Kontrollsysteme die Besonderheiten von Einrichtungen der betrieblichen Altersversorgung zu berücksichtigen sind;
7. § 81 mit der Maßgabe, dass an die Stelle der Belange der Versicherten die Belange der Versorgungsanwärter und Versorgungsempfänger treten und dass Gegenstand der rechtlichen Aufsicht auch die Einhaltung der im Bereich der betrieblichen Altersversorgung von den Einrichtungen zu beachtenden arbeits- und sozialrechtlichen Vorschriften ist;
8. § 81a mit der Maßgabe, dass an die Stelle der Belange der Versicherten die Belange der Versorgungsanwärter und Versorgungsempfänger und an die Stelle der Versicherungsverhältnisse die Versorgungsverhältnisse treten;

8a. § 81b Abs. 4 mit der Maßgabe, dass § 115 Abs. 2 an die Stelle des § 54 Abs. 3 tritt;

9. § 81c mit der Maßgabe, dass an die Stelle der Belange der Versicherten die Belange der Versorgungsanwärter und Versorgungsempfänger tritt;
10. § 81e mit der Maßgabe, dass an die Stelle der Versicherungsnehmer* die Versorgungsanwärter und Versorgungsempfänger treten;
11. § 101 mit der Maßgabe, dass an Stelle der Versicherungsentgelte die Pensionsfondsbeiträge maßgeblich sind.

(3) Nicht anwendbar sind § 6 Abs. 1 Satz 2, Abs. 4, § 9, §§ 13a bis 13c, § 14 Abs. 2, §§ 53, 53b und 53c Abs. 1 bis 3c, § 54 Abs. 1 bis 3, §§ 54b, 54c und 56b Absatz 3 und 4, §§ 64, 65, 66 Abs. 7,§§ 80c bis 80f, § 85 Satz 2, § 88 Abs. 1 Satz 2, Abs. 3 Satz 1, 3 und 4, Abs. 4 Satz 2, §§ 88a und 89b, §§ 110a und 110b, §§ 111 bis 111g sowie §§ 122, 123.

(4) Hängt die Höhe der Versorgungsleistungen von der Wertentwicklung eines nach Maßgabe des Pensionsplans gebildeten Investmentvermögens ab, ist für dieses Investmentvermögen entsprechend den §§ 67, 101, 120, 135, 148 und 158 des Kapitalanlagegesetzbuchs oder entsprechend § 44 des Investmentgesetzes in der bis zum 21. Juli 2013 geltenden Fassung gesondert Rechnung zu legen; § 101 Absatz 2 des Kapitalanlagegesetzbuchs oder § 44 Absatz 2 des Investmentgesetzes in der bis zum 21. Juli 2013 geltenden Fassung ist nicht anzuwenden.

---

* Red. Anm.: Richtig wohl: „Versicherten".

(5) Die Aufsichtsbehörde hat die Europäische Aufsichtsbehörde für das Versicherungswesen und die betriebliche Altersversorgung über jede Untersagung der Geschäftstätigkeit eines Pensionsfonds zu unterrichten.

§ 114 Kapitalausstattung

(1) [1]Pensionsfonds sind verpflichtet, zur Sicherstellung der dauernden Erfüllbarkeit der Verträge stets über freie unbelastete Eigenmittel mindestens in Höhe der geforderten Solvabilitätsspanne zu verfügen, die sich nach dem gesamten Geschäftsumfang bemisst. [2]Ein Drittel der Solvabilitätsspanne gilt als Garantiefonds.

(2) Das Bundesministerium der Finanzen wird ermächtigt, durch Rechtsverordnung, die nicht der Zustimmung des Bundesrates bedarf, zur Sicherstellung einer ausreichenden Solvabilität von Pensionsfonds Vorschriften zu erlassen

1. über die Berechnung und die Höhe der Solvabilitätsspanne,
2. über den für Pensionsfonds maßgeblichen Mindestbetrag des Garantiefonds, seine Berechnung sowie damit zusammenhängende Genehmigungsbefugnisse einschließlich des Verfahrens,
3. darüber, was als Eigenmittel im Sinne von Absatz 1 anzusehen ist und in welchem Umfang sie auf die Solvabilitätsspanne angerechnet werden dürfen,
4. darüber, dass der Aufsichtsbehörde über die Solvabilitätsspanne und die Eigenmittel zu berichten ist, sowie über Form und Inhalt dieses Berichts.

§ 115 Vermögensanlage

(1) [1]Pensionsfonds haben unter Berücksichtigung der jeweiligen Pensionspläne Sicherungsvermögen zu bilden. [2]Die Bestände der Sicherungsvermögen und des sonstigen gebundenen Vermögens sind in einer der Art und Dauer der zu erbringenden Altersversorgung entsprechenden Weise unter Berücksichtigung der Festlegungen des jeweiligen Pensionsplans anzulegen. [3]Die gesamten Vermögenswerte eines Pensionsfonds sind so anzulegen, dass möglichst große Sicherheit und Rentabilität bei ausreichender Liquidität des Pensionsfonds unter Wahrung angemessener Mischung und Streuung insgesamt erreicht wird.

(2) Die Bundesregierung wird ermächtigt, durch Rechtsverordnung, die nicht der Zustimmung des Bundesrates bedarf, zur Sicherstellung der dauernden Erfüllbarkeit des jeweiligen Pensionsplans unter Berücksichtigung der Anlageformen des Artikels 23 der Richtlinie über Lebensversicherungen und der Festlegungen im Pensionsplan hinsichtlich des Anlagerisikos und des Trägers dieses Risikos Einzelheiten nach Maßgabe des Absatzes 1 festzulegen. [2]Dies beinhaltet insbesondere quantitative und qualitative Vorgaben nach Maßgabe des Artikels 23 der Richtlinie über Lebensversicherungen zur Anlage des gebundenen Vermögens, zu seiner Kongruenz und Belegenheit festzulegen sowie Anlagen beim Trägerunternehmen zu beschränken.

(2a) Die dauernde Erfüllbarkeit eines Pensionsplans kann auch bei einer vorübergehenden Unterdeckung als gewährleistet angesehen werden, wenn diese 5 vom Hundert des Betrags der Rückstellungen nicht übersteigt und die Belange der Versorgungsanwärter und -empfänger gewährleistet sind. In diesem Fall ist ein zwischen Arbeitgeber und Pensionsfonds vereinbarter Sanierungsplan erforderlich, der der Genehmigung der Aufsichtsbehörde bedarf. Der Plan muss folgende Bedingungen erfüllen:

a) aus dem Plan muss hervorgehen, wie die zur vollständigen Bedeckung der versicherungstechnischen Rückstellungen erforderliche Höhe der Vermögenswerte innerhalb eines angemessenen Zeitraums erreicht werden soll; der Zeitraum darf drei Jahre nicht überschreiten;
b) bei der Erstellung des Plans ist die besondere Situation des Pensionsfonds zu berücksichtigen, insbesondere die Struktur seiner Aktiva und Passiva, sein Risikoprofil, sein Li-

quiditätsplan, das Altersprofil der Versorgungsberechtigten, oder die Tatsache, dass es sich um ein neu geschaffenes System handelt.

Die Genehmigung ist zu erteilen, wenn durch den Arbeitgeber die Erfüllung der Nachschusspflicht zur vollständigen Bedeckung der Rückstellungen durch Bürgschaft oder Garantie eines geeigneten Kreditinstituts oder in anderer geeigneter Weise sichergestellt ist. Der Pensionsfonds hat dem Pensionssicherungsverein die Vereinbarung unverzüglich zur Kenntnis zu geben.

(2b) [1]Für Pensionspläne nach § 112 Abs. 1a gilt Absatz 2a mit der Maßgabe, dass die Unterdeckung 10 vom Hundert des Betrags der Rückstellungen nicht übersteigt. [2]Die Frist, bis zu der die vollständige Bedeckung wieder erreicht werden soll, kann von der Aufsichtsbehörde verlängert werden; sie darf insgesamt zehn Jahre nicht überschreiten.

(3) [1]Die Pensionsfonds sind verpflichtet, jährlich, nach einer wesentlichen Änderung der Anlagepolitik zudem unverzüglich, ihre Anlagepolitik gegenüber der Aufsichtsbehörde darzulegen. [2]Hierzu haben sie eine Erklärung über die Grundsätze der Anlagepolitik zu übersenden, die Angaben über das Verfahren zur Risikobewertung und zum Risikomanagement sowie zur Strategie in Bezug auf den jeweiligen Pensionsplan, insbesondere die Aufteilung der Vermögenswerte je nach Art und Dauer der Altersversorgungsleistungen, enthält.

(4) Der Pensionsfonds muss die Versorgungsberechtigten grundsätzlich schriftlich bei Vertragsschluss sowie jährlich schriftlich darüber informieren, ob und wie er ethische, soziale und ökologische Belange bei der Verwendung der eingezahlten Beiträge berücksichtigt.

§ 116 Deckungsrückstellung

(1) [1]Das Bundesministerium der Finanzen wird ermächtigt, durch Rechtsverordnung zur Berechnung der Deckungsrückstellung unter Beachtung der Grundsätze ordnungsmäßiger Buchführung

1. einen oder mehrere Höchstwerte für den Rechnungszins festzusetzen;
2. die Grundsätze der versicherungsmathematischen Rechnungsgrundlagen für die Berechnung der Deckungsrückstellung festzulegen.

[2]In der Verordnung nach Satz 1 kann der Bundesanstalt die Befugnis übertragen werden, bei bestimmten, nicht auf Euro lautenden Versicherungsverträgen den Höchstzinssatz sowie Näheres hierzu nach pflichtgemäßem Ermessen festzusetzen. [3]Die Ermächtigung kann durch Rechtsverordnung auf die Bundesanstalt übertragen werden. [4]Diese erlässt die Vorschriften im Benehmen mit den Aufsichtsbehörden der Länder.

(2) Die Rechtsverordnungen nach Absatz 1 sind im Einvernehmen mit dem Bundesministerium der Justiz zu erlassen; sie bedürfen nicht der Zustimmung des Bundesrates.

§ 117 Grenzüberschreitende Tätigkeit von Pensionsfonds

(1) [1]Pensionsfonds dürfen nach Maßgabe der Absätze 2 bis 6 in anderen Mitglied- und Vertragsstaaten Geschäft betreiben. [2]Auf dieses Geschäft sind § 112 Abs. 1 Satz 1 Nr. 2 bis 4, Satz 2, Abs. 1a und § 115 Abs. 2a und 2b nicht anzuwenden. [3]Die Aufsichtsbehörde kann für dieses Geschäft die Bildung eines gesonderten Sicherungsvermögens verlangen.

(2) [1]Pensionsfonds haben ihre Absicht, betriebliche Altersversorgung für ein Trägerunternehmen mit Sitz in einem anderen Mitglied- oder Vertragsstaat durchzuführen, unter Angabe des betreffenden Mitglied- oder Vertragsstaats anzuzeigen. [2]Gleichzeitig sind der Name des Trägerunternehmens und die Hauptmerkmale des für das Trägerunternehmen zu betreibenden Altersversorgungssystems anzugeben.

(3) [1]Nach Eingang der Anzeige prüft die Aufsichtsbehörde die rechtliche Zulässigkeit der beabsichtigten Tätigkeit, insbesondere die Angemessenheit der Verwaltungsstruktur, der Finanzlage und der Qualifikation der Geschäftsleiter im Verhältnis zu der beabsichtig-

ten Tätigkeit. [2]Bei Unbedenklichkeit übermittelt sie die nach Absatz 2 vorgelegten Angaben binnen drei Monaten nach Erhalt den zuständigen Behörden des anderen Mitglied- oder Vertragsstaats und benachrichtigt hierüber den Pensionsfonds.

(4) [1]Die Aufsichtsbehörde übermittelt dem Pensionsfonds die von den zuständigen Behörden des anderen Mitglied- oder Vertragsstaats binnen zwei Monaten nach Erhalt der Mitteilung nach Absatz 3 Satz 2 erteilten Informationen über die einschlägigen sozial- und arbeitsrechtlichen Vorschriften im Bereich der betrieblichen Altersversorgung sowie über die Vorschriften des Tätigkeitslandes, die nach Artikel 18 Abs. 7 und Artikel 20 Abs. 7 der Richtinie 2003/41/EG des Europäischen Parlaments und des Rates vom 3. Juni 2003 über die Tätigkeiten und die Beaufsichtigung von Einrichtungen der betrieblichen Altersversorgung (ABl. EU Nr. L 235 S. 10) anzuwenden sind. [2]Nach Erhalt der Mitteilung nach Satz 1 oder bei Nichtäußerung der zuständigen Behörden nach Ablauf der in Satz 1 genannten Frist darf der Pensionsfonds die Tätigkeit im Einklang mit den in Satz 1 genannten Vorschriften aufnehmen. Die Aufsichtsbehörde teilt der Europäischen Aufsichtsbehörde für das Versicherungswesen und die betriebliche Altersversorgung mit, in welchen Mitglied- oder Vertragsstaaten der Pensionsfonds tätig ist. Die Aufsichtsbehörde unterrichtet diese Behörde unverzüglich über die dem betreffenden Pensionsfonds erteilte Erlaubnis zum Geschäftsbetrieb, wenn dieser erstmals berechtigt ist, grenzüberschreitend tätig zu werden.

(5) [1]Die Aufsichtsbehörde trifft gegebenenfalls in Abstimmung mit den zuständigen Behörden des anderen Mitglied- oder Vertragsstaats die erforderlichen Maßnahmen, um sicherzustellen, dass der Pensionsfonds die von diesen Behörden festgestellten Verstöße gegen sozial- und arbeitsrechtliche Vorschriften unterbindet. [2]Verstößt das Unternehmen weiterhin gegen die in Satz 1 genannten Vorschriften, kann die Aufsichtsbehörde die Tätigkeit des Unternehmens untersagen oder einschränken.

(6) [1]Bei Pensionsfonds, die der Landesaufsicht unterliegen, informiert die zuständige Landesaufsichtsbehörde die Bundesanstalt über die Anzeige des Unternehmens. [2]Die Bundesanstalt leistet der Landesaufsichtsbehörde auf Anforderung Unterstützung bei der Durchführung des Notifikationsverfahrens und von Maßnahmen nach Absatz 5.

(7) Für die Erweiterung des Geschäftsbetriebs auf ein Gebiet außerhalb der Mitglied- und Vertragsstaaten gilt § 13 Abs. 3 entsprechend.

§ 117a Zusammenarbeit mit der Europäischen Aufsichtsbehörde für das Versicherungswesen und die betriebliche Altersversorgung im Bereich der betrieblichen Altersversorgung

(1) Die Aufsichtsbehörde arbeitet gemäß der Verordnung (EU) Nr. 1094/2010 für die Zwecke der Richtlinie 2003/41/EG mit der Europäischen Aufsichtsbehörde für das Versicherungswesen und die betriebliche Altersversorgung zusammen.

(2) Die Aufsichtsbehörde unterrichtet die Europäische Aufsichtsbehörde für das Versicherungswesen und die betriebliche Altersversorgung über nationale Aufsichtsvorschriften, die für den Bereich der betrieblichen Altersversorgungssysteme relevant sind, soweit es sich nicht um nationale sozial- oder arbeitsrechtliche Vorschriften handelt. Änderungen des Inhalts von Angaben, die gemäß Satz 1 übermittelt werden, teilt die Aufsichtsbehörde regelmäßig, spätestens alle zwei Jahre der Behörde mit.

(3) Die Aufsichtsbehörde stellt der Europäischen Aufsichtsbehörde für das Versicherungswesen und die betriebliche Altersversorgung gemäß Artikel 35 der Verordnung (EU) Nr. 1094/2010 auf Verlangen unverzüglich alle für die Erfüllung ihrer Aufgaben aufgrund der Richtlinie 2003/41/EG und der Verordnung (EU) Nr. 1094/2010 erforderlichen Informationen zur Verfügung.

§ 118 Gesonderte Verordnungen

§ 5 Abs. 6, § 11a Abs. 6, § 55a, § 56b Absatz 2, § 57 Abs. 2, § 81c Abs. 3 und 3a, § 104 Abs. 6 und § 104g Abs. 2 finden mit der Maßgabe Anwendung, dass das Bundesministerium der Finanzen ermächtigt wird, auf ihrer Grundlage gesonderte Rechtsverordnungen für Pensionsfonds zu erlassen. Die Rechtsverordnungen bedürfen nicht der Zustimmung des Bundesrates.

2. Pensionskassen

§ 118a Definition

Eine Pensionskasse ist ein rechtlich selbständiges Lebensversicherungsunternehmen, dessen Zweck die Absicherung wegfallenden Erwerbseinkommens wegen Alters, Invalidität oder Tod ist und das

1. das Versicherungsgeschäft im Wege des Kapitaldeckungsverfahrens betreibt,
2. Leistungen grundsätzlich erst ab dem Zeitpunkt des Wegfalls des Erwerbseinkommens vorsieht; soweit das Erwerbseinkommen teilweise wegfällt, können die allgemeinen Versicherungsbedingungen anteilige Leistungen vorsehen,
3. Leistungen im Todesfall nur an Hinterbliebene erbringen darf, wobei für Dritte ein Sterbegeld begrenzt auf die Höhe der gewöhnlichen Bestattungskosten vereinbart werden kann,
4. der versicherten Person einen eigenen Anspruch auf Leistung gegen die Pensionskasse einräumt oder Leistungen als Rückdeckungsversicherung erbringt.

§ 118b Anzuwendende Vorschriften

(1) [1]Für Pensionskassen gelten die §§ 58 und 59 dieses Gesetzes und § 341k des Handelsgesetzbuchs. [2]Für Pensionskassen gelten § 113 Absatz 2 Nummer 4b, 5, 6 und 7, Absatz 4 und 5 sowie § 115 Abs. 3 und Abs. 4 entsprechend; § 5 Abs. 3 Nr. 2 gilt mit der Maßgabe, dass mit dem Antrag auf Erlaubnis auch die allgemeinen Versicherungsbedingungen einzureichen sind.

(2) [1]Sofern es sich um kleinere Vereine handelt, gilt für Pensionskassen abweichend von § 53 auch § 29. [2]Die Satzung hat zu bestimmen, dass der Vorstand vom Aufsichtsrat oder vom obersten Organ zu bestellen ist. [3]Abweichend von § 11a Abs. 3 Nr. 2 hat der Verantwortliche Aktuar die versicherungsmathematische Bestätigung auch bei einem kleineren Verein abzugeben. [4]Er hat darüber hinaus auch zu bestätigen, dass die Voraussetzungen der auf § 118d Abs. 1 erlassenen Rechtsverordnung eingehalten sind.

(3) [1]Pensionskassen in der Rechtsform des Versicherungsvereins auf Gegenseitigkeit können bei der Bundesanstalt beantragen, reguliert zu werden, wenn

1. ihre Satzung vorsieht, dass Versicherungsansprüche gekürzt werden dürfen,
2. nach ihrer Satzung mindestens 50 Prozent der Mitglieder der obersten Vertretung durch die Versicherten oder ihre Vertreter besetzt werden sollen, bei Pensionskassen, die nur das Rückdeckungsgeschäft betreiben, muss ein solches Recht den Versicherungsnehmern eingeräumt werden,
3. sie ausschließlich die unter § 17 des Betriebsrentengesetzes fallenden Personen, die Geschäftsleiter oder Inhaber der Trägerunternehmen sowie solche Personen versichert, die der Pensionskasse durch Gesetz zugewiesen werden oder ihr Versicherungsverhältnis mit der Pensionskasse nach Beendigung ihres Arbeitsverhältnisses fortführen, und
4. sie keine rechnungsmäßigen Abschlusskosten für die Vermittlung von Versicherungsverträgen erheben und sie auch keine Vergütung für die Vermittlung oder den Abschluss von Versicherungsverträgen gewähren,

(regulierte Pensionskassen). [2]Pensionskassen, bei denen die Bundesanstalt festgestellt hat, dass sie die Voraussetzungen des § 156a Abs. 3 Satz 1 in der Fassung vom 15. Dezember 2004 erfüllen, können den Antrag ebenfalls stellen. [3]Die Bundesanstalt genehmigt den Antrag, wenn die Voraussetzungen dieses Absatzes vorliegen. [4]Für regulierte Pensionskassen gelten § 5 Abs. 3 Nr. 2, § 11a Abs. 5, § 113 Abs. 2 Nr. 4 und § 157 Abs. 1 entsprechend, im Übrigen gelten Absatz 1 und 2.

(4) Separate Abrechnungsverbände nach § 1a Abs. 2, Pensionskassen unter Landesaufsicht und Pensionskassen, die aufgrund eines allgemeinverbindlichen Tarifvertrages errichtete gemeinsame Einrichtungen im Sinne des § 4 Abs. 2 des Tarifvertragsgesetzes sind, gelten immer als regulierte Pensionskassen.

(5) [1]Erfüllen Pensionskassen nicht mehr die Voraussetzungen des Absatz 3 oder des Absatzes 4, stellt die Bundesanstalt den Wegfall durch Bescheid fest. [2]Für Versicherungsverhältnisse, die vor dem im Bescheid genannten Zeitpunkt in Kraft getreten sind, gilt § 11c entsprechend, soweit ihnen ein von der Bundesanstalt genehmigter Geschäftsplan zu Grunde liegt. [3]§ 11b gilt in diesen Fällen nicht.

(6) Für die am 2. September 2005 zugelassenen Pensionskassen, die nicht die Voraussetzungen des Absatzes 3 oder des Absatzes 4 erfüllen, gelten Absatz 5 Satz 2 und Satz 3 entsprechend.

(7) Absatz 1 und 2 sowie Absatz 5 und 6 treten am 1. Januar 2006 in Kraft.

§ 118c Grenzüberschreitende Tätigkeit von Pensionskassen

[1]Für die grenzüberschreitende Tätigkeit von Pensionskassen gilt § 117 mit Ausnahme des Absatzes 1 Satz 2 entsprechend; die §§ 13a bis 13c sind nicht anzuwenden. [2]Auf die Geschäfte im Ausland ist § 118a Nr. 2 und 3 nicht anzuwenden.

§ 118d Rechtsverordungsermächtigungen

(1) Das Bundesministerium der Finanzen wird ermächtigt, durch Rechtsverordnung für Lebensversicherungsverträge von Pensionskassen, denen kein genehmigter Geschäftsplan zu Grunde liegt,

1. bei Pensionskassen mit kollektiven Finanzierungssystemen, die versicherungsmathematischen Methoden zur Berechnung der Prämien einschließlich der Prämienänderungen und der mathematischen Rückstellungen, namentlich der Deckungsrückstellung, insbesondere zur Berücksichtigung der maßgeblichen Annahmen zur Sterblichkeit, zur Alters- und Geschlechtsabhängigkeit des Risikos, zur Stornowahrscheinlichkeit, Annahmen über die Zusammensetzung des Bestandes und des Neuzugangs, des Zinssatzes einschließlich der Höhe der Sicherheitszuschläge und die Grundsätze für die Bemessung der sonstigen Zuschläge, festzulegen;
2. bei Pensionskassen, bei denen vertraglich sowohl Arbeitnehmer als auch Arbeitgeber zur Prämienzahlung verpflichtet sind, festzulegen, wie der auf die Arbeitnehmer entfallende Teil der überrechnungsmäßigen Erträge zu bestimmen ist und welche Beteiligung der Arbeitnehmer an diesen Erträgen angemessen im Sinne des § 81c ist.

Die Ermächtigung kann durch Rechtsverordnung auf die Bundesanstalt übertragen werden. Diese erlässt die Vorschriften im Benehmen mit den Aufsichtsbehörden der Länder. Rechtsverordnungen nach den Sätzen 1 bis 3 bedürfen nicht der Zustimmung des Bundesrates.

(2) Die Rechtsverordnungen nach Absatz 1 Nr. 1 sind im Einvernehmen mit dem Bundesministerium der Justiz zu erlassen.

3. Einrichtungen der betrieblichen Altersversorgung mit Sitz im Ausland

§ 118e Einrichtungen mit Sitz in einem anderen Mitglied- oder Vertragsstaat

(1) Zugelassene Einrichtungen der betrieblichen Altersversorgung mit Sitz in einem anderen Mitglied- oder Vertragsstaat dürfen nach Maßgabe der folgenden Absätze im Inland Geschäft betreiben.

(2) [1]Die Bundesanstalt informiert die zuständigen Behörden des Herkunftsmitgliedstaats binnen zwei Monaten ab Erhalt der Angaben nach Artikel 20 Abs. 3 der Richtlinie 2003/41/EG über die sozial- und arbeitsrechtlichen Vorschriften im Bereich der betrieblichen Altersversorgung sowie über die Regelungen des Absatzes 5. [2]Nach Erhalt der Mitteilung der Bundesanstalt über die zuständigen Behörden oder bei Nichtäußerung der zuständigen Behörden nach Ablauf der in Satz 1 genannten Frist darf die Einrichtung den Betrieb des Altersversorgungssystems im Einklang mit den in Satz 1 genannten Vorschriften im Inland aufnehmen.

(3) Die Bundesanstalt stellt fest, welchem Durchführungsweg im Sinne des § 1b Abs. 2 bis 4 des Betriebsrentengesetzes die Einrichtung zuzuordnen ist und übermittelt die Feststellung an die Einrichtung und den Pensions-Sicherungs-Verein Versicherungsverein auf Gegenseitigkeit.

(4) Die Bundesanstalt benachrichtigt die zuständigen Behörden des Herkunftsmitgliedstaats über wesentliche Änderungen der arbeits- und sozialrechtlichen Vorschriften, die sich auf die Merkmale des Altersversorgungssystems auswirken können, und über wesentliche Änderungen der Regelung des Absatzes 5.

(5) [1]Zugelassene Einrichtungen der betrieblichen Altersversorgung mit Sitz in einem anderen Mitglied- oder Vertragsstaat haben zusätzlich zu ihren nationalen aufsichtsrechtlichen Vorschriften für den Fall ihrer Geschäftstätigkeit in Deutschland folgende Vorgaben zu beachten:

1. Die Einrichtung darf nicht mehr als 5 vom Hundert ihrer Vermögenswerte in Aktien und anderen aktienähnlichen Wertpapieren, Anleihen, Schuldverschreibungen und anderen Geld- und Kapitalmarktinstrumenten desselben Unternehmens und nicht mehr als 10 vom Hundert dieser Vermögenswerte in Aktien und anderen aktienähnlichen Wertpapieren, Anleihen, Schuldverschreibungen und anderen Geld- und Kapitalmarktinstrumenten von Unternehmen anlegen, die einer einzigen Unternehmensgruppe angehören; für Anlagen, bei denen § 3 Abs. 2 der Anlageverordnung höhere Streuungsquoten vorsieht, gelten die in der Anlageverordnung genannten Quoten.
2. Die Einrichtung darf nicht mehr als 30 vom Hundert dieser Vermögenswerte in Vermögenswerten anlegen, die auf andere Währungen als die der Verbindlichkeiten lauten.

[2]Satz 1 gilt nur in Bezug auf den Teil der Vermögenswerte der Einrichtung, der der in Deutschland ausgeführten Geschäftstätigkeit im Sinne der Richtlinie 2003/41/EG entspricht. [3]Zusätzlich haben die Einrichtungen die Verbraucherinformationen nach Maßgabe der Anlage Teil D zu erteilen.

(6) [1]Die Bundesanstalt überwacht, ob die Einrichtung die arbeits- und sozialrechtlichen Vorschriften beachtet und die Verbraucherinformationen erteilt. [2]Bei Unregelmäßigkeiten im Sinne des Artikel 20 Abs. 9 der Richtlinie 2003/41/EG unterrichtet sie unverzüglich die zuständigen Behörden des Herkunftsmitgliedstaats.

(7) [1]Verletzt die Einrichtung weiterhin die einschlägigen arbeits- und sozialrechtlichen Vorschriften, so kann die Bundesanstalt nach Unterrichtung der zuständigen Behörden des Herkunftsmitgliedstaats die geeigneten Maßnahmen treffen, um diese Verstöße zu verhindern. [2]Soweit andere Maßnahmen erfolglos geblieben sind, kann die Bundesanstalt der Einrichtung ihre Tätigkeit im Inland untersagen.

(8) Auf Antrag der Aufsichtsbehörde des Herkunftsmitgliedstaates* einer Einrichtung der betrieblichen Altersversorgung trifft die Bundesanstalt die erforderlichen Maßnahmen, um die freie Verfügung über Vermögenswerte untersagen zu können, die sich im Besitz eines Treuhänders oder einer Verwahrstelle mit Standort im Inland befinden.

§ 118f Einrichtungen mit Sitz in Drittstaaten

Für Unternehmen mit Sitz außerhalb der Mitgliedstaaten der Europäischen Gemeinschaft oder eines anderen Vertragsstaats des Abkommens über den Europäischen Wirtschaftsraum gelten die §§ 105 bis 110.

9. Gesetz über den Versicherungsvertrag (Versicherungsvertragsgesetz – VVG)

In der Fassung der Bekanntmachung vom 23. November 2007 (BGBl. I S. 2631)

Zuletzt geändert durch Gesetz vom 20. September 2013
(BGBl. I S. 3642)

FNA 7632-6

– Auszug –

Teil 2. Einzelne Versicherungszweige

Kapitel 5. Lebensversicherung

§ 150 Versicherte Person

(1) Die Lebensversicherung kann auf die Person des Versicherungsnehmers oder eines anderen genommen werden.

(2) [1]Wird die Versicherung für den Fall des Todes eines anderen genommen und übersteigt die vereinbarte Leistung den Betrag der gewöhnlichen Beerdigungskosten, ist zur Wirksamkeit des Vertrags die schriftliche Einwilligung des anderen erforderlich; dies gilt nicht bei Kollektivlebensversicherungen im Bereich der betrieblichen Altersversorgung. [2]Ist der andere geschäftsunfähig oder in der Geschäftsfähigkeit beschränkt oder ist für ihn ein Betreuer bestellt und steht die Vertretung in den seine Person betreffenden Angelegenheiten dem Versicherungsnehmer zu, kann dieser den anderen bei der Erteilung der Einwilligung nicht vertreten.

(3) Nimmt ein Elternteil die Versicherung auf die Person eines minderjährigen Kindes, bedarf es der Einwilligung des Kindes nur, wenn nach dem Vertrag der Versicherer auch bei Eintritt des Todes vor der Vollendung des siebenten Lebensjahres zur Leistung verpflichtet sein soll und die für diesen Fall vereinbarte Leistung den Betrag der gewöhnlichen Beerdigungskosten übersteigt.

(4) Soweit die Aufsichtsbehörde einen bestimmten Höchstbetrag für die gewöhnlichen Beerdigungskosten festgesetzt hat, ist dieser maßgebend.

---

* Red. Anm.: amtl. Fehler.

10. Gesetz über einen Bergmannsversorgungsschein im Land Nordrhein-Westfalen (Bergmannsversorgungsscheingesetz – BVSG NW)

Vom 20. Dezember 1983 (GVBl. S. 635)

Zuletzt geändert durch Gesetz vom 12. Mai 2009 (GVBl. S. 299)

– Auszug –

§ 9 Hausbrandkohlen und sonstige Vergünstigungen

...

(3) [1]In jedem außerbergbaulichen Beschäftigungsbetrieb sind dem Inhaber des Bergmannsversorgungsscheins bei der Gewährung des Urlaubs, des Tariflohnes und sonstiger Leistungen die im Bergbau unter Tage verbrachten Beschäftigungszeiten als gleichwertige Berufsjahre oder als gleichwertige Zeiten der Betriebszugehörigkeit anzurechnen. [2]Die Anrechnung der Untertagezeiten darf sich jedoch – außer bei Betriebsrenten – nicht mehrfach auswirken; soweit die Anrechnung zu mehreren Betriebsrenten führt oder sich auf deren Höhe auswirkt, dürfen die einzelnen Renten entsprechend der Dauer der Betriebszugehörigkeit so weit – auch unter die Mindestbeträge – gekürzt werden, daß sie zusammen den günstigsten Einzelbetrag nicht überschreiten.

11. Gesetz über den Schutz des Arbeitsplatzes bei Einberufung zum Wehrdienst (Arbeitsplatzschutzgesetz – ArbPlSchG)

Vom 16. Juli 2009
(BGBl. I S. 2055)

Zuletzt geändert durch Gesetz vom 8. April 2013 (BGBl. I S. 730)

FNA 53-2

– Auszug –

Dritter Abschnitt. Alters- und Hinterbliebenenversorgung

§ 14a Zusätzliche Alters- und Hinterbliebenenversorgung für Arbeitnehmer

(1) Eine bestehende Versicherung in der zusätzlichen Alters- und Hinterbliebenenversorgung für Arbeitnehmer im öffentlichen Dienst wird durch Einberufung zum Grundwehrdienst oder zu einer Wehrübung nicht berührt.

(2) [1]Der Arbeitgeber hat während des Wehrdienstes die Beiträge (Arbeitgeber- und Arbeitnehmeranteil) weiter zu entrichten, und zwar in der Höhe, in der sie zu entrichten gewesen wären, wenn das Arbeitsverhältnis aus Anlass der Einberufung des Arbeitnehmers nicht ruhen würde. [2]Nach Ende des Wehrdienstes meldet der Arbeitgeber die auf die Zeit des Wehrdienstes entfallenden Beiträge beim Bundesministerium der Verteidigung oder der von ihm bestimmten Stelle zur Erstattung an. [3]Satz 2 gilt nicht im Falle des § 1 Abs. 2.

[4]Veränderungen in der Beitragshöhe, die nach dem Wehrdienst eintreten, bleiben unberücksichtigt.

(3) Für Arbeitnehmer, die einer Pensionskasse angehören oder als Leistungsempfänger einer anderen Einrichtung oder Form der betrieblichen oder überbetrieblichen Alters- und Hinterbliebenenversorgung in Betracht kommen, gelten die Absätze 1 und 2 Satz 1, 2 und 4 sinngemäß.

(4) [1]Einem Arbeitnehmer, der aus seinem Arbeitseinkommen freiwillig Beiträge zur gesetzlichen Rentenversicherung oder zu einer sonstigen Alters- und Hinterbliebenenversorgung leistet, werden diese auf Antrag für die Zeit des Wehrdienstes in Höhe des Betrages erstattet, der für die letzten zwölf Monate vor Beginn des Wehrdienstes durchschnittlich entrichtet worden ist, wenn die den Aufwendungen zu Grunde liegende Versicherung bei Beginn des Wehrdienstes mindestens zwölf Monate besteht und der Arbeitgeber nach den Absätzen 1 bis 3 nicht zur Weiterentrichtung verpflichtet ist; Einkünfte aus geringfügiger Beschäftigung im Sinne des § 8 des Vierten Buches Sozialgesetzbuch bleiben außer Betracht. [2]Die Leistungen nach diesem Absatz dürfen, wenn Beiträge des Bundes zur gesetzlichen Rentenversicherung für die Zeit des Wehrdienstes entrichtet werden, 40 vom Hundert des Höchstbeitrages, der für die freiwillige Versicherung in der allgemeinen Rentenversicherung entrichtet werden kann, ansonsten den Höchstbeitrag nicht übersteigen. [3]Die Sätze 1 und 2 gelten nicht bei Zahlung des Arbeitsentgelts nach § 1 Abssatz 2, bei Anspruch auf Leistungen nach den §§ 13 bis 13d des Unterhaltssicherungsgesetzes oder für Elternzeit.

(5) Anträge auf Erstattung sind innerhalb eines Jahres nach Beendigung des Wehrdienstes zu stellen.

(6) [1]Die Bundesregierung regelt durch Rechtsverordnung das Erstattungsverfahren sowie das Nähere hinsichtlich der betrieblichen oder überbetrieblichen Alters- und Hinterbliebenenversorgung; in ihr kann bestimmt werden, welche Einrichtungen als betriebliche oder überbetriebliche Alters- und Hinterbliebenenversorgung im Sinne des Gesetzes anzusehen sind. [2]Das Bundesministerium der Verteidigung kann im Einvernehmen mit dem Bundesministerium der Finanzen mit den Arbeitgebern eine pauschale Beitragserstattung und die Zahlungsweise vereinbaren.

12. Verordnung zum Eignungsübungsgesetz

Vom 15. Februar 1956 (BGBl. I S. 71)

Zuletzt geändert durch Verordnung vom 10. Mai 1971 (BGBl. I S. 450)

FNA 53-5-1

– Auszug –

§ 6 Betriebliche und überbetriebliche Alters- und Hinterbliebenenversorgung

(1) Für Betriebe, für die Pensionskassen bestehen, gilt § 5 Abs. 1 und 2 sinngemäß.

(2) [1]Der Arbeitgeber hat die nachzuentrichtenden Beiträge an die Pensionskasse abzuführen oder bei Verwendung von Beitragsmarken durch Kleben von Marken zu entrichten. [2]Die Streitkräfte haben dem Arbeitgeber den Betrag zu erstatten, den er zum Zweck der Beitragsnachentrichtung für die Dauer der Eignungsübung verwendet hat. [3]Dies gilt auch dann, wenn nur der Arbeitgeber Beiträge an die Pensionskasse zahlt.

(3) [1]§ 5 Abs. 4 gilt sinngemäß. [2]Die Streitkräfte erstatten in diesen Fällen dem Arbeitgeber die für die Zeit der Eignungsübung nachzuentrichtenden Beitragsanteile.

(4) Für sonstige Einrichtungen und Formen der betrieblichen und überbetrieblichen Alters- und Hinterbliebenenversorgung gelten die Absätze 1 bis 3 sinngemäß.

13. Betriebsverfassungsgesetz (BetrVG)

Vom 15. Januar 1972 (BGBl. I S. 13)
In der Fassung der Bekanntmachung vom 25. September 2001
(BGBl. I S. 2518)

Zuletzt geändert durch Gesetz vom 20. April 2013 (BGBl. I S. 868)

FNA 801-7

– Auszug –

Vierter Teil. Mitwirkung und Mitbestimmung der Arbeitnehmer

Dritter Abschnitt. Soziale Angelegenheiten

§ 87 Mitbestimmungsrechte

(1) Der Betriebsrat hat, soweit eine gesetzliche oder tarifliche Regelung nicht besteht, in folgenden Angelegenheiten mitzubestimmen:

...

8. Form, Ausgestaltung und Verwaltung von Sozialeinrichtungen, deren Wirkungsbereich auf den Betrieb, das Unternehmen oder den Konzern beschränkt ist;

...

10. Fragen der betrieblichen Lohngestaltung, insbesondere die Aufstellung von Entlohnungsgrundsätzen und die Einführung und Anwendung von neuen Entlohnungsmethoden sowie deren Änderung;

...

(2) [1]Kommt eine Einigung über eine Angelegenheit nach Absatz 1 nicht zustande, so entscheidet die Einigungsstelle. [2]Der Spruch der Einigungsstelle ersetzt die Einigung zwischen Arbeitgeber und Betriebsrat.

14. Gesetz über die Versorgung für die ehemaligen Soldaten der Bundeswehr und ihre Hinterbliebenen (Soldatenversorgungsgesetz – SVG)

In der Fassung der Bekanntmachung vom 16. September 2009 (BGBl. I S. 3054)

Zuletzt geändert durch Gesetz vom 28. August 2013 (BGBl. I S. 3386)

FNA 53-4

– Auszug –

Zweiter Teil. Berufsförderung und Dienstzeitversorgung

Abschnitt I. Berufsförderung und Dienstzeitversorgung der Soldaten auf Zeit, Berufsförderung der freiwilligen Wehrdienst nach § 58b des Soldatengesetzes Leistenden

5. Eingliederung in das spätere Berufsleben

b) Anrechnung der Zeit der Förderung der beruflichen Bildung und der Wehrdienstzeit

§ 8

…

(3) [1]Die Zeiten einer nach § 5 geförderten Maßnahme der beruflichen Bildung und des Wehrdienstes werden nach den Absätzen 1 und 2 auch auf die Betriebszugehörigkeit angerechnet, wenn der ehemalige Soldat nach Beendigung des Dienstverhältnisses sechs Monate dem Betrieb angehört. [2]In einer betrieblichen oder überbetrieblichen Altersversorgung beschränkt sich eine Anrechnung nach Satz 1 auf die Berücksichtigung bei den Unverfallbarkeitsfristen nach dem Gesetz zur Verbesserung der betrieblichen Altersversorgung.

…

15. Arbeitsgerichtsgesetz (ArbGG)

In der Fassung der Bekanntmachung vom 2. Juli 1979
(BGBl. I S. 853, ber. 1036)

Zuletzt geändert durch Gesetz vom 10. Oktober 2013
(BGBl. I S. 3786)

FNA 320-1

– Auszug –

Erster Teil. Allgemeine Vorschriften

...

§ 2 Zuständigkeit im Urteilsverfahren

(1) Die Gerichte für Arbeitssachen sind ausschließlich zuständig für

...

5. bürgerliche Rechtsstreitigkeiten zwischen Arbeitnehmern oder ihren Hinterbliebenen und dem Träger der Insolvenzsicherung über Ansprüche auf Leistungen der Insolvenzsicherung nach dem Vierten Abschnitt des Ersten Teils des Gesetzes zur Verbesserung der betrieblichen Altersversorgung;
6. bürgerliche Rechtsstreitigkeiten zwischen Arbeitgebern und Einrichtungen nach Nummer 4 Buchstabe b und Nummer 5 sowie zwischen diesen Einrichtungen, soweit nicht die ausschließliche Zuständigkeit eines anderen Gerichts gegeben ist;

...

16. Einkommensteuergesetz (EStG)

In der Fassung der Bekanntmachung vom 8. Oktober 2009
(BGBl. I S. 3366)

Zuletzt geändert durch Gesetz vom 18. Dezember 2013
(BGBl. I S. 4318)

FNA 611-1

– Auszug –

II. Einkommen

2. Steuerfreie Einnahmen

§ 3. [Steuerfreie Einnahmen]

Steuerfrei sind

...

55. der in den Fällen des § 4 Absatz 2 Nummer 2 und Absatz 3 des Betriebsrentengesetzes vom 19. Dezember 1974 (BGBl. I S. 3610), das zuletzt durch Artikel 8 des Gesetzes

vom 5. Juli 2004 (BGBl. I S. 1427) geändert worden ist, in der jeweils geltenden Fassung geleistete Übertragungswert nach § 4 Absatz 5 des Betriebsrentengesetzes, wenn die betriebliche Altersversorgung beim ehemaligen und neuen Arbeitgeber über einen Pensionsfonds, eine Pensionskasse oder ein Unternehmen der Lebensversicherung durchgeführt wird. Satz 1 gilt auch, wenn der Übertragungswert vom ehemaligen Arbeitgeber oder von einer Unterstützungskasse an den neuen Arbeitgeber oder eine andere Unterstützungskasse geleistet wird. [2]Die Leistungen des neuen Arbeitgebers, der Unterstützungskasse, des Pensionsfonds, der Pensionskasse oder des Unternehmens der Lebensversicherung auf Grund des Betrags nach Satz 1 und 2 gehören zu den Einkünften, zu denen die Leistungen gehören würden, wenn die Übertragung nach § 4 Absatz 2 Nummer 2 und Absatz 3 des Betriebsrentengesetzes nicht stattgefunden hätte;

56. Zuwendungen des Arbeitgebers nach § 19 Absatz 1 Satz 1 Nummer 3 Satz 1 aus dem ersten Dienstverhältnis an eine Pensionskasse zum Aufbau einer nicht kapitalgedeckten betrieblichen Altersversorgung, bei der eine Auszahlung der zugesagten Alters-, Invaliditäts- oder Hinterbliebenenversorgung in Form einer Rente oder eines Auszahlungsplans (§ 1 Absatz 1 Satz 1 Nummer 4 des Altersvorsorgeverträge-Zertifizierungsgesetzes) vorgesehen ist, soweit diese Zuwendungen im Kalenderjahr 1 Prozent der Beitragsbemessungsgrenze in der allgemeinen Rentenversicherung nicht übersteigen. [2]Der in Satz 1 genannte Höchstbetrag erhöht sich ab 1. Januar 2014 auf 2 Prozent, ab 1. Januar 2020 auf 3 Prozent und ab 1. Januar 2025 auf 4 Prozent der Beitragsbemessungsgrenze in der allgemeinen Rentenversicherung. [3]Die Beträge nach den Sätzen 1 und 2 sind jeweils um die nach § 3 Nummer 63 Satz 1, 3 oder Satz 4 steuerfreien Beträge zu mindern;

...

63. [1]Beiträge des Arbeitgebers aus dem ersten Dienstverhältnis an einen Pensionsfonds, eine Pensionskasse oder für eine Direktversicherung zum Aufbau einer kapitalgedeckten betrieblichen Altersversorgung, bei der eine Auszahlung der zugesagten Alters-, Invaliditäts- oder Hinterbliebenenversorgungsleistungen in Form einer Rente oder eines Auszahlungsplans (§ 1 Absatz 1 Satz 1 Nummer 4 des Altersvorsorgeverträge-Zertifizierungsgesetzes vom 26. Juni 2001 (BGBl. I S. 1310, 1322), das zuletzt durch Artikel 7 des Gesetzes vom 5. Juli 2004 (BGBl. I S. 1427) geändert worden ist, in der jeweils geltenden Fassung) vorgesehen ist, soweit die Beiträge im Kalenderjahr 4 Prozent der Beitragsbemessungsgrenze in der allgemeinen Rentenversicherung nicht übersteigen. [2]Dies gilt nicht, soweit der Arbeitnehmer nach § 1a Absatz 3 des Betriebsrentengesetzes verlangt hat, dass die Voraussetzungen für eine Förderung nach § 10a oder Abschnitt XI erfüllt werden. [3]Der Höchstbetrag nach Satz 1 erhöht sich um 1.800 Euro, wenn die Beiträge im Sinne des Satzes 1 auf Grund einer Versorgungszusage geleistet werden, die nach dem 31. Dezember 2004 erteilt wurde. [4]Aus Anlass der Beendigung des Dienstverhältnisses geleistete Beiträge im Sinne des Satzes 1 sind steuerfrei, soweit sie 1.800 Euro vervielfältigt mit der Anzahl der Kalenderjahre, in denen das Dienstverhältnis des Arbeitnehmers zu dem Arbeitgeber bestanden hat, nicht übersteigen; der vervielfältigte Betrag vermindert sich um die nach den Sätzen 1 und 3 steuerfreien Beiträge, die der Arbeitgeber in dem Kalenderjahr, in dem das Dienstverhältnis beendet wird, und in den sechs vorangegangenen Kalenderjahren erbracht hat; Kalenderjahre vor 2005 sind dabei jeweils nicht zu berücksichtigen;

...

65. a) Beiträge des Trägers der Insolvenzsicherung (§ 14 des Betriebsrentengesetzes) zugunsten eines Versorgungsberechtigten und seiner Hinterbliebenen an eine Pensionskasse oder ein Unternehmen der Lebensversicherung zur Ablösung von Ver-

pflichtungen, die der Träger der Insolvenzsicherung im Sicherungsfall gegenüber dem Versorgungsberechtigten und seinen Hinterbliebenen hat,

b) Leistungen zur Übernahme von Versorgungsleistungen oder unverfallbaren Versorgungsanwartschaften durch eine Pensionskasse oder ein Unternehmen der Lebensversicherung in den in § 4 Absatz 4 des Betriebsrentengesetzes bezeichneten Fällen und

c) der Erwerb von Ansprüchen durch den Arbeitnehmer gegenüber einem Dritten im Fall der Eröffnung des Insolvenzverfahrens oder in den Fällen des § 7 Absatz 1 Satz 4 des Betriebsrentengesetzes, soweit der Dritte neben dem Arbeitgeber für die Erfüllung von Ansprüchen auf Grund bestehender Versorgungsverpflichtungen oder Versorgungsanwartschaften gegenüber dem Arbeitnehmer und dessen Hinterbliebenen einsteht; dies gilt entsprechend, wenn der Dritte für Wertguthaben aus einer Vereinbarung über die Altersteilzeit nach dem Altersteilzeitgesetz vom 23. Juli 1996 (BGBl. I S. 1078), zuletzt geändert durch Artikel 234 der Verordnung vom 31. Oktober 2006 (BGBl. I S. 2407), in der jeweils geltenden Fassung oder auf Grund von Wertguthaben aus einem Arbeitszeitkonto in den im ersten Halbsatz genannten Fällen für den Arbeitgeber einsteht.

[2]In den Fällen nach Buchstabe a, b und c gehören die Leistungen der Pensionskasse, des Unternehmens der Lebensversicherung oder des Dritten zu den Einkünften, zu denen jene Leistungen gehören würden, die ohne Eintritt eines Falles nach Buchstabe a, b und c zu erbringen wären. [3]Soweit sie zu den Einkünften aus nichtselbständiger Arbeit im Sinne des § 19 gehören, ist von ihnen Lohnsteuer einzubehalten. [4]Für die Erhebung der Lohnsteuer gelten die Pensionskasse, das Unternehmen der Lebensversicherung oder der Dritte als Arbeitgeber und der Leistungsempfänger als Arbeitnehmer;

66. Leistungen eines Arbeitgebers oder einer Unterstützungskasse an einen Pensionsfonds zur Übernahme bestehender Versorgungsverpflichtungen oder Versorgungsanwartschaften durch den Pensionsfonds, wenn ein Antrag nach § 4d Absatz 3 oder § 4e Absatz 3 gestellt worden ist;

...

3. Gewinn

...

§ 4b Direktversicherung

[1]Der Versicherungsanspruch aus einer Direktversicherung, die von einem Steuerpflichtigen aus betrieblichem Anlass abgeschlossen wird, ist dem Betriebsvermögen des Steuerpflichtigen nicht zuzurechnen, soweit am Schluss des Wirtschaftsjahres hinsichtlich der Leistungen des Versicherers die Person, auf deren Leben die Lebensversicherung abgeschlossen ist, oder ihre Hinterbliebenen bezugsberechtigt sind. [2]Das gilt auch, wenn der Steuerpflichtige die Ansprüche aus dem Versicherungsvertrag abgetreten oder beliehen hat, sofern er sich der bezugsberechtigten Person gegenüber schriftlich verpflichtet, sie bei Eintritt des Versicherungsfalls so zu stellen, als ob die Abtretung oder Beleihung nicht erfolgt wäre.

§ 4c Zuwendungen an Pensionskassen

(1) [1]Zuwendungen an eine Pensionskasse dürfen von dem Unternehmen, das die Zuwendungen leistet (Trägerunternehmen), als Betriebsausgaben abgezogen werden, soweit sie auf einer in der Satzung oder im Geschäftsplan der Kasse festgelegten Verpflichtung oder auf einer Anordnung der Versicherungsaufsichtsbehörde beruhen oder der Abdeckung von Fehlbeträgen bei der Kasse dienen. [2]Soweit die allgemeinen Versicherungsbedingungen und die fachlichen Geschäftsunterlagen im Sinne des § 5 Absatz 3 Num-

mer 2 Halbsatz 2 des Versicherungsaufsichtsgesetzes nicht zum Geschäftsplan gehören, gelten diese als Teil des Geschäftsplans.

(2) Zuwendungen im Sinne des Absatzes 1 dürfen als Betriebsausgaben nicht abgezogen werden, soweit die Leistungen der Kasse, wenn sie vom Trägerunternehmen unmittelbar erbracht würden, bei diesem nicht betrieblich veranlasst wären.

§ 4d Zuwendungen an Unterstützungskassen

(1) [1]Zuwendungen an eine Unterstützungskasse dürfen von dem Unternehmen, das die Zuwendungen leistet (Trägerunternehmen), als Betriebsausgaben abgezogen werden, soweit die Leistungen der Kasse, wenn sie vom Trägerunternehmen unmittelbar erbracht würden, bei diesem betrieblich veranlasst wären und sie die folgenden Beträge nicht übersteigen:

1. bei Unterstützungskassen, die lebenslänglich laufende Leistungen gewähren:
   a) das Deckungskapital für die laufenden Leistungen nach der dem Gesetz als Anlage 1 beigefügten Tabelle. [2]Leistungsempfänger ist jeder ehemalige Arbeitnehmer des Trägerunternehmens, der von der Unterstützungskasse Leistungen erhält; soweit die Kasse Hinterbliebenenversorgung gewährt, ist Leistungsempfänger der Hinterbliebene eines ehemaligen Arbeitnehmers des Trägerunternehmens, der von der Kasse Leistungen erhält. [3]Dem ehemaligen Arbeitnehmer stehen andere Personen gleich, denen Leistungen der Alters-, Invaliditäts- oder Hinterbliebenenversorgung aus Anlass ihrer ehemaligen Tätigkeit für das Trägerunternehmen zugesagt worden sind;
   b) in jedem Wirtschaftsjahr für jeden Leistungsanwärter,
      aa) wenn die Kasse nur Invaliditätsversorgung oder nur Hinterbliebenenversorgung gewährt, jeweils 6 Prozent,
      bb) wenn die Kasse Altersversorgung mit oder ohne Einschluss von Invaliditätsversorgung oder Hinterbliebenenversorgung gewährt, 25 Prozent

      der jährlichen Versorgungsleistungen, die der Leistungsanwärter oder, wenn nur Hinterbliebenenversorgung gewährt wird, dessen Hinterbliebene nach den Verhältnissen am Schluss des Wirtschaftsjahres der Zuwendung im letzten Zeitpunkt der Anwartschaft, spätestens zum Zeitpunkt des Erreichens der Regelaltersgrenze der gesetzlichen Rentenversicherung erhalten können. [2]Leistungsanwärter ist jeder Arbeitnehmer oder ehemalige Arbeitnehmer des Trägerunternehmens, der von der Unterstützungskasse schriftlich zugesagte Leistungen erhalten kann und am Schluss des Wirtschaftsjahres, in dem die Zuwendung erfolgt, das 27. Lebensjahr vollendet hat; soweit die Kasse nur Hinterbliebenenversorgung gewährt, gilt als Leistungsanwärter jeder Arbeitnehmer oder ehemalige Arbeitnehmer des Trägerunternehmens, der am Schluss des Wirtschaftsjahres, in dem die Zuwendung erfolgt, das 27. Lebensjahr vollendet hat und dessen Hinterbliebene die Hinterbliebenenversorgung erhalten können. [3]Das Trägerunternehmen kann bei der Berechnung nach Satz 1 statt des dort maßgebenden Betrags den Durchschnittsbetrag der von der Kasse im Wirtschaftsjahr an Leistungsempfänger im Sinne des Buchstabens a Satz 2 gewährten Leistungen zugrunde legen. [4]In diesem Fall sind Leistungsanwärter im Sinne des Satzes 2 nur die Arbeitnehmer oder ehemaligen Arbeitnehmer des Trägerunternehmens, die am Schluss des Wirtschaftsjahres, in dem die Zuwendung erfolgt, das 50. Lebensjahr vollendet haben. [5]Dem Arbeitnehmer oder ehemaligen Arbeitnehmer als Leistungsanwärter stehen andere Personen gleich, denen schriftlich Leistungen der Alters-, Invaliditäts- oder Hinterbliebenenversorgung aus Anlass ihrer Tätigkeit für das Trägerunternehmen zugesagt worden sind;
   c) den Betrag des Beitrages, den die Kasse an einen Versicherer zahlt, soweit sie sich die Mittel für ihre Versorgungsleistungen, die der Leistungsanwärter oder Leistungsemp-

fänger nach den Verhältnissen am Schluss des Wirtschaftsjahres der Zuwendung erhalten kann, durch Abschluss einer Versicherung verschafft. [2]Bei Versicherungen für einen Leistungsanwärter ist der Abzug des Beitrages nur zulässig, wenn der Leistungsanwärter die in Buchstabe b Satz 2 und 5 genannten Voraussetzungen erfüllt, die Versicherung für die Dauer bis zu dem Zeitpunkt abgeschlossen ist, für den erstmals Leistungen der Altersversorgung vorgesehen sind, mindestens jedoch bis zu dem Zeitpunkt, an dem der Leistungsanwärter das 55. Lebensjahr vollendet hat, und während dieser Zeit jährlich Beiträge gezahlt werden, die der Höhe nach gleich bleiben oder steigen. [3]Das Gleiche gilt für Leistungsanwärter, die das 27. Lebensjahr noch nicht vollendet haben, für Leistungen der Invaliditäts- oder Hinterbliebenenversorgung, für Leistungen der Altersversorgung unter der Voraussetzung, dass die Leistungsanwartschaft bereits unverfallbar ist. [4]Ein Abzug ist ausgeschlossen, wenn die Ansprüche aus der Versicherung der Sicherung eines Darlehens dienen. [5]Liegen die Voraussetzungen der Sätze 1 bis 4 vor, sind die Zuwendungen nach den Buchstaben a und b in dem Verhältnis zu vermindern, in dem die Leistungen der Kasse durch die Versicherung gedeckt sind;

d) den Betrag, den die Kasse einem Leistungsanwärter im Sinne des Buchstabens b Satz 2 und 5 vor Eintritt des Versorgungsfalls als Abfindung für künftige Versorgungsleistungen gewährt, den Übertragungswert nach § 4 Absatz 5 des Betriebsrentengesetzes oder den Betrag, den sie an einen anderen Versorgungsträger zahlt, der eine ihr obliegende Versorgungsverpflichtung übernommen hat.

[2]Zuwendungen dürfen nicht als Betriebsausgaben abgezogen werden, wenn das Vermögen der Kasse ohne Berücksichtigung künftiger Versorgungsleistungen am Schluss des Wirtschaftsjahres das zulässige Kassenvermögen übersteigt. [3]Bei der Ermittlung des Vermögens der Kasse ist am Schluss des Wirtschaftsjahres vorhandener Grundbesitz mit 200 Prozent der Einheitswerte anzusetzen, die zu dem Feststellungszeitpunkt maßgebend sind, der dem Schluss des Wirtschaftsjahres folgt; Ansprüche aus einer Versicherung sind mit dem Wert des geschäftsplanmäßigen Deckungskapitals zuzüglich der Guthaben aus Beitragsrückerstattung am Schluss des Wirtschaftsjahres anzusetzen, und das übrige Vermögen ist mit dem gemeinen Wert am Schluss des Wirtschaftsjahres zu bewerten. [4]Zulässiges Kassenvermögen ist die Summe aus dem Deckungskapital für alle am Schluss des Wirtschaftsjahres laufenden Leistungen nach der dem Gesetz als Anlage 1 beigefügten Tabelle für Leistungsempfänger im Sinne des Satzes 1 Buchstabe a und dem Achtfachen der nach Satz 1 Buchstabe b abzugsfähigen Zuwendungen. [5]Soweit sich die Kasse die Mittel für ihre Leistungen durch Abschluss einer Versicherung verschafft, ist, wenn die Voraussetzungen für den Abzug des Beitrages nach Satz 1 Buchstabe c erfüllt sind, zulässiges Kassenvermögen der Wert des geschäftsplanmäßigen Deckungskapitals aus der Versicherung am Schluss des Wirtschaftsjahres; in diesem Fall ist das zulässige Kassenvermögen nach Satz 4 in dem Verhältnis zu vermindern, in dem die Leistungen der Kasse durch die Versicherung gedeckt sind. [6]Soweit die Berechnung des Deckungskapitals nicht zum Geschäftsplan gehört, tritt an die Stelle des geschäftsplanmäßigen Deckungskapitals der nach § 176 Absatz 3 des Gesetzes über den Versicherungsvertrag berechnete Zeitwert, beim zulässigen Kassenvermögen ohne Berücksichtigung des Guthabens aus Beitragsrückerstattung. [7]Gewährt eine Unterstützungskasse anstelle von lebenslänglich laufenden Leistungen eine einmalige Kapitalleistung, so gelten 10 Prozent der Kapitalleistung als Jahresbetrag einer lebenslänglich laufenden Leistung;

2. bei Kassen, die keine lebenslänglich laufenden Leistungen gewähren, für jedes Wirtschaftsjahr 0,2 Prozent der Lohn- und Gehaltssumme des Trägerunternehmens, mindestens jedoch den Betrag der von der Kasse in einem Wirtschaftsjahr erbrachten Leistungen, soweit dieser Betrag höher ist als die in den vorangegangenen fünf Wirtschafts-

jahren vorgenommenen Zuwendungen abzüglich der in dem gleichen Zeitraum erbrachten Leistungen. [2]Diese Zuwendungen dürfen nicht als Betriebsausgaben abgezogen werden, wenn das Vermögen der Kasse am Schluss des Wirtschaftsjahres das zulässige Kassenvermögen übersteigt. [3]Als zulässiges Kassenvermögen kann 1 Prozent der durchschnittlichen Lohn- und Gehaltssumme der letzten drei Jahre angesetzt werden. [4]Hat die Kasse bereits 10 Wirtschaftsjahre bestanden, darf das zulässige Kassenvermögen zusätzlich die Summe der in den letzten 10 Wirtschaftsjahren gewährten Leistungen nicht übersteigen. [5]Für die Bewertung des Vermögens der Kasse gilt Nummer 1 Satz 3 entsprechend. [6]Bei der Berechnung der Lohn- und Gehaltssumme des Trägerunternehmens sind Löhne und Gehälter von Personen, die von der Kasse keine nicht lebenslänglich laufenden Leistungen erhalten können, auszuscheiden.

[2]Gewährt eine Kasse lebenslänglich laufende und nicht lebenslänglich laufende Leistungen, so gilt Satz 1 Nummer 1 und 2 nebeneinander. [3]Leistet ein Trägerunternehmen Zuwendungen an mehrere Unterstützungskassen, so sind diese Kassen bei der Anwendung der Nummern 1 und 2 als Einheit zu behandeln.

(2) [1]Zuwendungen im Sinne des Absatzes 1 sind von dem Trägerunternehmen in dem Wirtschaftsjahr als Betriebsausgaben abzuziehen, in dem sie geleistet werden. [2]Zuwendungen, die bis zum Ablauf eines Monats nach Aufstellung oder Feststellung der Bilanz des Trägerunternehmens für den Schluss eines Wirtschaftsjahres geleistet werden, können von dem Trägerunternehmen noch für das abgelaufene Wirtschaftsjahr durch eine Rückstellung gewinnmindernd berücksichtigt werden. [3]Übersteigen die in einem Wirtschaftsjahr geleisteten Zuwendungen die nach Absatz 1 abzugsfähigen Beträge, so können die übersteigenden Beträge im Wege der Rechnungsabgrenzung auf die folgenden drei Wirtschaftsjahre vorgetragen und im Rahmen der für diese Wirtschaftsjahre abzugsfähigen Beträge als Betriebsausgaben behandelt werden. [4]§ 5 Absatz 1 Satz 2 ist nicht anzuwenden.

(3) [1]Abweichend von Absatz 1 Satz 1 Nummer 1 Satz 1 Buchstabe d und Absatz 2 können auf Antrag die insgesamt erforderlichen Zuwendungen an die Unterstützungskasse für den Betrag, den die Kasse an einen Pensionsfonds zahlt, der eine ihr obliegende Versorgungsverpflichtung ganz oder teilweise übernommen hat, nicht im Wirtschaftsjahr der Zuwendung, sondern erst in den dem Wirtschaftsjahr der Zuwendung folgenden zehn Wirtschaftsjahren gleichmäßig verteilt als Betriebsausgaben abgezogen werden. [2]Der Antrag ist unwiderruflich; der jeweilige Rechtsnachfolger ist an den Antrag gebunden.

§ 4e Beiträge an Pensionsfonds

(1) Beiträge an einen Pensionsfonds im Sinne des § 112 des Versicherungsaufsichtsgesetzes dürfen von dem Unternehmen, das die Beiträge leistet (Trägerunternehmen), als Betriebsausgaben abgezogen werden, soweit sie auf einer festgelegten Verpflichtung beruhen oder der Abdeckung von Fehlbeträgen bei dem Fonds dienen.

(2) Beiträge im Sinne des Absatzes 1 dürfen als Betriebsausgaben nicht abgezogen werden, soweit die Leistungen des Fonds, wenn sie vom Trägerunternehmen unmittelbar erbracht würden, bei diesem nicht betrieblich veranlasst wären.

(3) [1]Der Steuerpflichtige kann auf Antrag die insgesamt erforderlichen Leistungen an einen Pensionsfonds zur teilweisen oder vollständigen Übernahme einer bestehenden Versorgungsverpflichtung oder Versorgungsanwartschaft durch den Pensionsfonds erst in den dem Wirtschaftsjahr der Übertragung folgenden zehn Wirtschaftsjahren gleichmäßig verteilt als Betriebsausgaben abziehen. [2]Der Antrag ist unwiderruflich; der jeweilige Rechtsnachfolger ist an den Antrag gebunden. [3]Ist eine Pensionsrückstellung nach § 6a gewinnerhöhend aufzulösen, ist Satz 1 mit der Maßgabe anzuwenden, dass die Leistungen an den Pensionsfonds im Wirtschaftsjahr der Übertragung in Höhe der aufgelösten Rückstellung als Betriebsausgaben abgezogen werden können; der die aufgelöste Rückstellung

übersteigende Betrag ist in den dem Wirtschaftsjahr der Übertragung folgenden zehn Wirtschaftsjahren gleichmäßig verteilt als Betriebsausgaben abzuziehen. [4]Satz 3 gilt entsprechend, wenn es im Zuge der Leistungen des Arbeitgebers an den Pensionsfonds zu Vermögensübertragungen einer Unterstützungskasse an den Arbeitgeber kommt.

…

§ 6a Pensionsrückstellung

(1) Für eine Pensionsverpflichtung darf eine Rückstellung (Pensionsrückstellung) nur gebildet werden, wenn und soweit

1. der Pensionsberechtigte einen Rechtsanspruch auf einmalige oder laufende Pensionsleistungen hat,
2. die Pensionszusage keine Pensionsleistungen in Abhängigkeit von künftigen gewinnabhängigen Bezügen vorsieht und keinen Vorbehalt enthält, dass die Pensionsanwartschaft oder die Pensionsleistung gemindert oder entzogen werden kann, oder ein solcher Vorbehalt sich nur auf Tatbestände erstreckt, bei deren Vorliegen nach allgemeinen Rechtsgrundsätzen unter Beachtung billigen Ermessens eine Minderung oder ein Entzug der Pensionsanwartschaft oder der Pensionsleistung zulässig ist, und
3. die Pensionszusage schriftlich erteilt ist; die Pensionszusage muss eindeutige Angaben zu Art, Form, Voraussetzungen und Höhe der in Aussicht gestellten künftigen Leistungen enthalten.

(2) Eine Pensionsrückstellung darf erstmals gebildet werden

1. vor Eintritt des Versorgungsfalls für das Wirtschaftsjahr, in dem die Pensionszusage erteilt wird, frühestens jedoch für das Wirtschaftsjahr, bis zu dessen Mitte der Pensionsberechtigte das 27. Lebensjahr vollendet oder für das Wirtschaftsjahr, in dessen Verlauf die Pensionsanwartschaft gemäß den Vorschriften des Betriebsrentengesetzes unverfallbar wird,
2. nach Eintritt des Versorgungsfalls für das Wirtschaftsjahr, in dem der Versorgungsfall eintritt.

(3) [1]Eine Pensionsrückstellung darf höchstens mit dem Teilwert der Pensionsverpflichtung angesetzt werden. [2]Als Teilwert einer Pensionsverpflichtung gilt

1. vor Beendigung des Dienstverhältnisses des Pensionsberechtigten der Barwert der künftigen Pensionsleistungen am Schluss des Wirtschaftsjahres abzüglich des sich auf denselben Zeitpunkt ergebenden Barwerts betragsmäßig gleich bleibender Jahresbeträge, bei einer Entgeltumwandlung im Sinne von § 1 Absatz 2 des Betriebsrentengesetzes mindestens jedoch der Barwert der gemäß den Vorschriften des Betriebsrentengesetzes unverfallbaren künftigen Pensionsleistungen am Schluss des Wirtschaftsjahres. [2]Die Jahresbeträge sind so zu bemessen, dass am Beginn des Wirtschaftsjahres, in dem das Dienstverhältnis begonnen hat, ihr Barwert gleich dem Barwert der künftigen Pensionsleistungen ist; die künftigen Pensionsleistungen sind dabei mit dem Betrag anzusetzen, der sich nach den Verhältnissen am Bilanzstichtag ergibt. [3]Es sind die Jahresbeträge zugrunde zu legen, die vom Beginn des Wirtschaftsjahres, in dem das Dienstverhältnis begonnen hat, bis zu dem in der Pensionszusage vorgesehenen Zeitpunkt des Eintritts des Versorgungsfalls rechnungsmäßig aufzubringen sind. [4]Erhöhungen oder Verminderungen der Pensionsleistungen nach dem Schluss des Wirtschaftsjahres, die hinsichtlich des Zeitpunktes ihres Wirksamwerdens oder ihres Umfangs ungewiss sind, sind bei der Berechnung des Barwerts der künftigen Pensionsleistungen und der Jahresbeträge erst zu berücksichtigen, wenn sie eingetreten sind. [5]Wird die Pensionszusage erst nach dem Beginn des Dienstverhältnisses erteilt, so ist die Zwischenzeit für die Berechnung der Jahresbeträge nur insoweit als Wartezeit zu behandeln, als sie in der Pensionszusage als solche bestimmt ist. [6]Hat das Dienstverhältnis schon vor der Vollendung des 27. Le-

bensjahres des Pensionsberechtigten bestanden, so gilt es als zu Beginn des Wirtschaftsjahres begonnen, bis zu dessen Mitte der Pensionsberechtigte das 27. Lebensjahr vollendet; in diesem Fall gilt für davor liegende Wirtschaftsjahre als Teilwert der Barwert der gemäß den Vorschriften des Betriebsrentengesetzes unverfallbaren künftigen Pensionsleistungen am Schluss des Wirtschaftsjahres;

2. nach Beendigung des Dienstverhältnisses des Pensionsberechtigten unter Aufrechterhaltung seiner Pensionsanwartschaft oder nach Eintritt des Versorgungsfalls der Barwert der künftigen Pensionsleistungen am Schluss des Wirtschaftsjahres; Nummer 1 Satz 4 gilt sinngemäß.

[3]Bei der Berechnung des Teilwerts der Pensionsverpflichtung sind ein Rechnungszinsfuß von 6 Prozent und die anerkannten Regeln der Versicherungsmathematik anzuwenden.

(4) [1]Eine Pensionsrückstellung darf in einem Wirtschaftsjahr höchstens um den Unterschied zwischen dem Teilwert der Pensionsverpflichtung am Schluss des Wirtschaftsjahres und am Schluss des vorangegangenen Wirtschaftsjahres erhöht werden. [2]Soweit der Unterschiedsbetrag auf der erstmaligen Anwendung neuer oder geänderter biometrischer Rechnungsgrundlagen beruht, kann er nur auf mindestens drei Wirtschaftsjahre gleichmäßig verteilt der Pensionsrückstellung zugeführt werden; Entsprechendes gilt beim Wechsel auf andere biometrische Rechnungsgrundlagen. [3]In dem Wirtschaftsjahr, in dem mit der Bildung einer Pensionsrückstellung frühestens begonnen werden darf (Erstjahr), darf die Rückstellung bis zur Höhe des Teilwerts der Pensionsverpflichtung am Schluss des Wirtschaftsjahres gebildet werden; diese Rückstellung kann auf das Erstjahr und die beiden folgenden Wirtschaftsjahre gleichmäßig verteilt werden. [4]Erhöht sich in einem Wirtschaftsjahr gegenüber dem vorangegangenen Wirtschaftsjahr der Barwert der künftigen Pensionsleistungen um mehr als 25 Prozent, so kann die für dieses Wirtschaftsjahr zulässige Erhöhung der Pensionsrückstellung auf dieses Wirtschaftsjahr und die beiden folgenden Wirtschaftsjahre gleichmäßig verteilt werden. [5]Am Schluss des Wirtschaftsjahres, in dem das Dienstverhältnis des Pensionsberechtigten unter Aufrechterhaltung seiner Pensionsanwartschaft endet oder der Versorgungsfall eintritt, darf die Pensionsrückstellung stets bis zur Höhe des Teilwerts der Pensionsverpflichtung gebildet werden; die für dieses Wirtschaftsjahr zulässige Erhöhung der Pensionsrückstellung kann auf dieses Wirtschaftsjahr und die beiden folgenden Wirtschaftsjahre gleichmäßig verteilt werden. [6]Satz 2 gilt in den Fällen der Sätze 3 bis 5 entsprechend.

(5) Die Absätze 3 und 4 gelten entsprechend, wenn der Pensionsberechtigte zu dem Pensionsverpflichteten in einem anderen Rechtsverhältnis als einem Dienstverhältnis steht.

…

5. Sonderausgaben

§ 10 [Sonderausgaben]

(1) Sonderausgaben sind die folgenden Aufwendungen, wenn sie weder Betriebsausgaben noch Werbungskosten sind oder wie Betriebsausgaben oder Werbungskosten behandelt werden:

1.–1b …

2. a) Beiträge zu den gesetzlichen Rentenversicherungen oder zur landwirtschaflichen Alterskasse sowie zu berufsständischen Versorgungseinrichtungen, die den gesetzlichen Rentenversicherungen vergleichbare Leistungen erbringen;

   b) Beiträge des Steuerpflichtigen

      aa) zum Aufbau einer eigenen kapitalgedeckten Altersversorgung, wenn der Vertrag nur die Zahlung einer monatlichen, auf das Leben des Steuerpflichtigen bezogenen lebenslangen Leibrente nicht vor Vollendung des 62. Lebensjahres oder zusätzlich die ergänzende Absicherung des Eintritts der Berufsunfähigkeit (Berufsunfähigkeitsrente), der verminderten Erwerbsfähigkeit (Erwerbsminderungsrente) oder von Hinterbliebenen (Hinterbliebenenrente) vorsieht. [2]Hinterbliebene in diesem Sinne sind der Ehegatte des Steuerpflichtigen und die Kinder, für die er Anspruch auf Kindergeld oder auf einen Freibetrag nach § 32 Absatz 6 hat. [3]Der Anspruch auf Waisenrente darf längstens für den Zeitraum bestehen, in dem der Rentenberechtigte die Voraussetzungen für die Berücksichtigung als Kind im Sinne des § 32 erfüllt;

bb) für seine Absicherung gegen den Eintritt der Berufsunfähigkeit oder der verminderten Erwerbsfähigkeit (Versicherungsfall), wenn der Vertrag nur die Zahlung einer monatlichen, auf das Leben des Steuerpflichtigen bezogenen lebenslangen Leibrente für einen Versicherungsfall vorsieht, der bis zur Vollendung des 67. Lebensjahres eingetreten ist. [2]Der Vertrag kann die Beendigung der Rentenzahlung wegen eines medizinisch begründeten Wegfalls der Berufsunfähigkeit oder der verminderten Erwerbsfähigkeit vorsehen. [3]Die Höhe der zugesagten Rente kann vom Alter des Steuerpflichtigen bei Eintritt des Versicherungsfalls abhängig gemacht werden, wenn der Steuerpflichtige das 55. Lebensjahr vollendet hat.

[2]Die Ansprüche nach Buchstabe b dürfen nicht vererblich, nicht übertragbar, nicht beleihbar, nicht veräußerbar und nicht kapitalisierbar sein. [3]Neben den genannten Auszahlungsformen darf kein weiterer Anspruch auf Auszahlungen bestehen. [4]Zu den Beiträgen nach den Buchstaben a und b ist der nach § 3 Nr. 62 steuerfreie Arbeitgeberanteil zur gesetzlichen Rentenversicherung und ein diesem gleichgestellter steuerfreier Zuschuss des Arbeitgebers hinzuzurechnen. [5]Beiträge nach § 168 Absatz 1 Nummer 1b oder 1c oder nach § 172 Absatz 3 oder 3a des Sechsten Buches Sozialgesetzbuch werden abweichend von Satz 2 nur auf Antrag des Steuerpflichtigen hinzugerechnet.

3.–9. …

(2) [1]Voraussetzung für den Abzug der in Absatz 1 Nr. 2, 3 und 3a bezeichneten Beträge (Vorsorgeaufwendungen) ist, dass sie

1. nicht in unmittelbarem wirtschaftlichen Zusammenhang mit steuerfreien Einnahmen stehen; steuerfreie Zuschüsse zu einer Kranken- oder Pflegeversicherung stehen insgesamt in unmittelbarem wirtschaftlichen Zusammenhang mit den Vorsorgeaufwendungen im Sinne des Absatzes 1 Nummer 3,
2. geleistet werden an
   a) [1]Versicherungsunternehmen,
      aa) die ihren Sitz oder ihre Geschäftsleitung in einem Mitgliedstaat der Europäischen Union oder einem Vertragsstaat des Abkommens über den Europäischen Wirtschaftsraum haben und das Versicherungsgeschäft im Inland betreiben dürfen, oder
      bb) denen die Erlaubnis zum Geschäftsbetrieb im Inland erteilt ist.

   [2]Darüber hinaus werden Beiträge nur berücksichtigt, wenn es sich um Beträge im Sinne des Absatzes 1 Nummer 3 Satz 1 Buchstabe a an eine Einrichtung handelt, die eine anderweitige Absicherung im Krankheitsfall im Sinne des § 5 Absatz 1 Nummer 13 des Fünften Buches Sozialgesetzbuch oder eine der Beihilfe oder freien Heilfürsorge vergleichbare Absicherung im Sinne des § 193 Absatz 3 Satz 2 Nummer 2 des Versicherungsvertragsgesetzes gewährt. [3]Dies gilt entsprechend, wenn ein Steuerpflichtiger, der weder seinen Wohnsitz noch seinen gewöhnlichen Aufenthalt im Inland hat, mit den Beiträgen einen Versicherungsschutz im Sinne des Absatzes 1 Nummer 3 Satz 1 erwirbt,

b) berufsständische Versorgungseinrichtungen,
c) einen Sozialversicherungsträger oder
d) einen Anbieter im Sinne des § 80.

Vorsorgeaufwendungen nach Absatz 1 Nummer 2 Buchstabe b werden nur berücksichtigt, wenn

1. die Beiträge zugunsten eines Vertrags geleistet wurden, der nach § 5a des Altersvorsorgeverträge-Zertifizierungsgesetzes zertifiziert ist, wobei die Zertifizierung Grundlagenbescheid im Sinne des § 171 Absatz 10 der Abgabenordnung ist, und
2. der Steuerpflichtige gegenüber dem Anbieter in die Datenübermittlung nach Absatz 2a eingewilligt hat.

...

(3) [1]Vorsorgeaufwendungen nach Absatz 1 Nummer 2 Satz 4 sind bis zu 20 000 Euro zu berücksichtigen. [2]Bei zusammenveranlagten Ehegatten verdoppelt sich der Höchstbetrag. [3]Der Höchstbetrag nach Satz 1 oder 2 ist bei Steuerpflichtigen, die

1. Arbeitnehmer sind und die während des ganzen oder eines Teils des Kalenderjahres
   a) in der gesetzlichen Rentenversicherung versicherungsfrei oder auf Antrag des Arbeitgebers von der Versicherungspflicht befreit waren und denen für den Fall ihres Ausscheidens aus der Beschäftigung auf Grund des Beschäftigungsverhältnisses eine lebenslängliche Versorgung oder an deren Stelle eine Abfindung zusteht oder die in der gesetzlichen Rentenversicherung nachzuversichern sind oder
   b) nicht der gesetzlichen Rentenversicherungspflicht unterliegen, eine Berufstätigkeit ausgeübt und im Zusammenhang damit auf Grund vertraglicher Vereinbarungen Anwartschaftsrechte auf eine Altersversorgung erworben haben, oder
2. Einkünfte im Sinne des § 22 Nummer 4 erzielen und die ganz oder teilweise ohne eigene Beitragsleistung einen Anspruch auf Altersversorgung erwerben,

um den Betrag zu kürzen, der, bezogen auf die Einnahmen aus der Tätigkeit, die die Zugehörigkeit zum genannten Personenkreis begründen, dem Gesamtbeitrag (Arbeitgeber- und Arbeitnehmeranteil) zur allgemeinen Rentenversicherung entspricht. ... [7]Beiträge nach § 168 Absatz 1 Nummer 1b oder 1c oder nach § 172 Absatz 3 oder 3a des Sechsten Buches Sozialgesetzbuch vermindern den abziehbaren Betrag nach Satz 5 nur, wenn der Steuerpflichtige die Hinzurechnung dieser Beiträge zu den Vorsorgeaufwendungen nach § 10 Absatz 1 Nummer 2 Satz 5 beantragt hat.

(4) [1]Vorsorgeaufwendungen im Sinne des Absatzes 1 Nummer 3 und 3a können je Kalenderjahr insgesamt bis 2800 Euro abgezogen werden. [2]Der Höchstbetrag beträgt 1900 Euro bei Steuerpflichtigen, die ganz oder teilweise ohne eigene Aufwendungen einen Anspruch auf vollständige oder teilweise Erstattung oder Übernahme von Krankheitskosten haben oder für deren Krankenversicherung Leistungen im Sinne des § 3 Nummer 9, 14, 57 oder 62 erbracht werden. [3]Bei zusammenveranlagten Ehegatten bestimmt sich der gemeinsame Höchstbetrag aus der Summe der jedem Ehegatten unter den Voraussetzungen von Satz 1 und 2 zustehenden Höchstbeträge. Übersteigen die Vorsorgeaufwendungen im Sinne des Absatzes 1 Nummer 3 die nach den Sätzen 1 bis 3 zu berücksichtigenden Vorsorgeaufwendungen, sind diese abzuziehen und ein Abzug von Vorsorgeaufwendungen im Sinne des Absatzes 1 Nummer 3a scheidet aus.

(4a) [1]Ist in den Kalenderjahren 2013 bis 2019 der Abzug der Vorsorgeaufwendungen nach Absatz 1 Nummer 2 Buchstabe a, Absatz 1 Nummer 3 und Nummer 3a in der für das Kalenderjahr 2004 geltenden Fassung des § 10 Absatz 3 mit folgenden Höchstbeträgen für den Vorwegabzug

Kalenderjahr	Vorwegabzug für den Steuerpflichtigen	Vorwegabzug im Fall der Zusammenveranlagung von Ehegatten
2013	2100	4200
2014	1800	3600
2015	1500	3000
2016	1200	2400
2017	900	1800
2018	600	1200
2019	300	600

zuzüglich des Erhöhungsbetrags nach Satz 3 günstiger, ist der sich danach ergebende Betrag anstelle des Abzugs nach Absatz 3 und 4 anzusetzen. [2]Mindestens ist bei Anwendung des Satzes 1 der Betrag anzusetzen, der sich ergeben würde, wenn zusätzlich noch die Vorsorgeaufwendungen nach Absatz 1 Nummer 2 Buchstabe b in die Günstigerprüfung einbezogen werden würden; der Erhöhungsbetrag nach Satz 3 ist nicht hinzuzurechnen. [3]Erhöhungsbetrag sind die Beiträge nach Absatz 1 Nummer 2 Buchstabe b, soweit sie nicht den um die Beiträge nach Absatz 1 Nummer 2 Buchstabe a und den nach § 3 Nummer 62 steuerfreien Arbeitgeberanteil zur gesetzlichen Rentenversicherung und einen diesem gleichgestellten steuerfreien Zuschuss verminderten Höchstbetrag nach Absatz 3 Satz 1 bis 3 überschreiten; Absatz 3 Satz 4 und 6 gilt entsprechend.

(4b) [1]Erhält der Steuerpflichtige für die von ihm für einen anderen Veranlagungszeitraum geleisteten Aufwendungen im Sinne des Satzes 2 einen steuerfreien Zuschuss, ist dieser den erstatteten Aufwendungen gleichzustellen. [2]Übersteigen bei den Sonderausgaben nach Absatz 1 Nummer 2 bis 3a die im Veranlagungszeitraum erstatteten Aufwendungen die geleisteten Aufwendungen (Erstattungsüberhang), ist der Erstattungsüberhang mit anderen im Rahmen der jeweiligen Nummer anzusetzenden Aufwendungen zu verrechnen. [3]Ein verbleibender Betrag des sich bei den Aufwendungen nach Absatz 1 Nummer 3 und 4 ergebenden Erstattungsüberhangs ist dem Gesamtbetrag der Einkünfte hinzuzurechnen (Sätze 4 bis 6 gültig erst ab VZ 2016). [4]Behörden im Sinne des § 6 Absatz 1 der Abgabenordnung und andere öffentliche Stellen, die einem Steuerpflichtigen für die von ihm geleisteten Beiträge im Sinne des Absatzes 1 Nummer 2, 3 und 3a steuerfreie Zuschüsse gewähren oder Vorsorgeaufwendungen im Sinne dieser Vorschrift erstatten (übermittelnde Stelle), haben der zentralen Stelle jährlich die zur Gewährung und Prüfung des Sonderausgabenabzugs nach § 10 erforderlichen Daten nach amtlich vorgeschriebenem Datensatz durch Datenfernübertragung zu übermitteln. [5]Ein Steuerbescheid ist zu ändern, soweit Daten nach Satz 4 vorliegen und sich hierdurch oder durch eine Korrektur oder Stornierung der entsprechenden Daten eine Änderung der festgesetzten Steuer ergibt. [6]§ 22a Absatz 2 sowie § 150 Absatz 6 der Abgabenordnung gelten entsprechend.

(5) …

§ 10a Zusätzliche Altersvorsorge

(1) [1]In der inländischen gesetzlichen Rentenversicherung Pflichtversicherte können Altersvorsorgebeiträge (§ 82) zuzüglich der dafür nach Abschnitt XI zustehenden Zulage jährlich bis zu 2100 Euro als Sonderausgaben abziehen; das Gleiche gilt für

1. Empfänger von inländischer Besoldung nach dem Bundesbesoldungsgesetz oder einem Landesbesoldungsgesetz
2. Empfänger von Amtsbezügen aus einem inländischen Amtsverhältnis, deren Versorgungsrecht die entsprechende Anwendung des § 69e Absatz 3 und 4 des Beamtenversorgungsgesetzes vorsieht,
3. die nach § 5 Absatz 1 Satz 1 Nummer 2 und 3 des Sechsten Buches Sozialgesetzbuch versicherungsfrei Beschäftigten, die nach § 6 Absatz 1 Satz 1 Nummer 2 oder nach § 230 Absatz 2 Satz 2 des Sechsten Buches Sozialgesetzbuch von der Versicherungspflicht befreiten Beschäftigten, deren Versorgungsrecht die entsprechende Anwendung des § 69e Absatz 3 und 4 des Beamtenversorgungsgesetzes vorsieht,
4. Beamte, Richter, Berufssoldaten und Soldaten auf Zeit, die ohne Besoldung beurlaubt sind, für die Zeit einer Beschäftigung, wenn während der Beurlaubung die Gewährleistung einer Versorgungsanwartschaft unter den Voraussetzungen des § 5 Absatz 1 Satz 1 des Sechsten Buches Sozialgesetzbuch auf diese Beschäftigung erstreckt wird, und
5. Steuerpflichtige im Sinne der Nummern 1 bis 4, die beurlaubt sind und deshalb keine Besoldung, Amtsbezüge oder Entgelt erhalten, sofern sie eine Anrechnung von Kindererziehungszeiten nach § 56 des Sechsten Buches Sozialgesetzbuch in Anspruch nehmen könnten, wenn die Versicherungsfreiheit in der inländischen gesetzlichen Rentenversicherung nicht bestehen würde,

wenn sie spätestens bis zum Ablauf des zweiten Kalenderjahres, das auf das Beitragsjahr (§ 88) folgt, gegenüber der zuständigen Stelle (§ 81a) schriftlich eingewilligt haben, dass diese der zentralen Stelle (§ 81) jährlich mitteilt, dass der Steuerpflichtige zum begünstigten Personenkreis gehört, dass die zuständige Stelle der zentralen Stelle die für die Ermittlung des Mindesteigenbeitrags (§ 86) und die Gewährung der Kinderzulage (§ 85) erforderlichen Daten übermittelt und die zentrale Stelle diese Daten für das Zulageverfahren verwenden darf. [2]Bei der Erteilung der Einwilligung ist der Steuerpflichtige darauf hinzuweisen, dass er die Einwilligung vor Beginn des Kalenderjahres, für das sie erstmals nicht mehr gelten soll, gegenüber der zuständigen Stelle widerrufen kann. [3]Versicherungspflichtige nach dem Gesetz über die Alterssicherung der Landwirte stehen Pflichtversicherten gleich; dies gilt auch für Personen, die

1. eine Anrechnungszeit nach § 58 Absatz 1 Nummer 3 oder Nummer 6 des Sechsten Buches Sozialgesetzbuch in der gesetzlichen Rentenversicherung erhalten und
2. unmittelbar vor einer Anrechnungszeit nach § 58 Absatz 1 Nummer 3 oder Nummer 6 des Sechsten Buches Sozialgesetzbuch einer der im ersten Halbsatz, in Satz 1 oder in Satz 4 genannten begünstigten Personengruppen angehörten.

[4]Die Sätze 1 und 2 gelten entsprechend für Steuerpflichtige, die nicht zum begünstigten Personenkreis nach Satz 1 oder 3 gehören und eine Rente wegen voller Erwerbsminderung oder Erwerbsunfähigkeit oder eine Versorgung wegen Dienstunfähigkeit aus einem der in Satz 1 oder 3 genannten Alterssicherungssysteme beziehen, wenn unmittelbar vor dem Bezug der entsprechenden Leistungen der Leistungsbezieher einer der in Satz 1 oder 3 genannten begünstigten Personengruppen angehörte; dies gilt nicht, wenn der Steuerpflichtige das 67. Lebensjahr vollendet hat. [5]Bei der Ermittlung der dem Steuerpflichtigen zustehenden Zulage nach Satz 1 bleibt die Erhöhung der Grundzulage nach § 84 Satz 2 außer Betracht.

(1a) [1]Sofern eine Zulagenummer (§ 90 Absatz 1 Satz 2) durch die zentrale Stelle oder eine Versicherungsnummer nach § 147 des Sechsten Buches Sozialgesetzbuch noch nicht vergeben ist, haben die in Absatz 1 Satz 1 Nummer 1 bis 5 genannten Steuerpflichtigen über die zuständige Stelle eine Zulagenummer bei der zentralen Stelle zu beantragen. [2]Für Empfänger einer Versorgung im Sinne des Absatzes 1 Satz 4 gilt Satz 1 entsprechend.

(2) [1]Ist der Sonderausgabenabzug nach Absatz 1 für den Steuerpflichtigen günstiger als der Anspruch auf die Zulage nach Abschnitt XI, erhöht sich die unter Berücksichtigung des Sonderausgabenabzugs ermittelte tarifliche Einkommensteuer um den Anspruch auf Zulage. [2]In den anderen Fällen scheidet der Sonderausgabenabzug aus. [3]Die Günstigerprüfung wird von Amts wegen vorgenommen.

(2a) [1]Der Sonderausgabenabzug setzt voraus, dass der Steuerpflichtige gegenüber dem Anbieter (übermittelnde Stelle) in die Datenübermittlung nach Absatz 5 Satz 1 eingewilligt hat. [2]§ 10 Absatz 2a Satz 1 bis Satz 3 gilt entsprechend. [3]In den Fällen des Absatzes 3 Satz 2 und 5 ist die Einwilligung nach Satz 1 von beiden Ehegatten abzugeben. [4]Hat der Zulageberechtigte den Anbieter nach § 89 Absatz 1a bevollmächtigt oder liegt dem Anbieter ein Zulageantrag nach § 89 Absatz 1 vor, gilt die Einwilligung nach Satz 1 für das jeweilige Beitragsjahr als erteilt.

(3) [1]Der Abzugsbetrag nach Absatz 1 steht im Fall der Veranlagung von Ehegatten nach § 26 Absatz 1 jedem Ehegatten unter den Voraussetzungen des Absatzes 1 gesondert zu. [2]Gehört nur ein Ehegatte zu dem nach Absatz 1 begünstigten Personenkreis und ist der andere Ehegatte nach § 79 Satz 2 zulageberechtigt, sind bei dem nach Absatz 1 abzugsberechtigten Ehegatten die von beiden Ehegatten geleisteten Altersvorsorgebeiträge und die dafür zustehenden Zulagen bei der Anwendung der Absätze 1 und 2 zu berücksichtigen. [3]Der Höchstbetrag nach Absatz 1 Satz 1 erhöht sich in den Fällen des Satzes 2 um 60 Euro. [4]Dabei sind die von dem Ehegatten, der zu dem nach Absatz 1 begünstigten Personenkreis gehört, geleisteten Altersvorsorgebeiträge vorrangig zu berücksichtigen, jedoch mindestens 60 Euro der von dem anderen Ehegatten geleisteten Altersvorsorgebeiträge. [5]Gehören beide Ehegatten zu dem nach Absatz 1 begünstigten Personenkreis und liegt ein Fall der Veranlagung nach § 26 Absatz 1 vor, ist bei der Günstigerprüfung nach Absatz 2 der Anspruch auf Zulage beider Ehegatten anzusetzen.

(4) [1]Im Fall des Absatzes 2 Satz 1 stellt das Finanzamt die über den Zulageanspruch nach Abschnitt XI hinausgehende Steuerermäßigung gesondert fest und teilt diese der zentralen Stelle (§ 81) mit; § 10d Absatz 4 Satz 3 bis 5 gilt entsprechend. [2]Sind Altersvorsorgebeiträge zugunsten von mehreren Verträgen geleistet worden, erfolgt die Zurechnung im Verhältnis der nach Absatz 1 berücksichtigten Altersvorsorgebeiträge. [3]Ehegatten ist der nach Satz 1 festzustellende Betrag auch im Fall der Zusammenveranlagung jeweils getrennt zuzurechnen; die Zurechnung erfolgt im Verhältnis der nach Absatz 1 berücksichtigten Altersvorsorgebeiträge. [4]Werden Altersvorsorgebeiträge nach Absatz 3 Satz 2 berücksichtigt, die der nach § 79 Satz 2 zulageberechtigte Ehegatte zugunsten eines auf seinen Namen lautenden Vertrages geleistet hat, ist die hierauf entfallende Steuerermäßigung dem Vertrag zuzurechnen, zu dessen Gunsten die Altersvorsorgebeiträge geleistet wurden. [5]Die Übermittlung an die zentrale Stelle erfolgt unter Angabe der Vertragsnummer und der Identifikationsnummer (§ 139b der Abgabenordnung) sowie der Zulage- oder Versicherungsnummer nach § 147 des Sechsten Buches Sozialgesetzbuch.

(5) [1]Die übermittelnde Stelle hat bei Vorliegen einer Einwilligung nach Absatz 2a die Höhe der im jeweiligen Beitragsjahr zu berücksichtigenden Altersvorsorgebeiträge unter Angabe der Vertragsdaten, des Datums der Einwilligung nach Absatz 2a, der Identifikationsnummer (§ 139b der Abgabenordnung) sowie der Zulage- oder der Versicherungsnummer nach § 147 des Sechsten Buches Sozialgesetzbuch nach amtlich vorgeschriebenem Datensatz durch Datenfernübertragung an die zentrale Stelle bis zum 28. Februar des dem Beitragsjahr folgenden Kalenderjahres zu übermitteln. [2]§ 10 Absatz 2a Satz 6 bis 8 und § 22a Absatz 2 gelten entsprechend. [3]Die Übermittlung erfolgt auch dann, wenn im Fall der mittelbaren Zulageberechtigung keine Altersvorsorgebeiträge geleistet worden sind. [4]Die übrigen Voraussetzungen für den Sonderausgabenabzug nach den Absätzen 1 bis 3 werden im Wege der Datenerhebung und des automatisierten Datenabgleichs nach

§ 91 überprüft. [5]Erfolgt eine Datenübermittlung nach Satz 1 und wurde noch keine Zulagenummer (§ 90 Absatz 1 Satz 2) durch die zentrale Stelle oder keine Versicherungsnummer nach § 147 des Sechsten Buches Sozialgesetzbuch vergeben, gilt § 90 Absatz 1 Satz 2 und 3 entsprechend.

8. Die einzelnen Einkunftsarten

d) Nichtselbständige Arbeit (§ 2 Absatz 1 Satz 1 Nummer 4)

§ 19 [Nichtselbständige Arbeit]

(1) [1]Zu den Einkünften aus nichtselbständiger Arbeit gehören

1. Gehälter, Löhne, Gratifikationen, Tantiemen und andere Bezüge und Vorteile für eine Beschäftigung im öffentlichen oder privaten Dienst;
2. Wartegelder, Ruhegelder, Witwen- und Waisengelder und andere Bezüge und Vorteile aus früheren Dienstleistungen, auch soweit sie von Arbeitgebern ausgleichspflichtiger Personen an ausgleichsberechtigte Personen infolge einer nach § 10 oder § 14 des Versorgungsausgleichsgesetzes durchgeführten Teilung geleistet werden;
3. laufende Beiträge und laufende Zuwendungen des Arbeitgebers aus einem bestehenden Dienstverhältnis an einen Pensionsfonds, eine Pensionskasse oder für eine Direktversicherung für eine betriebliche Altersversorgung. [2]Zu den Einkünften aus nichtselbständiger Arbeit gehören auch Sonderzahlungen, die der Arbeitgeber neben den laufenden Beiträgen und Zuwendungen an eine solche Versorgungseinrichtung leistet, mit Ausnahme der Zahlungen des Arbeitgebers zur Erfüllung der Solvabilitätsvorschriften nach den §§ 53c und 114 des Versicherungsaufsichtsgesetzes, Zahlungen des Arbeitgebers in der Rentenbezugszeit nach § 112 Absatz 1a des Versicherungsaufsichtsgesetzes oder Sanierungsgelder; Sonderzahlungen des Arbeitgebers sind insbesondere Zahlungen an eine Pensionskasse anlässlich
   a) seines Ausscheidens aus einer nicht im Wege der Kapitaldeckung finanzierten betrieblichen Altersversorgung oder
   b) des Wechsels von einer nicht im Wege der Kapitaldeckung zu einer anderen nicht im Wege der Kapitaldeckung finanzierten betrieblichen Altersversorgung.

   [3]Von Sonderzahlungen im Sinne des Satzes 2 Buchstabe b ist bei laufenden und wiederkehrenden Zahlungen entsprechend dem periodischen Bedarf nur auszugehen, soweit die Bemessung der Zahlungsverpflichtungen des Arbeitgebers in das Versorgungssystem nach dem Wechsel die Bemessung der Zahlungsverpflichtung zum Zeitpunkt des Wechsels übersteigt. [4]Sanierungsgelder sind Sonderzahlungen des Arbeitgebers an eine Pensionskasse anlässlich der Systemumstellung einer nicht im Wege der Kapitaldeckung finanzierten betrieblichen Altersversorgung auf der Finanzierungs- oder Leistungsseite, die der Finanzierung der zum Zeitpunkt der Umstellung bestehenden Versorgungsverpflichtungen oder Versorgungsanwartschaften dienen; bei laufenden und wiederkehrenden Zahlungen entsprechend dem periodischen Bedarf ist nur von Sanierungsgeldern auszugehen, soweit die Bemessung der Zahlungsverpflichtungen des Arbeitgebers in das Versorgungssystem nach der Systemumstellung die Bemessung der Zahlungsverpflichtung zum Zeitpunkt der Systemumstellung übersteigt.

[2]Es ist gleichgültig, ob es sich um laufende oder um einmalige Bezüge handelt und ob ein Rechtsanspruch auf sie besteht.

(2) [1]Von Versorgungsbezügen bleiben ein nach einem Prozentsatz ermittelter, auf einen Höchstbetrag begrenzter Betrag (Versorgungsfreibetrag) und ein Zuschlag zum Versorgungsfreibetrag steuerfrei. [2]Versorgungsbezüge sind

1. das Ruhegehalt, Witwen- oder Waisengeld, der Unterhaltsbeitrag oder ein gleichartiger Bezug
   a) auf Grund beamtenrechtlicher oder entsprechender gesetzlicher Vorschriften,
   b) nach beamtenrechtlichen Grundsätzen von Körperschaften, Anstalten oder Stiftungen des öffentlichen Rechts oder öffentlich-rechtlichen Verbänden von Körperschaften

   oder
2. in anderen Fällen Bezüge und Vorteile aus früheren Dienstleistungen wegen Erreichens einer Altersgrenze, verminderter Erwerbsfähigkeit oder Hinterbliebenenbezüge; Bezüge wegen Erreichens einer Altersgrenze gelten erst dann als Versorgungsbezüge, wenn der Steuerpflichtige das 63. Lebensjahr oder, wenn er schwerbehindert ist, das 60. Lebensjahr vollendet hat.

[3]Der maßgebende Prozentsatz, der Höchstbetrag des Versorgungsfreibetrags und der Zuschlag zum Versorgungsfreibetrag sind der nachstehenden Tabelle zu entnehmen:

Jahr des Versorgungsbeginns	Versorgungsfreibetrag		Zuschlag zum Versorgungsfreibetrag in Euro
	in % der Versorgungsbezüge	Höchstbetrag in Euro	
bis 2005	40,0	3000	900
ab 2006	38,4	2880	864
2007	36,8	2760	828
2008	35,2	2640	792
2009	33,6	2520	756
2010	32,0	2400	720
2011	30,4	2280	684
2012	28,8	2160	648
2013	27,2	2040	612
2014	25,6	1920	576
2015	24,0	1800	540
2016	22,4	1680	504
2017	20,8	1560	468
2018	19,2	1440	432
2019	17,6	1320	396
2020	16,0	1200	360
2021	15,2	1140	342
2022	14,4	1080	324
2023	13,6	1020	306

Jahr des Versorgungs-beginns	Versorgungsfreibetrag		Zuschlag zum Versorgungsfreibetrag in Euro
	in % der Ver-sorgungsbezüge	Höchstbetrag in Euro	
2024	12,8	960	288
2025	12,0	900	270
2026	11,2	840	252
2027	10,4	780	234
2028	9,6	720	216
2029	8,8	660	198
2030	8,0	600	180
2031	7,2	540	162
2032	6,4	480	144
2033	5,6	420	126
2034	4,8	360	108
2035	4,0	300	90
2036	3,2	240	72
2037	2,4	180	54
2038	1,6	120	36
2039	0,8	60	18
2040	0,0	0	0

[4]Bemessungsgrundlage für den Versorgungsfreibetrag ist

a) bei Versorgungsbeginn vor 2005
das Zwölffache des Versorgungsbezugs für Januar 2005,

b) bei Versorgungsbeginn ab 2005
das Zwölffache des Versorgungsbezugs für den ersten vollen Monat,

jeweils zuzüglich voraussichtlicher Sonderzahlungen im Kalenderjahr, auf die zu diesem Zeitpunkt ein Rechtsanspruch besteht. [5]Der Zuschlag zum Versorgungsfreibetrag darf nur bis zur Höhe der um den Versorgungsfreibetrag geminderten Bemessungsgrundlage berücksichtigt werden. [6]Bei mehreren Versorgungsbezügen mit unterschiedlichem Bezugsbeginn bestimmen sich der insgesamt berücksichtigungsfähige Höchstbetrag des Versorgungsfreibetrags und der Zuschlag zum Versorgungsfreibetrag nach dem Jahr des Beginns des ersten Versorgungsbezugs. [7]Folgt ein Hinterbliebenenbezug einem Versorgungsbezug, bestimmen sich der Prozentsatz, der Höchstbetrag des Versorgungsfreibetrags und der Zuschlag zum Versorgungsfreibetrag für den Hinterbliebenenbezug nach dem Jahr des Beginns des Versorgungsbezugs. [8]Der nach den Sätzen 3 bis 7 berechnete Versorgungsfreibetrag und Zuschlag zum Versorgungsfreibetrag gelten für die gesamte Laufzeit des Versorgungsbezugs. [9]Regelmäßige Anpassungen des Versorgungsbezugs führen nicht zu einer Neuberechnung. [10]Abweichend hiervon sind der Versorgungsfreibetrag und der Zuschlag zum Versorgungsfreibetrag neu zu berechnen, wenn sich der Versorgungsbezug wegen Anwendung von Anrechnungs-, Ruhens-, Erhöhungs- oder Kürzungsregelungen erhöht oder vermindert. [11]In diesen Fällen sind die Sätze 3 bis 7 mit dem geänderten Versorgungsbezug als Bemessungsgrundlage im Sinne des Satzes 4 anzuwenden; im Kalenderjahr der Änderung sind der höchste Versorgungsfreibetrag und Zuschlag zum Versorgungsfreibetrag maßgebend. [12]Für jeden vollen Kalendermonat, für den keine Versorgungsbezüge gezahlt werden, ermäßigen sich der Versorgungsfreibetrag und der Zuschlag zum Versorgungsfreibetrag in diesem Kalenderjahr um je ein Zwölftel.

e) Kapitalvermögen (§ 2 Absatz 1 Satz 1 Nummer 5)

§ 20 [Kapitalvermögen]

(1) Zu den Einkünften aus Kapitalvermögen gehören

1.–5. …

6. der Unterschiedsbetrag zwischen der Versicherungsleistung und der Summe der auf sie entrichteten Beiträge (Erträge) im Erlebensfall oder bei Rückkauf des Vertrags bei Rentenversicherungen mit Kapitalwahlrecht, soweit nicht die lebenslange Rentenzahlung gewählt und erbracht wird, und bei Kapitalversicherungen mit Sparanteil, wenn der Vertrag nach dem 31. Dezember 2004 abgeschlossen worden ist. [2]Wird die Versicherungsleistung nach Vollendung des 60. Lebensjahres des Steuerpflichtigen und nach Ablauf von zwölf Jahren seit dem Vertragsabschluss ausgezahlt, ist die Hälfte des Unterschiedsbetrags anzusetzen. [3]Bei entgeltlichem Erwerb des Anspruchs auf die Versicherungsleistung treten die Anschaffungskosten an die Stelle der vor dem Erwerb entrichteten Beiträge. [4]Die Sätze 1 bis 3 sind auf Erträge aus fondsgebundenen Lebensversicherungen, auf Erträge im Erlebensfall bei Rentenversicherungen ohne Kapitalwahlrecht, soweit keine lebenslange Rentenzahlung vereinbart und erbracht wird, und auf Erträge bei Rückkauf des Vertrages bei Rentenversicherungen ohne Kapitalwahlrecht entsprechend anzuwenden. [5]Ist in einem Versicherungsvertrag eine gesonderte Verwaltung von speziell für diesen Vertrag zusammengestellten Kapitalanlagen vereinbart, die nicht auf öffentlich vertriebene Investmentfondsanteile oder Anlagen, die die Entwicklung eines veröffentlichten Indexes abbilden, beschränkt ist, und kann der wirtschaftlich Berechtigte unmittelbar oder mittelbar über die Veräußerung der Vermögensgegenstände und die Wiederanlage der Erlöse bestimmen (vermögensverwaltender Versicherungsvertrag), sind die dem Versicherungsunternehmen zufließenden Erträge dem wirtschaftlich Berechtigten aus dem Versicherungsvertrag zuzurechnen; Sätze 1 bis 4 sind nicht anzuwenden. [6]Satz 2 ist nicht anzuwenden, wenn
   a) in einem Kapitallebensversicherungsvertrag mit vereinbarter laufender Beitragszahlung in mindestens gleichbleibender Höhe bis zum Zeitpunkt des Erlebensfalls die vereinbarte Leistung bei Eintritt des versicherten Risikos weniger als 50 Prozent der Summe der für die gesamte Vertragsdauer zu zahlenden Beiträge beträgt und
   b) bei einem Kapitallebensversicherungsvertrag die vereinbarte Leistung bei Eintritt des versicherten Risikos das Deckungskapital oder den Zeitwert der Versicherung spätestens fünf Jahre nach Vertragsabschluss nicht um mindestens 10 Prozent des Deckungskapitals, des Zeitwerts oder der Summe der gezahlten Beiträge übersteigt. Dieser Prozentsatz darf bis zum Ende der Vertragslaufzeit in jährlich gleichen Schritten auf Null sinken;

7.–10. …

(2)–(4) …

g) Sonstige Einkünfte (§ 2 Absatz 1 Satz 1 Nummer 7)

§ 22 Arten der sonstigen Einkünfte

Sonstige Einkünfte sind

1. …

[3]Zu den in Satz 1 bezeichneten Einkünften gehören auch

a) Leibrenten und andere Leistungen,

aa) die aus den gesetzlichen Rentenversicherungen, den landwirtschaftlichen Alterskassen, den berufsständischen Versorgungseinrichtungen und aus Rentenversicherungen im Sinne des § 10 Abs. 1 Nr. 2 Buchstabe b erbracht werden, soweit sie jeweils der Besteuerung unterliegen. [2]Bemessungsgrundlage für den der Besteuerung unterliegenden Anteil ist der Jahresbetrag der Rente. [3]Der der Besteuerung unterliegende Anteil ist nach dem Jahr des Rentenbeginns und dem in diesem Jahr maßgebenden Prozentsatz aus der nachstehenden Tabelle zu entnehmen:

Jahr des Rentenbeginns	Besteuerungsanteil in %
bis 2005	50
ab 2006	52
2007	54
2008	56
2009	58
2010	60
2011	62
2012	64
2013	66
2014	68
2015	70
2016	72
2017	74
2018	76
2019	78
2020	80
2021	81
2022	82
2023	83
2024	84
2025	85

Jahr des Rentenbeginns	Besteuerungsanteil in %
2026	86
2027	87
2028	88
2029	89
2030	90
2031	91
2032	92
2033	93
2034	94
2035	95
2036	96
2037	97
2038	98
2039	99
2040	100

[4]Der Unterschiedsbetrag zwischen dem Jahresbetrag der Rente und dem der Besteuerung unterliegenden Anteil der Rente ist der steuerfreie Teil der Rente. [5]Dieser gilt ab dem Jahr, das dem Jahr des Rentenbeginns folgt, für die gesamte Laufzeit des Rentenbezugs. [6]Abweichend hiervon ist der steuerfreie Teil der Rente bei einer Veränderung des Jahresbetrags der Rente in dem Verhältnis anzupassen, in dem der veränderte Jahresbetrag der Rente zum Jahresbetrag der Rente steht, der der Ermittlung des steuerfreien Teils der Rente zugrunde liegt. [7]Regelmäßige Anpassungen des Jahresbetrags der Rente führen nicht zu einer Neuberechnung und bleiben bei einer Neuberechnung außer Betracht. [8]Folgen nach dem 31. Dezember 2004 Renten aus derselben Versicherung einander nach, gilt für die spätere Rente Satz 3 mit der Maßgabe, dass sich der Prozentsatz nach dem Jahr richtet, das sich ergibt, wenn die Laufzeit der vorhergehenden Renten von dem Jahr des Beginns der späteren Rente abgezogen wird; der Prozentsatz kann jedoch nicht niedriger bemessen werden als der für das Jahr 2005;

bb) die nicht solche im Sinne des Doppelbuchstaben aa sind und bei denen in den einzelnen Bezügen Einkünfte aus Erträgen des Rentenrechts enthalten sind. [2]Dies gilt auf Antrag auch für Leibrenten und andere Leistungen, soweit diese auf bis zum 31. Dezember 2004 geleisteten Beiträgen beruhen, welche oberhalb des Betrags des Höchstbeitrags zur gesetzlichen Rentenversicherung gezahlt wurden; der Steuerpflichtige muss nachweisen, dass der Betrag des Höchstbeitrags mindestens zehn Jahre überschritten wurde, soweit hiervon im Versorgungsausgleich übertragene Rentenanwartschaften betroffen sind, gilt § 4 Absatz 1 und 2 des Versorgungsausgleichsgesetzes entsprechend. [3]Als Ertrag des Rentenrechts gilt für die gesamte Dauer des Rentenbezugs der Unterschiedsbetrag zwischen dem Jahresbetrag der Rente und dem Betrag, der sich bei gleichmäßiger Verteilung des Kapitalwerts der Rente auf ihre voraussichtliche Laufzeit ergibt; dabei ist der Kapitalwert nach dieser Laufzeit zu berechnen. [4]Der Ertrag des Rentenrechts (Ertragsanteil) ist aus der nachstehenden Tabelle zu entnehmen:

Bei Beginn der Rente vollendetes Lebensjahr des Rentenberechtigten	Ertragsanteil in %	Bei Beginn der Rente vollendetes Lebensjahr des Rentenberechtigten	Ertragsanteil in %	Bei Beginn der Rente vollendetes Lebensjahr des Rentenberechtigten	Ertragsanteil in %
0 bis 1	59	45	34	75	11
2 bis 3	58	46 bis 47	33	76 bis 77	10
4 bis 5	57	48	32	78 bis 79	9
6 bis 8	56	49	31	80	8
9 bis 10	55	50	30	81 bis 82	7
11 bis 12	54	51 bis 52	29	83 bis 84	6
13 bis 14	53	53	28	85 bis 87	5
15 bis 16	52	54	27	88 bis 91	4
17 bis 18	51	55 bis 56	26	92 bis 93	3
19 bis 20	50	57	25	94 bis 96	2
21 bis 22	49	58	24	ab 97	1
23 bis 24	48	59	23		
		60 bis 61	22		
25 bis 26	47	62	21		
27	46	63	20		
28 bis 29	45	64	19		
30 bis 31	44	65 bis 66	18		
32	43	67	17		
33 bis 34	42	68	16		
35	41	69 bis 70	15		
36 bis 37	40	71	14		
38	39	72 bis 73	13		
39 bis 40	38	74	12		
41	37				
42	36				
43 bis 44	35				

[5]Die Ermittlung des Ertrags aus Leibrenten, die vor dem 1. Januar 1955 zu laufen begonnen haben, und aus Renten, deren Dauer von der Lebenszeit mehrerer Personen oder einer anderen Person als des Rentenberechtigten abhängt, sowie aus Leibrenten, die auf eine bestimmte Zeit beschränkt sind, wird durch eine Rechtsverordnung bestimmt;

b) Einkünfte aus Zuschüssen und sonstigen Vorteilen, die als wiederkehrende Bezüge gewährt werden;

1a. …

1b. Einkünfte aus Versorgungsleistungen, soweit beim Zahlungsverpflichteten die Voraussetzungen für den Sonderausgabenabzug nach § 10 Absatz 1 Nummer 1a erfüllt sind;

1c.–4. …

5. Leistungen aus Altersvorsorgeverträgen, Pensionsfonds, Pensionskassen und Direktversicherungen. [2]Soweit die Leistungen nicht auf Beiträgen, auf die § 3 Nummer 63, § 10a oder Abschnitt XI angewendet wurde, nicht auf Zulagen im Sinne des Abschnitts XI, nicht auf Zahlungen im Sinne des § 92a Absatz 2 Satz 4 Nummer 1 und des § 92a Absatz 3 Satz 9 Nummer 2 nicht auf steuerfreien Leistungen nach § 3 Nummer 66 und nicht auf Ansprüchen beruhen, die durch steuerfreie Zuwendungen nach § 3 Nummer 56 oder die durch die nach § 3 Nummer 55b Satz 1 oder § 3 Nummer 55c steuerfreie Leistung aus einem neu begründeten Anrecht erworben wurden,
   a) ist bei lebenslangen Renten sowie bei Berufsunfähigkeits-, Erwerbsminderungs- und Hinterbliebenenrenten Nummer 1 Satz 3 Buchstabe a entsprechend anzuwenden,
   b) ist bei Leistungen aus Versicherungsverträgen, Pensionsfonds, Pensionskassen und Direktversicherungen, die nicht solche nach Buchstabe a sind, § 20 Absatz 1 Nummer 6 in der jeweils für den Vertrag geltenden Fassung entsprechend anzuwenden,
   c) unterliegt bei anderen Leistungen der Unterschiedsbetrag zwischen der Leistung und der Summe der auf sie entrichteten Beiträge der Besteuerung; § 20 Absatz 1 Nummer 6 Satz 2 gilt entsprechend.

   [3]In den Fällen des § 93 Absatz 1 Satz 1 und 2 gilt das ausgezahlte geförderte Altersvorsorgevermögen nach Abzug der Zulagen im Sinne des Abschnitts XI als Leistung im Sinne des Satzes 2. [4]Als Leistung im Sinne des Satzes 1 gilt auch der Verminderungsbetrag nach § 92a Absatz 2 Satz 5 und der Auflösungsbetrag nach § 92a Absatz 3 Satz 5. [5]Der Auflösungsbetrag nach § 92a Absatz 2 Satz 6 wird zu 70 Prozent als Leistung nach Satz 1 erfasst. [6]Tritt nach dem Beginn der Auszahlungsphase zu Lebzeiten des Zulageberechtigten der Fall des § 92a Absatz 3 Satz 1 ein, dann ist
   a) innerhalb eines Zeitraums bis zum zehnten Jahr nach dem Beginn der Auszahlungsphase das Eineinhalbfache,
   b) innerhalb eines Zeitraums zwischen dem zehnten und 20. Jahr nach dem Beginn der Auszahlungsphase das Einfache

   des nach Satz 5 noch nicht erfassten Auflösungsbetrags als Leistung nach Satz 1 zu erfassen; § 92a Absatz 3 Satz 9 gilt entsprechend mit der Maßgabe, dass als noch nicht zurückgeführter Betrag im Wohnförderkonto der noch nicht erfasste Auflösungsbetrag gilt. [7]Bei erstmaligem Bezug von Leistungen, in den Fällen des § 93 Absatz 1 sowie bei Änderung der im Kalenderjahr auszuzahlenden Leistung hat der Anbieter (§ 80) nach Ablauf des Kalenderjahres dem Steuerpflichtigen nach amtlich vorgeschriebenem Vordruck den Betrag der im abgelaufenen Kalenderjahr zugeflossenen Leistungen im Sinne der Sätze 1 bis 6 je gesondert mitzuteilen. [8]Werden dem Steuerpflichtigen Abschluss- und Vertriebskosten eines Altersvorsorgevertrages erstattet, gilt der Erstattungsbetrag als Leistung im Sinne des Satzes 1. [9]In den Fällen des § 3 Nummer 55a richtet sich die Zuordnung zu Satz 1 oder Satz 2 bei der ausgleichsberechtigten Person danach, wie eine nur auf die Ehezeit bezogene Zuordnung der sich aus dem übertragenen Anrecht ergebenden Leistung zu Satz 1 oder Satz 2 bei der ausgleichspflichtigen Person im Zeitpunkt der Übertragung ohne die Teilung vorzunehmen gewesen wäre. [10]Dies gilt sinngemäß in den Fällen des § 3 Nummer 55 und 55e.

§ 22a Rentenbezugsmitteilungen an die zentrale Stelle

(1) [1]Die Träger der gesetzlichen Rentenversicherung, die landwirtschaftliche Alterskasse die berufsständischen Versorgungseinrichtungen, die Pensionskassen, die Pensionsfonds, die Versicherungsunternehmen, die Unternehmen, die Verträge im Sinne des § 10 Absatz 1 Nummer 2 Buchstabe b anbieten, und die Anbieter im Sinne des § 80 (Mitteilungspflichtige) haben der zentralen Stelle (§ 81) bis zum 1. März des Jahres, das auf das Jahr folgt, in dem eine Leibrente oder andere Leistung nach § 22 Nummer 1 Satz 3 Buch-

stabe a und § 22 Nummer 5 einem Leistungsempfänger zugeflossen ist, unter Beachtung der im Bundessteuerblatt veröffentlichten Auslegungsvorschriften der Finanzverwaltung folgende Daten zu übermitteln (Rentenbezugsmitteilung):

1. Identifikationsnummer (§ 139b der Abgabenordnung), Familienname, Vorname und Geburtsdatum des Leistungsempfängers. [2]Ist dem Mitteilungspflichtigen eine ausländische Anschrift des Leistungsempfängers bekannt, ist diese anzugeben. [3]In diesen Fällen ist auch die Staatsangehörigkeit des Leistungsempfängers, soweit bekannt, mitzuteilen;
2. je gesondert den Betrag der Leibrenten und anderen Leistungen im Sinne des § 22 Nummer 1 Satz 3 Buchstabe a Doppelbuchstabe aa, bb Satz 4 und Doppelbuchstabe bb Satz 5 in Verbindung mit § 55 Absatz 2 der Einkommensteuer-Durchführungsverordnung sowie im Sinne des § 22 Nummer 5. [2]Der im Betrag der Rente enthaltene Teil, der ausschließlich auf einer Anpassung der Rente beruht, ist gesondert mitzuteilen;
3. Zeitpunkt des Beginns und des Endes des jeweiligen Leistungsbezugs; folgen nach dem 31. Dezember 2004 Renten aus derselben Versicherung einander nach, ist auch die Laufzeit der vorhergehenden Renten mitzuteilen;
4. Bezeichnung und Anschrift des Mitteilungspflichtigen.
5. die Beiträge im Sinne des § 10 Absatz 1 Nummer 3 Buchstabe a Satz 1 und 2 und Buchstabe b, soweit diese vom Mitteilungspflichtigen an die Träger der gesetzlichen Kranken- und Pflegeversicherung abgeführt werden;
6. die dem Leistungsempfänger zustehenden Beitragszuschüsse nach § 106 des Sechsten Buches Sozialgesetzbuch.

[2]Die Datenübermittlung hat nach amtlich vorgeschriebenem Datensatz durch Datenfernübertragung zu erfolgen. [3]Im Übrigen ist § 150 Absatz 6 der Abgabenordnung entsprechend anzuwenden.

(2) [1]Der Leistungsempfänger hat dem Mitteilungspflichtigen seine Identifikationsnummer mitzuteilen. [2]Teilt der Leistungsempfänger die Identifikationsnummer dem Mitteilungspflichtigen trotz Aufforderung nicht mit, übermittelt das Bundeszentralamt für Steuern dem Mitteilungspflichtigen auf dessen Anfrage die Identifikationsnummer des Leistungsempfängers; weitere Daten dürfen nicht übermittelt werden. [3]In der Anfrage dürfen nur die in § 139b Absatz 3 der Abgabenordnung genannten Daten des Leistungsempfängers angegeben werden, soweit sie dem Mitteilungspflichtigen bekannt sind. [4]Die Anfrage des Mitteilungspflichtigen und die Antwort des Bundeszentralamtes für Steuern sind über die zentrale Stelle zu übermitteln. [5]Die zentrale Stelle führt eine ausschließlich automatisierte Prüfung der ihr übermittelten Daten daraufhin durch, ob sie vollständig und schlüssig sind und ob das vorgeschriebene Datenformat verwendet worden ist. [6]Sie speichert die Daten des Leistungsempfängers nur für Zwecke dieser Prüfung bis zur Übermittlung an das Bundeszentralamt für Steuern oder an den Mitteilungspflichtigen. [7]Die Daten sind für die Übermittlung zwischen der zentralen Stelle und dem Bundeszentralamt für Steuern zu verschlüsseln. [8]Für die Anfrage gilt Absatz 1 Satz 2 und 3 entsprechend. [9]Der Mitteilungspflichtige darf die Identifikationsnummer nur verwenden, soweit dies für die Erfüllung der Mitteilungspflicht nach Absatz 1 Satz 1 erforderlich ist.

(3) Der Mitteilungspflichtige hat den Leistungsempfänger jeweils darüber zu unterrichten, dass die Leistung der zentralen Stelle mitgeteilt wird.

(4) [1]Die zentrale Stelle (§ 81) kann bei den Mitteilungspflichtigen ermitteln, ob sie ihre Pflichten nach Absatz 1 erfüllt haben. [2]Die §§ 193 bis 203 der Abgabenordnung gelten sinngemäß. [3]Auf Verlangen der zentralen Stelle haben die Mitteilungspflichtigen ihre Unterlagen, soweit sie im Ausland geführt und aufbewahrt werden, verfügbar zu machen.

(5) [1]Wird eine Rentenbezugsmitteilung nicht innerhalb der in Absatz 1 Satz 1 genannten Frist übermittelt, so ist für jeden angefangenen Monat, in dem die Rentenbezugsmitteilung noch aussteht, ein Betrag in Höhe von 10 Euro für jede ausstehende Rentenbe-

zugsmitteilung an die zentrale Stelle zu entrichten (Verspätungsgeld). [2]Die Erhebung erfolgt durch die zentrale Stelle im Rahmen ihrer Prüfung nach Absatz 4. [3]Von der Erhebung ist abzusehen, soweit die Fristüberschreitung auf Gründen beruht, die der Mitteilungspflichtige nicht zu vertreten hat. [4]Das Handeln eines gesetzlichen Vertreters oder eines Erfüllungsgehilfen steht dem eigenen Handeln gleich. [5]Das von einem Mitteilungspflichtigen zu entrichtende Verspätungsgeld darf 50 000 Euro für alle für einen Veranlagungszeitraum zu übermittelnden Rentenbezugsmitteilungen nicht übersteigen.

h) Gemeinsame Vorschriften

§ 24a Altersentlastungsbetrag

[1]Altersentlastungsbetrag ist bis zu einem Höchstbetrag im Kalenderjahr ein nach einem Prozentsatz ermittelter Betrag des Arbeitslohns und der positiven Summe der Einkünfte, die nicht solche aus nichtselbständiger Arbeit sind. [2]Bei der Bemessung des Betrags bleiben außer Betracht:
1. Versorgungsbezüge im Sinne des § 19 Absatz 2;
2. Einkünfte aus Leibrenten im Sinne des § 22 Nummer 1 Satz 3 Buchstabe a;
3. Einkünfte im Sinne des § 22 Nummer 4 Satz 4 Buchstabe b;
4. Einkünfte im Sinne des § 22 Nummer 5 Satz 1, soweit § 52 Absatz 34c anzuwenden ist;
5. Einkünfte im Sinne des § 22 Nummer 5 Satz 2 Buchstabe a.

[3]Der Altersentlastungsbetrag wird einem Steuerpflichtigen gewährt, der vor dem Beginn des Kalenderjahres, in dem er sein Einkommen bezogen hat, das 64. Lebensjahr vollendet hatte. [4]Im Fall der Zusammenveranlagung von Ehegatten zur Einkommensteuer sind die Sätze 1 bis 3 für jeden Ehegatten gesondert anzuwenden. [5]Der maßgebende Prozentsatz und der Höchstbetrag des Altersentlastungsbetrags sind der nachstehenden Tabelle zu entnehmen:

Das auf die Vollendung des 64. Lebensjahres folgende Kalenderjahr	Altersentlastungsbetrag	
	in % der Einkünfte	Höchstbetrag in Euro
2005	40,0	1900
2006	38,4	1824
2007	36,8	1748
2008	35,2	1672
2009	33,6	1596
2010	32,0	1520
2011	30,4	1444
2012	28,8	1368
2013	27,2	1292
2014	25,6	1216
2015	24,0	1140
2016	22,4	1064

Das auf die Vollendung des 64. Lebensjahres folgende Kalenderjahr	Altersentlastungsbetrag	
	in % der Einkünfte	Höchstbetrag in Euro
2017	20,8	988
2018	19,2	912
2019	17,6	836
2020	16,0	760
2021	15,2	722
2022	14,4	684
2023	13,6	646
2024	12,8	608
2025	12,0	570
2026	11,2	532
2027	10,4	494
2028	9,6	456
2029	8,8	418
2030	8,0	380
2031	7,2	342
2032	6,4	304
2033	5,6	266
2034	4,8	228
2035	4,0	190
2036	3,2	152
2037	2,4	114
2038	1,6	76
2039	0,8	38
2040	0,0	0

VI. Steuererhebung

2. Steuerabzug vom Arbeitslohn (Lohnsteuer)

§ 40b Pauschalierung der Lohnsteuer bei bestimmten Zukunftssicherungsleistungen

(1) Der Arbeitgeber kann die Lohnsteuer von den Zuwendungen zum Aufbau einer nicht kapitalgedeckten betrieblichen Altersversorgung an eine Pensionskasse mit einem Pauschsteuersatz von 20 Prozent der Zuwendungen erheben.

(2) [1]Absatz 1 gilt nicht, soweit die zu besteuernden Zuwendungen des Arbeitgebers für den Arbeitnehmer 1752 Euro im Kalenderjahr übersteigen oder nicht aus seinem ersten Dienstverhältnis bezogen werden. [2]Sind mehrere Arbeitnehmer gemeinsam in der Pensionskasse versichert, so gilt als Zuwendung für den einzelnen Arbeitnehmer der Teilbetrag, der sich bei einer Aufteilung der gesamten Zuwendungen durch die Zahl der begünstigten Arbeitnehmer ergibt, wenn dieser Teilbetrag 1752 Euro nicht übersteigt; hierbei sind Arbeitnehmer, für die Zuwendungen von mehr als 2148 Euro im Kalenderjahr geleistet werden, nicht einzubeziehen. [3]Für Zuwendungen, die der Arbeitgeber für den Arbeitnehmer aus Anlass der Beendigung des Dienstverhältnisses erbracht hat, vervielfältigt sich der Betrag von 1752 Euro mit der Anzahl der Kalenderjahre, in denen das Dienstverhältnis des Arbeitnehmers zu dem Arbeitgeber bestanden hat; in diesem Fall ist Satz 2 nicht anzuwenden. [4]Der vervielfältigte Betrag vermindert sich um die nach Absatz 1 pauschal besteuerten Zuwendungen, die der Arbeitgeber in dem Kalenderjahr, in dem das Dienstverhältnis beendet wird, und in den sechs vorangegangenen Kalenderjahren erbracht hat.

(3) Von den Beiträgen für eine Unfallversicherung des Arbeitnehmers kann der Arbeitgeber die Lohnsteuer mit einem Pauschsteuersatz von 20 Prozent der Beiträge erheben, wenn mehrere Arbeitnehmer gemeinsam in einem Unfallversicherungsvertrag versichert sind und der Teilbetrag, der sich bei einer Aufteilung der gesamten Beiträge nach Abzug der Versicherungsteuer durch die Zahl der begünstigten Arbeitnehmer ergibt, 62 Euro im Kalenderjahr nicht übersteigt.

(4) In den Fällen des § 19 Absatz 1 Satz 1 Nummer 3 Satz 2 hat der Arbeitgeber die Lohnsteuer mit einem Pauschsteuersatz in Höhe von 15 Prozent der Sonderzahlungen zu erheben.

(5) [1]§ 40 Absatz 3 ist anzuwenden. [2]Die Anwendung des § 40 Absatz 1 Satz 1 Nummer 1 auf Bezüge im Sinne des Absatzes 1, des Absatzes 3 und des Absatzes 4 ist ausgeschlossen.

IX. Sonstige Vorschriften, Bußgeld-, Ermächtigungs- und Schlussvorschriften

§ 52 Anwendungsvorschriften

(1)–(12) …

(12a) [1]§ 4d Absatz 1 Satz 1 Nummer 1 Satz 1 Buchstabe b Satz 1 in der Fassung des Artikels 1 des Gesetzes vom 19. Dezember 2008 (BGBl. I S. 2794) ist erstmals für das Wirtschaftsjahr anzuwenden, das nach dem 31. Dezember 2007 endet. [2]§ 4d Absatz 1 Satz 1 Nummer 1 Satz 1 in der Fassung des Artikels 5 Nummer 1 des Gesetzes vom 10. Dezember 2007 (BGBl. I S. 2838) ist erstmals bei nach dem 31. Dezember 2008 zugesagten Leistungen der betrieblichen Altersversorgung anzuwenden.

(12b)–(16a) …

(16b) § 6a Absatz 2 Nummer 1 erste Alternative und Absatz 3 Satz 2 Nummer 1 Satz 6 erster Halbsatz in der Fassung des Artikels 6 des Gesetzes vom 26. Juni 2001 (BGBl. I S. 1310) ist bei Pensionsverpflichtungen gegenüber Berechtigten anzuwenden, denen der Pensionsverpflichtete erstmals eine Pensionszusage nach dem 31. Dezember 2000 erteilt hat; § 6a Absatz 2 Nummer 1 zweite Alternative sowie § 6a Absatz 3 Satz 2 Nummer 1 Satz 1 und § 6a Absatz 3 Satz 2 Nummer 1 Satz 6 zweiter Halbsatz sind bei Pensionsverpflichtungen anzuwenden, die auf einer nach dem 31. Dezember 2000 vereinbarten Entgeltumwandlung im Sinne von § 1 Absatz 2 des Betriebsrentengesetzes beruhen.

(17) § 6a Absatz 2 Nummer 1 und Absatz 3 Satz 2 Nummer 1 Satz 6 in der Fassung des Artikels 5 Nummer 2 des Gesetzes vom 10. Dezember 2007 (BGBl. I S. 2838) ist erstmals bei nach dem 31. Dezember 2008 erteilten Pensionszusagen anzuwenden.

(18)–(23g) …

(23h) [1]§ 10 Absatz 1 Nummer 1a in der Fassung des Artikels 1 des Gesetzes vom 20. Dezember 2007 (BGBl. I S. 3150) ist auf alle Versorgungsleistungen anzuwenden, die auf nach dem 31. Dezember 2007 vereinbarten Vermögensübertragungen beruhen. [2]Für Versorgungsleistungen, die auf vor dem 1. Januar 2008 vereinbarten Vermögensübertragungen beruhen, gilt dies nur, wenn das übertragene Vermögen nur deshalb einen ausreichenden Ertrag bringt, weil ersparte Aufwendungen mit Ausnahme des Nutzungsvorteils eines zu eigenen Zwecken vom Vermögensübernehmer genutzten Grundstücks zu den Erträgen des Vermögens gerechnet werden.

...

(24) [1]§ 10 Absatz 1 Nummer 2* Buchstabe b Doppelbuchstabe aa ist für Vertragsabschlüsse vor dem 1. Januar 2012 mit der Maßgabe anzuwenden, dass der Vertrag die Zahlung der Leibrente nicht vor Vollendung des 60. Lebensjahres vorsehen darf. ...

(24a)–(24b) ...

(24c) [1]§ 10a Absatz 1 Satz 4 in der Fassung des Artikels 1 des Gesetzes vom 19. Dezember 2008 (BGBl. I S. 2794) sowie § 81a Satz 1 Nummer 5 und § 86 Absatz 1 Satz 2 Nummer 4 in der Fassung des Artikels 1 des Gesetzes vom 29. Juli 2008 (BGBl. I S. 1509) sind erstmals für den Veranlagungszeitraum 2008 anzuwenden. [2]Für die Anwendung des § 10a stehen den in der inländischen gesetzlichen Rentenversicherung Pflichtversicherten nach § 10a Absatz 1 Satz 1 die Pflichtmitglieder in einem ausländischen gesetzlichen Alterssicherungssystem gleich, wenn diese Pflichtmitgliedschaft

1. mit einer Pflichtmitgliedschaft in einem inländischen Alterssicherungssystem nach § 10a Absatz 1 Satz 1 oder Satz 3 vergleichbar ist und
2. vor dem 1. Januar 2010 begründet wurde.

[3]Für die Anwendung des § 10a stehen den Steuerpflichtigen nach § 10a Absatz 1 Satz 4 die Personen gleich,

1. die aus einem ausländischen gesetzlichen Alterssicherungssystem eine Leistung erhalten, die den in § 10a Absatz 1 Satz 4 genannten Leistungen vergleichbar ist,
2. die unmittelbar vor dem Bezug der entsprechenden Leistung einer der in Satz 2 oder § 10a Absatz 1 Satz 1 oder Satz 3 genannten begünstigten Personengruppen angehörten und
3. die noch nicht das 67. Lebensjahr vollendet haben.

[4]Als Altersvorsorgebeiträge (§ 82) sind bei den in den Sätzen 2 und 3 genannten Personengruppen nur diejenigen Beiträge zu berücksichtigen, die vom Abzugsberechtigten zugunsten seines vor dem 1. Januar 2010 abgeschlossenen Vertrags geleistet wurden.

(24d) [1]§ 10a Absatz 5 Satz 3 in der Fassung des Artikels 1 des Gesetzes vom 20. Dezember 2007 (BGBl. I S. 3150) ist auch für Veranlagungszeiträume vor 2008 anzuwenden, soweit

1. sich dies zugunsten des Steuerpflichtigen auswirkt oder
2. die Steuerfestsetzung bei Inkrafttreten des Jahressteuergesetzes 2008 vom 20. Dezember 2007 (BGBl. I S. 3150) noch nicht unanfechtbar war oder unter dem Vorbehalt der Nachprüfung stand. ...

(24e)–(34a) ...

(34b) Für die Anwendung des § 18 Absatz 4 Satz 2 in der Fassung des Artikels 1 des Gesetzes vom 22. Dezember 2005 (BGBl. I S. 3683) gilt Absatz 33a entsprechend.

(34c) Wird eine Versorgungsverpflichtung nach § 3 Nummer 66 auf einen Pensionsfonds übertragen und hat der Steuerpflichtige bereits vor dieser Übertragung Leistungen auf Grund dieser Versorgungsverpflichtung erhalten, so sind insoweit auf die Leistungen aus dem Pensionsfonds im Sinne des § 22 Nummer 5 Satz 1 die Beträge nach § 9a Satz 1

* Red. Anm.: Richtig wohl: „Nummer 2 Satz 1 Buchstabe b“.

Nummer 1 und § 19 Absatz 2 entsprechend anzuwenden; § 9a Satz 1 Nummer 3 ist nicht anzuwenden.

...

XI. Altersvorsorgezulage

§ 79 Zulageberechtigte

[1]Die in § 10a Absatz 1 genannten Personen haben Anspruch auf eine Altersvorsorgezulage (Zulage).

[2]Ist nur ein Ehegatte nach Satz 1 begünstigt, so ist auch der andere Ehegatte zulageberechtigt, wenn

1. beide Ehegatten nicht dauernd getrennt leben (§ 26 Absatz 1),
2. beide Ehegatten ihren Wohnsitz oder gewöhnlichen Aufenthalt in einem Mitgliedstaat der Europäischen Union oder einem Staat haben, auf den das Abkommen über den Europäischen Wirtschaftsraum anwendbar ist,
3. ein auf den Namen des anderen Ehegatten lautender Altersvorsorgevertrag besteht,
4. der andere Ehegatte zugunsten des Altersvorsorgevertrags nach Nummer 3 im jeweiligen Beitragsjahr mindestens 60 Euro geleistet hat und
5. die Auszahlungsphase des Altersvorsorgevertrags nach Nummer 3 noch nicht begonnen hat.

Anlage 1
(zu § 4d Absatz 1)

Tabelle für die Errechnung des Deckungskapitals für lebenslänglich laufende Leistungen von Unterstützungskassen

Erreichtes Alter des Leistungsempfängers (Jahre)	Die Jahresbeiträge der laufenden Leistungen sind zu vervielfachen bei Leistungen	
	an männliche Leistungsempfänger mit	an weibliche Leistungsempfänger mit
bis 26	11	17
27 bis 29	12	17
30	13	17
31 bis 35	13	16
36 bis 39	14	16
40 bis 46	14	15
47 und 48	14	14
49 bis 52	13	14
53 bis 56	13	13
57 und 58	13	12
59 und 60	12	12
61 bis 63	12	11
64	11	11
65 bis 67	11	10
68 bis 71	10	9
72 bis 74	9	8
75 bis 77	8	7
78	8	6

Erreichtes Alter des Leistungsempfängers (Jahre)	Die Jahresbeiträge der laufenden Leistungen sind zu vervielfachen bei Leistungen	
	an männliche Leistungsempfänger mit	an weibliche Leistungsempfänger mit
79 bis 81	7	6
82 bis 84	6	5
85 bis 87	5	4
88	4	4
89 und 90	4	3
91 bis 93	3	3
94	3	2
95 und älter	2	2

17. Verordnung zur Durchführung der steuerlichen Vorschriften des Einkommensteuergesetzes zur Altersvorsorge und zum Rentenbezugsmitteilungsverfahren sowie zum weiteren Datenaustausch mit der zentralen Stelle (Altersvorsorge-Durchführungsverordnung – AltvDV)

In der Fassung der Bekanntmachung vom 28. Februar 2005 (BGBl. I S. 487)

Zuletzt geändert durch Gesetz vom 26. Juni 2013 (BGBl. I S. 1809)

FNA 860-6-20-1

– Auszug –

Abschnitt 2. Vorschriften zur Altersvorsorge nach § 10a oder Abschnitt XI des Einkommensteuergesetzes

Unterabschnitt 1. Mitteilungs- und Anzeigepflichten

§ 6 Mitteilungspflichten des Arbeitgebers

(1) [1]Der Arbeitgeber hat der Versorgungseinrichtung (Pensionsfonds, Pensionskasse, Direktversicherung), die für ihn die betriebliche Altersversorgung durchführt, spätestens zwei Monate nach Ablauf des Kalenderjahres oder nach Beendigung des Dienstverhältnisses im Laufe des Kalenderjahres gesondert je Versorgungszusage mitzuteilen, in welcher Höhe die für den einzelnen Arbeitnehmer geleisteten Beiträge individuell besteuert wurden. [2]Die Mitteilungspflicht des Arbeitgebers kann durch einen Auftragnehmer wahrgenommen werden.

(2) Eine Mitteilung nach Absatz 1 kann unterbleiben, wenn die Versorgungseinrichtung dem Arbeitgeber mitgeteilt hat, dass
1. sie die Höhe der individuell besteuerten Beiträge bereits kennt oder aus den bei ihr vorhandenen Daten feststellen kann oder
2. eine Förderung nach § 10a oder Abschnitt XI des Einkommensteuergesetzes nicht möglich ist.

(3) Der Arbeitnehmer kann gegenüber der Versorgungseinrichtung für die individuell besteuerten Beiträge insgesamt auf die Förderung nach § 10a oder Abschnitt XI des Einkommensteuergesetzes verzichten; der Verzicht kann für die Zukunft widerrufen werden.

(4) Soweit eine Mitteilung nach Absatz 1 unterblieben ist und die Voraussetzungen des Absatzes 2 Nr. 1 nicht vorliegen oder der Arbeitnehmer nach Absatz 3 verzichtet hat, hat die Versorgungseinrichtung davon auszugehen, dass es sich nicht um Altersvorsorgebeiträge im Sinne des § 82 Abs. 2 des Einkommensteuergesetzes handelt.

18. Einkommensteuer-Richtlinien 2012 (EStR 2012)

Allgemeine Verwaltungsvorschrift zur Anwendung des Einkommensteuerrechts

Vom 16. Dezember 2005 (BStBl. I Sondernummer 1) in der Fassung der EStÄR 2012 vom 25. März 2013 (BStBl. I S. 276)

Mit den Einkommensteuer-Hinweisen 2012

– Auszug –

Zu § 4a EStG

R 4a. Gewinnermittlung bei einem vom Kalenderjahr abweichenden Wirtschaftsjahr

Umstellung des Wirtschaftsjahres

(1) [1]Eine Umstellung des Wirtschaftsjahres liegt nicht vor, wenn ein Stpfl., der Inhaber eines Betriebs ist, einen weiteren Betrieb erwirbt und für diesen Betrieb ein anderes Wirtschaftsjahr als der Rechtsvorgänger wählt. [2]Werden mehrere bisher getrennt geführte Betriebe eines Stpfl. zu einem Betrieb zusammengefasst und führt der Stpfl. das abweichende Wirtschaftsjahr für einen der Betriebe fort, liegt keine zustimmungsbedürftige Umstellung des Wirtschaftsjahres vor.

Zustimmung des Finanzamts zum abweichenden Wirtschaftsjahr

(2) [1]Das Wahlrecht zur Bestimmung des Wirtschaftsjahres kann durch die Erstellung des Jahresabschlusses oder außerhalb des Veranlagungsverfahrens ausgeübt werden. [2]Bei Umstellung des Wirtschaftsjahres nach § 4a Abs. 1 Satz 2 Nr. 3 EStG ist dem Antrag zu entsprechen, wenn der Steuerpflichtige Bücher führt, in denen die Betriebseinnahmen und die Betriebsausgaben für den land- und forstwirtschaftlichen Betrieb und für den Gewerbebetrieb getrennt aufgezeichnet werden, und der Steuerpflichtige für beide Betriebe getrennte Abschlüsse fertigt. [3]Die Geldkonten brauchen nicht getrennt geführt zu werden.

Abweichendes Wirtschaftsjahr bei Betriebsverpachtung

(3) Sind die Einkünfte aus der Verpachtung eines gewerblichen Betriebs Einkünfte aus Gewerbebetrieb (→ R 16 Abs. 5), kann der Verpächter ein abweichendes Wirtschaftsjahr beibehalten, wenn die Voraussetzungen des § 4a Abs. 1 Satz 2 Nr. 2 oder Nr. 3 Satz 2 EStG weiterhin erfüllt sind.

Gewinnschätzung bei abweichendem Wirtschaftsjahr

(4) Wird bei einem abweichenden Wirtschaftsjahr der Gewinn geschätzt, ist die Schätzung nach dem abweichenden Wirtschaftsjahr vorzunehmen.

Zeitpunkt der Gewinnrealisierung

(5) Der Gewinn aus der Veräußerung oder Aufgabe eines Mitunternehmeranteiles ist auch dann im Jahr der Veräußerung oder Aufgabe zu versteuern, wenn die Mitunternehmerschaft ein abweichendes Wirtschaftsjahr hat.

Zu § 4b EStG

R 4b. Direktversicherung

Begriff

(1) [1]Eine Direktversicherung ist eine Lebensversicherung auf das Leben des Arbeitnehmers, die durch den Arbeitgeber abgeschlossen worden ist und bei der der Arbeitnehmer oder seine Hinterbliebenen hinsichtlich der Leistungen des Versicherers ganz oder teilweise bezugsberechtigt sind (→ § 1b Abs. 2 Satz 1 Betriebsrentengesetz). [2]Dasselbe gilt für eine Lebensversicherung auf das Leben des Arbeitnehmers, die nach Abschluss durch den Arbeitnehmer vom Arbeitgeber übernommen worden ist. [3]Dagegen liegt begrifflich keine Direktversicherung vor, wenn der Arbeitgeber für den Ehegatten eines verstorbenen früheren Arbeitnehmers eine Lebensversicherung abschließt. [4]Als Versorgungsleistungen können Leistungen der Alters-, Invaliditäts- oder Hinterbliebenenversorgung in Betracht kommen. [5]Es ist gleichgültig, ob es sich um Kapitalversicherungen – einschließlich Risikoversicherungen –, Rentenversicherungen oder fondsgebundene Lebensversicherungen handelt und welche Laufzeit vereinbart wird. [6]Unfallversicherungen sind keine Lebensversicherungen, auch wenn bei Unfall mit Todesfolge eine Leistung vorgesehen ist. [7]Dagegen gehören Unfallzusatzversicherungen und Berufsunfähigkeitszusatzversicherungen, die im Zusammenhang mit Lebensversicherungen abgeschlossen werden, sowie selbständige Berufsunfähigkeitsversicherungen und Unfallversicherungen mit Prämienrückgewähr, bei denen der Arbeitnehmer Anspruch auf die Prämienrückgewähr hat, zu den Direktversicherungen.

(2) [1]Die Bezugsberechtigung des Arbeitnehmers oder seiner Hinterbliebenen muss vom Versicherungsnehmer (Arbeitgeber) der Versicherungsgesellschaft gegenüber erklärt werden (§ 159 VVG). [2]Die Bezugsberechtigung kann widerruflich oder unwiderruflich sein; bei widerruflicher Bezugsberechtigung sind die Bedingungen eines Widerrufes steuerlich unbeachtlich. [3]Unbeachtlich ist auch, ob die Anwartschaft des Arbeitnehmers arbeitsrechtlich bereits unverfallbar ist.

Behandlung bei der Gewinnermittlung

(3) [1]Die Beiträge zu Direktversicherungen sind sofort abziehbare Betriebsausgaben. [2]Eine Aktivierung der Ansprüche aus der Direktversicherung kommt beim Arbeitgeber vorbehaltlich Satz 5 erst in Betracht, wenn eine der in § 4b EStG genannten Voraussetzungen weggefallen ist, z.B. wenn der Arbeitgeber von einem Widerrufsrecht Gebrauch gemacht hat. [3]In diesen Fällen ist der Anspruch grundsätzlich mit dem geschäftsplanmäßigen Deckungskapital der Versicherungsgesellschaft zu aktivieren zuzüglich eines etwa vorhandenen Guthabens aus Beitragsrückerstattungen; soweit die Berechnung des Deckungskapitals nicht zum Geschäftsplan gehört, tritt an die Stelle des geschäftsplanmäßigen Deckungskapitals der nach § 169 Abs. 4 VVG berechnete Zeitwert. [4]Die Sätze 1 bis 3 gelten auch für Versicherungen gegen Einmalprämie; bei diesen Versicherungen kommt eine Aktivierung auch nicht unter dem Gesichtspunkt der Rechnungsabgrenzung in Betracht, da sie keinen Aufwand für eine „bestimmte Zeit" (§ 5 Abs. 5 Satz 1 Nr. 1 EStG) darstellen. [5]Sind der Arbeitnehmer oder seine Hinterbliebenen nur für bestimmte Versicherungsfälle oder nur hinsichtlich eines Teiles der Versicherungsleistungen bezugsberechtigt,

sind die Ansprüche aus der Direktversicherung insoweit zu aktivieren, als der Arbeitgeber bezugsberechtigt ist.

(4) [1]Die Verpflichtungserklärung des Arbeitgebers nach § 4b Satz 2 EStG muss an dem Bilanzstichtag schriftlich vorliegen, an dem die Ansprüche aus dem Versicherungsvertrag ganz oder zum Teil abgetreten oder beliehen sind. [2]Liegt diese Erklärung nicht vor, sind die Ansprüche aus dem Versicherungsvertrag dem Arbeitgeber zuzurechnen.

Sonderfälle

(5) Die Absätze 1 bis 4 gelten entsprechend für Personen, die nicht Arbeitnehmer sind, für die jedoch aus Anlass ihrer Tätigkeit für das Unternehmen Direktversicherungen abgeschlossen worden sind (§ 17 Abs. 1 Satz 2 Betriebsrentengesetz), z.B. Handelsvertreter und Zwischenmeister.

Zu § 4c EStG

R 4c. Zuwendungen an Pensionskassen

Pensionskassen

(1) Als Pensionskassen sind sowohl rechtsfähige Versorgungseinrichtungen i.S.d. § 1b Abs. 3 Satz 1 Betriebsrentengesetz als auch rechtlich unselbständige Zusatzversorgungseinrichtungen des öffentlichen Dienstes i.S.d. § 18 Betriebsrentengesetz anzusehen, die den Leistungsberechtigten (Arbeitnehmer und Personen i.S.d. § 17 Abs. 1 Satz 2 Betriebsrentengesetz sowie deren Hinterbliebene) auf ihre Leistungen einen Rechtsanspruch gewähren.

Zuwendungen

(2) [1]Der Betriebsausgabenabzug kommt sowohl für laufende als auch für einmalige Zuwendungen in Betracht. [2]Zuwendungen an eine Pensionskasse sind auch abziehbar, wenn die Kasse ihren Sitz oder ihre Geschäftsleitung im Ausland hat.

(3) [1]Zuwendungen zur Abdeckung von Fehlbeträgen sind auch dann abziehbar, wenn sie nicht auf einer entsprechenden Anordnung der Versicherungsaufsichtsbehörde beruhen. [2]Für die Frage, ob und in welcher Höhe ein Fehlbetrag vorliegt, ist das Vermögen der Kasse nach den handelsrechtlichen Grundsätzen ordnungsmäßiger Buchführung unter Berücksichtigung des von der Versicherungsaufsichtsbehörde genehmigten Geschäftsplans bzw. der in § 4c Abs. 1 Satz 2 EStG genannten Unterlagen anzusetzen. [3]Für Pensionskassen mit Sitz oder Geschäftsleitung im Ausland sind die für inländische Pensionskassen geltenden Grundsätze anzuwenden.

(4) [1]Zuwendungen an die Kasse dürfen als Betriebsausgaben nicht abgezogen werden, soweit die Leistungen der Kasse, wenn sie vom Trägerunternehmen unmittelbar erbracht würden, bei diesem nicht betrieblich veranlasst wären. [2]Nicht betrieblich veranlasst sind z.B. Leistungen der Kasse an den Inhaber (Unternehmer, Mitunternehmer) des Trägerunternehmens oder seine Angehörigen. [3]Für Angehörige gilt das Verbot nicht, soweit die Zuwendungen im Rahmen eines steuerlich anzuerkennenden Arbeitsverhältnisses gemacht werden (→ R 4.8). [4]Die allgemeinen Gewinnermittlungsgrundsätze bleiben durch § 4c Abs. 2 EStG unberührt; auch bei nicht unter das Abzugsverbot fallenden Zuwendungen ist daher zu prüfen, ob sie nach allgemeinen Bilanzierungsgrundsätzen zu aktivieren sind, z.B. bei Zuwendungen, die eine Gesellschaft für ein Tochterunternehmen erbringt.

(5) [1]Für Zuwendungen, die vom Trägerunternehmen nach dem Bilanzstichtag geleistet werden, ist bereits zum Bilanzstichtag ein Passivposten zu bilden, sofern zu diesem Zeitpunkt eine entsprechende Verpflichtung besteht (Bestimmung in der Satzung oder im

Geschäftsplan der Kasse, Anordnung der Aufsichtsbehörde). [2]Werden Fehlbeträge der Kasse abgedeckt, ohne dass hierzu eine Verpflichtung des Trägerunternehmens besteht, kann in sinngemäßer Anwendung des § 4d Abs. 2 EStG zum Bilanzstichtag eine Rückstellung gebildet werden, wenn innerhalb eines Monats nach Aufstellung oder Feststellung der Bilanz des Trägerunternehmens die Zuwendung geleistet oder die Abdeckung des Fehlbetrags verbindlich zugesagt wird.

Zu § 4d EStG

R 4d. Zuwendungen an Unterstützungskassen

Unterstützungskasse

(1) [1]Für die Höhe der abziehbaren Zuwendungen an die → Unterstützungskasse kommt es nicht darauf an, ob die Kasse von der Körperschaftsteuer befreit ist oder nicht. [2]Wegen der Zuwendungen an Unterstützungskassen bei Bildung von Pensionsrückstellungen für die gleichen Versorgungsleistungen an denselben Empfängerkreis → R 6a Abs. 15.

Leistungsarten

(2) [1]Bei den von der Kasse aus Anlass einer Tätigkeit für das Trägerunternehmen erbrachten Leistungen muss es sich um Leistungen der Alters-, Invaliditäts- oder Hinterbliebenenversorgung oder um Leistungen bei Arbeitslosigkeit oder zur Hilfe in sonstigen Notlagen handeln. [2]Für die Frage, ob Leistungen der betrieblichen Altersversorgung vorliegen, ist ausschließlich § 1 Betriebsrentengesetz maßgebend. [3]Werden Leistungen in Aussicht gestellt, die mit denen einer Kapitallebensversicherung mit steigender Todesfallleistung vergleichbar sind, müssen diese nicht die in den LStR geforderten Voraussetzungen an den Mindesttodesfallschutz erfüllen. [4]Der Bezug von Leistungen der Altersversorgung setzt mindestens die Vollendung des 60. Lebensjahres voraus; nur in berufsspezifischen Ausnahmefällen kann eine niedrigere Altersgrenze zwischen 55 und 60 in Betracht kommen. [5]Für Zusagen, die nach dem 31.12.2011 erteilt werden, tritt an die Stelle des 60. Lebensjahres regelmäßig das 62. Lebensjahr. [6]Für andere als die vorgenannten Leistungen sind Zuwendungen im Sinne von § 4d EStG durch das Trägerunternehmen mit steuerlicher Wirkung nicht möglich. [7]Zu den lebenslänglich laufenden Leistungen gehören alle laufenden (wiederkehrenden) Leistungen, soweit sie nicht von vornherein nur für eine bestimmte Anzahl von Jahren oder bis zu einem bestimmten Lebensalter des Leistungsberechtigten vorgesehen sind. [8]Vorbehalte, nach denen Leistungen an den überlebenden Ehegatten bei einer Wiederverheiratung oder Invaliditätsrenten bei einer Wiederaufnahme einer Arbeitstätigkeit wegfallen, berühren die Eigenschaft der Renten als lebenslänglich laufende Leistung nicht. [9]Dasselbe gilt, wenn eine Invaliditätsrente bei Erreichen einer bestimmten Altersgrenze von einer Altersrente der Unterstützungskasse abgelöst wird. [10]Keine lebenslänglich laufenden Leistungen sind z.B. Überbrückungszahlungen für eine bestimmte Zeit, Waisenrenten, abgekürzte Invaliditätsrenten und zeitlich von vornherein begrenzte Leistungen an den überlebenden Ehegatten.

Zuwendungen zum Deckungskapital

(3) [1]Das Deckungskapital für die bereits laufenden Leistungen (§ 4d Abs. 1 Satz 1 Nr. 1 Satz 1 Buchstabe a EStG) kann der Kasse sofort bei Beginn der Leistungen oder, solange der Leistungsempfänger lebt, in einem späteren Wirtschaftsjahr in einem Betrag oder verteilt auf mehrere Wirtschaftsjahre zugewendet werden. [2]Mithin kann

1. das Deckungskapital für eine Rente an einen früheren Arbeitnehmer in dem Zeitraum, in dem der frühere Arbeitnehmer Leistungsempfänger ist,

2. das Deckungskapital für eine Rente an den überlebenden Ehegatten in dem Zeitraum, in dem dieser Leistungsempfänger ist, und
3. das Deckungskapital für eine Rente im Falle der Ehescheidung oder der Aufhebung einer eingetragenen Lebenspartnerschaft an den Ausgleichsberechtigten nach dem VersAusglG in dem Zeitraum, in dem dieser Leistungsempfänger ist,

zugewendet werden. [3]Das Deckungskapital für die Rente an den überlebenden Ehegatten kann selbst dann ungeschmälert zugewendet werden, wenn das Deckungskapital für die Rente an den früheren Arbeitnehmer bereits voll zugewendet war. [4]Auf die Anrechnung des im Deckungskapital für die Rente an den früheren Arbeitnehmer enthaltenen Anteiles für die Anwartschaft auf Rente an den überlebenden Ehegatten wird aus Praktikabilitätsgründen verzichtet. [5]Das für die Zuwendungen maßgebende Deckungskapital ist jeweils nach dem erreichten Alter des Leistungsempfängers zu Beginn der Leistungen oder zum Zeitpunkt der Leistungserhöhung und nach der Höhe der Jahresbeträge dieser Leistungen zu berechnen; das Alter des Leistungsberechtigten ist nach dem bürgerlichen Recht (§ 187 Abs. 2 Satz 2, § 188 Abs. 2 BGB) zu bestimmen. [6]Bei den am 1.1.1975 bereits laufenden Leistungen ist für die Bemessung weiterer Zuwendungen auf das Deckungskapital von der als Anlage 1 dem Einkommensteuergesetz beigefügten Tabelle und von dem Lebensalter auszugehen, das der Berechtigte am 1.1.1975 erreicht hat; auf das so ermittelte Deckungskapital sind die früheren Zuwendungen zum Deckungskapital anzurechnen. [7]Lässt sich in den Fällen, in denen ein Trägerunternehmen die nach dem Zuwendungsgesetz (ZuwG) vom 26.3.1952 (BGBl. I S. 206) höchstzulässigen Jahreszuwendungen nicht ausgeschöpft und die Zuwendungen nicht nach den im ZuwG aufgeführten Kategorien gegliedert hat, nicht mehr feststellen, welcher Teil dieser Zuwendungen auf das Deckungskapital vorgenommen wurde, kann das Trägerunternehmen die Gliederung der früheren Zuwendungen nach eigener Entscheidung vornehmen.

Zuwendungen zum Reservepolster

(4) [1]Für die Ermittlung der Höhe der zulässigen Zuwendungen zum Reservepolster nach § 4d Abs. 1 Satz 1 Nr. 1 Satz 1 Buchstabe b EStG besteht ein Wahlrecht. [2]Das Trägerunternehmen kann entweder von den jährlichen Versorgungsleistungen ausgehen, welche die jeweils begünstigten Leistungsanwärter im letzten Zeitpunkt der Anwartschaft, spätestens im Zeitpunkt des Erreichens der Regelaltersgrenze der gesetzlichen Rentenversicherung (§§ 35 und 235 SGB VI), nach dem Leistungsplan der Kasse erhalten können (Grundsatzregelung). [3]Stattdessen kann auch vom Durchschnittsbetrag der von der Kasse im Wirtschaftsjahr tatsächlich gewährten lebenslänglich laufenden Leistungen ausgegangen werden (Sonderregelung). [4]Das Trägerunternehmen hat in dem Wirtschaftsjahr, ab dem dieses Wahlrecht besteht bzw. in dem erstmals Leistungen über eine Unterstützungskasse zugesagt werden, zu entscheiden, ob die Ermittlung der Höhe der Zuwendungen zum Reservepolster nach der Grundsatzregelung oder der Sonderregelung erfolgen soll. [5]An die getroffene Wahl ist es grundsätzlich fünf Wirtschaftsjahre lang gebunden. [6]Die für das Wirtschaftsjahr zulässigen Zuwendungen zum Reservepolster ergeben sich, wenn auf den jeweils ermittelten Betrag die nach § 4d Abs. 1 Satz 1 Nr. 1 Satz 1 Buchstabe b Satz 1 EStG maßgebenden Prozentsätze angewandt werden; im Falle der Sonderregelung ist das Ergebnis mit der Anzahl der berücksichtigungsfähigen Leistungsanwärter zu vervielfältigen. [7]Wird die Zuwendungshöhe nach der Grundsatzregelung berechnet, sind die dem einzelnen Leistungsanwärter jeweils schriftlich zugesagten erreichbaren Leistungen nach den Verhältnissen am Ende des Wirtschaftsjahres der Kasse maßgebend. [8]Änderungen, die erst nach dem Bilanzstichtag wirksam werden, sind nur zu berücksichtigen, wenn sie am Bilanzstichtag bereits feststehen. [9]Die Leistungen sind jeweils bezogen auf die einzelnen zulässigen Zuwendungssätze getrennt zu erfassen, wobei im Falle des § 4d Abs. 1 Satz 1 Nr. 1 Satz 1

Buchstabe b Satz 1 Doppelbuchstabe aa EStG jeweils gesondert die Leistungen der Invaliditätsversorgung bzw. Hinterbliebenenversorgung und im Falle des Doppelbuchstabens bb die Leistungen der Altersversorgung zu berücksichtigen sind. [10]Wird die Zuwendungshöhe nach der Sonderregelung berechnet, ist vom Durchschnittsbetrag der von der Kasse in ihrem Wirtschaftsjahr tatsächlich gewährten lebenslänglich laufenden Leistungen auszugehen. [11]Zur Vereinfachung kann statt einer genaueren Berechnung als Durchschnittsbetrag der Betrag angenommen werden, der sich ergibt, wenn die Summe der im Wirtschaftsjahr der Kasse tatsächlich gezahlten lebenslänglich laufenden Leistungen durch die Zahl der am Ende ihres Wirtschaftsjahres vorhandenen berücksichtigungsfähigen Leistungsempfänger geteilt wird. [12]Auf diesen Durchschnittsbetrag sind die Zuwendungssätze von jeweils 25 %, 12 % oder 6 % anzuwenden.

Leistungsanwärter

(5) [1]Der Kreis der Leistungsanwärter umfasst grundsätzlich alle Arbeitnehmer und ehemaligen Arbeitnehmer des Trägerunternehmens, die von der Unterstützungskasse schriftlich zugesagte Leistungen erhalten können, soweit sie nicht bereits Empfänger lebenslänglich laufender Leistungen sind. [2]Bei Zusagen von Hinterbliebenenversorgung ohne Altersversorgung gilt die Person als Leistungsanwärter, bei deren Ableben die Hinterbliebenenversorgung einsetzt; hierbei ist nicht zu prüfen, ob Angehörige vorhanden sind, die Anspruch auf eine Versorgung haben. [3]Angehörige des Unternehmers oder von Mitunternehmern des Trägerunternehmens dürfen nur als Leistungsanwärter berücksichtigt werden, soweit ein steuerlich anzuerkennendes Arbeitsverhältnis (→ R 4.8) vorliegt. [4]Personen, die mit einer unverfallbaren Anwartschaft aus dem Trägerunternehmen ausgeschieden sind, gehören unter den vorstehenden Voraussetzungen zu den Leistungsanwärtern, solange die Kasse mit einer späteren Inanspruchnahme zu rechnen hat; sofern der Kasse nicht bereits vorher bekannt ist, dass Leistungen nicht zu gewähren sind, braucht bei diesen Personen die Frage, ob die Kasse mit einer Inanspruchnahme zu rechnen hat, erst nach Erreichen der Altersgrenze geprüft zu werden. [5]Personen, bei denen bis zum Ablauf des auf das Erreichen der Altersgrenze folgenden Wirtschaftsjahres nicht feststeht, dass die Kasse mit einer Inanspruchnahme zu rechnen hat, gehören vom Ende dieses Wirtschaftsjahres an nicht mehr zu den Leistungsanwärtern.

Rückgedeckte Unterstützungskasse

Allgemeines

(6) [1]Soweit die Unterstützungskasse die einem Leistungsempfänger oder einem Leistungsanwärter zugesagten Leistungen ganz oder teilweise durch den Abschluss einer Versicherung abgesichert hat, liegt eine rückgedeckte Unterstützungskasse vor. [2]Ist der Betriebsausgabenabzug nach § 4d Abs. 1 Satz 1 Nr. 1 Satz 1 Buchstabe c EStG ausgeschlossen, können die Zuwendungen im Rahmen des § 4d Abs. 1 Satz 1 Nr. 1 Satz 1 Buchstabe a und b EStG abgezogen werden. [3]Die Voraussetzungen für den Betriebsausgabenabzug nach § 4d Abs. 1 Satz 1 Nr. 1 Satz 1 Buchstabe c EStG sind auch dann erfüllt, wenn die Unterstützungskasse ihre Ansprüche aus von ihr abgeschlossenen Rückdeckungsversicherungsverträgen an die begünstigten Arbeitnehmer verpfändet, denen sie Leistungen in Aussicht gestellt hat.

Zuwendungen für Leistungsempfänger

(7) [1]Werden die zugesagten Leistungen erst nach Eintritt des Versorgungsfalles rückgedeckt, können hierfür Einmalprämien mit steuerlicher Wirkung zugewendet werden. [2]§ 4d Abs. 1 Satz 1 Nr. 1 Satz 1 Buchstabe c Satz 2 bis 4 EStG ist nicht anzuwenden.

Zuwendungen für Leistungsanwärter

(8) [1]Das Trägerunternehmen kann den für den einzelnen Leistungsanwärter an die Kasse zugewendeten Betrag der Versicherungsprämie nur als Betriebsausgaben geltend machen, wenn die Unterstützungskasse laufende Prämien zu entrichten hat. [2]Dies ist bei Zusagen einer Altersversorgung der Fall, wenn es sich um eine Versicherung handelt, bei der in jedem Jahr zwischen Vertragsabschluss und Zeitpunkt, für den erstmals Leistungen der Altersversorgung vorgesehen sind, Prämien zu zahlen sind. [3]Der Zeitpunkt, für den erstmals Leistungen der Altersversorgung vorgesehen sind, darf nicht vor Vollendung des 55. Lebensjahres des begünstigten Leistungsanwärters liegen. [4]Werden Leistungen der Invaliditäts- oder Hinterbliebenenversorgung rückversichert, muss die abgeschlossene Versicherung eine Mindestlaufzeit bis zu dem Zeitpunkt haben, an dem der Leistungsanwärter sein 55. Lebensjahr vollendet. [5]Eine Versicherung mit kürzerer Laufzeit ist nur begünstigt, wenn feststeht, dass im Anschluss an die Laufzeit des Versicherungsvertrages eine Zusage auf Altersversorgung besteht; ist diese rückgedeckt, müssen die Voraussetzungen der Sätze 2 und 3 erfüllt sein. [6]Der Abzug der Zuwendungen als Betriebsausgabe ist in dem Wirtschaftsjahr ausgeschlossen, in dem die Kasse zu irgendeinem Zeitpunkt die Ansprüche aus der Versicherung zur Sicherung eines Darlehens verwendet. [7]Soweit einem Leistungsanwärter vor Vollendung des 28. Lebensjahres (bei erstmaliger Zusage vor dem 1.1.2001: des 30. Lebensjahres, bei erstmaliger Zusage nach dem 31.12.2008: des 27. Lebensjahres) Zusagen mit vertraglicher Unverfallbarkeit gewährt werden, können hierfür laufende Prämien als Zuwendungen nur berücksichtigt werden, wenn die Bestimmungen der vertraglichen Unverfallbarkeit mindestens den Berechnungsvorschriften des § 2 Betriebsrentengesetz entsprechen.

Kürzung der als Betriebsausgabe abzugsfähigen Prämien

(9) [1]Laufende Prämien sind bezogen auf die notwendige und vereinbarte Versicherungssumme nur begünstigt, wenn sie der Höhe nach entweder gleich bleiben oder steigen. [2]Eine gleich bleibende Prämie liegt in diesen Fällen auch vor, wenn die von der Unterstützungskasse jährlich zu zahlende Prämie mit Gewinngutschriften aus dem Versicherungsvertrag verrechnet wird. [3]In diesen Fällen kann der Kasse nur der verbleibende Restbetrag steuerbegünstigt zugewendet werden. [4]Entsprechendes gilt, wenn die Gewinngutschriften durch die Kasse nicht mit fälligen Prämien verrechnet und auch nicht zur Erhöhung der Rückdeckungsquote hinsichtlich der bestehenden Zusage verwendet werden. [5]Beruht die Verminderung der Beiträge auf einer Änderung der Versorgungszusage und sind die Prämien nach der Vertragsänderung mindestens in konstanter Höhe bis zum Eintritt des Versorgungsfalles zu zahlen, sind die Zuwendungen weiterhin als Betriebsausgaben abzugsfähig; Entsprechendes gilt bei der Änderung von Entgeltumwandlungsvereinbarungen. [6]Eine Änderung der Versorgungszusage liegt auch dann vor, wenn der Arbeitgeber auf Verlangen des Arbeitnehmers eine Entgeltumwandlung im Wege einer vertraglichen Vereinbarung reduziert. [7]Dies gilt unabhängig davon, aus welchem Grund die Gehaltsumwandlung vermindert wird. [8]Sinkende Beiträge an eine rückgedeckte Unterstützungskasse führen auch dann (ausnahmsweise) nicht zu einer Versagung des Betriebsausgabenabzuges, wenn sich die Beitragsminderung aus gesetzlich vorgegebenen Faktoren ergibt (z.B. aus der Erhöhung der Beitragsbemessungsgrenzen in der gesetzlichen Rentenversicherung) und die Prämienzahlungen nach der Minderung mindestens in konstanter Höhe bis zum Eintritt des Versorgungsfalles zu leisten sind.

Nachweispflicht

(10) Das Trägerunternehmen hat die Voraussetzungen des § 4d Abs. 1 Satz 1 Nr. 1 Satz 1 Buchstabe c EStG im Jahr der Zuwendung nachzuweisen.

Zuwendungen für nicht lebenslänglich laufende Leistungen

(11) *(unbesetzt)*

Lohn- und Gehaltssumme

(12) [1]Zur Lohn- und Gehaltssumme i.S.d. § 4d Abs. 1 Satz 1 Nr. 2 EStG gehören alle Arbeitslöhne i.S.d. § 19 Abs. 1 Satz 1 Nr. 1 EStG, soweit sie nicht von der Einkommensteuer befreit sind. [2]Zuschläge für Mehrarbeit und für Sonntags-, Feiertags- und Nachtarbeit gehören zur Lohn- und Gehaltssumme, auch soweit sie steuerbefreit sind. [3]Wegen der Vergütungen an Personen, die nicht Arbeitnehmer sind, → Absatz 15.

Kassenvermögen der Unterstützungskasse

(13) [1]Zuwendungen an eine Unterstützungskasse sind beim Trägerunternehmen nur abziehbar, soweit am Schluss des Wirtschaftsjahres der Kasse das tatsächliche Kassenvermögen nicht höher ist als das zulässige Kassenvermögen (§ 4d Abs. 1 Satz 1 Nr. 1 Satz 2 bis 7 und Nr. 2 Satz 2 bis 6 EStG). [2]Dabei ist die Unterstützungskasse bei der Ermittlung ihres zulässigen Kassenvermögens nicht an die Bewertungsmethode gebunden, die das Trägerunternehmen bei der Ermittlung des Dotierungsrahmens zum Reservepolster (→ Absatz 4) angewandt hat. [3]Weicht das Wirtschaftsjahr der Kasse von dem des Trägerunternehmens ab, ist für die Frage, ob das tatsächliche Kassenvermögen das zulässige Kassenvermögen übersteigt, das Wirtschaftsjahr der Kasse maßgebend, das vor dem Ende des Wirtschaftsjahres des Trägerunternehmens endet. [4]Bei Kassen, die sowohl lebenslänglich laufende als auch nicht lebenslänglich laufende Leistungen gewähren, ist sowohl das tatsächliche als auch das zulässige Kassenvermögen für beide Gruppen von Leistungen gemeinsam festzustellen.

Sonderfälle

(14) [1]Bei Konzern- und Gruppenkassen ist die Bemessungsgrundlage für die Zuwendungen zum Reservepolster für jedes Trägerunternehmen gesondert nach den bei diesen Unternehmen vorliegenden Tatbeständen zu errechnen. [2]Die auf das einzelne Trägerunternehmen entfallenden Teile des tatsächlichen und zulässigen Kassenvermögens sind ebenfalls jeweils getrennt festzustellen.

(15) [1]Bei der Berechnung der Zuwendungen können neben den Arbeitnehmern auch Personen berücksichtigt werden, die nicht Arbeitnehmer sind, z.B. Handelsvertreter, wenn ihnen nach der Satzung der Unterstützungskasse Leistungen aus Anlass ihrer Tätigkeit für ein Trägerunternehmen zugesagt worden sind (§ 17 Abs. 1 Satz 2 Betriebsrentengesetz). [2]Die Provisionszahlungen oder sonstigen Entgelte an diese Personen sind zur Lohn- und Gehaltssumme i.S.d. § 4d Abs. 1 Satz 1 Nr. 2 EStG zu rechnen.

Zu § 6a EStG

R 6a. Rückstellungen für Pensionsverpflichtungen

Zulässigkeit von Pensionsrückstellungen

(1) [1]Nach § 249 HGB müssen für unmittelbare Pensionszusagen Rückstellungen in der Handelsbilanz gebildet werden. [2]Entsprechend dem Grundsatz der Maßgeblichkeit der Handelsbilanz hat die handelsrechtliche Passivierungspflicht die Passivierungspflicht für Pensionszusagen in der Steuerbilanz dem Grunde, aber nicht der Höhe nach zur Folge,

wenn die Voraussetzungen des § 6a Abs. 1 und 2 EStG vorliegen. [3]Für laufende Pensionen und Anwartschaften auf Pensionen, die vor dem 1.1.1987 rechtsverbindlich zugesagt worden sind (Altzusagen), gilt nach Artikel 28 des Einführungsgesetzes zum HGB in der durch Gesetz vom 19.12.1985 (BGBl. I S. 2355, BStBl. 1986 I S. 94) geänderten Fassung weiterhin das handels- und steuerrechtliche Passivierungswahlrecht; insoweit sind die Anweisungen in Abschnitt 41 EStR 1984 mit Ausnahme des Absatzes 24 Satz 5 und 6 weiter anzuwenden. [4]Für die Frage, wann eine Pension oder eine Anwartschaft auf eine Pension rechtsverbindlich zugesagt worden ist, ist die erstmalige, zu einem Rechtsanspruch führende arbeitsrechtliche Verpflichtungserklärung maßgebend. [5]Für Pensionsverpflichtungen, für die der Berechtigte einen Rechtsanspruch auf Grund einer unmittelbaren Zusage nach dem 31.12.1986 erworben hat (Neuzusagen), gelten die folgenden Absätze.

Rechtsverbindliche Verpflichtung

(2) [1]Eine rechtsverbindliche Pensionsverpflichtung ist z.B. gegeben, wenn sie auf Einzelvertrag, Gesamtzusage (Pensionsordnung), Betriebsvereinbarung, Tarifvertrag oder Besoldungsordnung beruht. [2]Bei Pensionsverpflichtungen, die nicht auf Einzelvertrag beruhen, ist eine besondere Verpflichtungserklärung gegenüber dem einzelnen Berechtigten nicht erforderlich. [3]Ob eine rechtsverbindliche Pensionsverpflichtung vorliegt, ist nach arbeitsrechtlichen Grundsätzen zu beurteilen. [4]Für ausländische Arbeitnehmer sind Pensionsrückstellungen unter den gleichen Voraussetzungen zu bilden wie für inländische Arbeitnehmer.

Schädlicher Vorbehalt

(3) [1]Ein schädlicher Vorbehalt i.S.d. § 6a Abs. 1 Nr. 2 EStG liegt vor, wenn der Arbeitgeber die Pensionszusage nach freiem Belieben, d.h. nach seinen eigenen Interessen ohne Berücksichtigung der Interessen des Pensionsberechtigten widerrufen kann. [2]Ein Widerruf nach freiem Belieben ist nach dem Urteil des Bundesarbeitsgerichtes (BAG) vom 14.12.1956 (BStBl. 1959 I S. 258) gegenüber einem noch aktiven Arbeitnehmer im Allgemeinen zulässig, wenn die Pensionszusage eine der folgenden Formeln
„freiwillig und ohne Rechtsanspruch“,
„jederzeitiger Widerruf vorbehalten“,
„ein Rechtsanspruch auf die Leistungen besteht nicht“,
„die Leistungen sind unverbindlich“
oder ähnliche Formulierungen enthält, sofern nicht besondere Umstände eine andere Auslegung rechtfertigen. [3]Solche besonderen Umstände liegen nicht schon dann vor, wenn das Unternehmen in der Vergangenheit tatsächlich Pensionszahlungen geleistet oder eine Rückdeckungsversicherung abgeschlossen hat oder Dritten gegenüber eine Verpflichtung zur Zahlung von Pensionen eingegangen ist oder wenn die unter den oben bezeichneten Vorbehalten gegebene Pensionszusage die weitere Bestimmung enthält, dass der Widerruf nur nach „billigem Ermessen“ ausgeübt werden darf oder dass im Falle eines Widerrufes die gebildeten Rückstellungen dem Versorgungszweck zu erhalten sind. [4]Vorbehalte der oben bezeichneten Art in einer Pensionszusage schließen danach die Bildung von Rückstellungen für Pensionsanwartschaften aus. [5]Befindet sich der Arbeitnehmer bereits im Ruhestand oder steht er unmittelbar davor, ist der Widerruf von Pensionszusagen, die unter den oben bezeichneten Vorbehalten erteilt worden sind, nach dem BAG-Urteil vom 14.12.1956 nicht mehr nach freiem Belieben, sondern nur noch nach billigem Ermessen (→ Absatz 4) zulässig. [6]Enthält eine Pensionszusage die oben bezeichneten allgemeinen Widerrufsvorbehalte, ist die Rückstellungsbildung vorzunehmen, sobald der Arbeitnehmer in den Ruhestand tritt; dies gilt auch hinsichtlich einer etwa zugesagten Hinterbliebenenversorgung.

Unschädlicher Vorbehalt

(4) [1]Ein unschädlicher Vorbehalt i.S.d. § 6a Abs. 1 Nr. 2 EStG liegt vor, wenn der Arbeitgeber den Widerruf der Pensionszusage bei geänderten Verhältnissen nur nach billigem Ermessen (§ 315 BGB), d.h. unter verständiger Abwägung der berechtigten Interessen des Pensionsberechtigten einerseits und des Unternehmens andererseits aussprechen kann. [2]Das gilt in der Regel für die Vorbehalte, die eine Anpassung der zugesagten Pensionen an nicht voraussehbare künftige Entwicklungen oder Ereignisse, insbesondere bei einer wesentlichen Verschlechterung der wirtschaftlichen Lage des Unternehmens, einer wesentlichen Änderung der Sozialversicherungsverhältnisse oder der Vorschriften über die steuerliche Behandlung der Pensionsverpflichtungen oder bei einer Treupflichtverletzung des Arbeitnehmers vorsehen. [3]Danach sind z.B. die folgenden Vorbehalte als unschädlich anzusehen:

1. als allgemeiner Vorbehalt:
   „Die Firma behält sich vor, die Leistungen zu kürzen oder einzustellen, wenn die bei Erteilung der Pensionszusage maßgebenden Verhältnisse sich nachhaltig so wesentlich geändert haben, dass der Firma die Aufrechterhaltung der zugesagten Leistungen auch unter objektiver Beachtung der Belange des Pensionsberechtigten nicht mehr zugemutet werden kann“;
2. als spezielle Vorbehalte:
   „Die Firma behält sich vor, die zugesagten Leistungen zu kürzen oder einzustellen, wenn
   a) die wirtschaftliche Lage des Unternehmens sich nachhaltig so wesentlich verschlechtert hat, dass ihm eine Aufrechterhaltung der zugesagten Leistungen nicht mehr zugemutet werden kann, oder
   b) der Personenkreis, die Beiträge, die Leistungen oder das Pensionierungsalter bei der gesetzlichen Sozialversicherung oder anderen Versorgungseinrichtungen mit Rechtsanspruch sich wesentlich ändern, oder
   c) die rechtliche, insbesondere die steuerrechtliche Behandlung der Aufwendungen, die zur planmäßigen Finanzierung der Versorgungsleistungen von der Firma gemacht werden oder gemacht worden sind, sich so wesentlich ändert, dass der Firma die Aufrechterhaltung der zugesagten Leistungen nicht mehr zugemutet werden kann, oder
   d) der Pensionsberechtigte Handlungen begeht, die in grober Weise gegen Treu und Glauben verstoßen oder zu einer fristlosen Entlassung berechtigen würden“,

oder inhaltlich ähnliche Formulierungen. [4]Hat der Arbeitnehmer die Möglichkeit, anstelle einer bisher zugesagten Altersversorgung eine Erhöhung seiner laufenden Bezüge zu verlangen, liegt hierin kein schädlicher Vorbehalt.

Vorbehalt (Sonderfälle)

(5) [1]In besonderen Vorbehalten werden oft bestimmte wirtschaftliche Tatbestände bezeichnet, bei deren Eintritt die zugesagten Pensionsleistungen gekürzt oder eingestellt werden können. [2]Es wird z.B. vereinbart, dass die Pensionen gekürzt oder eingestellt werden können, wenn der Umsatz, der Gewinn oder das Kapital eine bestimmte Grenze unterschreiten oder wenn mehrere Verlustjahre vorliegen oder wenn die Pensionsleistungen einen bestimmten Prozentsatz der Lohn- und Gehaltssumme überschreiten. [3]Diese Vorbehalte sind nur dann als unschädlich anzusehen, wenn sie in dem Sinne ergänzt werden, es müsse bei den bezeichneten Tatbeständen eine so erhebliche und nachhaltige Beeinträchtigung der Wirtschaftslage des Unternehmens vorliegen, dass es dem Unternehmen nicht mehr zumutbar ist, die Pensionszusage aufrechtzuerhalten, oder dass es aus unternehmerischer Verantwortung geboten erscheint, die Versorgungsleistungen einzuschränken oder einzustellen.

(6) [1]Der Vorbehalt, dass der Pensionsanspruch erlischt, wenn das Unternehmen veräußert wird oder aus anderen Gründen ein Wechsel des Unternehmers eintritt (sog. Inhaberklausel), ist steuerlich schädlich. [2]Entsprechendes gilt für Vorbehalte oder Vereinbarungen, nach denen die Haftung aus einer Pensionszusage auf das Betriebsvermögen beschränkt wird, es sei denn, es gilt eine gesetzliche Haftungsbeschränkung für alle Verpflichtungen gleichermaßen, wie z.B. bei Kapitalgesellschaften.

Schriftform

(7) [1]Für die nach § 6a Abs. 1 Nr. 3 EStG vorgeschriebene Schriftform kommt jede schriftliche Festlegung in Betracht, aus der sich der Pensionsanspruch nach Art und Höhe ergibt, z.B. Einzelvertrag, Gesamtzusage (Pensionsordnung), Betriebsvereinbarung, Tarifvertrag, Gerichtsurteil. [2]Bei Gesamtzusagen ist eine schriftliche Bekanntmachung in geeigneter Form nachzuweisen, z.B. durch ein Protokoll über den Aushang im Betrieb. [3]Die Schriftform muss am Bilanzstichtag vorliegen. [4]Für Pensionsverpflichtungen, die auf betrieblicher Übung oder auf dem → Grundsatz der Gleichbehandlung beruhen, kann wegen der fehlenden Schriftform keine Rückstellung gebildet werden; dies gilt auch dann, wenn arbeitsrechtlich (§ 1b Abs. 1 Satz 4 Betriebsrentengesetz) eine unverfallbare Anwartschaft besteht, es sei denn, dem Arbeitnehmer ist beim Ausscheiden eine schriftliche Auskunft nach § 4a Betriebsrentengesetz erteilt worden. [5]Pensionsrückstellungen müssen insoweit vorgenommen werden, als sich die Versorgungsleistungen aus der schriftlichen Festlegung dem Grunde und der Höhe nach ergeben. [6]Zahlungsbelege allein stellen keine solche Festlegung dar.

Beherrschende Gesellschafter-Geschäftsführer von Kapitalgesellschaften

(8) [1]Für die Bildung von Pensionsrückstellungen für beherrschende Gesellschafter-Geschäftsführer von Kapitalgesellschaften ist zu unterstellen, dass die Jahresbeträge nach § 6a Abs. 3 Satz 2 Nr. 1 Satz 3 EStG vom Beginn des Dienstverhältnisses, frühestens vom nach Absatz 10 Satz 3 maßgebenden Alter, bis zur vertraglich vorgesehenen Altersgrenze, mindestens jedoch bis zum folgenden geburtsjahrabhängigen Pensionsalter aufzubringen sind:

für Geburtsjahrgänge	Pensionsalter
bis 1952	65
ab 1953 bis 1961	66
ab 1962	67

[2]Als Beginn des Dienstverhältnisses gilt der Eintritt in das Unternehmen als Arbeitnehmer. [3]Das gilt auch dann, wenn der Geschäftsführer die Pensionszusage erst nach Erlangung der beherrschenden Stellung erhalten hat. [4]Absatz 11 Satz 1, 3 bis 6, 8, 9 und 13 bis 15 ist nicht anzuwenden. [5]Für anerkannt schwerbehinderte Menschen kann geburtsjahrabhängig eine vertragliche Altersgrenze wie folgt zugrunde gelegt werden:

für Geburtsjahrgänge	Pensionsalter
bis 1952	60
ab 1953 bis 1961	61
ab 1962	62

Ehegatten-Arbeitsverhältnisse

(9) *(unbesetzt)*

Höhe der Pensionsrückstellung

(10) [1]Als Beginn des Dienstverhältnisses ist ein früherer Zeitpunkt als der tatsächliche Dienstantritt zugrunde zu legen (sog. Vordienstzeiten), wenn auf Grund gesetzlicher Vorschriften Zeiten außerhalb des Dienstverhältnisses als Zeiten der Betriebszugehörigkeit

gelten, z.B. § 8 Abs. 3 des Soldatenversorgungsgesetzes, § 6 Abs. 2 des Arbeitsplatzschutzgesetzes. [2]Bei der Ermittlung des Teilwertes einer Pensionsverpflichtung sind folgende Mindestalter zu beachten:

Erteilung der Pensionszusage	maßgebendes Mindestalter
vor dem 1.1.2001	30
nach dem 31.12.2000 und vor dem 1.1.2009	28
nach dem 31.12.2008	27

[3]Ergibt sich durch die Anrechnung von Vordienstzeiten ein fiktiver Dienstbeginn, der vor der Vollendung des nach Satz 2 maßgebenden Lebensjahres des Berechtigten liegt, gilt das Dienstverhältnis als zu Beginn des Wirtschaftsjahres begonnen, bis zu dessen Mitte der Berechtigte dieses Lebensjahr vollendet (→ § 6a Abs. 3 Satz 2 Nr. 1 letzter Satz EStG).

(11) [1]Bei der Ermittlung des Teilwertes der Pensionsanwartschaft ist das vertraglich vereinbarte Pensionsalter zugrunde zu legen (Grundsatz). [2]Der Stpfl. kann für alle oder für einzelne Pensionsverpflichtungen von einem höheren Pensionsalter ausgehen, sofern mit einer Beschäftigung des Arbeitnehmers bis zu diesem Alter gerechnet werden kann (erstes Wahlrecht). [3]Bei der Ermittlung des Teilwertes der Pensionsanwartschaft nach § 6a Abs. 3 EStG kann mit Rücksicht auf § 6 Betriebsrentengesetz anstelle des vertraglichen Pensionsalters nach Satz 1 für alle oder für einzelne Pensionsverpflichtungen als Zeitpunkt des Eintritts des Versorgungsfalles der Zeitpunkt der frühestmöglichen Inanspruchnahme der vorzeitigen Altersrente aus der gesetzlichen Rentenversicherung angenommen werden (zweites Wahlrecht). [4]Voraussetzung für die Ausübung des zweiten Wahlrechtes ist, dass in der Pensionszusage festgelegt ist, in welcher Höhe Versorgungsleistungen von diesem Zeitpunkt an gewährt werden. [5]Bei der Ausübung des zweiten Wahlrechtes braucht nicht geprüft zu werden, ob ein Arbeitnehmer die sozialversicherungsrechtlichen Voraussetzungen für die vorzeitige Inanspruchnahme der Altersrente erfüllen wird. [6]Das zweite Wahlrecht kann unabhängig von der Wahl des Pensionsalters für die Berechnung der unverfallbaren Versorgungsanwartschaften nach § 2 Betriebsrentengesetz ausgeübt werden. [7]Das erste Wahlrecht ist in der Bilanz des Wirtschaftsjahres auszuüben, in dem mit der Bildung der Pensionsrückstellung begonnen wird. [8]Das zweite Wahlrecht ist in der Bilanz des Wirtschaftsjahres auszuüben, in dem die Festlegung nach Satz 4 getroffen worden ist. [9]Hat der Stpfl. das zweite Wahlrecht ausgeübt und ändert sich danach der Zeitpunkt der frühestmöglichen Inanspruchnahme der vorzeitigen Altersrente aus der gesetzlichen Rentenversicherung (z.B. Beendigung des Arbeitsverhältnisses), ist die Änderung zum Ende des betreffenden Wirtschaftsjahres zu berücksichtigen; ist in diesem Wirtschaftsjahr die Festlegung nach Satz 4 für den neuen Zeitpunkt nicht getroffen worden, ist das vertragliche Pensionsalter nach Satz 1 bei der Ermittlung des Teilwertes der Pensionsanwartschaft zugrunde zu legen. [10]Die gegenüber einem Berechtigten getroffene Wahl gilt einheitlich für die gesamte Pensionsverpflichtung, einschließlich einer etwaigen Entgeltumwandlung im Sinne von § 1 Abs. 2 Betriebsrentengesetz. [11]Der Rückstellungsbildung kann nur die Pensionsleistung zugrunde gelegt werden, die zusagegemäß bis zu dem Pensionsalter erreichbar ist, für das sich der Stpfl. bei Ausübung der Wahlrechte entscheidet. [12]Setzt der Arbeitnehmer nach Erreichen dieses Alters seine Tätigkeit fort und erhöht sich dadurch sein Ruhegehaltanspruch, ist der Rückstellung in dem betreffenden Wirtschaftsjahr der Unterschiedsbetrag zwischen der nach den vorstehenden Sätzen höchstzulässigen Rückstellung (Soll-Rückstellung) und dem versicherungsmathematischen Barwert der um den Erhöhungsbetrag vermehrten Pensionsleistungen zuzuführen. [13]Hat der Stpfl. bei der Ermittlung des Teilwertes einer Pensionsanwartschaft bereits bisher vom zweiten Wahlrecht Gebrauch gemacht, ist er bei einer Änderung des frühestmöglichen Pensionsalters

auf Grund einer gesetzlichen Neuregelung auch künftig an diese Entscheidung gebunden; Satz 4 ist zu beachten. [14]Für die sich wegen der Änderung des frühestmöglichen Pensionsalters ergebende Änderung der Teilwerte der Pensionsanwartschaft gilt das Nachholverbot, das sich aus § 6a Abs. 4 EStG herleitet, nicht. [15]Liegen die in Satz 4 genannten Voraussetzungen für die Anwendung des zweiten Wahlrechtes am Bilanzstichtag nicht vor, ist das vertragliche Pensionsalter nach Satz 1 bei der Ermittlung des Teilwertes der Pensionsanwartschaft zugrunde zu legen.

Entgeltumwandlungen

(12) [1]Für Pensionsverpflichtungen, die auf nach dem 31.12.2000 vereinbarten Entgeltumwandlungen im Sinne von § 1 Abs. 2 Betriebsrentengesetz beruhen, ist vor Vollendung des 28. Lebensjahres (für nach dem 31.12.2008 erstmals erteilte Pensionszusagen: des 27. Lebensjahres) des Pensionsberechtigten eine Rückstellung in Höhe des Barwerts der nach den §§ 1 und 2 Betriebsrentengesetz unverfallbaren künftigen Pensionsleistungen zu bilden (§ 6a Abs. 2 Nr. 1 zweite Alternative und § 6a Abs. 3 Satz 2 Nr. 1 Satz 6 zweiter Halbsatz EStG); nach Vollendung des 28. Lebensjahres (für nach dem 31.12.2008 erstmals erteilte Pensionszusagen: des 27. Lebensjahres) des Pensionsberechtigten ist für diese Pensionsverpflichtungen für die Ermittlung des Teilwertes nach § 6a Abs. 3 Satz 2 Nr. 1 Satz 1 EStG eine Vergleichsrechnung erforderlich. [2]Dabei sind der Wert nach § 6a Abs. 3 Satz 2 Nr. 1 Satz 1 erster Halbsatz EStG und der Barwert der unverfallbaren künftigen Pensionsleistungen zu berechnen; der höhere Wert ist anzusetzen. [3]Bei der Vergleichsrechnung sind die für einen Berechtigten nach dem 31.12.2000 vereinbarten Entgeltumwandlungen als Einheit zu behandeln. [4]Die Regelungen des Satzes 1 gelten nicht für Pensionsverpflichtungen, soweit sie auf Grund einer vertraglichen Vereinbarung unverfallbar sind.

Arbeitgeberwechsel

(13) Übernimmt ein Stpfl. in einem Wirtschaftsjahr eine Pensionsverpflichtung gegenüber einem Arbeitnehmer, der bisher in einem anderen Unternehmen tätig gewesen ist, unter gleichzeitiger Übernahme von Vermögenswerten, ist bei der Ermittlung des Teilwertes der Verpflichtung der Jahresbetrag i.S.d. § 6a Abs. 3 Satz 2 Nr. 1 EStG so zu bemessen, dass zu Beginn des Wirtschaftsjahres der Übernahme der Barwert der Jahresbeträge zusammen mit den übernommenen Vermögenswerten gleich dem Barwert der künftigen Pensionsleistungen ist; dabei darf sich kein negativer Jahresbetrag ergeben.

Berücksichtigung von Renten aus der gesetzlichen Rentenversicherung

(14) Sieht die Pensionszusage vor, dass die Höhe der betrieblichen Rente in bestimmter Weise von der Höhe der Renten aus der gesetzlichen Rentenversicherung abhängt, darf die Pensionsrückstellung in diesen Fällen nur auf der Grundlage der von dem Unternehmen nach Berücksichtigung der Renten aus der gesetzlichen Rentenversicherung tatsächlich noch selbst zu zahlenden Beträge berechnet werden.

Doppelfinanzierung

(15) [1]Wenn die gleichen Versorgungsleistungen an denselben Empfängerkreis sowohl über eine Pensions- oder Unterstützungskasse oder einen Pensionsfonds als auch über Pensionsrückstellungen finanziert werden sollen, ist die Bildung einer Pensionsrückstellung nicht zulässig. [2]Eine schädliche Überschneidung liegt dagegen nicht vor, wenn es sich um verschiedene Versorgungsleistungen handelt, z.B. bei der Finanzierung der Invaliditäts-Renten über Pensions- oder Unterstützungskassen und der Altersrenten über Pensionsrückstellungen oder der Finanzierung rechtsverbindlich zugesagter Leistungen über Rückstellungen und darüber hinausgehender freiwilliger Leistungen über eine Unterstützungskasse.

Handelsvertreter

(16) [1]Sagt der Unternehmer dem selbstständigen Handelsvertreter eine Pension zu, muss sich der Handelsvertreter die versprochene Versorgung nach § 89b Abs. 1 Satz 1 Nr. 3 HGB auf seinen Ausgleichsanspruch anrechnen lassen. [2]Die Pensionsverpflichtung des Unternehmers wird also durch die Ausgleichsverpflichtung nicht gemindert, es sei denn, es ist etwas anderes vereinbart.

Stichtagsprinzip

(17) [1]Für die Bildung der Pensionsrückstellung sind die Verhältnisse am Bilanzstichtag maßgebend. [2]Änderungen der Bemessungsgrundlagen, die erst nach dem Bilanzstichtag wirksam werden, sind zu berücksichtigen, wenn sie am Bilanzstichtag bereits feststehen. [3]Danach sind Erhöhungen von Anwartschaften und laufenden Renten, die nach dem Bilanzstichtag eintreten, in die Rückstellungsberechnung zum Bilanzstichtag einzubeziehen, wenn sowohl ihr Ausmaß als auch der Zeitpunkt ihres Eintritts am Bilanzstichtag feststehen. [4]Wird die Höhe der Pension z.B. von Bezugsgrößen der gesetzlichen Rentenversicherungen beeinflusst, sind künftige Änderungen dieser Bezugsgrößen, die am Bilanzstichtag bereits feststehen, z.B. die ab 1.1. des Folgejahres geltende Beitragsbemessungsgrenze, bei der Berechnung der Pensionsrückstellung zum Bilanzstichtag zu berücksichtigen. [5]Die für das Folgejahr geltenden Bezugsgrößen stehen in dem Zeitpunkt fest, in dem die jeweilige Sozialversicherungs-Rechengrößenverordnung im Bundesgesetzblatt verkündet wird.

Inventurerleichterung

(18) [1]Die Pensionsverpflichtungen sind grundsätzlich auf Grund einer körperlichen Bestandsaufnahme (Feststellung der pensionsberechtigten Personen und der Höhe ihrer Pensionsansprüche) für den Bilanzstichtag zu ermitteln. [2]In Anwendung von § 241 Abs. 3 HGB kann der für die Berechnung der Pensionsrückstellungen maßgebende Personenstand auch auf einen Tag (Inventurstichtag) innerhalb von drei Monaten vor oder zwei Monaten nach dem Bilanzstichtag aufgenommen werden, wenn sichergestellt ist, dass die Pensionsverpflichtungen für den Bilanzstichtag ordnungsgemäß bewertet werden können. [3]Es ist nicht zu beanstanden, wenn im Falle der Vorverlegung der Bestandsaufnahme bei der Berechnung der Pensionsrückstellungen wie folgt verfahren wird:

1. Die für den Inventurstichtag festgestellten Pensionsverpflichtungen sind bei der Berechnung der Pensionsrückstellungen für den Bilanzstichtag mit ihrem Wert vom Bilanzstichtag anzusetzen.
2. [1]Aus Vereinfachungsgründen können bei der Berechnung der Pensionsrückstellungen für den Bilanzstichtag die folgenden Veränderungen der Pensionsverpflichtungen, die in der Zeit vom Inventurstichtag bis zum Bilanzstichtag eintreten, unberücksichtigt bleiben:
   a) Veränderungen, die auf biologischen Ursachen, z.B. Tod, Invalidität, beruhen;
   b) Veränderungen durch normale Zu- oder Abgänge von pensionsberechtigten Personen oder durch Übergang in eine andere Gehalts- oder Pensionsgruppe, z.B. Beförderung. [2]Außergewöhnliche Veränderungen, z.B. Stilllegung oder Eröffnung eines Teilbetriebs, bei Massenentlassungen oder bei einer wesentlichen Erweiterung des Kreises der pensionsberechtigten Personen, sind bei der Rückstellungsberechnung für den Bilanzstichtag zu berücksichtigen.

   [2]Allgemeine Leistungsänderungen für eine Gruppe von Verpflichtungen, die nicht unter Satz 1 Buchstabe a oder b fallen, sind bei der Rückstellungsberechnung für den Bilanzstichtag mindestens näherungsweise zu berücksichtigen; für den folgenden Bilanzstichtag ist der sich dann ergebende tatsächliche Wert anzusetzen.

3. Soweit Veränderungen der Pensionsverpflichtungen nach Nummer 2 bei der Berechnung der Rückstellungen für den Bilanzstichtag unberücksichtigt bleiben, sind sie zum nächsten Bilanzstichtag bis zur steuerlich zulässigen Höhe zu berücksichtigen.
4. Werden werterhöhende Umstände, die nach Nummer 2 bei der Berechnung der Rückstellungen für den Bilanzstichtag unberücksichtigt bleiben können, dennoch in die Rückstellungsberechnung einbezogen, sind bei der Rückstellungsberechnung auch wertmindernde Umstände, die nach Nummer 2 außer Betracht bleiben können, zu berücksichtigen.
5. [1]Die Nummern 2 bis 4 gelten nicht, wenn bei einem Stpfl. am Inventurstichtag nicht mehr als 20 Pensionsberechtigte vorhanden sind. [2]Sie gelten ferner nicht für Vorstandsmitglieder und Geschäftsführer von Kapitalgesellschaften.

Ausscheiden eines Anwärters

(19) [1]Die Rückstellung für Pensionsverpflichtungen gegenüber einer Person, die mit einer unverfallbaren Versorgungsanwartschaft ausgeschieden ist, ist beizubehalten, solange das Unternehmen mit einer späteren Inanspruchnahme zu rechnen hat. [2]Sofern dem Unternehmen nicht bereits vorher bekannt ist, dass Leistungen nicht zu gewähren sind, braucht die Frage, ob mit einer Inanspruchnahme zu rechnen ist, erst nach Erreichen der vertraglich vereinbarten Altersgrenze geprüft zu werden. [3]Steht bis zum Ende des Wirtschaftsjahres, das auf das Wirtschaftsjahr des Erreichens der Altersgrenze folgt, die spätere Inanspruchnahme nicht fest, ist die Rückstellung zu diesem Zeitpunkt aufzulösen.

Zuführung zur Pensionsrückstellung

(20) [1]Nach § 249 HGB in Verbindung mit § 6a Abs. 4 EStG muss in einem Wirtschaftsjahr der Rückstellung der Unterschiedsbetrag zwischen dem Teilwert am Schluss des Wirtschaftsjahres und dem Teilwert am Schluss des vorangegangenen Wirtschaftsjahres zugeführt werden.

Auflösung der Pensionsrückstellung

(21) [1]Auflösungen oder Teilauflösungen in der Steuerbilanz sind nur insoweit zulässig, als sich die Höhe der Pensionsverpflichtung gemindert hat. [2]Wird die Pensionszusage widerrufen (→ Absätze 3 bis 6), ist die Pensionsrückstellung in der nächstfolgenden Bilanz gewinnerhöhend aufzulösen und ist erst wieder zu passivieren, wenn die Zusage mit unschädlichen Vorbehalten wieder in Kraft gesetzt wird (z.B. durch rechtskräftiges Urteil oder Vergleich). [3]Ist die Rückstellung ganz oder teilweise aufgelöst worden, ohne dass sich die Pensionsverpflichtung entsprechend geändert hat, ist die Steuerbilanz insoweit unrichtig. [4]Dieser Fehler ist im Wege der Bilanzberichtigung (→ R 4.4) zu korrigieren. [5]Dabei ist die Rückstellung in Höhe des Betrags anzusetzen, der nicht hätte aufgelöst werden dürfen, höchstens jedoch mit dem Teilwert der Pensionsverpflichtung.

(22) [1]Nach dem Zeitpunkt des vertraglich vorgesehenen Eintritts des Versorgungsfalles oder eines gewählten früheren Zeitpunktes (→ zweites Wahlrecht, Absatz 11 Satz 3) ist die Pensionsrückstellung in jedem Wirtschaftsjahr in Höhe des Unterschiedsbetrages zwischen dem versicherungsmathematischen Barwert der künftigen Pensionsleistungen am Schluss des Wirtschaftsjahres und der am Schluss des vorangegangenen Wirtschaftsjahres passivierten Pensionsrückstellung gewinnerhöhend aufzulösen; die laufenden Pensionsleistungen sind dabei als Betriebsausgaben abzusetzen. [2]Eine Pensionsrückstellung ist auch dann in Höhe des Unterschiedsbetrages nach Satz 1 aufzulösen, wenn der Pensionsberechtigte nach dem Zeitpunkt des vertraglich vorgesehenen Eintritts des Versorgungsfalles noch weiter gegen Entgelt tätig bleibt („technischer Rentner"), es sei denn, dass bereits die Bildung der Rückstellung auf die Zeit bis zu dem voraussichtlichen Ende der Beschäf-

tigung des Arbeitnehmers verteilt worden ist (→ Absatz 11). [3]Ist für ein Wirtschaftsjahr, das nach dem Zeitpunkt des vertraglich vorgesehenen Eintritts des Versorgungsfalles endet, die am Schluss des vorangegangenen Wirtschaftsjahres ausgewiesene Rückstellung niedriger als der versicherungsmathematische Barwert der künftigen Pensionsleistungen am Schluss des Wirtschaftsjahres, darf die Rückstellung erst von dem Wirtschaftsjahr ab aufgelöst werden, in dem der Barwert der künftigen Pensionsleistungen am Schluss des Wirtschaftsjahres niedriger ist als der am Schluss des vorangegangenen Wirtschaftsjahres ausgewiesene Betrag der Rückstellung. [4]In dem Wirtschaftsjahr, in dem eine bereits laufende Pensionsleistung herabgesetzt wird oder eine Hinterbliebenenrente beginnt, darf eine bisher ausgewiesene Rückstellung, die höher ist als der Barwert, nur bis zur Höhe dieses Barwerts aufgelöst werden.

Rückdeckungsversicherung

(23) [1]Eine aufschiebend bedingte Abtretung des Rückdeckungsanspruchs an den pensionsberechtigten Arbeitnehmer für den Fall, dass der Pensionsanspruch durch bestimmte Ereignisse gefährdet wird, z.B. bei Insolvenz des Unternehmens, wird – soweit er nicht im Insolvenzfall nach § 9 Abs. 2 Betriebsrentengesetz auf den Träger der Insolvenzsicherung übergeht – erst wirksam, wenn die Bedingung eintritt (§ 158 Abs. 1 BGB). [2]Die Rückdeckungsversicherung behält deshalb bis zum Eintritt der Bedingung ihren bisherigen Charakter bei. [3]Wird durch Eintritt der Bedingung die Abtretung an den Arbeitnehmer wirksam, wird die bisherige Rückdeckungsversicherung zu einer Direktversicherung.

19. Lohnsteuer-Durchführungsverordnung (LStDV 1990)

In der Fassung der Bekanntmachung vom 10. Oktober 1989 (BGBl. I S. 1848)

Zuletzt geändert durch Gesetz vom 20. Februar 2013 (BGBl. I S. 285)

FNA 611-2

– Auszug –

...

§ 5 Besondere Aufzeichnungs- und Mitteilungspflichten im Rahmen der betrieblichen Altersversorgung

(1) Der Arbeitgeber hat bei Durchführung einer kapitalgedeckten betrieblichen Altersversorgung über einen Pensionsfonds, eine Pensionskasse oder eine Direktversicherung ergänzend zu den in § 4 Abs. 2 Nr. 4 und 8 angeführten Aufzeichnungspflichten gesondert je Versorgungszusage und Arbeitnehmer Folgendes aufzuzeichnen:

1. bei Inanspruchnahme der Steuerbefreiung nach § 3 Nr. 63 Satz 3 des Einkommensteuergesetzes den Zeitpunkt der Erteilung, den Zeitpunkt der Übertragung nach dem „Abkommen zur Übertragung von Direktversicherungen oder Versicherungen in eine Pensionskasse bei Arbeitgeberwechsel" oder nach vergleichbaren Regelungen zur Übertragung von Versicherungen in Pensionskassen oder Pensionsfonds, bei der Änderung einer vor dem 1. Januar 2005 erteilten Versorgungszusage alle Änderungen der Zusage nach dem 31. Dezember 2004;
2. bei Anwendung des § 40b des Einkommensteuergesetzes in der am 31. Dezember 2004 geltenden Fassung den Inhalt der am 31. Dezember 2004 bestehenden Versorgungszu-

sagen, sowie im Fall des § 52 Abs. 6 Satz 1 des Einkommensteuergesetzes die erforderliche Verzichtserklärung und bei der Übernahme einer Versorgungszusage nach § 4 Abs. 2 Nr. 1 des Betriebsrentengesetzes vom 19. Dezember 1974 (BGBl. I S. 3610), das zuletzt durch Artikel 2 des Gesetzes vom 29. August 2005 (BGBl. I S. 2546) geändert worden ist, in der jeweils geltenden Fassung oder bei einer Übertragung nach dem „Abkommen zur Übertragung von Direktversicherungen oder Versicherungen in eine Pensionskasse bei Arbeitgeberwechsel" oder nach vergleichbaren Regelungen zur Übertragung von Versicherungen in Pensionskassen oder Pensionsfonds im Falle einer vor dem 1. Januar 2005 erteilten Versorgungszusage zusätzlich die Erklärung des ehemaligen Arbeitgebers, dass diese Versorgungszusage vor dem 1. Januar 2005 erteilt und dass diese bis zur Übernahme nicht als Versorgungszusage im Sinne des § 3 Nr. 63 Satz 3 des Einkommensteuergesetzes behandelt wurde.

(2) [1]Der Arbeitgeber hat der Versorgungseinrichtung (Pensionsfonds, Pensionskasse, Direktversicherung), die für ihn die betriebliche Altersversorgung durchführt, spätestens zwei Monate nach Ablauf des Kalenderjahres oder nach Beendigung des Dienstverhältnisses im Laufe des Kalenderjahres gesondert je Versorgungszusage die für den einzelnen Arbeitnehmer geleisteten und

1. nach § 3 Nr. 56 und 63 des Einkommensteuergesetzes steuerfrei belassenen,
2. nach § 40b des Einkommensteuergesetzes in der am 31. Dezember 2004 geltenden Fassung pauschal besteuerten oder
3. individuell besteuerten

Beiträge mitzuteilen. [2]Ferner hat der Arbeitgeber oder die Unterstützungskasse die nach § 3 Nr. 66 des Einkommensteuergesetzes steuerfrei belassenen Leistungen mitzuteilen. [3]Die Mitteilungspflicht des Arbeitgebers oder der Unterstützungskasse kann durch einen Auftragnehmer wahrgenommen werden.

(3) [1]Eine Mitteilung nach Absatz 2 kann unterbleiben, wenn die Versorgungseinrichtung die steuerliche Behandlung der für den einzelnen Arbeitnehmer im Kalenderjahr geleisteten Beiträge bereits kennt oder aus den bei ihr vorhandenen Daten feststellen kann, und dieser Umstand dem Arbeitgeber mitgeteilt worden ist. [2]Unterbleibt die Mitteilung des Arbeitgebers, ohne dass ihm eine entsprechende Mitteilung der Versorgungseinrichtung vorliegt, so hat die Versorgungseinrichtung davon auszugehen, dass es sich insgesamt bis zu den in § 3 Nr. 56 oder 63 des Einkommensteuergesetzes genannten Höchstbeträgen um steuerbegünstigte Beiträge handelt, die in der Auszahlungsphase als Leistungen im Sinne von § 22 Nr. 5 Satz 1 des Einkommensteuergesetzes zu besteuern sind.

…

§ 8 Anwendungszeitraum

(1) Die Vorschriften dieser Verordnung in der Fassung des Artikels 2 des Gesetzes vom 13. Dezember 2006 (BGBl. I S. 2878) sind erstmals anzuwenden auf laufenden Arbeitslohn, der für einen nach dem 31. Dezember 2006 endenden Lohnzahlungszeitraum gezahlt wird, und auf sonstige Bezüge, die nach dem 31. Dezember 2006 zufließen.

…

20. Lohnsteuer-Richtlinien 2011/2013 (LStR 2011/2013)

Allgemeine Verwaltungsvorschrift zum Steuerabzug vom Arbeitslohn

Vom 10. Dezember 2007 (BStBl. I Sondernummer 1) in der Fassung der LStÄR 2011 vom 23. November 2010 (BStBl. I S. 1325) und der LStÄR 2013 vom 8. Juli 2013 (BStBl. I S. 851)

Mit den Lohnsteuer-Hinweisen 2013

– Auszug –

R 3.65 Insolvenzsicherung (§ 3 Nr. 65 EStG)

(1) [1]Die Steuerbefreiung gilt für etwaige Beiträge des Trägers der Insolvenzsicherung an eine Pensionskasse oder an ein Lebensversicherungsunternehmen zur Versicherung seiner Verpflichtungen im Sicherungsfall. [2]Sie gilt auch für die Übertragung von Direktzusagen oder für Zusagen, die von einer Unterstützungskasse erbracht werden sollen, wenn die Betriebstätigkeit eingestellt und das Unternehmen liquidiert wird (§ 4 Abs. 4 des Betriebsrentengesetzes – BetrAVG). [3]Im Falle der Liquidation einer Kapitalgesellschaft greift die Steuerbefreiung auch bei der Übertragung von Versorgungszusagen, die an Gesellschafter-Geschäftsführer gegeben worden sind; dies gilt auch dann, wenn es sich um Versorgungszusagen an beherrschende Gesellschafter-Geschäftsführer handelt. [4]Die Sätze 2 und 3 gelten nicht bei einer Betriebsveräußerung, wenn das Unternehmen vom Erwerber fortgeführt wird.

(2) [1]Die Mittel für die Durchführung der Insolvenzsicherung werden auf Grund öffentlich-rechtlicher Verpflichtung durch Beiträge aller Arbeitgeber aufgebracht, die Leistungen der betrieblichen Altersversorgung unmittelbar zugesagt haben oder eine betriebliche Altersversorgung über eine Unterstützungskasse, eine Direktversicherung oder einen Pensionsfonds durchführen (§ 10 BetrAVG). [2]Die Beiträge an den Träger der Insolvenzsicherung gehören damit als Ausgaben des Arbeitgebers für die Zukunftssicherung des Arbeitnehmers, die auf Grund gesetzlicher Verpflichtung geleistet werden, zu den steuerfreien Einnahmen i.S.d. § 3 Nr. 62 EStG.

(3) [1]Durch die Insolvenzsicherung der betrieblichen Altersversorgung werden nicht neue oder höhere Ansprüche geschaffen, sondern nur bereits vorhandene Ansprüche gegen Insolvenz geschützt. [2]Die in Insolvenzfällen zu erbringenden Versorgungsleistungen des Trägers der Insolvenzsicherung bzw. bei Rückversicherung der Pensionskasse oder des Lebensversicherungsunternehmens behalten deshalb grundsätzlich ihren steuerlichen Charakter, als wäre der Insolvenzfall nicht eingetreten. [3]Das bedeutet z.B., dass Versorgungsleistungen an einen Arbeitnehmer, die auf einer Pensionszusage beruhen oder die über eine Unterstützungskasse durchgeführt werden sollten, auch nach Eintritt des Insolvenzfalles und Übernahme der Leistungen durch ein Versicherungsunternehmen zu den Einnahmen aus nichtselbständiger Arbeit gehören.

(4) § 3 Nr. 65 Satz 1 Buchstabe c EStG ist in den Fällen der Übertragung oder Umwandlung einer Rückdeckungsversicherung (→ R 40b.1 Abs. 3) nicht anwendbar.

R 40 b.1 Pauschalierung der Lohnsteuer bei Beiträgen zu Direktversicherungen und Zuwendungen an Pensionskassen für Versorgungszusagen, die vor dem 1.1.2005 erteilt wurden

Direktversicherung

(1) [1]Eine Direktversicherung ist eine Lebensversicherung auf das Leben des Arbeitnehmers, die durch den Arbeitgeber bei einem inländischen oder ausländischen Versicherungsunternehmen abgeschlossen worden ist und bei der der Arbeitnehmer oder seine Hinterbliebenen hinsichtlich der Versorgungsleistungen des Versicherers ganz oder teilweise bezugsberechtigt sind (→ § 1b Abs. 2 Satz 1 BetrAVG). [2]Dasselbe gilt für eine Lebensversicherung auf das Leben des Arbeitnehmers, die nach Abschluss durch den Arbeitnehmer vom Arbeitgeber übernommen worden ist. [3]Der Abschluss einer Lebensversicherung durch eine mit dem Arbeitgeber verbundene Konzerngesellschaft schließt die Anerkennung als Direktversicherung nicht aus, wenn der Anspruch auf die Versicherungsleistungen durch das Dienstverhältnis veranlasst ist und der Arbeitgeber die Beitragslast trägt. [4]Als Versorgungsleistungen können Leistungen der Alters-, Invaliditäts- oder Hinterbliebenenversorgung in Betracht kommen.

(2) [1]Es ist grundsätzlich gleichgültig, ob es sich um Kapitalversicherungen einschließlich Risikoversicherungen, um Rentenversicherungen oder fondsgebundene Lebensversicherungen handelt. [2]Kapitallebensversicherungen mit steigender Todesfallleistung sind als Direktversicherung anzuerkennen, wenn zu Beginn der Versicherung eine Todesfallleistung von mindestens 10 % der Kapitalleistung im Erlebensfall vereinbart und der Versicherungsvertrag vor dem 1.8.1994 abgeschlossen worden ist. [3]Bei einer nach dem 31.7.1994 abgeschlossenen Kapitallebensversicherung ist Voraussetzung für die Anerkennung, dass die Todesfallleistung über die gesamte Versicherungsdauer mindestens 50 % der für den Erlebensfall vereinbarten Kapitalleistung beträgt. [4]Eine nach dem 31.12.1996 abgeschlossene Kapitallebensversicherung ist als Direktversicherung anzuerkennen, wenn die Todesfallleistung während der gesamten Laufzeit des Versicherungsvertrags mindestens 60 % der Summe der Beiträge beträgt, die nach dem Versicherungsvertrag für die gesamte Vertragsdauer zu zahlen sind. [5]Kapitalversicherungen mit einer Vertragsdauer von weniger als 5 Jahren können nicht anerkannt werden, es sei denn, dass sie im Rahmen einer Gruppenversicherung nach dem arbeitsrechtlichen Grundsatz der Gleichbehandlung abgeschlossen worden sind. [6]Dasselbe gilt für Rentenversicherungen mit Kapitalwahlrecht, bei denen das Wahlrecht innerhalb von 5 Jahren nach Vertragsabschluss wirksam werden kann, und für Beitragserhöhungen bei bereits bestehenden Kapitalversicherungen mit einer Restlaufzeit von weniger als 5 Jahren; aus Billigkeitsgründen können Beitragserhöhungen anerkannt werden, wenn sie im Zusammenhang mit der Anhebung der Pauschalierungsgrenzen durch das Steuer-Euroglättungsgesetz erfolgt sind. [7]Unfallversicherungen sind keine Lebensversicherungen, auch wenn bei Unfall mit Todesfolge eine Leistung vorgesehen ist. [8]Dagegen gehören Unfallzusatzversicherungen und Berufsunfähigkeitszusatzversicherungen, die im Zusammenhang mit Lebensversicherungen abgeschlossen werden, sowie selbständige Berufsunfähigkeitsversicherungen und Unfallversicherungen mit Prämienrückgewähr, bei denen der Arbeitnehmer Anspruch auf die Prämienrückgewähr hat, zu den Direktversicherungen. [9]Die Bezugsberechtigung des Arbeitnehmers oder seiner Hinterbliebenen muss vom Versicherungsnehmer (Arbeitgeber) der Versicherungsgesellschaft gegenüber erklärt werden (→ § 166 des Versicherungsvertragsgesetzes – VVG). [10]Die Bezugsberechtigung kann widerruflich oder unwiderruflich sein; bei widerruflicher Bezugsberechtigung sind die Bedingungen eines Widerrufs steuerlich unbeachtlich. [11]Unbeachtlich ist auch, ob die Anwartschaft des Arbeitnehmers arbeitsrechtlich bereits unverfallbar ist.

Rückdeckungsversicherung

(3) [1]Für die Abgrenzung zwischen einer Direktversicherung und einer Rückdeckungsversicherung, die vom Arbeitgeber abgeschlossen wird und die nur dazu dient, dem Arbeitgeber die Mittel zur Leistung einer dem Arbeitnehmer zugesagten Versorgung zu verschaffen, sind regelmäßig die zwischen Arbeitgeber und Arbeitnehmer getroffenen Vereinbarungen (Innenverhältnis) maßgebend und nicht die Abreden zwischen Arbeitgeber und Versicherungsunternehmen (Außenverhältnis). [2]Deshalb kann eine Rückdeckungsversicherung steuerlich grundsätzlich nur anerkannt werden, wenn die nachstehenden Voraussetzungen sämtlich erfüllt sind:

1. Der Arbeitgeber hat dem Arbeitnehmer eine Versorgung aus eigenen Mitteln zugesagt, z.B. eine Werkspension.
2. Zur Gewährleistung der Mittel für diese Versorgung hat der Arbeitgeber eine Versicherung abgeschlossen, zu der der Arbeitnehmer keine eigenen Beiträge i.S.d. § 2 Abs. 2 Nr. 2 Satz 2 LStDV leistet.
3. [1]Nur der Arbeitgeber, nicht aber der Arbeitnehmer erlangt Ansprüche gegen die Versicherung. [2]Unschädlich ist jedoch die Verpfändung der Ansprüche aus der Rückdeckungsversicherung an den Arbeitnehmer, weil dieser bei einer Verpfändung gegenwärtig keine Rechte erwirbt, die ihm einen Zugriff auf die Versicherung und die darin angesammelten Werte ermöglichen. [3]Entsprechendes gilt für eine aufschiebend bedingte Abtretung des Rückdeckungsanspruchs, da die Abtretung rechtlich erst wirksam wird, wenn die Bedingung eintritt (§ 158 Abs. 1 des Bürgerlichen Gesetzbuches – BGB), und für die Abtretung des Rückdeckungsanspruchs zahlungshalber im Falle der Liquidation oder der Vollstreckung in die Versicherungsansprüche durch Dritte.

[3]Wird ein Anspruch aus einer Rückdeckungsversicherung ohne Entgelt auf den Arbeitnehmer übertragen oder eine bestehende Rückdeckungsversicherung in eine Direktversicherung umgewandelt, fließt dem Arbeitnehmer im Zeitpunkt der Übertragung bzw. Umwandlung ein lohnsteuerpflichtiger geldwerter Vorteil zu, der grundsätzlich dem geschäftsplanmäßigen Deckungskapital zuzüglich einer bis zu diesem Zeitpunkt zugeteilten Überschussbeteiligung der Versicherung entspricht; § 3 Nr. 65 Satz 1 Buchstabe c EStG ist nicht anwendbar. [4]Entsprechendes gilt, wenn eine aufschiebend bedingte Abtretung rechtswirksam wird (→ Satz 2 Nr. 3).

Pensionskasse

(4) [1]Als Pensionskassen sind sowohl rechtsfähige Versorgungseinrichtungen i.S.d. § 1b Abs. 3 Satz 1 BetrAVG als auch nicht rechtsfähige Zusatzversorgungseinrichtungen des öffentlichen Dienstes i.S.d. § 18 BetrAVG anzusehen, die den Leistungsberechtigten, insbesondere Arbeitnehmern und deren Hinterbliebenen, auf ihre Versorgungsleistungen einen Rechtsanspruch gewähren. [2]Es ist gleichgültig, ob die Kasse ihren Sitz oder ihre Geschäftsleitung innerhalb oder außerhalb des Geltungsbereichs des Einkommensteuergesetzes hat. [3]Absatz 1 Satz 4 gilt sinngemäß.

Barlohnkürzung

(5) Für die Lohnsteuerpauschalierung nach § 40b EStG kommt es nicht darauf an, ob Beiträge oder Zuwendungen zusätzlich zum ohnehin geschuldeten Arbeitslohn oder auf Grund einer Vereinbarung mit dem Arbeitnehmer durch Herabsetzung des individuell zu besteuernden Arbeitslohns erbracht werden.

Voraussetzungen der Pauschalierung

(6) Die Lohnsteuerpauschalierung setzt bei Beiträgen für eine Direktversicherung voraus, dass

1. die Versicherung nicht auf den Erlebensfall eines früheren als des 60. Lebensjahrs des Arbeitnehmers abgeschlossen,
2. die Abtretung oder Beleihung eines dem Arbeitnehmer eingeräumten unwiderruflichen Bezugsrechts in dem Versicherungsvertrag ausgeschlossen und
3. eine vorzeitige Kündigung des Versicherungsvertrags durch den Arbeitnehmer ausgeschlossen

worden ist. [2]Der Versicherungsvertrag darf keine Regelung enthalten, nach der die Versicherungsleistung für den Erlebensfall vor Ablauf des 59. Lebensjahrs fällig werden könnte. [3]Lässt der Versicherungsvertrag z.B. die Möglichkeit zu, Gewinnanteile zur Abkürzung der Versicherungsdauer zu verwenden, so muss die Laufzeitverkürzung bis zur Vollendung des 59. Lebensjahrs begrenzt sein. [4]Der Ausschluss einer vorzeitigen Kündigung des Versicherungsvertrags ist anzunehmen, wenn in dem Versicherungsvertrag zwischen dem Arbeitgeber als Versicherungsnehmer und dem Versicherer folgende Vereinbarung getroffen worden ist:

> „Es wird unwiderruflich vereinbart, dass während der Dauer des Dienstverhältnisses eine Übertragung der Versicherungsnehmer-Eigenschaft und eine Abtretung von Rechten aus diesem Vertrag auf den versicherten Arbeitnehmer bis zu dem Zeitpunkt, in dem der versicherte Arbeitnehmer sein 59. Lebensjahr vollendet, insoweit ausgeschlossen ist, als die Beiträge vom Versicherungsnehmer (Arbeitgeber) entrichtet worden sind."

[5]Wird anlässlich der Beendigung des Dienstverhältnisses die Direktversicherung auf den ausscheidenden Arbeitnehmer übertragen, bleibt die Pauschalierung der Direktversicherungsbeiträge in der Vergangenheit hiervon unberührt. [6]Das gilt unabhängig davon, ob der Arbeitnehmer den Direktversicherungsvertrag auf einen neuen Arbeitgeber überträgt, selbst fortführt oder kündigt. [7]Es ist nicht Voraussetzung, dass die Zukunftssicherungsleistungen in einer größeren Zahl von Fällen erbracht werden.

Bemessungsgrundlage der pauschalen Lohnsteuer

(7) [1]Die pauschale Lohnsteuer bemisst sich grundsätzlich nach den tatsächlichen Leistungen, die der Arbeitgeber für den einzelnen Arbeitnehmer erbringt. [2]Bei einer Verrechnung des Tarifbeitrags mit Überschussanteilen stellt deshalb der ermäßigte Beitrag die Bemessungsgrundlage für die pauschale Lohnsteuer dar. [3]Wird für mehrere Arbeitnehmer gemeinsam eine pauschale Leistung erbracht, bei der der Teil, der auf den einzelnen Arbeitnehmer entfällt, nicht festgestellt werden kann, so ist dem einzelnen Arbeitnehmer der Teil der Leistung zuzurechnen, der sich bei einer Aufteilung der Leistung nach der Zahl der begünstigten Arbeitnehmer ergibt (→ § 2 Abs. 2 Nr. 3 Satz 3 LStDV). [4]Werden Leistungen des Arbeitgebers für die tarifvertragliche Zusatzversorgung der Arbeitnehmer mit einem Prozentsatz der Bruttolohnsumme des Betriebs erbracht, so ist die Arbeitgeberleistung Bemessungsgrundlage der pauschalen Lohnsteuer. [5]Für die Feststellung der Pauschalierungsgrenze (→ Absatz 8) bei zusätzlichen pauschal besteuerbaren Leistungen für einzelne Arbeitnehmer ist die Arbeitgeberleistung auf die Zahl der durch die tarifvertragliche Zusatzversorgung begünstigten Arbeitnehmer aufzuteilen. Sonderzahlungen an Pensionskassen (→ Absatz 4), die der Arbeitgeber zur Finanzierung der Versorgungsleistungen zusätzlich leistet, sind den Arbeitnehmern zuzurechnen, die zu dem Arbeitgeber in einem gegenwärtigen Dienstverhältnis stehen.

Pauschalierungsgrenze

(8) [1]Die Pauschalierungsgrenze von 1752 Euro nach § 40b Abs. 2 Satz 1 EStG i.d.F. am 31.12.2004 kann auch in den Fällen voll ausgeschöpft werden, in denen feststeht, dass dem Arbeitnehmer bereits aus einem vorangegangenen Dienstverhältnis im selben Kalenderjahr pauschal besteuerte Zukunftssicherungsleistungen zugeflossen sind. [2]Soweit pauschal-

besteuerbare Leistungen den Grenzbetrag von 1752 Euro überschreiten, müssen sie dem normalen Lohnsteuerabzug unterworfen werden.

Durchschnittsberechnung

(9) [1]Wenn mehrere Arbeitnehmer gemeinsam in einem Direktversicherungsvertrag oder in einer Pensionskasse versichert sind, so ist für die Feststellung der Pauschalierungsgrenze eine Durchschnittsberechnung anzustellen. [2]Ein gemeinsamer Direktversicherungsvertrag liegt außer bei einer Gruppenversicherung auch dann vor, wenn in einem Rahmenvertrag mit einem oder mehreren Versicherern sowohl die versicherten Personen als auch die versicherten Wagnisse bezeichnet werden und die Einzelheiten in Zusatzvereinbarungen geregelt sind. [3]Ein Rahmenvertrag, der z. B. nur den Beitragseinzug und die Beitragsabrechnung regelt, stellt keinen gemeinsamen Direktversicherungsvertrag dar. [4]Bei der Durchschnittsberechnung bleiben Beiträge des Arbeitgebers unberücksichtigt, die nach § 3 Nr. 63 EStG steuerfrei sind oder wegen der Ausübung des Wahlrechts nach § 3 Nr. 63 Satz 2 zweite Alternative EStG individuell besteuert werden. [5]Im Übrigen ist wie folgt zu verfahren:

1. [1]Sind in der Direktversicherung oder in der Pensionskasse Arbeitnehmer versichert, für die pauschal besteuerbare Leistungen von jeweils insgesamt mehr als 2148 Euro (§ 40b Abs. 2 Satz 2 EStG i. d. F. am 31.12.2004) jährlich erbracht werden, so scheiden die Leistungen für diese Arbeitnehmer aus der Durchschnittsberechnung aus. [2]Das gilt z. B. auch dann, wenn mehrere Direktversicherungsverträge bestehen und die Beitragsanteile für den einzelnen Arbeitnehmer insgesamt 2148 Euro übersteigen. [3]Die Erhebung der Lohnsteuer auf diese Leistungen richtet sich nach Absatz 8 Satz 2.
2. [1]Die Leistungen für die übrigen Arbeitnehmer sind zusammenzurechnen und durch die Zahl der Arbeitnehmer zu teilen, für die sie erbracht worden sind. [2]Bei einem konzernumfassenden gemeinsamen Direktversicherungsvertrag ist der Durchschnittsbetrag durch Aufteilung der Beitragszahlungen des Arbeitgebers auf die Zahl seiner begünstigten Arbeitnehmer festzustellen; es ist nicht zulässig, den Durchschnittsbetrag durch Aufteilung des Konzernbeitrags auf alle Arbeitnehmer des Konzerns zu ermitteln.
   a) [1]Übersteigt der so ermittelte Durchschnittsbetrag nicht 1752 Euro, so ist dieser für jeden Arbeitnehmer der Pauschalbesteuerung zugrunde zu legen. [2]Werden für den einzelnen Arbeitnehmer noch weitere pauschal besteuerbare Leistungen erbracht, so dürfen aber insgesamt nur 1752 Euro pauschal besteuert werden; im Übrigen gilt Absatz 8 Satz 2.
   b) [1]Übersteigt der Durchschnittsbetrag 1752 Euro, so kommt er als Bemessungsgrundlage für die Pauschalbesteuerung nicht in Betracht. [2]Der Pauschalbesteuerung sind die tatsächlichen Leistungen zugrunde zu legen, soweit sie für den einzelnen Arbeitnehmer 1752 Euro nicht übersteigen; im Übrigen gilt Absatz 8 Satz 2.
3. [1]Ist ein Arbeitnehmer
   a) in mehreren Direktversicherungsverträgen gemeinsam mit anderen Arbeitnehmern,
   b) in mehreren Pensionskassen oder
   c) in Direktversicherungsverträgen gemeinsam mit anderen Arbeitnehmern und in Pensionskassen

   versichert, so ist jeweils der Durchschnittsbetrag aus der Summe der Beiträge für mehrere Direktversicherungen, aus der Summe der Zuwendungen an mehrere Pensionskassen oder aus der Summe der Beiträge zu Direktversicherungen und der Zuwendungen an Pensionskassen zu ermitteln. [2]In diese gemeinsame Durchschnittsbildung dürfen jedoch solche Verträge nicht einbezogen werden, bei denen wegen der 2148 Euro-Grenze (→ Nummer 1) nur noch ein Arbeitnehmer übrig bleibt; in diesen Fällen liegt eine gemeinsame Versicherung, die in die Durchschnittsberechnung einzubeziehen ist, nicht vor.

(10) Werden die pauschal besteuerbaren Leistungen nicht in einem Jahresbetrag erbracht, gilt Folgendes:

1. Die Einbeziehung der auf den einzelnen Arbeitnehmer entfallenden Leistungen in die Durchschnittsberechnung nach § 40b Abs. 2 Satz 2 EStG entfällt von dem Zeitpunkt an, in dem sich ergibt, dass die Leistungen für diesen Arbeitnehmer voraussichtlich insgesamt 2148 Euro im Kalenderjahr übersteigen werden.
2. Die Lohnsteuerpauschalierung auf der Grundlage des Durchschnittsbetrags entfällt von dem Zeitpunkt an, in dem sich ergibt, dass der Durchschnittsbetrag voraussichtlich 1752 Euro im Kalenderjahr übersteigen wird.
3. [1]Die Pauschalierungsgrenze von 1752 Euro ist jeweils insoweit zu vermindern, als sie bei der Pauschalbesteuerung von früheren Leistungen im selben Kalenderjahr bereits ausgeschöpft worden ist. [2]Werden die Leistungen laufend erbracht, so darf die Pauschalierungsgrenze mit dem auf den jeweiligen Lohnzahlungszeitraum entfallenden Anteil berücksichtigt werden.

Vervielfältigungsregelung

(11) [1]Die Vervielfältigung der Pauschalierungsgrenze nach § 40b Abs. 2 Satz 3 EStG steht in Zusammenhang mit der Beendigung des Dienstverhältnisses; ein solcher Zusammenhang ist insbesondere dann zu vermuten, wenn der Direktversicherungsbeitrag innerhalb von 3 Monaten vor dem Auflösungszeitpunkt geleistet wird. [2]Die Vervielfältigungsregelung gilt auch bei der Umwandlung von Arbeitslohn (→ Absatz 5); nach Auflösung des Dienstverhältnisses kann sie ohne zeitliche Beschränkung angewendet werden, wenn die Umwandlung spätestens bis zum Zeitpunkt der Auflösung des Dienstverhältnisses vereinbart wird. [3]Die Gründe, aus denen das Dienstverhältnis beendet wird, sind für die Vervielfältigung der Pauschalierungsgrenze unerheblich. [4]Die Vervielfältigungsregelung kann daher auch in den Fällen angewendet werden, in denen ein Arbeitnehmer wegen Erreichens der Altersgrenze aus dem Dienstverhältnis ausscheidet. [5]Auf die vervielfältigte Pauschalierungsgrenze sind die für den einzelnen Arbeitnehmer in dem Kalenderjahr, in dem das Dienstverhältnis beendet wird, und in den sechs vorangegangenen Kalenderjahren tatsächlich entrichteten Beiträge und Zuwendungen anzurechnen, die nach § 40b Abs. 1 EStG pauschal besteuert wurden. [6]Dazu gehören auch die 1752 Euro übersteigenden personenbezogenen Beiträge, wenn sie nach § 40b Abs. 2 Satz 2 EStG in die Bemessungsgrundlage für die Pauschsteuer einbezogen worden sind. [7]Ist bei Pauschalzuweisungen ein personenbezogener Beitrag nicht feststellbar, ist als tatsächlicher Beitrag für den einzelnen Arbeitnehmer der Durchschnittsbetrag aus der Pauschalzuweisung anzunehmen.

Rückzahlung pauschal besteuerbarer Leistungen

(12) (*unbesetzt*)

(13) [1]Eine Arbeitslohnrückzahlung (negative Einnahme) ist anzunehmen, wenn der Arbeitnehmer sein Bezugsrecht aus einer Direktversicherung (z. B. bei vorzeitigem Ausscheiden aus dem Dienstverhältnis) ganz oder teilweise ersatzlos verliert und das Versicherungsunternehmen als Arbeitslohn versteuerte Beiträge an den Arbeitgeber zurückzahlt. [4]Zahlungen des Arbeitnehmers zum Wiedererwerb des verlorenen Bezugsrechts sind der Vermögenssphäre zuzurechnen; sie stellen keine Arbeitslohnrückzahlung dar.

(14) [1]Sind nach Absatz 13 Arbeitslohnrückzahlungen aus pauschal versteuerten Beitragsleistungen anzunehmen, mindern sie die gleichzeitig (im selben Kalenderjahr) anfallenden pauschal besteuerbaren Beitragsleistungen des Arbeitgebers. [2]Übersteigen in einem Kalenderjahr die Arbeitslohnrückzahlungen betragsmäßig die Beitragsleistungen des Arbeitgebers, ist eine Minderung der Beitragsleistungen im selben Kalenderjahr nur bis auf Null möglich. [3]Eine Minderung von Beitragsleistungen des Arbeitgebers aus den Vor-

jahren ist nicht möglich. [4]Der Arbeitnehmer kann negative Einnahmen aus pauschalversteuerten Beitragsleistungen nicht geltend machen.

(15) [1]Wenn Arbeitslohnrückzahlungen nach Absatz 13 aus teilweise individuell und teilweise pauschal versteuerten Beitragsleistungen herrühren, ist der Betrag entsprechend aufzuteilen. [2]Dabei kann aus Vereinfachungsgründen das Verhältnis zugrunde gelegt werden, das sich nach den Beitragsleistungen in den vorangegangenen fünf Kalenderjahren ergibt. [3]Maßgebend sind die tatsächlichen Beitragsleistungen; § 40b Abs. 2 Satz 2 EStG ist nicht anzuwenden. [4]Die lohnsteuerliche Berücksichtigung der dem Arbeitnehmer zuzurechnenden Arbeitslohnzahlung richtet sich nach folgenden Grundsätzen:

1. Besteht im Zeitpunkt der Arbeitslohnrückzahlung noch das Dienstverhältnis zu dem Arbeitgeber, der die Versicherungsbeiträge geleistet hat, so kann der Arbeitgeber die Arbeitslohnrückzahlung mit dem Arbeitslohn des Kalenderjahres der Rückzahlung verrechnen und den so verminderten Arbeitslohn der Lohnsteuer unterwerfen.
2. [1]Soweit der Arbeitgeber von der vorstehenden Möglichkeit nicht Gebrauch macht oder machen kann, kann der Arbeitnehmer die Arbeitslohnrückzahlung wie Werbungskosten – ohne Anrechnung des maßgebenden Pauschbetrags für Werbungskosten nach § 9a Satz 1 Nr. 1 EStG – als Freibetrag (→ § 39a EStG) eintragen lassen oder bei der Veranlagung zur Einkommensteuer geltend machen. [2]Erzielt der Arbeitnehmer durch die Arbeitslohnrückzahlung bei seinen Einkünften aus nichtselbständiger Arbeit einen Verlust, so kann er diesen mit Einkünften aus anderen Einkunftsarten ausgleichen oder unter den Voraussetzungen des § 10d EStG den Verlustabzug beanspruchen.

(16) Die Absätze 13 bis 15 gelten für Zuwendungen an Pensionskassen sinngemäß.

20a. Berücksichtigung von Renten aus der gesetzlichen Rentenversicherung bei der bilanzsteuerrechtlichen Bewertung von Pensionsverpflichtungen und bei der Ermittlung der als Betriebsausgaben abzugsfähigen Zuwendungen an Unterstützungskassen (sog. Näherungsverfahren)

BMF-Schreiben vom 16. Dezember 2005 – IV B 2 – S 2176 – 105/05

Unter Bezugnahme auf das Ergebnis der Erörterung mit den obersten Finanzbehörden der Länder gilt für die Berücksichtigung von Renten aus der gesetzlichen Rentenversicherung bei der Berechnung von Pensionsrückstellungen nach § 6a EStG und der Ermittlung der als Betriebsausgaben abzugsfähigen Zuwendungen an Unterstützungskassen nach § 4d EStG Folgendes:

I. Pensionsrückstellungen

1 Pensionszusagen sehen häufig eine volle oder teilweise Anrechnung von Renten aus der gesetzlichen Rentenversicherung auf die betrieblichen Renten oder eine Begrenzung der Gesamtversorgung aus betrieblichen Renten und Renten aus der gesetzlichen Rentenversicherung vor. Die Pensionsrückstellungen dürfen in diesen Fällen nur auf der Grundlage der von den Unternehmen nach Berücksichtigung der Renten aus der gesetzlichen Rentenversicherung und der Begrenzung der Gesamtversorgung tatsächlich noch zu zahlenden Beträge berechnet werden. Die genaue Berücksichtigung der Renten aus der gesetzlichen Rentenversicherung bereitet in der Praxis erhebliche Schwierigkeiten, da

sich bei der geltenden Rentenformel die künftig zu erwartende Rente aus der gesetzlichen Rentenversicherung eines noch aktiven Arbeitnehmers nur schwer errechnen lässt. Aus diesem Grund war bisher ein Näherungsverfahren zur Anrechnung der Renten aus der gesetzlichen Rentenversicherung bei der Berechnung der Pensionsrückstellungen nach § 6a EStG zugelassen, vgl. gleichlautende Erlasse der obersten Finanzbehörden der Länder vom 4. Oktober 1968 (BStBl. I S. 1145) und BMF-Schreiben vom 27. November 1970 (BStBl. I S. 1072), 18. Juni 1973 (BStBl. I S. 529), 28. Juli 1975 (BStBl. I S. 767), 3. Mai 1979 (BStBl. I S. 273), 22. Januar 1981 (BStBl. I S. 41), 23. April 1985 (BStBl. I S. 185), 10. Dezember 1990 (BStBl. I S. 868), 31. Oktober 1996 (BStBl. I S. 1195), 30. Dezember 1997 (BStBl. I S. 1024), 8. Februar 1999 (BStBl. I S. 212), 17. Juli 2000 (BStBl. I S. 1197), 5. Oktober 2001 (BStBl. I S. 661), 10. Januar 2003 (BStBl. I S. 76) und 16. August 2004 (BStBl. I S. 849). Die Änderungen des Rechtes der gesetzlichen Rentenversicherung durch das Gesetz zur Sicherung der nachhaltigen Finanzierungsgrundlagen der gesetzlichen Rentenversicherung vom 21.7.2004 (BGBl. 2004 I S. 1791 ff.) erfordern eine Anpassung des bisher zugelassenen Näherungsverfahrens.

Es bestehen keine Bedenken, wenn das folgende Verfahren angewandt wird:

1. Näherungsformel

2 Die im Alter x maßgebende Monatsrente eines Arbeitnehmers aus der allgemeinen Rentenversicherung wird bei der Berechnung der Pensionsrückstellung nach der Formel

$R_X = \quad EP_X \cdot AR \cdot ZF_X$

ermittelt. Dabei bedeuten:

EP_X = die im Alter x maßgebenden Entgeltpunkte (vgl. Randnummer 3),
AR = der am Bilanzstichtag maßgebende aktuelle Rentenwert (§ 68 SGB VI),
ZF_X = der im Alter x maßgebende Zugangsfaktor (vgl. Randnummer 12).

2. Maßgebende Entgeltpunkte

3 Bezeichnet t_0 das Alter des Arbeitnehmers am Bilanzstichtag und x_0 sein maßgebliches fiktives Versicherungsbeginnalter (vgl. Randnummer 4), werden für die bis zum Alter x ($x \geq x_0$) aufgelaufenen Entgeltpunkte EP_X folgende Näherungen getrennt für die Vergangenheit und die Zukunft herangezogen.

Für die in der Vergangenheit bis zum Alter t0 (höchstens das Prognosealter x) erworbenen Entgeltpunkte V_{t_0}, x gilt mit t: = min (t_0; x) die Schätzung:

$$V_{t0}, x = max\ \{t - x_0; 0\} \cdot (0{,}0831 + 0{,}7748 \cdot \frac{min\ \{0{,}9 \cdot BBG; G\}}{GD} \cdot B_t)$$

Für die Zukunft ab Alter t_0 bis zum Prognosealter x wird der Erwerb weiterer Entgeltpunkte i. H. von $Z_{t_0, x}$ unterstellt. Hierfür gilt:

$$Z_{t_0, x} = max\ \{x - t_0; 0\} \cdot \frac{min\ \{G; BBG\}}{GD}$$

Als Näherung für die im Alter x maßgebenden Entgeltpunkte gilt dann unter Berücksichtigung von Zurechnungszeiten (vgl. Randnummeer 4):

$$EP_x = (V_{t_0, x} + Z_{t_0, x}) \times (1 + \frac{max\ \{60 - x; 0\}}{x - 17})$$

Zur Berücksichtigung der allgemeinen Wartezeit von fünf Jahren (§ 50 SGB VI) ist zusätzlich zu setzen:

$EP_X = 0$ für $x < x_0 + 5$

In den Formeln bedeuten:

G = die für den Arbeitnehmer am Bilanzstichtag maßgebenden Bezüge (vgl. Randnummer 9 bis 11),

GD = das am Bilanzstichtag maßgebende vorläufige Durchschnittsentgelt im Sinne von § 69 Abs. 2 Nr. 2 SGB VI,

BBG = die am Bilanzstichtag maßgebende Beitragsbemessungsgrenze in der allgemeinen Rentenversicherung (§ 159 SGB VI) und

B_t = den BBG-Faktor (vgl. Randnummer 13).

3. Maßgebendes Versicherungsbeginnalter

4 Als Versicherungsjahr zählt bei einem in der gesetzlichen Rentenversicherung versicherten Arbeitnehmer jedes Lebensjahr nach Vollendung des fiktiven Versicherungsbeginnalters x_0. Dabei ergibt sich x_0 in Abhängigkeit vom Verhältnis G/GD der maßgebenden Bezüge zum Durchschnittsentgelt am Bilanzstichtag aus folgender Tabelle:

G/GD	x_0
bis 0,4	18
über 0,4 bis 0,7	19
über 0,7 bis 1,1	20
über 1,1 bis 1,3	21
über 1,3 bis 1,5	22
über 1,5 bis 1,7	23
über 1,7	24

Für Versicherungsfälle im Altersbereich unter 60 Jahren ist die Zurechnungszeit (§ 59 SGB VI) einzubeziehen. Als Zurechnungszeit gilt die Zeit vom Eintritt des Versicherungsfalles bis zur Vollendung des 60. Lebensjahres. Sind nach den gleichlautenden Ländererlassen vom 4. Oktober 1968 (hier: Abs. 2, Abschnitt A Nr. 2 bis 4) versicherungsfreie Jahre festgestellt worden, vermindern sich die Versicherungsjahre ab Alter x_0 um die Zahl der versicherungsfreien Jahre.

5 Wird ein Arbeitsverhältnis gegenüber einem Arbeitnehmer neu begründet, dessen maßgebende Bezüge zu diesem Zeitpunkt die Beitragsbemessungsgrenze übersteigen, gelten die Kalenderjahre ab 1963, höchstens jedoch die nach dem Alter x_0 zurückgelegten Lebensjahre als Versicherungsjahre. Im Fall der Übernahme einer Pensionsverpflichtung durch den neuen Arbeitgeber sind statt dessen die bisher zulässigerweise berücksichtigten versicherungsfreien Jahre anzusetzen. Die Zurechnungszeit ist entsprechend den Bestimmungen in Randnummer 4 zu berücksichtigen.

6 Ist ein Angestellter auch nach dem 1. Januar 1968 von der Versicherungspflicht in der gesetzlichen Rentenversicherung befreit, sind die Kalenderjahre, in denen nach dem 1. Januar 1968 Versicherungsfreiheit bestand, nicht als Versicherungsjahre zu berücksichtigen. Besteht Versicherungsfreiheit am Bewertungsstichtag, ist davon auszugehen, dass die Versicherungsfreiheit bis zum Ende des Beschäftigungsverhältnisses andauert.

7 Hat ein Arbeitnehmer in nicht versicherungspflichtigen Zeiten Ansprüche aufgrund freiwilliger Beitragszahlungen zur gesetzlichen Rentenversicherung erworben, die bei Bemessung der betrieblichen Rente berücksichtigt werden, gelten diese Zeiten nicht als versicherungsfreie Jahre.

8 Ist in der Pensionszusage anstelle der Anrechnung der Rente aus der gesetzlichen Rentenversicherung die Anrechnung einer befreienden Lebensversicherung vorgesehen, ist es nicht zu beanstanden, wenn – unabhängig von der Art der Anrechnung für die Lebensversicherung – die Zeiten der Beitragszahlung zur Lebensversicherung als Versicherungsjahre berücksichtigt werden.

4. Maßgebende Bezüge

9 Als maßgebende Bezüge gelten die für die Beitragsbemessung in der gesetzlichen Rentenversicherung maßgebenden Bruttobezüge. Dabei sind einmalige Zahlungen (wie z.B. zusätzliche Urlaubsvergütungen, Weihnachtsgratifikationen, Ergebnisbeteiligungen, Tantiemen o.ä.) nur insoweit einzubeziehen, als sie nach den sozialversicherungsrechtlichen Bestimmungen zu Rentenleistungen führen.

10 Die maßgebenden Bezüge und die Beitragsbemessungsgrenze in der allgemeinen Rentenversicherung (vgl. § 159 SGB VI) sind nach den Verhältnissen des Bilanzstichtages zu ermitteln. Dabei sind die das Stichtagsprinzip betreffenden Regelungen von R 41 Abs. 17 EStR 2003 zu beachten.

11 Die maßgebenden Bezüge sind für jede einzelne Verpflichtung nach Maßgabe der Randnummer 9 und 10 zu berücksichtigen. Es ist nicht zu beanstanden, wenn die maßgebenden Bezüge oder einzelne Bestandteile davon (z.B. Überstundenvergütungen, einmalige Zahlungen), die nur unter Schwierigkeiten ermittelt werden können, für Gruppen pensionsberechtigter Arbeitnehmer eines Betriebes, deren Beschäftigungs- und Vergütungsmerkmale sich annähernd entsprechen, mit einem einheitlichen Vervielfältiger aus den feststehenden pensionsfähigen Bezügen oder den feststehenden Grundbezügen näherungsweise ermittelt werden. Zur Vermeidung von Schwankungen bei der Rückstellungsbildung ist am Bilanzstichtag jeweils das arithmetische Mittel aus den zum Bilanzstichtag und zu den vier vorhergehenden Bilanzstichtagen (soweit ermittelt) gültigen Vervielfältigern anzuwenden. In gleicher Weise kann bei der Berechnung von Bezügen verfahren werden, die für die Limitierung der betrieblichen Renten und der Renten aus der gesetzlichen Rentenversicherung maßgeblich sein sollen.

5. Zugangsfaktoren

12 Beim Bezug von Renten aus der gesetzlichen Rentenversicherung sind nach § 63 Abs. 5 i.V.m. § 11 SGB VI folgende Zugangsfaktoren zu berücksichtigen:

- Bei Renten wegen Alters, die mit Vollendung des 65. Lebensjahres oder eines für den Versicherten maßgebenden niedrigeren Rentenalters beginnen, beträgt der Zugangsfaktor 1,0. Er vermindert sich für jeden Monat der vorzeitigen Inanspruchnahme um 0,3 v. H. und erhöht sich für jeden Monat der über die Vollendung des 65. Lebensjahres hinausgeschobenen Inanspruchnahme um 0,5 v. H.
- Bei Renten wegen verminderter Erwerbsfähigkeit oder wegen Todes ist der Zugangsfaktor für jeden Monat, für den der Versicherungsfall vor der Vollendung des 63. Lebensjahres des Arbeitnehmers (Versicherten) eingetreten ist, um 0,3 v. H., höchstens um 10,8 v. H. niedriger als 1,0.
- Hat der Steuerpflichtige vom zweiten Wahlrecht gemäß R 41 Abs. 12 EStR 2003 Gebrauch gemacht, ergibt sich:
  a) Für nicht schwer behinderte männliche Arbeitnehmer gelten die folgenden Pensionsalter und Zugangsfaktoren:

Geburtsjahrgang	Pensionsalter	Kürzung der Altersrente	Zugangsfaktor
bis 1948	63	7,20 v. H.	0,928
ab 1949	62	10,80 v. H.	0,892

b) Abweichend hiervon gelten für nicht schwer behinderte männliche Arbeitnehmer, die nach Vollendung des 55. Lebensjahres in Altersteilzeit im Sinne von § 237 SGB VI gegangen sind oder deren Arbeitsverhältnis nach Vollendung des 55. Lebensjahres geendet hat, die folgenden Pensionsalter und Zugangsfaktoren:

Geburtsjahr	Pensionsalter	Kürzung der Altersrente	Zugangsfaktor
1945 bis Juni 1946	60	18,0 v. H.	0,820
Juli 1946 bis Juni 1947	61	14,4 v. H.	0,856
Juli 1947 bis Juni 1948	62	10,8 v. H.	0,892

Steht bei einem männlichen Arbeitnehmer mit einem Geburtsdatum vor dem 1. Juli 1948, der nach Vollendung des 55. Lebensjahres in Altersteilzeit im Sinne von § 237 SGB VI gegangen ist oder dessen Arbeitsverhältnis nach Vollendung des 55. Lebensjahres geendet hat, aufgrund seines erreichten Alters oder nach den vertraglichen Vereinbarungen im Ausscheidezeitpunkt bzw. bei Übergang in die Altersteilzeit fest, dass er im frühestens möglichen Zeitpunkt nicht die Voraussetzungen für den Bezug der vorzeitigen Altersrente wegen Arbeitslosigkeit (1 Jahr Arbeitslosigkeit) oder nach Altersteilzeitarbeit (2 Jahre Altersteilzeitarbeit) erfüllen kann, erhöht sich das jeweilige Pensionsalter und damit der Zugangsfaktor (maximal 1) entsprechend.

c) Für nicht schwer behinderte weibliche Arbeitnehmer gelten die folgenden Pensionsalter und Zugangsfaktoren:

Geburtsjahrgang	Pensionsalter	Kürzung der Altersrente	Zugangsfaktor
bis 1951	60	18 v. H.	0,820
ab 1952	62	10,8 v. H.	0,892

d) Für schwer behinderte Arbeitnehmerinnen und Arbeitnehmer gilt das Pensionsalter 60 mit dem Zugangsfaktor 0,892.

e) Für Renten wegen verminderter Erwerbsfähigkeit oder wegen Todes ergeben sich die folgenden, vom Alter des Versicherten im Zeitpunkt des Versicherungsfalls abhängigen Zugangsfaktoren:

Alter im Versicherungsfall	Kürzung der Rente	Zugangsfaktor
63 Jahre und älter	0,0 v. H.	1,000
62 Jahre	1,8 v. H.	0,982
61 Jahre	5,4 v. H.	0,946
60 Jahre	9,0 v. H.	0,910
59 Jahre und jünger	10,8 v. H.	0,892

6. BBG-Faktor

13 Der BBG-Faktor B_t berücksichtigt die außerordentliche Erhöhung der Beitragsbemessungsgrenze im Jahr 2003 (§ 275c SGB VI). Für B_t gilt unter Beibehaltung der Bezeichnungen aus Randnummer 3:

Falls G oberhalb 90 v. H. der BBG und $t > x_0$:

$$B_t = 1 + \frac{min\ \{G; BBG\} - 0{,}9 \cdot BBG}{0{,}9 \cdot BBG} \cdot \frac{max\ \{t - max\ x_0;\ t_{2003};\ 0\}}{t - x_0}$$

Sonst:

$B_t = 1$

wobei t_{2003} das versicherungstechnische Alter am 1. Januar 2003 bezeichnet.

7. Grundsatz der Einzelbewertung

14 Die Rente aus der gesetzlichen Rentenversicherung ist bei jeder einzelnen Verpflichtung nach Maßgabe der Randnummern 2 bis 13 zu berücksichtigen.

8. Knappschaftsrenten

15 Die Bestimmungen der Randnummern 2 bis 14 sind sinngemäß anzuwenden, wenn Renten aus der knappschaftlichen Rentenversicherung bei der Ermittlung der Pensionsrückstellungen berücksichtigt werden müssen. In diesen Fällen sind die im Alter x maßgebenden Entgeltpunkte mit dem Faktor 4/3 zu multiplizieren; es ist die Beitragsbemessungsgrenze der knappschaftlichen Rentenversicherung zugrunde zu legen. Bei den sog. Wanderversicherungen (Versicherungszeiten sowohl in der knappschaftlichen Rentenversicherung als auch in der allgemeinen Rentenversicherung) sind die auf die verschiedenen Versicherungszweige entfallenden Versicherungsjahre getrennt zu bewerten; für künftige Versicherungsjahre sind die am Bilanzstichtag vorliegenden Verhältnisse zu unterstellen. Versicherungsfreie Jahre von Angestellten müssen im Einzelfall nachgewiesen und entsprechend berücksichtigt werden. Sonderregelungen für die Ermittlung von Rentenansprüchen nach der Leistungsordnung des Bochumer Verbandes bleiben unberührt.

16 In besonders gelagerten Fällen, in denen das Verfahren nach den Randnummern 2 bis 15 zu unzutreffenden Ergebnissen führt, kann ein anderes, diesen besonderen Verhältnissen angepasstes Verfahren

1. vom Steuerpflichtigen angewendet werden oder
2. vom Finanzamt für künftige Berechnungen verlangt werden.

17 Das Näherungsverfahren zur Berechnung von Renten aus der gesetzlichen Rentenversicherung ist nur bei Pensionsanwartschaften zulässig. Bei bereits laufenden Pensionen ist stets von den tatsächlich bezahlten Beträgen der betrieblichen Renten auszugehen.

II. Zuwendungen an Unterstützungskassen

18 Das Näherungsverfahren zur Berechnung von Renten aus der gesetzlichen Rentenversicherung gilt sinngemäß auch bei der Ermittlung der als Betriebsausgaben abzugsfähigen Zuwendungen an Unterstützungskassen.

III. Zeitliche Anwendung

19 Für aktive Anwärter können die Regelungen dieses BMF-Schreibens erstmals zum Ende des Wirtschaftsjahres angewendet werden, das nach dem 22. Juli 2004 (Tag nach Verkündung des RV-Nachhaltigkeitsgesetzes) endet. Sie sind spätestens in dem ersten Wirtschaftsjahr anzuwenden, das nach dem 29. Juni 2006 endet. Das BMF-Schreiben vom 5. Oktober 2001 (a.a.O.) in seiner Fassung vom 16. August 2004 (a.a.O.) darf letztmals zum Ende des letzten vor dem 30. Juni 2006 endenden Wirtschaftsjahres angewendet werden. Der Übergang hat einheitlich für alle Pensionsverpflichtungen des Unternehmens zu erfolgen.

20 Für ausgeschiedene Anwärter ist stets das im Zeitpunkt des Ausscheidens neueste Näherungsverfahren auch für künftige Bilanzstichtage zu verwenden. Bei ausgeübtem zweiten Wahlrecht gemäß R 41 Abs. 12 EStR 2003 ist es jedoch wegen § 6 Betriebsrentengesetz (BetrAVG) stets auf die aktuellen Zeitpunkte der frühestmöglichen Inanspruchnahme der vorzeitigen Altersrente aus der gesetzlichen Rentenversicherung abzustellen; vgl. Randnummer 12.

Anlage 1

Beispiel 1:

Ermittlung des EP_x-Vektors für ein Gehalt bis zu 90 % der BBG

Bilanzstichtag:	30.9.2005
Beitragsbemessungsgrenze in der allgemeinen Rentenversicherung für 2005 BBG:	62.400 €
Gehalt G (= 80 % BBG):	49.920 €
Vorläufiges Durchschnittsentgelt aller Versicherten für 2005 GD:	29.569 €
Versicherungsbeginnalter x_0:	23
Bilanzalter t_0:	40
Alter am 1.1.2003 t_{2003}:	37

	Maßgebende Entgeltpunkte			
Alter x	BBG-Faktor B_t	Vergangenheit $V_{t0,x}$	Zukunft $Z_{t0,x}$	incl. Zurechnungs- und Wartezeit EP_x
20	1,0000	0,00	0,00	0,00
21	1,0000	0,00	0,00	0,00
22	1,0000	0,00	0,00	0,00
23	1,0000	0,00	0,00	0,00
24	1,0000	1,39	0,00	0,00
25	1,0000	2,78	0,00	0,00

	Maßgebende Entgeltpunkte			
Alter x	BBG-Faktor B_t	Vergangenheit $V_{t0,x}$	Zukunft $Z_{t0,x}$	incl. Zurechnungs- und Wartezeit EP_x
26	1,0000	4,17	0,00	0,00
27	1,0000	5,56	0,00	0,00
28	1,0000	6,96	0,00	27,19
29	1,0000	8,35	0,00	29,91
30	1,0000	9,74	0,00	32,21
31	1,0000	11,13	0,00	34,18
32	1,0000	12,52	0,00	35,89
33	1,0000	13,91	0,00	37,39
34	1,0000	15,30	0,00	38,71
35	1,0000	16,69	0,00	39,88
36	1,0000	18,09	0,00	40,93
37	1,0000	19,48	0,00	41,87
38	1,0000	20,87	0,00	42,73
39	1,0000	22,26	0,00	43,51
40	1,0000	23,65	0,00	44,21
41	1,0000	23,65	1,69	45,40
42	1,0000	23,65	3,38	46,49
43	1,0000	23,65	5,06	47,49
44	1,0000	23,65	6,75	48,42
45	1,0000	23,65	8,44	49,28
46	1,0000	23,65	10,13	50,09
47	1,0000	23,65	11,82	50,84
48	1,0000	23,65	13,51	51,54
49	1,0000	23,65	15,19	52,20
50	1,0000	23,65	16,88	52,81
51	1,0000	23,65	18,57	53,40
52	1,0000	23,65	20,26	53,95
53	1,0000	23,65	21,95	54,46
54	1,0000	23,65	23,64	54,95
55	1,0000	23,65	25,32	55,42
56	1,0000	23,65	27,01	55,86
57	1,0000	23,65	28,70	56,28
58	1,0000	23,65	30,39	56,67
59	1,0000	23,65	32,08	57,05
60	1,0000	23,65	33,77	57,41
61	1,0000	23,65	35,45	59,10
62	1,0000	23,65	37,14	60,79
63	1,0000	23,65	38,83	62,48
64	1,0000	23,65	40,52	64,17
65	1,0000	23,65	42,21	65,86

Anlage 2

Beispiel 2:

Bilanzstichtag:	30.9.2005
Beitragsbemessungsgrenze in der allgemeinen Rentenversicherung für 2005 BBG:	62.400 €
Gehalt G (= 95 % BBG):	59.280 €
Vorläufiges Durchschnittsentgelt aller Versicherten für 2005 GD:	29.569 €
Versicherungsbeginnalter x_0:	24
Bilanzalter t_0:	40
Alter am 1.1.2003 t_{2003}:	37

Ermittlung des EP_x-Vektors für ein Gehalt oberhalb von 90 % der BBG

	Maßgebende Entgeltpunkte			
Alter x	BBG-Faktor B_t	Vergangenheit $V_{t0,x}$	Zukunft $Z_{t0,x}$	incl. Zurechnungs- und Wartezeit EP_x
20	1,0000	0,00	0,00	0,00
21	1,0000	0,00	0,00	0,00
22	1,0000	0,00	0,00	0,00
23	1,0000	0,00	0,00	0,00
24	1,0000	0,00	0,00	0,00
25	1,0000	1,55	0,00	0,00
26	1,0000	3,11	0,00	0,00
27	1,0000	4,66	0,00	0,00
28	1,0000	6,22	0,00	0,00
29	1,0000	7,77	0,00	27,85
30	1,0000	9,33	0,00	30,85
31	1,0000	10,88	0,00	33,43
32	1,0000	12,44	0,00	35,65
33	1,0000	13,99	0,00	37,60
34	1,0000	15,55	0,00	39,32
35	1,0000	17,10	0,00	40,85
36	1,0000	18,66	0,00	42,22
37	1,0000	20,21	0,00	43,45
38	1,0040	21,85	0,00	44,74
39	1,0074	23,49	0,00	45,92
40	1,0104	25,13	0,00	46,99
41	1,0104	25,13	2,00	48,62
42	1,0104	25,13	4,01	50,13
43	1,0104	25,13	6,01	51,51
44	1,0104	25,13	8,02	52,80
45	1,0104	25,13	10,02	53,99
46	1,0104	25,13	12,03	55,10
47	1,0104	25,13	14,03	56,14
48	1,0104	25,13	16,04	57,11

	Maßgebende Entgeltpunkte			
Alter x	BBG-Faktor B_t	Vergangenheit $V_{t0,x}$	Zukunft $Z_{t0,x}$	incl. Zurechnungs- und Wartezeit EP_x
49	1,0104	25,13	18,04	58,02
50	1,0104	25,13	20,05	58,87
51	1,0104	25,13	22,05	59,68
52	1,0104	25,13	24,06	60,44
53	1,0104	25,13	26,06	61,15
54	1,0104	25,13	28,07	61,83
55	1,0104	25,13	30,07	62,47
56	1,0104	25,13	32,08	63,08
57	1,0104	25,13	34,08	63,66
58	1,0104	25,13	36,09	64,21
59	1,0104	25,13	38,09	64,73
60	1,0104	25,13	40,10	65,23
61	1,0104	25,13	42,10	67,23
62	1,0104	25,13	44,11	69,24
63	1,0104	25,13	46,11	71,24
64	1,0104	25,13	48,12	73,25
65	1,0104	25,13	50,12	75,25

20b. Betriebliche Altersversorgung; Berücksichtigung von Renten aus der gesetzlichen Rentenversicherung bei der bilanziellen Bewertung von Pensionsverpflichtungen und bei der Ermittlung der als Betriebsausgaben abzugsfähigen Zuwendungen an Unterstützungskassen (sog. Näherungsverfahren)

BMF-Schreiben vom 5. Mai 2008 – IV B 2 – S 2176/07/0003

Das sog. Näherungsverfahren zur Berücksichtigung von Renten aus der gesetzlichen Rentenversicherung bei der Bewertung von Pensionsverpflichtungen und bei der Ermittlung der als Betriebsausgaben abzugsfähigen Zuwendungen an Unterstützungskassen wurde zuletzt im BMF-Schreiben vom 15. März 2007 (BStBl I 2007 S. 290) dargestellt. Nach dem Ergebnis der Erörterung mit den obersten Finanzbehörden der Länder wird dieses Schreiben wie folgt geändert:

1. Beim Bezug von Renten aus der gesetzlichen Rentenversicherung zu berücksichtigende Zugangsfaktoren

Das Gesetz zur Anpassung der Regelaltersgrenze an die demografische Entwicklung und zur Stärkung der Finanzierungsgrundlagen der gesetzlichen Rentenversicherung (RV-Altersgrenzenanpassungsgesetz) vom 20. April 2007 (BGBl. I S. 554) wirkt sich auf die beim Bezug von Renten der gesetzlichen Rentenversicherung zu berücksichtigenden Zugangsfaktoren aus.

Randnummer 12 wird wie folgt gefasst (die Ergänzungen und Änderungen sind *kursiv* dargestellt):

„5. Zugangsfaktoren

Beim Bezug von Renten aus der gesetzlichen Rentenversicherung sind nach § 63 Abs. 5 i.V.m. § 77 SGB VI folgende Zugangsfaktoren zu berücksichtigen:

- Bei Renten wegen Alters, die mit *Ablauf des Kalendermonats des Erreichens der Regelaltersgrenze* oder eines für den Versicherten maßgebenden niedrigeren Rentenalters beginnen, beträgt der Zugangsfaktor 1,0. Er vermindert sich für jeden Monat der vorzeitigen Inanspruchnahme um 0,3 % und erhöht sich für jeden Monat der über die *Regelaltersgrenze* hinausgeschobenen Inanspruchnahme um 0,5 %. *Vor Berechnung der Zugangsfaktoren ist sowohl die Regelaltersgrenze als auch das gewählte Finanzierungsendalter auf volle Jahre zu runden.*
- Bei Renten wegen verminderter Erwerbsfähigkeit oder wegen Todes ist der Zugangsfaktor für jeden Monat, für den der Versicherungsfall vor der Vollendung des 65. Lebensjahres des Arbeitnehmers (Versicherten) eingetreten ist, um 0,3 %, höchstens um 10,8 % niedriger als 1,0.
- Hat der Steuerpflichtige vom zweiten Wahlrecht gemäß R 6a Abs. 11 EStR 2005 Gebrauch gemacht, ergeben sich folgende Werte:

a) Für nicht schwerbehinderte männliche Arbeitnehmer gelten die folgenden Pensionsalter und Zugangsfaktoren:

Geburtsjahrgang	Pensionsalter	Kürzung der Altersrente	Zugangsfaktor
bis *1952*	63	7,2 %	0,928
ab *1953* bis *1961*	*63*	10,8 %	0,892
ab *1962*	*63*	*14,4 %*	*0,856*

Für nicht schwerbehinderte weibliche Arbeitnehmer gelten die folgenden Pensionsalter und Zugangsfaktoren:

Geburtsjahrgang	*Pensionsalter*	*Kürzung der Altersrente*	*Zugangsfaktor*
bis 1951	*60*	*18,0 %*	*0,820*
1952	*63*	*7,2 %*	*0,928*
ab 1953 bis 1961	*63*	*10,8 %*	*0,892*
ab 1962	*63*	*14,4 %*	*0,856*

b) Abweichend hiervon gelten für nicht schwerbehinderte *Männer und Frauen,* die nach Vollendung des 55. Lebensjahres in Altersteilzeit im Sinne von § 237 SGB VI gegangen sind oder deren Arbeitsverhältnis nach Vollendung des 55. Lebensjahres geendet hat, die folgenden Pensionsalter und Zugangsfaktoren:

Geburtsjahrgang	Pensionsalter	Kürzung der Altersrente	Zugangsfaktor
1945 bis Juni 1946	60	18,0%	0,820
Juli 1946 bis Juni 1947	61	14,4%	0,856
Juli 1947 bis Juni 1948	62	10,8 %	0,892
Juli 1948 bis 1951	*63*	*7,2%*	*0,928*

Steht bei einem männlichen oder weiblichen Arbeitnehmer mit einem Geburtsdatum vor dem 1. Juli 1948, der nach Vollendung des 55. Lebensjahres in Altersteilzeit im Sinne von § 237 SGB VI gegangen ist oder dessen Arbeitsverhältnis nach Vollendung des 55. Lebensjahres geendet hat, aufgrund seines erreichten Alters oder nach den vertraglichen Vereinbarungen im Ausscheidezeitpunkt oder bei Übergang in die Altersteilzeit fest, dass er im frühestens möglichen Zeitpunkt nicht die Voraussetzungen für den Bezug der vorzeitigen Altersrente wegen Arbeitslosigkeit (ein Jahr Arbeitslosigkeit) oder nach Altersteilzeitarbeit (zwei Jahre Altersteilzeitarbeit) erfüllen kann, erhöht sich das jeweilige Pensionsalter und damit der Zugangsfaktor (maximal 1) entsprechend.

c) Für schwerbehinderte Arbeitnehmerinnen und Arbeitnehmer gelten die folgenden Pensionsalter und Zugangsfaktoren:

Geburtsjahrgang	*Pensionsalter*	*Kürzung der Altersrente*	*Zugangsfaktor*
bis 1952	*60*	*10,8%*	*0,892*
ab 1953 bis 1961	*61*	*10,8%*	*0,892*
ab 1962	*62*	*10,8%*	*0,892*

d) Für Renten wegen verminderter Erwerbsfähigkeit oder wegen Todes ergeben sich die folgenden Zugangsfaktoren:

Versorgungsfälle bis 2012:

Alter im Versicherungsfall	*Kürzung der Rente*	*Zugangsfaktor*
63 Jahre und älter	*0,0%*	*1,000*
62 Jahre	*1,8%*	*0,982*
61 Jahre	*5,4%*	*0,946*
60 Jahre	*9,0%*	*0,910*
59 Jahre und jünger	*10,8%*	*0,892*

Versorgungsfälle von 2013 bis 2021:

Alter im Versicherungsfall	*Kürzung der Rente*	*Zugangsfaktor*
64 Jahre und älter	*0,0 %*	*1,000*
63 Jahre	*1,8 %*	*0,982*
62 Jahre	*5,4 %*	*0,946*
61 Jahre	*9,0 %*	*0,910*
60 Jahre und jünger	*10,8 %*	*0,892*

Versorgungsfälle ab 2022:

Alter im Versicherungsfall	*Kürzung der Rente*	*Zugangsfaktor*
65 Jahre und älter	*0,0 %*	*1,000*
64 Jahre	*1,8 %*	*0,982*
63 Jahre	*5,4 %*	*0,946*
62 Jahre	*9,0 %*	*0,910*
61 Jahre und jünger	*10,8 %*	*0,892"*

2. Wechsel des Versicherungszweiges

Bei einem Wechsel des Versicherungszweiges sind die im jeweiligen Versicherungszweig abgeleisteten Versicherungszeiten gesondert zu berücksichtigen. Die Randnummern. 16, 18 und 20 werden dementsprechend klarstellend wie folgt gefasst (die Ergänzungen sind *kursiv* dargestellt):

„16 Die Hinzurechnungszeit ist nach dem Wechsel dem neuen Versicherungszweig zuzuordnen (§ 60 SGB VI). Für *Bilanzstichtage nach dem* Wechsel von der knappschaftlichen zur allgemeinen Rentenversicherung sind die Entgeltpunkte unter Berücksichtigung der Hinzurechnungszeit *für beide Rentenzweige getrennt zu berechnen. Dabei sind im jeweiligen Versicherungszweig nur die dort abgeleisteten Versicherungszeiten zu berücksichtigen.* Formelmäßig ergibt sich folgende Darstellung:

$$EP_x^{Gesamt} = EP_x^{Kn} + EP_x^{AV} + EP_x^{HinzuAV}$$

mit:

$$EP_x^{Kn} = V_{w0;\,x}^{KN}$$

$$EP_x^{AV} = V_{t0;\,max\,(w0;\,x)}^{AV} + Z_{t0;\,x}^{AV}$$

$$EP_x^{HinzuAV} = (EP_x^{Kn} + EP_x^{AV}) \cdot \frac{\max\,(60 - x;0)}{x - x_0}$$

w_0 = Alter im Zeitpunkt des Wechsels.

Dabei sind das Versicherungsbeginnalter x_0 und die Entgeltpunkte auf der Basis der aktuellen Stichtaggrößen zu ermitteln. Die Höhe der Rentenanwartschaft ergibt sich nach Randnummer 2 wie folgt:

$$R_x = \{EP_x^{Kn} \cdot 4/3 + (EP_x^{AV} + EP_x^{HinzuAV})\} \cdot AR \cdot ZF_x$$

Bei einem Wechsel von der allgemeinen zur knappschaftlichen Rentenversicherung sind diese Regelungen entsprechend anzuwenden.“

„18 *Für Bilanzstichtage nach* einem Wechsel aus der allgemeinen Rentenversicherung in das Beitrittsgebiet (Ost) werden die Entgeltpunkte für West und Ost *getrennt* berechnet. *Dabei sind im jeweiligen Versicherungszweig nur die dort abgeleisteten Versicherungszeiten zu berücksichtigen.* Bei Versicherungsfällen im Altersbereich unter 60 Jahren werden die für die Hinzurechnungszeit im Rahmen der Gesamtleistungsbewertung ermittelten Entgeltpunkte den westdeutschen und den ostdeutschen Bundesländern getrennt zugeordnet. Dies erfolgt in dem Verhältnis der jeweils dort erworbenen Entgeltpunkte (vgl. § 263a SGB VI)."

„20 Auf die sich so ergebenden Entgeltpunkte ist für die Berechnung des Rentenanspruches für die Entgeltpunkte (West) der aktuelle Rentenwert (§ 68 SGB VI) und für die Entgeltpunkte (Ost) der aktuelle Rentenwert (Ost) anzuwenden (§ 255a SGB VI). Die Rentenansprüche aus der allgemeinen Rentenversicherung sind wie folgt zu berechnen:

$$R_x = \{(EP_x^{West} + EP_x^{HinzuWest}) \cdot AR^{West} + (EP_x^{Ost} + EP_x^{HinzuOst}) \cdot AR^{Ost}\} \cdot ZF_x$$

Bei einem Wechsel aus dem Beitrittsgebiet (Ost) in die allgemeine Rentenversicherung sind diese Regelungen entsprechend anzuwenden."

3. Zeitliche Anwendung

Randnummer 12 (Zugangsfaktoren) des BMF-Schreibens vom 15. März 2007 (a.a.O.) in der Fassung dieses Schreibens kann erstmals der Gewinnermittlung des Wirtschaftsjahres zugrunde gelegt werden, das nach dem 30. April 2007 (Tag der Veröffentlichung des RV-Altersgrenzenanpassungsgesetzes im Bundesgesetzblatt) endet. Sie ist spätestens in der Bilanz des ersten Wirtschaftsjahres anzuwenden, das nach dem 30. Dezember 2008 endet (Übergangszeit). Der Übergang hat einheitlich für alle Pensionsverpflichtungen des Unternehmens zu erfolgen. Die geänderten Randnummern 16, 18 und 20 gelten für alle noch offenen Fälle, die in den Anwendungsbereich des BMF-Schreibens vom 15. März 2007 (a.a.O.) fallen.

21. Körperschaftsteuergesetz (KStG)

In der Fassung der Bekanntmachung vom 15. Oktober 2002
(BGBl. I S. 4144)

Zuletzt geändert durch Gesetz vom 18. Dezember 2013
(BGBl. I S. 4318)

FNA 611-4-4

– Auszug –

Erster Teil. Steuerpflicht

…

§ 5 Befreiungen

(1) Von der Körperschaftsteuer sind befreit

1.–2a. …

3. rechtsfähige Pensions-, Sterbe- und Krankenkassen, die den Personen, denen die Leistungen der Kasse zugute kommen oder zugute kommen sollen (Leistungsempfängern), einen Rechtsanspruch gewähren, und rechtsfähige Unterstützungskassen, die den Leistungsempfängern keinen Rechtsanspruch gewähren,

a) wenn sich die Kasse beschränkt
   aa) auf Zugehörige oder frühere Zugehörige einzelner oder mehrerer wirtschaftlicher Geschäftsbetriebe oder
   bb) auf Zugehörige oder frühere Zugehörige der Spitzenverbände der freien Wohlfahrtspflege (Arbeiterwohlfahrt-Bundesverband e.V., Deutscher Caritasverband e.V., Deutscher Paritätischer Wohlfahrtsverband e.V., Deutsches Rotes Kreuz, Diakonisches Werk – Innere Mission und Hilfswerk der Evangelischen Kirche in Deutschland sowie Zentralwohlfahrtsstelle der Juden in Deutschland e.V.) einschließlich ihrer Untergliederungen, Einrichtungen und Anstalten und sonstiger gemeinnütziger Wohlfahrtsverbände oder
   cc) auf Arbeitnehmer sonstiger Körperschaften, Personenvereinigungen und Vermögensmassen im Sinne der §§ 1 und 2; den Arbeitnehmern stehen Personen, die sich in einem arbeitnehmerähnlichen Verhältnis befinden, gleich;

   zu den Zugehörigen oder Arbeitnehmern rechnen jeweils auch deren Angehörige;
b) wenn sichergestellt ist, dass der Betrieb der Kasse nach dem Geschäftsplan und nach Art und Höhe der Leistungen eine soziale Einrichtung darstellt. [2]Diese Voraussetzung ist bei Unterstützungskassen, die Leistungen von Fall zu Fall gewähren, nur gegeben, wenn sich diese Leistungen mit Ausnahme des Sterbegeldes auf Fälle der Not oder Arbeitslosigkeit beschränken;
c) wenn vorbehaltlich des § 6 die ausschließliche und unmittelbare Verwendung des Vermögens und der Einkünfte der Kasse nach der Satzung und der tatsächlichen Geschäftsführung für die Zwecke der Kasse dauernd gesichert ist;
d) wenn bei Pensions-, Sterbe- und Krankenkassen am Schluss des Wirtschaftsjahrs, zu dem der Wert der Deckungsrückstellung versicherungsmathematisch zu berechnen ist, das nach den handelsrechtlichen Grundsätzen ordnungsmäßiger Buchführung unter Berücksichtigung des Geschäftsplans sowie der allgemeinen Versicherungsbedingungen und der fachlichen Geschäftsunterlagen im Sinne des § 5 Abs. 3 Nr. 2 Halbsatz 2 des Versicherungsaufsichtsgesetzes auszuweisende Vermögen nicht höher ist als bei einem Versicherungsverein auf Gegenseitigkeit die Verlustrücklage und bei einer Kasse anderer Rechtsform der dieser Rücklage entsprechende Teil des Vermögens. [2]Bei der Ermittlung des Vermögens ist eine Rückstellung für Beitragsrückerstattung nur insoweit abziehbar, als den Leistungsempfängern ein Anspruch auf die Überschussbeteiligung zusteht. [3]Übersteigt das Vermögen der Kasse den bezeichneten Betrag, so ist die Kasse nach Maßgabe des § 6 Abs. 1 bis 4 steuerpflichtig; und
e) wenn bei Unterstützungskassen am Schluss des Wirtschaftsjahrs das Vermögen ohne Berücksichtigung künftiger Versorgungsleistungen nicht höher ist als das um 25 Prozent erhöhte zulässige Kassenvermögen. [2]Für die Ermittlung des tatsächlichen und des zulässigen Kassenvermögens gilt § 4d des Einkommensteuergesetzes. [3]Übersteigt das Vermögen der Kasse den in Satz 1 bezeichneten Betrag, so ist die Kasse nach Maßgabe des § 6 Abs. 5 steuerpflichtig;

4. kleinere Versicherungsvereine auf Gegenseitigkeit im Sinne des § 53 des Versicherungsaufsichtsgesetzes, wenn
   a) ihre Beitragseinnahmen im Durchschnitt der letzten drei Wirtschaftsjahre einschließlich des im Veranlagungszeitraum endenden Wirtschaftsjahrs die durch Rechtsverordnung festzusetzenden Jahresbeträge nicht überstiegen haben oder
   b) sich ihr Geschäftsbetrieb auf die Sterbegeldversicherung beschränkt und die Versicherungsvereine nach dem Geschäftsplan sowie nach Art und Höhe der Leistungen soziale Einrichtungen darstellen;

5.–14. …

15. der Pensions-Sicherungs-Verein Versicherungsverein auf Gegenseitigkeit,
    a) wenn er mit Erlaubnis der Versicherungsaufsichtsbehörde ausschließlich die Aufgaben des Trägers der Insolvenzsicherung wahrnimmt, die sich aus dem Gesetz zur Verbesserung der betrieblichen Altersversorgung vom 19. Dezember 1974 (BGBl. I S. 3610) ergeben, und
    b) wenn seine Leistungen nach dem Kreis der Empfänger sowie nach Art und Höhe den in den §§ 7 bis 9, 17 und 30 des Gesetzes zur Verbesserung der betrieblichen Altersversorgung bezeichneten Rahmen nicht überschreiten;

16.–23. …

(2) …

§ 6 Einschränkung der Befreiung von Pensions-, Sterbe-, Kranken- und Unterstützungskassen

(1) Übersteigt am Schluss des Wirtschaftsjahrs, zu dem der Wert der Deckungsrückstellung versicherungsmathematisch zu berechnen ist, das Vermögen einer Pensions-, Sterbe- oder Krankenkasse im Sinne des § 5 Abs. 1 Nr. 3 den in Buchstabe d dieser Vorschrift bezeichneten Betrag, so ist die Kasse steuerpflichtig, soweit ihr Einkommen anteilig auf das übersteigende Vermögen entfällt.

(2) Die Steuerpflicht entfällt mit Wirkung für die Vergangenheit, soweit das übersteigende Vermögen innerhalb von 18 Monaten nach dem Schluss des Wirtschaftsjahrs, für das es festgestellt worden ist, mit Zustimmung der Versicherungsaufsichtsbehörde zur Leistungserhöhung, zur Auszahlung an das Trägerunternehmen, zur Verrechnung mit Zuwendungen des Trägerunternehmens, zur gleichmäßigen Herabsetzung künftiger Zuwendungen des Trägerunternehmens oder zur Verminderung der Beiträge der Leistungsempfänger verwendet wird.

(3) Wird das übersteigende Vermögen nicht in der in Absatz 2 bezeichneten Weise verwendet, so erstreckt sich die Steuerpflicht auch auf die folgenden Kalenderjahre, für die der Wert der Deckungsrückstellung nicht versicherungsmathematisch zu berechnen ist.

(4) [1]Bei der Ermittlung des Einkommens der Kasse sind Beitragsrückerstattungen oder sonstige Vermögensübertragungen an das Trägerunternehmen außer in den Fällen des Absatzes 2 nicht abziehbar. [2]Das Gleiche gilt für Zuführungen zu einer Rückstellung für Beitragsrückerstattung, soweit den Leistungsempfängern ein Anspruch auf die Überschussbeteiligung nicht zusteht.

(5) [1]Übersteigt am Schluss des Wirtschaftsjahrs das Vermögen einer Unterstützungskasse im Sinne des § 5 Abs. 1 Nr. 3 den in Buchstabe e dieser Vorschrift bezeichneten Betrag, so ist die Kasse steuerpflichtig, soweit ihr Einkommen anteilig auf das übersteigende Vermögen entfällt. [2]Bei der Ermittlung des Einkommens sind Vermögensübertragungen an das Trägerunternehmen nicht abziehbar.

(6) [1]Auf den Teil des Vermögens einer Pensions-, Sterbe-, Kranken- oder Unterstützungskasse, der am Schluss des Wirtschaftsjahrs den in § 5 Abs. 1 Nr. 3 Buchstabe d oder e bezeichneten Betrag übersteigt, ist Buchstabe c dieser Vorschrift nicht anzuwenden. [2]Bei Unterstützungskassen gilt dies auch, soweit das Vermögen vor dem Schluss des Wirtschaftsjahrs den in § 5 Abs. 1 Nr. 3 Buchstabe e bezeichneten Betrag übersteigt.

Zweiter Teil. Einkommen

Drittes Kapitel. Sondervorschriften für Versicherungsunternehmen, Pensionsfonds und Bausparkassen

...

§ 21 Beitragsrückerstattungen

(1) [1]Beitragsrückerstattungen, die für das selbst abgeschlossene Geschäft auf Grund des Jahresergebnisses oder des versicherungstechnischen Überschusses gewährt werden, sind abziehbar

1. in der Lebens- und Krankenversicherung bis zu dem nach handelsrechtlichen Vorschriften ermittelten Jahresergebnis für das selbst abgeschlossene Geschäft, erhöht um die für Beitragsrückerstattungen aufgewendeten Beträge, soweit die Beträge das Jahresergebnis gemindert haben und die hierfür verwendeten Überschüsse dem Grunde nach steuerpflichtig und nicht steuerbefreit sind, und gekürzt um den Betrag, der sich aus der Auflösung einer Rückstellung nach Absatz 2 Satz 2 ergibt, sowie um den Nettoertrag des nach steuerlichen Vorschriften über die Gewinnermittlung anzusetzenden Betriebsvermögens am Beginn des Wirtschaftsjahrs; für Pensionsfonds gilt Entsprechendes. [2]Als Nettoertrag gilt der Ertrag aus langfristiger Kapitalanlage, der anteilig auf das Betriebsvermögen entfällt, nach Abzug der entsprechenden abziehbaren und nichtabziehbaren Betriebsausgaben;
2. in der Schaden- und Unfallversicherung bis zur Höhe des Überschusses, der sich aus der Beitragseinnahme nach Abzug aller anteiligen abziehbaren und nichtabziehbaren Betriebsausgaben einschließlich der Versicherungsleistungen, Rückstellungen und Rechnungsabgrenzungsposten ergibt. [2]Der Berechnung des Überschusses sind die auf das Wirtschaftsjahr entfallenden Beitragseinnahmen und Betriebsausgaben des einzelnen Versicherungszweiges aus dem selbst abgeschlossenen Geschäft für eigene Rechnung zugrunde zu legen.

(2) [1]Zuführungen zu einer Rückstellung für Beitragsrückerstattung sind insoweit abziehbar, als die ausschließliche Verwendung der Rückstellung für diesen Zweck durch die Satzung oder durch geschäftsplanmäßige Erklärung gesichert ist. [2]Die Rückstellung ist vorbehaltlich des Satzes 3 aufzulösen, soweit sie höher ist als die Summe der in den folgenden Nummern 1 bis 4 bezeichneten Beträge:

1. die Zuführungen innerhalb des am Bilanzstichtag endenden Wirtschaftsjahrs und der vier vorangegangenen Wirtschaftsjahre, soweit die Summe dieser Beträge nicht höher ist als das 1,2-Fache der Summe der drei Zuführungen, die zum Schluss des im Veranlagungszeitraum 2009 endenden letzten Wirtschaftsjahrs zulässigerweise ermittelt wurden. [2]Der Betrag nach Satz 1 darf nicht niedriger sein als der Betrag, der sich ergeben würde, wenn das vor Inkrafttreten des Artikels 2 des Gesetzes vom 8. Dezember 2010 (BGBl. I S. 1768) geltende Recht weiter anzuwenden wäre,
2. der Betrag, dessen Ausschüttung als Beitragsrückerstattung vom Versicherungsunternehmen vor dem Bilanzstichtag verbindlich festgelegt worden ist,
3. in der Krankenversicherung der Betrag, dessen Verwendung zur Ermäßigung von Beitragserhöhungen im folgenden Geschäftsjahr vom Versicherungsunternehmen vor dem Bilanzstichtag verbindlich festgelegt worden ist,
4. in der Lebensversicherung der Betrag, der für die Finanzierung der auf die abgelaufenen Versicherungsjahre entfallenden Schlussgewinnanteile erforderlich ist; für Pensionsfonds gilt Entsprechendes.

[3]Eine Auflösung braucht nicht zu erfolgen, soweit an die Versicherten Kleinbeträge auszuzahlen wären und die Auszahlung dieser Beträge mit einem unverhältnismäßig hohen Verwaltungsaufwand verbunden wäre.

(3) § 6 Abs. 1 Nr. 3a des Einkommensteuergesetzes ist nicht anzuwenden.

§ 21a Deckungsrückstellungen

(1) [1]§ 6 Abs. 1 Nr. 3a Buchstabe e des Einkommensteuergesetzes ist von Versicherungsunternehmen und Pensionsfonds mit der Maßgabe anzuwenden, dass Deckungsrückstellungen im Sinne des § 341f des Handelsgesetzbuchs mit dem sich für die zugrunde liegenden Verträge aus der Bestimmung in Verbindung mit § 25 der Verordnung über die Rechnungslegung von Versicherungsunternehmen oder in Verbindung mit der auf Grund des § 116 des Versicherungsaufsichtsgesetzes zu erlassenden Rechtsverordnung ergebenden Höchstzinssatz oder einem niedrigeren zulässigerweise verwendeten Zinssatz abgezinst werden können. [2]Für die von Schaden- und Unfallversicherungsunternehmen gebildeten Renten-Deckungsrückstellungen kann der Höchstzinssatz, der sich aus § 2 der Deckungsrückstellungsverordnung ergibt, oder ein niedrigerer zulässigerweise verwendeter Zinssatz zugrunde gelegt werden.

(2) Soweit die in Absatz 1 genannten versicherungsrechtlichen Bestimmungen auf Versicherungsunternehmen mit Sitz in einem anderen Mitgliedstaat der Europäischen Union oder in einem anderen Vertragsstaat des EWR-Abkommens keine Anwendung finden, können diese entsprechend verfahren.

...

22. Körperschaftsteuer-Durchführungsverordnung 1994 (KStDV 1994)

In der Fassung der Bekanntmachung vom 22. Februar 1996
(BGBl. I S. 365)

Zuletzt geändert durch Verordnung vom 17. November 2010 (BGBl. I S. 1544)

FNA 611-4-6

– Auszug –

Zu § 5 Abs. 1 Nr. 3 des Gesetzes

§ 1 Allgemeines

Rechtsfähige Pensions-, Sterbe-, Kranken- und Unterstützungskassen sind nur dann eine soziale Einrichtung im Sinne des § 5 Abs. 1 Nr. 3 Buchstabe b des Gesetzes, wenn sie die folgenden Voraussetzungen erfüllen:

1. Die Leistungsempfänger dürfen sich in der Mehrzahl nicht aus dem Unternehmer oder dessen Angehörigen und bei Gesellschaften in der Mehrzahl nicht aus den Gesellschaftern oder deren Angehörigen zusammensetzen.
2. Bei Auflösung der Kasse darf ihr Vermögen vorbehaltlich der Regelung in § 6 des Gesetzes satzungsmäßig nur den Leistungsempfängern oder deren Angehörigen zugute kommen oder für ausschließlich gemeinnützige oder mildtätige Zwecke verwendet werden.
3. Außerdem müssen bei Kassen mit Rechtsanspruch der Leistungsempfänger die Voraussetzungen des § 2, bei Kassen ohne Rechtsanspruch der Leistungsempfänger die Voraussetzungen des § 3 erfüllt sein.

§ 2 Kassen mit Rechtsanspruch der Leistungsempfänger

(1) Bei rechtsfähigen Pensions- oder Sterbekassen, die den Leistungsempfängern einen Rechtsanspruch gewähren, dürfen die jeweils erreichten Rechtsansprüche der Leistungsempfänger vorbehaltlich des Absatzes 2 die folgenden Beträge nicht übersteigen:

als Pension	25 769 Euro jährlich,
als Witwengeld	17 179 Euro jährlich,
als Waisengeld	15 154 Euro jährlich für jede Halbwaise,
	10 308 Euro jährlich für jede Vollwaise,
als Sterbegeld	17 669 Euro als Gesamtleistung.

(2) [1]Die jeweils erreichten Rechtsansprüche, mit Ausnahme des Anspruchs auf Sterbegeld, dürfen in nicht mehr als 12 vom Hundert aller Fälle auf höhere als die in Absatz 1 bezeichneten Beträge gerichtet sein. [2]Dies gilt in nicht mehr als 4 vom Hundert aller Fälle uneingeschränkt. [3]Im Übrigen dürfen die jeweils erreichten Rechtsansprüche die folgenden Beträge nicht übersteigen:

als Pension	38 654 Euro jährlich,
als Witwengeld	25 769 Euro jährlich,
als Waisengeld	17 731 Euro jährlich für jede Halbwaise,
	15 461 Euro jährlich für jede Vollwaise.

§ 3 Kassen ohne Rechtsanspruch der Leistungsempfänger

Rechtsfähige Unterstützungskassen, die den Leistungsempfängern keinen Rechtsanspruch gewähren, müssen die folgenden Voraussetzungen erfüllen:

1. Die Leistungsempfänger dürfen zu laufenden Beiträgen oder zu sonstigen Zuschüssen nicht verpflichtet sein.
2. Den Leistungsempfängern oder den Arbeitnehmervertretungen des Betriebs oder der Dienststelle muß satzungsgemäß und tatsächlich das Recht zustehen, an der Verwaltung sämtlicher Beträge, die der Kasse zufließen, beratend mitzuwirken.
3. Die laufenden Leistungen und das Sterbegeld dürfen die in § 2 bezeichneten Beträge nicht übersteigen.

Zu § 5 Abs. 1 Nr. 4 des Gesetzes

§ 4 Kleinere Versicherungsvereine

Kleinere Versicherungsvereine auf Gegenseitigkeit im Sinne des § 53 des Gesetzes über die Beaufsichtigung der privaten Versicherungsunternehmungen in der im Bundesgesetzblatt Teil III, Gliederungsnummer 7631-1, veröffentlichten bereinigten Fassung, zuletzt geändert durch das Gesetz vom 18. Dezember 1975 (BGBl. I S. 3139), sind von der Körperschaftsteuer befreit, wenn

1. ihre Beitragseinnahmen im Durchschnitt der letzten drei Wirtschaftsjahre einschließlich des im Veranlagungszeitraum endenden Wirtschaftsjahrs die folgenden Jahresbeträge nicht überstiegen haben:
   a) 797 615 Euro bei Versicherungsvereinen, die die Lebensversicherung oder die Krankenversicherung betreiben,
   b) 306 775 Euro bei allen übrigen Versicherungsvereinen oder
2. sich ihr Geschäftsbetrieb auf die Sterbegeldversicherung beschränkt und sie im übrigen die Voraussetzungen des § 1 erfüllen.

…

23. Körperschaftsteuer-Richtlinien 2004 (KStR 2004)

Allgemeine Verwaltungsvorschrift zur Körperschaftsteuer

Vom 13. Dezember 2004
(BStBl. I Sondernummer 2)

– Auszug –

Zu § 5 KStG

11. Allgemeines zu Pensions-, Sterbe-, Kranken- und Unterstützungskassen

(1) [1]Als Pensionskassen sind sowohl die in § 1b Abs. 3 Satz 1 BetrAVG als solche bezeichneten rechtsfähigen Versorgungseinrichtungen als auch rechtlich unselbständige Zusatzversorgungseinrichtungen des öffentlichen Dienstes i.S. des § 18 BetrAVG anzusehen, die den Leistungsberechtigten (Arbeitnehmer und Personen i.S. des § 17 Abs. 1 Satz 2 BetrAVG sowie deren Hinterbliebene) auf ihre Leistungen einen Rechtsanspruch gewähren. [2]Bei Sterbekassen handelt es sich um Einrichtungen, welche die Versicherung auf den Todesfall unter Gewährung eines Rechtsanspruchs auf die Leistung betreiben. [3]Krankenkassen fallen unter die Vorschrift, wenn sie das Versicherungsgeschäft betriebsbezogen wahrnehmen. [4]Eine Unterstützungskasse ist eine rechtsfähige Versorgungseinrichtung, die auf ihre Leistungen keinen Rechtsanspruch gewährt (§ 1b Abs. 4 BetrAVG).

(2) Für die Steuerbefreiung genügt es, wenn die Voraussetzungen des § 5 Abs. 1 Nr. 3 KStG und der §§ 1 bis 3 KStDV am Ende des VZ erfüllt sind.

(3) [1]Die Art der Anlage oder Nutzung des Kassenvermögens darf nicht dazu führen, dass die Kasse sich durch die mit der Vermögensverwaltung verbundene Tätigkeit selbst einen weiteren satzungsgemäß nicht bestimmten Zweck gibt. [2]Kassen, die als Bauherr auftreten, werden körperschaftsteuerpflichtig, wenn sie sich durch diese Tätigkeit einen neuen Zweck setzen.

12. Leistungsempfänger bei Pensions-, Sterbe-, Kranken- und Unterstützungskassen

(1) [1]Steuerbefreite Kassen müssen sich auf Zugehörige oder frühere Zugehörige einzelner oder mehrerer wirtschaftlicher Geschäftsbetriebe oder der Spitzenverbände der freien Wohlfahrtspflege einschließlich deren Untergliederungen, Einrichtungen und Anstalten und sonstiger gemeinnütziger Wohlfahrtsverbände oder auf Arbeitnehmer sonstiger Körperschaften, Personenvereinigungen oder Vermögensmassen beschränken. [2]Unter dem Begriff der Zugehörigen sind einerseits Arbeitnehmer und die in einem arbeitnehmerähnlichen Verhältnis stehenden Personen zu verstehen, andererseits aber auch solche Personen, für die der Betrieb durch ihre soziale Abhängigkeit oder eine sonstige enge Bindung als Mittelpunkt der Berufstätigkeit anzusehen ist (z.B. Unternehmer und Gesellschafter). [3]Frühere Zugehörige müssen die Zugehörigkeit zu der Kasse durch ihre Tätigkeit in den betreffenden Betrieben oder Verbänden erworben haben. [4]Es ist nicht notwendig, dass die Kasse schon während der Zeit der Tätigkeit des Betriebsangehörigen bestanden hat. [5]Als arbeitnehmerähnliches Verhältnis ist in der Regel ein Verhältnis von einer gewissen Dauer bei gleichzeitiger sozialer Abhängigkeit, ohne dass Lohnsteuerpflicht besteht, anzusehen. [6]Arbeitnehmer, die über den Zeitpunkt der Pensionierung hinaus im Betrieb beschäftigt werden, sind Zugehörige i.S. des Gesetzes.

(2) Nach § 1 Nr. 1 KStDV darf die Mehrzahl der Personen, denen die Leistungen der Kasse zugute kommen sollen (Leistungsempfänger), sich nicht aus dem Unternehmer oder dessen Angehörigen und bei Gesellschaften nicht aus den Gesellschaftern oder deren Angehörigen zusammensetzen.

(3) [1]Der Pensions- oder Unterstützungskasse eines inländischen Unternehmens geht die Steuerfreiheit nicht dadurch verloren, dass zu ihren Leistungsempfängern Arbeitnehmer gehören, die das inländische Unternehmen zur Beschäftigung bei seinen ausländischen Tochtergesellschaften oder Betriebsstätten abgeordnet hat. [2]Auch die Mitgliedschaft anderer, auch ausländischer, Arbeitnehmer der ausländischen Tochtergesellschaften oder Betriebsstätten des inländischen Unternehmens ist für die Kasse steuerunschädlich, wenn für diese Arbeitnehmer von der ausländischen Tochtergesellschaft oder Betriebsstätte entsprechende Beiträge (Zuwendungen) an die Kasse des inländischen Unternehmens abgeführt werden.

(4) Bei Unterstützungskassen muss den Leistungsempfängern oder den Arbeitnehmervertretungen des Betriebs oder der Dienststelle satzungsgemäß und tatsächlich das Recht zustehen, an der Verwaltung sämtlicher Beträge, die der Kasse zufließen, beratend mitzuwirken.

13. Vermögensbindung bei Pensions-, Sterbe-, Kranken- und Unterstützungskassen

(1) [1]Bei Kassen, deren Vermögen bei ihrer Auflösung vorbehaltlich der Regelung in § 6 KStG satzungsgemäß für ausschließlich gemeinnützige oder mildtätige Zwecke zu verwenden ist, gilt § 61 Abs. 1 und 2 AO sinngemäß. [2]Bei einer Unterstützungskasse in der Rechtsform einer privatrechtlichen Stiftung ist es nicht zu beanstanden, wenn die Stiftung in ihre Verfassung die Bestimmung aufnimmt, dass das Stiftungskapital ungeschmälert zu erhalten ist, um dadurch zu verhindern, dass sie neben ihren Erträgen und den Zuwendungen vom Trägerunternehmen auch ihr Vermögen uneingeschränkt zur Erbringung ihrer laufenden Leistungen einsetzen muss. [3]In einer solchen Bestimmung ist kein Verstoß gegen das Erfordernis der dauernden Vermögenssicherung für Zwecke der Kasse zu erblicken. [4]Durch die satzungsgemäß abgesicherte Vermögensbindung ist nämlich gewährleistet, dass das Stiftungsvermögen im Falle der Auflösung der Stiftung nicht an den Stifter zurückfließt, sondern nur den Leistungsempfängern oder deren Angehörigen zugute kommt oder für ausschließlich gemeinnützige oder mildtätige Zwecke zu verwenden ist.

(2) [1]Bei einer Darlehensgewährung der Unterstützungskasse an das Trägerunternehmen muss gewährleistet sein, dass die wirtschaftliche Leistungsfähigkeit des Betriebs in ausreichendem Maße für die Sicherheit der Mittel bürgt. [2]Ist diese Voraussetzung nicht gegeben, so müssen die Mittel der Kasse in angemessener Frist aus dem Betrieb ausgesondert und in anderer Weise angelegt werden.

(3) [1]Nach § 1b Abs. 4 BetrAVG wird ein aus dem Betrieb vor Eintritt des Versorgungsfalles ausscheidender Arbeitnehmer, der seine betriebliche Altersversorgung von der Unterstützungskasse des Betriebs erhalten sollte, bei Erfüllung der Voraussetzungen hinsichtlich der Leistungen so gestellt, wie wenn er weiterhin zum Kreis der Begünstigten der Unterstützungskasse des Betriebs gehören würde. [2]Bei Eintritt des Versorgungsfalles hat die Unterstützungskasse dem früheren Arbeitnehmer und seinen Hinterbliebenen mindestens den nach § 2 Abs. 1 BetrAVG berechneten Teil der Versorgung zu gewähren (§ 2 Abs. 4 BetrAVG). [3]Diese Verpflichtung zur Gewährung von Leistungen an den vorzeitig ausgeschiedenen Arbeitnehmer bei Eintritt des Versorgungsfalles (§ 2 Abs. 4 BetrAVG) kann von der Unterstützungskasse wie folgt abgelöst werden:

1. Nach § 3 Abs. 1 BetrAVG kann dem ausgeschiedenen Arbeitnehmer mit seiner Zustimmung eine einmalige Abfindung gewährt werden.

2. Nach § 4 Abs. 2 BetrAVG kann die Verpflichtung mit Zustimmung des ausgeschiedenen Arbeitnehmers von jedem Unternehmen, bei dem der ausgeschiedene Arbeitnehmer beschäftigt wird, von einer Pensionskasse, von einem Unternehmen der Lebensversicherung, einem öffentlich-rechtlichen Versorgungsträger oder von einer anderen Unterstützungskasse übernommen werden.

[4]Vermögensübertragungen im Zusammenhang mit diesen Maßnahmen verstoßen nicht gegen die Voraussetzungen des § 5 Abs. 1 Nr. 3 Buchstabe c KStG.

(4) [1]Der Grundsatz der ausschließlichen und unmittelbaren Verwendung des Vermögens und der Einkünfte der Unterstützungskasse für die Zwecke der Kasse gilt nach § 6 Abs. 6 KStG nicht für den Teil des Vermögens, der am Schluss des Wirtschaftsjahrs den in § 5 Abs. 1 Nr. 3 Buchstabe e KStG bezeichneten Betrag übersteigt. [2]Hierzu gehört auch der Fall, dass ein Unternehmen den Arbeitnehmern, die bisher von der Unterstützungskasse versorgt werden sollten, eine Pensionszusage erteilt oder bisher von der Unterstützungskasse gewährte Leistungen von Fall zu Fall aufgrund einer entsprechenden Betriebsvereinbarung übernimmt, oder wenn eine Unterstützungskasse durch Änderung des Leistungsplans die Versorgungsleistungen einschränkt. [3]Insoweit ist eine Übertragung von Vermögen einer Unterstützungskasse auf das Trägerunternehmen zulässig. [4]Werden Versorgungsleistungen einer Unterstützungskasse durch Satzungsbeschluss in vollem Umfang ersatzlos aufgehoben, entfällt die Steuerfreiheit der Kasse auch mit Wirkung für die Vergangenheit.

14. Leistungsbegrenzung

(1) [1]Bei der Prüfung, ob die erreichten Rechtsansprüche der Leistungsempfänger in nicht mehr als 12% aller Fälle auf höhere als die in § 2 Abs. 1 KStDV bezeichneten Beträge gerichtet sind (§ 2 Abs. 2 KStDV), ist von den auf Grund der Satzung, des Geschäftsplans oder des Leistungsplans insgesamt bestehenden Rechtsansprüchen, also von den laufenden tatsächlich gewährten Leistungen und den Anwartschaften auszugehen. [2]Dabei ist jede in § 2 KStDV genannte einzelne Leistungsgruppe (Pensionen, Witwengelder, Waisengelder und Sterbegelder) für sich zu betrachten. [3]Nur bei Beschränkung auf die Höchstbeträge kann die Kasse als Sozialeinrichtung anerkannt werden.

(2) [1]Unterstützungskassen sind als Kassen ohne Rechtsanspruch der Leistungsempfänger zur Aufstellung eines Geschäftsplans i.S. des Versicherungsaufsichtsgesetzes nicht verpflichtet. [2]Unterstützungskassen dürfen auch laufende Leistungen, z.B. zur Altersversorgung, gewähren, wenn die Voraussetzungen des § 5 Abs. 1 Nr. 3 Buchstabe b KStG und des § 3 Nr. 3 KStDV erfüllt sind. [3]Dabei dürfen Altersrenten, Witwengeld, Waisengeld und Sterbegeld ohne Rücksicht auf die wirtschaftlichen Verhältnisse des Leistungsempfängers gewährt werden. [4]Die laufenden Leistungen und das Sterbegeld dürfen die in § 2 KStDV bezeichneten Beträge nicht übersteigen. [5]Dagegen hat eine Unterstützungskasse, die jedem Zugehörigen eines Betriebs ohne Rücksicht auf seine wirtschaftlichen Verhältnisse einmalige Zuwendungen macht, keinen Anspruch auf die Steuerbefreiung. [6]Leistungsempfänger i.S. dieser Vorschrift sind nach § 5 Abs. 1 Nr. 3 KStG die Personen, denen die Leistungen der Kasse zugute kommen oder zugute kommen sollen, also auch die Leistungsanwärter. [7]Daher gilt die Begrenzung der laufenden Leistungen nach § 3 Nr. 3 KStDV für die tatsächlich gezahlten Renten und die sich aus dem Leistungsplan ergebenden tatsächlichen Rentenanwartschaften. [8]Die Rentenanwartschaften sind mit den jeweils erreichten Beträgen anzusetzen.

(3) [1]Eine steuerbefreite Pensionskasse oder Unterstützungskasse kann anstelle einer laufenden Rente auch eine Kapitalabfindung zahlen. [2]Voraussetzung ist, dass die zu kapitalisierende Rente sich in den Grenzen der Höchstbeträge der §§ 2 und 3 KStDV hält und der Leistungsempfänger durch die Kapitalisierung nicht mehr erhält, als er insgesamt erhalten würde, wenn die laufende Rente gezahlt würde. [3]Der Berechnung der Kapitalab-

findung darf daher nur ein Zinsfuß zugrunde gelegt werden, der auf die Dauer gesehen dem durchschnittlichen Zinsfuß entspricht. [4]Bei der Prüfung, ob sich die kapitalisierte Rente in den Grenzen der vorgenannten Höchstbeträge hält, ist von einem Zinssatz von 5,5 % auszugehen. [5]Im Übrigen ist die Kapitalabfindung nach den sonst steuerlich anerkannten Rechnungsgrundlagen zu berechnen.

…

Zu § 6 KStG

28. Einschränkung der Befreiung von Pensions-, Sterbe-, Kranken- und Unterstützungskassen

Allgemeines

(1) [1]§ 6 KStG regelt die teilweise Steuerpflicht überdotierter Pensions-, Sterbe-, Kranken- und Unterstützungskassen. [2]Steuerpflichtig ist der Teil des Einkommens, der auf das den zulässigen Betrag übersteigende Vermögen entfällt.

Pensions-, Sterbe- und Krankenkassen

(2) [1]Bei Pensions-, Sterbe- und Krankenkassen ist das zulässige Vermögen nach § 5 Abs. 1 Nr. 3 Buchstabe d KStG zu errechnen. [2]Es entspricht bei einer in der Rechtsform des Versicherungsvereins auf Gegenseitigkeit (VVaG) betriebenen Kasse dem Betrag der Verlustrücklage nach § 37 VAG. [3]Maßgebend ist der Soll-Betrag der Verlustrücklage. [4]Soll-Betrag der Verlustrücklage ist der in der Satzung bestimmte und von der Versicherungsaufsichtsbehörde genehmigte Mindestbetrag der Verlustrücklage i.S. des § 37 VAG. [5]Diese Rücklage dient zur Deckung eines außergewöhnlichen Verlustes aus dem Geschäftsbetrieb. [6]Zu anderen Zwecken, z.B. zu Zahlungen an das Trägerunternehmen, darf die Rücklage nicht verwendet werden. [7]Wird die Kasse nicht in der Rechtsform eines VVaG betrieben, so tritt an die Stelle der Verlustrücklage i.S. von § 37 VAG der dieser Rücklage entsprechende Teil des Vermögens, der zur Deckung eines Verlustes dient. [8]Ist die Ansammlung von Reserven nicht vorgeschrieben, wie z.B. bei öffentlich-rechtlichen Unternehmen, ist in der Regel darauf abzustellen, ob die Satzung eine der Verlustrücklage des § 37 VAG entsprechende Rücklagenbildung vorsieht.

(3) [1]Nach dem Wortlaut des § 5 Abs. 1 Nr. 3 Buchstabe d KStG ist bei der Prüfung der Überdotierung einer Pensionskasse das Vermögen zugrunde zu legen, das sich nach den handelsrechtlichen Grundsätzen ordnungsmäßiger Buchführung unter Berücksichtigung des Geschäftsplans sowie der allgemeinen Versicherungsbedingungen und der fachlichen Geschäftsunterlagen i.S. des § 5 Abs. 3 Nr. 2 Halbsatz 2 VAG ergibt. [2]Die Bindung an die handelsrechtlichen Grundsätze gilt aber nicht uneingeschränkt. [3]Eine handelsrechtlich zulässigerweise gebildete Rückstellung für Beitragsrückerstattung darf nur insoweit berücksichtigt werden, als den Leistungsempfängern ein Anspruch auf die Überschussbeteiligung zusteht. [4]Der Rückstellung für Beitragsrückerstattung gleichzusetzen ist die Rückstellung für satzungsgemäße Überschussbeteiligung, wenn durch Satzung, geschäftsplanmäßige Erklärung oder Beschluss des zuständigen Organs festgelegt ist, dass die Überschüsse in vollem Umfang den Leistungsempfängern und Mitgliedern der Kasse zustehen. [5]Dabei kommt es nicht darauf an, welche Form der Beitragsrückerstattung gewählt wird. [6]Handelt es sich bei den Anspruchsberechtigten um die Leistungsempfänger der Kasse, so gilt hinsichtlich der Verwendungsfrist der Rückstellung für Beitragsrückerstattung die für Lebensversicherungsunternehmen getroffene Regelung (§ 21 Abs. 2 KStG) entsprechend. [7]Soweit jedoch das Trägerunternehmen anspruchsberechtigt ist, müssen die Mittel der Beitragsrückerstattung innerhalb der in § 6 Abs. 2 KStG genannten Frist verwendet werden.

(4) [1]Über die Überdotierung einer Pensions-, Sterbe- und Krankenkasse i.S. des § 5 Abs. 1 Nr. 3 KStG ist nach steuerlichen Gesichtspunkten zu entscheiden. [2]Eine Bindung der Finanzbehörden an Entscheidungen der Versicherungsaufsichtsbehörde besteht nicht. [3]Der Geschäftsplan sowie die allgemeinen Versicherungsbedingungen und die fachlichen Geschäftsunterlagen i.S. des § 5 Abs. 3 Nr. 2 Halbsatz 2 VAG dienen lediglich als Grundlage für die Prüfung der Überdotierung. [4]Die Prüfung, ob eine Pensions-, Sterbe- und Krankenkasse wegen Überdotierung teilweise steuerpflichtig ist, hat zu den Bilanzstichtagen zu erfolgen, zu denen der Wert der Deckungsrückstellung versicherungsmathematisch zu berechnen ist oder freiwillig berechnet wird. [5]Die teilweise Steuerpflicht beginnt und endet vorbehaltlich des § 6 Abs. 2 KStG nur zu den Bilanzstichtagen, zu denen eine versicherungsmathematische Berechnung durchgeführt worden ist. [6]Tritt die Steuerpflicht z.B. für einen Zeitraum von drei Jahren ein, so bleibt während dieser Zeit der Aufteilungsschlüssel unverändert, d.h. das Einkommen ist zwar für jedes Jahr gesondert nach den allgemeinen Vorschriften unter Berücksichtigung des § 6 Abs. 4 KStG zu ermitteln, jedoch nach dem unveränderten Verhältnis in den steuerfreien und den steuerpflichtigen Anteil aufzuteilen.

Unterstützungskassen

(5) [1]Bei Unterstützungskassen ist das Vermögen nach § 5 Abs. 1 Nr. 3 Buchstabe e KStG zu errechnen. [2]Im Gegensatz zu den Pensionskassen ist bei der Ermittlung nicht von handelsrechtlichen Bewertungsmaßstäben auszugehen.

[3]Im Einzelnen sind anzusetzen:

a) der Grundbesitz mit 200 % des Einheitswerts (§ 4d Abs. 1 Nr. 1 Satz 3 EStG), der zu dem Feststellungszeitpunkt maßgebend ist, der auf den Schluss des Wirtschaftsjahres folgt,
b) der noch nicht fällige Anspruch aus einer Versicherung mit dem Wert des geschäftsplanmäßigen Deckungskapitals zuzüglich des Guthabens aus Beitragsrückerstattung am Schluss des Wirtschaftsjahres; soweit die Berechnung des Deckungskapitals nicht zum Geschäftsplan gehört, tritt an die Stelle des geschäftsplanmäßigen Deckungskapitals der nach § 176 Abs. 3 des Gesetzes über den Versicherungsvertrag berechnete Zeitwert,
c) das übrige Vermögen mit dem gemeinen Wert am Schluss des Wirtschaftsjahres.

(6) [1]Abweichend von der Regelung für Pensionskassen ist für Unterstützungskassen ein rückwirkender Wegfall der Steuerpflicht nicht vorgesehen. [2]Die teilweise Steuerpflicht ist nach Ablauf jedes Jahres zu prüfen. [3]Sie besteht deshalb jeweils nur für ein Jahr. [4]Die teilweise Steuerpflicht kann jedoch nach § 6 Abs. 6 Satz 2 KStG von vornherein z.B. durch entsprechende Rückübertragung von Deckungsmitteln auf das Trägerunternehmen vermieden werden.

...

Zu § 8 KStG

...

36. Verdeckte Gewinnausschüttungen

Grundsätze der verdeckten Gewinnausschüttung

...

(2) [1]Im Verhältnis zwischen Gesellschaft und beherrschendem Gesellschafter ist eine Veranlassung durch das Gesellschaftsverhältnis in der Regel auch dann anzunehmen, wenn es an einer zivilrechtlich wirksamen, klaren, eindeutigen und im Voraus abgeschlossenen Vereinbarung darüber fehlt, ob und in welcher Höhe ein Entgelt für eine Leistung des

Gesellschafters zu zahlen ist, oder wenn nicht einer klaren Vereinbarung entsprechend verfahren wird. [2]Die beherrschende Stellung muss im Zeitpunkt der Vereinbarung oder des Vollzugs der Vermögensminderung oder verhinderten Vermögensmehrung vorliegen.

...

38. Rückstellungen für Pensionszusagen an Gesellschafter-Geschäftsführer von Kapitalgesellschaften

[1]Bei Pensionsverpflichtungen ist in einem ersten Schritt zu prüfen, ob und in welchem Umfang eine Rückstellung gebildet werden darf. [2]Ist eine Pensionszusage bereits zivilrechtlich unwirksam, ist die Pensionsrückstellung in der Handelsbilanz erfolgswirksam aufzulösen; dies ist maßgeblich für die Steuerbilanz. [3]Daneben müssen die Voraussetzungen des § 6a EStG erfüllt sein; sind sie nicht erfüllt, ist die Pensionsrückstellung insoweit innerhalb der Steuerbilanz erfolgswirksam aufzulösen. [4]Die Regelungen in R 41 EStR sind für den Ansatz der Pensionsrückstellungen in der Steuerbilanz dem Grunde und der Höhe nach zu berücksichtigen. [5]Ist die Pensionsrückstellung dem Grunde und der Höhe nach zutreffend bilanziert, ist in einem zweiten Schritt zu prüfen, ob und inwieweit die Pensionsverpflichtung auf einer vGA beruht. [6]Bei dieser Prüfung sind insbesondere die Aspekte Ernsthaftigkeit, Erdienbarkeit und Angemessenheit zu prüfen. [7]Es ist nicht zu beanstanden, wenn für behinderte Menschen i.S. des § 2 Abs. 2 des Sozialgesetzbuchs – Neuntes Buch (SGB IX) eine vertragliche Altersgrenze von mindestens 60 Jahren zugrunde gelegt wird. [8]Bei einer vertraglichen Altersgrenze von weniger als 60 Jahren ist davon auszugehen, dass keine ernsthafte Vereinbarung vorliegt.

...

24. Gewerbesteuergesetz (GewStG)

In der Fassung der Bekanntmachung vom 15. Oktober 2002[1]
(BGBl. I S. 4167)

Zuletzt geändert durch Gesetz vom 26. Juni 2013
(BGBl. I S. 1809)

FNA 611-5

– Auszug –

Abschnitt I. Allgemeines

...

§ 3 Befreiungen

Von der Gewerbesteuer sind befreit

...

9. rechtsfähige Pensions-, Sterbe-, Kranken- und Unterstützungskassen im Sinne des § 5 Abs. 1 Nr. 3 des Körperschaftsteuergesetzes, soweit sie die für eine Befreiung von der Körperschaftsteuer erforderlichen Voraussetzungen erfüllen;

---

[1] Neubekanntmachung d. GeWStG i.d.F. der Bek. v. 19.5.1999 (BGBl. I S. 1010) in der ab 27.7.2002 geltenden Fassung.

...

19. der Pensions-Sicherungs-Verein Versicherungsverein auf Gegenseitigkeit, wenn er die für eine Befreiung von der Körperschaftsteuer erforderlichen Voraussetzungen erfüllt;

...

25. Vermögensteuergesetz (VStG)*

In der Fassung der Bekanntmachung vom 14. November 1990 (BGBl. I S. 2467)

Zuletzt geändert durch Artikel 107 7. Zuständigkeitsanpassungsverordnung vom 29. Oktober 2001 (BGBl. I S. 2785)

BGBl. III/FNA 611-6-3-2

– Auszug –

I. Steuerpflicht, Bemessungsgrundlage

...

§ 3 Befreiungen

(1) Von der Vermögensteuer sind befreit

...

5. rechtsfähige Pensions-, Sterbe-, Kranken- und Unterstützungskassen im Sinne des § 5 Abs. 1 Nr. 3 des Körperschaftsteuergesetzes, soweit sie die für eine Befreiung von der Körperschaftsteuer erforderlichen Voraussetzungen erfüllen. [2]In den Fällen des § 6 Abs. 1, 3 und 5 des Körperschaftsteuergesetzes besteht Steuerpflicht jeweils für das Kalenderjahr, das einem Kalenderjahr folgt, für das die Kasse körperschaftsteuerpflichtig ist. [3]In diesen Fällen werden bei der Ermittlung des Betriebsvermögens oder des Gesamtvermögens noch nicht erbrachte Leistungen der Kasse nicht abgezogen. [4]Von dem Gesamtvermögen ist der Teil anzusetzen, der dem Verhältnis entspricht, in dem der übersteigende Betrag im Sinne des § 6 Abs. 1 oder 5 des Körperschaftsteuergesetzes zu dem Vermögen im Sinne des § 5 Abs. 1 Nr. 3 Buchstabe d oder e des Körperschaftsteuergesetzes steht;
6. kleinere Versicherungsvereine auf Gegenseitigkeit im Sinne des § 53 des Versicherungsaufsichtsgesetzes, wenn sie die für eine Befreiung von der Körperschaftsteuer erforderlichen Voraussetzungen erfüllen;

6a. der Pensions-Sicherungs-Verein Versicherungsverein auf Gegenseitigkeit, wenn er die für eine Befreiung von der Körperschaftsteuer erforderlichen Voraussetzungen erfüllt;

...

---

* Aufgrund des Beschlusses des BVerfG vom 22. Juni 1995 kann die Vermögensteuer wegen ihrer teilweisen Verfassungswidrigkeit ab 1997 nicht mehr erhoben werden.

26. Bewertungsgesetz (BewG)[1]

In der Fassung der Bekanntmachung vom 1. Februar 1991
(BGBl. I S. 230)

Zuletzt geändert durch Gesetz vom 18. Dezember 2013
(BGBl. I S. 4318)

FNA 610-7

– Auszug –

Zweiter Teil. Besondere Bewertungsvorschriften

...

Erster Abschnitt. Einheitsbewertung

...

D. Betriebsvermögen

...

§ 104 *(aufgehoben), aber abgedruckt wegen der Bedeutung für Altfälle*

§ 104 Pensionsverpflichtungen

(1) Bei Steuerpflichtigen, die ihren Gewinn nicht nach § 4 Abs. 1 oder § 5 des Einkommensteuergesetzes ermitteln, kann eine Pensionsverpflichtung nach Maßgabe der folgenden Absätze abgezogen werden.

(2) Eine Pensionsverpflichtung darf nur abgezogen werden, wenn und soweit

1. der Pensionsberechtigte einen Rechtsanspruch auf einmalige oder laufende Pensionsleistungen hat,
2. die Pensionszusage keine Pensionsleistungen in Abhängigkeit von künftigen gewinnabhängigen Bezügen vorsieht und keinen Vorbehalt enthält, dass die Pensionsanwartschaft oder die Pensionsleistung gemindert oder entzogen werden kann, oder ein solcher Vorbehalt sich nur auf Tatbestände erstreckt, bei deren Vorliegen nach allgemeinen Rechtsgrundsätzen unter Beachtung billigen Ermessens eine Minderung oder ein Entzug der Pensionsanwartschaft oder der Pensionsleistung zulässig ist, und
3. die Pensionszusage schriftlich erteilt ist.

(3) Eine Pensionsverpflichtung darf erstmals abgezogen werden

1. vor Eintritt des Versorgungsfalls an dem Bewertungsstichtag, der dem Wirtschaftsjahr folgt, in dem die Pensionszusage erteilt worden ist, frühestens jedoch nach Ablauf des Wirtschaftsjahrs, bis zu dessen Mitte der Pensionsberechtigte das 30. Lebensjahr vollendet hat,
2. nach Eintritt des Versorgungsfalls an dem Bewertungsstichtag, der dem Wirtschaftsjahr folgt, in dem der Versorgungsfall eingetreten ist.

(4) Pensionsverpflichtungen, bei denen der Teilwert der Pensionsverpflichtung als Bemessungsgrundlage für die Beitragszahlung an den Träger der Insolvenzsicherung zu ermitteln ist (§ 10 Abs. 3 Nr. 1 des Gesetzes zur Verbesserung der betrieblichen Altersversorgung in der jeweils geltenden Fassung) sind höchstens mit dem Teilwert nach § 6a Abs. 3 des Einkommensteuergesetzes anzusetzen.

[1] Neubekanntmachung d. BeWG i. d. F. der Bek. v. 30.5.1985 (BGBl. I S. 845) in der ab 1.1.1991 geltenden Fassung.

(5) Pensionsverpflichtungen, die nicht unter Absatz 4 fallen, sind anzusetzen,

1. *wenn der Versorgungsfall noch nicht eingetreten ist (Pensionsanwartschaften), höchstens mit dem Betrag, der nach den folgenden Absätzen zu ermitteln ist,*
2. *wenn der Versorgungsfall eingetreten ist, mit dem aus Anlage 13 zu entnehmenden Vielfachen der Jahresrente.*

(6) [1]Die Anwartschaft auf eine lebenslängliche Altersrente ist mit dem aus Anlage 10, Spalten 2a und 3a, zu entnehmenden Vielfachen des Teiles dieser Jahresrente anzusetzen, der dem Verhältnis der bereits zurückliegenden Dienstzeit zur Gesamtdienstzeit entspricht. [2]Dabei ist von der Jahresrente auszugehen, die von dem Pensionsberechtigten bis zur Vollendung seines 63. Lebensjahres nach Maßgabe der Pensionszusage erworben werden kann. [3]§ 6a Abs. 3 Nr. 1 Satz 4 des Einkommensteuergesetzes gilt entsprechend. [4]Als zurückliegende Dienstzeit gilt der Zeitraum vom Beginn des Dienstverhältnisses bis zum Bewertungsstichtag, als Gesamtdienstzeit der Zeitraum vom Beginn des Dienstverhältnisses bis zur Vollendung des 63. Lebensjahres. [5]Als Beginn des Dienstverhältnisses kann frühestens das Kalenderjahr zugrunde gelegt werden, zu dessen Mitte der Pensionsberechtigte das 30. Lebensjahr vollendet hat. [6]Die maßgebende Dienstzeit ist jeweils auf volle Jahre auf- oder abzurunden.

(7) Ist für den Beginn der Pensionszahlung die Vollendung eines anderen als des 63. Lebensjahres vorgesehen, so ist für jedes Jahr der Abweichung nach unten ein Zuschlag von 7 vom Hundert und für jedes Jahr der Abweichung nach oben ein Abschlag von 5 vom Hundert bis zum vollendeten 65. Lebensjahr und von 3 vom Hundert für jedes weitere Lebensjahr vorzunehmen.

(8) [1]Die Anwartschaft auf Altersrente ist bei einem Pensionsberechtigten, der vor Eintritt des Versorgungsfalls ausgeschieden ist, mit dem aus Anlage 11, Spalten 2a und 3a, zu entnehmenden Vielfachen der Jahresrente anzusetzen. [2]Absatz 6 Satz 2 und Absatz 7 gelten entsprechend.

(9) [1]Die Anwartschaft auf lebenslängliche Invalidenrente ist wie die Anwartschaft auf Altersrente zu behandeln. [2]Neben einer Anwartschaft auf Altersrente kann eine Anwartschaft auf Invalidenrente nicht berücksichtigt werden.

(10) [1]Die Anwartschaft auf lebenslängliche Hinterbliebenenrente ist

1. *bei noch tätigen Pensionsberechtigten mit dem aus Anlage 10, Spalte 2b oder 3b, zu entnehmenden Vielfachen des Teiles der Jahresrente anzusetzen, der dem Verhältnis der bereits zurückliegenden Dienstzeit zur Gesamtdienstzeit entspricht,*
2. *bei vor Eintritt des Versorgungsfalls aus dem Dienstverhältnis ausgeschiedenen Pensionsberechtigten mit dem aus Anlage 11, Spalte 2b oder 3b, zu entnehmenden Vielfachen der Jahresrente anzusetzen.*

[2]Die Absätze 6 und 7 gelten entsprechend.

(11) Eine neben den laufenden Leistungen bestehende Anwartschaft des Pensionsberechtigten auf eine lebenslängliche Hinterbliebenenrente ist mit dem aus Anlage 12 zu entnehmenden Vielfachen der den Hinterbliebenen des Pensionsberechtigten zustehenden Jahresrente anzusetzen.

(12) [1]Ist als Pensionsleistung eine einmalige Kapitalleistung zugesagt worden, so sind bei der Ermittlung des abzugsfähigen Betrags 10 vom Hundert der Kapitalleistung als Jahresrente anzusetzen. [2]Die Absätze 6 bis 11 gelten entsprechend.

(13) Die Absätze 4 bis 12 gelten entsprechend, wenn der Pensionsberechtigte zu dem Pensionsverpflichteten in einem anderen Rechtsverhältnis als einem Dienstverhältnis steht.

(14) Verpflichtungen aus laufenden Pensionen, die aufgrund einer rechtsähnlichen tatsächlichen Verpflichtung geleistet werden und bei denen nicht sämtliche Voraussetzungen der Absätze 2 und 3 vorliegen, sind abzugsfähig, soweit die Leistungen bereits vor dem 1. Januar 1981 begonnen haben.

27. Erbschaftsteuer- und Schenkungsteuergesetz (ErbStG)[1]

In der Fassung der Bekanntmachung vom 27. Februar 1997
(BGBl. I S. 378)

Zuletzt geändert durch Gesetz vom 26. Juni 2013
(BGBl. I S. 1809)

FNA 611-8-2-2

– Auszug –

Abschnitt 2. Wertermittlung

...

§ 13 Steuerbefreiungen

(1) Steuerfrei bleiben

...

13. Zuwendungen an Pensions- und Unterstützungskassen im Sinne des § 5 Abs. 1 Nr. 3 des Körperschaftsteuergesetzes, wenn sie die für eine Befreiung von der Körperschaftsteuer erforderlichen Voraussetzungen erfüllen. Ist eine Kasse nach § 6 des Körperschaftsteuergesetzes teilweise steuerpflichtig, ist auch die Zuwendung im gleichen Verhältnis steuerpflichtig. Die Befreiung fällt mit Wirkung für die Vergangenheit weg, wenn die Voraussetzungen des § 5 Abs. 1 Nr. 3 des Körperschaftsteuergesetzes innerhalb von zehn Jahren nach der Zuwendung entfallen;

...

[1] Neubekanntmachung d. ErbStG i. d. F. der Bek. v. 19.12.1991 (BGBl. I S. 468) in der ab 28.12.1996 geltenden Fassung.

28. Sozialgesetzbuch Viertes Buch (SGB IV) – Gemeinsame Vorschriften für die Sozialversicherung –

In der Fassung der Bekanntmachung vom 12. November 2009[1]
(BGBl. I S. 3710, ber. S. 3973 und BGBl. I 2011 S. 363)

Zuletzt geändert durch Gesetz vom 19. Oktober 2013
(BGBl. I S. 3836)

FNA 860-4-1

– Auszug –

Erster Abschnitt. Grundsätze und Begriffsbestimmungen

...

Zweiter Titel. Beschäftigung und selbständige Tätigkeit

...

§ 8 Geringfügige Beschäftigung und geringfügige selbständige Tätigkeit

(1) Eine geringfügige Beschäftigung liegt vor, wenn

1. das Arbeitsentgelt aus dieser Beschäftigung regelmäßig im Monat 450 Euro nicht übersteigt,
2. die Beschäftigung innerhalb eines Kalenderjahres auf längstens zwei Monate oder 50 Arbeitstage nach ihrer Eigenart begrenzt zu sein pflegt oder im Voraus vertraglich begrenzt ist, es sei denn, dass die Beschäftigung berufsmäßig ausgeübt wird und ihr Entgelt 450 Euro im Monat übersteigt.

...

Dritter Titel. Arbeitsentgelt und sonstiges Einkommen

§ 14 Arbeitsentgelt

(1) [1]Arbeitsentgelt sind alle laufenden oder einmaligen Einnahmen aus einer Beschäftigung, gleichgültig, ob ein Rechtsanspruch auf die Einnahmen besteht, unter welcher Bezeichnung oder in welcher Form sie geleistet werden und ob sie unmittelbar aus der Beschäftigung oder im Zusammenhang mit ihr erzielt werden. [2]Arbeitsentgelt sind auch Entgeltteile, die durch Entgeltumwandlung nach § 1 Absatz 2 Nr. 3 des Betriebsrentengesetzes für betriebliche Altersversorgung in den Durchführungswegen Direktzusage oder Unterstützungskasse verwendet werden, soweit sie 4 vom Hundert der jährlichen Beitragsbemessungsgrenze der allgemeinen Rentenversicherung übersteigen. [3]Steuerfreie Aufwandsentschädigungen und die in § 3 Nummer 26 und 26a des Einkommensteuergesetzes genannten steuerfreien Einnahmen gelten nicht als Arbeitsentgelt.

...

§ 17 Verordnungsermächtigung

(1) [1]Das Bundesministerium für Arbeit und Soziales wird ermächtigt, durch Rechtsverordnung mit Zustimmung des Bundesrates zur Wahrung der Belange der Sozialversiche-

---

[1] Neubekanntmachung d. SGB IV i.d.F. der Bek. v. 23.1.2006 (BGBl. I S. 86) in der ab 1.9.2009 geltenden Fassung.

rung und der Arbeitsförderung, zur Förderung der betrieblichen Altersversorgung oder zur Vereinfachung des Beitragseinzugs zu bestimmen,
1. dass einmalige Einnahmen oder laufende Zulagen, Zuschläge, Zuschüsse oder ähnliche Einnahmen, die zusätzlich zu Löhnen oder Gehältern gewährt werden, und steuerfreie Einnahmen ganz oder teilweise nicht als Arbeitsentgelt gelten,
2. dass Beiträge an Direktversicherungen und Zuwendungen an Pensionskassen oder Pensionsfonds ganz oder teilweise nicht als Arbeitsentgelt gelten,
3. wie das Arbeitsentgelt, das Arbeitseinkommen und das Gesamteinkommen zu ermitteln und zeitlich zuzurechnen sind,
4. den Wert der Sachbezüge nach dem tatsächlichen Verkehrswert im Voraus für jedes Kalenderjahr.

[2]Dabei ist eine möglichst weitgehende Übereinstimmung mit den Regelungen des Steuerrechts sicherzustellen.

...

Vierter Titel. Einkommen beim Zusammentreffen mit Renten wegen Todes

§ 18a Art des zu berücksichtigenden Einkommens

(1) [1]Bei Renten wegen Todes sind als Einkommen zu berücksichtigen
1. Erwerbseinkommen,
2. Leistungen, die erbracht werden, um Erwerbseinkommen zu ersetzen (Erwerbsersatzeinkommen),
3. Vermögenseinkommen und
4. Elterngeld.

[2]Nicht zu berücksichtigen sind

...

2. Einnahmen aus Altersvorsorgeverträgen, soweit sie nach § 10a oder Abschnitt XI. des Einkommensteuergesetzes gefördert worden sind.

...

(2) [1]Erwerbseinkommen im Sinne des Absatzes 1 Satz 1 Nummer 1 sind Arbeitsentgelt, Arbeitseinkommen und vergleichbares Einkommen. [2]Nicht als Erwerbseinkommen im Sinne des Absatzes 1 Satz 1 Nummer 1 gelten Arbeitsentgeltteile, die durch Entgeltumwandlung bis zu 4 vom Hundert der Beitragsbemessungsgrenze in der allgemeinen Rentenversicherung für betriebliche Altersversorgung verwendet werden, sowie das Arbeitsentgelt, das eine Pflegeperson von dem Pflegebedürftigen erhält, wenn das Entgelt das dem Umfang der Pflegetätigkeit entsprechende Pflegegeld im Sinne des § 37 des Elften Buches nicht übersteigt.

...

Sachverzeichnis

Die **fett gedruckten** Zahlen verweisen auf die Paragraphen des BetrAVG (E = Einleitung, V = Versorgungsausgleich), die mager gedruckten Zahlen bedeuten Randnummern.